KB068899

정책철학과 정책기조론(행정학/정책학) 시리즈1

정책철학의
새로운 접근

박정택

A NEW APPROACH TO PHILOSOPHY OF PUBLIC POLICY

박영사

머리말

'정책철학'이란 무엇인가? 정책철학은 '정책이란 무엇인가'의 본질사유(근본 사유)와, 또 '좋은 정책이란 무엇인가'의 규범사유와 같은, 정책의 근본적·규범적 인 본질을 궁구하며 기존의 틀을 성찰하면서 필요하다면 그 틀 자체도 깨고 새로 운 길과 방향을 찾아보는 학문이다. 또 그 궁구해 찾아진 결과로서의 지식이기도 하며 그런 궁구하는 과정 자체를 일컫기도 한다. 그렇게 정책(학)이 철학과 만나는 지점에 존재하는 정책철학에서, 그 주체적이고 능동적이며 역동적인 궁구 과정 자체를 특히 '정책철학하기'라고 부른다. 나는 이미 '철학하기'라는 철학적 방법 론을 중시해 2007년 <일상적 공공철학하기 1, 2, 3>이라는 일련의 행정철학 시리 즈를 내놓았다. 그리고 당연히 정책과 정책이론의 본질에 관한 인식, 곧 정책철학 인식론에도 큰 관심을 갖고 있었다. 이를 '정책관'(政策觀)이란 개념으로 통칭하 며, '정책기조'와 연결해 탐구해 본 것이 이 책이다.

사실 나는 '정책기조'(policy paradigm)와 바로 그 '패러다임'의 출처인 토마스 쿤(Thomas Kuhn)의 인식론에 대하여 오랫동안 관심을 가져 왔다. 정책의 전 과정 에 거의 필연적으로 끼어들어 '메타인지'(metacognition)로서 작동하며 추동하는 '정책행위자의 생각·인식의 기본 틀'이기 때문이다. 그래서 그동안 '정책기조'에 관한 몇 편의 논문도 발표하였다. 그런데 내가 다른 일에 얽매어 있던 몇 년 후, 다시 본격적으로 정책기조에 관하여 숙고하고 연구하는 과정에서, 최근 구미(歐 美)에서는 'PPP(public policy paradigm, 또는 PP, policy paradigm)이론'이나 '아이디어 (또는 정책아이디어)학설'이 폭증하며 연구되고 있는 데 놀라게 되었다. 이에 우리 학계와 실무계에 '정책기조'에 관한 그런 연구 동향과 내 자신의 이론체계를 소개 하고, 우리도 더 많은 연구와 실무 적용을 촉구해야 한다고 결심하게 되었다.

결국 나는 본격적으로 '정책관의 정립'이란 정책철학 영역의 과제를 설정·탐 구하게 되었다. 그 결과 그 정립된 정책관에 의하여 정책기조를 정책철학적으로 뒷받침할 논리적 토대를 구축하게 되었다. 그런데 그 과정에서 전체 과학철학 인식론을 개관·정리해야 하는 도전은 도저히 회피·우회할 방법이 없었다. 논리실증주의 정책관(행태주의 정책관)이나 개량주의(점증주의) 정책관과 같은 기존 정책관들을 보면 쉽게 알 수 있듯이, 과학철학 인식론이 정책관의 토대를 제공하고 있는 보편적 인식론의 지위를 갖기 때문이다. 그렇게 전체 '정책관'을 탐구하게 되었고 '정책기조'를 '패러다임 정책관'의 핵심 개념으로서 재발견해 정립·연결하게 되었다.

　그 탐구의 과정과 결과를 도와 줄 한 방법으로, 우리 역사상 가장 성공하거나 실패했다고 여겨지는 정책사례를 선정해 분석해 보았다. 이는 이미 '패러다임 과학혁명론'을 통해 보여 준 토마스 쿤의 방식이었다. 그렇게 정책학에서도 실제 역사와 동떨어지지 않고 역사적 사례와 합치되는 연구, 곧 정책사(政策史)에 대한 연구가 필요하다고 보았다. 그래서 세종대왕의 한글창제 정책사례와 조선 말 민비정권이 동학농민군을 '진압'하기 위해 불러들인 청군(淸軍)의 차병(借兵) 정책사례에 대하여 과학철학 인식론을 통하여 정립된 여러 정책관을 대입해 가며 분석하는 데 도전해 보았다.

　이와 같이 정책학이 새롭게 탐구해야 할 영역이 정책철학과 정책사학이고 더 구체적으로 '정책관'과 '정책기조'인 데 대하여 철학적인 담론을 제기하며 실제 사례연구에 새롭게 접근해 본 '정책철학하기의 실천 사례'가 이 책이다. 그리고 '정책기조'에 관한 이론적·실무적 이론체계를 수립·정립하고자 한 것이 이 책의 시리즈 중 하나인 <정책기조의 탐구 – 정책아이디어로서의 정책패러다임>이란 책인데, 함께 읽으면 좋을 것이다.

　이 책을 내놓으면서 나는 일찍부터 정책학에 큰 관심을 갖게 해 주신, 은사이신 허범 교수님께 감사의 인사를 드린다. 또 원고를 읽고 유익한 조언을 해 주신 강근복 교수님께도 감사드린다. 그리고 집필 과정에서 아내 임희숙, 아들 박용국, 딸 박영신과 사위 홍성두의 지지와 지원, 손주 홍요한의 기쁨의 선물 등 가족이 보여준 각별한 사랑에 더없는 고마움을 전한다. 끝으로 이 모든 과정에 함께하시며 인도해 주신 하나님께 모든 감사를 올린다.

2018. 5. 31.
저자 씀

차 례

5

제 1 장

정책에 관한 철학적 질문

공동체의 구성원인 우리는 공동체의 어떤 정책의 결정, 집행, 평가 등의 대상(객체)이 되기도 하지만 때로는 그 정책과정에 직접 참여하는 정책의 주체가 되기도 한다. 그리하여 우리는 국가나 지역 공동체의 일반 시민이나 정책당국자로서, 또는 어떤 조직공동체의 구성원이나 책임자로서, 주체든 객체든 어떤 자격으로든, 공동체의 여러 가지 정책들과 관련을 맺고, 영향을 주고받으면서, 정책들과 함께 정책 속에서 살아가고 있다. 그만큼 정책은 우리의 공동체적 삶을 영위하는 데 있어서 필수불가결한 요소이고, 정책 관련 활동은 공동체사회 어디에서나 발견되는 보편적 현상이 되고 있다. 그렇게 정책과 함께 살아가는 삶의 과정에서, 우리는 정책에 관한 일정한 정책이미지(정책상, 政策像, image of policy)나 정책관(政策觀, view of policy)을 지니게 되고, 그런 이해와 지식을 바탕으로, 크고 작은 정책을 이해하고, 또 정책활동에도 참여한다.

그런데 그렇게 이해된 정책에 관한 상식적인 이미지나 관점은 실제 정책의 '있는 그대로'를 온전히 반영(묘사)하지 못할 수 있다. 다분히 미시적·개별적이고, 피상적·평면적이며, 역사적 변동을 고려하지 않은 정태적인 데 머무를 수 있는 것이다. 그런데도 그런 익숙함에 매몰돼, 정책의 본질에 대하여 전체적·종합적(입체적)이고, 심층적·구조적이며, 역사적 변동을 고려한 동태적(역동적)인 측면에서, 더 진지하게 숙고하고 더 철저하게 성찰해 볼 여지가 많은데도, 그런 방향의 큰 걸음을 내딛지 않으려 하는 경우에 문제가 된다. 그 경우, 우리는 실제 정책의 전체 모습을 '있는 그대로'(서술적·기술적으로, descriptively) 더 폭넓게 이해하지 못하게 된다. 그뿐만 아니라 그로 말미암아 앞으로 바람직한 정책이라면 마땅히 '있어야 할 대로'의 어떤 이상적·규범적(normative)인 정책상이나 정책관을 온전히 갖지 못한 채, 인간·역사·문명에 대하여 퇴행적이고 반동적인 성격의 나쁜 정책마저도 용납하고, 또 부지불식간에 그런 정책활동에도 참여하는 결과를 빚게 된다.

　여기에 정책활동의 주체나 객체로서 참여하는 우리는 정책과 관련한 중요한 과제와 마주치게 된다. 즉 개인적으로나 공동체적으로 좋거나 나쁜 정책에 대한 예민한 문제의식을 갖고, 정책에 대하여 본질적인 철학적1) 질문들을 제기하고 성찰해 볼 필요가 있는 중요한 과제를 말한다. 정책과 함께 살아갈 수밖에 없는 우리가 그렇게 어떤 본질적인 철학적 질문을 제기하고 성찰하면서, 정책에 대하여 올바른 관점을 지니고 올바로 이해한 바탕 위에서 각자 정책을 교육 또는 연구하고, 실제 운용 등에도 참여해야 하는 것이다. 그리하여 소극적으로는 실제 반인간적·반역사적·반문명적인 나쁜 정책활동의 대열에 함부로 합류하지 않고, 적극적으로는 정책의 질을 획기적으로 높여, 우리의 삶과 공동체에 큰 영향을 미치는 좋은 정책을 산출하는 데 더 적극적으로 참여할 필요가 있는 것이다.

　이 책은 일차적으로 바로 그런 정책철학적 문제의식하에 우리가 지녀왔던

---

1) '본질적인, 철학적'은 사실상 거의 같은 말인데, '정책철학' 분야의 존재를 선보일 의도를 가지고 표현하였다. 일반적으로 '철학'은 ① '자연, 인생, 지식에 관한 근본원리를 탐구하는 학문분야'이기도 하고, ② '자연, 인생, 지식에 관한 근본원리를 탐구하는 그 자체'를 일컫기도 하는가 하면, ③ '그런 탐구에 의하여 얻어진 근본원리·지혜·지식체계·이론'을 뜻하기도 한다. 그리하여 ②와 같이, 인간, 사회, 자연에 대한 근본적·규범적·비판적 사유활동을 직접 주체적·능동적·역동적·비판적으로 수행하고 실천하는 활동을 강조하여 흔히 '철학하기'(philosophizing 또는 doing philosophy)라고 한다. 따라서 '정책철학'도 ① '정책에 관한 근본적·규범적 원리를 탐구하는 학문분야'이기도 하고, ② '정책에 관한 근본원리를 탐구하는 그 자체'를 일컫기도 하는가 하면, ③ '그런 탐구에 의하여 얻어진 정책에 관한 근본원리·지혜·지식체계·이론'을 뜻하기도 한다. 그런데 저자는 '정책철학'에 대하여 '정책에 대하여 넓고 깊은 문제의식을 갖고, 그에 대하여 본질적(근본적)이고 규범적인 탐색적 숙고와 성찰, 즉 정책에 대한 본질(근본)사유와 규범사유'로 이해한다. 특별히 앞의 ② 그런 사유 과정 자체로서의 '자기 자신의 주체적·능동적·역동적·비판적인 정책철학하기'의 직접 실천을 강조하면서, 그 다음 그 사유 과정을 통하여 얻어진 결과로서의 내용에 관심을 가져야 한다고 보는 입장이다(사람들은 흔히 전문 학자들이 내놓은 결과로서의 내용에 일차적 관심을 두면서, 자신은 그런 '간접적인 철학하기'로 대신하고 거기에서 그치려고 한다). 공공철학자 호지킨슨도 그의 <공공활동의 철학>에서 '철학'을, 본질적으로 '올바른 사유과정과 가치판단과정'(the process of correct thinking and the process of valuing)으로 파악한다. 이해영 교수는 '정책철학'을 '정책의 본질인 인간의 존엄성을 실현할 수 있는 정책의 가치판단과 이념 및 윤리'로 정의하고, 그 세 가지 중심 분야를 '정책가치, 정책윤리, 정책이념'으로 본다. Christopher Hodgkinson, Towards a Philosophy of Administration, New York: St. Martin's Press, 1978, 3쪽(이하 쪽 표시 생략함); The Oxford English Dictionary, Vol. Ⅶ, London: Oxford University Press, 1978(1933), 781-782; 이해영, 정책학신론, 전정3판, 학현사, 2010, 233-255; 박정택, 일상적 공공철학하기 1, 한국학술정보(주), 2007(b), 87, 90 참조.

상식적인 '전통적 정책이미지나 정책관'(이하 '전통적 정책관')의 실체와 한계를 재검토하는 데 그 목적을 두고 있다. 그리고 이는 앞으로 마땅히 지니고 적용할 만한 '새로운 정책이미지나 정책관'(이하 '새로운 정책관')의 잠재적 가능성에 대하여 성찰·탐구하고, 이를 현대적으로 아우른 종합 정책관을 제시하는 데까지 확대돼야 한 만큼 그렇게 이어지고 있다. 그리고 거기에서 더 나아가 그런 정책관의 정립 과정을 통하여 드러난 정책철학, 정책사, 그리고 정책기조의 중요성을 재발견하고, 학술적으로는 관련 이론을 정립하고, 실무적으로는 실제적 활용을 위한 지침을 개발하는 것이 필요함을 제기하는 데 그 이차적 목적을 두고 있다. 이것이 '새로운 정책철학의 실천'으로서의 '새로운 정책철학하기'이고, '정책철학의 새로운 접근'이다. 좋은 정책을 위한 정책활동에 참여하는 과정에서는 무엇이 진실로 가치 있는 정책행동인가에 관한 깊은 생각, 즉 정책에 관한 본질적·규범적 사유활동인 '정책철학하기'가 필수적이기 때문에 그것이 중요하다.

    그런데 이 책에서 말하는 정책이미지나 정책관은 어떤 특정 개인의 것보다는 우선적으로 일정한 공동체 구성원이 갖는 정책에 대한 일반적·보편적인 이미지(정책상)나 관점(정책관)에 초점을 두고 그것을 중심으로 탐구하고자 한다.2) 그러

---

2) 정책학계에서 '정책관'은 아주 흔하게 사용되는 용어와 개념은 아니다(실무계에서 사용하는 경우는 물론 찾아보기 어렵다). 이에 관하여는 제3장 정책관 논의에서 소개하기로 하고, 일단 '정책관'은 정책의 연구·교육과 실제 운용 등에 있어서 반드시 필요하고, 매우 유용한 개념·용어라는 사실부터 강조하고 시작한다.
  이 책에서 '정책상'과 '정책관'은 우선적으로 어떤 공동체 사람들의 정책에 대한 일반적·보편적인 이미지(정책상)와 관점(정책관)에 초점을 둔 '집단적 정책관'을 말한다. 그 전형적인 대표적 공동체 집단으로는 정책에 관한 전문적인 학문공동체인 정책학계를 비롯하여, 사회과학계, 정책을 산출하는 의회 의원들 및 실무를 담당하는 정부나 기업의 공식적인 정책참여자들의 집단을 들 수 있다. 필요에 따라 그 집단들을 더 세분할 수도 있다. 따라서 개인의 정책관에 대하여 논의할 필요성이나, 개인과 집단의 정책관의 차이를 부정하는 것이 전혀 아니다. 오히려 이 집단적 정책관을 기초로 해, 당연히 개인의 정책관을 더 의미 있게 적용·논의할 수 있음을 전제하고 있다. 즉 이 집단적 정책관의 유형이 개인(연구자)들에게도 나타나는데, 그런 유형은 개인마다 어느 정도 다를 수 있고, 또 동일 집단 내에서도 개인 간에 차이가 있을 수 있음을 적용하고 논의할 수 있다.
  한편 정책에 대하여 일반적으로 받아들이는 어떤 이미지(상, 모범이나 본보기)도 일정한 관점의 산물이다. 따라서 굳이 정책상과 정책관을 구별하기보다는 동일한 의미로 보되, 이하에서는 편의상 대체로 '정책관'으로 통일해 사용하기로 한다. 과학철학계에서도 과학상과 과학관을 통합해 사용한다. 유명한 토마스 쿤의 <과학혁명의 구조>도 머리말과 첫 페이지에서부터 view와 image를 번갈아 쓰면서 기존 과학관을 바로잡으려는 저술 목적을 밝힌다. 다만 '역사상'은 '역사에 대한 과학적 연구 결과의 종합으로서 순수 이론적이고 어느 정도 일반화되어 있는 객관적인 설명체계'이고, '역사관'(사관)은 '역사에 대한 더 추상적이고 통일적인 설명원

할 때 이 '정책관'은 '정책을 이해하고 그 이론을 실천하는 관점'인데 구체적으로 '정책활동을 전체적·보편적으로 이해하고 그 이론을 실천하는 데 해석·지도해 주는 지침으로서의 정책참여자의 통일적인 견해와 관점'의 의미로 정의된다. 이는 일정한 정책세계(policy universe, policy world) 전체에 대한 통일적인 관점이지만, 그러면서도 다른 한편으로는 그 다양하고 복잡한 정책세계를 어느 정도 범위의 일정한 유형으로 구분해 묶어, 몇몇 일정한 견해나 관점(인식의 기본 틀과 방향)으로 유형화할 수 있는 관점이다. 그렇게 얻어진 정책관들은 정책세계를 탐구하는 데 있어서 기본적인 탐구의 틀·지침·설명 원리로 작용하면서, 개별 구체적인 정책학(이론)의 실천에 선행(先行)한다.3) 그런 정책관의 차이에 따라 개별 정책활동이나 정책연구는 크게 달라질 가능성이 높다고 보기 때문에 그런 정책관에 대한 탐구는 매우 중요한 것이 된다.

　　그러면 도대체 어떤 본질적인 철학적 질문들을 염두에 두고 그렇게 거대 담

리이면서, 동시에 역사에 대한 주관적인 관점까지도 포괄하는 해석'이라고 구별하는 견해도 있다. Thomas S. Kuhn, The Structure of Scientific Revolutions, Chicago, IL: University of Chicago Press, 1970(2nd ed.), viii-ix, 1; 이한구, 역사학의 철학, 민음사, 2007, 327-328 참조.

3) 이 책에서 '정책학이나 정책이론의 실천' 중 '실천'에 대한 설명이 필요하다. 이는 과학의 '실천'과 같이, 이론과 실천, 앎과 행함의 맥락에서, 이론을 아는 데서 나아가 그 이론을 구현·행함으로 나아가는 영어 practice의 실천이나 행함을 의미한다. 이 행함의 실천은 각종 현장을 포함한다. 예컨대 정책실무의 활동 현장은 물론, 거시이론에 대한 세부 미시이론의 형성·적용의 연구와 교육의 학술활동과 대외적 발언·참여와 같은 사회참여활동의 현장을 포함한다. 학문적으로 실천은 아리스토텔레스 이래 칸트에 이르기까지 '이론'이나 '인식'에 대응하는 의미로 쓰여 왔다. 그런데 특별히 마르크스(Karl Marx, 1818-1883) 이후 '사회변혁의 의도적 활동'을 강조하는 의미를 띠었다. 20세기 초부터 아도르노, 하버마스 등 왜곡된 체제·구조를 시정하여 각종 지배에서 인간 해방을 위해 가치비판을 강조한 비판이론(critical theory) 계열의 학자들도 '실천'을 '이론과 실제(또는 지식과 행동)의 일치 활동'으로 규정하면서, 이제는 '자기 성찰의 결과로 깨달은 지식과 가치를 주관적으로 의미 있는 행동(subjectively meaningful action)으로 전환시키는 인지적 행동(informed action)'이라고 본다. 그런 의미의 실천은 학자에 따라 'practice'보다는, 그리스어로 이론의 'theoria'(테오리아)에 대응하는 'praxis'(프락시스)라고 구별하기도 한다(예, Richard J. Bernstein, Praxis and Action, Philadelphia: University of Pennsylvania Press, 1971). 한국계 미국 행정학자 전종섭 교수는 특별히 ① 비판적 의식(성찰) 활동, ② 사회적 목적을 갖는 활동, ③ 주체가 자기 현실을 변화시키는 활동의 세 요소에 의한 성찰적 행정인(reflexive administrator), 성찰적 행정(reflexive public administration)을 강조한다. 이에서 보듯이, 정책학의 실천은 정책과정에서 형성 후 단계인 정책의 '집행'(implementation이나 execution)과는 다르다. 또 정책과정의 여러 단계, 즉 형성, 집행, 평가 등 정책과정의 현장 실무 일을 담당·처리하는 정책실무활동의 '운용'은 '실천'의 한 부분에 해당돼, 다소 다르다(정책운용에 대해서는 후술한다). Jong S. Jun, Philosophy of Administration, Seoul: Daeyoung Moonhwa International, 1994, 92-96; 박정택(2007b), 79-82 참조.

론으로서의 '정책관'에 대하여 문제를 삼는 것일까? 거기에 대하여 이런 종류의 질문들을 예시할 수 있겠다. 즉 정책이란 무엇인가, 좋은 정책이란 무엇인가, 정책을 정당화시켜 주는 논리(이론)는 무엇이고 얼마나 확실한가, 정책은 어떤 구조로 어떻게 변동되는가 등이다. 이에 대하여 정책사적(政策史的)인 의미에서 중요하다고 볼 수 있는 우리나라 정책사례들 중에서 저자가 보기에 가장 큰 성공 사례와 가장 큰 실패 사례 하나씩을 선정하여 개관하면서 그와 관련된 본질적인 정책철학적(政策哲學的) 질문들을 제기하고 논의해 보고자 한다.

제 1 절 　 질문을 위한 정책사례

　　교육적·실무적으로 전범(典範)과 교훈을 얻기 위한 질문을 제기하고 논의해 볼 만한 실제 정책사례는 수없이 많다. 그런데 그중에서도 후세에 끼친 긍정적이거나 부정적인 영향 측면에서, 문헌자료의 접근 가능성 측면에서, 그리고 우리 자신의 연구대상과 문제의식 측면에서,4) 우리 역사에서 가장 크게 성공하거나 가장 크게 실패한 목록에 꼭 들어갈 만한 두 가지 대표적인 정책사례를 살펴보는 것이 좋겠다.5) 먼저 우리 역사에서 가장 성공적이라고 볼 수 있는 정책사례의 하나로서는 '세종대왕의 한글창제정책'을, 그리고 가장 크게 실패한 정책사례의 하나로서는 '동학농민전쟁 시 고종의 청군차병정책'을 들 수 있다.6) 먼저 이들

---

4) 이와 관련된 문제의식의 지적은 허범, "정책학의 이상과 도전," 한국정책학회보, 11(1), 2002, 293-311 및 한국정책학회보(2002) 11(1)에 수록된 기획논문, 박흥식, "한국정책연구의 이론과 현실, 그리고 적실성 간의 부정합성에 대하여," 337-342; 김인철, "정책학의 자리매김을 위하여," 343-346; 박광국, "정책학의 발전을 위한 제언," 347-351 참조.
5) 미국 루스벨트 대통령의 뉴딜정책의 TVA 성공사례나 존슨 대통령의 빈곤과의 전쟁에서 상무부 경제개발처 산하 캘리포니아 오클랜드 지역의 정책집행의 실패사례에 대한 연구 결과에 정통하는 것도 중요하다. 그렇지만 우리 학문의 발전을 위해 우리 정책사적 정책사례에 대한 관심과 연구, 그에 따른 많은 준거사례의 확보와 축적도 꼭 필요하고 중요한 의미를 갖는다고 본다. 정책학을 넘어 행정학 전체적인 문제의식의 지적은 김현구(편), 한국 행정학의 한국화론: 보편성과 특수성의 조화, 법문사, 2013 참조.
6) '청군차병정책'의 사례 선정과 관련, 역사학자 구자정 교수의 조언에 감사를 표한다.

정책이 어떤 정책인가에 대하여 살펴보기로 하겠다.

1. 우리 역사에서 대표적인 성공 정책: 세종대왕의 한글창제정책

　세종대왕(이하 '세종'이라 함7))이 만든 한글을 사용하기 전까지 우리나라 사람들은 중국 문자인 한자(漢字)를 사용하여 문자생활을 하였다. 이는 곧 우리나라 사람들이 중국어와는 다른 한국어라는 우리말을 번역하여 중국어 문법에 맞춰 한자로 표기하는 '한문'(漢文)으로 문자생활을 할 수밖에 없었다는 것을 의미한다. 그렇게 우리 민족 고유의 글(문자)을 갖지 못한 상황에서 한문은 배우고 쓰기 어려웠으므로 소수 지식인을 빼놓은 대부분의 사람들은 개명된 문자생활을 하지 못하고 있었다. 세종은 그런 상황을 안타깝게 여겨 15세기 중엽, 일상에서 쓰는 말에 부합하는 민족의 문자를 만들어 누구나 쉽게 문자를 배워 쓰게 해야겠다는 생각을 하게 되었다. 그것이 당시 <훈민정음>(訓民正音)이라 이름붙인 '한글'8)을 창제하여 보급하는 정책(이하 간단히 '한글창제정책')9)이 시행된 배경이다.

　우리나라 말소리가 중국과 달라서 한자(漢字)와는 서로 통하지 않으므로 일반 백성들은 말하고자 하는 바가 있어도 마침내 제 뜻을 펼 수 없는 사람이 많다. 그래서 내가 이를 딱하게 여기고 새로 스물 여덟 글자를 만들었는데, 이는 사람들로

---

7) 세종대왕이 승하한 뒤 올린 공식적인 존시(尊諡)는 영문예무인성명효대왕(英文睿武仁聖明孝大王)인데, 짧게 시호(諡號)는 장헌(莊憲), 묘호(廟號, 임금으로서의 시호)는 세종으로 정해져 일반적으로는 '세종대왕', 더 높여 '세종장헌대왕'으로 써왔지만 이 책에서는 간략히 '세종'으로 기술하기로 한다.

8) '훈민정음'은 세종대왕이 창제한 우리나라 '고유 문자'의 최초 이름(그 뜻은 '백성을 가르치는 바른 소리'임)이기도 하고, 이 문자를 만든 근거와 운용방법 등을 해설한 '책'(해설서)을 일컫는 이중적인 명칭이다. 앞으로 혼동을 피하기 위해 통상 그러하듯이, 고유 문자로서의 훈민정음에 대해서는 '한글'이라고 통일하겠다(많은 사람이 오해하고 있는 '한국어' Korean language가 아니다). 책으로서 훈민정음은 「예의」(例義)와 「해례」(解例)의 두 부분으로 나뉘지고, 끝에 「정인지서」(鄭麟趾序)가 기록돼 있다. 예의편은 국자(國字) 창제의 취지, 낱자(單字)의 발음, 합자(合字) 운용의 설명 부분으로서 세종 28년(1446) 세종이 손수 지은 것이다. 해례편은 글자의 기원(제자해), 초성해, 중성해, 합자해, 용자례 등을 정인지·최항·박팽년·신숙주·성삼문·강희안·이개·이선로 등이 지은 부분이다. '정인지의 서문'은 맨 앞에 세종의 서문이 있으므로 끝에 붙이게 됐고, 그래서 '정인지후서' 또는 '후서'라고도 한다.

9) 원래 한글의 창제 목적은 그 보급을 포함하였으므로 '한글창제정책'이라고 간단히 줄여서 붙여 쓰되, 특별히 필요한 경우 보급을 구별해 논하기로 하겠다.

하여금 쉽게 익혀 나날이 쓰기에 편토록 하고자 할 따름인 것이다.[10]

이와 같이 세종은 민족의식, 자주의식, 실용의식 및 애민정신의 발로로[11] 마침내 민족 최대의 문화적 창조물이요, 언어학적으로 세계에서 가장 우수한 문자의 하나로 평가받고 있는 '한글'을 세종 25년(1443년)에 완성하고, 세종 28년(1446년)에 공표(반포)하였다.

'한글'이란 문자를 만드는 데 성공함으로써 우리말(국어)의 완벽하고도 쉬운 문자화(文字化)가 가능하고, 우리 민족 고유의 말과 글을 가지게 되었다. 그러나 이 민족적 걸작은 불행하게도 당시의 양반귀족들에게 환영을 받지 못하였다. 어려운 한문을 사용함으로써 오히려 그들의 학문적인 독점욕을 만족시킬 수 있었기 때문이다.[12] 그러나 세종은 일반 백성을 도덕적으로 교화시켜 양반사회의 체제에 더 잘 순응할 수 있도록 한글을 창제하고 보급하였다. 세종은 한글을 창제한 후, 정음청[正音廳; 언문청(諺文廳]을 설치하였다. 그리고 <훈민정음해례>는 물론, 왕실 조상의 덕을 찬양하는 <용비어천가>(龍飛御天歌)를 비롯하여, 세종의 불교 찬양 노래를 실은 <월인천강지곡>(月印千江之曲), 왕자 수양대군(首陽大君, 후에 세조)이 왕명으로 석가의 일대기를 찬술한 불경언해서 <석보상절>(釋譜詳節)(합하여 <월인석보>) 등과 <동국정운>(東國正韻)과 같은 한자음 연구의 책을 한글로써 편찬하였다. 또 그림을 곁들여 한글로 우리나라와 중국에서 군신·부자·부부의 삼강에 모범이 될 만한 충신·효자·열녀 35명씩의 행실의 유교적 덕성을 일반 백성에게 널리 보급하게 한 <삼강행실도>(三綱行實圖)란 책을 저술하게 하였다. 그리고 <농사직설>(農事直說)과 같이 농민에게 읽히게 하기 위한 농서(農書), 대외적인 비밀 유지가 필요한 병서(兵書) 등도 한글로 지어져 교화 등에 활용하였다. 또 세종의 지시로 한글 반포 직후부터 녹사(綠事) 등 상급 서리(胥吏)를 뽑는 이과(吏科) 시험 과목에 한자 등과 함께 언문(훈민정음 해례본, 즉 한글 글씨)이 들

---

10) 강신항, 훈민정음연구, 증보판, 성균관대학교출판부, 1990(초판은 1987), 89.
11) '한글 창제의 동기와 목적'에 대한 많은 연구는 본문에 열거된 것 이외에도 '한자음의 정비' 등을 덧붙일 수 있다. 이에 더하여 문맹 타파, 사회적 약자를 위한 배려라는 외국 학자(R. Ramsey, "The Korean Writing System in the World of the 21th Century," Scripta 2, 2010.)의 지적은 김주원, 훈민정음, 민음사, 2013, 22, 234 참조.
12) 이기백, 한국사신론, 일조각, 1999, 216.

어갔다.[13)]

　그런데 세종은 한글 공표 3년 6개월 뒤 승하하심(1450년)으로써, 공적인 문자
생활은 여전히 한자로만 행해졌고 한글은 보조적 수단으로 간접적으로 인정받는
지위에 머무르게 되었다. 그렇지만 경전이나 교화서(敎化書)를 한글로 번역(언해,
諺解)해 가르치고 배우게 하였고, 부녀자들용 소설이나 편지(언간, 諺簡)에서 사용
되었다. 많은 우여곡절을 거치면서도 그렇게 한글은 뿌리를 내려가다가 조선 말
기 개화기에 이르러는 문자생활의 주역을 담당할 정도로 확대 사용되었다. 이
현실을 인정해 정부는 결국 1894년(고종 31년) 갑오개혁(甲午改革) 시 칙령으로 '한
글'을 '문자생활의 주역'으로 공포하였다. 그러나 일제 식민지 시대 말기에는 민
족의 말과 문자가 말살 위기에 처하기도 했다. 그렇지만 1945년 해방되고 1948년
정부수립 후 정부가 「한글전용법률」을 공포해, 학교교육과 공문서에 한글 전용
(괄호 안에 한자 가능)을 채택함으로써 오늘날 우리 문자생활의 주역을 담당해 오게
되었다.

　그런데 '문자'는 단순히 읽고 쓰는 의사소통의 도구로서의 기능만 수행하지
않는다. 문자는 더 나아가 말(언어)과 함께 그 문자를 사용하는 공동체의 지식을
전달하고, 문화적 활동을 매개하고 추동하므로 그 공동체의 문화적 역량을 결정
하고, 문명을 건설하는 토대를 제공하는 문화사적·문명사적 의미를 지닌 도구이
다. 따라서 바로 우리 민족 공동체의 지금과 같은 고유한 문화와 문명을 건설하게
해 준 '한글'의 의의는 아무리 높이 평가해도 지나치지 않는다. 그런 의미에서도
세종의 한글창제정책은 우리나라 역사 전체를 통해서 자랑스러워할 가장 중요한
정책의 한 사례로 꼽을 수 있다.

---

13) 이 채용 시험에 관한 세종의 지시[전지(傳旨)]가 세종실록(28년12월기미)에 실리고 <경국대전>
　　에 수록돼 있다. 이를 문관의 채용이라고 과장해 기술한 것이 종전의 세종의 업적 나열에 공
　　통으로 나타나는데, 문관이 아니라고 한다. 즉 문관 등용 시험인 문과에서도 한때 한글이 시
　　험과목으로 부과된 일이 있었다. 그리고 그것은 세조 6년(1461)부터 문과 초장(初場)에 들어갔
　　으나, 그해 한두 번 시행하다 이듬해에 그만두었다. 그것도 한글 글씨가 아니라, 사서오경과
　　같이 해례본을 얼마나 정확하게 읽고 그 취지를 파악하느냐에 대한 시험이었다고 한다. 안병
　　희, 훈민정음연구, 서울대학교출판부, 2007, 219-221 참조. 녹사는 최일선 행정실무자인 서리
　　중에서도 중앙관서에만 근무한 실무직의 상급 서리이다.

2. 우리 역사에서 대표적인 실패 정책: 동학농민전쟁 시 청군 차병정책[14]

1800년대의 후반 조선은 긴박한 국내외 상황에 처해 있었다. 1873년 11월 대원군이 실각하고 친정체제를 갖춘 고종과 고종의 왕비인 민(閔)씨를 핵심으로 한 민씨 척족(고종의 외가인 민씨 집안사람들의 뜻) 지배 아래 국내외 상황은 더 악화하고 있었다. 이런 상황에서 교조 최제우(崔濟愚)가 사형 당한 후 표면적인 활동을 할 수 없었던 동학은 제2대 교주 최시형(崔時亨)의 지도력에 힙입어 양반에 대한 반항과 외국세력에 대한 저항 시류를 타고 각지에 포(包)·접(接)이란 교도의 조직망을 설치하고, 농민의 가담·합류로 세력을 불려 큰 사회적 세력으로 확대되었다. 그들은 고종 30년(1893년) 1월부터 교조신원운동(敎祖伸寃運動)을 벌이고, 상경하여 궁궐 앞에 꿇어 엎드려 민원을 제기하는 복합상소(伏閤上疏)를 단행하였다. 정부가 탄압하자 그해 4월 말 2만여 명의 교도들은 충청도 보은(報恩)에 모여 돌담을 쌓고 깃발을 세우고, '일본과 서양을 물리치고자 의병을 일으킴'이라는 '척왜양창의'(斥倭洋倡義) 구호를 내걸고 기세를 올렸다. 당황한 정부는 무력동원에 의한 위협책과 동시에 탐관오리를 징벌할 것을 약속한 회유책으로써 이들을 겨우 해산시킬 수 있었다.

그런데 부임 이래 부당한 세금의 징수·착복 등 갖은 수단으로 농민들을 괴롭힌 전라도 고부(古阜) 군수 조병갑(趙秉甲)이 만석보(萬石洑)의 구보(舊洑) 밑에 신보(新洑)를 축조하게 되었다. 그때 그는 땀 흘려 축조한 농민들로부터 수세(水稅)를 강제 징수하고, 그중 700석이나 착복하였다. 그에 대해 농민들이 여러 번 진정

---

14) 주로 이기백(1999), 305-312을 중심으로, 이하 인용하는 다른 문헌들을 참고해 재구성하였다. 따라서 그 재구성한 부분에 대한 책임은 전적으로 저자에게 있음을 밝힌다(아울러 한 번 나온 문헌에 대해서는 원칙적으로 이와 같이 성명, 연도, 쪽만 표기하는 방식으로 통일함). 그동안 동학농민전쟁과 관련한 여러 가지 논쟁이 있어왔다. 그 대표적인 것이 동학농민전쟁의 성격, 따라서 그 사건의 이름이었다. 농민 폭동인 '민란'인데 동학교도들이 중심이 된 것 때문에 '동학농민봉기'라 하는 주장부터, 민란 수준보다는 더 조직화·군사화해 군대를 편성하여 전투를 한 것이므로 '동학농민전쟁'이라고 하는 주장, 그리고 강령과 활동상 정권을 타도하고 구체제를 붕괴시켜 근대적 신 체제로의 변혁을 의도한 것이므로 '동학농민혁명' 또는 '동학농민혁명운동'이라고 해야 한다는 주장이 대립돼 왔다. 저자는 이 논쟁에 참여할 정도의 전문가가 아니지만, 그 성격상 '동학농민전쟁'이란 주장에 동의하므로 그렇게 기술하되, 이하 인용 문헌에 따라서는 '봉기'나 '혁명'이란 원저자의 의도도 그대로 존중하고자 한다.

해도 효과가 없자 그들의 원성이 폭발하고 말았다. 마침내 1894년 2월 16일(양력) 동학 교인 전봉준(全琫準)의 지휘 아래 1,000여 명의 농민들은 고부군청을 점령하여 무기를 탈취하고, 불법으로 징수한 곡식을 빼앗아 빈민들에게 분배하고, 만석보도 파괴시켜버리고 해산하였다. 그러자 정부에서는 진상조사단장이란 뜻의 안핵사(按覈使) 이용태를 파견하여 조사케 하였다. 그러나 오히려 그들은 민란의 책임을 동학교도에게 돌려서 교도의 명부를 작성해 체포·살해하고, 부녀자들을 겁탈하며, 재산을 약탈하고, 가옥을 불사르는 등 폭거를 자행하였다. 이에 분격한 전봉준·김개남(金開男)·손화중(孫化中) 등 지도자는 창의문(倡義文)[15]을 통하여 보국안민(輔國安民)을 위하여 궐기할 것을 호소하였다. 태인·금구·부안 등 각처의 농민들이 합세해 수천에 이른 동학농민군 세력은 탈취한 약간의 총기와 창·칼도 있었지만 대부분 죽창이나 곤봉으로 무장하고 4월 전라도 무장(茂長, 현 전북 고창군 지역-저자 주)에서 재차 봉기하였다.

　　동학농민군은 5월 제1차로 전주(全州)에서 출동한 천여 명의 관군을 고부 황토현(黃土峴, 황톳재, 현 정읍시 덕천면-저자 주)에서 쳐부셨다. 그 뒤, 정읍·고창을 거쳐 무장(茂長)을 점령하는 등 1만여 명으로 불어나 파죽지세를 이루었다. 당황한 정부는 홍계훈(洪啓薰)을 양호초토사(兩湖招討使)[16]로 임명하여, 중앙군의 정예부대 약 800명을 거느리고 이를 '토벌'[17]하도록 하였다. 그러나 서울을 떠나 인천

---

15) '보국안민'은 충성을 다해 나랏일을 돕고, 민심을 진정시켜 백성이 안심하고 편히 살게 함이라는 뜻이다. 창의문 끝 부분은 "민(民)은 국가의 근본이다. 근본이 약해지면 국가도 잔약해지는 것이다. 보국안민의 방책을 생각하지 아니하고 밖으로 향제(鄕第)를 베풀어 오직 홀로 온전할 방책만 꾀하고 헛되이 국록과 관직을 탐하는 것이 어찌 이치에 닿겠는가. 우리들은 비록 초야의 유민(遺民)이나 군토(君土)를 먹고 군의(君衣)를 입고 있으니, 국가의 위망을 앉아서 볼 수는 없다.…이제 의기(義旗)를 들어 보국안민으로써 죽고 삶을 같이할 맹서로 삼는다.…각기 민업(民業)을 평안히 하고 태평한 세월을 함께 빌며 임금의 덕화(德化)를 모두 누리게 되면 천만다행일까 한다."이다. 여기서 '베풀어'를 '설치하여'라고 한 것과 함께, 신용하, 동학농민혁명운동의 사회사, 지식산업사, 2005, 103 참조. '향제'는 고향의 집을 뜻하고, '군토'나 '군의'는 임금의 땅과 임금이 내린 옷이란 뜻으로, 임금이 백성에게 베푼 은혜를 입고 있음을 뜻한다.
16) '안핵사'는 지방에 사건이 발생하였을 때 진상을 조사(안핵)하기 위해 파견하던 임시 관직(요즘으로 말하면 진상조사단장)이다. '양호초토사'에서 '양호'는 전라도(호남)와 충청도(호서)를 합쳐 부르는 이름이다. '초토사'는 국가에 변란이 있을 때, 이를 평정하기 위해 임시로 파견한 신하이고, '순변사'는 군사 임무를 띠고 변경을 순찰 감시하던 특사이다.
17) 이 책에서 '토벌'이나 '진압'은 모두 불순한 세력을 무력으로 없애거나 진정시키는, 순전히 당시 조정의 일방적인 관점을 반영한 용어이므로 적절하지 않다. 그러나 당시 조정의 관점을 그대로 반영하는 의미에서 사용한다['진압'에 따옴표를 붙인 예는 신용하(2005), 112 등이 있으

에서 청나라 총독 같이 행세하던 주조선청국상무감독 원세개(위안스카이)가 주선해 준 북양해군 경비선과 상선에 분승하여, 5월 11일 전주에 도착했을 때는, 속출한 도망자로 그 병력이 반으로 줄어들었다. 조정의 신임이 가장 두터운 지휘관인 홍계훈은 농민군의 기세가 너무나 강한 것을 보고, 5월 14일 조정에 증원군을 요청하는 한편, -이미 조정에서 거론됐던- '청군(淸軍)의 파병 요청'이 불가피하다는 의견을 전문(電文)으로 개진하였다.

이 홍계훈의 요청이 청군 차병(借兵)이라는 정부 정책결정의 중요한 계기가 되었다. 이 건의에 따라, 5월 16일 당시 선혜청 당상으로 병조판서를 겸하던 정권 실세 민영준(閔泳駿)[18]이 고종에게 차병건을 제기하여, 조정에서 고종과 중신(重臣)들이 본격적으로 논의하게 되었다. 이때 민영준은 이미 청국의 조선 총독 행세를 하던 원세개와 협의해 가면서, 내밀히 청국군 파병 요청을 준비하고 있었다. 고종은 중신회의를 열었는데, 민영준의 강력한 차병 주장에도 불구하고, 중신들은 강경한 반대론을 펼쳤다. 결론을 내지 못하고, 다시 5월 18일 재차 회의를 열어 논의하였으나 수많은 백성의 살상, 외병에 의한 피해와 민심 동요, 공관 보호를 이유로 한 타 외국군 출병의 빌미 제공 등을 이유로 대다수가 반대하여 결국 차병 안건은 부결되었다.

그 후 홍계훈이 계속해서 현지 형세의 급박함을 보고하고, '차병'을 건의해 왔다. 조정은 중신들의 강한 반대 의견 때문에 머뭇거리는 사이, 동학농민군은 5월 31일(음력 4월 27일) 전주를 점령하고 말았다. 이 급보를 받고 당황한 정부는 이원회를 양호순변사(兩湖巡邊使)로 임명하여, 1천 4백 명의 관군을 인솔하고 호남에 내려가서 홍계훈의 관군과 협력해서 동학농민군을 '진압'하도록 조치하고 출

나, 번거로워 생략함].

18) 민영준은 민비의 조카 항렬의 민비 심복으로서 당시 국정을 주도했는데, 재정권과 병권을 장악한 선혜청 당상 겸 병조판서 겸 통위사였다. 선혜청 당상은, 선조 때부터 국가가 대동법을 시행하면서 공물(貢物)을 통일해 받은 쌀(대동미)과 무명(대동목)의 출납을 담당하던 관청이 선혜청인데, 그 우두머리(제조)를 말하며 재정권을 장악한 자리였다(1894년 갑오경장으로 폐지). 또 통위사는, 1888년 종래의 군제(軍制)는 경비가 많이 들고 제도상의 모순이 많아 이를 개혁해 3영(營)으로 재편했는데, 친군영(親軍營)에 후영(後營)·우영(右營)·해방영(海防營)을 합친 군영(군부대)을 통위영이라 하고, 그 지휘부의 우두머리 관직을 말하며, 중앙의 병권을 장악한 자리였다(1894년 폐지). 이홍직, 증보 새국사사전, 교학사, 1983, 449 및 연갑수, 고종대 정치변동 연구, 일지사, 2008, 127-128, 278 참조.

발시켰다. 그런데도 6월 2일(음력 4월 29일) 공식으로 전주 함락의 전문을 받자, 그날 밤 전·현직 중신이 참석한 심야 어전 대책회의에서 민영준은 청병 차병을 주장하고, 거의 모든 중신들은 청군 차병은 거기에 그치지 않고 -10여 년 전 청·일 양국 간 체결된- 천진조약19)에 의해 일본군도 반드시 조선에 들어올 것이므로 후환을 생각할 때 상황을 보아가며 결정하는 것이 좋다고 신중론을 진언하였다.

대신들의 강력한 반대에 부딪히자, 고종은 비밀리에 민영준으로 하여금 원세개와 교섭하게 지시하면서, 차병건을 암암리에 조율하였다. 그리고 고종은 6월 2일 밤 청군 차병을 일방적으로 결정해, 청국 공관에 공문을 발송해 버렸다. 이를 기다리던 청국의 북양대신 이홍장(李鴻章, 리훙장)은 전문을 받자, 병력 출동을 서둘러 6월 5일(음력 5월 2일) 9백여 명의 병력을 인천으로 출발시키고, 뒤이어 1천 5백여 명을 추가 파병하였다. 6월 8일 충청도 아산만에는 청군 약 2,500명이 상륙하였다.

당시 일본은 1882년 임오군란 시 청에 의한 진압, 그 후 청 세력의 확장, 그리고 1884년 일본이 지원한 갑신정변의 실패로 인하여 청국에 비하여 상대적으로 후퇴한 정치적 지위를 회복하고, 일본 상인들의 약탈적인 무역에서 얻는 폭리를 보장하기 위하여, 정치적·군사적으로 조선을 자국 세력하에 둘 필요가 있어 청국군의 파병을 예의주시하고, 한편으로 부추기며, 다른 한편으로는 조선에서 한판 승부를 겨룰 준비까지 한 차에 있었다.20)

---

19) 청·일 양국이 조선의 지배권을 두고 대립 갈등을 겪는 상황에서, 1884년 12월 김옥균 등 급진 개화파가 '갑신정변'이란 쿠데타를 일으켰다. 청군의 출동으로 쿠데타는 3일 만에 실패하고, 일본군은 쫓겨났다. 그 이듬해인 1885년 3-4월에 텐진(천진)에서 일본측 이토 히로부미와 청국측의 리훙장의 교섭으로, 청·일 양국이 조선에서 공동으로 병력을 철수하고, 향후 파병 시 사전에 통고할 것을 주 내용으로 하는 '텐진조약'(천진조약)을 체결했다.

20) 일본 측은 이미 청의 파병 통보보다 훨씬 앞서서 4월 18일(양력 5월 22일-저자 주, 이하 같음) 주조선 일본공사관으로부터 조선조정이 청국군 차병을 모색하고 있다는 보고를 받자, (조선 정부, 청 본국 및 원세개 등에 접근해 여러 방면에 걸쳐서 다각적 방법으로 정탐해 본국에 보고하였는데, 예컨대-저자 주) 정보장교들을 조선에 파견하여 정보수집 등 일본군 파병 준비를 하고 있었다. 그러던 중 조선조정이 4월 30일(양력 6월 3일)에 청국군 파병을 요청하는 공문을 청국에 보냈다는 보고를 받자, 즉시 총리대신 이등박문(이토 히로부미)의 주재 아래 참모총장과 차장까지 참석시키거서 내각회의를 열고, 조선정부의 요청도 없었음에도, 청국으로부터 파병 통보도 받기 전에 일찍이 조선에의 '출병'을 결정하였다. 신용하(2005), 112-113. 한편, 일본의 정보 수집의 한 사례로, 민영준이 원세개를 만나 좌우를 물리치고 나눈 밀담(密談)도 일본 공사관은 민영준의 심복 노릇을 하던 안경수를 매수해 첩자로 활용하고 있었기 때문에, 낱낱이 탐문된 문답서를 긴급 타전할 수 있었다. 안경수는 무과 출신으로 1883년 일본에서 방직기술

천진조약(天津條約)에 의해 파병을 정식 통고받은 일본은 곧 바로 거류민 보호라는 명분으로 이미 치밀하게 준비한 대로 선발대를 보냈다. 그리고 청국군의 제1진이 출발한 이튿날(양력 6월 9일)부터, 군함 7척과 육군 6천여 명이라는 대병력을 파견하여 -조선정부 장악을 목적으로- 인천에 상륙시켰다.

염려하던 대로 청일이 상호 무력충돌 할 정세가 펼쳐지자, 조정은 하루 속히 동학농민군을 회유하여 해산시켜야했기에 휴전교섭을 제의하였다. 전봉준은 청·일 양국군이 들어온 긴박한 상황을 고려해, 당초부터 주장했던 폐정개혁(弊政改革)을 조건으로 6월 11일 전주에서 강화에 동의하고 해산하였다. 폐정개혁안의 뼈대는 첫째, 양반들의 부당한 가렴주구를 배격하는 방안, 둘째, 외국상인의 침투를 반대하는 방안이었다. 해산한 동학농민군은 전주에 전봉준이 총지휘하는 집강소의 총본부인 대도소(大都所), 전라도 53군에 민정기관 격인 집강소(執綱所)를 설치해 폐정개혁에 착수하였다. 동학농민군이 전주에서 정부와 화의를 맺고 해산하자, 청·일 양군의 주둔은 필요하지 않게 되었다.

조선정부도 원하는 바에 따라, 청은 -이홍장과 원세개의 중대한 오판으로 뒤늦게- 대규모의 일본 군대의 파병에 따른 사태의 심각성을 인식하고, 일본에 대하여 공동 철병(撤兵)을 제안하였다. 이 제안은 각국의 지지를 받았다. 그러나 이 기회에 조선에서 청의 세력을 철저하게 축출하려는 일본은 청의 제안을 거부하였다. 그 대신 정치 혁신 없이는 또 동란이 일어날지 모르므로 이를 미연에 방지해야만 '동양의 평화'를 유지할 수 있다는 명분으로, 거절할 것을 알고도 전쟁을 일으킬 명분을 찾기 위해, 청과 일이 공동으로 내정개혁(內政改革)을 추진할 회담을 제의하였다. 당연히 청은 외국에 대한 내정간섭이라고 일본의 제안을 거절해 회담은 결렬되고, 조선에서 청·일의 정면충돌은 피할 수 없는 형세로 치닫고 있었다.

일본은 -당시 리홍장이 독일에서 도입·구축한 최신 철갑선 9척과 함선 22척의 동양 최강의 청 함대에 비해 열세인 상황을 인식하고- 먼저 기선을 제압하는

을 배우고 귀국해, 1887년 주차일본판리대신으로 임명된 민영준의 통역관이 된 이래 심복노릇을 가장하고 있었다. 이태진, "1894년 6월 청군 조선 출병 결정 과정의 진상-조선정부 자진 요청설 비판," 한국문화, 제24집, 서울대학교 한국문화연구소, 1999, 332.

전략으로 치고 나왔다. 7월 25일 일본 함대가 선전포고도 없이 충남 아산 근해 풍도(豐島, 지금의 안산 대부도 부근-저자 주) 앞바다에서 청 군함 2척을 기습 공격해 격침시키고, 1,200여 명의 청군을 수장시켰다. 이어서 조선 주둔 청군을 공격해 성환과 아산을 점령한 후, 8월 1일 정식으로 선전포고하며 청일전쟁을 개시하였다. 일본은 9월 15일 평양 대접전에서 대승을 거두고, 압록강 어귀 황해 해전에서도 청 주력 군함 5척을 격침해 승리함으로써 제해권을 장악하였다. 또한 9월 말 랴오뚱(요동) 반도에 상륙해, 청국 본토를 공격해 들어가 뤼순(여순)과 다롄(대련)을 점령했다.

한편 조선 조정이 동학농민군과의 강화 조건을 이행하지 않으면서, 휴전은 동학농민군에게 불리하게 돌아가고 있었다. 그리고 불청객 일본군의 선발대가 청군보다 더 일찍 인천에 도착해 상륙하고 서울로 직진했다. 일본은 철군을 거부한 후 서울 용산에 군대를 주둔시켜 놓고, 경복궁과 4대문을 무력 점령하고, 민비정권을 무너뜨린 쿠데타(갑오변란) 후 세운 친일개화파 내각을 통해 내정 개혁을 강요하였다. 그리고 경부선 등 철도부설권이나 군용 전선 가설권 등 각종 이권을 챙겨 침탈해 들어왔다. 조선 땅과 연안에서 청일전쟁을 일으킨 일련의 일본의 폭거는 민심을 극도로 자극하고 있었다.

이에 1894년 10월 11일 전라도 삼례에서 회의 후 전봉준·김개남 중심의 1만여 명의 동학농민군이 청일전쟁 중이던 일본 세력과 일본과 결탁한 친일정권을 몰아내기 위하여 다시 봉기하였다. 관청에서 탈취한 무기로 무장한 농민군은 공주를 점령하고 서울로 진격할 계획을 세우고, 전봉준의 10만 호남군과 손병희의 10만 호서군은 세 길로 나눠 논산을 거쳐 북진하며, 관군 및 일본군과 맞부딪히게 되었다. 척왜와 친일개화파 내각의 타도를 외치며 북상하는 동학농민군의 기세에 위기를 느낀 조선 조정은 '이번에는' 일본 정부에 동학 농민군의 '진압'을 공식 요청하였다. 그때 조선의 내각총리대신 김홍집은 외무대신 김윤식 및 탁지대신 어윤중과 함께 이노우에 공사를 방문하고, 일본의 군사원조를 구두로 요청해, 즉각 수락을 받았다.[21] 이로써 일본은 법적 정당성을 확보하고, 실질적으로 일본군

---

21) 유영익, "대원군과 청일전쟁," 한림대 아시아문화연구소(편), 청일전쟁의 재조명, 1996, 119.

이 주력이 된 조일 연합군으로 동학농민군의 '진압'에 나섰다.

11월 9일 1천 명의 일본 수비군과 3천 명 가량의 조선 관군으로 구성된 조일 공동 '정토군'(征討軍)이 제19연대 대대장 남소서랑(南小西郎, 미나미코시로-저자 주)를 실질적 사령관으로 삼아 출동하였다.[22] 동학농민군은 11월 말에서 12월 말에 걸쳐 천안과 공주 근처에서 벌어진 일련의 전투에서, 일본군이 주축이 된 '토벌군'에 의해 무자비한 살육으로 인해 괴멸 당하였다. 특히 12월 5일 10시부터 시작해 7일까지, 공주 점령을 목표로 주력 부대가 공주 길목인 주미산 우금치(牛金峙, 소도 넘기 힘든 고개의 뜻) 고갯마루를 넘으려고, -김개남의 군대를 기다리다 끝내 오지 않자 뒤늦게 출발했기 때문에- 먼저 와서 고개 정상에 포진하고 있던 일본군과 관군에 맞서, 시체가 산에 가득할 정도로 40-50 차례나 대혈전을 펼쳤다. 그러나 조직과 훈련의 미숙, 절대적인 무기의 열세를 극복하지 못하고 막대한 희생을 치르며, 근대식 훈련과 장비를 갖춘 일본군에 결정적으로 패하고 말았다. 이로 인하여 전세가 역전되어, 후퇴를 거듭할 수밖에 없던 중, 12월 23일 태인에서 또 패하였다. 이곳저곳의 끈질긴 항전도 역부족이었다.

12월 28일 피신한 순창에서 배신자의 밀고로 재기를 꾀하던 전봉준이 체포되고, 이어 다른 많은 동학농민군 지도자들이 체포 혹은 피살되었다. 그리고 동학농민군이 흩어지면서, 이듬해 1월 항쟁은 완전히 '진압'되었다. 3월에는 전봉준도 서울에서 처형됨으로써, 1년간에 걸쳐 싸운 동학농민군의 봉기는 결국 일본군과 관군의 연합세력에 의하여 30-40만 명의 희생자를 내고 실패하고 말았다.[23]

그리고 일본은 1895년 1월 청 산둥반도의 웨이하이웨이(위해위)의 막강한 북

---

22) 유영익(1996), 121.

23) 작전과 학살의 주역을 맡은 일본군에 대한 다음 기록 참조. "일본군은 농민군에 대하여 '모조리 죽인다'는 방침을 취하고 철저히 탄압하였다. 당시의 정부 기록과 오지영의 <동학사>(1940)에 의하면 전투와 토벌·학살로 인한 사망자는 3만 명 이상, 전후 피해자는 30-40만 명으로 추정된다. 일본군은 농민군뿐 아니라, 주변의 일반 농민들까지 학살 대상으로 삼았던 것이다." 오비나타 스미오(大日方純夫), "청일전쟁과 동아시아 전통질서의 해체," 한중일이 함께 쓴 동아시아 근현대사Ⅰ, 한중일3국공동역사편찬위원회, 휴머니스트, 2012, 85-86. 동학농민군에는 동학교도들보다도 양반관료의 지배에 반대하는 일반 농민(평민과 천민 신분의 소작농·빈농)이 더 많았다고 한다. 항일 봉기 시 동학농민군이 모두 동학교도의 형식을 취했다 할지라도, '구도'가 아닌 새로 입교한 '신도'의 다수는 농민군 승리의 대세에 편승하여 입도한 일반 농민이었다고 한다. 전봉준도, 동학교도를 골간으로 하고 구체제에 반대하는, 수적으로 훨씬 많은 원한에 찬 일반 농민이 참가했음을 진술했다고 한다. 신용하(2005), 126.

양함대 기지를 공격해 함대를 전멸시키고, 2월 청군의 항복을 받아냈다. 결국 패배를 인정하고 강화를 희망한 청과 1895년 4월 시모노세키조약[하관조약(下關條約)]을 맺고, 전쟁은 종결되었다.[24]

이상과 같이 청군차병정책은 청의 차병군이 일본군에게 잇달아 패배해 '진압' 투입은 엄두도 못 내면서, 동학농민군 측과 교전상태에 들어간 적도 없어, '청 차병군에 의한 동학농민군의 진압'이란 정책의 목적은 달성되기는커녕,[25] 그 정책이 도화선이 돼 '청일전쟁'을 야기한 파국적 대실패 정책이었다. 그 전쟁은 한·중·일 동아시아 3국의 전통질서를 최종적으로 해체하고, 그 승자인 일본이 조선에서 청국을 몰아내 실권을 빼앗고, 러일전쟁에서 러시아까지도 패배시켜, 결국에는 조선을 식민지로 삼게 된, 역사적 전환점(변곡점)을 이루게 하였기 때문이다.

> 1894년 봄 동학농민 봉기에 의하여 촉발된 청일전쟁은 한반도를 중심으로 치러진 동아시아사상 최초의 근대전(近代戰)이었다. 이 전쟁으로 말미암아 동양의 전통적 세력균형이 깨어지고 '노대국'(老大國) 청국 대신 신흥 일본이 이 권역의 패자(霸者)로 등장하였다. 한편 이 전쟁의 여파로 조선왕국내에서는 갑오경장이라는 공전(空前)의 개혁운동이 펼쳐지는가 하면 민비 시해(弑害) 및 아관파천 등 미증유의 정변(政變)이 접종(接踵)하였다. 이 전쟁은 조선왕조가 임진왜란 이래 맞은 최대의 위기였으며 그 후유증으로 인하여 조선은 종전 10년 후에 일본의 보호국으로, 그리고 그 후 5년이 지나 일본의 식민지로 전락하고 말았다. 한마디로 이 전쟁이야말로 동아시아 근대사상(近代史上) 획기적인 국제전(國際戰)이었을 뿐만 아니라, 조선왕조의 몰락을 재촉한 치명타였다고 볼 수 있다.[26]

---

24) 이기백(1999), 312-313을 중심으로 다른 문헌을 참고해 재구성함. 청일전쟁 이후 일본은 1904년 러일전쟁, 1914년 제1차 세계대전, 1931년 만주사변, 1941년 태평양전쟁 등 거의 10년 간격으로 전쟁을 치렀다. 러일전쟁에서 단기 기습전으로 유럽 강국 러시아에 승리하면서 자만과 자신감을 가진 것이 군국주의 일본의 불행이었다. 청군이 조선 내에서의 전투에서 패배한 원인을 한 중국 학자는 ① 청조 봉건 정치의 부패, ② 이홍장의 군사 경시, 외교 중시정책과 일본에 대한 소극적인 타협양보방침, ③ 근대적인 군사 지휘능력을 지닌 지휘관의 부족, ④ 일본군과 비교한 청군의 자질·소양과 병력의 열세, ⑤ 청군 병기의 낙후, ⑥ 조선 국내의 항일운동의 역량 활용 미흡과 (청군의 행포 등으로)조선국민의 지지 확보 실패, ⑦ 해군의 적절한 지원 부족 등으로 요약하기도 한다. 謝俊美, "청일전쟁 시 조선투입 청군의 동원과 조선 내에서의 전투상황," 한림대 아시아문화연구소(편), 청일전쟁의 재조명, 1996, 129-166.

25) 이태진(1999), 341.

26) 유영익(1996), 75. 원저자의 한자어 본문을 한글로 바꾸면서, 뜻을 명확히 하고자 일부는 괄호

정책사례와 관련된 철학적 질문

이제 앞의 정책사례들을 염두에 두면서 문제의식의 환기와 문제제기를 주된 목적으로 정책과 관련된 대표적인 철학적 질문 몇 가지를 제기하고 논의해 보기로 하겠다.

1. 정책이란 무엇인가?

앞에서 세종의 한글창제정책, 고종의 청군차병정책 등에 모두 '정책'이 따라 붙는다. 그러면 그 '정책'이란 무엇인가? 사실 '정책이란 무엇인가'라는 질문은 정책학 제1의 원초적·본질적이고, 또 총체적인 질문에 속한다. 정책학의 본질적이고 총체적인 대표 질문이기 때문에 그런 질문에 대하여 논의하는 모든 것, 즉 이 질문으로부터 파생되고 관련되는 갖가지 주제를 연구하며 교육하는 모든 것이 '정책학'이란 분과학문을 구성한다. 그래서 앞으로 제기되는 모든 질문과 논의는 사실 이 근본적인 질문의 연장 확대이고, 다시 그것으로 귀결 수렴되고 평가되는 질문과 논의이다. 다른 모든 학문도 이런 식의 질문을 제기하고 그에 대답하고자 하는 데서부터 시작한다. 예컨대 역사란 무엇인가, 법이란 무엇인가, 정치란 무엇인가, 과학이란 무엇인가 등의 질문에 각각 역사학, 법학, 정치학, 과학이 존재하며 각각 그에 대답하는 것과 같다.

또한 이 질문을 끝까지 궁구(窮究)하여 그 본질을 밝히고자 하는 정책학의 분과학문이 바로 '정책철학'(공공정책철학, philosophy of public policy)이다. 그래서

안에 한자를 넣었다. 본문 중 '접종'은 '뒤를 이어 일어남'의 뜻이다. 유교수는 한림대 주최 청일전쟁 재조명 학술대회 종합토론에서 "보통 조선왕조가 멸망한 것은 노일전쟁이 계기가 되었다고 말합니다. 그러나 제가 보기에 노일전쟁은 거의 다 죽은 사람에게 '자비로운 타격'(coup de grace)을 한 번 더 가한 것에 불과합니다. 실제로 조선왕조에 치명타를 입힌 것은 청일전쟁이라고 생각합니다. 청일전쟁 때 조선이 오랫동안 의지했던 종주국 청이 일본에 패함으로써 조선왕조를 지탱하던 가장 중요한 기둥 하나가 무너진 셈입니다."라고 평가하였다. 유영익 (1996), "종합토론," 청일전쟁의 재조명, 308-309.

이 질문을 '정책학 제1의 본질적인 질문'이라고도 말한다. 그것은 역사철학, 법철학, 정치철학, 과학철학 등이 그러한 것과 같다. 그리고 이 질문의 총체적이고 본질적인 규명을 위해서는 과거로부터 지금까지 정책들이 펼쳐져 우리의 삶과 공동체를 이끌어 온 역사, 곧 정책사(政策史, history of public policy)에 대한 분석과 연구와 그에 따른 통찰력을 얻는 작업이 꼭 필요하다. 그리고 정책사를 체계적으로 연구하고자 하는 정책학의 분과학문이 '정책사학'(政策史學)인데, 정책학 및 정책철학의 넓고 깊은 이해는 정책사학의 뒷받침이 꼭 필요하다.

그러면 정책이란 무엇인가? 한마디로 '중요한 문제의 해결을 위한 일련의 행동지침'이다. 이 책에서 '정책'은 주로 '공공정책'을 말한다. 그것은 정부나 공공기관, 그에 준하는 공공적 성격을 띤 조직의 중요한 공공문제를 대상으로, 그 공공문제의 해결 주체인 (직접 지배 원리의 직접민주체제에서는) 구성원이나 시민이 직접, 또는 (가장 전형적으로는 정부와 같은 간접 지배 원리의 간접민주체제에서는) 그들로부터 그 권한을 위임받은 공공당국이 내놓는 해결의 지침인 정책을 말하게 된다.27) 그런 정책은 우리 눈에 잘 보이든지 잘 보이지 않든지, 우리 삶에 크고 작은 영향을 미치고, 우리의 삶이 있는 곳에서 필수불가결한 요소이므로, 정책 관련 활동은 공동체사회 어디에서나 발견되는 보편적 현상으로 일컬어진다.

그러면 새삼스럽지만 세종이 한글을 창제하고 보급하고자 한 일련의 일은 과연 앞에서 정의되는 정책, 곧 한글창제'정책'이 맞는가? 당시 한자를 쓰기 어려운 일반 백성이 일평생 문맹(文盲) 상태로 살아야 하는 아주 중요한 공공문제의

---

27) 기본적으로 '정책'(policy)이란 용어에 대하여 정책학의 창시자 라스웰은 그의 창시 논문(5쪽)에서 다음과 같이 말한다. "'정책'이란 말은 흔히 조직생활이나 개인생활에서 이루어지는 매우 중요한 선택을 지칭하기 위하여 사용된다. (즉) 우리는 투자와 다른 일 등과 관련하여, '정부정책'(government policy), '경영(기업)정책'(business policy) 또는 '내 자신의 정책'(my own policy) 등과 같은 말을 한다. 이 때문에 흔히 '당파성'이나 '부패'를 함축하는 것으로 여겨지는 '정치적'(political)이란 말에 달라붙어 있는 바람직하지 않는, 많은 내포적 의미에서 벗어난(없는) 말이 '정책'이란 말이다." Harold Lasswell, "The Policy Orientation," in Daniel Lerner and H. Lasswell(ed.), The Policy Sciences, Stanford Univ. Press, 1951, 3-15. 흔히 공공정책(public policy)을 정부정책(governmental policy)과 동일시하는데(공공정책의 가장 대표적인 주체가 정부이고, 원칙적으로 정부정책은 모두 공공정책이므로 그런 인식이 생겼다고도 할 수 있음), 민간부문에서도 공익(public interests) 및 공공사항(public affairs)과 관련된 공공정책을 운용하고 있다. 이런 공공정책의 개념은 허범, "공공정책의 형성과 집행," 허범 외(공저), 행정학개론, 대영문화사, 1988, 76-78; 허범, "정책의 본질," 유훈 외(공저), 정책학개론, 법문사, 1976, 29-70 참조.

해결을 위하여 -현대로 말하면 공공당국의 수장인- 세종께서 한자를 보조하는 '새 문자'인 한글을 창제해 보급한 일련의 지침, 더 넓게 말하면 교육문화학술 등과 관련된 중요한 어문(語文)에 관한 지침이었기 때문에 그것은 '정책', 그것도 '매우 중요한 정책'이 맞다. 또 마찬가지로 당시 국정실패에 목숨을 걸고 항거하고 나온 동학농민군을 관군만으로 '진압'할 수 없는 아주 중요한 문제에 봉착해 고종이 청군의 힘을 빌려 '진압'(해결)하려 했던 일련의 지침이었기 때문에 청군차병의 방침은 '정책', 그것도 '매우 중요한 정책'인 것 역시 맞다. 이들은 그 효과가 오늘날 한민족 누구에게나 미칠 정도로 역사적으로 정책사적 대표 사례로 꼽을 만한 중차대한 정책이었다. 물론 그 정도는 아니지만 크고 작은 정책들이 우리 이전 세대와 우리 세대와 우리 다음 세대로 이어지면서 우리 삶에 크고 작은 영향을 주며 존재하게 돼 있다. 다음과 같이 당장 현재 우리 일상 삶과 관련해 보더라도 그렇다.

> 우리나라는 과거 개발 시대에 자동차가 증가해 교통체증이 시작되자 곳곳에 횡단보도를 없애고 지하도와 육교를 설치하고, 고가도로를 건설하는 '자동차 중심'의 교통정책을 당연시하였다. 그런데 이제 보행권, 약자 교통권, 환경 보호를 위해 지하도와 육교를 철거하고, 횡단보도를 재설치하며, 고가도로를 철거해 '보행 및 환경 친화적' 교통정책을 도입하고 있다.28) 또 급속한 개발에 따른 환경오염이 불가피하다고 받아들였으나, 이제 미세먼지가 건강과 일상생활에 문제를 일으킬 정도가 되자, 대기오염의 환경정책을 넘어, 유류와 전기요금·원전 건설·화력발전소 가동 중단 등 에너지정책 및 산업정책 등과 분리할 수 없는 국가적 과제로 등장하고 있다.29) 이들 정책은 오늘도 우리의 발(교통)과 눈·코(환경) 등 우리 일상 삶을 지배하고 있다. 또 법률은 법의 형태로 강제력을 갖고 시행되는 '다른 형태의 정책'이다. 2016년 9월부터 '공직자 또는 공적 업무 종사자'(배우자 포함)에게 직무 관련성이나 대가성과 관계없이, 직접 또는 제3자를 통한 청탁 및 금품수수를 금지하는 청탁금지법(일명 김영란법)30)이란 정책이 시행되자, 갑자기 다른 사회에 살아가야

---

28) 한겨레, 2014. 2.15., "르포: 46년 만에 철거되는 아현고가도로" 조선일보, 2014.10.24., "[도시人, 걸어야 산다] [1]車중심정책에 불안·불편…걷기 꺼려지는 보행路"
29) 동아일보, 2016.6.4., "미세먼지 '특단의 대책' 없이 다음 정권에 떠넘기는가" 사설 외 기사; 중앙일보, 2016.6.14., "미세먼지 관리 특별대책" 사설.
30) 2002년 부패방지법이 시행되고 국민권익위원회(구 부패방지위원회, 국가청렴위원회)가 설치되었으나 공직자의 부패·비리 사건이 계속 터져 나왔다. 향응과 금품 수수 등 직무 대가성을 규

하는 것처럼 학교에서 사제 간, 친지 간 명절의 선물도 조심할 정도로 지금까지의 관행이 바뀌었다.

　이와 같이 우리 삶은 정책과 함께 살아가는 삶이다. 그래서 우리 삶의 변화는 직간접적으로 정책의 변화와 밀접하게 연결돼 있다고 하는 것이다. '민주주의' 하면, 민주주의를 상징한다고 보기 때문에 우리에게 곧바로 떠오르는 '선거'를 생각해 보자. 우리는 후보자 개인과 그가 속한 정당을 보고도 지지를 결정하지만, 그들이 집권 시 실행하겠다고 약속하며 내 놓는 '공약'(公約)을 보고도 지지 여부를 결정한다. 바로 그 '공약'이란 것이 다름 아닌 '일단의 정책묶음'이고, 그래서 '공약'은 그런 '정책 꾸러미'의 다른 이름인 것만 보아도, '정책'이 우리 삶에서 얼마나 중요한가를 알 수 있다.

　그러면 시선을 나라 밖으로 돌려서, 세상의 많은 것을 바꾸는 것 역시 '정책'이라는 사실을 생각해 보자. 미국이 짧은 역사에서 세계의 지도적 국가로 성장한 배경에는, 그렇게 만든 수많은 좋은 정책들이 있었음에 틀림없다. 예컨대 독립 후 1세기도 지나기 전에 남북으로 분단될, 미국 역사상 가장 중대한 국가적 위기에 처한 때가 있었다. 그때 특수한 정책 곧 '전쟁'이란 특수한 정책이 미국을 건졌다. '전쟁은 중대한 문제의 무력에 의한 해결'이라는 특수한 정책이므로,[31] 전쟁은 평화적인 방법의 포기와 무력 사용 방법의 채택이란 정책의 또 다른 표현이기도 하다.[32] 미국 국가 내부의 분열상(남북 간 지역적 이해관계의 격차와 노예제 존폐

제해야 한다는 여론에 따라, 2011년 6월 당시 김영란 국민권익위원장이 국무회의에서 처음 제안하고, 논란 끝에 2015년 3월 부정청탁 및 금품등 수수의 금지에 관한 법이 제정·공포된 후 2016년 9월 28일부터 시행되었다. 합법적으로 허용되는 금품의 범위는 시행령으로 정해졌는데, 시행 당시 식사, 선물, 경조사비의 상한액 설정에 따른 외식업·농수축산업·스포츠레저업·화훼업 등 관련 산업에 대한 영향으로 논란이 있었다. 대한변호사협회, 한국기자협회 등은 2015년 3월 김영란법이 국회에서 가결되자, 법 시행 이전임에도 이례적으로 헌법재판소에 헌법소원을 청구했다. 헌재는 2016년 7월 28일 4개 쟁점(언론인 대상에 따른 언론자유와 평등권 문제, 민간 영역 중 언론과 교육 분야만 해당되는 데 따른 차별 문제, 금지 대상의 명확성 여부, 배우자의 신고의무에 따른 양심의 자유 문제 등)에 대하여 모두 합헌 결정을 내렸다.

31) 원래 전쟁이 벌어지면 인명 피해와 재산 손실이 발생하기 때문에, 갈등을 해결하기 위하여 협상으로 안 될 경우 최후 대체 수단으로 전쟁을 선택한다. 특히 전쟁은 낙관론과 비관론이 결합하는 경우에 쉽게 일어난다. 즉 현재의 상황이 계속 악화될 것인데, 상대방이 협상을 통해 문제해결에 협조하지 않을 것이며, 합의한다 해도 합의를 지키지 않을 것이라고 비관적으로 전망하면서, 동시에 전쟁이 효율적인 해결방식이고, 특히 군사력 사용에 대한 낙관론이 존재하는 경우 전쟁은 일어난다. 이근욱, 이라크 전쟁, 한울, 2011, 88 일부 인용 및 참조.

관련 갈등)을 해결하기 위한 '내전'(Civil War)이 남북전쟁(1861-1865)이었다.

　　남북전쟁의 직접적 원인은 1860년 노예폐지론자인 링컨(Abraham Lincoln, 1809-1865)의 대통령 당선이었다. 그러자 남부 주들이 연방에서 분리를 선언하며 1861년 아메리카연방(Confederate States of America)을 창설하고, 새 대통령을 선출하며 새 헌법을 채택하였다. 결국 5년간 20만 명이 전사(戰死)하고 그 밖의 40만 명 이상이 죽는 엄청난 희생을 치루면서, 링컨 대통령은 미국의 국민과 함께 미국을 지켜냈다. 링컨은 그때 그렇게 지켜내야 할 숭고한 가치와 이상을 전쟁이 막바지로 치닫던 1863년 11월 1일 게티즈버그에서 그 유명한 '국민의, 국민에 의한, 국민을 위한 정부'라는 연설로 표현하였다. 남북전쟁 이후 미국은 국가적 결속을 한층 강화하고, 여러 가지 유리한 여건 아래 세계적인 강대국으로 발전할 수 있었다.[33)]

　　여기서 링컨 대통령의 '국민의, 국민에 의한, 국민을 위한 정부'라는 명제를 보자. '국민을 위한' 것이란 ① '정부 존재의 목적·목표'를 분명히 천명하고, ② 그 '정부의 주체'도 '국민의'라고 선포하며, ③ 그 '정부가 사용하는 수단·방법'까지도 '국민에 의한' 것을 선언한 것이기 때문에, 그보다 더 민주주의 사상을 간명하게, 또 더 확고하게 옹호한 사람도 없다고 평가받고 있다.[34)] 그런데 사실 '국민의, 국민에 의한, 국민을 위한 정부'는 '정책'에 대해서도 그대로 적용되는 명제에 해당된다. 그런데도 그에 대해서는 사람들이 별로 관심을 두지 않는다. 그 문구에서 '정부'는 '정책'으로 대치해도 전적으로 옳다. 그렇다면 그 문구는 '국민의, 국민에 의한, 국민을 위한 정책'이 되고, 그것은 '민주주의 국가의 정부'에서 추구하는 '정책의 목적·목표, 주체, 수단과 방법'을 가장 포괄적이고 가장

---

32) 클라우제비츠(Carl von Clausewitz)가 전쟁의 특성을 간파하고, "전쟁은 다른 수단으로 수행되는 정치의 연장"[이근욱(2011), 35 재인용]이라고 한 말을 정책에 적용해, '전쟁은 다른 수단으로 수행되는 정책의 연장'이고, 특히 '전쟁은 특수한 기조정책'이라고 말할 수 있다.

33) 차하순, 서양사총론, 탐구당, 1976, 571-573 참조

34) 조선 후기 학자인 다산(茶山) 정약용(丁若鏞)도 그의 <여유당전서>에서, '목민관'(牧民官, 줄여서 '牧')인 수령들이 최일선 관청의 아전들과 더불어, 자의적인 목적과 이익을 좇아서 법을 제정·시행하던 당시의 악폐와 악정(惡政)을 보고 통렬히 비판하였다. 즉 "백성을 위해서 목(牧)이 존재하는가, 백성이 목을 위해서 태어났는가?(牧爲民有乎 民爲牧生乎)…태고시대에는 백성만이 있었을 뿐이니 어찌 목이 존재하였을 것인가"라고 비판하고, 정부와 관료의 존재 목적·목표를 천명하였다. 한영우, "정약용의 與猶堂全書," 실학연구입문, 역사학회 편, 일조각, 1973, 334-335.

숭고하게 천명한 선언이다. 더 나아가 그것은 '어떤 공동체(조직, 기관)의 공공당
국'에서 추구하는 '정책의 목적·목표, 주체, 수단과 방법'에 대해서도 점검·성찰
하게 해 주는 일반적 선언이라고 확장·적용할 수 있다.

　한편 미국이라고 모두 다 좋은 정책으로 일관했을 리도 없다. 예컨대 프랑스
의 정치철학자이며 역사가인 토크빌(Alexis de Tocqueville, 1805-1859)이 미국 여행
을 마치고 1835년 미국에서 출판했던 <미국 민주주의>(Democracy in America)라는
유명한 저서에서, 미국으로부터 배울 만한 좋은 점도 다수 지적하면서도 다음과
같이 미국의 치부 하나를 들춰 지적하였다.

　　세상 사람들의 눈에는 도덕적 원칙을 전혀 위반하지 않는 것처럼 보이면서, 미국
　　은 인디언을 멸절시킬 수 있었다.35)

　여기서 인디언을 멸절시킬 수 있었던 것은 '미국 정부의 인디언(에 대한) 정
책'이었다. 그 성격상 공개하거나 언급하길 꺼려하는 일련의 내밀한 '정책'을 들
춰낸 셈이다. 그런가 하면 그 미국은 세계를 호령하는 선두 국가인 까닭에 세계적
인 파급효과를 지닌 정책으로 많은 나라의 사람들을 놀라게 한다. 최근의 정책으
로는 '이라크전쟁'을 들 수 있다. 세계적인 언어학자이자 진보적인 지식인으로서
세계의 주요 의제들과 관련해 '보편성의 원칙'(principle of universality)에 입각해
자기 나라인 미국에 대해서도 서슴없이 가혹한 비판을 마다않는 노엄 촘스키
(Noam Chomsky)가, '이라크전쟁'(Iraq War)을 일으킨 미국 정부를 향해 쏟아내는
가차 없는 비판을 보자.

　　세계 유일의 초강대국이 무법 국가(outlaw state)의 전형적인 정책, 국민을 심각한
　　위험에 빠뜨리는 정책, 또한 민주주의를 심각하게 위협하는 정책을 의식적으로
　　선택하고 있다.36)

---

35) Alexis de Tocqueville, Democracy in America Ⅱ, Everyman's Library, 1994, 355; Noam Chomsky,
　　Failed States; 강주헌(역), 촘스키, 실패한 국가, 미국을 말하다. 황금나침반, 2007, 15-16 재인용.
36) Chomsky(강주헌, 2007), 195.

이라크전쟁은 미국 제43대 조지 W. 부시 대통령(George Walker Bush, 2001-2009 재임)의 주도 아래, 2003년 3월 20일부터 4월 14일까지 미국과 영국 등 연합군이 이라크를 침공해 후세인 정권을 무너뜨리고 5월 1일 '임무 완수'(mission accomplished)를 선언할 때까지 이라크군을 상대하여 치른 전투이다. 거기에 그 후 2011년 말 완전 철군한 때까지 이라크 정부의 수립 등 이라크 안정화를 위하여 수행한 점령 및 지원 행정을 포함시켜 총 8년 9개월여 간 지속된 전쟁을 말한다.

미국의 '이라크전쟁'은 전임 빌 클린턴 행정부의 '외교'에 의한 '이라크문제의 해결'이라는 정책기조를 모조리 뒤집는 소위 'ABC'(Anything But Clinton)를 내세워 폐기하고, '무력'에 의한 해결의 정책기조를 채택해 집행된 정책이었다. 이는 미국과 이라크뿐만 아니라 중동지역 전체와 심지어 한국군의 이라크 파병에서 보듯이 한국인들에게까지, 그리고 전 세계에 영향을 미치고 있는 재앙에 가까운 정책이었다. 2014년 6월 중동지역에 '칼리프 국가 창설'을 선포하고, 2017년 현재 중동지역을 내전의 혼란에 빠뜨리고, 유럽 등에 수많은 난민 유입과 테러 사태, 영국의 유럽연합(EU) 탈퇴 국민투표 가결, 난민 관련 정책 쟁점의 영향을 받은 정권의 교체 등을 초래하고 있는 '이슬람국가'(IS)의 출현도 그렇다. 이는 이라크전쟁과 미군 전투부대의 2011년 말 이라크 완전 철수로 생긴 힘의 공백과 중동지역의 수니파·시아파 간 종파 갈등의 틈을 파고들어온 여파이므로 이라크전쟁의 한 갈래 결과이기도 하다. 이처럼 이라크전쟁의 유산은 너무나 크고, 지금도 계속되고 있다.[37]

그렇지만 미국 정부의 정책 중에 우리나라를 비롯해 다른 많은 나라에도 좋은 영향을 미친 정책도 물론 있다. 그동안 동서양을 막론하고 장애인에 대한 사람들의 무지, 편견과 오해는 엄청났다. 그런데 현대에 들어와 구미의 선진국 정부는 그 사회의 선구적인 개인 및 단체와 손을 맞잡고, '장애인의 인권, 인간다운 삶'을 위해 앞장섰다. 다음은 미국 정부의 장애인복지정책의 배경 요약이다.

---

[37] 영국에 본부를 둔 비정부기구 이라크 보디 카운트(IBC)는 이라크 전쟁으로 2011년 10월 말까지 11만 3,680명의 민간인을 포함해 15만 5,000명 이상이 숨진 것으로 집계했다. 미군 사망자는 4,487명이며, 이라크 보안군은 1만 6,600여명이 희생됐다. 경향신문, 2011.12.17., "8년 9개월 끈 이라크전 사망자 총 15만여 명 추산"

미국은 1930년대 초 산업화의 결과로 생긴 장애인(산업재해 피해자) 문제에 대처해야 하는 현실적인 문제 때문에 경제성장 정책과 아울러 '사회 안전망'으로서 뉴딜정책에 의해 본격적이고 선진적인 장애인 정책을 수립·집행해 왔다. 그렇지만 처음에는 다분히 '장애인에 대한 시혜'에 머물렀던 장애인 복지정책은 복지국가와 전문가에게 의존하는 '이등 또는 열등 시민' (second-class or inferior citizenship) 의식과 '종속의 문화'(culture of dependency)의 희생자를 양산하게 했다. 이에 대한 반성으로, 그 후 기복은 있었지만, 장애인이 차별 없이, 사회의 일원으로서 독립적이고 동등한 삶을 살아갈 수 있도록, '능력부여'(empowerment) '자조'(self-help) '독립'(independence) '민권의 확장'(extension of civil rights) '참여'(participation) '평등'(equality) 등의 가치를 지향하는 장애인 정책과 제도를 도입·시행하고 있다. 독일 같으면 제2차 세계대전 후 전쟁 부상자로 생긴 장애인 문제에 대처해야 하는 현실적인 문제 때문에 역시 장애인 복지정책을 획기적으로 시행하게 되었다.[38]

이와 같은 '장애인 천국' 같은 선진국의 장애인복지정책의 실상을 직접 보고, 겪고 돌아온 우리나라 사람들도 점차 인식을 바꾸기 시작하였다. 1977년 특수교육진흥법으로 교육기회를 제공하는 데 이어, UN이 1981년 완전 참여와 평등을 요구하며, '세계 장애인의 해'로 정하고 채택한 '세계 장애인 10년의 행동계획'에 발맞춰 정부도 1981년 최초의 종합적 심신장애자복지법을 제정하여 의료·직업 재활 및 생활보호 등 권익 보장과 복지서비스를 제공하기 시작하였다. 그렇지만 여전한 장애인에 대한 무지·편견·차별의 민낯을 세계인에게 감출 수 없는 계기가 찾아왔다. 1980년대 초반 '1988년 서울올림픽'의 유치 후, 반드시 동반 개최해야 할 '장애인올림픽'(패럴림픽)이 그것이었다. 그 준비를 위해 대통령 직속으로 장애인대책위원회를 설치하며, 정부는 장애인단체, 민간단체, 언론, 그리고 각 기업·기관과 손잡고, 제도적 장치의 재정비와 인식 전환 등에 노력한 결과 큰 변화를 가져왔다.[39]

또 한 나라의 정책이 단순히 한 나라나 지역의 어떤 한 분야를 넘어 세계사적인 영향을 미치는 경우도 있다. 그것이 저 유명한 20세기 후반 세계사적인 독일

38) Harlan Hahn, "Advertizing the Acceptably Employable Image: Disability and Capitalism," Policy Studies Journal, 15(march), 1987, 552-565; Frank Fischer, Evaluating Public Policy, Chicago: Nelson-Hall Inc., 1995, 134-135, 138-150 재인용.
39) 정일교·김만호, 장애인복지론, 3판, 양서원, 2012, 52-53 참조.

통일을 이룩한 당시 서독의 '동방정책'(Ostpolitik, 東方政策)이었다. 그런데 그런 서독의 '접근을 통한 변화'라는 구호의 '동방정책'만 해도 처음부터 거창한 동서독 통일을 그렇게 일찍 달성하여 전체 독일인의 운명, 나아가서 동서유럽인의 운명을 바꿀 것을 예상하고 제안·실행되었던 정책은 아니었다.

  동방정책은 처음에는 서베를린시장과 서독 수상으로 재임했던 빌리 브란트(Willy Brandt, 1913-1992)와 그의 최측근 참모 에곤 바르(Egon Bahr, 1922-2015)에 의해 제2차 세계대전의 패전국 독일이 동·서독으로 분단된 뒤 동서 냉전이 격화한 가운데 서독측이 1960년대 후반부터 서방세계와의 우호관계를 계속 유지하면서도 '작은 걸음 정책'(Politik der kleinen Schritte)이란 표현처럼 동서 베를린 주민 간 친척 방문으로 인간적 고통을 완화시켜주기 위한 소박한 목표부터 달성하고자 시작되었다.[40] 그리고 연방정부 차원에서 아데나워 시대부터 계속돼온 서독의 외교원칙(외교정책기조)이던 '할슈타인원칙'(Hallstein Doctrine, 소련 이외의 동독 승인국과는 외교 관계를 가지지 않겠다는 것)을 정식으로 폐기하고, 1969년부터 '접근을 통한 변화'(Wandel durch Annaeherung)란 모토 아래 동독·소련·동유럽 국가들과의 관계 정상화란 기본 방향을 채택·집행하게 되었다. 1974년 이후 후임 헬무트 슈미트 수상과 -야당 시절 반대 입장과는 달리- 1982년 헬무트 콜 수상도 이를 계승해, 1980년대 후반 소련 최고 지도자 고르바초프의 등장과 그의 개혁·개방 정책기조의 채택·시행에 힘입어, 1989년 11월 9일 독일 분단의 상징이었던 '베를린 장벽'(Berlin Wall)[41]이 사라지고, 1990년 10월 3일 양독 통일조약의 합의로 동독이

---

40) 내가 처음 그 구호를 내놓은 것은 1963년…베를린 시장으로 있던 빌리 브란트의 요청으로 그와 함께 일하고 있을 때였지요. 당시…가장 어려운 정치적 문제는 베를린 장벽이었습니다.…동서 냉전의 산물인 동시에 상징이었습니다. 그로 인한 고통은 고스란히 베를린 시민들의 몫이었지만, 당시의 상황에서는 아무도 그들을 도울 수 없었습니다. 냉전의 장벽에 틈을 내는 일에 연방정부는 물론 주변국들도 아무런 도움을 줄 수 없다면 우리 스스로 이 문제에 다가갈수밖에 없다는 것이 우리가 도달한 결론이었습니다. 그 첫걸음은 동·서 베를린의 친척들이 서로 방문할 수 있도록 통행증을 발급하는 것이었습니다.…냉전의 틀에 변화를 가져오기 위해서는 우리 스스로 접근해서 국내와 국외를 모두 설득해야 했습니다. 이 과정에서 쌓은 동·서독 간의 상호 신뢰가 후에 동방정책을 추진하는 밑거름이 되었습니다. 김누리 외, 변화를 통한 접근, 한울, 2006, 46-47. 에곤 바르의 답변은 배기정 교수의 "…동방정책을 추진하면서 당신이 내세운 '접근을 통한 변화'의 구체적 의미에 대해 직접 듣고 싶습니다. 어떤 계기를 통해 이러한 구상에 이르게 되었습니까?"라는 질문에 대한 답변이다.

41) 동·서독 분단의 고착과 동서 냉전의 격화로, 동독에서 서독으로 넘어가 이탈하는 사람들이 날로 늘어나자(1949-1961년간 총 260여만 명인데 주로 젊은층), 위기감을 느낀 동독 정부가 1961년 8월 동·서 베를린의 경계 40여km에 쌓은 콘크리트 담장이다. "1989년 11월 9일 저녁, 동독 정부 대변인…은 정례 기자회견에서 동·서독 자유 왕래를 핵심 내용으로 하는 여행법 개정안을 발표했다.…기자가 "언제부터"냐고 묻자…"지금 당장(right now)"이라고 답했다. 동(東)베를

서독 기본법에 따라 서독(독일연방공화국)에 정식 가입하게 돼 기적과 같이 통일을
이루어낸 외교통일 분야의 기조정책이었다. 점령 4개 강대국들이 결코 허용하지
않아 향후 오랫동안 불가능할 것이란 예견을 뒤엎는 역사적 대사건이었다.[42]

이와 같이 정책은 크거나 작거나, 긍정적이거나 부정적이거나, 단기적이거나
장기적인 많은 영향을 미친다. 그러므로 이처럼 중요한 정책들을 운용하는 주체
인 -거의 대부분 간접지배원리에 따라 권한을 수임한- 공공당국의 담당자, 책임
자, 결정자는 정책의 그런 엄중함을 철저히 인식하고, 정책 앞에서 최대한 겸허하
게 해당 권한과 역할에 합당한 만큼의 깊은 책임감, 사명감과 윤리의식을 느끼며
직무에 임하지 않으면 안 된다. 그리고 그런 정책들의 -간혹 직접 결정하거나,
찬반 의견으로 공공당국의 결정에 참여하기도 함으로써- 주체가 되기도 하지만,
주로 그런 정책들의 대상(객체)이 되는 시민이나 조직구성원은 정책에 관한 올바
른 지식을 갖추고, 건전한 시민이나 구성원으로서, 정책의 내용과 과정에 관한
평가와 비판, 견제와 지원 등에 적극 참여해야 한다. 다음은 그렇게 정책당국의
엄중한 책임의식을 요구한, 한 시민의 절절한 원망(願望)의 예인데 이런 사실을
명심하면서 이제 이 질문의 세부 질문으로 들어가서 우리 모두가 엄중한 문제의
식을 갖고 정책에 관한 핵심적인 과제에 대하여 더 생각해 보기로 하겠다.

딸아이가 대학을 졸업한 지 1년이 되는데 우리 집은 한숨이다. 딸아이가 한숨이
니 애엄마가 한숨이고, 애엄마가 한숨이니 나도 한숨이다.…하도 답답하여 문재인
정부의 '일자리 정책 5년 로드맵'을 보았다. 여전히 내 아이에겐 희망이 없다. 공공

린 주민 수천명이 곧장 베를린 장벽으로 몰려들었다. 국경 수비대는 이들을 제지할 엄두도 내
지 못했다. 38년 동안 동·서 베를린을 갈라놓았던 콘크리트 벽이 모래성처럼 허물어졌다." 조
선일보, 2014.1.2., "[김창균 칼럼] 베를린 장벽 무너지기 보름 前."

42) …1989년 10월 25일 빌리 브란트 전 서독 총리가 서울에서 특별 강연을 했다. 그는 "독일 통일
은 유럽 통합이 이뤄진 다음에야 가능할 것"이라고 말했다.…브란트의 서울 강연이 있고 보름
만에 베를린 장벽이 무너졌고, 1년 만에 독일 통일이 이뤄졌다.…헬무트 콜은 독일에서 '통일
총리'라고 불린다.…1988년 10월 러시아 모스크바를 방문했다. 고르바초프 서기장과 정상회담
직후 가진 기자회견에서 "고르바초프가 독일 통일을 지지해 주는 날이 오지 않겠느냐"는 질문
을 받았다. 콜은 "나는 공상 소설을 쓰는 사람이 아니다. 당신 질문은 일종의 판타지(몽상) 아
니냐"고 퉁명스럽게 답했다. 그 몽상이 1년여 만에 현실로 다가왔다. 서독 일반 국민도 통일은
아득한 먼 훗날 일로 여기고 있었다. 베를린 장벽 붕괴 두 달 전인 1989년 9월 실시된 여론조
사에서 56%가 "통일은 30년 내에 불가능할 것"이라고 응답했다. 조선일보의 위 칼럼.

부문에서 81만 개 일자리를 늘리겠다는 것 이외엔 보고서의 진심을 느낄 수 없었다. 지난 1년 가까이 '일자리위원회'가 한 일이 이 리포트 한 편이라니……내가 읽은 '일자리 로드맵'에도 시대의 고뇌가 없었다. 고통당하는 젊은이의 눈물이 없고, 부모의 애간장이 없다. 숫자뿐이다.…일자리위원회 부위원장은 말한다. "일자리 창출을 위한 고속도로를 완성하였다. 이제 차만 지나가면 된다." 고속도로를 완성하였단다. 어처구니가 없는 소리다. 우리가 당면한 청년실업의 양과 구조에 대해 알고 하는 소린가? 지금 '사실상의 청년 실업자'는 400만 명에 달한다. 심각한 것은 이 청년 실업은 해가 갈수록 늘어나게 되어 있다는 것이다.…일을 하지 않으면 사람의 노동력은 매일 폐기된다. 내 딸아이의 삶은 그렇게 매일 폐기되고 있다. 그렇게 매일 400여만 명의 청년 노동이 폐기되고 있다!…일자리위원회는 나라의 운명을 걸머지고 있는 위원회다.…'살신성인'(殺身成仁)을 고대하는 것은 우리의 과욕일까?43)

2. 좋은 정책이란 무엇인가?

이 질문에 대해서도 많은 논의가 가능하다. 그런데 앞의 첫 번째 질문에 '좋은'이 추가된 만큼, 우선 거기에 초점을 맞춰 논의하는 것이 좋겠다. 먼저 정책은 어떤 형식으로든 '정책행동'(policy action)으로 구체화된다. 이는 정책이 최종적으로는 '행동'으로 나타나는, '행동'이 그 본질이라는 말과 같다. 그런데 다른 한편으로 어떤 정책행동이 '좋은 정책행동'이 되려면, 그것은 반드시 좋거나 옳거나 바람직한 어떤 '가치'와 연결되고, 그런 가치의 지배를 받고, 그런 가치의 인도를 받는 실천이어야 한다. 따라서 '가치'가 정책의 본질이기도 하다. 여기서 바로 '가치와 행동의 복합체'라는 특성을 갖는 정책의 본질이 나타난다. 그런데 '가치와 행동'은 곧 '이론과 실천'이나 '앎과 행함'의 관계와 서로 통함을 알 수 있다. 여기에 '정책행동'은, 그것이 '좋은 정책'을 지향하고 추구하는 한, 반드시 '정책가치'(policy value)와 통합되어야 한다는 결론에 이르게 된다.

정책과정에서 가치 지향 없는 행동은 나침반 없이 항해하는 배와 같다면, 행동 없는 가치 지향 역시 나침반만 가지고 있을 뿐 항해하지 않는 배와 같다. 그 두 가지는 서로 합쳐져야만 올바른 방향과 틀을 갖춘 '실천적 숙고행동'(熟考行

---

43) 황광우(작가), "'일자리 위원회'에 보내는 고언," 한겨레, 2018.1.11., '왜냐면'란.

動)으로 현실에서 실제 규범목적의 '정책가치'를 달성하는 이상적인 결과를 낳는
다. 곧 좋은 정책을 위한 정책활동에 참여하는 과정에서는 무엇이 진실로 가치
있는 정책행동인가에 관한 깊은 생각, 즉 정책에 관한 본질적·규범적 사유활동인
'정책철학하기'44)가 필수적이다. 그리하여 그런 정책철학하기 끝에 나선 '숙고행
동'(considered action)을 통하여, 곧 규범이상과 실천행동의 통합, 사변성(思辨性)·
관념성과 행동성·실천성의 통합을 통하여 '좋은 정책'을 구현할 수 있다. 그러한
본질사유와 규범사유에 의한 숙고행동의 결과는 단순한 충동행동, 비성찰(非省察)
행동이나 비숙고(非熟考)행동과 같은 '철학 없는 행동'의 결과와 비교하여 분명히
다를 수밖에 없다. 그런 의미에서 공공철학자 호지킨슨이 그의 저서에서 공공활
동은 '행동하는 철학'(philosophy in action) 또는 '철학의 실천'이라고 규정한 의미
를 되새겨 볼 만하다.45) 이를 '정책의 가치 지향성과 정책행동의 통합'의 명제에

---

44) 철학은 인간, 사회, 자연에 대한 근본적·규범적인 사유를 통하여 좋은 삶과 좋은 공동체를 위
하여 필수적인 참된 지혜·통찰·지식 등을 탐구한다. 이를 위하여 새롭거나 당연하다고 받아
들여진 명제·지식·세계를 가급적 극한(limit, ultimateness)까지 거슬러 올라가 의심하고 질문
한다. 그럼으로써 그 이전에는 사고하지 못했던 것을 찾아내고, 근본적이고 본질적인 삶의 세
계, 규범적으로 바람직한 가치, 탄탄하고 정당한 기반, 전체적인 측면을 새롭게 보고 알 수 있
도록 일깨워 준다. 이와 같이 우리의 삶과 주변의 문제에 관련된 앎에 대하여 의심하고, 그
기초가 얼마나 튼튼한가를 철저하게 검증하는 근본적·규범적·비판적 작업을 흔히 '철학하
기'(philosophizing 또는 doing philosophy)라고 한다. 즉 그런 근본적·규범적인 사유활동을 직접
역동적·비판적으로 수행하고 실천하는 활동을 강조하여 '철학하기'라고 하는 것이다. 칸트가
그의 철학강의 첫 시간에 학생들에게 "나는 철학(Philosophie)을 가르치지 않는다. 나는 철학하
기(Philosophieren)를 가르칠 뿐이다"라고 말했다는 그 '철학하기'이다. 유머와 때로는 이야기를
섞어가며 집중을 유도하는 훌륭한 강의자(excellent lecturer)였던 칸트는, 그의 수강생들에게 그
의 표현에 의하면 '스스로 사유하고 자신의 발로 서도록 자극하는 것'(to stimulate his hearers
to think for themselves, to stand on their own feet), 즉 '철학하기'를 그의 강의의 주 목표로 삼았
던 철학자였던 것이다. 동양에서 철학하기는 속속들이 이치를 파고들어 지식과 지혜를 얻음을
말하는 '격물치지'(格物致知)의 개념과 방법론이 그 대표적인 예이다.
   그렇다면 '정책철학하기'는 '좋은 정책의 문제의식을 갖고, 근본적(본질적)·비판적·규범적
인 측면에서 추상적·개념적·논리적으로 사유(고민)하고, 올바른 원리, 통찰력, 지혜, 지식을
탐구하는 일'이 바로 정책에 관한 철학하기, 즉 '정책철학하기'이다. 그것은 곧 정책에 관한
'본질사유'(本質思惟, essential thinking)와 '규범사유'(規範思惟, normative thinking)를 합쳐놓은
활동이다. 이는 정책 관련 행위자, 공동체구성원, 시민 누구든지 정책과 관련하여 자기 스스로
근본적·규범적·비판적인 질문을 하고 대답할 수 있는, 추상적·개념적·논리적 사유능력을
가진 사람은 모두 할 수 있고, 또 좋은 정책을 위해서 꼭 해야 한다. 이상 박정택(2007b), 88,
90 수정 인용. 칸트와 관련, Frederick Copleston, A History of Philosophy, Vol.Ⅵ, Westminster,
Maryland: The Newman Press, 1961, 181-182; 이도형, 행정철학, 대영문화사, 2004, 21; 임의영,
행정철학, 대영문화사, 2006, 29, 39-43; 박정택, "한국 행정철학의 연구와 교육의 방향 모색,"
국정관리연구, 5(2), 성균관대학교 국정관리대학원, 2010, 29 참조.
45) 'philosophy in action'은, 교육행정학자들이 사용한 예(R. E. Ohm and W. G. Monahan (eds.),

적용해 보면, 곧 좋은 정책은 '좋은 가치의 인도를 받는 좋은 행동'과 '좋은 행동
으로 뒷받침 받는 좋은 가치'가 동시에 일어나는 것이다. 이로써 정책행위자는
단순한 행동가 또는 단순한 정책행위자가 아니라 '철학적 정책행위자' 또는 '행동
하는 정책철학자'이어야 함을 알 수 있다. 그런 사람이 바로 현실의 정책행위자가
지향하는 이상적인 정책행위자인 것이다.[46]

철학에서 전통적으로 가치 개념을 표현하는 대표적인 용어가 '좋음'(good)이
나 '좋은 것'(the good)이다. 그래서 우리의 바람직한 삶을 추구하기 위한 포괄적인
준거 개념, 규범이상(規範理想, normative ideal)으로서 '좋은 삶'(good life)이란 개념
을 설정하고 탐구하는 것이 일반 철학의 전통이다. 바로 그런 철학의 전통에 따라
바람직한 정책의 이상·이념을 추구하는 정책철학도 그 규범이상을 포괄적으로
'좋은 정책'(good policy)이란 개념을 설정하고 그에 대하여 탐구할 수 있다.

'좋은 것'은 곧 우리 행동의 규범기준과 규범척도를 나타내 주는 평가용어
(evaluative term)로서 '진실로 가치 있는 것'을 말한다. 그리하여 '좋은 정책'은 '진
실로 가치 있는 정책'을 의미한다.[47] 여기서 '좋은 정책'은 '가치'와 불가분의 관

Educational Administration: Philosophy in Action, University of Oklahoma, 1965)에서 보듯이, 호
지킨슨이 처음 사용한 것은 아니다. 그렇지만 호지킨슨은 자신의 책 본문 첫머리에서부터 "공
공활동은 행동하는 철학이다. 이것이 공공활동의 일반적 정의이다"(Administration is philosophy
in action. This is the general definition of administration.)라고 선언하며 시작할 정도로, 본격적으
로 이를 다룬 학자이다. 그는 철학(philosophy)을 제시하는 철학자와 그것을 행동(action)으로
옮기는 공공활동가 사이의 대화, 친교(communion)와 통합을 복원하는 목적을 밝히고 있다. 또
그는 마지막에서 행정철학의 중요한 명제(proposition)들을 정리하는데, 그 명제의 하나로서
"철학은 활동이다. 즉 논리 활동이고 가치판단을 하는 활동이다"(Philosophy is an activity-the
activity of logic and the activity of making value judgements.)라고 제시한다. 따라서 'philosophy
in action'이라는 표현에서 action은 '행동 속의, 또는 행동하는'과 같은 '행동'이라는 행정(공공
활동)의 본질을 말하고 있을 뿐만 아니라, 아울러 그의 'a practising philosopher'라는 표현에서
알 수 있듯이 '살아있는' '작동하고 있는' 또는 '실천하는' 의미를 갖는 것으로도 이해할 수
있다. Hodgkinson(1978), foreward vii, 3, 202. 이는 박정택(2007b), 102 수정 인용.
46) 박정택(2007b), 97-98, 102-103 수정 인용.
47) '좋은 것' 중 가장 높은 위치에 있는 규범이상, 즉 최상규범을 철학에서는 흔히 최고선(the
supreme good, summum bonum), 궁극선 또는 지선(至善, the ultimate good)이라고 한다. 그래서
공동체가 추구하는 최상규범은 공공선(the public good)이나 공동선(the common good)이라고
일컫는다. 그리하여 철학은 대상에 관한 문제의식을 갖고 의심하며 깊이 고민·숙고(熟考)하고
성찰(省察)하면서, 숙고 판단, 통찰력, 그리고 지혜를 탐구하는 것을 말한다. 그리고 '좋은 정
책'에 반대되는 개념은 '나쁜 정책'(bad policy) 또는 '잘못된 정책'(mispolicy)이란 개념이 가능
하다. 'mispolicy'는 C. Hood의 'misgovernment'의 용어에서 차용한 저자의 조어이다. Christopher
Hood, "Remedies for Misgovernment," in Ethics and Accountability in a Context of Governance and

계를 맺는 개념이 된다. 그렇게 정책 관련 활동은 본시 '가치 함축적 활동'을 넘어서 온통 가치(가치판단)로 채우고 있는 '가치 포화(飽和) 활동'이라고까지 말할 수 있는 정도로 가치를 떼어놓고는 존재할 수 없는 활동이다.[48] '좋은 가치'의 인도를 받는 '정책의 가치 지향성'은 '좋은 정책'을 추구하는 '정책철학'의 핵심인 것이다. 여기서 가치(value)는 '일정한 대상·사태·조건에 대한 좋음과 나쁨, 옳음과 그름, 바람직함과 바람직하지 않음에 관한 일정한 관념(생각·개념)'이고, 간단히 '바람직한 것에 관한 생각'이다.[49] 정책 관련 활동에서 가치가 중요한 것은 정책 행위자가 만들거나 집행하는 정책의 내용과 과정에 있어서 그 나아갈 방향을 가리켜주고, 그 터 잡고 서 있어야 할 토대(틀)를 제공해 준다는 점에 있다. 그렇기 때문에 가치 포화적 정책 관련 활동과정에서 정책행위자는 어떤 가치가 더 나은 가치인가를 끊임없이 헤아리고 취사선택하고, 때로는 새로운 가치를 발명하고, 창조해 적용한다. 즉 어떤 정책 관련 대상 사안이 공동체의 가치체계(value system)에 비추어 바람직한가, 바람직하지 않은가의 가치를 헤아려 보는 규범판단이라는 '가치판단'을 하면서 가치를 선택하고 창조해 적용한다. 이는 정책 관련 활동의 수행에서 '당위'(ought, sollen)의 영역, 혹은 공공활동의 3요소 중 '철학성'(규범성)의 측면을 말한다.[50] 이와 같이 '좋은 정책'은 '좋은 가치'를 추구하고 구현하려는

New Public Management, 1998, 9-21; 박정택(2007b), 75, 91-92 참조 인용.

48) 가치 함축적(내재적)이고 심지어 가치 포화적이라는 표현은 공공철학자 호지킨슨의 "Administration is a value-laden, even value-saturated enterprise."라는 공공활동에 대한 그의 선언의 인용이다. Hodgkinson(1978), 122.

49) 표준국어대사전에서는 가치를 '사물이 지니고 있는 쓸모'로 풀이하는데 철학적으로는 '대상이 인간과의 관계에 의하여 지니게 되는 중요성' 또는 '인간의 욕구나 관심의 대상 또는 목표가 되는 진, 선, 미 따위를 통틀어 이르는 말'이라고 정의한다. 공공철학자 호지킨슨은 가치를 "바람직한 것이나 선호된 상태에 관한 관념, 또는 반드시 있어야 할 조건"이라고 정의하고 간단히 "바람직한 것에 관한 개념"이라면서 그 핵심적인 낱말은 '바람직한 것'(the desirable)에 있음을 밝히고 있다. 그는 그 구체적인 내용으로서 '좋은 것'(좋음, the good)과 '옳은 것'(옳음, the right)으로 세분하여 자세하게 설명한다. Hodgkinson(1978), 105, 120-121 참조.

50) 공공철학을 공공행정 등 구체적인 공공활동에 적용하는 구체화·현실화 작업은 세 개의 압력, 고려와 판단을 요구받고 있다. 이는 저자가 개념화한 것이다. 즉 ① 첫째로 현실세계의 맥락 조건에 매몰되지 않고 규범 원칙이 충실하게 구현돼야 한다는 요구이다. 이는 '규범 원칙에 대한 충실성'이라는 철학적 측면(philosophical aspect, 철학성 또는 규범성)의 요구이다. ② 둘째로 보편적인 성격의 공공철학적 규범 원칙이 실제 현실세계의 맥락 조건에 민감해야 한다는 요구이다. 이는 '특정의 현실 맥락 조건에 대한 과학적 조사와 진단·파악 등 사실(맥락 조건의 경험요소나 경험세계)에 대한 민감성'이라는 과학적 측면(scientific aspect, 과학성 또는 이론성)의 요구이다. ③ 셋째로 실제 현실세계의 맥락 조건에서 규범 원칙을 적용하여 당면한 공공문제

데서 찾아진다.

　이처럼 정책행위자에게는 정책 관련 행동을 실행하기에 앞서서, 자신이 올바른 가치를 지향하고 구현해 나가는, '올바른 생각·사유·철학'에 바탕을 둔 정책 관련 행동인가를 따지는 '철학하는 정책 활동' 곧 '정책철학하기'가 매우 중요하다. 좋은 정책을 구현하는 데 필요한 올바른 가치의 선택·창조 등과 관련된 근원적·기본적 규범사유가 필수적으로 중요하기 때문이다. 정책행위자가 정책과정에 참여한다는 것의 본질은 '정책행위자가 공공영역에서 특정 가치를 창조·선택하여 구현하는 구체적인 가치비판적·가치탐색적·가치창조적 행동'을 하는 것에 다름 아닌 것이다.[51] 그런데 삶이나 세계에 대하여 옳고 그름, 좋고 나쁨 등의 가치를 매기는 관점이나 기준을 '가치관'(價値觀)이라 하는데, 다음에서 보듯이, 개인들의 가치관은 다소간에 각자 다르다.

　　미국의 트루먼(Harry Truman) 대통령은 언젠가 제발 외팔이 경제학자를 만났으면 좋겠다고 이야기한 적이 있다.…조언을 구하면…항상 "한편으로는(on the one

---

　　　(사안)를 해결할 수 있는 정책·법령의 수립과 집행이 적합해야 한다는 요구이다. 이는 '공공문제에 대응한 가장 적합한 정책·법령 등 관리·지배·통치 방안의 수립과 시행의 적합성'이라는 정책적 측면(policy aspect, 정책성 또는 관리성)의 요구이다. 이것이 저자가 어느 하나라도 빠뜨리면 좋은 공공활동을 기대할 수 없다는 뜻에서 개념화한 '올바른 공공철학하기에 의한 좋은 공공활동의 3요소'이다.
　　　이에 공공활동가가 공공활동을 공공철학과 통합할 때 삼중의 압력을 느끼고, 삼중으로 고려해야 하며, 삼중으로 판단하여 삼위일체로 시행해야 할 명제라는 의미에서, 저자는 이상의 세 가지 요소를 간단히 '삼중 고려명제'(三重 考慮命題, thesis of triple consideration)라고 하였다. 결국 '좋은 공공활동'은 특정 역사·문화·사회의 맥락 조건에 얼마나 적합한지를 살피면서 이상적인 규범 원칙을 가능한 한 충실하게 반영하도록 공공문제에 대하여 가장 좋은 해결책을 수립하고 시행하는 삼중 고려의 활동이다. 따라서 공공활동가는 항상 이 세 가지 요소에 똑같이 관심을 갖고 균형감각으로 진단·분석하고 '세 방향 조절과정'(three-way procedure)을 거쳐 종합함으로써 세 박자가 어울려 좋은 화음을 내는 삼위일체의 공공활동을 펼쳐야 한다. 이상은 '행정학의 전면적인 모습과 실상, 행정학의 학문성(學問性)과 과학성은 이론성·관리성·규범성 측면의 다양한 모습과 그 상호 연결되고 통일된 관계를 보면 파악할 수 있고, 그래서 관련 종사자들이 모두 이론성·관리성·규범성을 위해 노력해야 한다'는 지적과 동일한 맥락을 의미한다. 백완기, 행정학, 박영사, 2006(신판), 서문 ix-x, 15-18 참조. 이상 전체는 박정택(2007b), 108-112, 163-168 중 일부 수정 인용.
　51) 이상 박정택(2007b), 104 수정 인용. 이 절에서 일부는 '정책'이란 주제에 맞게 수정해 인용한 바, 자세한 내용은 그 책 75-122 참조. 특별히 "가치비판적·가치탐색적·가치창조적"이란 가치인식은 허범, "가치인식과 정책학," 현대사회과학의 이해, 성균관대 사회과학연구소(편), 대왕사, 1982, 275-291; 박근후, 공공정책과정의 가치와 공공관계, 정치커뮤니케이션연구 29, 한국정치커뮤니케이션학회, 2013, 79-113 참조.

hand) 이렇고, 다른 한편으로는(on the other hand) 이렇다"라고 답변하기 때문이었
다고 한다.…레이건 대통령도…100개의 질문을 던진다면 3,000개의 답변이 나올
것이라고 농담한 적이 있다. 그렇다면 왜…일까? 여기에는 두 가지 근본적인 이유가
있다. ◇ 이 세상이 어떻게 돌아가는가에 대한 실증적 현실인식이 서로 다를 수
있다(과학적 판단의 차이-저자 주). ◇ 서로 다른 가치관을 가지고 있기 때문에
경제정책이 어떤 목표를 달성해야 할지에 대한 의견이 서로 다를 수 있다(가치관의
차이-저자 주).…52)

이와 같이 개인의 가치관은 다르지만 어느 한 시대 한 사회 전체로 봐서는
어느 정도 동질적인 가치합의(value consensus)를 이루어 안정된 모습을 보여준다.
그러나 때로는 심각한 가치갈등(value conflict)을 겪으며 혼란을 겪기도 한다. 어느
경우나 그 자체로 좋거나 나쁘다고 말할 수 없고, 시대나 사회나 공동체(조직)의
필요와 요구에 따라 평가가 달라진다.

정책 관련 활동 과정에서 정책행위자는 필연적으로 가치의 서열구조상 당연
히 더 '기본적인 가치'라고 판단되는 가치일수록 더 중시하고 더 우선하게 된
다.53) 즉 정책 관련 활동에서 '기본 가치 우선성'(primacy of basic values)이다. 그런
'기본 가치'는 흔히 상위가치(metavalue)라고도 일컬어지고, '지배적인 가치' '초가
치'(超價値) 또는 '패러다임 지위의 가치'의 성격을 갖는다. 상위가치는 한 번 선택·
창조되고 정착되면, 그 원시적인 힘(primitive force), 혹은 원시적 가치(a primitive
value)의 성격 때문에 사람들 사이에 당위적 명령(imperative)으로서 의문 없이 받아
들여져 무의식적으로 통용될 정도의 중대한 '가치영향력'을 갖고 개인·조직·사회
의 하위가치를 지배한다. 그리하여 완전한 가치분석이나 가치성찰(value reflection)
을 가로막음으로써 가치의 타락, 퇴행, 후퇴, 회피를 조장하기도 한다. 결국 그것
은 좋은 활동의 원천이 되기도 하고, 오히려 저해하는 근원이 되기도 한다. 그런
순기능이나 역기능 때문에 상위가치는 '더 좋은 가치'라기보다는, '지배하는 위치
에 있는 가치'라는 의미를 올바로 인식하는 것이 중요하다. 그리고 타락·변질·왜

---

52) N. Gregory Mankiw, Principles of Economics, 2nd ed., 김경환·김종석(역), 맨큐의 경제학, 교보
문고, 2001, 33, 35-36 인용.
53) 사공영호, "정책이란 무엇인가?: 정책의 수단적 가치에 대한 반성," 한국정책학회보, 17(4),
2008, 1-36 참조.

곡 등 한마디로 상위가치의 타락(value corruption)을 막아야한다. 이를 위해서 가치 복합성(value complexity)이나 가치계층성(가치 이론구조, value calculus)을 이해하고, 특별히 상위가치에 대하여 면밀히 검토(metavalue scrutiny)하는 가치성찰의 노력이 필요하다.[54]

이와 같이 '기본적인 가치'는 정책의 내용과 과정에서 단순한 방향과 토대(틀)가 아니라 '기본적인 방향'과 '기본적인 토대'(밑바탕의 틀·탈·축)를 제공하게 된다. 앞의 정책사례들이 이상의 논의들과 부합하는가를 다시 살펴보자.

한글창제정책에서 기본 가치라고 할 수 있는 것은 무엇이고, 그것은 왜 좋은 정책인가? 그것은 우리말(언어)과 중국에서 전래된 한자(문자)를 사용하는 '어문불일치'의 불편한 어문생활에조차도 참여하지 못하는 일반 백성의 문맹 상태를 해소하기 위해, '가장 좋은(가치 있는) 방안'이 무엇일까를 고민한 세종이 우리 고유의 문자를 창제해 보급하기로 하는 그야말로 패러다임 전환의 어문에 관한 기조정책을 채택하였기 때문에 좋은 정책이다. 그로 말미암아 점차 보급된 한글이 마침내 문자의 주역을 꿰참으로써, 그 한글은 오늘날과 같은 정보화시대에 어느 문자보다도 간편한 문자생활을 할 수 있게 해 주고 있다. 이로써 그 의도부터가 좋은 한글창제정책은 세종의 의도보다 더 큰 정책효과를 낳은 대성공(大成功)의 역사적인 정책이 되었던 것이다.

그런가 하면 청군차병정책에서 기본 가치라고 할 수 있는 것은 무엇이고, 그것은 왜 좋지 못하다 못해 나쁜 정책인가? 그것은 자국 군사도 자국민의 살상을 염려하여 함부로 투입하지 않는 것이 정상인데 —습관적으로 익숙한— 외국군(外國軍)인 청군의 힘을 빌려 동학농민군을 '진압'(해결)하려고 한 '아주 나쁜 발상'에서 나온 정책이었기 때문이다. 더구나 그것은 전통적인 '사대교린'에서 '쇄국정책'으로 그리고 다시 열강의 요구에 의해 전면 '문호개방'으로 대외정책기조를 전환한 것같이 하면

[54] 상위가치인 'metavalue'에 대하여, 호지킨슨은 '논쟁할 수 없거나 이의를 제기할 수 없을 정도로 받아들여지고 고착된 바람직한 것에 관한 개념'(A metavalue is a concept of the desirable so vested and entrenched that it seems to be beyond dispute or contention.)이라고 정의한다. 그래서 이는 개인이나 집합체 생활의 일상 가치논의에서는 '언급하거나 검토할 필요가 없는 가정'(an unspoken or unexamined assumption)으로 통한다. 부(富), 생명 자체, 민주사회에서는 민주주의, 학자들 사이에서는 교육, 합리성, 일관성 등이 공통적인 상위가치의 예라고 한다. 상위가치는 절대적이거나 준절대적이기 때문이라기보다는, 대부분의 경우 이를 넘어서는(beyond) 의문을 제기하지 않고 지나침으로써 무의식적으로 가치행동에 영향을 주는 데까지 침입해 들어가는 데 문제가 있다고 한다. 조직의 상위가치로는 조직의 생존유지, 성장, 효과성과 능률성과 같은 것이 있다. 그런데 이들은 흔히 조직 안에서 개인가치를 앞서는 '도덕적 원시명령'(moral primitives, primitive imperatives)으로 통한다고 한다. 본문 포함해 Hodgkinson(1978), 180-186 참조.

서도, 당시 고종을 비롯한 일반 백성들도 모두 염증을 내고 멀리하고 싶었던 청나라에 일방적으로 의존하는 의미의 기존 쇄국정책의 타성을 버리지 못하고, 다시 한 번 그 타성대로 청나라에 도움을 요청한 나쁜 정책이었다. 즉 고종은 민비 척족에 휘둘려 갈팡질팡하며 점차 국권을 침탈당하다가 매번 큰 정변(1882년 임오군란과 1884년 갑신정변)이 나면 의지(요구)하던 그 청 일방 의존의 (암묵적인) 기조정책대로 청군을 빌려 문제를 해결하려다가 오히려 침략 야욕을 갖고 있던 일본의 침략을 초래해 결국 망국의 단초를 제공한 대과오·대실패(大失敗)의 정책을 채택하고 말았던 것이다.

이와 같이 기본적인 성격의 방향과 틀을 제공해 주는 '기본 가치'는 '좋은 정책'을 추구하는 '정책철학'의 핵심 중의 핵심에 해당한다. 그런데 '정책이 추구하는 기본 가치'는 흔히 공동체에서 제기되는 일정한 규범 원칙들이 되기 마련인데 그것들은 사상·이념·철학·이론·원리원칙 등 다양한 이름의 논리와 가치들이 그 원천을 제공한다. 그래서 '정책의 기본 가치'는 정책의 내용과 과정에 적용되는 일정한 사상·이념·철학·이론·원리원칙 등의 '기본 논리'라고도 말한다.

요컨대 정책의 내용과 과정에 적용되는 일정한 사상·이념·철학·이론·원리원칙 등의 규범원칙(normative principle)이나 규범기준(normative standard)은 '좋은 정책'을 위한 개개 구체적인 '정책의 기본 틀과 방향'을 제공해 주는 원천이 되는 셈이다. 여기서 흔히 '정책'이라고 뭉뚱그려서 사용하고 있는데, 좋은 정책을 분석하고 연구하는 데 있어서 '정책의 차원이나 수준'을 구별할 필요가 생긴다. 개개 구체적인 정책들과, 그런 '정책의 기본 틀과 방향'을 제공해 주는 차원·수준의 정책 사이의 구별이다. 개별 구체적인 정책인 전자와 다르게, 후자의 정책은 그냥 정책이 아니라 사실은 '기조 차원의 정책', 간단히 '기조정책'으로서, 영어로 'paradigmatic policy'라고 표현하고 있다. 이는 이미 학계에서 널리 사용하고 있는 '정책기조' 또는 '정책패러다임'(policy paradigm)과 관련해서 널리 사용되고 있다.[55] 다음 설명을 보자.

---

55) John Hogan and Michael Howlett(eds.), Policy Paradigm in Theory and Practice, Palgrave Macmillan, 2015; Peter Taylor-Gooby(ed.), New Paradigms in Public Policy, Oxford Univ. Press, 2013; Grace Skogstad(ed.), Policy Paradigms, Transnationalism, and Domestic Politics, Univ. of

피터 홀도 지적했듯이, 정책에 관하여 생각하는 '정책사고'(policy-thinking) 자체가 어떤 특정 패러다임에 의해 지배되기 마련이다. 이 지적인 틀(intellectual framework)은…정책공동체 안에서 규범적, 분석적, 그리고 직접적인 주류적 사고 (mainstream thinking)를 통합시킨다. 또 그 정책기조는 사전에 연구결과, 분석자료, 접근방법 등 사회과학의 자료들을 이용해 다듬어진 틀로서 작동하면서, 잠재적으로 기여할 수 있는 다른 자료들에 대하여는 관심을 갖지 못하게 해버리며, 그 결과 지배적인 접근방법으로 확립된 이른바 '논쟁 없는 제약의 틀'(unargued constraints) 안에서만 정책토론이 일어나게 한다.[56]

이와 같이 기조정책은 그 지배를 받는 일단의 개개 구체적인 정책들의 방향과 목표, 곧 가치를 제공하고 지배하며, 통제하고 제약하는 '기본적인 가치'로서의 '인식의 틀과 방향' 역할을 수행한다. 그래서 이 기조정책, 곧 정책기조는 일단의 개별 구체적인 정책들의 묶음, 곧 '정책가족'(policy family) 내의 '자녀정책'(child policy)들로 하여금 좋은 정책을 추구하도록 기본 틀과 방향 역할을 수행하는 '어버이정책'(parent policy)이다. 당연히 자녀정책보다 어버이정책이 정책활동에서 더 중요하고, 좋은 정책의 분석과 연구에서도 더 중요한 요소로서 관심을 기울여야 마땅하다. 예컨대 어버이정책이 바뀌는 것은, 정확하게 과학에서 '패러다임 전환'(paradigm shift)에 해당하는 의미를 띠기 때문에 더 중요하다. 다음 예를 보자.

Toronto Press, 2011; Marcus Carson, Tom R. Burns and Dolores Calvo(eds.), Paradigms in Public Policy, Frankfurt am Main: Peter Lang, 2009 등. 기조정책은 -크게는 전체 공동체, 혹은 작게는 어떤 분야의- 미래의 틀 또는 기본구도를 새로 짜는 정책이라는 의미에서, 그 공동체나 분야의 '정초정책' 또는 '주춧돌정책'(foundational policy)이라고 일컬을 수도 있다. 이는 대립축 또는 각 정당의 기초 지지층에 결정적인 변화를 가져와, 정치의 장기적인 패턴을 결정하는 선거인 '정초선거'(foundational election) 또는 '결정적 선거'(critical election)라고 하는, 정치학의 용어에서 빌려온 것이다. 그 전형적인 예는 1936년(또는 학자에 따라 1932년) 미국 대통령 선거이다. 그 선거 전에는 유권자 지지층이 남북전쟁에서 유래한 쟁점이 대립축을 형성하면서, 선거에서 주로 공화당이 승리하는 시대를 이어오다가, 1936년 선거 후에는 경제와 복지정책이 대립축을 형성하며 주로 민주당이 승리하게 되었다. 이에 대한 비판적 이견도 있다. 정치학대사전편찬위원회(편), 21세기 정치학대사전, 상, 아카데미아리서치, 2002, 54 참조.

56) Gerry Stoker & Peter Taylor-Gooby, "How Social Science Can Contribute to Public Policy: The Case for a 'Design Arm'," Taylor-Gooby(ed., 2013), 239. 피터 홀(Peter Hall)은 정책기조 이론에 관한 중요 논문(1993년)의 저자로, 앞으로 중요하게 논의된다.

선거 과정에서 경제 정책은 중요한 쟁점 중 하나이다. 그런데 최근 미국 대통령 경선 과정에서 나타난 '보호무역주의'가 현실화한다면 우리에게 심각한 위험이 될 수 있어 우려할 만하다. 국가별로 발전 과정에서 수출 주도 정책을 채택했는지, 수입 대체 방식을 추구했는지에 따라 수십 년이 지난 시점에 전혀 다른 운명에 처했고, 지금까지 우리의 발전을 이룬 원동력이 자유무역에 기초한 수출주도형 경제였다는 사실은 분명하기 때문이다. … 자유무역이 경제 성장을 이룬다는 것은 이론적·실증적으로 널리 인정되지만, 그 혜택이 모두에게 골고루 돌아가지 않는 것도 사실이다.…57)

이로써 '좋은 정책'은 곧 '진실로 좋은 가치를 추구하는 정책'을 말하는데, '진실로 좋은 가치'란 곧 '기본적인 틀과 방향' 역할을 하는 좋은 사상·이념·철학·이론·원리원칙 등의 '기본적인 가치'이므로, 그것이 더 좋은 것일수록 더 바람직한 정책이 되겠다. 그렇다면 결국 그런 좋은 '기조정책'이나 좋은 '정책기조'와 같은 어버이정책, 그리고 그런 '패러다임(기조)에 근거한 정책'(paradigm-based policy)이 좋은 정책일 가능성이 매우 높다는 결론을 얻을 수 있다. 그런 의미에서 그런 결론은 '패러다임'이라는 용어를 널리 사용하게 만든 '토마스 쿤(Thomas Kuhn)의 과학혁명'에 관한 통찰력을 비롯해, 과학의 본질에 대하여 많은 논의를 하고 있는 '과학철학'(philosophy of science)과 '과학사'(history of science) 분야의 문제의식과 정확하게 동일한 맥락에 놓여 있음을 말해 주고 있다. 패러다임이 정립된 후 정상과학(normal science) 활동은, 마치 어떤 -오해의 소지가 있지만 일종의 '큰 정책'(big policy)이나 '큰 그림'과 같은 것으로서의- 거시적인 정책기조(기조정책)가 정립된 뒤 그 기조 아래 미시적인 개별 구체적인 세부 정책들이 펼쳐지는 것과 같다. 거기에서 정책기조는 구체적인 정책들의 '인식의 기본 틀과 방향' 역할을 한다. 그리고 패러다임이 교체되는 과학혁명은, 마치 정책기조가 새롭게 바뀌는 것(교체 또는 전환)과 동일한 맥락에서 이해할 수 있는 것이다. 우리나라 최대 쟁점인 교육 분야의 정책 개혁을 이끈 당시 교육부장관의 다음 글에서 그것을

---

57) 성태윤(연세대 경제학부 교수), "보호무역주의에 대응하는 세 가지 방법," 매일경제, 2016.8.4. 트럼프 대통령의 2017년 취임으로, 한미자유무역협정 개정 협상, 한국 등 외국산 세탁기와 태양광 제품에 최고 50%의 긴급수입제한(safeguard)의 보복무역 관세 부과 등 보호무역주의는 현실이 됐다.

찾을 수 있다.

> 1995년…모두 4차에 걸쳐 발표된 교육개혁방안은 우리나라 교육정책의 '패러다
> 임 전환'으로 불러 마땅한 획기적인 성과물로서, 이후 역대 정권들이 그 이념적
> 성격에 관계없이 교육정책의 근간으로 받아들여 왔다.…지난 20년간 한국 교육의
> 중심축이었다고 볼 수 있다.…이 방대한 개혁 패키지는 기존의 '권위관계'에 기초한
> 위계적, 획일적, 공급자 위주의 교육체제를 자율과 경쟁, 다양화와 특성화에 기초한
> 수요자 중심의 열린교육체제로 바꾸는 역사적 작업이었다. 그러나 5·31 교육개혁
> 에 대한 평가는 크게 엇갈린다. 많은 이가 이른바 '문명사적 변화'에 대응하여 한국
> 교육의 큰 물줄기를 바로 잡은 역작이라고 상찬하는가 하면, 적지 않은 이가 신자유
> 주의에 편승한 시장주의의 교육개혁으로 한국 교육의 본질을 그르친 실패작이라고
> 폄훼하기도 한다.…58)

간단히 요약하자면 '좋은 정책이란 무엇인가'의 문제의식은 과학철학과 과
학사에서 갖는 '과학이란 무엇인가'의 문제의식과 논쟁에서 매우 중요한 통찰력
을 얻을 수 있다는 것이다. 그러므로 좋은 정책의 본질에 관한 질문과 논의는
방법론적 도구로서, 과학철학에서의 과학의 본질에 관한 질문과 논의를 필수적으
로 검토하고 학습해야 하는 과제를 제기해 준다고 하겠다.

3. 정책을 정당화시켜 주는 논리(이론)는 무엇이고, 얼마나 확실한가?

세상에 아무렇게나 '아니면 말고' 식으로 무책임하게 내던져지는 정책은 거
의 없다. 정책의 담당자·결정자는 누구나 정책의 논리에 대하여 고민하고, 그
성공을 위해 노력한다. 여기서 '정책의 논리'는 정책이 어떤 특정 정책으로 존재
하게 정당화시켜 주는 '정책의 본질적 논리'이고, '정책 고유의 정체성의 근거
논리'를 말한다. 따라서 이는 '정책을 정당화시켜 주는 논리는 무엇이고, 얼마나
확실한가'이고, '정책이 특정 정책으로 존재하는 논리는 무엇이고, 그것은 얼마나

---

58) 안병영, "글머리에," 안병영·하연섭, 5·31 교육개혁 그리고 20년, 다산출판사, 2015, 3.

확실한 근거를 갖고 있는가'의 질문이기도 하다. 다음은 개방 압력 아래 있던 조선 말기 '동도서기'(東道西器)의 논리가 등장한 배경의 예이다.

> 미국과의 수호조약을 공론화한다는 것은 새로운 사상적 혹은 논리적 기반이 필요했다. 즉 일본과 새로운 조약을 체결할 때는 교린약조체제의 연장이라는 설득이 가능하였지만, 미국과의 수교는 그러한 설득이 불가능하였다. 이때 집권세력이 이용한 논리가, 서양의 종교와 기술을 분리하여 파악하고 서양의 종교는 배척하되 그 기술만을 도입하여 이용후생에 이롭게 하자는, 동도서기론적 논리였다.[59]

그러면 정책을 정당화시켜 주는 논리(이론)는 무엇인가? 정책의 본질적 논리는 한마디로 '인과성(因果性)의 논리'나 최소한 '상관성(相關性)의 논리'라고 요약할 수 있다. 아무리 복잡한 정책의 논리도 따져보면, 어떤 문제가 되는 상황(물론 거기에도 원인과 결과의 변수가 포함된 상황이겠음)에 대하여, 어떤 '정책'이란 '원인 변수(독립변수)나 요인'을 끼워 넣어 개입·작동하게 하면,[60] 그로 인하여 어떤 '효과'라는 '결과 변수(종속변수)나 사실'로 바뀌는 상황을 기대할 수 있다는 논리(if-then logic)로 단순 귀결된다는 말이다(이하 편의상 대표적인 '인과성 논리' 중심으로 설명한다). 이런 논리적 인과성이 어느 정도 객관적으로 체계화된 것을 흔히 넓은 의미로 '이론'이라고 일컬으므로, '논리'의 자리에 '이론'을 바꿔 넣어도 무방하다. 그래서 이 항목의 질문은 다시 '정책을 정당화시켜 주는 이론은 무엇이고, 얼마나 확실한가'로 바꿔도 된다.

어떻든 정책은 그 내적 논리나 이론이 없이는 존재하지 않는다. 그 공동체적 책임성·윤리성의 측면에서도 그 명제는 필수적이다. 이와 같이 정책은 그 근거가 되는 이론을 가지고 있는데, 일반적으로 그 이론이 이미 확립된, 확실한 것일수록, 즉 더 '고수준의 이론'(high-level theory)을 가지고 있을수록, 그 정책의 성공 가능성을 높여 주고, 따라서 더 '좋은 정책'일 가능성을 높여준다.[61] 만약 그 근거가

---

59) 연갑수(2008), 25.
60) 정책의 이런 본질을 '개입주의'(interventionism)로 파악하고 논한 이해영, "정책연구에서 개입주의의 이념적 이해," 한국정책학회보, 25(4), 2016, 301-327 참조.
61) 그렇다고 '고수준의 이론'을 근거로 수립된 모든 정책이 성공하는 것도 아니고, '낮은 수준의 이론'(low-level theory)에 근거한 정책이 반드시 실패한다고 말할 수도 없다. 정책의 근거가 되

되는 논리나 이론이 '진리'라면, 적어도 그에 근거한 정책의 정당성만큼은 100% 완전하다. 그러나 그런 이론은 있어도 우리가 알기 어렵다. 거의 고정불변의 자연을 대상으로 한 자연과학에서도 자연의 원리에 대한 이론의 진리 여부가 실재론(realism)과 반실재론(anti-realism)으로 나뉘어 치열한 논쟁을 겪고 있는데, 하물며 항상 유동적으로 변하는 사회와 인간에 대한 인문사회과학에서의 이론들 간 논쟁은 더 말할 나위가 없다.

그런데 '이론' 자체의 확실성도 의문의 여지가 많은데, 거기에다 정책은 본질적으로 -자연을 대상으로 한 정책이라도- 인간을 비롯하여 다른 많은 변수가 개입돼 있는 활동이므로, 어떤 경우에도 완벽하게 동일한 정책상황은 있을 수 없는 '정책상황의 비동일성'(非同一性)의 특성을 안고 있다.[62] 즉 정책은 많은 변수의

는 이론의 확실성 혹은 불확실성은, 정책의 성공 또는 실패를 부르는 여러 다양한 변수 중 '하나의' 중요한 변수일 뿐이므로, 정책과 이론은 서로 관련은 있으나 완전히 동일한 문제는 아니다. 또 낮은 수준의 이론에 근거한 정책을 무조건 나쁜 정책이라고, 너무 성급하게 일반화해서도 안 된다. 정책은 결국 항상 가지 않는 길, 곧 '미지의 영역'(uncharted territory)에 도전하는 것이고, 그 도전 때마다 불확실성을 안고 있으며, 그런 불확실성을 제거해 줄 만큼 항상 이론이 정책(일종의 실험)보다 앞서서 대비해 주는 것도 아니다(후술하는 과학실험이 과학이론을 추동하는 경우처럼, 현장 정책이 강단 이론을 추동하는 경우도 많다). 따라서 이론의 확실성 등을 너무 강조하면 정책활동은 창의적이지 않고 구태의연하며, 정체되고 실기(失期)하며, 무기력하고 무능해지고 만다. 정책사를 통하여 낮은 수준의 이론에 근거한 정책도 성공한 예를 드물지 않게 찾을 수 있다.

한편, '이론'을 논리실증주의자들은 '언명의 집합'으로 보고, 실증적 차원의 관찰에 의하여 이론의 언어가 정당화되는가에 초점을 맞춘다. 토마스 쿤은 '패러다임'(paradigm) 곧 순수한 이론과 그 적용 사례, 도구 사용 전반의 이론체계로서의 이론을 주장한다. 그런가 하면, 포퍼는 '추측'(conjecture)으로 이해함으로써, 모두 이론의 전형인 '고수준 이론'을 말한다. 고수준 이론과 낮은 수준의 이론은 철학 논의에서 나온 것이다. '고수준 이론'은 엄밀한 증거에 의하여 정당화되거나 판정을 요구받는, 객관적으로 정교하게 체계화·일반화·추상화된 논리적 인과성의 수준이 높은 이론을 말한다. '낮은 수준의 이론'은 일반 시민의 일상적 진리(home truths), 상식적 지식(common lores), 일반적 관념(general ideas), 일련의 공유 신념(a set of shared beliefs) 등을 포함하여, 학술적인 엄밀한 증거의 뒷받침이 부족해 객관화·체계화·추상화가 덜 된 논리적 인과성 수준의 이론을 말한다. 그렇지만 그 둘의 구별은 엄격하게 이루어질 수 없는, 어느 정도 상대적인 것이다. 이와 관련, Ian Hacking, Representing and Intervening, Cambridge Univ. Press, 1983 참조.

62) 여기서 '비동일성'은 '표면적·단편적·부분적으로 차이가 나는 것은 물론이고, 그런 차이가 거의 없어 동일하다고 인식하기 쉬운 상황·요인·조건·변수·맥락·환경·제도·이론 등에 있어서도 내재적·심층적·구조적·전체적·실제적으로는 동일하지 않는 성질·속성'을 나타내는 저자의 개념이다. 이는 '차이성이나 상이성' 또는 '독특성'만으로는 충분하지 않으므로, 그와 차별화해 더 큰 개념으로 창안되었다. 이는 흔히 정책을 모방하거나 형성하며 집행하는 등 안일한 자세로 함부로 정책실험에 돌입하는, 현실 정책운용상의 인식적 무시·왜곡·착각·오류·안일 등을 심히 주의하고 경계해야 한다는, '정책의 엄중성' 측면의 윤리성·당위성·역사적 책임성

상호보완적(complementary) 작용과 그 통합적 영향(joint influence)으로 긍정적이거나 부정적인 결합적 효과(combined effect)를 내는 것이기 때문에,[63] 한두 가지 동일하거나 유사하다고 판단되는 측면만을 보고 함부로 모방해 이식하거나 재현하려는(즉 벤치마킹하려는) 시도는 그 '정책의 비동일성'의 측면을 간과하고 왜곡함으로써, 오류를 범해 실패하기 쉽다. 이런 이유 때문에, 매 정책마다 새로운 상황에 맞는 이론의 근거가 필요하다. 정책과 관련하여 '근거 이론의 비동일성'이라는 본질적인 특징이 존재한다는 말이다. 이것을 잘 살펴서 면밀히 대처하면 성공할 가능성이, 소홀히 여기고 대처하면 실패할 가능성이 높아진다. 그 정책이 기조정책이라면 그 성공이나 실패는 당연히 매우 큰 결과를 초래하게 된다. 앞의 정책사례들을 다시 살펴보자.

한글창제정책의 정당성의 논리는 무엇이고, 얼마나 확실한가? 세종은 자신이 최고의 언어학자인데다, 최고의 두뇌집단인 집현전의 유능한 학자들을 동원해, 정교한 언어학적인 논리와 이치에 맞춰 한글을 창제하였다. 거기에 동원된 논리는, 문자를 만든 근거와 운용방법 등을 해설한 '책'(해설서)으로서의 <훈민정음>에 자세히 제시해 놓을 정도로, 주도면밀한 논리였다. 물론 그 당시에 논리적 정당성을 아무리 주장해도, 그 이후 그것이 옳지 않은 것으로 증명된다면, 그런 논리는 아무 소용없는 일이 되고 만다. 그런데 한글 창제의 논리적 정당성은 현대 언어학자들이

차원에서 강조하는 개념이다. '차이성(상이성)이나 다양성' 또는 '독특성'은 단순히 인지적으로 다른 것을 말한다면, '비동일성'은 다르다고 인식하는 그런 차이성이나 다양성이나 독특성은 물론, 특히 인지적으로 거의 동일하다고 인식하기 쉬운데 실제로는 동일하지 않은 경우에까지 적용하는 개념이기 때문이다. 이는 애써 동일하거나 유사한 측면만을 보고 쉽게 동일하거나 유사하다고 판단해['다른 모든 조건이 동일하다면'(라틴어 ceteris paribus)을 너무 쉽게 전제한 사고실험을 포함하여], 실제와는 다른 측면을 놓치곤 하는 '동일성 착시'의 잘못된 정책의 연구와 그 이론 실천 관행에 대하여 경각심을 주면서, 더 책임감 있게 노력해야 함을 강조하는데 필요하고 유용한 개념이다. 물론 비동일성의 정도는 사안마다 다를 것이다. 그런데 '비동일성'은 일반적(보편적) 정책이론의 구축을 불가능하게 하는 논리가 아니냐고 성급하게 확대 해석할 필요는 없다. 그 모습과 성격이 동일한 사람은 하나도 없다는 비동일성에도 불구하고, ─그만큼 더 어려운 것은 사실이지만─ 사람에 관한 인문사회과학의 일반이론이 구축되고 있다. '동일성'은 ─다양성과 대비되는─ '일양성'(一樣性)이라고도 할 수 있으므로, '비동일성'은 '비일양성'이기도 하다.

63) 이 표현은 제도의 상호보완성의 특성을 설명한 하연섭, 제도분석: 이론과 쟁점, 제2판, 다산출판사, 2011, 301-304를 참조해 원용함. 제도의 상호보완성은 Bruno Amable, "Institutional Complementarity and Diversity of Social Systems of Innovation and Production," Review of International Political Economy, 7(4), 2000, 645-687 참조.

한글을 세계 최고의 과학적인 문자라고 칭송한 데서 사후적으로도 충분히 확인할 수 있는 일이 되었다. 그렇지만 그 보급에 있어서는 현실을 인정하고 그 사용을 강요하지 않을 정도로, 미래지향적이면서 현실적합성을 잃지 않은 정책으로 전제하고 시행함으로써, 그 정책은 -그 창제는 물론이고 보급을 포함하여- 완전하게 성공할 수 있었다.

그런가 하면, 청군차병정책의 정당성의 논리는 무엇이고, 얼마나 확실하였던가? 고종은 중신들이 설득력 있는 논리를 들어 청군 차병을 반대하는데도, 진압의 역부족과 위급하다는 논리로 그 모든 반대 논리를 덮어버리고, 그렇게 정당성도 부족하고 반대측을 설득할 역량도 없음을 스스로 자인하듯, 무능하고 부패한 정권실세와 함께, 탐욕스럽게 상국 총독 노릇하는 청국 관료와 내통하며, 비밀리에 정책을 결정해 시행하고 말았다. 그것이 얼마나 정당성이 없는 논리였던가는 많은 -시일이 아니라- 시간을 요하지 않았다. 그 정책은 시행과 동시에 곧바로 걷잡을 수 없는 사태의 연속으로 비화하고, 그러자 일본측에게 적반하장의 수모와 침략을 당하면서까지, 이제 사태 수습을 구걸해 맡김으로써, 무수한 선량한 백성을 일본군의 무자비한 학살극에 몰아넣을 정도로, 무모하고 비윤리적이며 무책임한 논리로 엉성하게 설계된 것이었던 사실이 백일하에 드러나고 말았다.

이와 같은 '정책상황의 비동일성', 그에 따른 '근거 이론의 비동일성'의 특성 때문에, 결국 정책을 정당화시켜 주는 이론은, 항상 그 적용하는 근거 이론의 실재 여부를 검증받아야 하는 '가설'(hypothesis)의 지위에 머물 수밖에 없게 된다. 이미 거의 확립된 확실한 이론조차도 어떤 정책의 근거로 쓰이는 바로 그 순간부터, 그 이론은 미지의 영역(uncharted territory)에 들어와 실제로 타당한 것인지 검증을 받아야 하는 하나의 '가설'로 그 지위가 떨어진다는 말이 된다. 결국 모든 정책제안의 내적 논리로서의 이론은 다음 지적처럼, 가설(가정)에 불과하다.

정책은 기존 상황이나 행동방식의 변경을 위한 개입이다.····그러므로····모든 정책제안은 미래의 행동노선을 통제하고 지시하는 것을 그 내용으로 삼는다. 따라서 '만약 이리이리 한다면-바로 그러면 이렇게 될 것이다'(if-then)의 형태를 띤다.····그것이 어떻게 될지 아직 정해지지는 않았다.····그러므로 모든 정책은 일정한 오차(error)의 확률을 가지게 되며, 사전에 옳은 것으로 받아들여질 수 없다. 정책제안은····그 무엇이든 그 인식론적 지위는 변하지 않는다. 그것은 가설적일 뿐이다.64)

64) Martin Landau, The Place of Policy Analysis in Political Science: Five Perspectives, American

정책을 정당화시켜 주는 이론이 가설이라면, 더구나 그 가설에 입각해 그 진위 여부를 검증하는 정책은 일종의 '실험'(experiment)에 해당한다. 가설에 따른 결과가 실제로 나타나는가를 알아보는 '정책실험'(policy experiment)인 것이다.[65] 그런 의미에서 모든 정책은 정책실험을 겪는 운명을 타고난다. 정책실험도, 첫째 가설의 인과성(因果性) 여부를 검증하고, 둘째 검증이 완료돼 어느 정도 확실한 것으로 인정받기 전에는 불확실한 것으로 간주된다는 의미에서, 과학실험과 유사하다. 그러나 정책실험은, ① 가설 그 자체의 검증 목적보다는 정책 자체의 유효성을 확보하는 것이 -가설 검증은 부차적인 데 불과한- 목적이고, ② 동일하거나 유사한 조건에서 동일하거나 유사한 측정값이 다시 나타나는 검증 실험(재현가능성, 재현성, reproduciability)이 곤란하다. 또 ③ 유동하는 데다 실험 통제도 곤란한 인간과 사회의 변수가 개입되므로 본질적인 불확실성이 훨씬 더 높고, ④ 객관적

Journal of Political Science, Vol.21, No.2(May, 1977), 415-433; 최병선, "윌다브스키의 정책학," 행정논총, 53(4), 서울대학교 한국행정연구소, 2015, 76 수정 인용. 그런데 엄격한 합리주의적 정책관(윌다브스키가 비판해 마지않는 소위 '합리성 패러다임')을 지닌 사람들은, 정책은 확실한 이론이나 논리에 바탕을 두고 '하나의 확실한, 최선의 정책'을 내놓아야 하기 때문에, 정책의 근거가 결코 '가설' 정도에 머물러서는 안 된다고(즉 가설이 아니라고) 본다. 이를 비판하는, 윌다브스키 같은 점진(점증)주의자들은, 그렇다면 그런 정책논리는 반증할 수 없으므로 '과학적'일 수 없다고 통렬히 공격한다. 그러나 윌다브스키의 논쟁적인 주장이나 그의 정책관에 대한 동의 여부와 상관없이, 정책의 인식론적 지위는 '가설'인 것이 분명하다. '정책실험'도 동일한 맥락으로 이해하면 된다.

65) 정책의 사회실험에 관한 이론과 기법은, Henry W. Riecken and Robert F. Boruch(ed.), Social Experimentation: A Method for Planning and Evaluating Social Intervention, NY: Academic Press, 1974 참조. 이와 관련, 이탈리아 산업정책학자 플로리오는 유럽연합(EU)이 1980년대부터 전기, 가스 등 에너지, 정보통신, 교통운수, 물 등 소위 망산업 분야에서 추진해 온 정책개혁이 연구하기에 이상적인 자연상태의 실험에 해당한다고 말하면서, 각 서비스 분야별 정책패러다임 전환(policy paradigm shift) 효과를 검증하였다. 정부 또는 공기업이 제공하는 공공서비스[EU는 이제 이것을 '일반경제이익서비스'(SGEI, Services of General Economic Interest)라 바꿔 부름]를, 신자유주의에 입각해 ① 민영화, ② 수직 분할, ③ 진입·규제의 자유화로, 유럽연합 차원에서 대대적으로 정책기조를 전환해, 정책개혁을 추진해 온 정책실험을 지칭한다. 그 연구 결과, 그는 자연독점의 특성을 지닌 망산업에는 과점의 불완전경쟁, 소유주의 경쟁 회피 성향, 규제의 한계, 일부 서비스의 (건강과 교육과 같은) 독특성, 그리고 시민의 경제적·사회적 복지 향상효과의 의문 등이 있다고 분석하였다. 그래서 현재 주도적인 그런 시장근본주의 정책기조로부터, 새로운 패러다임으로 전환하는 데 필요한 논의의 출발점은 ① 국가 전체적·장기적인 경제·산업정책 차원의 계획과 전략, ② 시민의 경제사회적 복지 향상, ③ 소비자보호, 환경보호와 에너지안보, 사회적 단합과 포용 등 정부의 정치적·사회적 목표의 민간 위탁의 적절성 관점에서 '정부의 역할과 책임'을 중시하는 방향이 될 것임을 제시하였다. Massimo Florio, Network Industries and Social Welfare: The Experiment that Reshuffled European Utilities, Oxford Univ. Press, 2013, 3-9, 25, 326-354.

이고 가치중립적인 실험이 곤란하며, ⑤ 실험의 윤리성·책임성이 더 직접적으로 내재해 있다는 점에서, 과학실험과 다르다. 이런 차이 때문에 정책실험은 과학실험보다 더 실패할 가능성이 높고, 그 실험설계 시 가설의 선정부터 종료 후 평가에 이르기까지, 모든 과정에서 각별한 신중성·주도면밀성·윤리성·책임성이 요구된다.[66]

그래서 정책의 담당자·책임자·결정자는 미리 그 정책의 실험 전에, 그리고 실험 과정과 종료 후 평가에서도 미지의 영역(uncharted territory)에 대한 가상적인 사전 시나리오를 체험해 보는 '사전 추체험(追體驗)' '동시 추체험' 그리고 '사후 추체험'[67]의 '사고실험'(thought experiment)[68]을 수행한 후, 어느 정도 윤리성, 당

---

66) 언론은 흔히 "국민을 대상으로 정책실험을 하면 되느냐?"고 정부정책에 일갈한다. 그런데 본문 정책실험의 특성에 비춰, 언론의 그런 비판의 진의는 대부분 '정책실험을 그렇게 함부로 하면 되겠는가?'의 준비 문제이다. 그런 경우, 언론도 거기에 맞는 정책담론을 요구하고 문제제기를 할 때, 언론의 사명에 더 충실하면서, 정책담당자들에게도 적절하게 정책실험을 준비해 추진할 수 있게 해 줄 것이다. 이와 같은 정책실험의 중요성을 감안해, 후술할 사고실험이 필수적이다. 라스웰도 정책학 제창 시부터 사전에 일부 제한적인 대상에 대한 시행과 평가를 거쳐 오류를 최소화한 본격적인 전반적 정책실험을 실시할 필요성 때문에, '체계적인 사전조사'(systematic pretesting)를 강조한다. Lasswell(1951), 13.

67) 추체험(empathic reliving, 독일어 Nacherleben)에 대하여 표준국어대사전은 '다른 사람의 체험을 자기의 체험처럼 느낌. 또는 이전 체험을 다시 체험하는 것처럼 느낌'이라고 풀이한다. 추체험 개념의 진수(眞髓)는, 과거의 유적과 유물 등이 왜 어떻게 만들어졌고 어떤 의의를 갖는 것인가를 올바로 해석·이해·평가·감상하기 위하여, 연구자·감상자 자신이 직접 그것을 만들거나 사용했던 사람들의 삶과 작업의 현장으로 돌아가서, 가능하면 철저하게 그대로 재현하여 경험해 보는 의식·태도·자세를 실천하는 일을 의미한다. 그래서 미술사학(美術史學)에서 추체험의 개념은 핵심적인 연구방법론이 되어야 한다고 한다.
   독일 철학자 딜타이(W. Dilthey, 1833-1911)의 '추체험'은 저자의 용어로는 '공적 역지사지'이다. 딜타이는 과학을 자연과학과 정신과학으로 나누고, '이해'와 '추체험'이라는 정신과학의 방법론을 탐구했다. 사회과학에서 공적 역지사지를 강조한 근대의 대표적 학자는 막스 베버(M. Weber)이다. 베버는 행위자의 주관적 의미를 정확하게 이해(해석)하기 위한 '이해의 사회학'(해석사회학, sociology of Verstehen)을 주창하였다. 그러면서 연구자가 반드시 '행위자 그 사람'이 되어 볼 필요는 없다 해도, 행위자의 처지에 상상적으로 자기 자신을 놓고 동감적으로 그의 경험에 참여해 볼 수 있는 것(to be able to put one's self imaginatively in the place of the actor and thus sympathetically to participate in his experiences)이 큰 도움이 되므로, 감정적 역지사지의 자질(emotionally empathic quality), 역지사지의 정확성(empathic accuracy), 감정적 맥락(emotional context), 상상적·동감적 참여(imaginative·sympathetic participation) 등의 중요성을 강조하였다. 베버는 연구자가 반드시 행위자 그 사람이 되어 볼 필요는 없다함을 "케이사르(시저)를 이해하기 위하여 케이사르가 될 필요는 없다"(One need not have been Caesar in order to understand Caesar)라고 하였다.
   좋은 정책을 위해서 정책 담당자·결정자는 어떤 결정과 집행을 착수하기 전에, 미리 그 결정이나 집행이 어떤 과정의 어떤 현상으로 전개될 것이고 어떤 결과를 초래할 것인가에 대하여, 면밀히 예상하여 대비하는 것이 중요하고 필수적이다. 이는 정책대상자(집단)의 예상되는

위성, 역사적 책임성 측면에서 확신이 생길 때 비로소 '현장실험'에 나서야 한다. 다음의 비판을 보자.

체험의 상황을 미리 상상하여 추체험의 정신으로 그대로 체험할 때 가능하다(추체험의 정신을 강조하므로, 그저 단순히 상상해보고 예측하는 정도의 시뮬레이션이 아니다). 그러므로 이 때의 '선(先) 추체험'을 간단히 '선체험'이라고 줄여 부르고 정책활동에 원용할 수 있겠다. 마찬가지로 정책집행 도중에, 해당 대상자의 체험을 정말 똑같이 체험하면서 그때그때 즉각 필요한 조치를 시행·환류(feedback)하는 것이 중요하고 필수적이다. 이는 말하자면 현실에서 대상자의 체험과 '동시 추체험'하는 일에 해당된다. 그래서 이는 '동시체험'이라고 명명할 수 있겠다(선체험이나 동시체험은 추체험의 '추'가 생략되지만 추체험의 정신이 포함된 의미가 강조된다). 동일한 이치로 정책집행을 완료한 후, 대상자가 겪었을 체험을 따라 그대로 체험하면서 그 집행을 평가하고 추후 정책활동에 반영하는 것이 중요하고 필수적이다. 이는 '후(後) 추체험' 즉 본래 의미의 추체험을 말하므로, 그대로 '추체험'이라고 하면 된다. Max Weber, The Theory of Social and Economic Organization, 90 및 "Verstehen" 제하로 베버의 저서를 발췌한 책, Raymond Boudon and Mohamed Cherkaoui(eds.), Central Currents in Social Theory, vol. Ⅲ., London: Sage Publications, 2000, 359-360; Marshall E. Dimock, A Philosophy of Administration, N.Y.: Harper & Row, 1958, 43, 56; 강우방, 인문학의 꽃 미술사학, 그 추체험의 방법론, 열화당, 2003 참조. 이상 박정택(2007b), 132-137에서 일부 수정 인용.

68) 쿤은 갈릴레오, 아인슈타인, 보어 등이 연구의 진보를 이룩한 결정적인 것을, 경험하지 못한 상황을 상상하는 '사고실험'에서 찾고 있다. Kuhn(1970). 88. 사고실험의 대가는 아인슈타인이었다. '내가 빛을 올라타고 갈 수 있다면, 그 빛이 어떻게 보일까?'라는 유명한 사고실험으로, 그는 '기적의 해'라고 불리는 1905년, 상대성원리와 광속도 불변의 원리를 바탕으로 상대방에 대해 등속도로 움직이는 두 기준틀에서 고전 전자기법칙이 불변으로 유지되는 새로운 시공 개념을 제시한, 간단히 말해 빛에 가까운 속도로 움직일 때 시간과 공간이 어떻게 변하는지를 밝혀낸 특수상대성이론을 발표하였다. 이는 질량과 에너지가 사실상 동등하며 상호 교환될 수 있다는, 질량-에너지 등가원리의 $E=MC^2$(에너지는 질량x속도의 제곱)이란, 현대과학의 상징과도 같은 공식으로 유명한데, 물질과 에너지의 경계를 허물어, 현대 물리학의 새 장을 열고, 핵물리학의 기초를 제공했다. 그러나 이는 속도가 계속 변하는 물체, 곧 가속도 운동을 하는 물체에는 적용할 수 없는 불완전한 이론이었다. 고심하던 그는 1907년 줄이 끊어진 엘리베이터에서 자유낙하 하는 사람은 -중력의 가속도와 동일한 가속도를 가진 물체 내에서는 중력이 완전히 상실된 경우와 같은 현상이 나타날 것이므로- 중력을 느끼지 못할 것이라는 생각을 떠올리며, 그의 표현에 의하면 그의 생애에서 가장 행복했던 사고실험을 했다. 마침내 1916년 중력의 정체(본질)를 밝혀낸, 즉 가속도와 중력의 효과가 같다는 '등가원리'를 통해 질량을 가진 물체가 시공간을 휘게 만든다는 사실을 밝혀낸 일반상대성이론을 발표한 후, 무거운 물체 근처를 지나가는 빛은 중력에 의해 경로가 휠 것이라고 예측하였다. 빛은 질량이 없기 때문에 중력의 영향을 받지 않지만, 무거운 물체 주위의 시공(space-time) 자체가 휘어버리고, 빛은 그 휜 시공 내에서 가장 짧은 거리로 가기 때문에 빛의 경로도 휜다는, 당시로서는 엉뚱한 이론을 내세우면서 관측의 길을 열어놓았다. 과연 영국 천문학자 에딩턴(Arthur Eddington)이 1919년 개기일식을 기다려 서아프리카 프린시페 섬에 가서 관측에 성공했다. 스위스 취리히연방공대 교수이자 친구인 수학자 마르셀 그로스만의 도움을 받아 정식화하는 데 성공한, 함수 10개로 이뤄진, 엄청나게 복잡한 방정식 10개의 집합인 일반상대성이론은 방정식을 풀었을 때 나오는 답도 무궁무진해, 중력과 시공간의 관계, 블랙홀과 빅뱅(대폭발), 우주의 가속 팽창 등을 얻게 하는 등 수많은 과학자가 문제풀이에 참여하고 있고, GPS 등 실생활에도 널리 쓰이고 있다. 장하석, 장하석의 과학, 철학을 만나다, 이비에스미디어, 2014, 31-33, 372 등 참조.

미국 40대 대통령···레이건(R. Reagan)은 1981년 1월 취임식 석상에서 정부에 대한 자신의 견해를 이렇게 단정적으로 표명했다. "정부는 우리의 문제에 대한 해답이 아닙니다. 정부가 바로 문제입니다."(Government is not the solution to our problem; government is the problem.) 신자유주의적 신념···이 발언은 미국의 보수주의자들이 즐겨 인용하는 문장이 되었다.···이후 정부는 악덕(vice)이며 시장은 미덕(virtue)이라는 신자유주의 이념의 광풍이 미국뿐 아니라 전 세계를 거세게 휩쓸고 지나갔다. 특히 지지부진한 경제성장으로 인해 많은 경제적, 사회적 문제들이 분출되어 나오는 곳일수록 신자유주의의 마력은 더욱 큰 힘을 발휘했다. 한때 세계의 리더로 군림했으나 독일과 일본의 추격에 쫓겨 머지않아 2등 국가로 전락하지나 않을까 걱정하던 미국에서 신자유주의의 영향력이 특히 컸던 것은 전혀 우연이 아니다.···물론 현실에서 불필요한 정부 개입이 문제를 일으키는 경우가 자주 있기는 하다. 그렇다고 해서 시장에 모든 일을 내맡기면 경제가 아무 문제없이 잘 굴러갈 수 있다는 보장이 있는 것도 아니다. 시장에 모든 일을 내맡기는 체제가 가장 효율적이라는 믿음은 마치 진공상태처럼 모든 조건이 통제된 상황에서만 성립할 수 있는 가공의 신념일 뿐이다. 더군다나 케인즈 경제이론과 복지국가 이념이 등장한 이래, 정부의 개입 없이 시장이 모든 일을 도맡아서 처리해본 경험은 그 어디에서도 찾아보기 힘든 상황이다.···

1980년대 미국의 레이거노믹스(Reaganomics)와 영국의 대처리즘(Thatcherism)의 등장은 이제 신자유주의적 이념이 단지 논의의 대상에 머무는 것이 아니라 정책의 기조로서 굳게 자리 잡기 시작했음을 뜻한다. 레이건 대통령은 집권하자마자 대대적인 규제 철폐와 감세를 실천에 옮기기 시작했다.···2000년대에는 부시(G. W. Bush) 행정부에 의한 감세정책의 두 번째 바람이 거세게 불었다.···감세정책의 바람이 거세게 휩쓸고 간 후의 미국 경제에서 발견할 수 있는 것은 걷잡을 수 없는 속도로 진행되고 있는 양극화의 추세일 뿐이다. 글로벌 금융위기의 발생과 함께 이제 신자유주의정책에 대한 환상은 어느 정도 깨져버린 상태가 되었다. 세계의 모든 나라들이 규제 철폐와 세금 감면만이 만병통치약은 아니라는 진실을 서서히 깨달아 가고 있다.

그러나 보수층과 경제계를 중심으로 우리 사회 일각에는 아직도 신자유주의정책에 대한 미련이 강하게 남아 있는 것을 볼 수 있다.···실패작으로 판명된 감세정책의 실험이 2008년 새삼스럽게 우리나라에서 재연된 우스꽝스럽기 짝이 없는 일이 벌어진 바 있다.···미국의 신자유주의정책을 연구하는 나에게는···우리 사회를 잘못된 방향으로 이끌어 가는 정책들의 배경에 바로 미국의 신자유주의정책이 도사리고 있···다. 사대주의에 사로잡힌 우리 정치인들의 분별없는 '미국 따라 하기'로 인해 우리 사회가 어처구니없는 방향으로 표류해 가는 것을 보며 미국의 신자유주의정책

을 심도 있게 분석해 보고 싶은 마음이 생겼다.…[69]

정책은 본질상 매 정책마다 근거 논리의 '비동일성의 특성', 그 성공 여부는 일단 시도해봐야 검증되는 '실험적 특성', 그리고 함부로 실험하기에는 너무 큰 영향을 미치는 '책임윤리의 특성' 등 때문에 가볍게 변경(형성)하기 어려운 '보수성'(conservativeness)을 띤다. 그와 반면에 정책의 성공 여부는 다양한 복합적 요인에 의지하면서도 인간의 주관적·의지적 요소가 가장 중요하게 영향을 미치는 '주관적 특성' 때문에 정책을 결정하는 결정자(집단)의 주관적 기대와 의지에 따라서는 언제든지 그런 보수성이 특징인 정책도 의외로 쉽게 변경(형성)이 시도되는 '가변성'을 띠는 양면성을 보인다. 다음의 사례를 보자.

2001년 1월 출범한 부시 공화당 행정부는 2001년 초 이미 이라크 정권교체를 미국 정부의 공식 입장으로 결정했는데, 그해 9·11테러는 그 결정을 극단적으로 강화시켜 주었다. 테러 이틀 후인 9월 13일 이라크 침공작전이 입안되었고, 9월 29일 럼즈펠드 국방장관은 전쟁계획을 검토했다. 부시 대통령은 11월 21일 럼즈펠드에게 이라크 전쟁계획을 제출하도록 지시했다. 이라크 침공은 되도록 빨리 2002년 봄으로 예정하고, 후세인 정권 타도와 대량살상무기 및 테러리스트와 관련된 위협을 근본적으로 제거하는 것이 그 목표였다. 그러나 이 정책은 객관적인 정보를 종합해 이루어졌다기보다는 정권을 주도하는 네오콘의 신념에 기초한 것이었다. 우선 정책이 먼저 결정되고 그 결정을 뒷받침하는 논리와 증거는 나중에 개발되었다. 특히 국방성 산하 특수계획국(Office of Special Plans, OSP)은 '최악의 상황과 가장 적은 가능성을 조합'하면서 정책논리를 왜곡했고 이라크 침공 결정에 불리한 증거는 공개하지 않았다. 또 국무성 등 전쟁에 반대하는 정부 부처는 정책결정과정에서 배제되었다. 침공과 관련된 모든 결정은 국방성이 주도했고 이 과정에서 전쟁에 회의적인 견해와 전쟁 결과에 대한 조심스러운 의견은 무시되었다.[70]

문제는 부시 행정부가 이라크 침공과 그 이후 사태를 정확하고 냉정하게 판단하지 못했다는 사실이다. 정권 핵심부를 장악했던 네오콘(NeoCon)은 자신들의 희망사항과 편견에 근거해 이라크전쟁을 결정했고 그 과정에서 나타났던 정당한 회의론

---

69) 이준구, 미국의 신자유주의 실험, 문우사, 2016, 프롤로그 인용.

70) 이근욱(2011), 85-87 요약. 제시된 중요 참고문헌으로 Bob Woodward, Plan of Attack, N.Y.: Simon & Schuster, 2004, 9-16, 21-23; Kenneth M. Pollack, "Spies, Lies, and Weapons: What Went Wrong," The Atlantic Monthly(January/February), 2004, 78-92.

과 비관적인 전망을 무시했다. 전투의 승리에 대해서는 어느 누구도 의심하지 않았지만, 전쟁 이후의 상황에 대해서는 아무런 대비도 없었다. 놀라운 전투력으로 3월 20일 침공해, 부시 대통령이 5월 1일 '임무 완수'를 선언했지만, 이는 전쟁의 시작일 뿐이었다. 전후 처리는 실패했고, 미국은 장기 점령을 선언했다. 이라크 정부에 정권이 이양되었던 2004년 6월까지 15개월 동안, 그리고 그 이후에도 부시 행정부의 정책은 실패로 점철되었으며, 결국 이라크전쟁은 8년 이상 지속되는 실패한 전쟁이 되고 말았다.71)

이상과 같이 정책의 근거가 되는 이론 자체부터가 가설에 불과하므로 정책의 정당성의 근거 자체가 미약하다는 생각을 하지 않을 수 없게 된다. 정책에는 그렇게 정도 차이이지 근거 이론의 비진리적 가설성(非眞理的 假說性), 불확실성 주관성, 오류가능성, 윤리책임성 등이 항상 수반되는 것이다. 거기에다 그 가설에 의존한 실험도 쉽지 않은 여러 요소가 존재한다. 이러한 정책의 본질적 특성을 인식한다면 정책의 담당자·책임자·결정자는 그야말로 '정책 앞에 겸허함'의 덕목과 자세를 잃지 않아야 한다는 사실을 마음에 새기지 않을 수 없을 것이다. 특별히 세종은 다음과 같은 자세로 자신의 책무에 임했다는 사실을 명심할 필요가 있다.

우리 역사에서 가장 창의적인 시대는 세종 시대라는 데 별 이견이 없을 것이다. 500년도 전에 어떻게 그런 창의적 기풍이 조성됐을까…'세종실록'에 자주 나온 말들에서 그 단초를 찾아봤다. 첫 번째로 주목되는 것은 '고제'(古制)…'과거의 사례'라는 뜻인데, 세종실록에 398회 나온다.…세종실록엔 '시험'(試驗)이란 말도 자주 나온다. 시험의 의미를 담은 다른 말도 매우 많다. 농사직설 서문에 정초(鄭招)는 '농토에서 충분히 시험해 본 증험을 가지고 갖추어 아뢰었다'라고 하고 있으며, 세종 스스로도 '바람에 견디는 볍씨를 관청에 심어서 시험해' 보기도 하였다. 온양 온천에 행차할 때는 '기리고(記里鼓)를 시험해 사용'하기도 했다. 기리고는 왕의 수레가 1리(里)를 갈 때마다 나무인형이 스스로 북을 치게 하여 자동으로 거리를 측정하는 기구였다. 특히 무기에 관한 실험을 유독 자주 했는데…염초(화약 무기 제조에 쓰이는 물질)의 대량 생산을 위해 종래의 향염초 대신 당염초를 구워 만드는 법을 시험해서 생산량을 배가시켰다는 기록도 있다.…
세종실록엔 '실용'(實用)이란 뜻을 가진 말도 자주 나온다.…그런데 위의 세 가

71) 이근욱(2011), 74-78, 80에서 요약. 당시 럼즈펠드 국방장관은 압도적인 군사력만을 믿고, "단 3주 만에 전쟁에서 승리하고 이라크는 안정화될 것"이라고 호언장담했다고 알려져 있다.

지, 즉 고제와 실험과 실용이라는 말을 아우르면서 그것을 창조로 이끌어가는 견인차 역할을 하는 태도가 있다. 바로 '다름'을 존중하는 자세이다. 세종실록에 '이'(異)와 '별'(別)은 태종실록의 3배 정도 자주 등장한다. '오방(五方)의 풍토가 같지 아니하여 곡식을 심고 가꾸는 법이 각기 적성이 있어, 옛 글과 다 같을 수 없다'는 농사직설 서문이 한 예이다. '대개 지세(地勢)가 다름으로써 풍습과 기질이 다르며, 풍습과 기질이 다름으로써 호흡하는 것이 다르다'…는 생각이 깔려 있었다. '나라말이 중국과 달라 한자와 서로 통하지 않는다'는 훈민정음 서문 역시 다름의 정신에서 비롯되었다. 이처럼 세종이 다름을 강조한 것은, 그 당시 대다수 지식인들의 생각이 선진 문명국인 중국의 문자와 제도를 따라서 시행해야 한다는 중화주의에 깊이 기울어져 있었기 때문이기도 하다. 당시 분위기에서 '우리는 중국과 다르다'는 세종의 선언은 가히 혁명적인 것이었다. 세종은 이같은 혁명적인 생각을 갖고 다른 시각에서 과거 사례를 모으고 새롭게 실험했으며 백성들에게 실질적인 도움을 줄 수 있도록 인재들을 이끌어갔다.…72)

이상은 일반적인 정책의 근거 이론과 그 실험에 대한 설명이었다. 그런데 더 나아가 그런 정책들의 지침이 되고 기본 틀이 되는, 그래서 훨씬 더 중요한 '기조정책' 차원·수준에 이르면, 그 근거 이론과 실험의 문제는 더욱 더 크게 대두한다. 우선 기조정책 차원의 근거가 되는 논리(이론)는 '논리 위의 논리'이고 '이론 위의 이론'이기 때문이다. 다른 말로 '패러다임' 차원의 논리이고 이론이기 때문이다. 개개 구체적인 정책들은 기조정책인 어버이정책의 논리가 정해진 대로, 즉 패러다임이 정립된 후 그 패러다임에 따라 정당화되는 인과적 논리를 적절하게 적용하게 되므로, 자녀정책인 개개 정책들이 감당해야 할 정당화의 부담은 상대적으로 더 가볍다. 그에 비하여 기조정책 차원의 논리는 하나의 패러다임의 정당화 논리여야 하므로, 그에 대한 정당화의 부담은 상대적으로 더 무거울 수밖에 없다.

앞에서 언급한 바와 같이, 그런 패러다임 차원의 논리는 사상·이념·철학·기본이론·기본 원리원칙·기본가치 등이다. 구미 정책기조이론에서는 이를 통칭하여 '아이디어'(idea, 특히 정책아이디어, policy idea)라고 하는데,73) 우리는 그에 대하

72) 박현모(한국형리더십개발원 대표), "異와 別을 존중, 서로 다름을 창조로 이끈 世宗," 조선일보, 2014.3.1.
73) 예컨대 '정책기조이론'과 '정책아이디어학설'의 개척자인 피터 홀은 "정책패러다임 안에 구현

여 '정책기조논리'(logic of policy paradigm)라는 용어를 일찍부터 사용해 왔다. 여기서 이론, 원리원칙, 그리고 가치 앞에 각각 '기본'을 붙인 이유는, 그것들도 모두 그런 '패러다임 차원의 기본적인 것'을 의미하는 표현이다. 즉 사상, 이념, 철학 등과 비슷한 차원의 '상위 목적적이고 하위 기반(틀)적인 논리나 이론'을 의미한다(그런 의미에서 정책기조논리로서 사상·이념·철학 등과 함께 쓰이는 이론·원리원칙·가치는 항상 그 앞에 '기본'을 포함한 것으로 이해해야 한다). 어떻든 사상, 이념, 철학이나 그런 차원의 이론, 원리원칙, 가치 등의 정책기조논리는 개별 구체적인 정책들에 동원되는 논리나 이론에 비하여 훨씬 더 추상적이고 관념적인 논리인 특징을 보인다. 그렇기 때문에 그 정책기조논리 차원의 논리에 대한 인과적 정당화는 더 어려울 수밖에 없다. 그런 논리에 대한 인과적 정당화의 논쟁이 치열하게 전개되는 현실이 이를 증명해 준다.

그런데 때로는 기조 차원의 관념적인 논리가 쉽게 부각되기 어렵고, 일반인들도 알기 어렵기 때문에 오히려 그와 반대로 무관심하게 지나쳐버리기도 한다. 다음과 같이 일생 산림 분야에 종사한 전문가라 해도 "이제 그 의미를 알겠다"는 고백을 하며, 이념이나 철학 등 기조논리를 들어 미·일식이냐 독일식이냐 기조 차원의 산림정책을 검토·확정할 필요가 있다고 주장하는 일이 발생한다.[74]

된 아이디어"(the ideas embodied in a policy paradigm)라고 한다. 사실 '정책아이디어'는 엄밀한 의미로는 '정책기조논리'에 해당되므로, 정책기조와는 다소 다르다. 그렇지만 그것이 흔히 정부나 지자체에서 공모하는 것과 같은 개별적인 단순한 아이디어를 말하기보다는, -그 기준이 다소 모호하기는 하지만- 일단의 정책들을 포괄·지도해 줄 만하게 논리적으로 잘 체계화된 패러다임 차원의 기본 아이디어를 말하므로, 그것은 곧 '정책패러다임'이란 아이디어라고 본다. 결국 정책아이디어는 당초 1993년 '정책기조이론'을 제시한 피터 홀(Peter Hall)의 논문에서와 같이, 거의 정책기조(policy paradigm) 및 정책패러다임과 동일시되고 있다(그래서 홀은 정책기조이론과 아울러, 정책아이디어학설의 개척자로 여겨지고 있음). 자세한 것은 이 책과 함께 출판된 <정책기조의 탐구-정책아이디어로서의 정책패러다임> 책 참조. Peter A. Hall, "Policy Paradigms, Social Learning and the State: The Case of Economic Policy-making in Britain," Comparative Politics, 25(3), 1993, 290.

74) 본문에서 연속되는 두 인용은 마상규('생명의숲국민운동' 공동대표), "숲은 울창하지만 산림경영 부재로 90% 방임 상태죠," 한겨레, 2018.1.11., '짬'란 기사에서 일부 순서를 바꿔 인용함. 마 공동대표는 서울대 임학과를 나와 산림청 임업시험장과 대학 교단을 거쳐, 1975년부터 20년 가까이 한국과 독일의 산림경영협력사업에 참여했고, 그가 주도해 1980년 강릉에 세운 임업기계훈련원을 1999년 퇴임 때까지 이끌며, 산림공무원을 포함해 수만명에게 산림직업 기술교육을 했으며 퇴임 이후 시민운동 20여 년까지 일생의 대부분을 나무와 함께하며 국토를 푸르게 가꾸는 데 힘을 쏟고 있다고 한다. 마상규·이강오, 숲 경영 산림 경영, 푸른숲, 2017; 박광국 외, 산림행정 이해와 관리, 조명문화사, 2017 참조.

마상규(77) '생명의숲' 공동대표는 책에서 국가가 나서 산림경영의 주체를 세워야 한다고 강조했다. 그는 70년대 경남 양산에서 독일인들과 함께 400㏊ 규모의 산림을 협업경영하는 데 참여했다. 산림 전문가들의 지도 아래 산주들이 머리를 맞대고 최적의 조림 방법을 찾아 실행에 옮겼다. "협업이 90년대는 200곳 가까이 늘어났어요. (관리 주체가) 산림조합으로 넘어가면서 지금은 거의 사라졌죠. 독일 산림 전문가들이 20여 년 전 협력 사업을 마친 뒤 한국을 떠나면서 '산림경영을 제대로 하려면 일본·미국과 유럽 시스템 중 어디를 따를지 결정해야 한다'고 하더군요. 이제 그 의미를 알겠어요. 미·일은 산주에 맡기고, 유럽은 사회적 경제 모델이죠. 국가가 계획하고 지휘 통솔하는 방식입니다. 역시 이념이 중요해요. 산림 철학을 빨리 정해야 합니다. 미국과 일본은 원래 나무가 있었어요. 그래서 산주에 맡겼죠. 하지만 독일은 산업혁명 이후 훼손된 숲을 200년 가까이 국가 주도로 경영해 90% 이상 복원했어요."

그런 '민간 주도'와 '정부 주도' 중에서 어느 하나를 선택해야 할 산림경영 정책기조는 당연히 우리나라와 다른 나라의 현실을 잘 알고, 각 정책기조의 장단점 등을 엄정하게 비교해 이미 채택·결정됐어야 한다. 그것은 그 분야의 기조정책이기 때문에 그야말로 현재의 개별 구체적 정책들과 미래의 결과(생산적·공익적 효과의 극대화를 위한 지속가능한 산림의 국토관리)를 좌우하는 중대한 정책일 수밖에 없다. 그래서 미시적인 개별 구체적인 산림정책들은 반드시 그 개별 구체적 정책들을 지배하고 지도하는 틀과 방향 역할을 하는 거시적 산림정책기조와 연계되어 운용돼야 한다. 그래서 만약 기사와 책에서 주장한 정부 주도가 옳다면 그것은 산림 정책당국자들이 가장 먼저 숙지하고 공유하며 임해야 할 제1의 임무에 대해 유기해 안일하게 직무수행하고 있다는 매우 중대한 문제를 제기한다. 그러나 그 반대로 현 민간 주도가 옳다면 그것은 기조 재점검의 공론화를 제기한 한 주장에 불과하거나 심지어 무책임한 주장이 될 것이다.

산림정책 담당자들은 어떤 생각일까? "(미·일과 유럽 방식에 대한) 합의된 생각이 있는 것 같지는 않아요. 하지만 산림청 간부들은 주로 일본 자료나 정보를 참고해요. 거기에서 법적 근거나 방법이 만들어지죠." 왜 산림경영에 국가가 필요한 것일까? "한국 산림의 67%가 사유림이죠. 213만 명이나 되는 산주의 1인당 평균 보유 산지는 2.2㏊에 불과해요." 그는 산림경영에 필요한 최소한의 산지가 1000㏊라면서 한국의 산주들을 점에 비유했다. "점에만 맡기지 말고 국가가 면 전체에 대한 계획을 세우고 산주들의 이해를 구해 따라오도록 해야 합니다.…지금 사유림의 90%는 방임 상태입니다."…'산림경영의 부재'는 산림 환경 전반에 여러 폐해를 끼치고 있단다. "나무를 심을 때 산림 현장의 수요와 관련된 경영계획이 없으니 양묘업자의 로비나 관료주의에 휘둘려 수종이 결정됩니다. 침엽수 위주로만 나무를 심는 게 그런 이유에서죠. 산림의 생산성 측면에서 문제가 많아요." 이른바 '산털이'라고 불리는, 토양을 심각하게 훼손하는 방식의 간벌이 이뤄지고 있는 것도 같은 이유에서라고 그는 지적했다.

그렇다고 기조정책 차원의 이론은 과학활동에서 '패러다임'이 그러하다고 토마스 쿤이 주장하듯이 반드시 객관적인 인과적 논리의 확실성 여부로만 채택되지도 않는다. 다분히 그런 기조정책을 채택하는 책임자나 결정자의 주관적인 가치관이나 세계관이 중요하게 작용하고, 당시 구성원의 인식 태도가 큰 영향을 미친다. 과학에서도 작용한다고 해서 논란이 많은 그 '사회구성주의'가 이른바 '사회적 합의'로 그 모습을 드러내는 정책, 특히 기조정책에서는 더 크게, 더 많이 작용한다. 일정한 주기로 시행되거나 중요 문제의 결정에 채택되는 '선거'나 '투표'가 바로 그 사회적 합의를 추구하는 대표적인 기제(메커니즘)의 예이다.

한글이나 청군 차병의 정책사례에서는 그런 현대적 방법이 채택되지 않았다. 그렇지만 동방정책이나 이라크전쟁 정책은 그런 방법이 적용되었는데, 서독 국민이 선거를 통해 잘 선택한 외교통일 분야의 기조정책이 동방정책이었다면, 이라크전쟁 정책은 미국 국민이 부시 행정부의 강경한 대이라크정책의 공약을 통하여 잘못 선택한 정책의 경우이었다. 이는 '좋은 정책은 여론에 따르는 것인가?' '민주주의가 좋은 정책을 낳을 수 있는가?' 혹은 '좋은 정책이 여론과 괴리되는 문제는 어떻게 보아야 하는가?' 등 심각한 정책철학적 질문을 제기하게 한다.[75]

---

75) 이와 관련, 다음 글을 참고할 필요가 있다. "이라크전쟁에 대한 민중의 시각을 면밀하게 조사해 보면 초당적으로 합의한 '선제 전쟁'의 원칙에 국민이 전반적으로 반대하는 배경이 저절로 밝혀진다.…2004년 선거 직전에 조사한 바에 따르면, 이라크가 대량살상무기를 보유하지 않았거나 알카에다를 지원하지 않았다면 미국이 전쟁을 벌이지 말았어야 한다고 대답한 사람이 74%였다.…또한 사담 후세인이 대량살상무기를 개발할 의도가 있었다 하더라도 60%의 국민이 전쟁을 반대했다. 하지만 거의 절반이 전쟁을 하기로 한 결정에는 찬성했다.…2002년 9월부터 시작해서 2005년까지 지속된 정부와 언론의 강력한 프로파간다가 불합리한 두려움을 국민의 뇌리에 심는 데 성공한 셈이었다. 이런 사례는 그때가 처음이 아니었다.…세계에서 유일하

한 공동체의 정책이나 제도는 대체로 그 구성원의 인식 태도와 그에 반응하는 정책결정체제, 더 크게는 정책지배구조(policy governance structure)라는 큰 틀 안에서 존재하고 기능한다. 예컨대 미국은 유럽보다 소득 재분배가 덜 이뤄지고 있어서 복지제도가 유럽보다 더 부실하다. 복지정책기조와 그로 인한 복지제도 -이른바 보편적 복지와 선택적 복지- 의 차이는 소위 선진국이라 불리는 구미 국가 간에도 존재한다. 예컨대 미국과 (유럽의 영향을 받은) 캐나다의 국경을 넘는 순간 피부로 그 제도와 문화의 차이를 느끼게 만든다. 그런 현실에 대한 학자들의 많은 연구가 계속되고 있다. 그런데 그 이유를 비례대표제의 나라인 유럽에 비해 다수대표제인 미국의 '정치제도'나 인종적으로 동질적일수록 가난한 계층으로의 소득분배에 관대한 데 비하여, 이질적인 미국에선 그에 소극적인 경향의 '인종적 이질성'의 요인이 거론되기도 한다. 그런데 무엇보다도 구미(歐美) 간 '가난에 대한 인식 태도'의 차이에 대해서는 다음 인도 출신 노벨경제학상 수상자인 센의 지적처럼 학자들의 의견이 거의 일치한다.

> 서유럽인들은 대체로 빈곤의 덫에 빠지면 쉽게 헤어나지 못하므로 빈곤층을 국가가 도와주어야 한다고 느끼는 데 비하여, 미국인들은 개인이 게으르기 때문에 가난하므로 개인이 노력을 더 쏟아야 한다고 여긴다. 그리하여 서유럽 국가들은 최저 소득과 보건의료는 시민의 기본적 권리이고 그 서비스는 사회책임으로 간주하여 제공하고 있으므로 사회복지에 지출하는 예산의 비중도 크다. 그에 비하여 미국은 그렇게 여기지 않는 편이므로 미국에서는 병들고 가난한 사람들에 대한 복지서비스가 유럽에서는 받아들여질 수 없을 만큼 지나치게 제한되어 있고, 서유럽 국가들에 비하여 사회복지에 지출하는 예산의 비중도 더 작다.[76]

요컨대 기조정책을 뒷받침해 주는 근거가 되는 이론이나 논리는 그 패러다임으로서의 차원·지위·중요성을 감안할 때 일반 개개 구체적인 정책들보다 더 합

게 미국인만이 이라크전쟁을 현저하게 잘못 이해하고 있는 듯하다.…미국의 민주주의가 얼마나 타락했는지 극명하게 보여주는 증거가 아닐 수 없다." Chomsky, 강주헌(역. 2007), 403-406.
76) Amartya Sen, Development as Freedom, 박우희(역), 자유로서의 발전, 세종연구원, 2001(원 영문판은 1999), 129, 132, 160. 정치제도, 인종적 이질성과 가난에 대한 사고방식과 관련, Alberto Alesina & Edward Glaeser, Fighting Poverty in the US and Europe: A World of Difference(2004); 알베르토 알레시나·에드워드 글레이저, 전용범(역), 복지국가의 정치학, 생각의 힘, 2012 참조.

리적이고 더 탄탄해야 한다. 그럼에도 불구하고 다른 한편으로 그것은 여러 가지 많은 경험적 증거자료와 현장실험으로 그 정당성을 검증할 형편도 되지 않으므로, 결국 공론의 장에서 치열한 논쟁의 대상이 되는 운명에 처하기 일쑤이다. 정치(精緻)한 인과적 논리에 의한 정당성의 주장보다는 기존 정책과 결별하고 획기적인 새로운 정책을 채택해야 하는 것 아니냐는 다분히 새로운 비전에 대한 기대와 압박, 주관적인 성향이나 태도나 야심 같은 비합리적인 요소들을 바탕으로 독선적으로 정책기조논리를 제시·강요하는 경우도 적지 않다. 다음의 예를 보자.

> (인터뷰 질문) 전임자가 했던 걸 다 뒤집어 버리기도 합니다.
> (오연천 총장 답변) 장관 되고, 총장이 되면 당장 '당신의 오리지널한 정책은 뭐요?' 하고 물어요. 대학의 비전은 우수 인재를 양성하고 연구 잘해서 글로벌 경쟁력을 높이는 건데, 새 총장이 온다고 해서 바뀌는 건 아니죠. 승계된 정책과 새로운 정책이 잘 결합돼야 합니다. 그걸 우리 사회의 소프트웨어 역량이라고 봅니다.
> (문) 정부도 마찬가진데요.
> (답) 정부가 들어설 때마다 새로 한다고 하는 일 중 간판만 바꿔 다는 식의 '신장개업'도 많습니다. 과거 어느 대통령이 '대통령이 되고 새로운 일에 쓸 수 있는 예산이 1%도 안 되더라'라고 하시더군요. 공공정책의 대부분이 계속 사업에 대한 것이고, 새 정부가 5-10% 정도나 바꿀 수 있을 뿐입니다.…77)

사람은 새 것으로 바꾸는 것을 싫어하는 성향(neophobia)과 아울러 새 것을 선호하고 기대하는 성향(neophilia)의 양면성을 지니고 있는 존재이다. 그런데 기존 경로와 차별화된 새로운 경로를 추구하려는 성향, 즉 '경로독립성'(path independence)에 따른 '경로개척성'(path-breaking)의 성향을 보일 경우,78) 그에 의한 새로운 기조

---

77) 동아일보, 2016.9.5., "[박용 기자가 만난 사람] '결정의 미학' 출간한 오연천 울산대 총장." 오연천 총장은 전 서울대 총장을 역임했다.

78) 신제도주의이론에서 중요한 개념이, 사람에게 기존 제도(경로)에서 벗어나지 않으려는 고착과 타성의 성향이 있다는 측면의 '경로의존성'(path dependence)이다. 이른바 '아이디어 학자들'(ideational scholars)은 정책결정에서 '지적 경로종속성'(intellectual path dependency)을 발생시키는 '인지적 자물쇠'(cognitive locks)로서의 아이디어가 어떻게 정치적 담론과 집합적 정체성 및 제도에 내재화(embedded)되는가에 대한 관심에서 더 나아가 필요하고 적절한 새로운 원리와 규범에 맞춰 정책방향을 재조정할 수 있도록 그런 인지적 자물쇠를 어떻게 깨뜨릴 수 있는가에 대해서도 탐구하고 있다. 정치학자들은 해석적 틀(정책기조)이 어떻게, 왜 정책아이디어

정책이나 정책기조가 성공하면 좋겠지만 만약 실패하게 되면 그야말로 넓고 깊은 재앙적 파장을 면치 못하는 데서 그런 문제를 결코 가볍게 볼 수 없다. 박근혜 정권이 파탄 난 근원은 바로 국가 전체 정책기조(국정기조)의 몰이해를 상징한 다음 기사에서도 찾을 수 있다.

> 박근혜 대통령이 국정철학으로 제시한 '3대 국정기조'(문화융성-경제부흥-국민행복)가 비선 실세 최순실 씨(61·구속 기소)와 논의를 거쳐 나온 사실이 정호성 전 청와대 부속비서관(48·구속 기소)의 휴대전화 녹음파일을 통해 드러났다.…박 대통령은 취임식을 앞둔 2013년 2월 중순 최 씨와 국정기조에 들어갈 표현을 논의하면서 "국민교육헌장을 가져와 보라. 좋은 말이 많이 나온다"고 정 전 비서관에게 지시했다.…1968년 만든 국민교육헌장이 현 정부 3대 국정기조의 원전(原典)이 된 것이다. 박 대통령과 최 씨는 이어 '창조' '문화' 등의 단어를 놓고 함께 고심했다. 박 대통령이 최 씨에게 "'창조문화'로 할까, '문화창조'로 할까"라고 의견을 구하는 식이다. 녹취록에는 박 대통령이 최 씨에게 "'문화융성'으로 하자"고 의견을 피력하자 최 씨가 "문화·체육융성'으로 하자"고 제안하는 내용도 나온다. 박 대통령이 "(표현이) 너무 노골적이면 역풍을 맞는다"고 지적하자 최 씨는 '문화융성'이라는 표현에 동의했다.…'국민행복'은 박 대통령과 최 씨가 "(국민들이) 살기가 어렵다"는 얘기를 하던 끝에 3대 국정기조에 포함됐다. '경제부흥'은 순전히 최 씨의 아이디어로 반영됐다. 이후 박 대통령은 최 씨와 논의한 대로 2013년 2월 25일 정부의 3대 국정기조로 △경제부흥 △국민행복 △문화융성을 제시했다. 청와대는 같은 해 5월 국무회의에서 3대 국정지표에 '평화통일'을 추가한 '4대 국정기조'를 확정했다.[79]

와 정책행동 안에 고착되는지, 그 후 어떻게, 왜, 언제 국가의 제도적 맥락 안에서 고착된 것이 풀리는지(unlocked)에 집중한다. 국제관계학자들은 국제기구와 국제정책망의 다양한 행위자들 간 아이디어와 정책의 -정치적, 제도적, 문화적 제약 속에서 지체·제한·거부되거나 부분 수용되는 등- 초국가적 확산 과정(diffusion processes)에 관심을 기울이고 있다. 지구촌 시대에 국가 정책기조도 국가를 넘나드는 초국가적(transnational) 아이디어와 규범에 영향을 받지 않을 수 없음은 물론이다. 이에 국내 정책기조와 초국가주의(transnationalism)의 관계에 관한 많은 이론과 실증사례가 제시되고 있다. Grace Skogstad & Vivien A. Schmidt, "Introduction," G. Skogstad(ed.), Policy Paradigms, Transnationalism, and Domestic Politics, Univ. of Toronto Press, 2011, 3-6. 그들은 초국가주의와 관련, "정책학도들이 너무나 잘 알고 있듯이, 유사한 조직형태와 정책들이라도 다른 맥락에서는 아주 다르게 기능하고 다른 의미를 지닐 수 있다"(5쪽)라고 말한다.

79) 동아일보, 2017.1.10., "'3대 국정기조'도 최순실과 설계." '국정'(國政)은 '나라의 정치'로 풀이되는데(표준국어대사전), 그것은 국가의 전체 정책기조를 포함해, 국가의 정치·행정을 포괄하는 넓은 의미로 봐야 한다. 좁은 의미나 전문적 의미의 국정은 그중에서 (집권한) 특정 정부의 행정활동을 말하고, 그 경우 국정기조는 '국가의 전체 정책기조'를 핵심으로 삼는 '정부 행정활동의 전체 기조'를 의미한다. 가장 좁은 의미로 국정은 이 책에서 말하는 '국가의 전체 정책'을

정책기조의 전환은 패러다임의 전환인 만큼 그에 합당한 고수준의 인과적 논리성이 중요한데도, 그에 충실하지 못한 낮은 수준의 경우도 엄존한다. 어떻든 긍정적이거나 부정적인 정책기조의 전환에 따라 현실의 정책과정도 동일한 정책 기조 아래 연속적·축적적인 성격의 정책이 지속되다가 전혀 다른 정책기조의 채택 아래 정책혁명(정책혁신)으로 인하여 불연속적·단절적인 정책활동이 일어나는 모습을 연출하기도 한다. 이는 마치 정상과학의 패러다임하에서 연속적·축적적 인 성격의 과학 활동 중에 급격한 과학혁명으로 인하여 불연속적·단절적인 과학의 모습을 연출하는 것과 매우 유사하다. 이에 대하여는 저자의 이 책 시리즈 하나인 <정책기조의 탐구−정책아이디어로서의 정책패러다임>에서 자세히 논의할 사항인데, 이는 과학 지식의 성장에 관한 과학철학의 논쟁을 알고 나면, 정책에 대하여 더 분명하게 이해할 수 있는 현상임을 알 수 있게 해 준다.

4. 정책은 언제, 어떻게, 왜 변동하는가?

세상에는 수많은 정책들이 존재하고 있다. 그만큼 그 정책들에 의해 해결되어야 할 문제가 많다는 의미이기도 하다. 그래서 정책세계에서 정책 자체를 존재론적으로 가장 단순하게 생각해 보면 '문제 상황'과 그 문제 상황에 대처해 존재하는 '정책'으로 압축해 볼 수 있다. 그런데 '문제 상황'은 조금 더 크게 보면 그런 문제들을 야기하기도 하고, 그 결과로서 나타나기도 하는 '환경적 상황' 곧 줄여서 '환경'에 속하는 한 단면의 상황이다. 그런 환경은 그 환경에 대처하여 정책이 작용하는 어떤 공동체 단위(예컨대 국가나 지방자치단체)의 정치적·경제적·사회적·문화적인 환경뿐만 아니라 국제적인 정치적·경제적·사회적·문화적인 환경, 그리고 기타 지리적·자연환경적·인구적인 요소 등 정책이 어떤 특정 정책으로 있게 하는 외부적인 조건·상황 등 다양한 환경을 말한다.

다른 한편으로 정책을 인식론적·가치론적으로 논의하고자 하면 거기에는 반드시 그런 정책을 존재론적으로 인식하고 가치판단을 하는 주체인 '사람'에 대

말한다. 참고로 국정교과서에서 국정(國定)은 '국가가 정한 것'으로 다르다.

한 논의가 없어서는 안 된다. '사람'을 떠나서는 존재해야 할 이유도 필요도 없는 것이 정책이기 때문이다. 그렇다면 우리는 여러 가지 환경 요소와 함께 그에 둘러싸여 어떤 정책이 있게 만든 주체로서의 '사람 요소'를 정책담론(policy discourse)[80]의 기본적인 요소로 취급할 필요가 있다. 그중에서도 특히 정책을 결정하고 집행하는 정책의 담당자·책임자·결정자의 요소가 중요하다.

그렇다면 정책에 대하여 가장 기본적인 질문을 던지고 생각해 보는 정책담론의 장을 열 때, 정책에 대한 가장 기본적인 존재론적인 요소로서 '문제 상황'과 '정책'의 요소가 필요하고, 거기에 덧붙여 인식론적이고 가치론적인 요소로서 '사람'의 요소가 필요하다고 하겠다. 결국 정책에 대하여 존재론적·인식론적·가치론적인 철학적 담론의 기본적인 요소는 '환경' '정책' '사람'이란 세 가지 요소를 추출해 논의할 필요가 있다고 정리할 수 있다. 물론 이들 세 요소는 당연히 서로 관련이 있기 때문에 완전하게 분리되는 요소는 아니다.

그러면 옛날부터 어떤 공동체 단위에서든 정책이 있어 왔고, 지금도 있고, 앞으로도 있을 것이다. 국가나 지방자치단체 또는 어떤 기관·조직 단위의 공동체에서 정책이 명멸(明滅)하고 있다는 사실에서 알 수 있는 것은 '정책은 변한다'는 점이다. 좀 더 잘 들여다보면 정책은 변화(변동)를 겪으며 끝내는 사라지기도 하지만 보기에 따라서는 계속 변하면서도 사라지지 않고 존속한다고 말할 수도 있다. 여기에서 정책철학적 질문 한 가지는 '정책은 언제, 어떻게, 왜 변동하는가'의

---

80) 담론(discourse, 談論)이란 '질서 있고 체계적으로 정리된, 심도 깊은 아이디어의 교환'(an orderly, structured, and elaborated exchange of ideas)이다. 그것은 규범적이고 경험적인 주장 등이 검토되고 검증되는 심사숙고의 논의인데, 대체로 학술적인 전문영역의 주제를 놓고 지속적이고 심도 있게 전개되는 의견교환이다. 이에 '정책담론'은 '정책과 관련된 특정 주장·제안·설명에 관한 체계적인 심사숙고의 논의'라고 할 수 있다. Fischer(1995), 241. 원래 '담론'이 많이 쓰이게 된 것은, 프랑스 철학자 미셸 푸코(M. Foucault, 1926-1984)가 <지식의 고고학>(1969)에서 정신병자·환자·범죄자와 같은 많은 '타자들'의 세계를 탐구하면서, 그의 인식론적 토대·사유의 심층·사고방식을 드러내는 중요한 개념의 하나로 내놓은 뒤부터이다. 그는 고도의 사유를 요하는 이론과 몸으로 겪는 실제 체험 사이의 관계를 직접 논의하는 데는 빠뜨리기 쉬운 중대한 매개물이 있다고 했다. 그것은 '담론의 공간'이다. 그는 체험과 이론 사이에서 각종 체험을 논의해 주는 많은 논의방식(담론화 방식·형식)의 존재를 강조하였다. 그리고 그는 '고도의 이론적 체계들을 통하여 몸으로 직접 겪는 체험·현실을 구성해주는 언어적 구성물'이라는 의미로 자신의 담론을 제시하였다. 사회 현실의 체험을, 예컨대 불평등이라는 고도의 이론적 체계로 논의, 즉 담론으로 구성할 수 있는데 지금은 모든 집단이 나름대로의 담론을 만들어가면서 자신들의 존재·정체성·삶을 표현·주장하기도 하는 시대라고 한다. 이와 관련, 이정우, 담론의 공간, 산해, 2000 참조.

질문이다. 이는 정책에 관한 가장 기본적인 질문 중 하나에 속한다.

먼저 '정책은 언제 변하는가'에 초점을 맞춰 보면 세 가지 요소들 중 어느 하나 이상의 변화가 있거나 변화가 있어야 한다고 '생각한 경우'에 정책변동의 변동요인이 발생한다고 말할 수 있다. 기본적으로 '인식의 문제'라는 것이다. 곧 정책의 결정이나 집행 등의 영향을 주고받는 공식적·비공식적인 정책참여자[이를 총체적으로 '정책행위자'(policy actor)라고 일컬음81)] 중 일정한 사람들이 현존 정책의 변화를 받아들이는 '정책행위자의 인식의 문제'가 정책변동의 문제에서 가장 중요한 측면의 하나로서 다뤄져야 한다. 그런데 사람의 인식의 문제에 관한 인류의 오랜 관심과 연구 덕분에 사람이 무엇을 인식하는 데는 우리가 흔히 생각하는 대로 현상을 '있는 그대로 인식하는 것'이 아니라 대부분 어떤 '일정한 인식의 틀'을 가지고 인식한다고 하는 사실을 알게 되었다. 이제는 이것이 특별한 지식이 아니고 일반적인 상식이 되고 있다. 이는 과학활동에서 관찰이나 실험이 대체로 그런 관찰이나 실험을 이끌어주는 일정한 이론의 영향을 받고 있다는 이른바 '관찰(실험)의 이론 적재성'(the theory-ladenness of observation)이나 인지 과정에서 각종 편향·오류 등의 비합리적인 영향 요인에 의하여 추리·판단과 결정이 이루어진다는 최근 인지심리학의 연구 성과가 말해 주고 있다.82)

그렇다면 '정책변동의 필요성을 인식하는 사람(개인이나 집단)의 인식 여하'에 따라 그 전개될 정책변동의 시기, 과정, 형태, 내용도 달라질 것임은 명백하다. 그래서 정책행위자, 그중에서도 공식적 정책행위자, 또 그중에서도 정책결정자가 환경과 정책에 대하여 언제, 어떻게 생각하는가에 따라 정책이 달라진다. 비공식 정책행위자가 정책이 변해야 한다고 인식하고 요구해 정책결정자를 움직이면 그것은 외부 주도 정책의제설정이론에 따른 것이 되고, 정책결정자가 스스로 인식

---

81) 남궁근, 정책학, 법문사, 2008, 273-302.

82) 관찰의 이론 적재성(의존성)이란 '관찰은 그 관찰자가 갖고 있는 선 지식(prior knowledge)으로부터 강력하게 영향을 받는다'는 핸슨의 견해에 쿤과 폴라니 등이 동의하며 과학계의 상식이 되었다. 그 후 일정 부분 '실험의 독자성'이 제기되면서 이론의 영향을 받되 관찰과도 상호작용하는 측면이 있다는, 균형 잡힌 인식으로 정립되고 있는 명제이다. Norwood Hanson, Patterns of Discovery, Cambridge Univ. Press, 1958, 19 외. 이는 정책철학, 더 나아가 정책기조를 이해하기 위하여 알아야 하기 때문에 과학철학의 인식론에서 더 자세하게 살펴볼 것이다. 인지심리학 관련 자세한 설명은 저자의 <정책기조의 탐구-정책아이디어로서의 정책패러다임> 책 참조.

하고 정책을 변경하면 그것은 내부 주도 정책의제설정이론에 따른 정책결정이 이뤄진 것이다. 또 정책변동을 인식하는 사람들이 일정한 인식의 틀을 공유하며 정책변동을 위해 함께 움직이는 현상에 주목하면, 그것은 정책망(정책네트워크, policy network)이론이나 정책창도연합(advocacy coalition framework, ACF)모형에 따른 것이 될 것이다. 그리고 그 인식의 틀을 정책 대상 문제들을 걸러내고 배제하는 장치로 이용한다고 보면 무의사결정론(nondecision-making theory)에 따른 것이 되고, 그래서 정책의제로 진입하여 정책이 될 수 있는 쟁점에도 기회가 있다고 보면 그것은 '기회의 창(window of opportunity) 이론'을 따라 생각해 볼 수 있는 것이 된다.

그런가 하면 인식의 틀을 권력관계에 초점을 맞춰, 특히 다수 대중의 이해관계를 반영하는 정책변동이 이뤄진다고 보면 그것은 다원주의이론이 되고, 국가관료의 자율적 판단을 중시한다고 보면 (신)국가론이 되며, 엘리트 중심으로 인식의 틀을 맞춘다고 보면 엘리트이론, 자본가계급의 이해관계를 중심으로 인식의 틀을 맞춘다고 보면 마르크스이론이 된다. 환경 요소의 변화에 인식의 틀을 맞추면 정책환경론에 대하여 관심을 기울인 것이다. 그리고 환경 요소가 정책과 정책변동을 결정하는 중요한 요인인 데 인식의 틀을 맞추면 그것은 정책결정요인론에 주목하는 것이 된다. 또 정책이 변하는 시기는 정책에 영향을 미치는 사람들이 정책변동이 필요하다고 인식하는 인식의 시기와 강도 등에 달려 있다고 볼 수 있겠다.

그러면 다음으로 '정책은 어떻게 변하는가'에 대하여 살펴보자. 앞에서 '정책환경의 비동일성'이란 기본적인 명제 때문에 각각의 정책변동은 각각 고유한 변동 형태와 내용을 띠게 된다. 그렇지만 일반론적으로 보편적인 변동 양태를 도출할 수는 있는데, 우선 정책이 변하는 과정부터 생각해 보자. 우리는 정책이 변하는 동태적 과정을 흔히 인식논리적으로 채택하는 '시작-진행-끝'이라는 정책의 순환주기(policy cycle)의 관점에서 정책의 형성, 정책의 집행, 정책의 평가, 그리고 정책의 종결과 변동 등의 단계로 나눠(분리해) 논의한다. 그리고 정책의 형성 단계는 더 세부적으로 정책의 의제설정, 정책의 채택을 위한 일련의 분석(정책분석), 그리고 정책의 채택 등 공식적인 정책의 결정으로 나눠 살펴본다.

그런데 이 전통적인 관점은 자칫 오해를 초래하기 쉽다. 예컨대 '정책의 형성'이 마치 그전에 아무런 정책이 없는 진공(정책 진공, 정책 공백) 상태에서 새로운 정책이 시작되는 것 같이 이해될 여지가 있다. '정책의 변동'도 순환과정의 끝 단계에서 기존 정책의 수정이나 종결로서의 정책이 변동하는 현상을 의미하는 것으로 이해될 수 있다. 그렇지만 이를 서로 영향을 주고받으며 계속 진행되는 '정책과정의 연속적 순환'의 관점으로 한번 바꿔 생각해 볼 필요가 있다(그런 의미에서 '시작이나 끝'의 개념도 오해의 소지가 있다). 그러면 '정책의 형성'은 장기적으로 계속되고 있는 '정책의 변동 과정'에서 기존의 정책을 수정하고 새로운 정책으로 변경하는 의미에서의 새로운 정책이 된다. 그것은 기존 정책의 영향(자장, 磁場) 가운데, 그 긍정적이거나 부정적인 영향을 주고받으면서 기존 정책을 상당 부분 계승한 '연속적인 성격'이거나 기존 정책의 요소를 완전히 바꾼 '불연속적(단절적)인 성격'으로서(혹은 두 성격이 혼재된) 새로 형성되는 정책인 것이다. 더 나아가서 정책과정의 진행 순서가 반드시 일방 직진형이 아니라 서로 얽히고설킬 수 있는 역진도 가능한 쌍방 상호작용 과정이라고 보아야 한다.[83] 그런 의미에서 '정책의 변동'도 연속적이거나 불연속적(단절적)인, 그리고 쌍방 상호 삼투적 작용 성격의 새로운 정책의 형성으로 이어지는 의미에서의 정책변동이다. 이런 관점을 '정책 과정의 통합적·연속적 순환 관점'이라고 부를 수 있다.[84]

---

[83] 신제도주의가 모두 정책의 이해와 관련해 가장 중요하게 제기하는 주장이 있다. 먼저 비제도주의 이론들의 밑바탕에는 "사물이 사태의 전개 결과에 따라 차례로 연결돼 있다"(things are ordered by their consequential connections)는 가정이 도사리고 있어서 목적과 연결된 수단, 결과와 연결된 원인, 해결책과 연결된 문제와 같은 식으로 파악하고 있다고 본다. 그런데 신제도주의는 이를 비판하면서, 다른 순서(ordering), 특히 시간적 순서(temporal ordering)의 중요성을 강조하여 "사물이 동시적인 출현이나 도래에 의해 연결돼 있다"(things are connected by virtue of their simultaneous presence or arrival)고 본다. 일단 해결책이 문제구조나 행위자의 이익과 같이 단순히 문제의 어떤 특징의 결과가 아니라는 식의 문제와 해결책 간 연결이 의문시되면, 그 다음 그 연결은 논리적으로 필연적이거나 자연적인 것이 아니라 실제로는 그렇지 않을 경우도 있는 경험적인 검증 대상의 문제로 등장하게 된다. J. G. March and J. P. Olsen, The New Institutionalism: Organizational Factors in Political Life, American Political Science Review, 78(3), 1984, 743; Rayner(2015), 62~63 재인용.

[84] 이미 브루워, 윌다브스키, 허범 등 정책학자들이, 그리고 신제도론자들이 그런 관점을 피력했다. 저자는 본문과 같이 개념화한 후 그들의 관점을 발견하였다. 브루워는 "정책종결은 역기능적이거나 중복·과다하거나 낡고 불필요한 정책과 사업을 정비하는 것을 의미한다.…그러나 비교적 분명치는 않지만 더욱 중요한 것은 정책종결이 대체로 일단의 기대와 규칙과 활동을 다른 것으로 대치시키는 것에 불과하다는 착상이다. 이런 의미에서 정책종결은 종말과 함께

이 관점의 접근방식은 정책의 역동적인 형성과 변동의 과정, 혹은 정책의 재생산 기제를 훨씬 더 현실에 맞게(적실성 있게) 논의하며 이해할 수 있게 해 준다. 예컨대 새 관점의 정책형성은 곧 기존 정책의 긍정적이거나 부정적인 영향을 주고받으며 형성되는 정책이므로 그 형성과정은 기존 정책의 수정(그 속에 일부 종결 등이 포함) 변동에 따라 정책대상자(집단) 사이는 물론 정책 주체들 간에도 이해득실의 변경이 불가피하고, 그에 따른 여러 가지 찬반 이합집산 등의 역동적 현상이 수반되지 않을 수 없음을 잘 설명해 줄 수 있다. 곧 '정치가 정책을 산출한다'의 명제에 맞는 현상과 아울러 '정책이 정치를 산출한다'는 명제에 맞는 현상도 동시에 발생한다는 사실과, 따라서 정책형성은 그런 관점에 따른 적절한 대응

시작을 알리는 신호를 우리에게 보내주고 있는 것이다."라고 정책종결이 정책의 종말과 시작을 함께 포함한다고 함으로써 정책형성과 정책종결을 하나의 개념으로 통합시키고 있다. 윌다브스키도 도대체 어떻게 생각해야지 정책들을 옳게 생각하는 것인가를 끝없이 자문한 끝에 "정책들은 끝으로서가 아니라 시작"(public policies as a beginning, not an end)으로 보아야만 한다는 데 생각이 미쳤다(그의 아래 책, 83쪽). 그래서 그는 '정책이 정책의 원인'(policy as its own cause)이란 명제(62쪽), 곧 정책문제들이 아니라 정책들에서 정책들이 생겨나온다고 주장하였다. 그런 의미에서 그는 '우리가 관심을 가져야 할 것은 정책의 종결이 아니라 진화'(It is not resolution of policies but evolution that should interest us)라고 하였다(23쪽). 허범 교수는 "정책종결은 합리성의 관점에서 바람직하지 못한 것으로 판단되는 기존정책을 종식시키고 보다 바람직한 새 정책으로 수정 또는 대치시키는 재정책형성 또는 정책대치 등으로 나타난다.…정책형성은 정책종결을, 그리고 정책종결은 정책형성을 내포하고 있는 것이다. 그러므로 정책형성과 정책종결을 엄격히 구별하거나 정책형성에서 단순히 정책종결의 개념을 제외시켜온 지금까지의 정책관은 잘못된 것이라 할 수 있다.…동일개념의 다른 측면에 불과한 것이다. 정책형성이 가치적 효과, 즉 밝은 면을 지향하는 정책의 형성이라면 정책종결은 비용적 결과, 즉 어두운 면을 회피하려는 정책의 형성이다.…과정의 관점에서 볼 때 이것은 정책과정이 결코 끝나지 않는 영원한 연속체임을 설명하는 것이다."라고 지적한다. 하연섭 교수의 다음 소개도 있다. "Ostrom(1990)에 의하면 합리적 선택 제도주의에서는 제도의 기원(혹은 제도형성)과 제도변화를 전혀 다른 현상으로 간주하는 경향이 있어 왔다고 지적한다. 제도의 기원(origin)이란 새로운 제도를 만들어 내는 것…제도형성과정은 중대한 전환의 과정으로 취급하는 반면 제도변화는 기존 규칙의 점진적 변화의 과정으로 간주해 왔다. 그러나 현실적으로 과거의 영향으로부터 완전히 자유로운 상태에서…새로운 규칙을 만들어 내는 일은 사실상 없다고 해도 과언이 아니다. Ostrom(1990)에 따르면, 기존의 규칙(혹은 제도)이 존재하는 상태에서 새로운 제도가 만들어지고 또한 기존 제도가 변화하기 때문에 제도의 기원과 제도의 변화를 구분하는 것은 불필요하며 이 모두 단일한 제도변화이론으로 통합될 수 있다고 한다.…(그런데 합리적 선택 제도주의) 제도변화에 관한 최근의 이론적 흐름은 제도변화과정을 제대로 설명하기 위해서는 역사적 과정에 주목하지 않으면 안 된다는 것이다. North는 제도변화의 점진적 측면과 경로의존성을 강조하는 동시에 제도변화와 관련하여 의도하지 않은 결과가 나타날 수 있는 가능성에도 주목하고 있다." Garry D. Brewer, "Hard Choices-Harder Questions," PAR, 38(4), 1978, 338-339; Aaron Wildavsky, Speaking Truth to Power, 1979(paperback, 1993), 최병선(2015), 78, 81 재인용; 허범, "정책종결의 본질과 전략," 성균관대 사회과학연구소(편), 사회과학, 17, 1979, 94-95에서 브루어 재인용 포함한 인용; 하연섭(2011), 154-155.

과 관리가 필수불가결함을 누구나 쉽게 이해할 수 있게 된다.[85] 또 새 정책의 형성은 기존 정책의 연속적인 성격이 강한 자장(磁場)의 영향 때문에 그 패러다임 측면의 전환이 일어나기 아주 어려운 반면에, 새 리더십의 등장이나 중대한 전환 점(critical juncture)과 같이 기존 정책상황과의 불연속적(단절적)인 변동이 발생하면 정책패러다임의 전환이 의외로 쉽게 일어나는 현상을 잘 설명해 준다. 그 결과 정책과정의 동태성에 관한 서술적인 분석·설명이나, 규범적이거나 처방적인 제 안을 더 타당성 있게 논의할 수 있게 해 준다.[86]

　　이제 '정책은 왜 변하는가'에 대하여 앞의 언제 및 어떻게와 연결해서 간단 히 일부만 살펴보자. 각 정책마다 변하는 원인과 과정이 물론 다르다. 그렇지만 정책의 일반적인 변동 양상은 추출해 논의해 볼 수 있는데, 그중에서 중요한 것이 변동에 대한 필요성을 인식하는 '인식의 방향과 틀'이다. 동일한 문제 상황을 놓 고도 전혀 다르게 받아들이고, 따라서 전혀 다르게 대응하는 정책을 주장하기 때문이다. 흔히 정책변동의 한 유형으로 논의되는 정책혁신(policy innovation)은, 이런 전혀 다른 문제해결의 틀과 방향을 채택한 새로운 정책형성이다. 정책변동 의 양상이 급격한 그런 정책형성은 다름 아닌 기조정책의 형성이고, 기존 정책을 뒤엎는 ―그래서 요란한 물리적 혁명에 비춰 '조용한 혁명'(quiet revolution)[87]이라 고도 일컬어지는― 일종의 '정책혁명'(policy revolution)이다. 그렇지 않고 기존 문제 해결의 틀과 방향 내에서 다소간의 정책수정이 일어나는 정책변동은 정상적인

---

85) 원래 정책이 산출하는 이익은 전체 구성원에게 평등하게 배분되지 않고 특정 집단 위주로 불 균등하게 배분되는 특성, 곧 '정책의 부분이익 선택성'(policy selectivity)을 보인다. 거기에 정책 의 변동은 그런 특성으로 새로운 이해관계를 설정하는 데 더하여, 기존 이해관계의 재편(再編) 을 수반한다. '정책의 부분이익 선택성'은 Emmette S. Redford, Democracy in the Administrative State, NY: Oxford Univ. Press, 1969, 3-37; 허범, "정책학의 정책문제지향성," 성균관대 사회과 학연구소(편), 사회과학, 22, 1984, 22에서 재인용. 이와 관련, "이미 확정된 명백한 이익을 정책 종결에 의하여 박탈당할 당사자·집단과 기관들은, 이런 정책종결을 막기 위하여 교묘한 대응 전략을 강구하고 적극적인 대응행동을 전개하는 것이 보통이다. 그러므로 정책종결에 반대하 는 관계인들에 의한 대응전략의 교활성과 반대행동의 적극성은 정책종결과정의 특징을 이룬 다."라는 허범 교수의 지적과, 정책종결의 어려운 이유와 과정 역동성은 허범(1979c), 97 및 Eugene Bardach, "Policy Termination as a Political Process," Policy Sciences, 7(2), 1976, 123-131 참조.

86) 이와 관련, "정책종결의 본질이 정책형성임에도 불구하고, 심지어는 정책연구에서조차 정책종 결은 예외적인 것으로 등한시되어왔다.⋯이와 같은 관념상의 혼란과 개념상의 오해가 현재의 정책연구와 실제행정으로부터 마땅히 제거·수정되어야 할 것이다."라는 허범(1979c), 98 참조.

87) Jock Bruce-Gardyne, Whatever Happened to the Quiet Revolution?, London: Charles Knight, 1974.

정책변동 활동의 하나일 뿐이다. 정책혁명으로서의 정책혁신은 '인물의 교체'와 밀접한 관련이 있다. '인식의 틀과 방향이 다른 사람이 다른 정책'을 만들기 때문이다. 그런 인물의 교체를 정부 차원에서 민주적인 방식으로 제도화한 전형적인 방식이 '선거'이다.[88]

정책변동의 이상과 같은 특징적 현상은 토마스 쿤이 말하는 과학활동과 매우 유사하다. 기존 패러다임 내에서 정상과학 활동이 일어나다가도 어떤 문제해결의 이변(변칙) 사례가 많아지고 위기가 찾아오는 가운데 새로운 문제해결의 패러다임이 나타나 경쟁에서 이기면 드디어 과학혁명이 일어난다는 과정이 그렇다. 이런 정책혁명은 '인식의 기본 틀과 방향'의 혁명에서 가능하기 때문에 사람 요소가 중요하고, 그것도 다음과 같이 사람의 '인식의 틀과 방향'(간단히는 인식의 틀)이 결정적으로 중요하다.

한글창제정책을 보면 정책은 언제, 어떻게, 왜 변동하는가의 질문에 대하여 적절하게 대답해 줄 수 있는가? 그 대답은 당연히 그렇고, 그것도 아주 중요한 점들을 가르쳐준다고 말할 수 있다. 당시 대부분의 지식인이 그 필요성부터 반대하고 나오거나 한낱 꿈에 불과하다고 생각했을 법 할 때, 세종이라는 우리 역사의 걸출한 인물이 그 절실한 필요성과 중요성을 강하게 인식해 정책의제의 중요한 목록으로 올려놓고 집념과 사명감을 가지고 추진한 끝에, 결과적으로 한글의 창제라는 어문정책의 혁명적 전환(paradigm shift)을 이루어냈다. 그렇지만 국왕이라고 마음대로 바꿀 수 없는 것이 백성의 어문생활임을 감안해 한글의 보급에서는 일거에 변경하려는 급격한 패러다임 전환 대신 점진적인 확대 사용을 바라는 정책으로 오늘날의 한글로 키워냈다. 여기서 세종의 한글창제정책은 패러다임 전환이라는 측면에서 오늘날 정책이론과 그 실천에 관하여 귀중한 자료를 제시해 주고 있다.

그렇다면 청군차병정책에서는 정책이 언제, 어떻게, 왜 변동하는가의 질문에 대하여 필요한 대답을 해 주고 있는가? 그 대답도 당연히 그렇고, 그것도 반면교사로서 아주 중요한 점들을 가르쳐준다고 말할 수 있다. 19세기 중반 이후 서구 열강의 제국주의적 침략의 대상이 된 동아시아 국가들 중 가장 늦게 신질서에 합류했다면, 국왕과 집권세력은 정신을 바짝 차리고 민생 안정을 위해 대내적으로는 철저한

---

88) 주기적인 선거를 통하여 정책혁신의 경쟁을 벌이는 방식의 중요한 정치적 의미, 즉 사회에 누적될 수도 있는 혁명의 잠재성을 일상적인 방법으로 수용·해소시켜 주는 선거에 대한 지적은, Nelson W. Polsby, Political Innovation in America: The Politics of Policy Initiation, New Haven: Yale Univ. Press, 1984, 159-167 참조.

개혁노선과 대외적으로는 제국주의 세력의 침략에 맞서 시대적 조류에 맞는 정책기조를 적절히 구사해 전환시켜 가야 했었다. 그러나 그들은 대내외적으로 급변하는 상황에서 대내외적인 역사적 도전 앞에, 적시 적절한 정책의 패러다임으로 응전하는 데에 우둔하고 무지하며 무책임하고 무능력해서 과거의 고루한 타성에 젖어 굼뜨거나 잘못 대처하다가 1894년 동학농민군의 항쟁 사태에 이르러서는 결정적으로 청군차병정책이란 대실패작을 만들고 집행하는 대과오를 범하고 말았다. 거기에서는 전환시대를 주도할 패러다임으로서의 좋은 정책기조가 없었고, 정책의 엄중성을 인식하고 역사적 책임성과 윤리성 등을 갖춘 정책기조리더십이 없었으므로, 역사적 대실패를 자초할 수밖에 없었다.

그런 의미에서 과거 정책학이론에서는 많이 다뤄지지 않았으나 이제 그런 인식의 틀에 결정적인 영향을 미치는 기본적인 원칙이나 가치, 즉 사상·이념·철학·기본이론·기본적인 원리원칙·기본 가치 등의 소위 '정책기조논리'에 대한 관심과 연구와 활용이 중요함을 인식해야 한다. 다음을 보자.

장애인복지정책은 단순히 시혜가 아니라, 사회구성원으로서 동등하게 누리는 인간다운 삶을 보장하는 데 초점을 맞춰야 한다는 사회복지사상(이론)이 널리 전파되기 시작하였다. 그 기본 관점의 변화에 따라, 정부도 1980년대 후반부터는 우리나라 장애인복지정책의 패러다임을 '생활시설 중심의 서비스'를 넘어선 '이용시설 중심의 지역사회 보호'로 바꾸게 되었다. 그래서 1989년 심신장애자복지법을 장애인복지법으로 개정해 장애인 대책에 대한 국가와 지방자치단체의 의무, 장애인등록제, 장애인자활을 위한 법적 기초 등을 마련하였고, 1990년 직업재활과 고용 기회의 확대를 통한 자활 지원을 위해 국가와 지방자치단체 및 일정 규모의 사업장에 장애인을 의무 고용하도록 한 장애인고용촉진 등에 관한 법률을 제정하였으며, 1994년 통합교육의 이념을 실행하고자 특수교육진흥법도 개정하고, 1995년 정신장애인을 위해 정신보건법도 제정해 시행하였다.[89]

이와 같이 '정책의 기본 틀과 방향' 역할을 하는 정책의 '기본 가치'는 정책의 원천 가치나 논리인 일정한 사상·이념·철학·이론·원리원칙 등의 '기본 논리'와 만나게 된다. 곧 '정책의 기본 틀과 방향'으로서의 '정책기조논리'는 정책에

---

89) 정일교·김만호(2012), 53 참조.

관한 정책행위자의 '인식에 있어서 기본 틀과 방향'으로 작용하게 된다. 그래서 정책세계에서 정책담당자들은 더 많거나 더 적을 뿐이지 '어느 정도 고정된 아이디어의 집합'(more or less fixed sets of ideas), 또는 '정책담론의 전반적 조건(overall terms of policy discourse)이자 해석적 틀'(interpretive framework),[90] 곧 '정책기조'(policy paradigm)라는 '인지적 여과장치'(cognitive filter)의 틀,[91] 정신적 지도(mental map)라는 인지적·규범적 틀[92] 안에서 움직인다. 그렇다면 결국 '정책 관련 인식의 기본 틀과 방향'인 '정책기조'는 '좋은 정책'을 위한 핵심적인 요소의 하나인 것을 알 수 있다. 또 '좋은 정책'을 위한 정책철학의 요체 중 하나는 곧 '정책기조'에 대한 이해에서 출발한다는 사실을 확인할 수 있다. 여기에 '정책기조'의 개념과 용어의 재발견과 그에 관한 일반이론적 이론체계의 형성과 활용이 실무적으로나 학문적으로나 필수적이고 긴요하다는 결론에 이르게 된다.

제 3 절 철학적 질문에서 도출한 핵심 주제: 정책관과 정책기조

정책과 관련된 대표적인 본질적 질문 몇 가지를 간단하게 논의한 '정책철학하기'의 예시를 통하여 정책철학, 정책사학(政策史學), 그리고 -이 책의 핵심적인 관심 주제인- 정책의 '패러다임', 즉 '정책기조'에 대한 관심과 연구와 활용이 매우 중요함을 제기하였는데 이를 정리해 보면 다음과 같다.

우선 '좋은 정책이란 무엇인가?'에서 정책의 내용과 과정에서 당연히 더 '기

---

90) '정책기조의 개념을 통한 정책변동이론'을 제시함으로써 정책기조이론을 선구적·개척적으로 구축한 피터 홀은 '정책기조'를 '정책에 관한 해석적 틀'(interpretive framework)이라고 정의하면서, 프리즘(the prism), 정책노선(lines of policy), 또는 정책담론의 기초적·전반적 조건(underlying/overall terms of policy discourse)이라고도 부른다. Hall(1993), 279, 284, 292 등.

91) Matt Wilder and Michael Howlett, "Paradigm Construction and the Politics of Policy Anomalies," Hogan and Howlett(2015), 101; Hall(1993), 279, 291.

92) Carson, Burns & Calvo(2009), "Theoretical Framework and Models for Conducting the EU Research on Paradigms and Paradigm Transformations," Carson, Burns & Calvo(eds., 2009), 141. 그들은 인식의 기본 틀과 방향이란 의미의 '하나의 공유된 개념적 모델'(a shared conceptual model)이라고도 부른다. 22-24쪽 참조.

본적인 가치', 즉 '기본적인 토대'(밑바탕의 틀·탈·축)와 '기본적인 방향'을 제공해 주는 가치일수록 더 중시하고 더 우선하게 된다고 하였다. 그런데 그런 기본 가치는 흔히 사상·이념·철학·이론·원리원칙 등 다양한 이름의 논리와 가치들이 그 원천을 제공한다고 설명하였다. 그러면서 개별 구체적인 정책과 다르게, 그런 '기본적인 토대'와 '기본적인 방향'을 제공해 주는 가치를 추구하는 정책은 '기조 차원의 정책', 간단히 '기조정책'으로서 영어로 'paradigmatic policy'라고 표현할 수 있다고 하면서, 이는 이미 학계에서 널리 사용하고 있는 '정책기조' 또는 '정책 패러다임'(policy paradigm)의 다른 표현이라고 하였다. 그러면서 '정책기조'는 정책의 내용과 과정에 적용되는 일정한 사상·이념·철학·이론·원리원칙·가치 등의 '기본 논리'라고도 말할 수 있는, '정책기조논리'를 그 핵심으로 삼고 그것을 구현하고자 하는 '어버이정책'(parent policy)이라고 설명하였다. 이 기조정책, 곧 정책기조는 일단의 개별 구체적인 정책들의 묶음인 '정책가족'(policy family) 내의 '자녀정책'(child policy)들이 좋은 정책을 추구하도록 기본 틀과 방향의 역할을 수행하는 '어버이정책'(parent policy)이므로 당연히 자녀정책보다 정책활동에서 더 중요하다고 하였다. 이 어버이정책이 바뀌는 것은 정확하게 과학에서 '패러다임 전환'(paradigm shift)에 해당하는 의미를 띠기 때문에 좋은 정책의 분석과 연구에서도 개별 구체적 정책보다도 더 중요한 요소로서 관심을 기울여야 마땅하다고 설명하였다.

결국 '좋은 정책이란 무엇인가'의 문제의식은 과학철학과 과학사에서 갖는 '과학이란 무엇인가'의 문제의식과 논쟁에서 매우 중요한 통찰력을 얻을 수 있다는 중요한 사실을 지적하였다. 그러므로 좋은 정책의 본질에 관한 질문과 논의는 방법론적 도구로서 과학철학에서의 과학의 본질에 관한 질문과 논의를 필수적으로 검토하고 학습해야 하는 과제를 제기해 준다고 강조하였다. 이러한 사실에 대한 강조는 다른 본질적 질문에 대한 논의에서도 계속되고 있다.

그러니까 '정책을 정당화시켜 주는 논리(이론)는 무엇이고, 얼마나 확실한가?'라는 본질적 질문에서도 정책의 근거가 되는 -내적 논리로서의- 이론이란 것이 그 확실성에 의문이 제기될 여지가 많다고 지적하였다. 그러면서 특히 '정책상황의 비동일성', 그에 따른 '근거 이론의 비동일성'의 특성 때문에 결국 정책을 정당화시켜 주는 이론은 항상 그 적용하는 근거 이론의 실재 여부를 검증받아야 하는 '가설'(hypothesis)의 지위에 머물 수밖에 없게 된다는 중요한 사실을 지적하였다. 그리고 정책을 정당화시켜 주는 이론이 가설이라면, 더구나 그 가설에 입각해 그 진위 여부를 검증하는 정책은 일종의 '실험'(experiment) 곧 '정책실험'(policy experiment)에 해당한다고 지적하였다. 그러면서 정책들의 지침이 되고 기본 틀이 되는 '기조정책' 차원·수준의 근거가 되는 논리(이론)는 '논리 위의 논리'이고 '이론 위의 이론' 즉 '패러다임' 차원의 논리이고 이론이라고 규정하였다. 그렇기 때문에 그 근거 이론과 실험의 문제는 더욱 더 크게 대두되고 패러다임의 정당화 논리이고 실험이어야 하므로 그에 대한 정당화의 부담은 더 무거울 수밖에 없다고 설명하였다.

그런데 그런 '패러다임 차원'의 사상, 이념, 철학이나 그런 차원의 이론, 원리 원칙, 가치 등의 정책기조논리는 개별 구체적인 정책들에 동원되는 논리나 이론에 비하여 훨씬 더 추상적이고 관념적인 논리인 특징을 보인다고 하였다. 그렇기 때문에 그에 대한 인과적 정당화는 더 어려울 수밖에 없고 실제로도 인과적 정당화의 논쟁이 치열하게 전개되는 현실이 이를 증명한다고 하였다. 이처럼 기조정책 차원의 이론은 과학활동에서 '패러다임'이 그러하다고 토마스 쿤이 주장하듯이, 반드시 객관적인 인과적 논리의 확실성 여부로만 채택되지도 않고, 주관적인 가치관이나 세계관이 중요하게 작용하고, 당시 구성원의 인식 태도가 큰 영향을 미친다고 지적하였다.

그리고 마지막으로 예시한 본질적 질문으로서 '정책은 언제, 어떻게, 왜 변동하는가?'에서도 그러한 사실을 거듭해서 지적하였다. 즉 현존 정책의 변화가 필요하다고 생각하는 '인식'이 정책변동의 출발점인데, 정책의 담당자나 책임자 등 정책행위자들이 인식하는 방식은 현상을 '있는 그대로 인식하는 것'이 아니라 어떤 '일정한 인식의 틀'을 가지고 인식한다는 사실을 지적하였다.

이상의 논의는 과학철학 인식론에서의 논의와 매우 유사한 측면을 내포하고 있다고 하였다. 따라서 과학철학 인식론의 통찰력을 정책활동에 적용해 보면, 정책철학의 새로운 통찰력을 얻을 가능성을 기대하게 해 준다고 보았다. 즉 어떤 정책패러다임(정책기조) 안에서는 그 정책기조에 의한 어버이정책(기조정책)이 일련의 정책가족 내에 개별 구체적인 많은 자녀정책을 생산하는 −과학활동에서 '정상과학'과 같은 의미의− '정상 정책'의 활동이 계속된다. 그러다가 '정책에 관한 인식의 기본 틀과 방향'으로서의 정책기조논리를 바꿔 새로운 정책기조를 채택하게 되면, 그 −과학활동에서 '과학혁명'과 같은 의미의− '정책혁명'(policy revolution)에 의하여 일련의 새로운 기조정책(어버이정책)과 그 지배와 지도를 받는 새로운 개별 구체적인 자녀정책들이 산출되는 '정책혁신'(policy innovation)이 일어나는 것이다(그렇지만 그런 정책기조의 전환이 반드시 정책혁명의 방식으로만 일어나는 것이 아니고, 현실의 여러 가지 여건에서 정책행위자들 사이의 타협과 조정하에 다소간의 정책진화가 점진적으로 누적된 끝에 마침내 큰 변혁이 일어나는 경우도 많음이 밝혀지고 있다). 이것이 일단 정책변동의 큰 그림이다. 이런 '패러다임에 근거한 정책관'(the view of paradigm−based−policy)에서 보면 정책의 형성과 변동은 각각 분리해 보는 전통적인 관점보다는 그 둘을 통합해서 기본적으로는 '계속 진행하면서 변화하는 정책의 한 형성 과정'의 관점으로 이해함으로써, 정책의 동태적인 형성과정과 변동과정을 훨씬 더 현실에 맞게(적실성 있게) 논의하며 이해할 수 있게 해 준다고 강조하였다. 이와 같이 일련의 정책 역사(정책사)를 관통하며 사유한, 곧 '정책철학하기'의 결과로 얻어진 정책철학의 이론에서 정책학의 새로운 중요한 이론이 탄생하고 실무에도 유용하게 적용할 수 있는 가능성을 기대해 볼 수 있다고 하였다.[93]

결국 이상의 논의를 통틀어 볼 때, '정책을 지배하는 인식의 기본 틀과 방향' (간단히 '인식의 틀')[94]인 '정책기조'가 '좋은 정책'을 위한 핵심적인 요소의 하나라는 결론을 얻을 수 있게 된다. 또 '좋은 정책'을 위한 정책철학의 핵심적인 주제의 하나로서도 '정책기조'에 관한 것을 빼놓고 논할 수는 없다는 사실을 확인할 수 있다. 여기에 '정책기조'의 개념을 재발견하고, 그에 관한 일반이론적 이론체계를 형성하고 실무적으로 활용할 수 있게 지침을 제공해 주는 중요한 과업이 등장하

---

93) 그 예는 허범, "한국정책학회의 정체성과 가능성," 한국정책학회보, 1(1), 1993, 7-14; 허범 (2002), 293-311 참조.

94) 이것이 저자가 국내외 학자들의 견해를 종합하고 현실 용례를 감안해 최종적으로 정리한 정책기조(정책패러다임)의 정의이다. 이 개념 정의는 이미 저자도 공저자로 참여한 다음 정책학 책 중 '제5장 정책기조의 형성과 관리'에 반영하였다. 강근복·김재관·박근후·박정택, 정책학, 대영문화사, 2016, 90. 이에 관한 더 자세한 논의는 저자의 <정책기조의 탐구 − 정책아이디어로서의 정책패러다임> 책 제1부 참조.

고, 그 과업의 수행이 바로 이 시대 정책학도들에게 맡겨져 있다고 하겠다. 그렇다면 정책학도로서 그 과업의 수행을 어떻게 시작할 수 있을까? 그것은 그동안 과학철학자들이 과학사학의 도움을 받아 눈부신 과학의 발달에 상응한 만큼이나 활발하게 논쟁하며 축적한 다양한 이론들을 검토함으로써 그들(과학관)로부터 좋은 통찰력(정책관)을 얻는 방법을 통하여 그 인식론적 기초를 쌓아나가는 것부터 시작할 수 있다고 하겠다.[95] 물론 그것은 정책철학과 정책사학에 대한 많은 관심과 연구가 필요한 데 대해서도 잘 예증(例證)해 줄 수 있을 것이다. 그런 의미에서 우리는 바로 다음 장에서 이 책의 핵심적인 관심 주제인 '정책기조'의 인식론적 기초를 마련하기 위하여, 또 정책철학과 정책사에 대한 관심과 연구의 필요성을 환기하기 위하여, 그리고 무엇보다도 정책의 이해와 그 이론의 실천에 필요한 새로운 종합적 정책관을 탐색·개발하기 위하여, '쿤의 패러다임 인식론'을 중심에 놓고 과학철학 인식론의 역사를 검토해 보기로 하겠다.

---

95) 따라서 용어의 혼란을 피하기 위하여 강조해 둘 것은 이 책에서 '과학'은 흔히 쓰는 대로 '자연과학'을 의미하고, 인문사회과학은 제외한다는 점이다. 물론 인문사회과학을 '과학'이라고 보고 그렇게 부를 수 있는가에 관해서도 논란이 있지만, 이 또한 흔히 쓰는 용례에 따른다. 행정학에서 과학철학의 인식론과 관련된 대표적 논의의 예는 이영철, "패러다임에서 실재로: 구성주의 과학관에서 실재론적 과학관으로," 정부학연구, 19(1), 2010, 고려대 정부학연구소, 155-179; 김병섭, "지식성장론의 가능성과 한계," 한국행정학보, 27(4), 1993, 1321-1342; 이상안, "정책학에서의 과학철학방법론의 의미," 경찰대학논문집, 7(1988), 299-318; 이가종, "과학철학과 정책이론," 국민대학교법정논총, 10, 1988, 228-258 참조.

제 2 장

정책학 인식론적 기초로서의 과학철학 인식론

우리가 '어떻게 지식을 얻을 수 있는가'라는 지식의 본질에 관심을 갖고 탐구하는 철학의 한 분야가 '인식론'(epistemology)이다. 유사 이래 인간이 지식을 탐구하면서 그에 대한 이론이 동서양에서 많이 나왔는데 특별히 눈부신 과학의 발전과 함께 발을 맞춰온 서양 과학철학 인식론 분야의 발전은 그 어느 분야보다도 더 높은 평판과 신뢰를 받으면서 다른 모든 분야를 선도하는 보편적 인식론으로서의 특별한 지위를 누리고 있다. 그 과학철학 인식론 중 -앞 장 정책철학적인 근본적 질문들에서도 자주 언급되었던 '정책패러다임'(저자의 '정책기조', policy paradigm)이란 중요한 개념의 출처에 해당하는- 토마스 쿤의 패러다임(과학혁명) 이론은 이제 과학철학 분야에서 가장 중요한 표준적인 인식론으로 자리 잡혀 있다. 그렇다면 그것은 정책학자와 정책실무자들도 정책활동의 이해와 그 이론의 실천에 꼭 필요한 '정책관'과 관련해서도 주목해야 할 가장 중요한 인식론임에 틀림없다.

그런데 쿤의 인식론은 그 이전과 그 이후의 여러 과학철학자들의 인식론과 더불어 조명받아야 올바른 평가와 활용도 가능하다. 왜냐하면 정책학계를 포함하여 인문사회과학계는 이미 쿤 이전의 과학철학 인식론인 '논리실증주의'로부터 '행태주의'(정책관)를, 그리고 포퍼의 '반증주의'로부터는 '점증주의'(정책관)를 직접적으로 이어받아 주류 이론으로 삼고 있는데, 그 이후 등장한 '쿤의 패러다임 인식론'이 그들 주류 이론들과의 관계에서, 그리고 그 이후 등장한 인식론들과의 관계에서 어떤 지위를 차지하고 있는가를 정확하게 파악할 수 있기 때문이다. 그런 의미에서 다음에서는 서양 과학철학의 인식론이 어떻게 전개되어 왔는가를 핵심 내용 중심으로 간단히 살펴보고자 한다.

근대 인식론의 시작과 현대 논리실증주의

1. 근대 인식론의 시작

지식 탐구는 인류의 역사와 함께 시작되었다고 할 것이다. 그렇지만 좀 더 엄밀하고 체계적으로, 곧 이른바 '과학적으로' 지식을 탐구하는 역사는 그렇게 오래되지 않았다. 서양 과학사에서는 흔히 소크라테스 이전 고대 그리스의 여러 학파들이 자연에 대한 가설을 내세웠고, 그에 대하여 활발하게 논쟁했던 철학 전통을 과학의 시초로 본다. 그리고 고대 그리스의 아리스토텔레스의 운동이론 등과 중세를 거친 후, 아주 획기적으로 도약한 인식론적 전환이 일어난 것이 근대이다. 그것을 이끈 이가 17세기 프랑스의 철학자·수학자로서 현대 서양철학의 시조로 일컬어지는 데카르트(René Descartes, 1596-1650)이다. 그는 고전이나 전통, 관습의 권위나 불확실한 감각 등을 거부하고 끝까지 의심하는 방식으로 이성의 추론·판단의 연역적 방법(연역주의, deductivism)에 의해 확실한 토대 위에 새롭게 과학적 지식을 쌓고 진리를 알아내고자 하는 합리주의(이성주의, rationalism) 인식론을 제창하였다. 유명한 '나는 생각한다, 고로 나는 존재한다'(라틴어 cogito, ergo sum)의 명제가 그 인식론의 출발이고 상징이었다.

데카르트의 회의주의는 과학적 지식 추구의 자세를 제시한 점에서 높이 평가받을 수 있었지만, 그것을 극단적으로 엄격하게 따르다보면 인식론적 절망에 빠지기 십상이다. 그래서 많은 사람들은 그런 합리주의 대신으로 선입견을 배제하고 직접 감각기관에 의하여 관측한 것과 같이, 경험하는 것을 토대로 그것들을 일반화하여 이론을 만들면서 지식을 쌓아나가야 한다는, 귀납적 방법(귀납주의, inductivism)을 주장하는 영국 철학자 베이컨(Francis Bacon, 1561-1626)의 경험주의 (empiricism)를 따랐다. 독일 철학자 칸트(Immanuel Kant, 1724-1804)도 인간의 경험을 넘어서는 것(대상이나 주제)을 순수한 이성의 추론만으로 파악하려고 하는 것은 옳지 않다고 '순수이성비판'의 저서를 통하여 비판하며 이성과 경험을 통합하였다. 그리고 코페르니쿠스, 갈릴레오, 뉴턴, 보일, 하비 등이 귀납적 방법들에 의하

여 새로운 발견을 토대로 새로운 '과학이론'을 발표하고, 이른바 '근대과학'을 창
조하는 17세기 '과학대혁명'(the Scientific Revolution)을 이끌었다.[1]

물론 관찰(관측)과 같은 경험 자체가 선입견, 경험을 매개해 주는 도구, 해석
의 틀 같은 이론 등의 영향을 받는 것처럼(이를 전문용어로 '관측의 이론 적재성'이라
하며 후술함), 경험 자체와 함께 그 경험을 전달하는 감각 자체가 불완전하고 불확
실하므로, 경험주의가 완벽하게 객관적인 지식을 보장해 주지는 못한다. 그렇게
귀납적 사고는 논리적으로 정당화되지 않지만, 우리가 버릴 수도 없고 어쩔 수도
없는 인생의 관습이라고 한 스코틀랜드 철학자 흄(David Hume, 1711-1776)의 지적
대로[2] 우리가 지식을 탐구하는 데 어쩔 수 없이 필요한 것이 귀납적 추론인 것이
사실이다.

2. 현대 논리실증주의

서양에서 자연과학분야를 중심으로 그렇게 관찰과 실험의 경험주의적 방법

---

1) 여기서 '과학대혁명'은 과학 내에서 계속 일어나는 혁명이란, 토마스 쿤도 말하는 '과학혁명'
   의 뜻이 아니다. 그보다 더 강하게 '과학' 자체를 창조해 낸 대사건이란 뜻의, 영어로도 대문
   자로 쓰는 '대혁명'이다. 대략 코페르니쿠스의 지동설 발표부터 뉴턴의 중력이론이 정립되기
   까지의 발달과정을 일컫는다고 한다. 이상 본문과 각주 설명은 장하석(2014), 54-59 참조 인용
   함. 장하석 교수는 경제학자 장하준 교수의 실제(實弟)로, 고등학교부터 미국으로 유학해 칼텍
   (캘리포니아 이공대학)과 스탠포드대를 졸업하고 1995년부터 런던대에 재직하며 연구하던 중,
   온도계를 통해 과학발전의 역사를 거시적·미시적으로 파헤쳐, 과학상식을 뒤엎은 명저 '온도
   발명하기'(Hasok Chang, Inventing Temperature: Measurement and Scientific Progress, New York:
   Oxford University Press, 2004; 오철우(역), 온도계의 철학, 동아시아, 2013)로 2006년 과학철학
   분야 최고 권위의 라카토쉬 상(Lakatos Award)을 받고, 일약 석학으로 주목받는 세계적인 학자
   이다. 그는 2010년 학자로서는 젊은 43살에 케임브리지대 석좌교수로도 취임할 만큼 과학사와
   과학철학에 정통하다. 그를 신뢰하여, 본 장에서는 2014년 EBS 특별기획 12회 강연을 토대로
   묶은 그의 위 책(장하석의 과학, 철학을 만나다)을 많이 참조·인용하였다. 'Inventing Temperature'
   는 온도계들이 온도를 정확하게 말해준다는 것을 우리가 어떻게 자신할 수 있는가? 수은이
   온도가 올라가는 데 따라 균일하게 팽창하는 것인가를 어떻게 알 수 있는가? 온도계를 시험해
   보려면 온도를 먼저 알아야 하는데, 온도계 없이 어떻게 온도를 안다는 것인가? 등 순환논리
   로 빠져드는 온도 측정의 역사는, 사실 모든 물리량의 측정 방법에는 모두 그런 기초적이면서
   중요한 문제가 내재하고, 그런 문제를 풀어야만 과학지식의 기초를 이해할 수 있겠다는 것을
   깨달으면서, 장 교수는 오늘날 당연하게 받아들이는 많은 기초 지식이 실제로는 혁신적 사고,
   각고의 실험, 대담한 추측, 심각한 논쟁 등 엄청난 일을 겪은 뒤 얻어진 놀라운 성취물이라는
   점을 보여준 연구로 명성을 얻었다.
2) 장하석(2014), 74.

에 의한 과학 방법론이 널리 확산되어 사람들은 17-18세기 이래 과학기술의 눈부신 발달을 목격하게 되었다. 이 경험주의를 '실증주의'(positivism)라고도 하는데,[3] 이를 기초로 한 과학주의(scientism) 사상은 대세가 되었다. 이 영향을 받아 카르납, 노이랏, 라이헨바흐 등이 1920-30년대 오스트리아 빈(빈학파)에서 논리와 경험을 결합하고, 모든 학문은 자연과학의 방법론을 따라야 한다는 신실증주의(논리실증주의, logical positivism; 또는 논리경험주의, logical empiricism)라 불리는 과학철학이론을 주장하여 그 사조가 학문세계를 지배하였다.

논리실증주의자들은 모든 탐구활동에 두루 해당되고(통일), 감각기관에 의한 관찰에 의하여 검증(경험)한다는 의미에서, '통일'과 '경험'이란 철학적 문제의식을 내걸었다. 그리하여 열을 가하면 금속이 늘어나는 많은 관찰 결과를 토대로 "금속은 열을 받으면 팽창한다"와 같이 일반화할 수 있는 -귀납적인- 이론을 수립할 수 있다고 믿고 과학적 탐구활동은 '이론 중립적인 관찰과 논리적 추론'이 근간을 이루는 '객관적이고 합리적인 지적 활동'이라고 주장하였다. 그 대표자인 카르납(Rudolf Carnap, 1891-1970)은 자연과학의 방법처럼 '사실 그대로의 것'을 감각기관에 의한 경험으로 검증할 수 있는 것만이 참된 진리·이론·지식이라는 '검증이론'(verification theory)을 주장하면서, 과학적 지식은 역사를 통하여 연속적이고 축적적인 형태로 성장한다고 설파하였다. 그들은 검증 불가능한 것은 무의미하거나 인간의 주관에 좌우되어 객관적인 지식이 될 수 없기 때문에 적어도 과학의 영역에서 배제되어야 한다는 객관주의, 가치중립주의를 표방하였다.

3. 논리실증주의(경험주의) 인식론의 문제점

경험적인 관찰에 의한 검증 가능성(verifiability)만 가지고 참인 것으로 증명하

---

3) positivism(실증주의)는 신(神)과 형이상학에 의존하던 데서 벗어나, 실험으로 증명(실증, 實證)하여 진리를 찾아내고자 하는 프랑스 철학자 오귀스트 콩트(Auguste Comte, 1798-1857)의 반형이상학주의와 진보에 대한 긍정적인 믿음의 학문적 관점을 버트란드 러셀의 영향과 함께 받아들인 빈학파가 그들 자신을 'logical positivism'(논리실증주의)이라 부른 데서 유래하였다. 흔히 '실증주의'로 부른다. 토마스 쿤의 과학혁명의 구조 제4판(2012년)의 '이언 해킹의 서론' 중 45-46쪽 참조.

는 논리와, 거기서 도출한 일반 이론(법칙)은 중요한 문제점을 지니고 있다. 즉 귀납적 추론의 핵심적인 두 가지 문제는 ① 귀납의 문제와 ② 관찰의 이론 중립성의 문제를 지적할 수 있다. 첫 번째로, 귀납적 추론 방법은 그에 내재한 '귀납의 문제'(the problem of induction)라는 난제(難題) 때문에 확증 가능성(confirmability, 사실의 확실한 증명)도 없이 헤어날 길 없는 자가당착이나 자기모순에 빠지게 되어 철학적으로 완벽한 방법이 못 된다는 것이다. 그 추론은 아무리 많은 관찰 결과로 뒷받침하여도 극단적으로 단 하나의 반증(反證, 반대되는 사실로서 어떤 주장이 거짓인 것을 증명함) 사례만 있어도 무너지고 말기 때문이다.

가장 흔하게 드는 예를 보자. '백조는 희다'는 명제는 '모든 백조는 희다'는 의미인데, 그 증명은 무수히 쌓은 백조의 관찰 사례가 보장해 주지는 못한다. 아무리 많아도 그 다음 번 사례가 아닐 수 있다. 결국 모든 사례(백조)를 다 검증(검토)해보아야 확증할 수 있게 되는 문제가 있다. 그러나 과학은 그렇게 모든 사례를 다 검토하지는 못하고 일부 사례를 검토한 뒤, 그것을 바탕으로 추정하고, 명제를 정립한다.[4] 따라서 엄밀한 의미로는 '백조는 희다'는 명제조차도 검증이 되지 않는 것이고, 검증될 수도 없다. 1679년 네덜란드의 탐험가 플라밍(Willem de Vlaming)이 호주에 가서 '검은 백조'를 발견한 것이 그 실례이다.[5] 또 영국 철학자 벤담(Jeremy Bentham)의 '태국왕의 진노'는 다른 측면에서, 또한 러셀(Bertrand Russell)이 지어낸 우화 '러셀의 닭'도 이 '귀납의 문제'를 지적한다.

벤담이 언급한 태국왕의 진노는 이렇다. 네덜란드 탐험가가 태국에 가서 유럽의

---

4) 이를 전문용어로 '전칭(全稱) 명제'(보편 명제, universal proposition)라고 하는데, 과학의 명제는 전칭 명제이다. 단칭 언명(singular statement)들로부터 전칭 언명을 도출해 내는 추론은 타당한 논리적 추론일 수 없다. 이기상, 철학노트, 까치글방, 2002, 169-172, 309 참조.

5) 플라밍이 귀국해 한 이야기를 사람들이 믿지 못하다가 나중에 파견된 탐험대가 검은 백조를 잡아 박제를 해 온 다음에야 '백조는 다 하얗다'는 일반론이 깨졌다. 장하석(2014), 71-72. 이에서 비롯돼, 현대 경영 쪽에서는 '검은 백조'(black swan)란 개념이 '극히 예외적이며 알려지지 않았고 가능성도 없어 보였지만 일단 등장하고 나면 엄청난 파급효과를 가져오는 사건'의 의미로 쓰이고 있다. 2007년 서브프라임 모기지 사태로 월가가 무너진 것은 과거 경험으로 예측할 수 없었던 '블랙스완'의 오류·함정 가능성에 대비하지 못한 것이므로, 0.1%의 위험 가능성도 대비해야 한다는 취지이다. Nassim Nicholas Taleb, The Black Swan: The Impact of the Highly Improbable. New York: Random House and Penguin. 2007; 나심 니콜라스 탈레브, 블랙스완, 차익종(역), 동녘사이언스, 2008 참조.

풍물과 자연에 대해 신기한 이야기를 전하자, 그는 왕의 총애를 받게 되었다. 하루는 그가 겨울이 되면 강이나 호수의 물이 단단한 고체로 변해 그 위를 걸어다니거나 스케이트를 타고 마차도 다닐 수 있다고 말하였다. 그러자 왕이 "이 말 저 말 다 들어주니까 그런 터무니없는 거짓말까지 하는 사기꾼 같은 놈"이라고 노발대발 했다.

한편, 러셀의 우화는 이렇다. 너무나 똑똑하고 철학적인 닭 한 마리가 '나는 귀납주의에 따라 관측을 많이 한 후 일반화시켜 지식을 얻겠다'고 결심했다. 날씨, 요일, 행사 등과 상관없이 매일 농부가 자기에게 모이를 주는 것을 아주 오랫동안 성실하게 관찰하고 확인한 후, 마침내 닭은 결론을 내렸다. '농부는 매일 나한테 모이를 준다.' 그런데 그 바로 다음날 이 농부가 와서 모이는 주지 않고 닭의 목을 비틀었다.[6] 이는 '크리스마스의 칠면조'로도 비유되는 우화이다.

두 번째로, 귀납적 추론은 관찰(실험)이란 경험을 토대로 '이론'으로 일반화하는데, 그 전제인 '관찰의 이론 중립성'(the theory-neutrality of observation)은 실제와 다른 문제점이 있다. 관찰이 이론과는 무관하게 이루어지는 것이 아니라, 관찰자체가 항상 이론의 영향을 받는다는 것이다. 이는 화물차가 물건을 적재하고 다니듯이 관찰이 이론을 항상 싣고 다니는 것에 비유해서 '관찰의 이론 적재성' 또는 '관찰의 이론 의존성'[the theory-ladenness(dependency) of observation]이라고 한다.[7] 착시나 환상 등과 같이 인간의 지각 자체가 믿을 수 없는 경우가 있는데

---

6) John Bowring(ed.), The Works of Jeremy Bentham, Edinburgh: William Tate, vol. 7, 1843, 95; Bertrand Russell, The Problems of Philosophy, London: Oxford Univ. Press, 1912, 96. 이상 장하석 (2014), 73에서 재인용.

7) 관찰의 이론 의존성 명제는 정책에서도 매우 중요하다. 과학에서 관찰의 이론 의존성을 제기한 대표자는 핸슨, 쿤, 폴라니 등이다. Norwood Hanson, Patterns of Discovery, 특히 제1장과 Thomas Kuhn의 과학혁명의 구조(1962) 및 Michael Polanyi, Personal Knowledge, Routledge and Kegan Paul, 1973 참조. 그런데 1983년 과학철학자 이언 해킹(Ian Hacking)은 <재현과 개입>의 저서를 통해 이른바 '새로운 실험주의'(new experimentalism)를 열었다. 그는 18-19세기 영국 천문학자 허셸(W. Herschel)의 천문관측 중 적외선 발견 등과 같은 사례를 통하여 실험의 이론 의존성 주장을 비판하면서 "실험에는 그 나름의 삶이 있다"고 주장함으로써 거시 이론에 의지하지 않고도 실험적 효과의 실재성을 확립하는 일련의 실천적 전략을 갖고 있다고 실험과 이론의 상호작용을 새롭게 이해하게 해 주었다. X선 발견도 마찬가지다. 그래서 과학철학자 오히어(A. O'Hear)도 관찰의 이론 의존성을 약한 의미의 테제와 강한 의미의 테제로 구분한다. 약한 테제에 따르면 모든 관찰은 전제, 유사성과 차이성에 대한 가정, 관심의 방향 등에 의해 결정된다. 여기서는 관찰 배후에 있는 전제와 가정들이 반드시 체계화된 '이론'일 필요는 없다. 핸슨의 주장은 이런 약한 테제에 속할 가능성이 높은데 이언 해킹은 약한 테제의 해석은 과학이론의 짐을 지고 있는 관찰은 아니라고 주장하고 나선 셈이다. 그러나 강한 테제에 따르면, 관찰은 관찰자의 패러다임에 의존한다. 쿤의 과학관이 전형적인 강한 테제에 속한다

그보다 더 근본적인 문제는 선입견과 마찬가지로 이론적인 배경이 서로 다른 사람은 관찰 자체를 다르게 묘사하고, 그 해석도 다르며, 도구를 사용해 관찰한다면 이미 그 도구 작동에도 이론이 들어가 있다는 사실이다. 그래서 옳음을 증명하는 논리실증주의의 '검증이론'은 스스로 지탱하지 못하고 무너질 수밖에 없게 된다. 그리고 이를 보완하기 위해 등장한 것이 비판적 합리주의 철학자 칼 포퍼(Karl Popper, 1902-1994)의 '반증이론'이다.

제 2 절 포퍼의 반증주의와 그에 대한 비판

'경험'에 의하여 '참'으로 입증될 수는 없어도 '거짓'으로 밝혀질 수 있다는 획기적인 통찰을 바탕으로 과학이론에 대한 정당화를 새로운 관점에서 제시한 이가 포퍼이다. 더 나아가 그는 지식의 본성과 성장, 그리고 사회와 역사의 발전에 대하여도 그에 따른 일관된 철학체계를 내세웠다. 그는 '인간의 실수·착오·오류는 불완전한 인간 이성의 지극히 정상적인 모습'이고, 그래서 '이성은 언제든 오류(잘못)를 범할 수 있다'와 '인간은 오류로부터 배울 수 있다'는 대명제에서 출발하여 '우리는 오류를 발견하고 그것을 수정하려고 노력함으로써만 지식을 증진시키고, 진리에 가까이 가며, 진보할 수 있다'는 관점을 과학과 사회와 역사에 적용한 것이다.

그래서 그는 '반증 가능한가'라는, 과학적 지식의 판단 기준에 관한 새로운 잣대를 제시함으로써 당시 과학계를 지배하고 있던 논리실증주의에 종언을 고하게 하고 과학철학의 새로운 장을 열게 하였다. 귀납적 추론으로 검증(verification)을 거쳐 확립된 이론이고 지식이라도 그것이 계속 검증을 받아야만 하는 '가설'(假說, hypothesis)에 불과하다고 주장한 포퍼는 진리 발견의 방법론으로서 필수 불

고 본다. Anthony O'Hear, An Introduction to the Philosophy of Science, Oxford Univ. Press, 1989; 신중섭(역), 현대의 과학철학 입문, 서광사, 1995, 제5장 관찰과 이론; 홍성욱, "과학사회학의 최근 경향," 한양대 과학철학교육위원회(편), 과학기술의 철학적 이해, 2004(개정판), 103-105 및 Ian Hacking, Representing and Intervening(1983), 172 참조.

가결한 것이 비판과 반론(논박)이라고 주장하였다. 과학활동이나 지식 추구 방법론의 본질은 '검증'이 아니라 '반증'(反證, falsification)에 있다는, 곧 검증될 수 없어도 반증될 수는 있다는, 그가 내세운 '반증주의'(falsificationism) 또는 '반증이론'(falsification theory)이 그것이다. 아무리 많은 관찰 결과가 있더라도 단 하나의 반증 사례만 있으면, 그 일반화된 이론(법칙)은 깨져버린다(귀납의 문제). 그렇게 경험적 증거로 이론을 증명하는 것은 불가능하고 무모한 철학이므로 '이론이 맞다'가 아니라, 비판적(반증하는) 자세로 이론을 시험하는 방법에 의하여 '이론이 틀렸다'는 것을 보여주는 '반증 가능성'(falsifiability)의 개념이 오히려 이론 또는 지식이 완전성을 지향해 갈 수 있게 한다. 즉 이론이나 주장이 그대로 유지되고 지탱될 수 있는 힘(tenability)은 그 이론이나 주장에 대한 반론을 얼마나 잘 견뎌낼 수 있느냐에 달려 있다는 것이 그의 주장의 요지이다.[8]

　　포퍼는 확실한 것은 반증밖에 없고, 반증을 통하여 잘못된 이론을 버리고 계속해서 새로운 이론을 만들어내는 '비판정신'이야말로 과학과 지식의 정수이고 성장하는 기본 형식이라고 보았다. 그래서 그는 과학과 지식의 본질은 그의 저서 제목처럼[9] 그 '내용'에 있는 것이 아니라 끝없는 '추측과 반박(논박)' (conjectures and refutations)의 '과정'에 있는 '방법론의 문제'라고 주장하였다.[10] 포퍼에게 관

8) 이상 이기상(2002), 169-172, 309 참조. '백조는 희다'는 주장에 대해, 검증이론은 무수히 흰 백조를 찾아도 그것이 참인지 보장하지 못하는데 비하여, 반증이론은 검은 백조 한 마리를 찾을 때까지는 그것이 참이고 만약 검은 백조를 찾으면 비로소 그때 반증된다.

9) Karl Popper, Conjectures and Refutations, London: Routledge, 1963; 카를 포퍼, 추측과 논박 1, 2, 이한구(역), 민음사, 2001.

10) 이상 장하석(2014), 28, 34-35. 전칭 언명으로 표현되는 이론이 옳지 않음을 논리적으로 밝히는 일은 간단하다. 관찰 결과를 기술하는 단칭 언명인 기초 언명으로 전칭 명제의 ('참'이 아닌) '거짓'을 밝히는 과정은 논리적으로 타당하다. 이상 신중섭, "역자 해제: 라카토슈, 연구프로그램의 방법론 그리고 합리성," John Worrall and Gregory Currie(eds.), The Methodology of Scientific Research Programmes by Imre Lakatos, Cambridge Univ. Press, 1978; 신중섭(역), 과학적 연구프로그램의 방법론, 아카넷, 2002, 398 참조. 포퍼는 명백한 경험적 증거(완전히 자본주의화하지 않은 러시아에서 사회주의혁명이 발생)를 무시하고 독단적으로 이론을 유지하는 마르크스이론이나, 어떤 경험적 사실이 등장해도 틀린 것으로 판명될 수 없는 이현령비현령 식 난공불락의 요새와 같은 프로이트 정신분석학이나 아들러 심리학은 과학적 태도와 거리가 멀다고 실망하였다. 반면에 뉴턴물리학에 용감하게 반기를 들고, 시공간에 대한 전혀 새로운 이론과 그 경험적 검증을 제안한 일반상대성이론에 대하여는 직접 아인슈타인의 강의를 듣고 그 과학적 태도에 크게 감명을 받았다. 그는 그 극명한 차이에서 어떤 편견으로부터도 자유로우면서 순전히 경험적 근거와 그로부터 연역될 수 있는 논리적 추론을 통해 과학연구를 수행해야 한다는 그의 반증주의 핵심을 찾아냈다. 이상욱, "과학은 열린 비판과 반증을 통해 나온

찰은 이론이 포함된 '가설'일 수밖에 없고, 모든 과학·지식·이론은 영원히 '가설'인 채로 머물고 '가설'이기 때문에 그것은 나중에 폐기될 수 있는 것이 된다. 그래서 그는 "모든 과학의 명제는 추측과 가설일 뿐이다"라고 표현하였다. 여기서 '추측'은 아직 확실하지 않는 가설, 직면한 문제에 대한 잠정적인 해결을 제의한다는 의미이다. 그리고 이 추측은 엄정한 비판, 곧 의도된 반박의 통제를 받게 된다. 그런 비판에도 살아남을 수 있으나 그렇다고 그것이 결코 긍정적으로 정당화되는 것은 아니다. 과학의 합리성은 이론을 지지하는 경험적 증거를 사용해 얻어진 확실성과 신뢰성에서 찾아지는 것이 아니라 경험적 증거를 비판적으로 사용한다는 사실, 곧 비판적 태도에서 찾아지는 것이기 때문이다. 그렇게 끊임없이 대안을 모색하고, 경험적으로 틀린 가설은 미련 없이 포기하는 '지적 정직함'이 반증주의 과학관의 요체라는 것이다.[11]

더 나아가 포퍼는 지식, 이론, 과학, 역사의 발전도 반증 가능성을 개방하는 '열린 사회'(open society)에서만 가능하다고, 그의 반증론을 사회철학과 역사철학에로도 확장하였다. 그는 오류의 발견과 그 오류의 수정을 통해서만 지식을 증진시킬 수 있으므로 인간의 모든 인식 행위는 항상 합리적 비판을 요구한다는 '비판적 합리주의'를 정치사회적인 측면에 적용하였다. 그래서 그는 정치가가 항상 옳았다는 것을 증명하지 않고, 오히려 잘못을 찾아 정직하게 거기서 배우고 고치려고 하는 데서 비로소 과학의 방법을 정치에 도입하기 시작한 것이라고 주장하였다. 그리하여 개방적 비판과 반론의 자유가 보장된 사회, 이데올로기에서 자유로운 열린 사회에서만 폭력을 배제하고 점진적으로 개량해 가는(점진적 사회공학),

---

다: 칼 포퍼," 이상욱 외, 과학으로 생각한다, 동아시아, 2007, 136-147 참조.

11) Karl Popper, The Logic of Scientific Discovery, London: Hutchinson, 1959, chapter 5. 영어권에서 뒤늦게 명성을 얻게 된 이 영문 번역서 <과학적 발견의 논리>는 당초 1934년 독일어 <탐구의 논리>로 출간되었다. 논리실증주의가 부상하던 당시에 가장 강력한 비판자로, 그리고 그 대안을 제시한 과학철학자로 이미 등장했던 것이다. 포퍼는 논리실증주의, 귀납주의에 공식적으로 반대했지만, 논리와 합리성 및 객관성을 동일시하면서 그런 합리적 지식체계로 성장·진보하고 있는 과학을 다양한 인간활동 중에서 가장 우월하다고 보는 점에서는 논리실증주의자들과 동일한 출발선상에 서 있다. 곧 그는 마르크스주의, 비합리주의, 주관주의(프로이트주의자의 예), 귀납주의에 반대한 자유주의자, 합리주의자(비판적 합리주의자), 객관주의자, 반귀납주의자, 반감각주의자, 실재론자, 계몽주의자이다. 신중섭, "합리주의의 과학철학," 과학철학: 흐름과 쟁점, 그리고 확장; 박영태 외, 창비, 2011, 79-81.

민주주의가 가능하다고 주장한 사회철학 저서가 유명한 <열린 사회와 그 적들>이기도 하다.12)

　검증이론은 마치 자기 주장이 참이라고 계속 주장만 하는 것에 비유한다면, 반증이론은 자기 주장을 참이라고 주장한 후 그 비판과 반론을 열어두고 경쟁하는 것에 비유할 수 있다.13) 그러나 포퍼 계열의 반증이론은 과학철학사에서 1950년대 경험주의에 반대하는 콰인(Willard Quine)과 핸슨(Norwood Hanson)의 탈(脫)경험주의의 비판을 받게 된다. 콰인과 핸슨은 '관찰과 이론을 엄격히 구분하는 것은 불가능하다'는 데 초점을 맞추고 '경험에 대한 서술이란 항상 이론의 등에 업혀서 이루어지기 때문에 개념적 틀이나 이론의 제약을 받지 않는 사실 그대로 된 관찰 문장이란 존재하지 않는다'고 주장하였다. 또 뒤엠과 콰인은 관찰이나 실험으로 전체의 이론체계에 대한 문제가 있는 줄은 알아도 전체 체계 내 어떤 이론이나 가설의 부분에 문제가 있는가를 결정적으로 정확하게 알 수 없어 반증도 곤란하다는 '뒤엠-콰인 논제'(Duhem-Quine thesis)를 제기하였다.14)

---

12) 오스트리아 태생인 칼 포퍼는 히틀러의 박해를 피해 뉴질랜드로 이민가고 종전 후 영국에 정착한 역정을 밟았다. 그래서 그는 방법론적 측면에서 마르크스의 역사결정론에 기초한 역사주의와 닫힌 사회를 강하게 비판하며 싸웠다. 특히 그는 행위의 규범이 되는 법이나 제도가 고정불변이기보다는 사회적 필요에 따라 합의를 거쳐 늘 바꿀 수 있고, 개인주의 원리를 존중하는 '열린 사회'와 그렇지 않은 전체주의 사회의 '닫힌 사회' 간의 투쟁으로 인간의 역사가 점철돼 왔고, 근대문명은 본질적으로 열린 사회의 닫힌 사회에 대한 승리에서 나왔고 민주주의가 발전할수록 시민은 열린 사회를 향해 나아간다고 본 사회·역사 철학을 전개하였다.
　　그의 '비판적 합리주의'는 학문에서나 사회에서나 합리성만이 신뢰할 수 있는 유일한 척도이되 합리성이 틀릴 수 있으므로 언제나 비판에 열려 있어야 발전할 수 있다는 입장이다. 따라서 그는 자기반성적 비판의식이 작동하는, 합의에 기초한 '점진적 사회공학'으로서의 '개량'을 강조하기 때문에 관찰을 통해서(경험주의) 확인될 수도 반증될 수도 없는 형이상학적·종교적 발언과 같은 고착화한 이데올로기적 발언들을 비판하였다. 그런 의미에서 닫힌 사회체제에서 이상적 사회를 구현하겠다고 한 번에 강압적으로 급진 개혁·혁명을 내세우는 '총체적 사회공학'의 마르크스주의 이데올로기를 강하게 비판하였다. Karl R. Popper, The Open Society and Its Enemies, Vol. Ⅰ, New York: Harper & Row Publishers, 1962(1945년); Vol. Ⅱ, London: Routledge & Kegan Paul, 1966. 이상 박정택, 일상적 공공철학하기 2, 한국학술정보(주), 2007(c), 47-49 수정 인용.
13) 이기상(2002), 169-172, 309 참조.
14) 이론이나 가설의 반증이 어렵기도 하고, 또 성공적 이론도 폐기당할 가능성이 있다는 문제가 '과소결정이론'이고 '뒤엠-콰인 논제'(문제, 주장)이다. 미국 철학자 콰인(Willard V.O. Quine, 1908-2000)의 '과소결정이론'(underdetermination theory)은 '증거에 의한 이론의 과소(또는 미)결정' 상황을 말하는데, 확보한 어떤 데이터 등 경험적 증거가 한 가지 이상의 이론에 부합하여 지지할 수 있기 때문에, 하나의 이론은 그런 증거로 '충분히 결정되지 않는다', 즉 '과소결정된다'는 이론이다. 이는 일정한 집단의 경험적 증거들과 완전한 조화를 이루는 이론은 여

가장 결정적인 비판은 토마스 쿤으로부터 나왔다. 쿤은 실제 과학자들이 자신의 이론과 모순되는 사실을 발견한다고 해도 자신의 이론에 대해 비판적인 태도를 견지하지 않고 자신의 이론을 포기하지 않을 정도로 집착한다는 엄연하고 풍부한 역사적 사실을 들어 반증주의를 논박하였다.[15] 그리고 과학에서의 혁명에 대한 쿤의 강조는 포퍼의 논박 이후의 다음 단계로 더 나아간 것이었다. 쿤은 과학혁명이 존재한다고 생각했을 뿐만 아니라 이것이 구조를 가지고 있다고 생각하였다. 그는 구조의 마디마디에 유용한 이름을 붙였고 그 이름들은 대단한 지위를 획득했다. 쿤이 제기한 '패러다임' '정상과학'과 '과학혁명'이란 생각은 참으로 놀라운 것이었다.[16]

릿 존재한다는 사실, 또는 그에 대한 우려를 말한다. 콰인은 이론이 언제나 과소결정된다고 주장하였다. 그 상황에서는 모두 다 경험적 적합성이 있는데도 그 증거에 맞는 이론 중 하나만을 찾아낸 후 성공적이라고 만족해 하다가 다시 다른 하나의 이론이 찾아내지면 그전 이론은 틀렸다고 폐기하는 상황이 전개된다. 이를 결정적인 반증이 불가능하다는 측면으로 돌려보면, 프랑스 과학자 뒤엠(Pierre Duhem, 1816-1961)이 이론(가설)이 시험될 경우 시험 대상은 전체로서의 이론의 무리 전체이므로 그 무리 내 어떤 부분에 문제가 있는지 정확하게 알(반증할) 수 없다고, 전체론(holism) 관점에서 결정적 실험(관찰)의 존재 가능성을 부정한 '뒤엠 논제'와 거의 같은 문제를 제기한 셈이다. 따라서 이 난점을 더 확장하고 유행시킨 위 콰인의 주장이 합쳐져 '뒤엠-콰인 논제'라고 부른다. 결국 전체론에 의하면, 따로 떨어진 가설 하나를 경험적 검증에 맡겨서는 안 되고, 일정 수 이상의 가설의 집합만이 경험적 의미를 지니고, 그래서 경험적 검증의 대상이 될 수 있다는 것이다. 장하석(2014), 160-162; Hasok Chang(2004, 오철우 역, 2013), 489-490, 496; 홍성욱(2004), 95; Alan Chalmers, What Is This Thing Called Science?, Univ. of Queensland Press, 1976; 신중섭·이상원(역), 과학이란 무엇인가?, 서광사, 2003, 133-135 참조.

15) 역사상 어떤 이론도 반증 사례가 하나도 없는 이론은 없었다. 반증주의가 제시한 과학관을 그대로 지켰다면 일반적으로 전형적인 과학이론으로 받아 들여져온 이론들은 그것이 제시되자마자 폐기되었을 것이다. 뉴턴의 중력이론도 나온 지 얼마 되지 않아 달의 궤도에 대한 관찰에 의해 반증되었지만 포기되지 않았고, 이후에도 그의 이론과 모순되는 관찰 사례가 많이 발견되었지만 그것을 이유로 과학자들이 뉴턴의 이론을 버리지 않았다. 이는 과학발전을 위해 매우 다행스런 일이었다. 이런 현상은 보어의 원자론, 동역학이론, 코페르니쿠스의 이론 등 과학사에서 얼마든지 찾아볼 수 있다. 그래서 후에 포퍼주의자인 라카토쉬도 반증주의의 '반박'과 같은 완전히 부정적이고 파괴적인 비판이나 불일치가 한 프로그램을 제거하지 못함을 인정하면서, '한 프로그램에 대한 비판은 길고도 험한 과정이며, 우리는 싹트기 시작한 프로그램을 관대하게 다루어야 한다'고 말한다. 신중섭(2002), "역자 해제: 라카토슈," 398-399. 고전역학이 양자역학으로 대체되는 과정에서 흑체복사에 대한 연구로 양자역학의 성립에 단초를 제공했으면서도 죽을 때까지 고전역학을 지키고자 노력했던 독일의 저명 물리학자 막스 플랑크(Max Planck, 1858-1947)는 기존 학설(고전역학)을 지지하는 노쇠한 세대가 모두 죽고 새로운 학설(양자역학)을 지지하는 세대가 학계의 주류를 형성하는 방식으로 과학혁명이 일어난다고 푸념조로 이야기했다. 쿤도 그의 책에서 나중에 '플랑크 원리'(Planck's principle)라고 부르기 시작한 플랑크의 말을 인용하며 따랐다(151쪽). 이상욱, "토마스 쿤과 과학혁명의 구조," 한양대 과학철학교육위원회(편), 과학기술의 철학적 이해, 2004(개정판), 66-67 참조.

쿤의 패러다임 인식론과 그 비판

    엄밀한 경험적 증거에 입각해 논리적 추론의 합리적인 방식으로 과학연구를
실행하는 논리실증주의의 과학관이 과학활동의 현실과 부합하지 않을 뿐만 아니
라 지식의 탐구 과정에서 독단성(arbitrariness)이 문제라고 한 포퍼의 주장까지 비
판하고,[17] 오히려 그런 독단성이 과학자의 전형적인 모습이고 필요한 태도라고까
지 주장한 사람이 미국의 과학철학자 토마스 쿤(Thomas S. Kuhn, 1922-1996)이
다.[18]

---

16) "혁명에 대한 쿤의 강조는 포퍼의 논박 이후의 다음 단계로 볼 수 있다" 등 이 중요한 표현들
은 쿤의 제4판 '이언 해킹의 서론'에 나온다. Ian Hacking, "An Introductory Essay by Ian
Hacking," in Thomas Kuhn, The Structure of Scientific Revolutions, 50th Anniversary Edition(4th
ed.), The University of Chicago Press, 2012; 김명자·홍성욱(역), 과학혁명의 구조, 출간 50주년
기념 제4판, 까치글방, 2013, 12, 17.
17) 비판에 대응한 포퍼는 "나는 항상 어떤 독단주의의 필요성을 강조하였다. 독단적인 과학자는
그가 수행해야 할 중요한 역할을 가지고 있다. 만일 우리가 비판에 쉽게 굴복한다면 우리는
우리 이론의 실제적인 위력이 어디에 있는가를 발견하지 못할 것이다."라고 반증된 이론의 집
착과 독단성을 인정하였다. 이에 과학철학자 앨런 차머스는 "반증주의가 직면한 심각한 난점
을 어느 정도 보여 주는 것이라 생각한다.····그렇다면 일단 독단주의의 중요한 역할을 허용한
뒤 반증주의에 남아있는 것이 무엇인가, 나아가 비판적인 태도와 독단적인 태도를 동시에 눈
감아 줄 수 있다면 어떤 태도를 배제해야 하는가를 알 수 없다(고도로 세련된 반증주의가 아
무 것도 배제하지 못할 정도로 약하게 되었고, 따라서 포퍼가 형식화한 중요 직관과 충돌하게
된 것은 아이러니가 아닐 수 없다!)."라고 비판하고 있다. Alan Chalmers, 신중섭·이상원(2003),
152-153. 인용된 포퍼 문헌은 K. Popper, "Normal Science and Its Dangers," in Imre Lakatos and
Alan Musgrave(eds.), Criticism and the Growth of Knowledge, Cambridge: Cambridge University
Press, 1974, 55.
18) 쿤은 1962년 <과학혁명의 구조>를 출간한 후 그동안의 비판과 반응에 대한 그의 논평 형식으
로 '후기'를 덧붙여 1970년 재판(再版)을 내놓았다. 그는 '후기'에서 그의 주요 논제들을 과학
이외의 다른 분야에도 적용할 수 있는 것으로 본 반응에 대하여, 이해는 하지만 그의 관점은
다른 분야에서 빌린 것으로, 그의 독창적인 것은 아니라는 뜻에서 그를 의아하게 만든다고 피
력하였다. 그의 핵심 관점은 과학 발전을 비누적적인 붕괴, 즉 과학혁명에 의하여 단절되는
전통에 묶인 시기의 연속(scientific development as a succession of tradition-bound periods
punctuated by non-cumulative breaks)으로 보는 것이다. 그런 관점은 의심의 여지없이 다른 분
야에도 광범위하게 적용될 수 있다고 보는데, 그것은 문학, 음악, 미술, 정치발전, 기타 수많은
인간활동을 연구하는 역사가들이 이미 오랫동안 그와 동일한 방식으로 서술해 왔기 때문이라
고 한다. 스타일, 취향과 제도적 구조상 혁명적 붕괴를 겪은 데 따른 시대 구분(periodization)은
그들의 표준적 도구였다는 것이다. 그래서 그의 독창성이 있다면, 그것은 그런 관점을 과학,
즉 흔히 그와 다른 방식으로 발달한다고 생각되었던 분야에 적용한 것뿐이라고 겸양을 피력

1922년 미국 신시내티에서 태어나 하버드대에서 물리학을 전공한 쿤은 1947년 교육개혁의 일환으로 비자연과학 전공 대학생에게 자연과학 교양교육을 가르치도록 한 하버드대학교 총장 코넌트에 의해 담당 강사로 임명되었다. 쿤은 교과과정을 준비하면서 아리스토텔레스의 물리학 관련 자료를 읽게 되었다. 그는 자연의 많은 모습을 관찰하는 데 뛰어난 소질을 가졌던, 또 윤리학이나 인식론과 같은 철학에서는 지금 보아도 합리적인 설명을 제시했던 아리스토텔레스가 현대 물리학이나 천문학에서 보면 누구나 뻔히 알고 있는 오류를 저질렀던 듯한 당혹스럽고 말도 안 되는 설명을 하고 있기에 도무지 납득할 수 없었다.

> 기억할 만한 여름 (그리고 매우 더운) 어느 날에 그러한 곤혹스러운 결과들은 갑자기 사라져 버렸다. 내가 그때까지 그 해석을 위해 씨름하고 있었던 원전들을 종전과 다르게 해석하는 색다른 방식과 연관되는 기본 원리를 단번에 깨달았다.

쿤은 종전과 다른 방식으로, 곧 현대 물리학의 세계관보다는 아리스토텔레스의 세계관에 더 가까운 방식으로 아리스토텔레스의 물리학을 보게 되었다. 그가 나중에 게슈탈트-전환(Gestalt-switch)에 비유하였던 과정을 통하여 그는, 말하자면 아리스토텔레스의 머릿속의 생각을 이해하게 되었다. 그는 '거의 15년 전부터 독창적으로 생각하였던 탐구계획'이라고 부르면서 그의 <과학혁명의 구조>의 기원을 1947년에 있었던 이러한 통찰(epiphany, 직관의 출현-저자 주)로까지 분명하게 소급하였다.[19]

그는 패러다임의 전환과 함께 여러 가지 기본 개념과 용어의 의미 자체도 바뀐다는 사실을 깨닫고 나니 아리스토텔레스의 운동이론이 합리적으로 이해되었다. 그리하여 그는 아리스토텔레스의 물리학과 17세기 갈릴레오의 물리학 사이에는 단순한 계단식 발전이나 오류의 교정이 아닌 혁명을 겪는 단절이 있음을

하였다. 이는 정책활동의 철학적 탐구에 적용하는 쿤 인식론의 보편성을 강조하는 부분이라고 볼 수 있겠다. Kuhn(1970), 208 참조.

19) 본문 중 인용을 포함해 설명은 Thomas Kuhn, The Essential Tension: Selected Studies in Scientific Tradition and Change, Lorenz Krüger(ed.), Univ. of Chicago press, 1977, xi인데, John Preston, Kuhn's <The Structure of Scientific Revolutions>, The Continuum International Publishing Group, 2008; 박영태(역), 쿤의 과학혁명의 구조 해제, 서광사, 2011, 15-16에서 재인용함.

확신하게 되었다. 그는 1948년에 주니어 펠로(신진 특별 연구원)와 조교수로 임명되고, 다시 버클리대학교로 옮겨 10여 년간의 철학, 심리학, 언어학, 사회학 분야의 폭넓은 독서와 토론, 많은 학자들과의 교류를 통하여 코페르니쿠스 혁명의 사례를 더 정교하게 다듬었다. 그리고 1957년 그 업적에 나타나는 혁명적인 모습과 보수적인 모습에 대한 분석을 담은 저서 <코페르니쿠스 혁명>을 출간했다.[20] 학문적 역량을 인정받은 그는, 스탠포드대 행동과학연구센터에서 사회과학자들과 밀접하게 만나게 된 것을 계기로 패러다임이란 개념에 착안·천착하게 되고,[21] 1962년 유명한 <과학혁명의 구조>란 책을 펴냈다. 그는 책의 서문에서 수용된 견해로 받아들여진 기존 과학관의 오류를 시정할 목적으로 책을 썼다고 하면서 이제는 일상어로까지 대중화된 '패러다임'(paradigm)이란 말을 학문적인 중요한 개념으로 등장시켜 그와 같은 과학발전의 '구조'를 분석한 이론을 전개하였다.[22]

1. 쿤의 '패러다임' 용어의 개념

원래 문법에 나오는 용어인 'paradigm'은 '범례'(範例)인데,[23] 더 쉬운 말로

---

20) Thomas Kuhn, The Copernican Revolution, Harvard University Press, 1957.
21) 쿤은 사회과학자들 사이에서 그 분야의 주제나 방법의 본질에 관한 공공연한 논란이 빈번한 것에 충격을 받았고, 자연과학자들의 과학활동에서 그런 종류의 근본적 문제들에 관한 논란이 덜하다는 사실과의 차이를, 바로 과학연구에서 패러다임의 역할이라고 인식하게 되었다. 과학혁명의 구조, 제4판 역자 후기 348-349 참조.
22) Thomas S. Kuhn, The Structure of Scientific Revolutions, Chicago, IL: University of Chicago Press, 1962. 1962년 첫 출간 판본 이래, 초판 중 몇몇 오자와 문구의 수정 이외에, 그동안의 비판에 대한 답변과 패러다임 개념을 다듬은 내용의 '1969년에 쓴 후기'(postscript-1969)를 덧붙인 1970년의 제2판, 이어서 쿤이 별세한 1996년에 색인을 넣은 제3판, 그리고 출간 50주년인 2012년에는 저명한 과학철학자 이언 해킹(Ian Hacking)의 "위대한 책은 드물다. 이 책은 위대한 책이다."(7쪽)로 시작하고, "토마스 쿤은 좋건 나쁘건 인간이라는 종이 지구를 지배하게 만든 활동인 과학에 대한 우리의 이해를 바꾸기 위해서 세상에 나왔다. 그는 성공했다."(9쪽)로 평가하며, "한참 동안 사람들은 이 책이 모든 책들 중에서 가장 많이 인용된 책 중 한 권이라고 말했다.…새 천년이 시작될 때, 언론이 20세기의 가장 위대한 책의 목록을 꼽을 때에도 '구조'는 자주 등장했다. 그러나 훨씬 더 중요한 것은, 이 책이 실제로 '우리가 지금 흘려 있는 과학의 이미지'를 바꾸었다는 점이다. 영원히."(50쪽)라고 끝맺는 장문의 서론(번역본에 총 44쪽)을 덧붙인 제4판이 나왔다(이하 '이언 해킹의 서론'이라고 약칭). 보통 가장 많이 인용하는 판본은 제2판이다. 국내에는 조형 교수, 김명자 교수의 번역본이 나왔는데, 2012년 제4판의 번역본은 홍성욱 교수가 합류해 김명자 교수와 공동으로 번역하고 역자 해설을 덧붙였다.

동사의 형태 변화나 명사의 격 변화와 같은 '어형 변화표'이다. 영어의 동사를 예로 들면, 동사의 규칙적 과거 및 과거분사의 어형 변화는 동사 원형(예, want) 말미에 ㅡed(wanted)를 붙이는 방식을 따르고, 그 외 다른 여러 가지 불규칙 어형 변화 동사는 그런 불규칙하게 변하는 과거 및 과거분사 어형 변화 방식을 따라 사용하게 돼 있는 어형 변화의 본보기가 되는 문법사항을 말한다. 그런데 쿤은 그의 '과학관'을 표현하는 데 핵심 개념으로서 지금은 일상용어가 되었지만 그때 까지만 해도 그런 용도로 잘 쓰이지 않던 '패러다임'이란 용어를 채택·사용하였 다.[24] 그는 '패러다임'을 기호적 일반화, 모형 가치, 예제(例題) 또는 범례(exemplar) 라고 부르는 이질적 요소들의 복합체라고 보고, '어떤 한 시대를 지배하는 과학적 인식이나, 사고, 관념, 가치관이 결합된 총체적인 틀'이라고 하였다. 그런데 그는 그의 과학관을 설명하는 과정에서 그 용어를 의미상으로 다양하게 사용함으로써, 혼란을 야기하고 있다는 비판을 받게 되었다.[25] 이에 쿤 자신도 1970년 재판의 '후기'(postscript)에서, 크게 두 가지의 의미, 곧 ① 연구분야의 참여자들에게 가르 치게 되는 규범으로서의 구체적인 업적이거나 모델, 즉 훌륭한 모범적인 업적으 로서의 모범사례(범례, exemplar)와 ② 연구과정에서 배경적 믿음의 체계를 제공해 주는 학문적 기반(전문분야 기반, disciplinary matrix)으로 사용한 것으로 시인하고 정리하였다.[26]

---

23) 우리말 '범례'는 두 가지 의미를 갖는다. 곧 ① 한자어 '凡例'에 해당하는 '일러두기'의 의미와, ②영어 'example'과 한자어 '範例'에 해당하는 '훌륭한 모범적인 업적으로 삼는 것'(모범사례, 쿤은 exemplary achievement의 약칭인 'exemplar'라 함)의 의미이다. 그중 '패러다임'은 ②에 해 당된다.

24) 이언 해킹의 서론 중 "이 단어는 그가 사용했을 때만 해도 잘 쓰이지 않던 단어였지만, 지금은 [패러다임 전환(paradigm shift)은 물론] 일상용어가 되었다"의 인용이다(12쪽). 그런데 과학철 학에서 '패러다임'(독일어 'Paradigma') 용어의 사용 기원은 18세기 독일 과학자이자 철학자인 리히텐베르크(Georg C. Lichtenberg)로, 그의 저서에서 광범위하게 사용하였다(그는 과학에서 '혁명' 개념도 사용하였다). 그의 저서의 영향으로, 철학자 비트겐슈타인이 <철학적 탐구 들>(1958년)에서 '하나의 모델이나 정형(stereotype)과 같은 어떤 것'을 의미하면서 사용하였다. 논리실증주의자들과 기타 과학철학자들도 그 용어를 사용하였다. 쿤은 리히텐베르크와 비트 겐슈타인의 저서를 읽었는데, 나중에 그들의 사용을 알지 못하였다고 주장하였다(동료 카벨은 알았다고 주장함). 이상 이언 해킹의 서론 14, 21-33 및 John Preston, 박영태(2011), 49-50.

25) Margaret Masterman은 21가지 용례를 나열했고, 쿤 자신은 나중에 22가지라고 인정했다. 이언 해킹의 서론, 22.

26) 쿤 자신의 정의로, 첫 번째 의미, 곧 모델이나 모범사례로 사용된 구체적인 퍼즐풀이(the concrete puzzle-solutions employed as models or examples)가 더 기본적이고 자신이 독창적으로

개발한 의미라고 하였다. 그리고 더 포괄적이고 중요한 인식구조로서 실제로 관심의 초점이
된 두 번째 의미로는, 공동체구성원이 공유하고 있는 믿음, 가치, 기법 등의 전체 집합체(the
entire constellation of beliefs, values, techniques, and so on shared by the members of a given
community)는 '학문적 기반'(전문분야 기반)이라고 명명하였다. Kuhn(1970), 10, 175, 182, 208.
이언 해킹이 지적한 '패러다임에 특별한 관심을 두어야 할 두 가지 이유'의 다음 인용을 참조
바란다.
　　[첫 번째로, 쿤은 혼자 힘으로 패러다임이라는 단어가 통용되는 방식을 바꾸어서, 지금의
새로운 독자들은 1962년에 그가 이용할 수 있었던 단어의 뜻과는 매우 다른 뜻을 이 단어에
부여한다. 두 번째로, 쿤이 '후기'에 명확하게 서술했듯이, "공유된 예제로서의 패러다임은 이
제 내가 이 책에서 가장 새롭고 사람들이 가장 이해하지 못한 부분이라고 생각하는 핵심 요소
이다."(311) 같은 페이지에서 쿤은 패러다임을 대체할 수 있는 가능한 용어로 범례(exemplar)를
제안했다. '후기'를 쓰기 바로 전에 쓴 다른 글에서 쿤은 "그 단어에 대한 통제력을 잃었다"라
고 토로했다. 나중에 그는 이 단어를 더 이상 쓰지 않았다. 그렇지만 '구조'가 나오고 50년이
되고, 또 숱한 먼지가 이미 다 가라앉은 시점에서 이 책을 읽는 독자들은 기쁜 마음으로 그
중요성을 복원할 수 있기를 나는 희망한다. 책이 출판되고, 책의 독자들은 패러다임이라는 단
어가 너무 많은 방식으로 사용되었다고 불평했다. 종종 인용되지만 읽은 사람은 거의 없는 글
에서 마거렛 매스터먼은 쿤이 패러다임을 사용했던 21가지의 다른 방식을 발견했다. 이런 비
판들은 쿤으로 하여금 이 개념을 좀더 분명히 하도록 재촉했다. 그 결과는 '패러다임에 관한
재고'라는 글이었다. 그는 이 단어의 두 가지 기본적인 사용법, 즉 "광범위한" 패러다임과 "국
소적인" 패러다임을 구분했다. 국소적 용법에 대해서 쿤은 "물론 이것이 내게 그 용어를 채택
하게 만든 표준적 예제로서의 '패러다임'이라는 뜻이다."라고 썼다. 그리고 그는 독자들 대부
분이 그가 의도했던 것보다 훨씬 더 광범위한 의미로 이를 사용했다고 하면서, "나는 철학적
으로 더 적절한 단 하나의 용법, 즉 '패러다임'의 원래의 용법을 다시 탈환하는 일이 거의 가
능성이 없다고 본다"라고 했다. 아마 이것은 1974년에는 참이었을 것이다. 그러나 50주년을
맞는 지금, 우리는 1962년에 의도한 용법으로 돌아갈 수 있다고 본다. 요즘 패러다임 전환과
더불어 패러다임이라는 단어는 당혹스러울 정도로 모든 곳에 존재한다. 쿤이 책을 썼을 당시
에는 이 단어를 접한 사람조차 거의 없었다.…요즘은 이…단어를 듣지 않고 사는 것이 거의
불가능한데, 이것이 쿤이…통제권을 잃었다고 한 이유이다.…패러다임의 고대어에 대한 영문
번역은 대개 사례(example)로 번역되는데, 아리스토텔레스는 이보다는 가장 뛰어나고 가장 모
범이 되는 사례라는 범례(exemplar)에 좀 더 가까운 뜻으로 이를 사용했다.…패러다임이라는
단어도 현대 유럽 언어에서 계속 살아남았는데, 이 단어는 이것이 원래 사용되던 수사학과는
상당 부분 분리되었다. 이것은 표준적인 모델을 따르거나 모방하는 상황을 기술하는 매우 제
한적인 용법만을 가지게 되었다.…영어에서는 은유적인 표현으로서의 패러다임이 널리 사용
되지는 않았던 반면, 독일어에서는 이 단어가 더 일반적으로 사용된 듯하다. 1930년대에 빈
서클처럼 영향력 있는 철학 그룹의 모리츠 슐리크나 오토 노이라트 같은 구성원들은 이 독일
어 단어를 그들의 저작에서 편안하게 사용했다. 쿤은 아마 이를 몰랐을 것이다. 그러나 빈 서
클과 미국으로 이주한 다른 독일어권 철학자들의 철학은 쿤이…"지적(知的)으로 영향을 받은"
과학철학이었다. '구조'가 무르익을 시기에 영어권의 몇몇 분석철학자들이 이 단어를 사용했
다. 이는 부분적으로는 1930년대에 루트비히 비트겐슈타인이 케임브리지 대학교의 강의에서
이 단어를 자주 사용했기 때문이다.…쿤이 '구조'를 쓸 바로 그 무렵에는 패러다임이라는 말
이 전문가들 사이에서는 상당히 회자되고 있었다. 그 단어는 붙잡을 거리에 있었고, 쿤은 그
것을 붙잡았다.] 이언 해킹의 서론 21-27쪽에서 인용. 한편, 쿤의 '구조'에서 시도한 분석의 많
은 부분은 1935년 쿤보다 더 급진적일 수 있는 과학에 대한 분석을 출판한 독일 학자 플렉
(Ludwik Fleck, 1896-1961)에 의해서 이미 제시되었고, 쿤 자신도 "나 자신의 개념들 중 많은
부분을 예견했다"고 언급했다('구조' 53쪽)고 한다. 그 책은 Genesis and Development of a
Scientific Fact, F. Bradley and T. Trenn(trans.), Univ. of Chicago Press, 1979인데, 부제 "사고 스

···원래는 문법에서 나오는 용어고, 그 맥락에서는 '범례' 또는 더 알아듣기 쉬운 '어형 변화표'로 번역됩니다.···쿤은 과학에서도 이런(어형 변화를 보고 따라하는저자 주) 식으로 누가 정말 멋진 연구성과를 한 가지 올리면 다들 그것을 본받아서 모방하고 그 과정에서 어떤 과학적 전통이 생겨난다고 은유적으로 말한 것입니다. 그런데 쿤은 '패러다임'이라는 말을 너무 느슨하게 사용해서 처음에 규범이 되는 본보기도 패러다임이라고 했고, 그것을 따라가다가 생기는 전통도 패러다임이라고 했습니다. 이는 쿤 자신도 인정한 실수입니다. 그래서 많은 혼란이 생겨났는데, 이 패러다임이라는 말이 이제는 너무 퍼져버려서 그런 중의성을 이해하고 그냥 쓰는 수밖에 없습니다.[27]

쿤은 '패러다임'이란 개념을 이용하여 과학의 본질과 성격을 밝혔는데, 그때까지 사람들이 지니고 있던 지식 탐구와 과학에 관한 통념, 즉 인식론과 과학관(科學觀)에 대하여 실제 과학의 역사를 탐구한 연구를 근거로 총체적인 이의(異議)를 제기하였고 그야말로 혁명적인 내용을 주장한 것 때문에 격렬한 논쟁을 불러일으켰다.[28]

2. 쿤의 정상과학론

쿤은 고대 그리스의 철학 전통을 과학의 시초로 본 전통적인 과학관부터 뒤집어엎는 급진적 주장을 하고 나왔다. 그는 의견이 분분할 뿐 동일한 주제를 동일한 방식으로 연구하는, 기본적 안내지침이 없는 성숙하지 못한 지식의 탐구 시기에 대하여 패러다임 형성 이전(전 패러다임, pre-paradigm)의 시기, 곧 과학이 제대로 시작되기 이전의 '과학의 전사(前史)'(prehistory as a science, 전과학, pre-science)라고 보았다. 그는 그런 시기의 그런 상태를 포기하고 극복해야만 과학이 생긴다고 주장하였다(그러나 서문에서 정상과학 이전과 그 이후의 구별이 너무 도식적임을 시인하

타일(thought-style)과 사고 집합체(thought-collective)에 대한 이론 입문"에서 쿤의 '패러다임'은 '사고 스타일'과, 그리고 쿤의 '과학자공동체'는 '사고 집합체'의 개념과 각각 맞아떨어진다고 한다. 이는 이언 해킹의 서론 27-28쪽 주석 29 참조.
27) 장하석(2014), 36-37. '본보기가 될 수 있는 아주 훌륭한 과학적 업적'과 '그 본을 따라 하면서 형성되는 과학의 스타일'이란 요약은 같은 책 119 참조.
28) 대표적으로 포퍼 등이 1965년 쿤을 초청해 런던대학에서 학회를 열었는데, 그 자리에서 정상과학 개념을 혐오한 포퍼 등과 쿤 사이에 첨예한 대립이 있었다. 장하석(2014), 50.

고, 재판 '후기'에서는 정상과학으로의 전이가 패러다임의 첫 취득과 연관시킬 필요까지는 없다고 수정하였다).29)

그런데 그는 서로 경쟁하는 학파 중 어느 학파가 유명한 문제에 대하여 혁신적인 멋진 연구 성과로서 모범적인 답을 제시하면 그 학파의 연구방향이 하나의 규범으로서 전체 연구분야의 본보기(범례, 모범사례, exemplar)로서 주도하게 되어 사람들이 그 인식론적 가정이나 이론체계를 따라가면서 하나의 패러다임이라는 학문적 전통(학문적 기반, disciplinary matrix)이 형성된다고 보았다. 그는 과학자들의 공동체가 이러한 학문적 기반인 '동일한 패러다임'을 구축(성립)하고 공유하는 탐구활동을 '정상과학'(normal science)이라고 하였다. 그런 전통의 학문적 기반이 확립되면, 곧 패러다임이 정립되면 패러다임은 과학자들에게 어떤 문제가 중요한 문제인지, 그런 문제를 어떻게 다루고 해결할지 등에 관한 풍부한 자원과 표준적 방법(가이드라인)을 제시해 주고, 중요한 문제들을 풀 수 있다는 확신을 제공하며, 실험과 측정에 의미를 부여한다.30)

이제 과학자들의 연구 목적은 정상과학의 패러다임을 비판하는 것이 아니라 충실히 따르면서, 그 패러다임의 틀 안에서 모든 현상을 해석해 내고, 또 새로운 것을 밝혀내면서, 당면한 연구 문제들을 풀어내는 데 있다. 쿤은 정상과학 내 과학자들의 본업인 이러한 과업 수행을, 특히 '퍼즐풀이'(puzzle-solving)라고 명명하였다.31) 그렇게 정상과학자들은 정상과학에 기대한 잠재력과 가능성을 실현하게 되는데 그 과업 수행과정에서 어려움에 부딪혀도 포기하지 않고 끈질기게 -임시방편적 가설(ad hoc hypothesis)까지 만들어가면서- 어떻게든 문제를 해결해 나간다

---

29) Kuhn(1970), ix, 21(이상 1962년판과 동일), 179(후기).

30) 이런 정상과학의 특성 때문에 쿤은 스탠포드 대학교 행동과학고등연구소의 초청을 받아 1958-59년 사이 머물면서 <과학혁명의 구조>의 초고를 단번에 작성하게 된 계기가 연구소의 자연과학자들과 사회과학자들 간 차이와 같은 예기치 못한 문제, 특히 주 구성원인 사회과학자들 사이에 정통 과학의 문제와 방법에 관한 공공연한 의견 대립의 빈번함과 범위에 충격을 받았던 것이라고 그의 서문에서도 밝혔다. 그런 의미에서 그는 사회과학의 어느 부분이 과연 그런 패러다임을 정립해 정상과학 또는 성숙한 과학의 지위를 획득했는가에 대하여 의문을 표했다. Kuhn(1970), viii, 15.

31) 쿤이 예로 드는 조각그림 맞추기 퍼즐(jigsaw puzzle)이나 낱말 맞추기 퍼즐(crossword puzzle)을 말한다(2판 36쪽). 조각그림 퍼즐의 경우 조각을 맞춰 넣게 퍼즐 판에 밑그림이 그려져 있는 것처럼, 패러다임은 정상과학 활동에서 그런 규칙(밑그림)의 역할을 제공해 준다.

고 한다.[32]

쿤은 정상과학의 연구에 있어서 가장 두드러진 특징은 아마도 그 연구가 개념적이거나 현상적으로 중요한 새로운 발견을 얻어내는 것을 거의 목표로 하지 않는다는 점일 것이라고 하였다.[33] 이런 설명과 퍼즐풀이 등의 용어가, 쿤이 정상과학을 중요하지 않다고 생각했다고 비쳐질 수 있다. 그러나 그는 반대로 과학활동이 말할 수 없을 만큼 중요하고, 그 대부분은 정상과학이라고 생각했다. 처음에는 퍼즐풀이 등에 당혹스러워했던 과학자들이 요즘에는 쿤의 정상과학 설명에는 큰 존경심을 표시할 정도라고 이언 해킹은 지적한다.[34] 이와 같은 정상과학 시기

---

32) 1781년 영국의 허셜(William Herschel)이 천왕성을 발견하였다. 그 후 천문학자들은 다년간 관측해 보니 궤도가 뉴턴이론대로 움직이지 않았다. 그들은 포퍼이론대로 반증 사례라고 결론을 내리고 새로운 이론을 찾지 않았다. 그때까지 인류 역사상 가장 훌륭한 이론인 뉴턴역학패러다임 내에서 여러 임시방편적 가설을 내어 추론한 끝에 독일 갈래(J. Galle)가 1846년 해왕성을 발견하였다. 포퍼도 패러다임을 고수하는 끈질김이 해왕성 발견과 같은 긍정적인 결과를 낳을 수 있음을 인정했다. 그러나 항상 그렇게 해서는 안 된다는 입장을 고수했다. 어느 한계까지냐에 대한 물음에는 모든 과학적 이론이 그렇듯이 추측할 수 있을 뿐이라고 얼버무렸다고 한다. 라카토쉬도 '정상과학 안에서의 과학자의 활동'이란 쿤의 주장이 실제 과학사와 일치함을 인정하고 포퍼에 대한 비판이 타당함을 인정하였다. Paul Schilpp(ed.), The Philosophy of Karl Popper, vol.2, La Salle: Open Court, 1974, 984; 이상 장하석(2014), 46-49의 참조.

33) Kuhn(1970), 35. 정상과학 내 학술 문헌은 주로 ① 의미 있는 사실의 결정 ② 사실과 이론의 일치 ③ 이론의 명료화 등의 문제를 다루는데, 이는 "새 패러다임의 마무리 작업(mop-up work)일 뿐"이라거나, "정상과학은 패러다임이 미리 만들어놓은 비교적 경직된 상자 안에 자연을 밀어 넣는 시도"라고 하였다(24, 34쪽). 이는 자연 그대로 따라가며 이론을 만들어야 한다는 포퍼류의 과학에 대한 근본적 원칙·태도와는 정반대이다. 장하석(2014), 52.

34) 이론적이지는 않아도 정상과학에는 엄청나게 많은 새로움이 생길 수 있다. 기술의 발전과 의학적 치료를 원하는 일반 대중이 과학을 존경하게 되는 새로운 발견은 이론적인 것이 전혀 아니다. 유럽입자물리연구소(CERN)가 물질의 존재 자체를 만드는 데 결정적인 역할을 하는 '힉스 입자'(Higgs particle)를 검증하고 있는 것이 그 예인데 엄청난 돈과 여러 학문의 많은 과학자들이 협력하여 무수히 많은 퍼즐들을 해결해야 한다. 이언 해킹의 서론 20-21. 저명한 과학철학자 앨런 차머스도 "과학연구는 대체적으로 의문의 여지가 없는 틀 안에서의 문제 해결을 포함한다는 쿤의 생각에는 기술적으로 옳은 점이 분명히 들어 있다. 포퍼의 '추측과 논박'의 방법에 특징적으로 나타나 있는 것과 같은 근본적인 것에 대해 끊임없이 의문을 제기하는 학문 분야에서는 의미 있는 진보가 이루어질 수 없을 것이다. 심원한 연구가 이루어지기 위해서는 원리가 충분한 기간 동안 변하지 않고 남아 있어야 하기 때문이다. 독창성을 가지고 물리학의 근본 원리에 도전함으로써 역사적인 진보를 이룩한 영웅적인 과학자로 아인슈타인을 묘사하는 것도 좋다. 그러나 우리는 아인슈타인이 인식했고 그의 상대성이론으로 해결한 문제가 드러나기 위해서는 뉴턴 패러다임 안에서 200년 동안의 면밀한 연구가 이루어졌고, 전기와 자기 이론에서 100년 동안의 연구가 진행되었다는 점을 간과해서는 안 된다. 근본적인 것에 대한 끊임없는 비판이라는 관점에서 규정될 수 있는 것에 가장 가까이 있는 것은 과학이라기보다는 철학일 것이다.…그러므로 쿤의 '정상과학'은 과학의 결정적인 요소를 파악해 주는 역할을 한다."라고 설명한다. Alan Chalmers, 신중섭·이상원(2003), 174.

에 과학자가 되기 위한 훈련과정에서도 그 당시 과학자집단이 공유하는 패러다임에 의하여 모든 교육활동이 이루어진다. 그런 상황에서도 정상과학은 정체하는 것이 아니라 다음 과학혁명을 일으키는 독단적이고 체계적인 노력을 통해 더욱 빠르고 확실한 발전을 한다고 쿤은 주장하였다.35)

3. 쿤의 과학혁명론

　정상과학 틀 안에서 지식의 진보가 있고 그런 지식은 점진적으로 축적된다. 그런 의미에서 정상과학 안에서 지식은 점차 성장한다. 그런데 쿤은 그것이 무한정 진행되지 않고 정상과학 자신이 자신에게 가장 위험한 적(敵)이 돼 끝까지 버티다가 결국 총체적으로 붕괴되는 과학혁명을 유발한다고 본다. 포퍼가 쿤의 정상과학은 독단적으로 자기 체제를 유지하는 결과밖에 내지 못할 것(보수적)이므로 과학의 모독이라고 비판했는데 쿤은 이를 정반대로 본 것이다. 쿤이 보기에 코페르니쿠스혁명이 그렇고, 워낙 훌륭하고 광범위한 패러다임이었기 때문에 뉴턴역학이 20세기 초반 두 개의 혁명을 거쳐 몰락한 것, 즉 아인슈타인의 상대성이론으로 넘어가는 혁명과 원자나 그보다 더 미세한 입자들을 다루는 양자역학 혁명으로 대체된 것이 그랬다는 것이다.36)

　그러면 과학혁명은 어떻게 일어나는가? 정상과학을 하다보면 점차 그 패러다임으로 설명할 수 없는, 혹은 예상하는 것과 다른 일이 생기는 '이변'(異變) 또는 '변칙'(變則, anomaly)37) 사례들이 나오는 상황이 발생한다. 관찰이나 실험 결과가 이론과는 다른 상황, 관찰 실험 결과가 일관성이 없게 나타나는 상황, 이론 자체를 발전시키는 과정에서 잘 들어맞지 않는 부분 등이 너무 많아지거나 너무 중요해지거나 너무 오래 동안 퍼즐이 풀리지 않는 상황이 누적되면서, 과학공동체가 흔들리고 기존 '패러다임의 위기'가 도래한다.

---

35) 이상 장하석(2014), 52.
36) 장하석(2014), 120-121. 19세기 초반 열, 빛, 전기, 자기(磁氣) 분야가 모두 수학화가 되고 패러다임을 획득한 제2의 과학혁명이 있었다고 한 쿤의 다른 논문은 앞의 이언 해킹의 서론, 15.
37) '이변', '변칙', '이상'(異常)으로도 번역되는데, '변칙'은 '꼼수'도 연상하게 하고, '이상'은 이상(理想)과 혼동되므로, 이하에서는 가장 무난한 '이변'(異變)으로 통일한다.

그런 위기에서 누군가 퍼즐을 풀게 되면 기존 패러다임의 정상과학이 소생한다. 그런 반면에 누군가 '이변'의 퍼즐을 푸는 새로운 다른 아이디어를 제시하고 실제로 풀게 될 수도 있다. 그렇게 위기를 해결할 만한 대안에 동조 세력이 모이고 충분하게 형성되면[38] 그 대안으로서의 새로운 패러다임이 형성된다(이처럼 과학혁명은 '대안으로서의 패러다임의 등장'을 전제한다). 그렇지만 이때 아직도 버티고 있는 기존 패러다임 세력과의 '경쟁'(contestation)이 벌어짐으로써 혁명 단계에 진입한다. 그리고 혁명이 진행되는 것 같은 그 경쟁에서 마침내 새로운 패러다임이 지배적인 위치를 점하면 '패러다임의 교체'(전환, paradigm shift)라는 '과학혁명'(scientific revolution)이 성공한 것이 된다.[39] 혁명이 끝나면 새로운 패러다임을 기초로 한 '또 다른 정상과학'이 시작되어 한 동안 과학공동체를 이끌게 된다. 그 새로운 패러다임에 의하여 다시 쓰여진 교과서에 의하여 모든 교육활동도 이루어진다.

그런데 한동안 이 새로운 패러다임이 정상과학의 지위를 누리다가 어쩔 수 없이 이변 사례-위기-경쟁-과학혁명과 같은 순서로 다시 위와 같은 과정에 의하여 다른 새로운 패러다임으로 교체되는 과정이 되풀이된다. 이처럼 패러다임 정립 이전(과학 이전)의 시기로부터 시작되어 패러다임 정립의 정상과학1-이변-위기-경쟁-새로운 패러다임의 정립(과학혁명)-정상과학2-이변…등과 같은 순서로 단절적이고 불연속적으로 과학혁명이 반복되는 과학·지식·이론의 변동구조를

---

38) 2,000년간 지배했던 프톨레마이오스 천동설은 행성들의 역행운동을 설명하는 데 계속 실패했는데, 코페르니쿠스가 지동설을 내세워 해결했고, 그것이 새 패러다임이 되었다. 또 250년 동안 왕좌를 차지한 물리학의 뉴턴역학은, 수성의 근일점이 변하는 현상을 설명하는 데 계속 실패했는데, 아인슈타인의 특수상대성이론이 그 현상을 정확하게 예측해 결국 패러다임으로 자리 잡았다.

39) 18세기 말 미국과 유럽에서 발발한 정치적인 '혁명'의 개념이 과학에도 사용됐는데, 철학자 칸트가 <순수이성비판> 재판(1787, 초판 1781) 서문에서, 공리로부터 연역되는 증명 방식의 수학적 실행, 실험적 방법과 실험실의 부상이란 두 사건을 언급하며, '과학혁명'의 개념을 확실하게 정착시켰다고 한다(이언 해킹의 서론, 13-14). 쿤도, 본질적인 차이에도 불구하고 평행하는 유사점이 있으므로, 그 정치적 은유(metaphor)인 혁명을 과학혁명에 의도적으로 도입한다. 즉 기존 제도들(정치 혁명)과 문제해결(과학혁명)의 작동이 더 이상 충분치 못하다는 기능적 결함(malfunction)에 대한 위기의식(지각)의 필수 조건에서 발발하는 방식, 서로 양립 불가능한 공동체 생활양식 중 하나를 선택해야 하는 상황에 직면하는 사실, 기존 제도들이 금지하는 방식들로 그 제도들을 변화시키려고 하는 생각, 혁명의 당위성 논쟁은 순환론의 논리가 아니라 설득에 의한 공동체의 동의보다 더 높은 다른 해결 기준이 없는 점 등이 유사하다고 본다. Kuhn(1970), 92-94.

쿤은 '과학혁명의 구조'라고 불렀다. 그는 '과학혁명'이 존재하고 그것도 앞서 말한 '구조'를 가지고 있다고 보았던 것이다. 그는 그런 구조로 과학사를 해석했고 암묵적으로 미래의 방향을 예견했다.

쿤은 과학혁명 시기의 경쟁 패러다임들 상호 간에는 서로 공유할 수도 없고, 서로 합리적인 비교평가나 소통이 불가능한 '공약불가능성'(incommensurability)이 존재한다고 주장해서 그의 주장 중에서 가장 논란이 많았던 개념을 제시하였다. 아리스토텔레스 패러다임과 뉴턴 패러다임 사이에, 또는 뉴턴 패러다임과 아인슈타인 패러다임 사이에는 공약불가능성이 있다고 주장하였다.[40] 패러다임이 바뀌면 첫째, 판단 기준이 근본적으로 바뀌고, 둘째, 개념과 용어의 의미 자체가 바뀌며, 셋째, 관찰된 현상 자체가 바뀐다는 세 차원의 근본적 공약불가능성을 주장했다. 그만큼 '패러다임의 교체'는 딴 세상에서 사는 것 같이 종교를 바꾸는 '개종'(改宗, conversion) 또는 게슈탈트 심리학의 '형태 전환'(Gestalt switch)[41]에 비유될 정도로 합리적인 비교 검증도 어려운 근본적인 변동이라고 주장하였다. 이는 곧 우리 인간에게 어떤 의미를 갖는 '세상'이라는 것은 패러다임을 통해서 걸러져 나온 것이므로 우리가 알 수 있는 자연은 패러다임의 변화에 따라 바뀐다는 인식인 것이다.[42]

---

40) incommensurability는 공약불가능성(公約不可能性) 외에 '통약(通約)불가능성', '비통약성' 등으로도 번역돼 왔는데 이해가 어려운 이유로 장하석 교수는 비정합성(非整合性이)라고 번역하기도 한다. 이는 원래 수학에서 두 숫자 간에는 공동의 약수가 (분수를 허용하더라도) 없다는 뜻의 개념으로서, 유리수인 1과 무리수인 $\sqrt{2}$ 의 관계를 예로 들 수 있다. 이상 장하석(2014), 129 참조. 그러나 수학에서 무리수와 유리수가 공통된 척도가 없다는 의미에서 공약 불가능하지만, 비교가 불가능하지는 않다고도 한다. $\sqrt{2}$ 는 분명히 1보다는 크고 2보다는 작기 때문이다. 마찬가지로 두 패러다임 간 의사소통도 불가능한 것은 아니라고 한 의견은 이상욱(한양대 교수, 과학철학), 한겨레, 2006.2.24., "유부초밥 두부와 된장찌개 두부 '패러다임' 달라 다른맛"기사 참조. 이언 해킹도 "다른 이론을 지지하는 사람들 사이에 용이한 소통에 한계가 있다는 것은 그들이 기술적인(technical) 결과를 비교할 수 없다는 것을 의미하지는 않는다."고 말한다. 그의 '서론' 42쪽. 일반용어로는 철학의 '전동차 문제'(Trolley problem)라는 가상실험의 윤리 논쟁에서 "사람의 생명은 비교불가능성"(incommensurability of human lives)과 같이, '비교불가능성'이라고도 번역할 수 있다.

41) 인간은 어떤 지각 대상을 개별적 부분의 조합이 아니라 전체(전체로서의 형태, 독일어 Gestalt)로 인식하는 존재라고 주장하는 심리학파인데, 인지심리학으로 이어졌다. 유명한 '아가씨-노파'나, '오리-토끼'의 그림의 예와 같이, 동일한 지각 대상도 그 이론적 배경이나 선 지식(prior knowledge)에 따라 어떤 종류의 조직된 전체로서, 즉 지각적 조직화(perceptual organization)로 지각하여 서로 다르게 관찰·해석하게 되는 것을 말한다. 이는 '관찰의 이론 적재성'의 논거도 된다. 장하석(2014), 65-68, 123-125.

4. 쿤 인식론의 영향

쿤은 그때까지의 인식론에 기초한 과학의 객관성, 중립성, 절대적 진리 등의 통념을 뒤흔들어 놓은 것으로 유명하다. 그에 앞서 1950년대에 콰인과 핸슨은 '관찰과 이론을 엄격히 구분하는 것은 불가능하다'거나 '경험에 대한 서술이란 항상 이론의 등에 업혀서 이루어지기 때문에 개념적 틀이나 이론의 제약을 받지 않는 사실 그대로 된 관찰이란 존재하지 않는다'고 실증주의에 대하여 집중적인 비판을 가해 탈실증주의적 태도를 취했다. 그런데 쿤은 이를 '공약불가능성'(소통불가능성)으로 발전시켜 설명하였다.

카르납의 실증주의적이거나 포퍼의 비판적 합리주의적인 과학관을 가진 사람들은 합리성을 강조하였다. 그들은 과학·지식·이론이 사실에 대한 중립적인 관찰과 논리적 추론의 '검증 또는 반증'에 의하여 '연속적이고 축적적인' 형태로 성장한다고 주장하였다. 이에 반기(反旗)를 든 쿤은 사실에 대한 관찰과 추론은 탐구자에 의하여 '선택된 특정 패러다임의 영향·통제 아래' 행해지고 그런 '패러다임에 의하여 단절적이고 불연속적으로' 과학·지식·이론이 교체(전환)된다고 주장하였다. 검증이나 반증과 같은 형식 논리로서는 과학적 탐구의 개념과 구조를 밝히는 것이 불가능하다고 주장한 것이다.

쿤은 과학자들의 연구를 결정하는 패러다임도 과학공동체가 만들어 낸 것으로서 예술이나 종교와 같이 인간의 다른 활동과 다르지 않는 점이 있다고 주장하였다. 그 교체 과정에서 과학자사회가 합리적인 논증 같은 것보다는 그들이 공유하는 과학적 가치, 예컨대 정확성(accurate), 일관성(consistent), 적용 범위(broad scope), 단순성(simple), 생산성(fruitful) 등의 기준을 이용하여, 그리고 철학적·제도적·사상적 요소들의 영향하에, 서로 동의한 결과로 결국 세계관의 변화(changes

---

42) 이 표현은 장하석(2014), 141. 이와 관련, 앨런 차머스는 "포퍼도 과학의 진보는 이론이 비판적으로 전복되고 대안적인 이론으로 대체되는 과정을 통해 이룩된다는 점을 강조하였다. 그러나 포퍼에게 있어서 한 이론이 다른 이론으로 대체되는 것은 단순히 일련의 주장이 다른 주장으로 대체되는 것이었지만, 쿤의 관점에서 볼 때 과학 혁명에는 그 이상의 더 많은 것이 존재한다. 혁명은 일반 법칙에서의 변화를 수반할 뿐만 아니라 세계가 지각되는 방식과 이론을 평가하는 기준의 변화를 포함한다."고 설명한다. Alan Chalmers, 신중섭·이상원(2003), 175-176.

of world view) 때문에 어떤 특정 패러다임을 선택한다고 하였다.[43] 이러한 주장 때문에 쿤은 과학의 합리성을 무시한 상대주의자로 비난받았다.[44] 특히 과학의 역사적 실제 과정에 관한 쿤의 주장을 많이 받아들이면서도, 여전히 포퍼와 같이 과학적 비판정신을 이성적 사고의 기반으로 중요시하는 헝가리 출신 영국

---

[43] Kuhn(1970), chapter 10 및 그의 '본질적 긴장'(1977년), 322.

[44] '합리성'이란 '이론이나 이치에 합당한 성질'로 풀이되는데, 주로 'p와 비(非)p를 동시에 긍정하는 것은 비합리적이다'와 같이 '논리 일관성'과 동일한 의미로 사용되거나, 의사결정에서 행위자들 스스로 의도한 목적을 달성하기 위하여 취하는 '수단의 적합성'을 말한다. 그런데 과학철학에서 '합리성 논쟁'은 과학에서의 '이론 선택의 원리나 기준 문제' 즉 경합하는 이론들 사이에 비교와 선택을 가능하게 하는 일반적인 원리나 기준(구획 기준)이 존재하는가와 관련된다. 그 원리나 기준에 따라 더 우월한 이론을 판단해 선택할 수 있다고 인정하는 입장을 합리주의라고 한다. 반면에 그 우월성을 평가할 수 있는 보편적이고 시간에 구속받지 않는 기준의 존재를 부정하고, 개인·사회·시간·목적에 따라 변한다는 입장을 상대주의 또는 비합리주의라고 부른다. 그리하여 그 합리성 문제는 과학철학에서 과학이 다른 지식에 비하여 우월한 앎의 체계인가 아닌가를 결정하는 문제와도 관련된다. 논리실증주의자·포퍼·라카토쉬 등은 구획 기준을 중요시해 존재한다고 하고, 쿤·파이어아벤트는 과학의 실제 역사에 대한 체계적인 연구를 토대로 이론들 사이의 공약불가능성을 내세워 부정한다. 이상 신중섭(2002), "역자 해제: 라카토슈," 394-397 참조.
　과학철학자 이언 해킹은 그의 (쿤 저서의) '서론'에서 쿤을 합리성 자체를 부정한다고 비난하거나 새로운 상대주의의 선각자로 칭송하는 주장을 모두 '어리석다'고 말한다. 쿤이 그 문제를 직접 논한 논문('본질적 긴장'에 실린 Objectivity, Value Judgement, and Theory Choice, 1973)에서 '이론은 예측에서 정확해야 하고, 모순이 없어야 하며, 적용 범위가 넓어야 하고, 현상을 질서정연하고 공약가능한 방식으로 제시해야 하며, 새로운 현상이나 현상들 사이의 새로운 관계를 제시하는 데 효과적이어야 한다'는 다섯 가지 가치 모두에 찬동했고 과학공동체 전체와 공유했으므로, 이것이 과학적 합리성의 부분에 다름이 없는 것일진대 이런 관점에서 "쿤은 합리주의자"라고 이언 해킹은 주장한다. 이언 해킹의 서론 41쪽 인용. <구조> 전후로 발표했던 쿤의 철학적 논문들을 모아놓은 책이 '본질적 긴장'(The Essential Tension, 1977)이다. 쿤은 과학활동을 비합리적인 것으로 만들었다기보다는 과학자의 합리성을 보다 유연하게 이해할 수 있게 만들었다고 평가되어야 한다. 합리성에 대한 좁은 해석에 따르면, 현재 관점에서 볼 때 '옳은' 이론을 과거의 선택상황에서 선택한 과학자만이 합리적이고, 그와 다른 결정을 내린 과학자들은 모두 다 비합리적이다. 물론 이들 과학자들 중에서 근거 없는 편견에 사로잡혀서 정말로 비합리적인 이유로 새로운 이론을 거부한 사람들도 있었을 것이다. 그러나 대다수의 과학자들은 자신에게 주어진 여러 증거들을 나름대로 잘 분석하고 그 타당성을 음미하여 '합리적인' 방식으로 결론에 도달한다. 그 결론이 과학자마다 다른 것은 과학자의 지적 배경이나 주어진 증거에 대한 상대적 평가, 과학이 이룩해야 할 이상에 대한 견해 등이 다르기 때문이다. 가령 플랑크나 아인슈타인과 같은 일급 물리학자들도 양자역학이 세계를 근본적으로 비결정론적으로 만들고 특정 사건에 대한 '완전한' 설명을 더 이상 제공하지 않으려 한다는 사실에 매우 실망했다. 그들은 그 때문에 양자역학이 예측력에 있어서 놀라운 성공을 거두었다는 점을 인정하면서도, 끝끝내 양자역학을 세계에 대한 올바른 물리이론으로 받아들이지 않았다. 이런 상황에서 우리가 플랑크나 아인슈타인을 '비합리적'이라고 할 수 있을까? 과학연구에서 중요한 것은 나중에 누가 승리하는 지만이 아니다. 그것만큼이나 연구자가 자신에게 이용 가능한 증거들을 공정하게 판단하고, 가능하면 각자가 이치에 맞는 판단을 내릴 수 있는 능력을 키우는 것도 중요하다. 이상 이상욱(2004), 67-68 인용.

과학철학자 라카토쉬는 쿤의 과학혁명의 과정에 따르면 과학자들은 '군중 심리'(mob psychology)의 지배를 받는 데 불과한 존재가 되었다고 비판하였다.45) 그렇지만 쿤의 패러다임이론은 그 후 '과학관의 변화'를 초래했고 그밖에 철학과 역사, 인문학과 사회과학에 큰 영향을 끼쳤다. 또 일반 대중의 일상적이거나 전문직업 영역에까지도 큰 영향을 미쳐 패러다임 용어와 개념을 대중화시키게 되었다.

사실 쿤도 그의 '과학혁명의 구조' 마지막 장(제13장)에서 혁명을 통해 공약 불가능성에도 불구하고 과학이 진보한다고 인정하였다. 패러다임을 바꿔가면서 '전체적인' 문제해결 능력을 늘려가며 진보하고 있다는 것이다. 다만 과학이 자연에 존재하는 절대적 진리를 발견한다는 실재론(realism)에서처럼 '진리'를 향해 점진적으로, 그리고 직선적으로 나아간다는 전통적인 과학의 진보 개념이라기보다는(이를 부정하므로 모두 당혹스러워했음) 덜 적절한 관념, 덜 적절한 상호작용으로부터 '벗어나는' 의미에서 '유용한 지식'을 얻게 해 주는 '도구적 진보'라고 도구주의(instrumentalism)적 반(反)실재론의 입장을 취할 뿐이었다.46)

쿤의 이론을 계기로 격렬한 논쟁은, 한편으로 1970년대 파이어아벤트(Paul Feyerabend, 1924-1994)의 '방법론적 무정부주의' '인식론적 상대주의'라는 극단적 주장을 낳기도 했다. 그들은 갈릴레오와 같은 과학의 영웅들의 실제 사례연구를 통해 설득력 있는 근거를 제시하면서, 경쟁하는 두 이론은 어떤 방식으로도 비교될 수 없고, 그 선택과정은 철저히 과학자 개인의 주관에 따른다고 주장하였다. 따라서 지식 획득의 방법에 제한을 두지 말자는 것이다.47)

---

45) Lakatos(1974), 178; 장하석(2014), 125.

46) 쿤은 <과학혁명의 구조> 제13장 '혁명을 통한 진보'에서, '원시 초기 단계로부터의(from) 진화'와 '무엇인가를 향한(toward) 진화'라고 표현하였다(2판, 170). 본문 진보의 의미는 장하석(2014), 147-148, 150-151 및 이언 해킹의 서론 13, 45쪽 인용. 특히 해킹은 (전통적인 진리라는 이상을) '향해서 진보'와 쿤의 '벗어나는 진보'를 대비한다.

47) Paul Feyerabend, Against Method: Outline of an Anarchistic Theory of Knowledge, London: New Left Books, 1975. 그는 논리실증주의자가 주장하는 이론 중립적인 관찰 언어는 존재하지 않고, 과학적 방법도 존재하지 않으며, 실제로 과학이 다른 형태의 지식, 예컨대 마르크스주의, 신화, 마법 등과 비교하여 필연적으로 우월하다는 것을 보여줄 수 있는 어떤 특성도 가지고 있지 않다고 주장하였다. 그는 만일 과학적 방법의 원리가 있다면, 그것은 단 하나 '어떻게 해도 좋다'(anything goes)라고 이론 다원론(theoretical pluralism)을 주장하였다. 개인의 자유에 높은 가치를 둔, 논쟁의 여지가 많지만 매우 영향력이 큰 '반(反)방법'의 태도를 취하였던 것이

한편 현대의 잣대로 과거를 이해해서는 안 된다는, 역사학의 연구방법론을 따르는 과학사학자들도 쿤에게 지지를 보냈다. 또 쿤의 과학철학이론은 과학의 사회학적 연구에 엄청난 동력을 부여하였다. 쿤 이전에도 있었던 과학(지식)사회학은 그들 중 한 급진학파가 주장하는 '사회구성주의'(social constructivism)의 논거를 제공하므로 쿤을 열렬히 지지하였다. 사회구성주의는 과학을 탈(脫)신비화해, 과학지식도 여타 다른 사회적 활동과 차이가 없이 사회적으로 구성되는 것이고, 상대적인 권위만을 인정해야 한다는 관점이다.[48] 그러나 사회구성주의가 과학지식을 '사회적 원인으로만 환원'하는 데 대해서 쿤 자신도 오해라며 마땅치 않아 했다. 그렇지만 쿤이 남긴 최고의 유산 중 하나는 과학사회학으로부터 1960년대에 급격하게 자라나, 지금 우리가 알고 있는 학문으로 성장한 그 '과학학'(science studies)이라고도 한다.[49]

다른 한편으로 쿤의 이론에 대한 반응은 과학 이외의 거의 모든 분야에서도 열광적이었다. 쿤이 당초 혁명의 단절성에 대한 그의 발상을 정치·문화·음악·

다. 과학(물리학과 천문학)의 방법과 진보의 전형적인 예인 갈릴레오에 관한 그의 예를 보자. 갈릴레오는 동시대 사람들의 감각에 의해 입증된, 진지하게 관찰된 사실을 수집해 이론을 세우기는커녕, 그 자신 고백대로 '이성'으로 감각(관찰)을 극복해야 했고, 심지어 '탁월하고 더 좋은 감각' 곧 망원경으로 감각을 대치해야만 했으며(당시 천문학에서 망원경에 나타난 것을 받아들이는 것은 결코 간단하지 않았음), 결국 논증에 의해 설득하기보다는 라틴어 대신 이탈리아어로 저술해 낡은 관념과 학문적 기준에 기질적으로 적대감을 가지고 있던 사람들에게 호소하는 선전과 책략으로 성공했다고 예시하였다. Chalmers, 신중섭·이상원(2003), 211-221.

48) 사회가 지식에 영향을 준다거나 지식이 사회적 요인을 반영한다는 생각은 20세기 전반에 이미 칼 만하임(Karl Mannheim)이나 에밀 뒤르켐(Émile Durkheim)같은 유명한 사회학자들에 의해 제시되었다. 그러나 그들에게 지식이란 자연과학이 아닌 사회과학이나 인문학을 의미했다. 반면에 에딘버러 대학의 데이빗 블루어(David Bloor)와 배리 반즈(Barry Barnes) 등의 과학사회학자들은 토마스 쿤의 공동체적·사회적 성격의 과학관, 핸슨의 관찰의 이론 적재성과 콰인의 과소결정론의 주장, 과학과 사회의 밀접성에 관한 저작들의 영향을 받아서, 1970년대에 본격적으로 '스트롱 프로그램'(Strong Program)이란 새 과학사회학 프로그램을 제안하면서 지식사회학의 범위에 자연과학도 포함시키고, 자연과학 지식도 사회적으로 구성된 것이라고 하였다. 이 '사회구성주의' 과학사회학은 과학이 사회와 상호작용하고 있다는 상식적인 사실보다 더 나아가, 과학지식이 과학 외적인 요인들, 즉 사회적·정치적·경제적·철학적·이데올로기적·성(gender)적 요인들에 의해 구성된다는 주장, 곧 논리적인 과정에 따른 인식적 추론과 검증이 아니라 '사회'가 곧 과학지식의 핵심에 있다는 것이다. 과학사회학에는 이와 반대되는 흐름으로, '행위자 연결망 이론'(actor-network theory), 곧 과학에 의한 사회의 구성을 주장하는 학파('사회'를 빼고 그냥 '구성주의'라고도 하므로 주의할 필요가 있음)도 있고, 또 그 두 입장을 섞어서 과학과 사회의 '공동구성'(co-construction)이나 '공동형성'(co-shaping)을 주장하는 학파도 있다. 이는 홍성욱(2004), 93-95 참조.

49) 이언 해킹의 서론, 48.

미술 등의 역사로부터 영감을 받아서 만들었는데 이제 쿤의 이론이 이들 분야로 되돌아가서 그 분야의 지식의 변천에 대한 모델로 작용하게 되었다. 쿤 자신은 이런 원용과 관련해서 과학과 달리 다른 분야들은 단일 패러다임에 합의하여 비판 없이 세부적인 퍼즐풀이 활동을 수행하는 경우가 드물다는 근본적인 차이점을 지적한 바 있다.[50) 이상의 논의를 정리하면 다음과 같다.

〈쿤 이전의 과학철학과 쿤 이후의 과학철학의 비교〉

	쿤 이전	쿤 이후
과학철학의 경향	실재론(realism)	실재론에 의문(이후 구성주의 발달)
과학과 사회	과학과 사회 사이에 뚜렷한 구분	사회 속에서의 과학
과학의 발전	누적적이고 연속적인 발전	혁명적이고 불연속적인 발전
관찰과 이론	관찰과 이론의 분명한 구분	관찰과 이론의 연결
발견의 맥락과 정당화의 맥락	이 둘 사이에 분명한 구분	구분이 없음
과학활동의 본질	자연에 존재하는 것을 발견하는 것	과학의 패러다임을 만드는 것
과학의 주체	과학자 개인	과학자사회
소통	과학자들 사이의 자유로운 의사소통	패러다임 사이의 공약 불가능
통일성(unity)	과학의 통일성을 믿고 이를 강조	통일성이 존재하지 않음

출처: 홍성욱, 과학은 얼마나, 서울대출판부, 2004, 127.

제 4 절 라카토쉬와 라우단에 의한 포퍼와 쿤 인식론의 종합

1962년 발표 당시 격렬한 논쟁을 불러왔던 쿤의 주장 중 많은 부분은 이미 우리의 표준적인 인식으로 자리를 잡고 있다. 그것은 과학계에서 뿐만 아니라

---

50) 쿤의 제4판 '역자 후기' 350쪽.

다른 분야의 학계에서도 폭넓게 받아들여진 현상이다. 더 나아가 '패러다임' 용어
는 일반인들에게까지도 친숙하고 유용하게 받아들여져 널리 사용되고 있다.

1. 쿤과 포퍼 인식론의 종합 시도

쿤 이전의 기존 과학관의 근본적인 문제는 과학지식에 대하여 연속적·축적
적인 성장과 함께, 불연속적·단절적인 혁명적 변화를 한꺼번에 모두 설명해내는
일이 쉽지 않다는 점이었다. 옛날부터 자연의 비밀을 조금씩 밝혀내며 과학지식
을 축적해 가다가, 그에 덧붙여 더 새롭게 추가할 혁명적 발견이 있었다면 좋은
데, 역사적으로 혁명적 발견이 그전 과학연구 방식을 통째로 바꾸면서 기존 지식
도 폐기해 버린 것이 문제였다. 쿤은 그 두 현상을 정상과학과 과학혁명 이론을
통하여 매끄럽게 연결시켜 주었다. 그러나 쿤은 과학·지식·이론의 불연속성과
혁명성을 상대적으로 지나치게 부각시킨 편이었다. 반면에 포퍼의 객관주의적 합
리주의는 연속적·축적적 지식의 성장에 치중하고 있다.

그래서 대표적으로 과학철학자 라카토쉬(Imre Lakatos, 1922-1974)나 라우단
(Larry Laudan, 1941-), 그리고 장하석 교수(1967-) 등이 균형을 잡고 종합을 시도하
고 있다. 대체로 쿤의 불연속적·단절적인 패러다임의 변동 속에서 카르납의 실증
주의적 검증과 포퍼의 반증에 의하여 과학·지식·이론의 연속적·누적적 성장이
일어나는 것으로 보는데, 그 속에서 혁명적인 패러다임 변동의 원인과 결과가
연결돼 있는 것으로 보고 있다.[51] 그런데 더 나아가 하나의 패러다임의 승리에

---

51) 이언 해킹은 물질의 존재 그 자체를 만드는 데 결정적인 역할을 하는 미검출 입자를 검증하기
위하여 믿을 수 없을 정도의 돈과 재능을 투입해 '힉스 입자'(Higgs particle)를 찾는 고에너지
물리학 사례를 제시한다. 수학에서 공학에 이르기까지 무수히 많은 퍼즐들이 해결되어야 하는
이 실험은, 새로운 종류의 이론이나 심지어 새로운 종류의 현상조차 기대하지 않는, 즉 새로
움을 겨냥하지 않는다는 쿤의 정상과학 활동이다. 그렇지만 힉스 입자를 이끌어내는 정확한
조건이 최종적으로 밝혀지면 고에너지 물리학은 완전히 새로운 세대가 시작될 것으로 기대된
다고 한다. 이언 해킹의 서론, 21. 프랑스와 스위스 국경 지대 27㎞ 길이의 지하 100m, 8만㎥
에 이르는 인공동굴에 진공의 원형 궤도를 광속으로 도는 거대강입자가속기(또는 양성자 가
속기, LHC)를 수조 원의 막대한 비용을 들여 설치해, 2008년 가동을 시작한 유럽입자물리학연
구소(CERN, 스위스의 제네바)는 우주 탄생 초기 다른 기본 입자들에 질량을 부여해 입자들이
원자를 형성하도록 했다(즉, 우주를 지금처럼 만들었다)는, 영국 이론물리학자 피터 힉스의,
가설로만 존재했던 -일명 '신의 입자'- 힉스(Higgs) 입자의 존재를 2012년 7월 4일 발견했고,

의한 독점적 일원론을 주장한 쿤을 비판하는 한국계 영국의 과학철학자·과학사 학자인 장하석은 '다원론'(pluralism)을 주장하며 세계 학계에 새로운 인식론을 던져주고 있다(따라서 그의 다원주의는 따로 항을 달리하여 검토하기로 하겠다).

2. 라카토쉬와 라우단의 종합

먼저 라카토쉬는 1970년, 포퍼와 쿤의 철학에서 좋은 점만 따와 통합·보완하려는 시도를 했다. 그는 포퍼의 반증주의에 대한 쿤의 비판, 곧 정상과학 안에서는 과학이론에 대한 결정적인 반증이 존재하지 않고, 반증으로 -대안적 이론 없이- 곧 바로 이론을 폐기하지도 않는다는 비판 등 쿤이 실제 과학사의 연구를 통하여 주장한 기본적인 패러다임 인식론을 적극적으로 수용하였다. 그렇지만 그는 새로운 과학철학으로 자리잡은 쿤의 '비합리주의'(상대주의)는 비판하였다. 다음은 그의 통합 입장을 대변하는 전형적인 주장이다.

> 과학자들의 얼굴은 말할 수 없이 두껍다. 그들은 자신들의 이론이 단지 사실과 어긋난다고 해서 그것을 포기하지는 않는다.…물론 과학의 역사에는 결정적인 실험이 이론을 폐기시킨 사례도 무수히 많이 존재한다. 그러나 그러한 설명은 이론이 포기된 뒤에 꾸며낸 이야기이다.…
> '다수결, 이론 지지자들의 신심(信心)과 입심에 의존해서 이론을 평가할 수밖에 없다면', 진리는 '힘'에 의존하게 되고, 과학이론의 변화는 '군중 심리'의 문제가 되고, 과학의 진보는 본질적으로 '시위 효과'에 지나지 않게 된다.52)

라카토쉬는 포퍼의 반증주의와 쿤의 상대주의를 넘어서기 위하여 과학사와

피터 힉스와 프랑스와 앙글레는 2013년 노벨물리학상을 공동 수상했다. Jim(James E.) Baggott, Higgs: The Invention and Discovery of the 'God Particle', Oxford Univ. Press, 2013; 짐 배것, 힉스, 신의 입자 속으로, 박병철(역), 김영사, 2017 참조.

52) 신중섭(2002), "역자 해제: 라카토슈," 401, 406에서 재인용. 자유로운 토론과 합리적 비판의 열린사회를 강조했던 포퍼만 해도 그는 자만심이 무척 강해서 자신의 마음에 들지 않는 견해에 매우 직설적으로 폭언을 퍼부은 반면에, 자신에 대한 비판은 참아내질 못했고, 만년에 대중강연에서 자신의 견해에 비판하는 질문이 나오면 귀가 먹어서 못들은 척하기도 한 역설적 모습을 보여주었다. 그를 아는 대부분의 사람들에게 인간적 호감을 주지 못했다고 한다. 이상욱(2007), 144-145.

과학의 합리성을 통합할 수 있는 방법론으로서 반증주의를 포퍼식의 '소박한
(naive) 반증주의'와 자신이 새로 내세우는 '세련된(sophisticated) 반증주의'로 구분
하였다. 그리고 단일 이론이 아닌 '하나의 이론계열'(일련의 이론들)이란 '과학적
연구프로그램'(과학적 연구계획, scientific research programmes, SRP)[53]을 이론 평가의
단위로 설정하여 '반증'과 '구획 기준'(demarcation criterion)을 새롭게 해석하고 있
다. 즉 쿤이 비판하는 것은 이론과 모순되는 관찰 사실로써 바로 이론을 폐기하는
포퍼식의 잘못된 '소박한 반증주의'에 해당할 뿐이지, 그의 '세련된 반증주의'에
는 해당되지 않는다고 주장한다. 곧 과학사에서 보듯이 새로운 사실의 발견을
유도하는 더 진보적(전진적, progressive)인 다른 –단일 이론이 아닌– 일련의 이론들,
곧 '연구프로그램'이 등장할 때에야 비로소 반증이 일어났다고 보아야 하는 '세련
된 반증주의'에는 쿤의 비판이 해당되지 않는다는 것이다.

　　그의 연구프로그램은 ① 특정 연구영역에서 본원적인 밑바탕에 해당하는 변
할 수 없는 기본전제의 조합인 '중핵'(中核, 견고한 핵, hard core), ② 중핵의 주위를
둘러싸고 보호하고 있는 보조적 가설의 띠(帶)인 '보호대'(protective belt), 그리고
③ 연구자들이 무엇을 피해야 하고 무엇을 추구해야 하는가의 방법론적 규칙 성
격의 '발견장치'(발견법, 연구지침, heuristic)로 구성된다고 한다. 여기서 중핵은 반
증되거나 수정될 수 없다는 규칙하에, 기존 보조가설을 가다듬거나 새로운 보조
가설을 만들어내는 방법으로 항상 보조가설의 보호대에 의하여 보호를 받는다.
포퍼식의 실험 결과에 따른 반증에 의해 수정되고 변하는 것은 보호대이다. 보호
대의 중핵 보호 과정에서 발견장치의 규칙이 발동되는데 무조건 중핵을 방어하도
록 허용되지는 않는다.[54] 그 중핵 보호 과정에서 참신한 예측(novel predictions)과 같
이 새로운 현상의 발견을 유도할 때 그 연구프로그램은 '진보적인'(발전적,

---

53) 그는 그의 연구프로그램이 쿤의 '패러다임이란 사회심리학적 개념'을 '객관적으로 재구성'한
　　것으로 해석될 수 있다고 하였다. Lakatos(1974), 179.
54) 중핵은 뉴턴 물리학의 경우 세 가지 운동법칙과 만유인력의 법칙이고, 마르크스 유물론의 경
　　우 계급투쟁에 의한 사회변화의 가정과 경제적 토대에 의한 계급투쟁의 가정이다. 뉴턴의 중
　　력이론이 처음 제시되자 이를 반박하는 많은 이상 사례(반례)가 생겼는데 뉴턴 물리학자들은
　　뉴턴이론의 중핵을 부정하려고 하는 적용을 금지하는 발견장치를 받아들이고, 끈질긴 고집과
　　재능으로 보호대를 만들어, 오히려 반례들을 뉴턴이론을 뒷받침하는 입증 사례로 바꿔나갔다.
　　신중섭(2002), "역자 해제: 라카토슈" 413-414.

progressive) 것이 되고, 그렇지 못할 때에 '퇴행적인'(퇴보적인, degenerating) 것이 된다고 주장하였다.[55] 라카토쉬는 세련된 반증주의의 관점에서 '반증'과 이론들의 우열을 평가하는 '구획 기준'을 재해석해 합리적 기준을 제시한다고 하면서 그 재해석의 합리적 기준과 실제 과학사를 합치시키려고 시도하는 '과학적 연구프로그램의 방법론'을 주장한 것이다.

그러나 한 연구프로그램이 진보적인가 퇴행적인가의 '역사적인 실적'을 결정하는 데 기술적인 문제점이 따른다. 얼마나 기다려가면서 결정해야 하는가의 시간적인 제한이 그 예이다. 쿤과 파이어아벤트 등은 그가 시간적인 제한을 제시하지 못했다고 비판했다. 라카토쉬도 이를 인정하면서도 경쟁하는 프로그램 중 어느 하나가 우세하거나 승리하거나 패배하는 것이 절대적일 수 없고 필연적일 수 없으며 새로 따라잡거나 기존 것에 매달리는 것이 '합리적'일 수 있다고 주장하였다. 또한 과학 전문지의 편집자들의 논문 게재 여부를 결정하는 문제가 있다. 라카토쉬는 편집자들의 결정에 맡길 수 있다고 하는데 그렇게 되면 결국 그가 애써 비판하는 상대주의로 되돌아가는 결과를 낳게 된다.[56]

다음으로 미국의 과학철학자 라우단도 1977년, 쿤의 패러다임과 라카토쉬의 과학적 연구프로그램에 해당하는 것으로 '연구전통'(research tradition)을 제시하였다. 그는 우선 과학의 목적이 우주에 대한 진리 탐구가 아니라 문제 풀이이고, 과학의 본질은 문제해결 활동(problem-solving activity)이라고 본다. 그래서 진리 탐구를 목적으로 하는 이들은 과학이 비합리적이라고 결론을 내려야 한다. 과학의 합리성을 진리, 근사 진리(approximate truth), 또는 박진(薄眞, verisimilitude)이라는 유토피아에 의존하는 형식적 합리주의자들은 진리에 얼마나 도달했는가를 알 수 없어서 결코 성공할 수 없고 비합리적인 것으로 귀결될 수밖에 없기 때문이다.[57]

---

55) Chalmers, 신중섭·이상원(2003), 9장 참조.
56) 이상 신중섭(2002), "역자 해제: 라카토슈," 416-417.
57) 이와 관련, 장하석 교수는 "진리가 과학 활동의 궁극적인 목표라 할지라도 그것이 사용 가능한 판단 기준으로서 기여할 수 있는 것은 아니다. 과학의 진보가 정말 우리가 평가할 수 있기를 원하는 그 무엇이라고 해도 그것이 곧 진리에 더 가까이 접근함을 의미할 수는 없다. 사용할 수 있으며, 물을 타 묽어진, 그러면서 진리 같은 개념들(근사 진리, 박진 등)을 찾아 나아가려는 다양한 시도들 중 어느 것도 그동안 한 가지의 합의를 모을 수는 없었다."고 말한다. Hasok Chang(2004, 오철우 역, 2013), 439.

그 대신 문제를 얼마나 잘 해결하느냐의 '문제해결의 효과성(problem-solving-effectiveness)의 증대'를 전제하고, 그 효과성이 높은 정도인 '진보성'(progressiveness)이 합리적 이론 선택의 기준이라고 주장한다. 그는 진리와 무관하게, 그리고 합리성을 문제해결의 진보성에 종속시킴으로써 과학의 목표 달성에 도움이 되는 도구적 유효성이란 실용적 합리성을 주장하였다.[58]

그는 이론을 크게 ① 자연현상을 설명하고 실험을 통해 미래 사실을 예측하기 위해 제시된 원리들인 '미시이론'(mini, local theory)과 ② 더 일반적이고 쉽게 테스트할 수 없는 학설들의 집합인 '거대이론'(maxi, super, global theory)의 둘로 나눈다. 맥스웰의 전자기학, 프로이트의 오이디푸스 콤플렉스 이론 등이 미시이론의 예다. 그런데 과학적 평가와 진보의 기본단위는 그런 미시이론과 같은 개별 이론이 아니고, 원자이론, 진화이론, 양자이론 등 거대이론이다. 이 거대이론을 그는 '연구전통'이라고 부르고 다음과 같이 정의한다.

> 연구대상의 기본적인 종류와 그들의 상호작용에 관한, 그리고 연구문제들을 탐구하고 이론을 구성하는 데 사용되는 적절한 방법에 관한 일련의 일반적인 가정들이다.[59]

연구전통은 일련의 미시이론들로 구성된다. 그런데 동일한 연구전통과 결합된 수많은 상호 모순되는 미시이론들이 있을 수 있고, 또 하나의 미시이론에 대해서도 그 기초를 제공할 수 있는 많은 연구전통이 있을 수 있다. 그래서 연구전통과 미시이론의 관계는 완전히 서로 지배하고 구속받는 관계도 아니고, 그렇다고 -스스로는 정당화할 수 없는 개별 미시이론의 가정을 정당화시켜주는 것이 연구전통이므로- 서로 완전 독립적인 관계도 아니라고 한다.[60]

---

58) Larry Laudan, Progress and Its Problems: Toward a Theory of Scientific Growth, University of California Press, 1977, 106-125. 라우단에게 합리성보다 진보 개념이 더 중심적이다. 그는 합리성을 통한 진보를 정의하지 않고, 진보를 통한 합리성을 규정한다. 즉 진보적 이론을 선택하는 것이 합리적 이론 선택이지, 합리적 이론을 받아들임으로써 진보가 이루어지는 것은 아니라고 본다. 이상 신중섭(2011), 93.

59) Laudan(1977), 81. 라우단에 관한 본문 내용은 전체적으로 김정숙, "이론 평가와 과학의 합리성: 로딘의 연구전통 방법론을 중심으로," 철학논총 제20집, 새한철학회, 2000, 251-270 및 신중섭(2011), 91-98 참조함.

그런데 라우단은 과학의 일차적 대상 문제인 '경험적 문제'의 문제해결에서, 어떤 이론이 그 해결한 문제(solved problem)는 많고, 이변적 문제(anomalous problem, 경쟁하는 다른 이론이 해결한 문제 포함)는 적게 가질수록 그 이론은 진보적이라고 한다. 여기에 초점을 둔 것이 논리실증주의이고 반증주의라고 한다. 그런데 그에 못지않게 중요한 것이, 경험적 문제를 풀기 위한 이론의 기초에 관한 고차적인 문제인 '개념적 문제'이다. 개념적 문제는 경험적 문제에 답해 줄 이론이 내적으로 일관되지 못한 경우나 다른 이론·가정·방법론·세계관과 상충하거나 양립 불가능한 경우에 발생한다.

이와 같은 이론의 평가기준은 연구전통에도 그대로 적용된다. 연구전통의 평가기준은 적합성(adequacy)과 진보성이다. 먼저 연구전통이 더 적합하다는 평가는, 그에 속하는 미시이론들이 같은 시대(공시적, synchronic) 다른 연구전통의 이론들보다 더 큰 문제해결의 효과성을 보일 때이다. 그와 더불어 미래에도 더 큰 효과성을 보일 것인가의 통시적인(diachronic) 발전 가능성을 평가하는 것이 진보성이다. 즉 얼마나 빠르게 문제해결의 효과성을 증가시키는가의 진보율(rate of progress)을 측정하는 것이다. 적합성과 진보성은 반드시 일치하지 않는다. 일치하지 않는 경우, 라우단은 현재의 적합성을 따르든, 미래의 진보성을 따르든, 모두 다 합리적이라고 본다. 즉 기존 연구전통을 수용하면서 신생 연구전통에도 관심을 갖는 과학계의 관행이 합리적이라고 본다. 그는 모든 또는 다수의 과학자가 수락해서가 아니라 문제 해결의 변화 정도인 진보율이 높아지기 때문에 새로 부각되는 연구전통을 선택할 수밖에 없다고 느낄 때 과학혁명이 일어난다고 본다.

그러면서 라우단은 쿤의 패러다임 간 공약불가능성의 주장은 극단적이고 과장된 것으로, 패러다임 간 '단절'과 동시에 '연속'도 존재한다고 보았다. 전면적인 단절의 공약불가능성은 비합리적인 충동의 문제일 수밖에 없는데, 연구전통들 사이의 부분적인 연속성이 있으므로 문제해결의 효과성에 의하여 그 진보성을 상호 객관적으로 비교 평가할 수 있고, 기타 내적 일관성, 정합성, 단순성, 예측의 정도

---

60) Laudan(1977), 11.

등의 기준도 가능하다고 본다.[61] 라우단은 쿤이나 라카토쉬와는 달리, 미시이론들이 연구전통에 영향을 미칠 수도 있다고 함으로써 핵심적인 상향적 변동을 인정한다. 그러면서 그는 과학의 상식과는 달리, 과학사를 보면 옛날에 아주 성공적이었던 이론들이 대부분 나중에 아주 틀렸다는 판명이 났고, 따라서 지금 성공적인 이론도 나중에 십중팔구 폐기될 것이라고 예측할 수 있다는, 소위 '비관적 귀납'(pessimistic induction)을 주장하였다.[62] 이는 그만큼 과학의 성공이 잘 유지되지 않는다는 것이고 과학이 정체되지 않고 있음을 의미한다고 본다.

제 5 절   인식론 종합으로서의 다원주의의 등장

1. 장하석의 상보적 과학

과학과 관련된 상식적 이미지는 과학의 대상이 결국 하나뿐인 우주이고, 그에 맞는 옳은 이론(정답, 진리)은 궁극적으로 하나일 수밖에 없는데, 현재 아직 진리를 얻지 못했을지라도 과학이 그 진리를 향해 나아간다는 것이다. 그와 같은 맥락에서 과학철학의 인식론 논쟁도 과학에서 하나의 보편적인 방법론을 추구하는 '일원주의'(monism)를 전제로 전개되었다. 논리실증주의자, 포퍼, 쿤 등이 모두 그러하였다. 특히 오늘날 큰 틀에서 쿤이 주도한 '표준적인 인식'은 기존 패러다임 안에서 지식이 축적되다가 패러다임 혁명에 의하여 그전 패러다임과 끊어진 단절된 다른 차원의 패러다임이 궁극적으로 하나만 승리하여 정상과학의 지위를 얻게 된다는 일원주의, 독점주의였다.[63] 그런데 이런 인식론에서는 새 패러다임

---

61) Laudan(1977), 145-146. 이상 김정숙(2000), 251-270 참조함.
62) 장하석(2014), 160-162.
63) 쿤을 패러다임 일원론자라고 하는 데 대해 반론이 가능하다. 쿤은 '패러다임'의 두 가지 의미 중 '모범사례'(범례)의 의미로는 '성숙한 과학공동체의 패러다임들'과 같이 각 과학공동체가 하나 이상의 패러다임들에게 충성을 표한다는 설명(재판 43쪽)과 같이, 그리고 또 '학문적 기반'의 의미로는 '경쟁 학파들이 초기를 벗어나서도 드물기는 하지만 두 개의 패러다임들이 평화롭게 공존할 수 있는 환경의 존재'를 인정(서문 ix)하고 있기 때문이다. 그러나 이는 성숙한 과학의 분야들은 보통은 하나의 단일한 학문적 기반에 의해 지배되고 있다는 내용을 말하는 것과 다름없는 만큼 쿤을 일원론자라고 해도 무리가 아니다. 이와 관련, Preston, 박영태(2011),

에 의하여 지식이 시작돼 축적되는 과정에서 이익(gains)도 있지만, 그전 패러다임에 의한 축적된 지식이 많이 유실되는 손실(losses), 곧 '쿤 손실'(쿤 로스, Kuhn loss)도 발생할 수밖에 없다.[64]

이제 절대적 진리 추구라는 그동안의 상식적 과학관이 점차 깨어지고 있는 21세기에 들어와 그동안 과학철학계의 연구 성과와 문제점들을 종합하여 대표적으로 장하석이 과학의 다원적 목적 추구에 맞게 과학방법론상의 '다원주의'(pluralism)라는 새로운 인식론을 제시해 큰 주목을 받고 있다.[65] 그의 다원주의는 쿤 식의 패러다임과 포퍼 식의 반증 이론이 공존해 왔고 여러 가지 패러다임이 공존해 왔으며, 또한 주류 정통 '전문가 과학'(specialist science)과 아울러 거기에서 제외된 부분을 보완해 줄 수 있는 '상보적(相補的, complementary) 과학'도 공존해 왔음을 과학사에서 증명해 내면서 제시되었다.

91-92 참조.

[64] 쿤이 패러다임 전환에 따른 후속 현상들 중 하나로서, 쿤 손실이라 명명된 현상에 대한 관심을 이끌어냈다는 것을 인정하여 그 보답으로 쿤의 이름을 붙여 '쿤 손실'이라고 부르게 되었다. Preston, 박영태(2011), 111. 쿤 손실은 1978년 워럴(John Warrall)의 논문에서 제기됐다. 다양한 실례로서 쿤의 <과학혁명의 구조>에도 등장하는(재판 107쪽 이하) 정교한 이론 체계를 통해 당시 알려진 수많은 물질 변화를 비교적 성공적으로 설명하고 예측했던, 플로지스톤(phlogiston, 열소, 타는 기운, 연소 시 물체에서 빠져나간다고 생각된 가상 입자)이론이 대표적이다. 그러나 그것은 18세기 말 근대 화학혁명의 주도자 라봐지에(Lavoisier, 1743-1794)의 산소 발견 등 산소패러다임에 의해 폐기 당했다. 또 17세기까지 건재했고, 뉴턴도 몰두했던 '연금술' 패러다임도 폐기되었는데, 사실은 연금술에 의해 발견된 화학물질, 실험기구와 기술은 근대과학에 보존된 것이 꽤 있다. 또한 아인슈타인의 특수상대성이론 패러다임이 지배적 위치를 차지하면서 그것이 그전까지 발달했던 복잡한 이론인 에테르(ether, 19세기 과학자들이 파동인 빛과 전자기파를 전달해 줄 것이라고 여겼던 가상의 매질) 관련 축적된 지식을 모두 폐기시켰다. 그러나 에테르의 존재를 검증하기 위해 19세기 말 마이컬슨이 발명한 실험 도구인 간섭계(interferometer)는 현재에도 광학, 방사천문학, 분광학, 기계장치의 정확성 측정 등에 광범위하게 사용되고 있다고 한다. 본문과 이상 설명은 장하석(2014), 143-144 및 이상원, 실험하기의 철학적 이해, 서광사, 2004, 34 인용 및 참조.

[65] 오스트리아의 논리실증주의 철학자이자 경제학자인 오토 노이랏(Otto Neurath, 1882-1945)은 '과학통일'의 필요성(과학통일운동, unity of science movement)을 제기하고 추진하면서 '산불 하나를 끄려고 할 때도 온갖 분야의 과학을 다 동원해서 융합해야 한다'는 유명한 주장을 했다. 또 미국의 과학철학자 미첼도 이와 비슷한 주장을 하면서 '융합적 복수주의'를 지향하고 있다. 그런데 장하석은 그의 '상보적 과학'을 토대로 다원주의를 대표한다고 볼 수 있으므로 본문은 그의 이론을 중심으로 논의한다. Sandra Mitchell, Biological Complexity and Integrative Pluralism, Cambridge Univ. Press, 2003; 장하석(2014), 187-193, 399; Hasok Chang(2004, 오철우 역, 2013), 423-448, 487-488 참조.

'상보적 과학'은 교육을 받아 상식이 된 과학의 기초 진리를 왜 받아들이고 있는가와 같이 현대의 전문가적 과학(쿤 '정상과학'의 장 교수식 명칭)에서 배제된 과학적 물음을 던지며 과학의 역사와 철학 연구를 통해서 과학 지식에 기여하는 상보적 양식의 학문이다. 장하석은 특정한 토대와 규약을 당연하게 받아들이며 비판에서 보호받고 그런 전통에 결속된 닫힌 마음(closed-mindedness)을 장려하는 '정상과학'을 주장한 쿤도 옳고, 이상적인 지식 형태를 추구하며 사회문제를 관리하는 길잡이로 여겨 그런 닫힌 마음을 우리 문명에 위험스러운 일이라고 비판한 포퍼도 옳다고 한다. 그래서 완전히 개방적일 여유가 없는, 정상과학의 개방성의 결핍으로 인한 실질적이고 잠재적인 지식 결핍의 불가피성(쿤의 부족)을 보완하고 복원하며 새롭게 만들어내 과학지식을 풍부하게 할 당위성(포퍼의 부족)이 '상보적 과학'이 필요한 이유라고 본다.[66]

일상생활에서 매일같이 사용하는 온도계들이 진짜 온도를 틀리지 않게 말해준다는 것을 우리가 정말 어떻게 자신할 수 있는가? 온도를 재는 물질(수은 등)이 일정하게 팽창한다는 것은 어떻게 알았을까? 어떻게 시험해 보았을까? 온도계가 없었던 시절의 사람들은 언제나 같은 온도에서 물이 끓는다는 사실을, 그래서 이런 현상을 눈금을 매기는 '고정점'(fixed point)으로 사용할 수 있음을 어떻게 알았을까? 물이 끓을 때 가리키는 그 온도계의 숫자 '100'은 어떻게 결정된 것일까? 2004년 펴낸 <온도의 발명>(한국 책명: 온도계의 철학)은 이런 순진한 질문들이 의외로 대답하기 힘들다는 것을 깨달으면서 장하석은 그런 온도계가 없던 시절 어떻게 온도를 측정하고, 개념을 만들며, 온도계를 발명했을까 등 '온도' 개념과 온도 기준의 확립, 그리고 그 측정을 중심으로 힘겹게 현재 우리에게 익숙한 이론에 도달하게 되었는지의 역사를 탐색한다. 곧 장 앙드레 드 뤽이나 앙리 빅토르 르뇨 같은 과학자들이 최소한의 존재론적 가정하에 그 해결책과 공약가능할 수 있도록 어떻게 다양한 경험적 자료를 축적하고, 검증과 반증의 인식적 반복(epistemic iteration)에 의하여 표준의 개선·확립과 같이 다양한 인식론적·방법론적 기법을 비판적으로 활용·분석하면서, 정당화의 순환 고리를 생산적으로 활용해 현재의 온도계에 관한 이론에 도달하게 되었는가를 밝힌다.[67]

---

66) Hasok Chang(2004, 오철우 역, 2013), 27, 455-476, 483(주석 3).
67) 이상욱(한양대 교수, 과학철학), "주말 온도 -20도 찍는다"…'거짓'이라 할 수 있을까? [상보적 과학의 발견] 장하석의 <온도계의 철학>에 주목하는 이유, 프레시안, 2013.11.22.에서 인용 및 참조.

이처럼 지금 믿는 '정통' 과학 지식의 기반에 의문을 제기하면서 사실은 정통 과학의 기반을 형성하게 하는 흥미로운 현상과 그 현상 배후의 숨겨진 연결의 주제에 대하여, 또 경험적이고 이론적인 탐색에 대하여 장하석은 이를 '상보적 과학'(complementary science)이라 이름 붙이고 그 존재를 과학사에서 입증하면서 그 필요성과 중요성을 역설한다. 흔히 '과학'이라고 통칭하는 정통 주류 이론의 중심에 있는 '전문가 과학'에 대비해 과학적으로 충분히 탐색할 만한 근본적인 주제인데도, 현대 과학 연구의 주류에서 벗어나 관심을 받지 못하고 있었을 뿐인 중요하고 필요한 '과학'의 실천 영역이라는 것이다. 첨단의 연구 주제, 최신의 이론이나 기술만을 의미 있는 과학이라고 생각하는 것은 잘못이고, 오히려 과학에서 정말 기초가 되는 것은 그런 '당연한 것들'이기도 하다는 것이다. 온도를 측정하고 조절할 수 없다면 아무런 첨단적 실험도 할 수 없고, 온도 개념이 정립되지 않으면 현대 과학의 이론적 기반도 흔들릴 것이기 때문이라는 것이다. 그래서 상보적 과학은 정통의 과학 지식이 확립되는 논쟁 과정을 보여줌으로써 '전문가적 과학에서 배제'돼 버려졌거나 잊힌 지식을 되살려내면서 상보적 과학이 전문가 과학이 발전해온 지배적 전통에서 벗어난 '과학 연구의 (또 다른) 전통'을 창조할 수 있고, 그중 성공적인 일부는 (전문가 과학이 지배해온) 우리 과학 지식의 성격에 결정적인 변형을 촉구할 수 있다고 주장하는 것이다. 이런 대중적 과학으로서의 상보적 과학에는 과학자뿐만 아니라 비전문가 과학자는 물론, 역사학자, 철학자나, 다수의 대중이 참여할 수 있다고 본다.[68]

> 장하석은 온도계 연구 후, 현대 화학의 가장 기초가 되는 과학 상식 '물은 H_2O'가 사실인가에 대한 상보적 연구 결과(Is Water H2O?: Evidence, Realism and Pluralism)를 2012년에 내놓고 전자기학과 모든 전기 기술의 시초가 되었고, 전기분해로 시작해서 화학에도 큰 변혁을 가져왔던 일상생활에서 가장 필수적인 기술의 하나인 '건전지'에 도전하는 연구를 이어가고 있다.

---

68) Hasok Chang(2004, 오철우 역, 2013), 482; 이상욱, "주말 온도 -20도 찍는다" 참조.

2. 인식론 종합으로서의 장하석의 다원주의

이런 상보적 과학에 있는 회의론과 반독단주의의 목표는 장하석의 다원주의와 잘 어울린다. 그래서 장하석은 다원론적 과학활동이 더 바람직하다는 인식론을 주장한다. 그는 패러다임을 '실천체계'(system of practice)로 이해하면서[69] 실천체계로서 일원주의 독점체제가 항상 성립되지도 않고 꼭 하나만 살아남아야 하는 뚜렷하고 설득력 있는 논거도 없으며 꼭 이로운 것도 아니라고 주장한다. 그렇다면 쿤 손실 같은 지식의 상실을 방지하기 위해서 그전 패러다임을 폐기 처분하기보다는 시간을 주어 그 기여한 부분을 인정하고 그 잠재력을 보전하며 발전시켜 나가고, 동시에 다른 여러 이론체계들도 허용하고 인정해서 역시 발전시켜 나가야 한다는 다원주의를 주장하고 있는 것이다.[70]

장하석은 쿤의 과학혁명이 패러다임 사이의 경쟁 내지 투쟁을 통해 이루어지는데, 그 결과는 다섯 가지로 나올 수 있다고 본다. 즉 ① 패러다임 교체에 의한 과학혁명 ② 기존 패러다임의 승리로 잔존 ③ 과학 분야 자체의 패러다임 분화 후 공존과 유용한 역할(유기화학과 물리화학의 예) ④ 패러다임 분화 없이 공존(광학에서의 입자설과 파동설의 예) ⑤ 통합해 새 변형의 잡종 패러다임 탄생(입자설과 파동설이 이중성 전제로 양자역학으로 흡수된 예)이다. 여기서 쿤은 ①과 ②로 독점을 상정하는데, 근래 과학의 발전 양상은 전문분야 수가 늘어나는 ③으로서 물리학이 정복해 합병하는 식은 아니다. 또 쿤은 ④가 예외라고 하지만 앞으로도 꼭 그러해야 하리란 결론이 나올 수 없고 오히려 공존이 더 좋을 수 있다고 본다. 산소 패러다임이 플로지스톤 패러다임을 소멸시켰는데 그렇지 않고 동시에 더 발전시켰더라면 더 좋은 결과들을 더 빨리 얻을 수 있었을 것 같다고 주장한다.

---

69) 이렇게 보면 패러다임과 유사한 개념으로 실천체계, 연구프로그램, 연구전통 외에도, 이론적 틀(theoretical framework), 개념 도식(conceptual scheme), 세계관(world view) 등 과학철학에서 여러 유사한 개념들이 제시돼 사용되고 있다. 이상원(2004), 199 참조.

70) 다원주의 주장과 관련된 설명은 장하석(2014), 9-10, 143-144, 169-172, 378-414 참조. 라카토쉬도 그의 "과학과 사이비 과학"(1973) 논문에서 "20세기에 들어와서 뉴턴의 이론이 무너지고 난 뒤에야 비로소 과학자들은 자신들의 정직성의 기준이 유토피아적임을 깨닫게 되었다. 아인슈타인 이전의 대부분의 과학자들은 뉴턴이 신의 영원한 법칙을 사실에 의해 증명함으로써 해독했다고 생각하였다."라고 표현하였다. 라카토쉬, "과학사와 그것의 합리적 재구성"(1971), 신중섭(역, 2002), 8.

요약컨대 과학이 발전하면서 계속 더 통일되는 것도 아닌 듯하고, 패러다임의 독점체제가 항상 성립되지도 않으며, 꼭 이롭지도 않다는 것이다. 이 결론에 의거 장 교수는 다원주의를 주장하면서 그 이득을 두 가지, 즉 '관용'과 '상호작용'의 이득이 있다고 본다.

첫째, 하나의 실천체계가 독점하는 것이 아니라 다른 실천체계도 공존할 수 있도록 학문을 추구하는 형태인 '관용'은 다시 네 가지의 이득을 준다고 본다. 즉 ① 예측불허의 상황에 대비한 보험 ② 실천할 수 있는 과학의 임무로서의 지적 분업 ③ 한 가지 목적도 다양한 방법으로 달성할 수 있는 다발적 성취 ④ 다양한 목적 달성의 지원이다. 쿤은 막다른 골목까지 이른 후에야 다른 가능성을 고려한 다고 보는데, 비관적 귀납이 시사하듯이 오만하고 미숙한 생각으로 필요 이상의 경직성을 갖기보다는 공동체 차원의 유연성 유지로 예측불허인 미래에 대비하는 보험이 좋다는 것이다. 그 예로 지동설, 원자론, 대륙이동설, 진화론, 상대성이론, 양자역학, 빅뱅이론, 초끈이론 등 처음에는 기묘한 주장에 불과했는데 나중에 정설로 인정받은 중요한 사례를 들었다. 그리고 전 우주의 작동원리를 꿈꾼 뉴턴의 만유인력의 법칙은 20세기를 거치면서 철저히 깨졌지만 일상생활 범위부터 태양계 정도의 규모까지는 뉴턴역학이 여전히 유효하고, 규모가 아주 작아지면 양자역학, 아주 커지면 일반상대론, 속도가 아주 높아지면 특수상대론이 유효한 것처럼 지적 분업이 필요하다고 본다(이는 쿤의 공약불가능성의 일면이 표현된 것으로 패러다임마다 잘 푸는 문제가 따로 있다고 본다). 그런 예는 상온·극저온·초고온 등 각 상황에 맞는 '국제 실용 온도 스케일'이 정해진 것이나, 말살하기보다는 공존했다면 좋은 플로지스톤이론, 현재의 유기화학과 물리화학의 성공적 공존 등을 든다. 또 다발적 성취의 예로 뉴턴역학 외에도, 기본적 내용은 같지만 다른 직관적 이해와 설명을 제공하는 다른 역학을, 대학에서 교육하는 고전 물리학의 예나 양자역학도 하이젠베르크, 슈뢰딩어, 디렉, 파인만 등 모두 다른 체계를 세운 예를 제시한다.

둘째, 서로 다른 실천체계 사이에 교류하면서 얻는 '상호작용'의 이득도 세 가지를 든다. 즉 ① 서로 다른 독립체계를 유지하면서 특정한 경우 같이 끌어다가 쓰는 다른 체계 간 '융합' ② 자기 체계에 맞게 각색하거나 재해석해 쓰는 '채택'

③ 서로 다른 과학적 실천체계들 간 안일함과 느슨함을 막아주는 '경쟁'이다. 즉 뉴턴역학·일반상대론·특수상대론·양자역학을 전부 융합해 GPS를 기반으로 길 찾는 데 쓰는 내비게이션(navigation)은 융합의 예이다. 그리고 18세기 말 화학혁명 을 일으킨 프랑스 라봐지에가 영국 프리스틀리가 플로지스톤 이론을 기반으로 만든 '탈 플로지스톤 공기'를 가져다가 산소로 재해석한 것은 채택의 좋은 예라고 한다.

그러나 다원주의에 대한 경계와 우려도 제기되고 있다. 장하석은 그것을 ① 자유방임에 따른 난장판의 '혼란' ② 다양한 체계를 유지할 '여력' ③ 다양한 방 식의 요구에 따른 '정신적 불능' ④ 상호 교류와 공동 노력을 저해하는 '과학공동 체의 분산 해체'로 요약하고 있다. 이에 대하여 그는 판단을 거부하고 아무거나 하자는 상대주의(relativism)가 아니라, 한 가지만 하지는 말자는 다원주의이고, 여 러 개라고 해도 현실적으로 가장 훌륭하고 전망 있는 실천체계들의 수는 한정돼 있다고 본다. 그리고 그 어느 때보다 현대사회에서 감당할 만한 여력이 있고, 반 드시 여러 실천체계를 동시에 사용하도록 강요하지 않고 감당할 만하면 허용하자 는 것이며, 다만 상호 이해·공통 언어·측정 기준·기본 개념 등 기본적으로 공유 할 것은 반드시 필요하다고 주장한다.

결론적으로 장하석은 자신의 인식론으로 모든 지식의 토대를 세우겠다는 데카르트, 온 우주에 적용되는 중력법칙을 세웠다고 한 뉴턴, DNA구조를 통해 생명의 모든 비밀이 풀리리라 생각한 왓슨과 크릭 등 과학 초창기 과학자들의 '내가 혁명을 일으켜서 모든 것(영원한 진리)을 밝히겠다'는 패기만만한 야심과 오만함은 현대에 들어와 점점 깨어지고 없어졌다고 본다. 그 대신 회의주의에 빠지지 않고, 많은 과학자들이 겸허하게 과학을 하는 방향으로 나아가고 있다고 정리한다. 인도의 장님 코끼리 만지기 설화에서 얻는 교훈처럼 무궁무진한 자연 을 한정된 존재인 인간이 서로 분업으로 단면적인 지식을 비교하고 토론해서 다듬어가는 지식 탐구의 정신이 과학적 다원주의의 기초라는 것이다. 또 과학의 독재도 독재라면서 과학에서도 민주적인 다원주의가 필요하고, 그것은 일원주 의·절대주의·권위주의의 이데올로기에 맹종할 위험을 막는 정치적·사회적· 문화적 다원주의 사회와도 깊은 관련이 있다고 본다. 과학에서 뿐만 아니라 경

직화를 막고 다양화를 촉진하는 것이 사회 모든 부문에서 권장할 일이라는 것이다.[71)]

---

71) 이상 장하석(2014), 제12장 다원주의적 과학, 378-413을 요약함. 아울러 그는 "종종 우리는 진리라는 것에 사로잡혀 서로 병립할 수 없는 지식 체계들은 모두 다 진리일 수 없다는 이유로 이런 다원적 인식에서 멀어지곤 한다."고 말한다. 온도계의 철학, 447. 이와 관련, 정평 있는 과학철학 책으로 유명한 과학철학자 차머스는 "나는 과학 발전의 모든 역사적 단계의 모든 과학에 적용할 수 있는, 과학과 과학의 방법에 대한 일반적인 설명이 존재하지 않는다는 것을 다시 한 번 확언한다.···다양한 역사적 단계에서 나타난 다양한 과학의 특징에 대한 탐구는 의미 있고 중요한 과제이다."고 말한다. A. Chalmers, 신중섭·이상원(2003), 335-336. 쿤의 과학관은 과학의 발전과정을 패러다임에 의존해서만 이해할 수 있고 패러다임을 가로질러서는 이해할 수 없게 만들었다고 비판받기도 하는데[이상욱(2004), 69], 장하석의 다원주의는 바로 쿤의 그런 과학관을 넘어서는 것 같다.

제 3 장

정책철학적 정책관(政策觀):
과학철학 인식론의 정책학적 원용

이상에서 살펴본 과학철학 인식론을 통하여 정책과 정책학의 이론 및 현행 정책 실무에 대하여, 특히 정책기조와 관련하여 새롭게 성찰해 볼 수 있다. 그것은 특별히 과학철학이론가들이 주장한 '과학을 이해하고 실천하는 관점', 곧 그들의 '과학관'(科學觀, the view of science)이 보편적인 인식론을 주장하는 것인 만큼 역시 정책학자들이나 정책 실무자들에게도 정책활동에 대하여 깊이 숙고하며 성찰하게 해 주는 매우 중요한 통찰력을 제공해 주기 때문이다. 곧 '정책을 이해하고 그 이론을 실천하는 일정한 관점'인 '정책관'(政策觀, the view of policy)에 관한 중요한 통찰력을 제공해 주고 있다.1) 바로 이 정책관에 관한 정책철학하기를 통하여 정책과 정책학의 이론 및 현행 정책 실무에 대하여, 특히 정책기조와 관련하여 다시 새롭게 성찰해 볼 수 있게 해 줄 것이다. 그렇게 또 하나의 중요한 '새로운 정책철학하기를 실천'하도록 이끌어 줄 것이다.

---

1) 토마스 쿤은 그의 저서 <과학혁명의 구조> 서문에서부터 다음과 같이 전통적인 '과학관'의 변화를 촉구하기 위함을 그의 저술 동기로 밝히고 있는데, 우리가 '정책관'에 관심을 가져야 할 이유를 잘 대변해 준다. "나의 가장 근본적인 목표는 친숙한 데이터에 대한 지각과 평가에 있어서 변화를 촉구하는 것…여기에 전개하려는 과학관(the view of science)은 역사적이면서도 사회학적인 수많은 새로운 종류의 연구들이 가져 올 잠재적 풍요성(the potential fruitfulness)을 시사해준다." Kuhn(1970), ⅷ-ⅸ. 아울러 역사학에서 대표적인 '역사관' 논의로는, 역사주의사관, 실증주의사관, 마르크스 유물사관, 기독교사관, 상대주의사관, 프론티어사관, 문명사관, 식민주의사관, 민족주의사관, 사회경제사관 등을 들 수 있다. 차하순, 사관이란 무엇인가, 청람, 1984 참조.
  '정책관'에 관하여는 국내외 학자들이 많이 논의해 왔는데, 그 대표적인 유형이 합리모형 및 행태주의·후기행태주의와 관련된 논리실증주의의 정책관과 점증주의와 관련된 개량주의(반증주의)의 정책관이다. 또 정책학의 기본개념과 특성 및 그에 기반한 기초정책형성의 개념과 속성 등을 고려하여, 행태론적 정책관, 합리주의적 정책관, 점진개선주의적 정책관, 인간실존적 정책관, 체계설계공학적 정책관, 체계관적 정책관 등으로 분류한 허범 교수의 유형화도 정책학 및 정책관의 지평을 넓혀주는 의미에서 중요하다. 저자는 이들 논의를 참고하면서 과학적 인식론의 전체 맥락을 따라 '과학적 인식론을 원용한 정책철학인식론'을 가꾸고 발전시키는 '정책철학하기'의 하나로서 종합적인 정책관을 논의하고자 한다. 앞으로 소개할 참고문헌 외의 것으로 허범, "기초정책형성의 기본관점과 윤리성," 성대논문, 25, 성균관대 대학원, 1979, 177-198; 정정길·최종원·이시원·정준금·정광호, 정책학원론, 개정증보5판, 대명출판사, 2012, 474-476; 비점증적 정책결정모형은 Paul R. Schulman, "Nonincremental Policy Making: Notes Toward an Alternative Paradigm," American Political Science Review, 69, 1975 참조.

<table>
<tr><td>제 1 절</td><td>정책철학적 정책관의 정립</td></tr>
</table>

제 1 절   정책철학적 정책관의 정립

우리가 기대하는 정책관은 과학철학 인식론의 과학관 속에 함축하고 있는 통찰력을 정책학 분야에 원용하여 정책활동을 더 잘 이해할 수 있게 해 줄 수 있는 정책관이다. 그것은 인간의 지적 사유활동에는 모두 적용할 수 있는 보편적인 인식론으로부터 얻은 통찰력이란 사실 때문에 정당화된다. 다만 정책활동은 그 나름대로 특수성을 갖고 있는 만큼 그것이 적절하게 반영되고 고려될 필요가 있다. 결국 적실한(relevant) 정책학의 개념적·이론적 도구와 정책 실무의 지침이 될 수 있는 의미의 정책관은 과학철학 인식론에서 얻은 통찰력을 정책활동이 속해 있는 인문사회과학 분야 나름대로의 특수성, 한마디로 '정책의 특수성'이 반영·보완된 의미의 정책관이다. 이는 곧 정책활동의 본질에 대한 넓고 깊은 숙고(본질사유와 규범사유의 정책철학하기)를 통해서 도출될 수 있기 때문에 그런 의미에서 '정책철학적 정책관'이라고 일컬을 수 있겠다. 그 기본 성격은 과학관에서 얻은 통찰력의 기본 토대 위에 정책의 특수성을 보완한 정책관이 되겠다. 과학철학 인식론에 입각하여 과학관이 정립되고 있다면 정책철학 인식론에 의하여 정책관이 정립될 수 있는 것도 동일한 이치에 속할 것이다.[2] 이제 이 장에서는 그런 정책관을 제시하고자 한다. 이를 위하여 우선 제1절은 정책철학적 정책관을 정립하는 주제를 논의할 것이다. 그것은 먼저 과학철학 인식론이 함축하고 있다고 보는 정책에 관한 통찰력을 —중복을 피하고자— 간단히 제시하기로 하겠다. 이어

---

2) 그런 의미에서 '정책철학적 정책관'은 '정책의 이해와 그 이론·지식 실천의 준거로 삼을 만한 정책철학 인식론적 관점'이라고 정의할 수 있는데, 이 책에서는 '과학철학 인식론에서 도출한 통찰력을 바탕으로 정책의 특수성을 반영하고 정책철학적으로 숙고해 변용시킨, 정책의 이해와 그 이론 실천의 준거로 삼을 만한 정책철학 인식론적 관점'이라고 정의한다. 과학철학 인식론이 어떻게 과학지식을 얻는가 등 과학지식의 인식에 관한 본질사유·규범사유를 말한다면, '정책철학 인식론'은 '어떻게 정책지식·이론을 얻어 실천하는가와 같은 정책지식의 기원, 획득, 성장, 변동 등 인식에 관한 본질을 탐구하고(본질사유), 바람직한 방향을 성찰하는(규범사유) 이론'을 말한다. 그런데 너무 복잡하고 혼란스럽지 않도록 '정책철학 인식론'에 대한 언급을 가급적 줄이고, 그것을 반영한 '정책관' 중심으로 논의하고자 한다. 어떻든 '정책관'은 정책철학 인식론, 그리하여 전체 정책철학의 핵심을 차지하는 중요한 주제이다. 그리고 그 도출·정립 과정은 중요한 정책철학하기의 과정이다.

서 그로부터 우리가 기대하는 정책철학적 정책관을 도출하려고 하는 데 대하여 '보편성의 관점'에서 그 근거가 무엇인가를 정리하기로 하겠다. 마지막으로 거기에 필수적인 고려요소라고 하는 정책의 특수성이 무엇인가에 대하여 '특수성의 관점'에서 논의하는 순서로 진행하기로 하겠다.

1. 과학철학 인식론이 함축한 정책 관련 통찰력의 도출

먼저 과학철학 인식론의 과학관에서 얻은 통찰력을 굳이 그와 전혀 다른 분야라고 할 수 있는 정책학의 정책관에 원용(혹은 과학철학 인식론의 과학관에서 정책철학적 정책관을 도출)하려고 하는데, 그 경우 '도대체 어떤 통찰력인가?'라는 질문을 제기하기 마련이다. 따라서 먼저 그 통찰력을 제시하는 것이 일련의 논의를 이해하는 데 도움을 줄 것 같으므로 중복을 피해 우선 다음과 같이 간단히 제시하기로 하겠다.

(1) 논리실증주의가 함축하는 '이론·가치중립적 객관주의'

앞 장에서 설명한 과학철학 인식론을 잘 이해했다면, 거기에서 논의한 '과학'의 자리에 우리의 관심 주제인 '정책'을 대입해 넣어 보면, 곧바로 정책 관련 통찰력을 얻을 수 있다. 그래서 논리실증주의의 논리를 그대로 따라가, '과학'의 자리에 '정책'을 넣어 '정책'을 정의해 보면, 바로 '정책은 어떤 이론·가치(성향·이념·선입견 등)의 영향도 받지 않고 독립하여, 오로지 객관적으로 존재하는 현상 그대로의 중요 문제를 해결하기 위한 일련의 행동지침'으로 보게 되는 결론에 이른다. 그렇다면 이 논리실증주의가 함축하는 통찰력은 '이론·가치중립적 객관주의'의 관점이라고 할 수 있겠다.

(2) 포퍼의 반증주의가 함축하는 '점진적 오류 시정주의'

동일한 이치로 반증주의에 대입해 정책을 정의해 보면, '정책은 신뢰할 만한, 완벽하게 확실한 논거(이론이나 지식)로 추진할 수는 없기 때문에 일단 불완전하게 시작해 추진하다가 문제해결에 미진하거나 오류가 발견되면 그때 그런 부분을 보완 시정해 가는, 중요한 문제의 해결을 위한 일련의 행동지침'으로 볼 수 있다. 그렇다면 이 포퍼의 반증주의가 함축하는 통찰력은 '점진적 오류 시정주의(또는 점진적 개량주의)'의 관점이라고 할 수 있겠다.

(3) 쿤의 과학혁명구조론이 함축하는 '평상적 활동과 급격한 변화 구조의 일원주의 패러다임'

토마스 쿤의 일원적 패러다임이론에 대입해 정책을 정의해 보면, '정책은 일정한 패러다임의 교체 속에서 평상적인 문제해결과 혁명적인 문제해결이 교차·반복되는 일련의 행동지침'이라고 볼 수 있게 된다. 그렇다면 쿤의 과학혁명구조론이 함축하는 통찰력은 '평상적 활동과 급격한 변화 구조의 일원주의 패러다임'의 관점이 되겠다. 이는 쿤의 패러다임이론의 내용상 두 가지 관점이 합쳐진 것으로 보아야 하는데, 그것은 ① 쿤의 정상과학론이 함축하는 '평상 정책활동'과, ② 쿤의 과학혁명론이 함축하는 '정책혁명(정책혁신)'의 두 가지 관점을 포괄한 관점이 되겠다.

(4) 라카토쉬와 라우단의 이론이 함축하는 '위계적 상호작용의 변화와 상호주관주의 패러다임'

라카토쉬와 라우단의 이론을 따라 정책을 정의해 보면, '정책은 상하위 수준간 상호작용 가운데 최상위 패러다임 수준에서 가장 변하기 어려운 위계적인 변화의 난이도를 갖는 구조 속에서, 상호주관적으로 인식된 중요한 문제에 대한 해결지침'으로 볼 수 있다. 그렇다면 포퍼의 반증주의가 함축하는 객관주의적 합리주의와 쿤의 패러다임 개념이 함축하는 주관주의를 절충한, 라카토쉬와 라우단의 이론이 함축하는 통찰력은 '위계적 상호작용의 변화와 상호주관주의 패러다임'의 관점이라고 할 수 있겠다.

(5) 장하석의 전문가 과학과 상보적 과학의 이론이 함축하고 있는 '전문가주의'와 '직접참여주의', 그리고 그 둘을 절충하는 '협치주의'

이는 또 다른 차원의 통찰력이 되겠는데, 장하석의 전문가 과학과 상보적 과학의 이론을 따라 정책을 정의해 보면, 전문가 과학에 해당하는 정책은 '수임된 권한을 가지고 전문적으로 임무를 수행할 수 있는 대표자(대리인)나 대표집단이 중요한 문제의 해결을 위해 수립하고 집행하는 일련의 행동지침'이 되겠고, 상보적 과학에 해당하는 정책은 '정부와 같은 공식적 정책당국의 정책담당자와 함께 일반 시민이나 구성원도 공동으로 참여한 공동 정책주체로서 상호 신뢰와 합의로 중요한 공동체의 문제해결을 위해 상호 협력해 수립하고 집행하는 일련의 행동지침'이 되겠다.

그런데 이 두 관점을 보면, 간접민주주의(정치)의 원리와 혼합민주주의(정치)의 원리에 따른 관점을 말하고 있는 것을 곧바로 알아챌 수 있다. 그렇다면 이 둘 사이에 직접민주주의(정치)의 원리에 따른 관점을 상정해 볼 수 있겠다. 그 경우 정책의 정의는 '정책은 일반 시민이나 구성원이 정책주체로서 직접 참여해 적극적·능동적으로 중요한 공동체의 문제해결을 위해 수립하고 집행하는 일련의 행동지침'이 될 수 있겠다. 결국 장하석의 이론이 함축하고 있는 통찰력은 '전문가주의'와 '직접참여주의', 그리고 그 둘을 보완 절충하는 '협치주의'의 관점이라고 할 수 있겠다.

(6) 장하석의 다원주의 과학철학이론이 함축하는 '다원적 종합주의'

마지막으로 장하석의 다원주의이론을 따라 정책을 정의해 보면, '정책은 평상적 정책활동과 정책혁명의 공존 변동, 시간적·공간적으로 적합한 다양한 패러다임(정책기조)의 공존과 경쟁, 위계적 상호작용의 변화 속에 상호주관주의적인 패러다임의 정립, 패러다임(정책기조) 차원의 기조정책과 패러다임에서 자유로운 -단순한 개별 정책 차원의 이론·가치중립적 객관주의적이거나 개량주의적인- 구체적 정책의 수직적·수평적 공존, 전문가에 의한 정책운용과 시민(구성원)의 직접 참여에 의한 정책운용이 공존하는 협치적 정책운용 등 현실의 실제 정책세계에서 펼쳐지는 다양한 중요 문제해결을 위한 일련의 행동지침'이라고 할 수 있겠다. 그렇다면 장하석의 다원주의 과학철학이론이 함축하는 통찰력은 '다원적 종합주의'의 관점이라고 할 수 있겠다.

2. 과학철학 인식론의 정책학적 원용의 논거

이상과 같이 정책학도와 정책실무자들은 주요 과학철학이론으로부터 현실의 정책세계를 바라보고 적용할 수 있는 매우 중요한 통찰력을 얻을 수 있다. 그런데 사실 과학철학 인식론의 통찰력을 정책학에 원용해 정책철학적 정책관을 도출하려는 본격적인 논의를 시작하기 때문에, 그에 앞서서 다시 한 번 재확인하고 넘어가야 할 질문이 있다. 그것은 "자연과학의 '과학관'의 통찰력을 인문사회과학에 속한 '정책관'의 도출에 원용하려는 것이 학문적으로 과연 타당한 것인가?"라는 질문이다.

그것은 사실 기본적으로 자연과학과 인문사회과학의 관계를 어떻게 보아야 하는가에 관한 학술적인 거대 담론의 문제이다. 이에 대하여는 주지하는 대로, 크게 ① 과학주의(scientism)의 입장에서, 전 학문의 통일을 위한 연구방법론으로서 '일원론'을 주장하는 논리실증주의자들은 자연과학과 인문사회과학을 구별할 필요가 없고 '과학'인 한에서는 동일하다고 대답할 것이다. 그런가 하면 ② 반실증주의(anti-positivism)의 입장에서, 연구방법론으로서 자연과학의 '객관적인 법칙적 설명'과 인문사회과학의 '주관적인 의도·의미와 이해'의 특수성을 강조해 '이원론'을 주장하는 해석학 계열의 학자들은 그 두 학문 분야는 서로 다르다는 대답을 내놓을 것이다.[3]

이와 같이 서로 다른 입장이 대립해 지금껏 논쟁하고 있으나 우리는 그런 논쟁에 깊숙이 발을 들여 놓기보다는, 이미 앞에서 언급한 대로 일상적인 정책철학하기의 입장에서, 그 두 학문 분야는 보편성의 관점에서 공유하면서도 특수성

---

[3] 이와 관련, Benton and Craib, 이기홍(2014); 이유선, "자연과학과 인문학의 차이," 과학기술의 철학적 이해, 2004, 35-50 외에도 사회과학의 주관성과 사회행위의 성찰적 성격 때문에 사회과학을 위하여 과학철학으로부터 직접 차용하는 데 문제가 있다는 지적은 Peter Winch, The Idea of a Social Science and Its Relation to Philosophy, London: Routledge, 1958 참조. 해석학은 칸트의 관념론과 그를 이어 받고자 한 신칸트학파의 지적 기반에서 발견할 수 있다. 직접적으로는 빌헬름 딜타이(W. Dilthey)의 철학적 입장, 베버(M. Weber)의 이해의 사회학, 후설(E. Husserl)이나 슈츠(A. Schutz)의 현상학이 그에 속한다고 보는 것이 대체적인 평가이다. 행정학에서 해석학적 입장을 취하는 대표적인 이론은 하몬(M. Harmon)의 행위이론(action theory)이다. 이기상(2002), 70; Michael M. Harmon, Action Theory for Public Administration, N.Y.: Longman, 1981 참조.

의 관점에서 구별(차별화)된다는 널리 수용된 입장에 따르기로 하겠다. 즉 과학자들의 실천 영역인 '과학'과 정부나 공·사 조직·집단의 실무자들의 실천(운용) 영역인 '정책'의 관계는 보편성과 특수성의 양 측면을 동시에 지니는 관계이므로, 과학철학적 차원의 이론적(또는 개념적) 자원과 거기에서 나오는 중요한 통찰력을 적극적으로 수용(즉 이해하고 적용)할 수 있는 한 충분히 수용하되, 일정한 특수성이나 조건을 고려한 차이가 -경우에 따라- 많거나 적게 있을 수 있는 가능성을 전제하고, 그 범위 안에서 차이를 인정해야 한다는 것이다.

이런 널리 수용된 입장에 따르면, 인간의 보편적인 인식활동을 대표하는 과학철학 인식론으로부터 정책철학적 정책관을 도출하는 것은 당연하다. 거기에 대해서는 행태주의 정책관이나 점증주의 정책관 등, 이미 그것을 직접적으로 증명해 주는 실례를 곧바로 제시할 수 있다. 사실 이런 언급으로도 과학과 정책의 관계를 직접 연계시키는 데 무리가 없다는, 그런 보편성의 관점에서 필요한 논거는 제시된 것이지만 조금 더 부연해 설명하자면, 다음과 같이 정리할 수 있겠다.

첫째, 주지하는 바와 같이, 그동안 이미 논리실증주의와 반증주의의 과학철학 인식론이 사회과학 전반에 각각 행태주의(행태론)와 점증주의의 정책관을 도입하도록 직접적으로 영향을 끼쳤는데, 이처럼 과학철학 인식론이 정책관에 미친 직접적인 영향(관계)의 명백한 증거를 확인할 수 있다. 그리하여 논리실증주의와 반증주의가 나온 이후로, 이제 획기적이면서 표준적인 인식론으로 수용되고 있는 토마스 쿤의 과학활동의 변동구조에 관한 패러다임이론 역시, 정책의 변동구조 등에 관해서도, 그보다 더 적합한 모델이 없을 정도로 획기적인 통찰력을 던져주기 때문에, 우리는 학술적으로나 실무적으로 그 과학관을 정책관에 도입하지 않을 수 없다.4) 그렇다면 행태주의와 점증주의라는 정책관에 직접적인 영향을 끼친 과학철학적 과학관은 이제 다시 쿤의 패러다임이론과 그 이후의 인식론들을 통하여 그동안 -이미 영향을 줘- 상식적인 수준에 머물러 있던 기존 정책관의 한계를 돌파하고, '패러다임 정책관'을 비롯한 '여러 가지 새로운 정책관'을 정립해 활용

---

4) 쿤의 패러다임이론은, 제1장에서 제기했던 정책철학적인 근본적 질문들 및 현실 정책학의 이론과 실무를 통하여, 정책에도 그 이해와 그 이론의 실천에 있어서 필수적인 '패러다임'이란 개념(정책패러다임, 정책기조, policy paradigm)의 출처와도 직접적인 관련이 있으므로, 일차적인 규명 대상임은 이미 지적하였다.

할 수 있는 가능성을 기대해 볼 수 있기에 충분하다. 그런 문제의식으로 그에 대하여 탐색·정립하는 것은 오히려 늦었다고 해야 옳을 것이다.

왜냐하면 하버드대 정치학 교수 피터 홀(Peter Hall)이 1993년 획기적인 논문을 통하여 사회과학에 'policy paradigm' 연구의 일대 봇물을 터트렸지만, 그것이 행태론과 점증주의 정도로, 정책학 분야의 주류 정책관의 지위로는 물론이고, 사회과학의 주류 이론의 지위로 정립되었다고는 말할 수 없다. 그런 의미에서 '과학의 패러다임이론의 관점'은 아직까지는 사회과학의 이론에 들어와 완전히 정착했다고 보기는 어렵다. 더구나 그것은 우리나라에서는 저자의 논문 몇 편과 최근 교과서(공저)를 제외하고는 아예 언급이 없는 정도로 관심밖에 있다. 그리고 패러다임 관점 이후로 가장 최근에 등장한 -정치적 다원주의와는 다른, 인식론(방법론)상의- 다원주의의 관점은 서양 사회과학에서도 거의 논의되지 않고 있다.

둘째, 모든 지식(성장)활동은 인식론적으로는 동일한 질문과 논의(왜 어떤 지식을 참이라고 하는가 등)를 공유하고 있는 것이 그 본질인데, 과학활동이나 정책활동도 동일한 지식활동으로서, 그 지식활동의 본질에 관한 논의는 근본적으로 상호 연결돼 있기 때문이다. 편의상 여러 분과 학문으로 나뉘어 분업적으로 특화해 연구해 왔을 뿐, 모든 지식활동은 '지식이란 무엇인가'라는 본질을 공통 기반으로 갖고 있는 것이다. 정책활동도 반드시 그 근거가 되는 지식(모든 정책은 특정 지식에 근거하고 있다는 '근거 지식')을 수반하는 인간의 지식활동에 속하므로, 정책철학의 논의는 과학철학 인식론상의 논쟁적인 전개 맥락과 필연적으로 연결돼 있고, 따라서 그런 과학관 논쟁을 비판적으로 공유하는 것은 지극히 자연스러울 수밖에 없다.5) 이미 지적했던 대로 사회과학이 논리실증주의나 반증주의를 수용했던 사실도 당연히 그 연장선상에서 이해할 수 있는 것이다.

셋째, 과학이 철학과 역사학과 만나 인식의 지평을 크게 확장시킨 것이 중요하고 필요하(였)듯이, 학문 간 융복합의 측면에서 정책학이 과학과 철학과 역사학 등과 만나 통찰력과 방법론을 주고받는 것은 매우 바람직하기 때문에 서로 만나

---

5) 그런 생각으로 당시 하버드대 코넌트 총장이 토마스 쿤에게 인문학 학부생들에게 과학을 가르치도록 한 것이 쿤의 패러다임 인식론을 탄생시킨 한 배경이 되었음은, 쿤 때문에 널리 알려졌다.

는 것이 필요하고 중요하다.

넷째, 우리 정책학계와 정책실무계가 그런 정책관에 관한 폭넓은 논의를 계기로, 전체적으로는 정책학의 학문적 지평과 정책실무계의 실무 능력, 부분적으로는 정책철학과 정책사 및 정책기조에 관한 이해와 관심을 확장하고 확대할 필요가 긴요해졌기 때문이다. 이는 곧 '과학의 본질'(과학관)에 관한 논쟁은 '정책의 본질'(정책관)에 관한 논의에 대해서도 매우 중요한 성찰의 기회와 통찰력을 제공해 주고 있다는 말과 같다. '우리가 안다고 하는 과학 지식들을 정말 어떻게 안다고 할 수 있는가?'라는 '과학철학 인식론'을 정책에 원용해 보면, 그것은 '어떤 정책이 어떤 효과를 발휘해, 어떻게 좋은 삶과 좋은 공동체를 만들어 줄 것이라고 하는 것들을, 우리는 정말 어떻게 안다고 할 수 있는가?'라는, 학문적으로 매우 진지하면서도 실제적으로 매우 실천적인 '정책철학 인식론'의 문제요, 매우 중요하고 기본적인 '정책철학하기'의 문제가 된다. 그래서 정책철학을 연구하고, 정책사를 중시하며, 정책기조를 이해해야 하는 것이다.

이에 따라 지금까지 정책 관련 실무계나 학계에서 인식·수용하고 있는 -논리실증주의 정책관이나 점증주의 정책관과 같은- 전통적 정책관에 대하여 정책철학하기(정책에 대한 본질사유와 규범사유)를 실천하는 자세로 원점에서부터 다시 비판적으로 재점검·성찰·논의할 것이다. 그럼으로써 그동안 인식·수용돼 온 상식적인 전통적 정책관의 부족한 점을 발견하고, 새로운 정책관들을 새롭게 인식해 추가·확대함으로써, 그것들을 앞으로 복잡하고 다양한 실제 정책(complexity and diversity of policy)의 연구·교육과 실무에 매우 유용하고 풍성하게 적용하기를 기대해 볼 수 있을 것이다. 그리고 그 연장선에서 '정책기조'를 새롭게 재발견해 그 비중에 맞게 정책을 깊이 있게 연구하고, 실무적으로도 올바로 적용하는 것도 기대해 볼 수 있을 것이다.

이제 이러한 이유로 주요 과학철학 인식론의 과학관 논쟁이 제공하는 통찰력을 정책학에 원용하겠는데, 그것은 다음 '정책의 특수성'을 고려한 가운데 이뤄져야 할 과제라고 하였다.

3. 정책의 특수성 고려

'정책'과 '과학'을 전적으로 동일하게는 볼 수 없는, 여러 가지 '정책의 특수성'을 생각해 보아야 한다고 하였다. 그렇지만 모든 것을 다 검토할 수도 없으므로 우리가 최소한 고려해 보아야 하는 주요 측면을 중심으로 생각해 보기로 하겠다. 우선 무엇보다도 정책학(이론)의 실천은 역사적으로 전개돼 왔던 모습(양태), 지금 현실적으로도 존재하는 여러 가지 복잡 다양한 모습, 그리고 미래에 기대되는 바람직한 모습 등과 관련된 정치적·경제적·사회적·문화적인 많은 요인들을 배경으로 하고 있고, 따라서 그것을 고려해야 한다. 그런데 중요한 점은 그 많은 배경 요인들의 핵심에는 '사람', 특히 '자신의 행위에 의미를 부여하는, 의식을 가진 성찰적 존재로서의 사람',[6] '감정을 가진 행위자', '생각(아이디어)을 가진 사람',[7] 그리하여 '그 사람들의 모듬살이의 집단인 사회와 그 문화'란 특수한 주체와 객체(대상), 그리고 그와 관련된 매우 중요한 몇 가지 변수를 지니고 있다는 특수성이다.

물론 '과학'을 실천하는 주체도 '사람'이기 때문에 당연히 그 '사람', 그리하여 사람들의 집단인 '과학 공동체란 사회'의 변수가 완전히 배제되는 것은 아니다.[8] 그렇지만 위대한 물리학자 아이작 뉴턴도 "나는 천체의 운동을 계산할 수

---

6) Benton and Craib, 이기홍(2014), 158, 184.

7) 정책은 '아이디어'인데, 아이디어는 '자유롭게 떠돌아다니지'(float freely) 않는다. 아이디어는 그 매개자이고 담론의 발언자로서, 그리하여 변동의 추동자 역할을 하는, 바로 그 '감정을 가진 행위자'(sentient agent), 곧 생각하고 말하며 행동하는 행위자를 지목하지 않고는 논의될 수 없다. 그래서 누가 누구에 대하여, 무엇을, 어디서, 왜 말하는 것과 같은, 행위자인 사람이 담론의 상호작용 과정에서 만들어내는 차이를 인식하는 것이 중요하다. Vivien A. Schmidt, "Ideas and Discourse in Transformational Political Economic Change in Europe," G. Skogstad(ed.), Policy Paradigms, Transnationalism, and Domestic Politics, Univ. of Toronto Press, 2011, 48.

8) 과학활동이 사회 밖이 아니라 정치적·경제적·사회적·문화적 배경과 맥락 안에서 수행돼, 과학지식이 생산·소비되기 때문에 그런 배경·맥락과 긴밀하게 연결돼 있음은 이제 상식에 속한다. 특히 과학지식이 과학 목적 외의 특정 다른 목적을 위한 경우, 예컨대 광우병 위험 여부에 따른 쇠고기 수출입 기준 설정, 구제역 대처법으로서 살처분 방식과 백신 접종 방식의 비교 등에 이용될 경우, 그것은 정부, 기업, 대중 등 이해당사자에게 큰 영향을 미치므로 논쟁이 치열하고, 그 결정도 순수하게 과학적인 것만도 아닌 만큼, 그 과학지식은 결코 독립적이지 않다. 그런 과학을, 1990년 과학기술학 학자인 쉴라 자사노프는 '규제과학'(regulatory science)이란 개념으로 제안하면서, 대학 실험실 등의 장소에서 명료한 방법론, 연구자들의 높은 합의 수준, 확립된 기준 등에 의해 수행되므로 비교적 논쟁이 적은 '학술과학'과 대비하였다. 요컨

있어도 사람들의 광기를 계산하지는 못 한다"고 했다고 하는 말이 시사하듯이, 과학을 실천하는 '사람'과는 질과 양으로 비교할 수 없을 정도라고 할 수 있는 것이, 정책에서의 '사람'이란 변수의 특수성이다.[9] 특히 그 '사람'이란 변수는 정책학(이론)의 실천에 있어서 단순히 수단이나 도구가 아니라, '목적'으로서 대우해야 할 변수이다. 그렇기 때문에 '사람'을 최우선순위에 두고, 그 다음에 '정책'을 생각해야 한다.[10] '정책'의 존재론적 지위는 목적적 존재인 '사람' 아래에 놓이고, 사람이 살아가는 삶에서 다른 존재론적 지위에 있는 '문제'도 생겨나며, 문제를 야기하는 외부적 조건인 '환경'(정치적·경제적·사회적·문화적 환경)도 조성된다. 그

대 규제과학은 그 자체가 정책, 따라서 사람(사회)과 밀접하게 결부된 과학인데 비하여, 지금까지 논의한 과학철학 인식론의 대상 과학은 주로 '학술과학'에 해당하므로 사회와 사람과 연결돼 있지만 그 정도는 크게 다르고, 본문은 그런 학술과학의 관점에서 논의한다. 규제과학 등은 현재환, 언던 사이언스, 뜨인돌, 2015 참조.

9) 그래서 '과학'을 실천하는 과학자들은, 사회과학자들이 '정책이론'의 실천과 관련된 연구의 문제와 방법들을 둘러싸고 심한 대립과 갈등을 보이는 데 대하여 당혹스럽게 느끼는 것은 당연하다. 과학 활동에서 '과학공동체 사회'의 의미와 영향을 본격 제기한 토마스 쿤도 스탠포드대학교 행동과학고등연구소의 초청을 받아 1958-59년 사이 머물면서, 연구소의 자연과학자들과 사회과학자들 간 의견 차이와 같은 예기치 못한 문제, 특히 주 구성원인 사회과학자들 사이에 정통 과학의 문제와 방법에 관한 공공연한 의견 대립의 빈번함과 범위에 충격을 받았던 그의 경험을 밝혔다(서문). 그런 의미에서 그가 사회과학이 패러다임을 정립해 정상과학의 지위를 획득했는가에 대하여 의문을 표했던 것은 자연과학과는 다른 인문사회과학의 특수성을 무시하고 획일화한 관점을 보이기도 한 것이지만, 다른 한편으로는 그런 이질감을 느낀 체험이 오히려 은연중 상호 간 특수성을 드러낸 것이라고도 볼 수 있겠다. Kuhn(1970), viii, 15 참조.

10) 정책주체가 정책대상자와 상호작용하는 '상호성'(mutuality)을 규범적 전제로 삼고, '직접 대면'(대면적 만남, 대면적 관계, the face-to-face encounter)이라는 일차적이고 핵심적인 분석단위에 의하여, 능동적이고 사회적인 존재(active-social being)인 정책대상자의 독특한 주관적 의미(unique subjective meanings)를 정확하게 이해하고 해석함으로써, 소극적·수동적(passive-reactive)이 아닌 적극적·능동적(active-proactive)인 정책활동의 수행과 그 책임의 이행이 가능하다는 것을 강조하는 이론이 해석학 계열의 '행위이론'(행위패러다임, Action Theory 또는 Action Paradigm)이다. 흔히 행위자의 행동을 그 드러난 '행태'(behavior)라는 결과로만 이해하는 것은 불충분하고 순진한 것이므로, 행위자가 그 행동에 부여하는 의미·의도·동기·취지·목적도 결부된 '행위'(action)로 이해할 필요가 있다는 관점이 사회행동(사회적 행위, social action)의 관점이다. 이는 아리스토텔레스의 실천(praxis), 칸트, 마르크스를 거쳐 막스 베버의 이해의 사회학(Verstehen sociology), 슈츠와 마이클 하몬의 행위이론(action theory) 등의 주장을 통하여 널리 알려지게 되었다. 하몬은 사회과학의 연구에 있어서 관찰자가 감각기관에 의하여 관찰된 것을 그대로, 그 근저(根底)에 있는 것을 간과하고 무비판적으로, 그 결론으로서 받아들이는 것은 '자연과학적 인과모델을 순진하게 수용하는 것'(naive acceptance of a causal model)으로서, 그것이 반드시 틀렸다고 할 수는 없지만 불충분하고 순진한 것이라고 지적한다. 이와 관련, Peter L. Berger and Thomas Luckmann, The Social Construction of Reality, Anchor Books edition, 1967(초판은 N.Y.: Doubleday & Company, 1966), 28-34 및 Harmon(1981), 4-7, 52-53; 박정택(2007b), 123-124, 370-371, 389 참조.

리고 '사람'이란 변수에서 우리가 주목하고자 하는 '권력', '제도' 등 다른 몇 가지 매우 중요한 다른 특수성도 파생한다. 그러므로 '사람'은 '정책'의 특수성을 이해하고 적용하는 데 고려해야 할 원초적 변수이다. 그 '사람'이란 변수에서 파생되는 정책의 특수성을 네 가지로 나눠 살펴보기로 하겠다.

(1) 정책이론 실천의 주체로서의 사람의 특수성

먼저 앞의 과학철학적 과학관에서 도출한 정책관을 이해하고 적용하는 데 있어서 매우 중요하게 고려해야 할 것 중 하나는, 정책을 만들고 집행하는 사람, 즉 정책을 운용(실천)하는 사람이란 '주체'의 특수성이다. 그것은 정책의 운용자라는 '정책운용 주체의 의도(목적)·생각(아이디어)과 신념'이 특히 중요하게 고려되어야 한다는 점을 말한다. 물론 (자연)과학자들도 사람에 따라 다른 의도·생각·신념을 가지고, 다른 가설을 만들고, 다른 방법이나 도구로 실험하며, 사람에 따라 다른 이론과 지식을 생산한다. 따라서 과학자들이나 정책운용자들이나 다 같이 자신의 의도·생각·신념을 가지고 과학을 실천하거나 정책을 운용하는 점에서는 동일하다. 그렇지만 과학자들의 의도·생각·신념은 어디까지나 ―이미 보편적이고 객관적으로 존재하는― 자연 현상에 합치된 것을 전제·목표로 한 의도·생각·신념이다. 즉 과학자의 의도·생각·신념의 기준은 기본적으로 '자연에 합치됨'의 기준이 존재하는 것을 전제로, 그 존재론적 기준에서 벗어나지 않는 범위 내의 인식론적 기준이다. 그리하여 과학자들은 그들의 의도·생각·신념이 자연의 기준을 전제로 태동하고, 또 실험에 의해 증명되는 결과로 소통하며, 이를 공유한 과학자들과 그런 성격의 규칙(정관)을 지닌 폐쇄적 집단(학회 등)의 형태로 존재한다.

그에 비하여 정책운용자라는 주체의 의도·생각·신념은 궁극적으로 과학자들의 '자연'과 같은 ―어느 정도라도 보편적이고 객관적인― 기준을 전제할 수 없고, 또 그런 기준에 의하여 증명할 수도 없는 복잡한 성질의 의도·생각·신념이다. 따라서 정책운용자는 주관적이고 특수한, 자신만의 독특한 성격의 의도·생각·신념을 토대로, 정책을 제안하고 만들어 집행하는 데 큰 영향력을 행사할 수도 있다. 그렇지만 정책의 엄중함 때문에 정책운용자의 주관적인 의도·생각·신념도 다른 사람들의 그것들과 어느 정도 일치하는 상호주관적인 성격의 것들을 추구할 수밖에 없고, 그런 상호주관성으로 인하여 정당성을 얻는다. 그런 일단의 의도·생각·신념이 바로 사상·이념·철학·원리원칙·기본 가치 등인데 우리는 그것을 묶어 '정책기조논리'라고 일컬은 바 있다. 여기에 정책의 운용에서 '정책기조', 그리고 정책기조의 기본 구성요소인 '정책기조논리'의 중요성이 대두한다. 또 집단의 상호주관성으로 형성되고 변화되는 '제도'의 맥락과 구조 속에서 정책이 운용된다.

이러한 정책이론 실천의 주체가 갖는 특수성은 곧 앞의 과학철학적 정책관의 이해와 적용에 있어서, 과학과는 다른 특수성을 고려해야 함을 일깨워 준다. 무엇보다도 정책 주체의 특수성을 고려한 현실의 정책관은 과학철학적 정책관이 시사하는 것보다 훨씬 더 다양하고 자유로운, 복잡한 성격의 정책관으로 나타나게 된다. 그래서 흔히 어떤 실질 정책분야의 패러다임도 두 개 이상이 서로 경쟁하는 양상을 보인다. (경제정책 부서와 환경정책 부서 사이와 같이) 정책운용 단위 간에도, 심지어 동일한 단위 내에서도 서로 다른 패러다임이 대립하고 갈등하는 경우도 적지 않다. 그런 이유 때문에도 현실의 정책실무자들이 채택하는 정책관에 관한한, 정책 주체의 의도·생각·신념이 다름에 따라 여러 가지 정책들이 공존·경쟁·명멸(明滅)하는 '다원주의 정책관'을 받아들일 수밖에 없다. 또 패러다임의 교체에 의한 정책의 변동도 정책 주체 여하에 따라 얼마든지 쉽게 정책혁명 형식으로 발생하거나 평상적 정책활동에 묶여 오래 지체될 수도 있다. 또 사람들의 심리적·인지적 타성이나 권력적·제도적 여건 때문에 명백한 가치 지향점(새로운 패러다임)이 있는데도(혹은 그렇기 때문에 그런 명시적인 가치 지향점을 내세우지 못한 채), 그것을 일거에 혁명적 방식으로 추진해 나아가지 못하고, 점진적·타협적인 속도와 진폭으로 그 지향점에 도달하는, 이른바 '점진적 진화변혁'(gradual evolutionary transformation)이라는 정책활동의 경우도 많이 발생할 수 있다. 이는 제도(환경 여건 포함)·패러다임이라는 '구조' 속에서도, -그것에 묶여 어려울 것 같으면서도, 다른 한편으로 그런 억제(타성, 경로의존성)를 극복하고 과감한 돌파(대전환, 급변침, 대도약)가 일어나게 할 수 있는 변수, 곧 신념·아이디어·가치·상상·이성·감정을 지닌- '개인(행위자)의 의도·의지'가 크게 작용하는 독특한 정책세계의 특성을 보여주는 점이라고 하겠다.11)

(2) 정책이론 실천의 객체로서의 사람의 특수성

과학철학적 과학관에서 도출한 정책관을 이해하고 적용하는 데 있어서 중요한 고려요소 중 다른 하나는 정책이론 실천의 대상이 '사람'이란 '객체'의 특수성이다. 그것은 정책의 대상자(대상 집단)가 '사람'과 그런 사람들의 집단인 '사회'(집단)이므로, 그것은 과학의 실천 대상이 '자연'인 것과 극명하게 대비된다. 정책의 대상이 '자연환경'을 대상으로 한 정책일지라도 그 자연환경은 반드시 그와 관련된 사람과 사회와는 떼어놓고 생각할 수 없는 점에서, 거기에서도 정책의 객체인 사람의 특수성이 존재한다.

그런데 과학자는 일단 고정 불변의 '자연'을 대상으로 과학을 실천한다. 물론 자연 중에는 아예 고정 불변인 것도 있지만, 중장기적으로 변동이 있는 부분도 있다고 주장할 수 있다. 그러나 그런 변동도 단기적으로 보면 거의 변동이 없고,

---

11) 구조를 너무 강조하면, 사람의 의지·의도·자율성이 들어설 여지가 없는 '(구조)결정론'의 한계에 봉착하고, 사람(행위자, 개인)만을 강조하면, '구조·맥락·역사'가 들어설 여지가 없어 사람의 '의지 결정론'(주의론, 主意論)에 따른 '비의도적 결과'의 설명상 난관에 봉착한다. 결국 개인(행위, 본문에서는 사람)은 정책(특히 정책기조)이라는 '구조'(맥락, 역사적 제도주의에서는 '역사'도 포함)의 제약을 받는 객체가 되기도 하고, (지도자와 같이) 그 '구조'를 바꾸는 주체가 되며, ─구체적인 경우에 따라 다르지만─ 상호작용한다고 보아야 한다. 이처럼 사회과학의 핵심 논제의 하나인 개인과 구조의 관계는, 자율성과 제약성의 측면에서, 서로 버티는 '긴장(또는 길항, antagonistic) 관계', 혹은 제약이기도 하고 기회이기도 하는 '쌍방적(two-way) 관계', 혹은 정반합으로 지양해가는 '변증법적(dialectic) 관계'로 존재한다고 할 수 있다. 정책의 운용 측면에서는 그 외에도 '상호보완 관계'로도 존재한다. '신제도주의'(new institutionalism)의 대체적인 공통 관점은, 행태주의와 다원주의가 '제도'를, 개인이나 집단의 행위를 반영하는 부수적인 현상(epiphenomena)으로 취급한 데 반대하여, '제도'가 개인행위에 규칙성과 안정성 등의 영향을 주는 구조적 제약요인의 관계로 본다. 여기서 '정책'(특히 정책기조)을 제도의 일종으로 놓고 본다면 신제도주의의 관점을 통하여 정책의 본질을 성찰할 수도 있다(다른 한편으로 정책기조는 제도와 구체적인 정책들을 연결시켜 주는 이론적 교량 역할을 담당한다고도 말할 수 있다). 제도 연구자인 하연섭 교수는 "최근의 제도이론은 제도변화를 설명하기 위해 구조적 변수뿐만 아니라, 행위자, 권력관계 등의 개념을 광범위하게 활용하고 있다. 행위자와 제도는 상호의존적이며 상호구성적인(mutually constitutive) 관계에 있다. 행위자는 규칙의 형성자(rule-maker)이긴 하지만, 기존 규칙이 행위의 출발점이 된다. 이와 동시에 행위자는 규칙의 수용자(rule-taker)이긴 하지만, 규칙을 수정하거나 종종 와해시키기도 하는 존재이다. 독립변수인 동시에 종속변수로서 행위자와 제도를 파악하는 이러한 기본적인 인식은 제도분석에서 행위자와 제도가 서로를 제약하는 동시에 상호작용을 역사적 흐름 속에서 이해하는 것을 전제로 하는 것이다."라고 말한다. 그런 의미에서 저자의 책 <정책기조의 탐구─정책아이디어로서의 정책패러다임>에서는 주로 구조에 해당하는 정책기조이론과, 개인을 다루는 정책기조 리더십에 대하여 논의한다. 하연섭(2011), 161, 170-172, 346.

몇몇 예외를 제외하면 그런 변동조차도 일정한 규칙을 띠면서 변동하므로 현재나
-지식의 성장에 따라- 미래에 충분히 예측 가능한 경우가 많다. 그런 점에서 자연
에 대한 고정 불변성, 예측 가능성, 단순 보편성 등을 전제하고 과학을 실천하는
것에 비하면, 예측 불가능할 정도로 변화무쌍하고 복잡한, 즉 유동 변화성, 예측
곤란성, 복잡 다양성 등의 특성을 보이는 사람과 사회를 대상으로 한 정책학(이론)
의 실천 영역은 본질적으로 다르다고 할 수 있다. 그래서 사회문제와 그 해결책인
정책을 평가(측정)하는 기준도 항상 논란을 일으킬 정도로 다르고, 따라서 정책아
이디어, 정책학습, 사회적 학습도 아주 논쟁적이고 정치적인 특성을 보인다. 과학
철학자인 쿤이나 차머스도 이에 대해 다음과 같이 말한다.

> 성숙한 과학자공동체는 다른 분야와 비교할 수 없을 정도로 일반인과 일상생활
> 의 요구로부터 격리된…다.…과학만큼 개인의 창의적 작업이 그 전문 분야의 구성
> 원들에게만 배타적으로 논의되고 평가되는 분야도 없다. 가장 난해한 시인이나
> 가장 초연한 신학자라도 자신의 창조적 작업에 대한 대중의 인정에 대해서는 과학
> 자들보다 훨씬 더 관심이 클 것이다. 일반적으로 그들이 세간의 인정에는 별로
> 신경을 쓰지 않더라도 말이다.…이런 관점에서 자연과학자들과 많은 사회과학자들
> 간 차이는 시사적이다. 자연과학자들과 달리, 사회과학자들은, 예컨대 인종차별의
> 결과나 경기순환의 원인과 같이, 문제를 해결해 내는 사회적인 중요성의 측면에서
> 연구 문제의 선택을 입증해 내야 한다.[12]
> 과학은 통제된 실험(controlled experiment)이라는 인위적 환경 안에서 고립된
> 개개의 메커니즘에 의해 수행한다. 그러나 사람과 사회의 경우에는 일반적으로
> 탐구의 대상을 파괴하지 않고서는 이런 방식으로 다룰 수 없다. 살아 있는 체계는
> 대단히 복잡하게 작동한다.…사회과학에서는 생산된 지식 자체가 연구되고 있는
> 체계의 중요한 구성부분을 형성한다. 예를 들면 경제이론은 개인이 시장에서 움직
> 이는 방식에 영향을 미칠 수 있다.[13]

그래서 정책 주체는 그 정책의 대상자의 반응을 살펴가며 정책을 추진한다.
그리하여 때로는 어떤 정책에 대하여 그 대상자(집단)의 강한 요구가 있으면 정책
주체가 자신의 신념을 거슬려 그에 따르려 하고, 반발이 있으면 정책 주체가 자신

12) Kuhn(1970), 164.
13) Chalmers, 신중섭·이상원(2003), 208.

의 신념을 함부로 밀어붙이지 못할 수도 있다. 또 대상자인 사람은 정책에 항상, 그리고 다각적으로 반응하는 존재라는 특성을 지닌다. 그렇게 정책당국자와 정책 대상자 사이의 (바둑으로 말하자면) 치열한 '수 싸움'은 필연적이다. 따라서 동일한 사람들을 대상으로 한 동일한 프로그램의 정책인 경우라도, 다시 한 번 적용되는 정책의 상황은 이미 첫 번째 정책에 의하여 '영향을 받은'(오염된), 동일하지 않은 정책 상황임을 고려해야 한다. '어제'의 정책은 더 이상 '오늘과 내일'의 정책이 아니다. 시차에 따른 '정책상황의 비동일성'을 고려해야 하는 것이다. 하물며 유사한 정책이라도 대상자가 달라지는 국가나 집단 간 '공간의 차이', 그리고 기타 다른 조건의 차이에 따른 '정책상황의 비동일성'은 말할 것도 없다. 그렇게 정책학(이론)의 실천은 과학의 실천보다 본질적으로 이해관계 교차적이고, 상황 대응적이며, 상호 교호적인 복잡다단한 사람들을 대상으로 한다. 그래서 정책 연구에서 '이익'(더 정확하게는 '이익의 증대'뿐만 아니라, '이익의 감소'에 해당하는 '손해·피해·비용'도 있으므로, 그 이면 개념을 포함하는 '이해관계', 영어로 interest임)이란 변수는 핵심 변수로 강조되고 있음을 알 수 있다.

결국 자연과학과 인문사회과학은 서로 다른 대상을 상대한다. 자연과학은 '자연의 것들이 그저 단순히 존재'(natural things simply exist)할 뿐인 '자연적 창조물'(natural creations)을 대상으로 한다. 그런데 인문사회과학은 '인위적으로 만들어진 인공의 영역'(the realm of the artificial)으로서, '기능과 목표와 적응능력을 지닌 인위적 창조물이 어떤 목적을 위하여 존재'(the artificial things that have functions, goals and the capacity for adaptation exist for a purpose)하는 '사회공동체'를 대상으로 한다.[14] '하나의 인간의 구성체'(a human construct) 속에 주체와 객체로 등장하는 사람들이 "의식을 가진 성찰적 존재로 자신의 행위에 의미를 부여"[15]하고, 그 인위적인 '설계의 세계'(the world of design)에서 상호작용하는 존재라는 특수성을 갖는 것이다. 그래서 그런 사람들이 주·객체가 되는 정책상황은 '비동일성'의 특수성이 두드러질 수밖에 없고, 그에 맞춰 다양한 '맞춤형 정책'으로 대응할 수밖

---

14) Herbert Simon, The Sciences of the Artificial, 3rd ed., Cambridge, MA: The MIT Press, 1996, 111; Stoker & Taylor-Gooby(2013), 242-243에서 재인용.
15) Benton and Craib, 이기홍(2014), 158.

에 없는 것이 정책의 운용인 만큼, 자연과학의 모델을 그대로 적용할 수 없는 정책실무자들이 기본적으로 채택할 정책관은 '다원주의 정책관'을 보일 수밖에 없게 된다. 또 '패러다임 정책관'에 대해서도 정책세계에서는 -과학에서와 같은 쿤 식의 '혁명적인 패러다임 전환'과 '평상적 정책활동'의 반복 전개 외에도- '점진적 진화에 의한 패러다임 전환'의 경우도 많으므로 그런 '점진적 진화변혁' 유형을 강조하는 관점의 (패러다임) 정책관이 적실하다고 말할 수 있다. 그리고 정책에 관한 결정과 집행 등에는 각기 다른 사람들의 이해·선호·기대 등을 감안한 '사회적 상호작용' 개념이 중요하게 대두하는 것도 '사람'의 특수성 때문이다.

(3) 정책이론 실천의 수단으로서의 권력의 특수성

과학철학적 과학관에서 도출한 정책관을 이해하고 적용하는 데 있어서 중요한 고려요소 중 다른 하나는, 정책이론 실천의 수단으로서의 '권력'의 특수성이다.

과학도 사회 속의 과학인 한, 사회 속의 어떤 힘의 영향을 전혀 받지 않는다고 말할 수는 없다. 그렇지만 과학은 그런 힘 중에서는 가장 비정치적인 과학공동체의 구성원들에 의한, 곧 과학지식 자체의 전문적인 힘(전문적 권력 또는 권위)과 같은 과학 내적 힘 외의 다른 것인, 과학 외적인 비전문적인 것에 의한 개입과 영향에 대해서는 매우 예민하게 반응하는 성향이 있다. 특히 정치권력과 같은 힘에 대해서는 더욱 그러하다. 쿤의 견해에 대하여 라카토쉬가 비판한 다음의 예는 그런 성향을 보여주는 한 예라고 하겠다.

> 권위만이, 특히 비전문적 권위만이 패러다임 논쟁의 결정권자라고 한다면, 이 논쟁의 결과를 혁명이라고 할지는 모르지만 과학혁명은 아닐 것이다. 과학이란 존재는 바로 어떤 특별한 공동체구성원들에게 패러다임을 선택할 수 있는 권력을 부여한 데 달려 있다.····과학적 삶에서 가장 강력한 규칙의 하나는, 아직 명문화된 것은 아니지만, 과학적인 문제를 갖고 국가원수나 일반 대중에 호소하지 말아야 한다는 것이다. 독특하게 유능한 전문직업 집단의 존재를 인정하는 것과 전문적 업적에 대한 배타적인 결정권자로서의 그 집단의 역할을 수용하는 것은 더 많은 것을 시사한다.16)

---

16) Kuhn(1970), 167-168.

과학에서마저도 그 지지자들의 숫자, 신념, 그리고 목소리의 크기를 평가하는
것 이외에는 이론을 판단할 다른 방법이 없다고 한다면, 그것은 사회과학에서는
더욱 더 그렇듯이, 진리는 힘에 있다(truth lies in power)라고 하는 것에 틀림없다.
그래서 쿤의 입장은 의심의 여지없이, 의도한 것은 아닐지라도, (학생 혁명분자들
같은) 현대 종교적 광신자들의 기본적인 정치적 신조를 정당화해 주는 꼴이 된다.[17]

그에 비하여 정책학(이론)의 실천은 권력적 작용과 불가분리의 관계를 갖는
특수성을 지니고 있다. 정책을 운용하는 주체가 그 대상자를 대상으로, 최악의
경우 그들 대상자의 의사에 반하여 어떤 강제력을 발동해서라도 정책의 내용을
실현하기 위해서는, 그 대상자들이 위임하거나 정당하다고 인정한 '권력'(또는 '정
치적 권력'이나 '권위'라고도 함)이 필요하다. 그래서 정치적 공동체의 경우, 민주국
가에서 선출된 권력자(집단)가 집권해 정책을 추진하는 경우가 정당한 권력 행사
의 전형적인 모습이다. 그렇지만 그런 위임된 권력도 개개 정책마다 위임하지
않고, 포괄적으로 위임한 데 따라 권력의 전횡적 행사의 위험을 안고 있다. 그런
권력의 전횡적 행사를 포함한 정치권력의 행사가 정책이론 실천의 영역임은 말할
것도 없다. 그리고 그런 권력 행사(권위)에 의하여 공동체의 중요한 문제가 다뤄지
고 공동체의 진로와 운명이 갈라지므로, 그런 권력에 대한 견제와 균형이 특히
중시되고 있고, 언론과 표현의 자유가 보장되며, 공론장의 형성과 그 활성화를
비롯한 민주적인 의사결집에 관한 일련의 절차 등이 보장되도록 제도화하고 민주
적으로 운용되는 문제가 큰 관심 사항이 되고 있다.
　　결국 권력은 정책의 원인이자 결과의 순환적 관계를 갖는다.[18] 이런 이유

---

17) Lakatos(1974), 93.
18) 정치와 정책의 순환적 관계는 로위의 주장을 참고하였다. 그는 미국 역사를 개관해 볼 때, '정
　　책이 정치를 결정(유발)한다'(policies determine or cause politics)는 가정의 관점에서, 정책과 정
　　치를 분석할 필요가 있음을 주장하였다. 정치체제론의 영향으로 '정치가 정책을 결정한다(정
　　치의 산출물이 정책이다)'는 전제 아래, 그때까지의 정치 및 정책 연구의 전형적인 이론인 다
　　원론, 엘리트론, 절충론 등과는 다른 접근방법을 주장하였던 것이다(1972, 1988). 그는 정부가
　　상이한 유형의 정책을 산출하며, 정책의 유형에 따른 차이가 정치의 유형을 달라지게 만든다
　　는 역사적·경험적 증거를 제시하면서, 이러한 정책의 유형으로는 분배정책, 규제정책, 재분배
　　정책 등의 3유형을 제시하였다(1964). 그 후 구성정책(constituent policy)을 추가하였다(1972).
　　Theodore J. Lowi, "American Business, Public Policy, Case Studies, and Political Theory," World
　　Politics 16, 1964, 686‒690; Theodore J. Lowi, "Four Systems of Policy, Politics, and Choice,"
　　Public Administration Review, 32, 1972, 299‒300; Theodore J. Lowi, "Forward: New Dimensions

때문에, 정책학(이론)의 실천과 관련된 정책학 이론에서 '권력'은 핵심 변수로서 강조되고 있다. 때로는 이를 '권위'라고도 하는데 정책과 관련된 권력이란 의미에서 '정책권력'이라고도 할 수 있다. 또 권력의 범주에는 정치권력뿐만 아니라, 경우에 따라서는 경제적이거나 문화적인 권력, 또는 전문가적 권력도 거론되기도 한다.

정책은 권력이란 수단을 수반하므로 정책 주체는 정책 대상자가 반대하거나 찬성하더라도 어떤 정책을 강행하거나 아니면 거부하기도 하는 현상을 보인다. 이런 배경에서 실제 현실의 정책관은 권력의 성격 여하에 따라서도 얼마든지 변할 수 있으므로 기본적으로 여러 가지 정책들이 명멸하는 '다원주의 정책관'을 보인다고 말할 수 있다. 또 그런 권력 때문에 정책세계 패러다임도 -자연과학의 세계와 대조적으로- 갈등, 설득, 강압, 양보, 맞교환 등이 따르는 정치적 과정이고,[19] 그래서 그 정치적 과정에 수반되는 절충과 타협에 따라, 혼혈(혼종, hybrid) 정책패러다임이 많이 존재하고, '약한 패러다임'을 성격을 띠는 패러다임이 구현되기도 하며, 강한 패러다임이 사실상 타협적으로 적용되기도 한다. 심지어 '법관과 재판의 독립'은 헌법상 사법부의 확고부동한 정책기조인데, 현실에서는 그런 독립성 정책기조조차도 권력이 작동돼, 타협적으로 굴절(bending)될 수 있다는 의혹을 받는 일이 벌어진다.

한편 정치권력의 혁명을 포함한 권력교체가 때로는 용이하거나, 때로는 어렵게 발발하는 것과 같은 이치로, 정책 주체의 권위가 이동함에 따라 정책혁명이 때로는 쉽게, 때로는 어렵게 발생하게 된다. 정책 내용 자체의 합리성과는 별개로 정치권력의 교체나 변화는 그 자체 정책 변경의 원인이자 결과인 특수성을 보인다. 또 권력의 속성상 갈등과 타협이 수반되므로, 패러다임의 변동은 많은 경우에 급진적인 혁명보다는, 점진적인 진화 과정을 밟을 수도 있다.

---

in Politics and Policies," in Raymond Tatalovich and Byron W. Daynes(eds.), Social Regulatory Policy: Moral Controversies in American Politics, Boulder, CO, Westview Press, 1988, xi,3; 박정택, "정책기조에 관한 탐색적 연구," 행정논총. 38(2), 서울대 행정대학원, 2000, 8-9; 구현우, "정치의 원인으로서의 공공정책," 행정논총. 51(3), 서울대 한국행정연구소, 2013, 67-105.

19) Taylor-Gooby(2013), 6.

(4) 정책이론 실천의 여건으로서의 제도의 특수성

과학철학적 과학관에서 도출한 정책관을 이해하고 적용하는 데 있어서 중요한 고려요소 중 다른 하나는 정책이론 실천의 여건으로서의 '제도'(institution)라는 특수성이다. '제도'란 일반 용어로 '관습이나 도덕, 법률 따위의 규범이나 사회구조의 체계'이다. 학술적으로는 다양한 의미로 이해되고 있는데, 대체로 이는 공동체구성원 간 관계를 규율하는 사회의 구조화된 측면에 초점을 맞춰 '사회의 다양한 단위에서 개인들 간 관계를 규율하는 규칙·법률·규범·관습 등의 공식적·비공식적 사회구조의 체계'라고 정의할 수 있다. 더 구체적으로 '제도'는 '사회의 다양한 단위에서 개인들 간 관계를 규율해 개인들로 하여금 어떤 규칙성을 띤 행동을 하도록 제약을 가하는 한편, 그 개인들의 행위로 말미암아 그 안정된 체계가 변화해 가도록 하면서 개인들과 체계 간 상호 작용을 하는, 규칙·법률 등 공식적 측면과 규범·관습 등 비공식적 측면의 사회구조의 체계'로 이해되고 있다.[20]

---

20) 공식적 측면에 초점을 맞췄던 구 제도주의를 포함하여, 비공식적 측면까지 포괄하는 신제도주의의 세 분파, 즉 ① 역사적 제도주의, ② 합리적 선택 제도주의, ③ 사회학적 제도주의의 공통적인 특징을 아우르는 정의이다. 세 분파의 차이는 다음과 같다.
　① 역사적 제도주의는 주로 제도의 공식적 측면에 초점을 맞추고, 제도의 형성과 변화에 있어서 역사의 우연성과 경로의존성을 강조한다. 또 제도가 행위자의 선호형성에도 중대한 영향을 미치고, 구성원 간 권력관계의 불균형을 강조하며, 다양한 변수 간 복잡다양한 결합과 제도적 맥락도 중시한다. 그에 따라 일반화된 이론보다는 중범위 분석 정도에 그치고, 구조적 조건의 해명에는 기여했지만 미시적 설명에는 미흡하며, 자칫 제도결정론에 빠질 위험이 있다고 본다. 최근에는 인간행위의 다양성과 제도변화의 가능성을 설명하기 위하여 '아이디어'의 중요성, 복합적 요소의 재결합인 제도에 대한 행위자의 창조적 해결, 제도로부터 행위로의 단일 방향만이 아니라 다양한 행위로 인한 제도 변화의 양방향에 눈을 돌리는 이론적 자기 혁신을 보여주고 있다. ② 합리적 선택 제도주의는 각 개인의 자기이익 추구의 합리성과 개인 선호의 선험성을 전제하고, 개인의 집단적 차원에서 결합은 합리적이지 않은 결과를 창출하는 집합행위의 딜레마를 중시한다. 그 딜레마의 해결을 위해 합의하에 개인행위의 구조화를 위한 의식적 설계 결과가 제도라고 보고, 그 제도의 균형 가운데 각 개인의 편익이 비용(특히 거래비용)보다 커서 제도변화를 일으킨다는 일반이론을 목표로 한다. 그렇지만 개인 선호 형성의 인과적 기제의 설명 부재, 권력관계의 불균형(정치)이나 문화 영향력의 무시 등의 비판을 받는다. 최근에는 인간행위를 설명하는 데 있어 합리성뿐만 아니라 인지의 중요성, 제도가 개인선호 형성에 미치는 영향력, 제도 형성과정의 이면에 존재하는 권력관계 불균형의 인정에도 관심을 나타내고 있다. 따라서 행위와 제도의 관계가 독립변수이면서 동시에 종속변수로서 이해하는 이론적 자기 혁신을 지향하고 있다. ③ 사회학적 제도주의는 과업 수행의 효율성의 극대화를 추구하는 관료제 공식조직을 도구주의적·기능주의적이라고 비판하면서 출발한 만큼, 규범, 문화, 상징체계 등 비공식적인 인지적 측면, 특히 당연시되는 신념과 인지구조에 초점을 맞춰, 결과의 효율성보다는 사회적으로 적절하다는 적절성의 논리로 평가받는 제도가 형성돼

140 · 정책철학의 새로운 접근

이와 같이 '정책'은 '제도'와 서로 중첩되는 측면이 있고(앞의 정의에서 보듯이, '법률'이 정책의 한 형태이기도 하면서, 동시에 제도의 한 요소를 구성함을 통하여 알 수 있다), 특히 '정책기조'는 더욱 그러한데,[21] 그런 의미에서 신제도주의 학자들이 '정책아이디어'(policy idea)에 큰 관심을 가지게 되었고, 그 정책아이디어의 핵심에 자리 잡고 있는 개념이 '정책기조'(policy paradigm)이기도 하다. 그렇다고 정책과 제도가 결코 동의어는 아니다.[22] 일반적으로 정책은 제도의 하위 개념으로 이해되고 있는데, 사실 이는 가장 포괄적인 수준에서의 제도의 정의에 따른 이해라고 할 수 있다. 그 경우 제도는 가장 뚜렷하게 정책을 종속변수로 삼아, 정책의 제약 요인으로 작용하는 독립변수가 된다. 그렇지만 경우에 따라서는 -그리하여

동일한 형태로 변화(동형화)하는 것을 강조한다. 개인 행위도 사회와 문화의 산물인 만큼 관행화된 것이고, 해석의 영향을 크게 받으며, 행위자의 이익이나 선호도 사회적으로 구성된다고 본다. 그렇지만 개인행위의 미시적 의도성을 설명하기 어렵고, 지나친 동형화 논리의 비현실성, 규범과 문화 외 권력관계와 갈등(정치)의 상대적 무시 등의 비판을 받는다. 최근에는 제도를 당연한 것으로서 뿐만 아니라, 의도적 인간행위의 산물로 파악하고, 제도를 둘러싼 권력관계의 중요성을 강조하는 이론적 자기 혁신을 지향하고 있다.
결국 신제도주의는 전체적으로 제도의 안정성과 지속성, 그리고 구조적 제약성을 토대로 제도가 개인 행위에 미치는 영향력에 관심을 가졌다. 최근에는 제도의 변화와 관련된 내재적 요인, 아이디어, 경로의존성, 제도의 설계 등을 강조하고 있다. 특히 역사적으로 형성된 구성요소의 복합체인 제도의 요소 간 내적 모순과 갈등 및 시간적 격차와 갈등으로 인한 내재적 변화 동인, 제도 내 복합적 요소의 재배열에 의한 경로의존적인 점진적 변화의 과정과 형태에 관심을 보여주고 있다. 또 제도변화와 개인 행위 간 독립변수와 종속변수의 쌍방향 관계, 보편현상으로서의 권력관계의 불균형, 그리고 중범위이론 개발에 대하여도 주된 관심을 보여주고 있다. 결국 세 분파 간 입장이 수렴되는 경향도 보이며, 이에 따라 각 분파의 장점을 적용할 사회현상의 대상을 적절하게 분화시켜 나가야 한다고 보고 있다. 이상 하연섭(2011), 336-365 요약.
21) 정책기조이론가 케어니 등은 홀 이후, 정책패러다임 개념이 학자들에 의해 크게 세 가지 다른 강조점과 의미로 이해되고 있다고 주장한다. 즉 '포괄적 게슈탈트'(an encompassing gestalt), '정책하위체제'(policy subsystem)의 한 유형 외에, '구조'(structure)에 초점을 맞추고, 조직과 정치체제 내 구성원의 사고방식과 정규적 행동유형을 설명할 수 있도록 도와주는 '일련의 제도'(a set of institutions)와 유사한 것으로 이해되고 있다고 본다. 여기서 초점은 누가, 누구의 이익을 위하여 제도를 형성하는가인데, 따라서 권력엘리트가 주도하는 '근본적인 아이디어 집합'(a fundamental set of ideas)이 중시된다. 패러다임의 이런 '구조적' 요소는 규칙, 규범, 표준운영절차와 같은 제도와 '신제도주의'의 연구와 밀접하게 연결돼 있다고 주장한다. Paul Cairney and Christopher M. Weible, "Comparing and Contrasting Peter Hall's Paradigms and Ideas with the Advocacy Coalition Framework," Hogan and Howlett(eds.), Policy Paradigm in Theory and Practice, 2015, 86-88.
22) 수렐은 "아이디어가 어떤 경우에는 제도의 설명변수를 구성하지만, 다른 경우에는 제도 그 자체가 된다.…패러다임은 일정 사회 내 개인, 집단, 국가 사이의 교환의 산물이고 결정인자이기도 하다"고 말한다. Yves Surel, "The Role of Cognitive and Normative Frames in Policymaking," Carson, Burns & Calvo(eds., 2009), 33-34.(29-44)

중범위 수준이나 가장 협의 수준의 제도의 개념으로 내려갈수록 특히 더- 정책이 오히려 제도의 변화를 일으키는 제도의 독립변수로 작용하기도 한다.23)

　　과학도 인간 행위의 하나이므로 그런 제도의 제약을 비롯한 과학활동과 제도 간 상호작용이 없을 수 없다. 그렇지만 정책이 제도의 제약을 받는 한편, 그 제도 자체를 형성‧변화시키는, 종속변수이자 독립변수로서의 관계와 상호작용이, 과학과는 비교할 수 없을 정도로 매우 깊고 크다. 그래서 사회과학의 여러 학문을 비롯해 정책학에서도 구제도주의에 이어서, 신제도주의의 다양한 이론들을 통하여, '제도'에 대한 관심이 크게 높아진 것은 이를 반영한다. 사실 신제도주의론자들의 궁극적인 관심사는 '제도가 개인의 행위나 정책에 어떤 영향을 미치는가'를 탐구하는 데 있음은 주지의 사실이다.24) 그리고 제도의 유지이건 제도의 변화이건 제도라는 현상 이면에는 항상 권력관계가 도사리고 있다.25) 이는 결국 정책은 사람(정책행위자)을 중심으로 권력과 제도라는 특수성이 상호 관련돼 얽혀있으므로 항상 그 상호관련성 안에서 연구되고, 그 이론이 실천돼야 할 필요성을 말해 준다고 하겠다.

　　그러면 결론을 겸해서, 권력, 이익, 제도 등 여러 가지 '정책의 특수성'이 '정책아이디어'(패러다임)와 조화를 이뤄, 성공적으로 구현되고 있는 대표적인 사례를 제시하기로 하겠다(이는 후술할 패러다임 정책관에 의한 정책의 이해가 필요한 사례이기도 하다). 그것은 일단의 서로 '다른 생각(아이디어)을 지닌 사람들'을 대표하는 집단(정당)이 선거 때마다 '나름대로 판단‧평가‧추정을 하는 유권자'의 지지를 확보해 '권력'을 획득하기 위하여, 서로 경쟁하면서도 타협하는 '제도'(의원내각제와 연립정부 구성)를 통하여, 전혀 다를 것 같은 상반된 패러다임을 하나로 혼합시

---

23) 역사적 제도론자 홀(Peter Hall)에 의하면, '제도'는 ① 가장 포괄적인 수준에서, 민주주의와 자본주의와 관련된 기본적인 조직구조를 말하고, ② 중범위 수준에서는 선거제도, 정당체제, 노동조합의 조직화율과 집권화 정도 등을 의미하는 노동조직의 구조, 생산자 조직의 특성, 자본분파 간의 관계, 국제경제와의 관계 등을 말하며, ③ 가장 협의로는 공공조직의 표준화된 관행, 규정, 일상적 절차 등을 말한다고 본다. 그리하여 독립변수적인 제도의 한 측면만을 예시한다면, 제도는 각각의 수준에서 '정책'을 제약(기회 포함, 제약이지 결정이 아님)하는 틀로 작용한다고 보는데, 역사적 제도주의는 주로 ② 중범위 수준에서의 제도에 초점을 맞춘다고 본다. 하연섭(2011), 43-49 참조.
24) 하연섭(2011), 42-43, 138.
25) 하연섭(2011), 171.

커(복합패러다임, 복합정책기조), 비교적 안정되게 각 분야의 정책기조들을 구현해 나가는, 다음 독일의 연정(연립정부) 사례이다.

　　제2차 세계대전 패전 후 폐허와 분단 속에 1949년 서독이 택한 정치제도는 '의원 내각제'(내각책임제)였다. 그리고 사회경제의 국가정책기조로서는 복합적 성격의 '사회적 시장경제'(social market economy)를 채택하였다. 권력(집권)을 위해 치열하게 유권자의 지지 경쟁을 벌인 정당들은 선거에서 과반의 다수 의석을 확보하지 못해, 원내 다수당이 항상 다른 정당(들)과 연립정부를 구성해야 했다. 그리고 이 연정은 다시 정치규범(제도)으로 정착돼, 오히려 정책의 안정성과 연속성을 높여준 것으로 평가받고 있다. 보수적인 기민련(기민당)과 진보적인 사민당이 다수당을 차지하며, 기민련과 사민당의 대연정도 여러 차례 이뤄졌다. 또 소수당인 자민당의 당수 한스디트리히 겐셔(Hans-Dietrich Genscher)는 기민련 주도나 사민당 주도의 연정에 참여해, 1974년부터 1992년까지 18년간 외무장관을 지내면서, 동서 균형과 실리 추구의 외교노선, 곧 '겐셔리즘'으로, 동서독 통일과정에서 외교사령탑 역할을 훌륭하게 수행해 통일 주역 중 한 사람이 되었다.

　　연정을 구성하기 위해서는 보수와 진보, 우파와 좌파 등 서로 다른 이념·성격의 공약과 정강정책에 대한 치열한 협상과 타협 조율의 정책협의(정책협상)가 필수적인데, 그 정책협의는 보수와 진보, 우파와 좌파의 이념을 결합한 복합패러다임으로서의 '사회적 시장경제'의 틀 안에서 각 분야 혼혈 성격의 정책기조체계를 정립하는 방향으로 이뤄졌다. '사회적 시장경제' 자체가 복지국가를 지향하는 사회정책기조와 자본주의의 자유시장 경제정책기조를 혼합(혼혈)시킨 혼종(잡종) 패러다임이다. 이는 내실 있는 사회보장제도의 구축은 물론, 자본주의 시장경제체제만을 택한 국가들에서는 보기 어려운, 노동자의 경영 참여 보장, 회사와 노조, 지역사회가 함께 참여하는 정기적인 노사협의회의 개최 등 자본과 노동 양쪽의 참여와 협력, 정부의 중재와 통합이 필수적인 패러다임이다. 2000년대 초 사민당의 슈뢰더 총리가 복지혜택의 축소와 노동시장 유연화의 개혁을 도입하기는 했으나, 기본적으로 이 패러다임을 좌우 합작 연정이 충실하게 구현해 냄으로써, 라인강의 기적을 이뤄냈고, 사실상 동독을 흡수통일 하였으며, 유럽의 최강자로 재등장하게 되었다.[26]

---

26) 선거에서 승리한 다수당이 곧 바로 집권해, 의회에서 야당과 정쟁을 하며 정책기조를 관철해 가는 세계적 관례와는 다른 독일식 정치게임은, 게임판 자체를 과반수가 되게 만들어 타협 조율된 (다분히 혼혈) 정책기조체계를 바탕으로 4년간 안정적·효율적으로 정책을 운용하는 독특한 정책게임 방식이다. 독일 통일의 주역 중 한 사람인 에곤 바르도 "독일의 통일을…흔히 공산주의에 대한 자본주의의 승리…라고 이야기합니다만…저널리즘의 피상적인 시각에서 나온 견해일 뿐입니다. 긴 역사적 안목에서 살펴보아야…지난 100여 년간 서구 사회의 역사적 변화를 주도한 핵심적인 힘은 노동운동…노동운동사의 관점에서 살펴보면…노동운동을 대표

4. 정책의 특수성을 반영한 '정책철학적 정책관'의 정립

그러면 이제 과학철학적 관점에 정책의 특수성을 반영함으로써, 정책학적인 사고방식으로 깊이 숙고한 -곧 정책철학적인 규범사유와 본질사유의- 자세와 관점에서, 정책학적으로 변용시킨 의미로 정책관을 정립할 수 있겠다. 그것을 다른 말로 표현하면, 정책철학 인식론에 입각한 정책관이라고 할 수 있는데, 우리는 이를 '정책철학적 정책관'이라고 부르기로 하였다. 그렇게 정립할 '정책철학적 정책관'은 다음과 같이 요약해 제시할 수 있겠다.

첫째, 각종 공동체나 조직 단위의 정책활동의 양상은 다종다양한 방식으로 펼쳐지고 있는 모습을 보여주고 있으므로, 거기에 맞는 기본적인 정책관은 '다원주의 정책관'이 되겠다.

둘째, 다종다양한 정책은 대부분의 경우 기본 아이디어 성격의 패러다임(정책기조)에 기초하고, 그 지배나 지도를 받고 운용되고 변동되는 양상을 보여주므로, 그에 맞는 또 하나의 기본적인 정책관은 -'다원주의 정책관' 안에 있기는 하지만 그 비중과 중요성 때문에 독립하여 정립할 만한- '패러다임 정책관'이 되겠다.

셋째, 이상의 정책관이 그동안 정책학에서 본격적인 논의가 없었는데 과학철학 인식론에서 새롭게 도입할 새로운 정책관이라면, 그동안 이미 과학철학 인식론에서 도입해 널리 수용하고 있는 전통적 정책관으로서 '행태주의(이론·가치중립적 객관주의) 정책관'과 '점증주의(점진적 개량주의) 정책관'이 있다(그러나 '정책철학 인식론에 입각한 정책관'의 하나라는 인식이나 개념 및 용어는 없었다). 우리는 이들 각각을 그대로 중요한 정책철학적 정책관의 하나로 인정해 정립하고자 한다.

결론적으로, 이 책에서 최신 과학철학 인식론을 반영하고, 현실 정책의 특수성을 고려하여 채택하는 정책철학적인 정책관, 즉 새롭게 성찰하게 된 '정책철학

해 온 두 정당…사회민주주의와 공산주의 사이의 체제 경쟁에서 결국 사회민주주의가 승리한 것…동독에 대해 승리한 것은 정치적 자유와 경제적 평등을 함께 추구한 사회민주주의가 당의 독재에 의해 경제적 평등만을 추구한 공산주의보다 이론적, 실천적으로 우월한 노선이라는 것이 입증된 것을 의미합니다."라고, -자본주의적 요소 외에- 사회민주적 패러다임의 요소를 강조하였다. 김누리 외(2006), 59. 배기정 교수의 "…당신은 독일 통일을 어떻게 평가하십니까?"의 질문에 대한 그의 답변임. 사회적 시장경제에 대해서는 안두순·안석교·Peter Mayer (편), 사회적 시장경제-독일의 경험과 한국에 주는 교훈, 세계문화사, 1999 참조.

인식론'에 입각하여 정립하게 된 정책관은, ① 행태주의(이론·가치중립적 객관주의) 정책관, ② 점증주의(점진적 개량주의) 정책관, ③ 패러다임 정책관, ④ 다원주의 정책관 등이 되겠다. 그리고 그에 부수되는 세부적인 정책관들, 예컨대 패러다임 정책관 내의 평상 정책활동의 정책관과 정책혁명의 정책관, 점진적 진화변혁의 정책관, 정책혁명과 점진적 진화변혁의 절충적 정책관이나, 다원주의 내에서도 새롭게 부각되는 전문가주의 정책관, 직접참여주의 정책관 및 협치주의 정책관 등도 있는데, 이들에 대해서도 살펴볼 것이다. 그러면 이 정책관들에 대하여 각 인식론이 대두한 순서대로 하나씩 살펴보며 정립하기로 하겠다.

제 2 절 행태주의(이론·가치중립적 객관주의) 정책관

1. 논리실증주의가 표방하는 '이론·가치중립적 객관주의' 관점

근대 이후 과학철학 분야에서 등장해 과학 분야뿐만 아니라 다른 학문 분야에까지 큰 영향을 끼친 첫 번째 인식론이 논리실증주의라고 하였다. 그러면 그 논리실증주의자들의 핵심적인 주장은 무엇인가?

논리실증주의자들은 과학적 탐구활동이 '이론 중립적인 관찰과 논리적 추론'에 의해 이루어지는 '객관적이고 합리적인 지적 활동'이라고 하였다. 그들은 '관찰의 이론 중립성'(the theory-neutrality of observation)을 주장하며 자연과학의 방법처럼 '사실 그대로의 것'을 감각기관에 의한 경험으로 검증할 수 있는 것만이 참된 진리·이론·지식이라는 '검증이론'(verification theory)을 주장하였다. 그들은 검증 불가능한 것은 무의미하고, 객관적인 지식이 될 수 없기 때문에 인간의 주관에 좌우되는 주관적인 '가치' 문제를 배제하며, 적어도 과학의 영역에서는 객관적인 인식이 가능한 '사실'에 한정하여, 즉 엄격한 '가치-사실 이원론'(value-fact dichotomy, dualism)에 입각해 지적 활동을 수행해야 한다는 객관주의, 가치중립주의를 표방하였다.

그러나 이 논리실증주의는 현대의 '엄밀한' 철학적 인식론의 기준에서 볼

때 관찰의 이론 중립성, 귀납의 문제, 사실과 가치의 분리(가치중립), 수동적 인식
론(인식 객관주의) 등 자체의 내재적 난점(難點)과 한계 때문에 그 논거가 더 이상
유지되기는 어려워졌다.[27] 그런데 그런 철저하고 엄격한 철학적 기준과 판정에
별로 개의치 않는 일상적 과학 실천 현장의 사정은 그렇지 않다. 즉 더 이상 타당
하지 않다는 현대 인식론적 판정이 나오기 전, 엄연히 검증이론의 논리실증주의
는 그동안 현대 과학의 기초를 닦은 기본적인 인식론이었고, 수많은 과학자들은
전에나 지금이나 느슨하게 이를 따르면서 일정한 성과도 내 왔다.[28] 그렇다면
이제 논리실증주의에 대한 균형 잡힌 결론은, 그것이 인식론으로서 중요한 결함
이 있다고 버릴 것이 아니라, 가능한 대로 (그것만이 전부라는 인식을 탈피해) 신중하
게 활용하는 것이다. 단 조건은, 결함 부분을 명확하게 인정하고, 이론·가치중립
성과 객관적·과학적 성격(정보·자료) 등의 오도(誤導) 가능성에 대한 각별한 조심

---

27) 이를 과학철학에서는 '과학적 실재론'(scientific realism)의 문제라 한다. 과학적 실재론이란 최
신의 과학 이론이 세상에 대해 말하는 내용 모두가 참이거나 최소한 근사적 참이라는 입장이
다. 철학자들이 과학적 실재론이 정당화될 수 있는지를 놓고 논쟁할 때, 철학적 전문 용어로
'참'이란, 일상용어의 참보다 의미가 훨씬 더 엄격하다. 예컨대 특정 건물의 높이가 정확하게
143.1미터라고 할 경우, 누가 143.2미터나 1.431미터로 말한다면, 철학적 의미에서 조금이라도
존재론적 '참'에서 어긋나면 동일하게 '거짓'이다. 이 경우 '근사적 참' 개념으로 우회할 수도
있다. 그렇지만 그것은 숫자로 표현되기 어려운 대부분 과학 이론의 내용에 대해 적용하기 어
렵다. 경쟁하는 과학 이론 중 어느 것이 '더' 참에 가까운지에 대한 판단은 어떤 이론적 관점
을 택하는지에 따라 달라진다. 더구나 모든 과학 이론이 근사적으로 참이라면 과학의 진보를
설명하기도 어려워진다. 과학의 진보는 과거 이론에서 틀린 부분, 즉 거짓인 부분을 제거해
나감으로써 얻어진다고 볼 수 있다. 그래서 모든 과학 이론이 근사적 참이면서 동시에 과학이
항상 진보하려면, 과거부터 모든 과학 이론이 일관된 흐름을 갖고 차근차근 쌓여 더 참에 가
까워졌다고 말해야 한다. 그러나 이는 과학의 실제 역사와 부합하지 않는다. 시간과 공간에
대한 이해를 동역학 이론과 함께 혁신적으로 바꾼 상대성이론의 등장처럼, 과학 혁명 시기에
는 세계를 바라보는 과학적 틀이 크게 바뀌기 때문이다. 문제를 더 복잡하게 만드는 것은, 예
전에 현상을 잘 설명하고 현상 뒤에 숨겨진 '연결'을 성공적으로 밝혀냈다고 평가받던 이론
중에 현재 우리가 보기에 참이 아니라고 판단하는 이론이 많다는 점이다. 이상 이상욱, "주말
온도 -20도 찍는다"…'거짓'이라 할 수 있을까? 프레시안, 2013, 11, 22.

28) 논리실증주의적 방법론을 사회과학자가 사용해 유명해진 가장 고전적인 사례로는 프랑스 사
회학자 뒤르켐(Émile Durkheim, 1858-1917)의 자살에 관한 연구(자살론, Suicide, 1896)이다. 그
는 많은 양의 통계자료를 동원해, 겉보기에 가장 개인적이고 고독한 행위가 사회적 환경의 가
변적인 특징들(종교적 믿음, 혼인 상태, 민간 또는 군대 직업에서의 고용, 소득의 갑작스런 변
화 등)에 의해 결정된다는, 자살 발생의 통계적 유형을 분석해 냄으로써, 사회문제의 중요한
안내자 역할을 수행하였다(다만, 뒤르켐 자신이 실증주의자였다고 한 것은 아니고, 양적 신뢰
성, 객관성, 보편적 적용 가능성 등의 공통점이 있는 데 초점을 둔 것임에 유의바람). 이상 Ted
Benton and Ian Craib, Philosophy of Social Science, Palgrave Macmillan, 2010(second ed.), 이기홍
(역), 사회과학의 철학, 한울, 2014, 46-54, 298, 326 참조.

과 주의(注意)를 강조하면서, 포퍼나 쿤 등의 이론으로 보완해야 할 불완전한 결함 부분에 대하여 수정·보완해야 한다는 것이다. 이것이 근래 주목받는 '다원주의 과학철학 인식론'의 취지이기도 하다. 이는 정책학에 도입하는 데서도 동일하게 적용된다.

> …실증주의의 비판은 실증주의적 탐구가 무의미한 것이라거나 그 탐구가 생산하는 지식이 상당히 그릇된 것이라는 결론으로 나아가는 것은 아니다. 오히려 그 비판은 그 탐구가 생산하는 정보를 설명할 때 우리가 조심해야 한다는 것을 의미한다.…실증주의에 기초한 연구에서 우리가 알아내는 것에 대한 탐구는 우리를 해석주의적 이론화로 인도하지만, 실증주의적 연구가 없다면 우리는 생각해 볼 대상이 없게 된다.…쟁점을 흑과 백의 이분법으로 보는 것을 피하는 것은 늘 중요하다.…과학적 지식은, 어떤 의미에서도 최종적이거나 절대적인 것이 아니라는 것, 그리고 주위의 문화의 가치들에 영향을 받는다는 것을 입증할 수 있기 때문에, 세계를 바라보는 다른 방식들과 아무런 차이도 없는 것이라고 생각하는 사람들이 이제는, 특히 사회과학자들 사이에, 많이 있다.[29]

논리실증주의자들에게서 얻을 수 있는 정책철학적인 통찰력은, 모든 학문은 '사실 그대로의 것을 이론·가치 중립적이고, 객관적으로 탐구'한다는 그들의 입장이다. 그래서 이를 정책에도 원용 대입할 관점은 바로 '이론·가치중립적 객관주의'라는 관점이다. 이것이 첫 번째로 정립된 정책철학 인식론이 되겠다.

2. 정책철학적 정책관의 정립: 행태주의(이론·가치중립적 객관주의) 정책관

논리실증주의에서 얻은 이론·가치중립적 객관주의 관점은 이미 정책학에 받아들여져 왔다. 그래서 그것은 거의 그대로 아주 중요한 정책철학 인식론, 곧 정책관의 하나를 구성하게 되었다. 그것은 '이론·가치중립적 객관주의 정책관'이라고 할 수 있다. 이를 사회과학에서는 흔히 '행태주의'(또는 행태론, behaviouralism)

---

29) Benton and Craib(이기홍 역, 2014), 298-299.

나 '합리모형'(rational model)이라고 일컬어져 왔다.[30] 그런데 일반 실무자들이나 일반인들로서는 그보다는 '이론·가치중립적 객관주의 정책관'(혹은 '논리실증주의 정책관')이라는 이름이 더 이해하기 좋을 수도 있겠다. 어떻든 이 정책관에 입각해서 '정책'을 정의해 보면, 정책은 '어떤 이론·가치(성향·이념·선입견 등)의 영향도 받지 않고 독립하여, 오로지 객관적으로 존재하는 현상 그대로의 중요 문제를 해결하기 위한 일련의 행동지침'이라고 정의할 수 있겠다.

■ '행태주의(이론·가치중립적 객관주의) 정책관'의 정의 ■

정책을 어떤 이론·가치(성향·이념·선입견 등)의 영향도 받지 않고 독립하여, 오로지 객관적으로 존재하는 현상 그대로의 중요 문제를 해결하기 위한 일련의 행동지침으로 이해하고, 그에 준거하여 정책이론을 실천하는, 정책에 관한 일정한 관점.

■ '행태주의(이론·가치중립적 객관주의) 정책관'에서 '정책'의 정의 ■

어떤 이론·가치(성향·이념·선입견 등)의 영향도 받지 않고 독립하여, 오로지 객관적으로 존재하는 현상 그대로의 중요 문제를 해결하기 위한 일련의 행동지침.

우리는 그동안 평소 개별 정책들에 대하여 경험하고 관찰(탐구)한 후 얻은 지식을 축적한 끝에(귀납적인 과정을 거쳐) 이제는 '정책이란 이런 것이다'라는, 정책 일반(전체나 보편)에 대한 통일적인 이해나 해석을 추상화한 일정한 관점(견해·이론 등의 정책관)을 가지게 되었다고 믿고 있다. 즉 정책 전체에 대한 보편적인 이해는, 특별한 선행 조건 없이 백지 상태에서[31] 순수한 관찰과 경험에 의하여,

30) 엄밀한 과학적인 연구 대상은, 사회나 집단일지라도 그 구성원인 '개인'을 대상으로, 그것도 객관적으로 측정 가능한 '행태'(행동 양식)에 맞춰져야 한다는 데서 '행태주의'라는 명칭이 나왔다. 정치행정학자 피터스는 행태주의 이론과 방법론의 특징에 대하여, ① 반규범적 편향성을 가지고, (가치에도 관심을 갖는) 규범적 분석에 비판적이라는 점, ② 방법론적 개인주의(methodological individualism)의 입장에서 개인만이 연구의 주된 분석단위라고 보고 개인과 그 행태를 연구하고자 하는 점, ③ 투입주의(inputism)로서 사회로부터 정치체제에 대한 투입, 곧 투표, 이익집단의 활동, 정치적 요구, 자원의 투입 등을 중시하는 점 등을 든다. B. Guy Peters, Institutional Theory in Political Science, 2nd ed., NY: Continuum, 2005, 13-15; 남궁근(2008), 183 인용.
31) 소박한 귀납주의는 영국 철학자 존 로크(John Locke, 1632-1704)가 지식은 생득적이 아니라, 일체의 경험 이전의 인간의 정신상태를 나타내는 말인 '백지'(흰 종이)(tabula rasa, 타불라라사)

학습된 개별 정책들에 대한 지식을 통하여 귀납적이고 객관적으로 이루어진다고 본다. 그 결과, 현실적으로 이런 정책관을 갖는 학자나 정책실무자나 시민(구성원)은 매우 많아서 이 정책관은 상식에 기반한 '전통적 정책관'의 한 중심을 차지한다. '우리가 보고 듣고 느끼는 현실 그대로의 중요한 문제를 해결하는 지침'이 정책이라고 보는, 깊이 생각해 보지 않으면 당연한 상식으로 여겨지는 정책에 관한, 아주 소박한 생각 때문인 것이다.

또 '가치 포화적'(value-saturated)인 정책활동에서 엄밀하게는 그렇게 거의 할 수 없는데도 '편향되지 않은 불편부당한 중립성이나 객관성' 같은 희망사항을 표방한다고 믿기 때문에도 그렇게 믿고 싶어 한다(우리는 믿고 싶은 대로 믿는 성향도 지니고 있다). 그런 오해는 특히 각종 통계적 방법을 동원한 계량적 수치로 표시하며 '과학적'이라는 인상을 심어주고, 실제로도 그렇게 포장하는 소위 '실증적'인 성격의 정책분석, 정책대안 선정, 정책결정 등에서 두드러지게 나타난다. 흔히 '어떤 문제를 해결하기 위한 정책은 어떤 이해관계나 진영 논리에 휘둘리기보다는, 불편부당하고 중립적으로 공정하게, 순수하게 과학적인 전문가의 분석을 통하여, 객관적으로 제시된 분석 결과에 따라 결정·집행되어야 한다'는 식의 주장이 그 예이다.

사실 1951년 정책학이 제창된 초기부터 논리실증주의에 근거한 행태론(행태주의, behaviouralism)이나 후기행태론(post-behaviouralism), 혹은 정책결정의 합리모형(rational model)이 크게 성행하였다. 행태주의 합리모형은 가치의 우선순위 설정, 가치 합의, 가치와 사실의 구분이 가능하다고 전제한다. 그 전제하에 정책결정자가 명확하게 목표를 설정하고, 완벽한 정보에 기초해 수단들의 비용과 편익(효과)를 합리적으로 비교 분석해, 그중에서 최적의 대안을 선택한다는 -그리고 그것이 가능하다는- 학문적 접근방법(관점)이고 정책결정모형이다. 이들 행태주의 합리론자들과 그들의 인식론을 알게 모르게 수용한 -자칭 그런 전문가라거나, 그런 사람의 권위를 무조건 인정하는 일반의- 많은 사람들이 바로 이 정책관을 따르고 있다.

상태에서 경험에 의해 학습된 결과라고 주장하는 경험론에 기초하고 있다.

근대 정책학이란 학문의 탄생은 1951년 미국 정치학자 라스웰(Harold Lasswell, 1902-1978)에서 비롯되었다. 그는 인간의 존엄성을 실현(the realization of human dignity)하기 위하여 민주적인 가치를 지향하는 '민주주의 정책학'(the policy sciences of democracy)을 주장하면서도, 사회적·심리적 연구방법과 같은 '과학적 방법'을 사용하여 정책과정에 관한 연구와 다양한 정책분야에 필요한 정책지식과 정보를 개발하는 것이 필요하다고 하였다.32) 이를 위하여 정책학은 사회의 근본 문제를 파악해 대처해야 하고(근본문제 중심성, fundamental problem-orientation), 복잡한 상황 맥락에 적합해야 하며(맥락성, contextuality), 여러 학문을 동원한 연합학문적 접근 (연합 학문성, interdisciplinary approach)을 취해야 한다는 '정책학의 패러다임'을 주장하였다. 그는 당시 듀이(John Dewey)의 실용주의와 함께, 과학주의를 신봉하는 행태론이 풍미한 미국 학계에서 그의 동료 교수의 표현대로 "행태과학 혁명의 주동자"33)였다.

그래서 그는 과학기술의 덕택으로 제2차 세계대전의 승리를 보고, 이미 눈부신 과학기술 발전의 방법론뿐만 아니라, 보편적인 학문 방법론으로서도 당시 널리 수용된 '논리실증주의에 기초한 행태과학'이야말로 복잡한 기술적인 이론과 방법을 요구하는 사회문제를 해결할 수 있다고 확신하였다. 즉 운영연구, 비용효과분석, 체제분석 등 과학적이고 통계적인 분석기법 등을 종합적으로 사용하여, 과학적이고 실용적인 지식과 기술을 구비한 정책이론을 주장하였다.34) 민주주의 정책학을 주창한 라스웰은 '자신의 가치 목적에 대한 전반적 관점에 입각해 정책의 궁극적 목적을 결정해야 한다'거나, '어느 정도는 가치 실현에 영향을 줄 수밖에 없으므로 자신의 목적 선호 내용을 분명히 하는 것이 요구된다'라고,35) 정책학자의 가치비판적인 역할을 불완전하게 인정했지만,36) 기본적으로는 행태론을 미국적 실용주의와 통합하고자 한 행태론자였다.37) 결국 얀츠(E. Jantsch) 등 소수를

32) Lasswell, "The Policy Orientation"(1951), 5-7, 14-15.
33) Myres S. McDougal, "Harold Dwight Lasswell, 1902-1978," Yale Law Journal, 88(5), 1979, 675. 이해영, "1950-70년대의 정책학의 역사," 한국정책학회보, 12(2), 2003, 267 재인용.
34) H. Lasswell, A Pre-View of Policy Sciences, New York: Elsevier, 1971, viii.
35) Lasswell(1951), 10-11; Lasswell(1971), 41.
36) 허범(1982), 277.
37) 라스웰은 정책학을 창시하면서 ① 그저 잡다한 현안이 아니라 근본문제 지향성을 특별히 반복

제외하면, 드로어(Y. Dror) 등 초기 정책학자들 대부분은 라스웰과 같이, 미국적인 실용주의와 결합시킨 행태론적 관점의 정책학을 지지하며 발전시켰다.[38] 이것이 바로 '행태주의 정책관'이라는 것이다.

그러나 이런 정책관은 정책학 주창 시부터 제기된 '정책지식의 실제 사회 문제 해결의 적합성'(사회적 적합성, 적실성, relevance)에 대한 의문, 곧 현실과 괴리된 정책학의 문제를 해소하지 못하고, 오히려 학문적 불신을 초래하게 된다. 논리 실증주의의 과학적 요건을 충족시킬 수 있는 정책연구는 오직 경험적 접근을 통하여 객관적 사실로 인식할 수 있는 '정책과정'에 한정되고, '정책내용'은 소홀하기 십상이다. 그리고 그것은 근본문제에 대한 당위성 차원의 가치비판적·가치탐색적인 토론(정책논증분석, policy argumentation)과 사회적 합의가 필요한 때, 이런 정책관의 전문가(정책학자나 정책분석가)가 자의적으로 특정 가치를 선호하는 정책결정자(집단)에게 ―더 중요한 그 상위의 당위성과 윤리성 차원(why와 where 차원)을 빼버린 채― 단순한 능률성·실현성 차원(how와 what 차원)의 전략·전술에 관한 지식·정보만을 제공하게 할 가능성을 높여준다. 그로 인하여 가치 전횡의 전제적 정책결정을 허용해 줌으로써 한낱 정책결정자의 도구(청부 학자)로 이용당하며 책임 문제와 불신을 초래할 우려를 증폭시킨다.[39] 이런 문제와 그에 대한 비판 때문

해서 강조하고, ② 계량적 방법의 활용을 강조하면서도 맥락의 풍부성(the richness of the context)에 부응하지 못하는 한계와 부차적(subordinate) 용도일 수밖에 없음을 들어 비계량적 방법과 통합해 활용할 필요를 지적하며, ③ 뉴딜정책의 성공을 뒷받침 한 케인즈이론과 같은 새로운 모델, 역사적으로 살아남을 만한 아이디어의 정책제안을 강조하고, ④ 그 외에도 민주주의 정책학, 인간존엄성, 정책노선(policy line), 변혁(transformation), 전체 체계적 맥락, 연합학문적 접근 등과 같이 '패러다임' 수준을 암시하는 듯한 용어와 개념을 강조함으로써 행태주의 정책관에 대한 (후술하는) 비판을 처음부터 어느 정도 인지하며 경계하고 있었다. 그럼에도 불구하고 그가 주도한 행태주의는 그 의도나 경계에서 많이 벗어난, 다른 결과적 현상들을 노출해 비판을 받게 되었다고 할 수 있겠다. Lasswell(1951), 8, 9, 11, 12, 14, 15 등 참조.

38) Fred R. Dallmayr, "Critical Theory and Public Policy," Policy Studies Journal, Vol.9(1980–81), 522–526; 허범(1982), 277; 이해영(2003), 266–273 참조함. 미국식 실용주의 철학(American pragmatism)과 정책학의 개념화를 이론적으로 연결시키려는 명시적인 노력은 찾아보기 어렵지만, 정책학의 태동은 분명히 1920–30년대에 걸쳐 미국에서 전개되었던 실용주의와 행태주의의 통합에서 비롯된 것이라는 지적은, 허범(2002), 294; Lasswell(1951), 12; W. Ascher, "The Evolution of Policy Sciences: Understanding the Rise and Avoiding the Fall," Journal of Policy Analysis and Management, 5, 1986, 365–371; D. Torgerson, "Priest and Jester in Policy Sciences: Developing the Focus of Inquiry," Policy Sciences, 25, 1992, 228–229 참조.

39) 과학에서도 동일한 문제의식과 각별한 주의를 환기한 다음 칼럼 참조. "…과학사학자 시어도어 포터 교수…가 지적했듯이 '가치중립'의 구호를 내건 과학은 실제로는 주로 정부가 요구하

에 사회적 적합성과 과학성의 통합을 강조하는 '후기 행태주의' 또는 '후기 실증주의'(신실증주의, neopositivism)가 등장하였다.

후기 행태주의는 가치·사실이원론과 가치인식불가론을 견지하면서도, 그동안 과학적으로 인식이 불가능하므로 배제한 '개인적 가치관' 대신, 한 사회에 오랫동안 일관해 객관적 가치'사실'로 존재한다는, 이른바 '사실'의 영역에 속한다고 주장하는 '사회적 가치관'을 도입·보완하고, 그에 초점을 맞췄다. 가치관을 가치판단에 있어서 중요한 '규범적 사실'(normative facts)로서 취급함으로써 가치판단을 경험적 사실로 인식하고자 하였던 것이다. 그리하여 그런 인식론과 정책내용의 연구에 대한 사회적 수요에 힘입어, 1970년대에 들어서면서 정책연구가 폭발적으로 증가해, 가히 '정책운동'(policy movement)이 전개되었다. 그러나 그런 한정되고 폐쇄된 가치체계의 구조화·표준화는 가치판단을 막연하고 추상적으로 허구화(reification)·획일화시킴으로써, 역시 실제 삶과 연결되는 사회적 적합성을 적절하게 확보하지 못한 점에서는 행태주의의 한계를 벗어나지 못한다. 그런 인식론 아래의 정책학은 그 정체성의 혼란을 겪게 되었고, 결국 1980년대 이후 많은 정책학자들이 정책학의 탄생 당시 품었던 이상이 실현되지 못하고 실패했음을 고백하고, 행태론으로부터 해방된 정책학을 세우려는 노력이 뒤따르게 되었다.40)

는 데이터와 실적을 충실히 제공하는 역할을 맡았다. 시스템 안에서 전문성과 지위를 인정받았지만, 시스템 자체의 원칙과 방향을 설정하는 일에서는 배제되었다. 정치인과 관료는 "그런 기술적인 부분은 전문가들이 알아서 할 일"이라 하고, 과학자는 "우리는 기술적인 부분만 다루기 때문에 나머지는 정부가 판단할 일"이라며 서로 책임을 떠넘기는 가운데 과학의 자리는 더 좁아졌다. 특히 한국에서 과학자는 '가치중립'이라는 명분 아래 국가가 설정한 경제적 가치 이외의 다른 가치에 무관심할 것을 요구받았다. 국가에서 부여하는 가치가 곧 과학의 가치였다.…4대강과 원전에서 인공지능과 기후변화까지 과학의 문제를 푸는 것은 곧 한국 사회가 지향하는 가치를 표현하고 실천하는 일이다.…" 전치형(카이스트 과학기술정책대학원 교수), "과학이라는 교양," 한겨레, 2016.8.19., '과학의 언저리' 칼럼.

40) Torgerson(1985, 1992), Ascher(1987), deLeon(1988, 1994), Brunner(1991, 1996), Doren(1992), Fischer(1998) 등 주요 정책학자들이 공통적으로 지적하고 있는 정책학의 실패 원인은 ① 목표의 타당성을 묻지 않고 주어진 목표의 달성을 극대화시킬 수 있는 최적 수단의 선택이라는 '도구적 합리성'(instrumental rationality), ② 정치과정이나 사회적 합의는 배제되고 전문가의 기술적 기준에의 최적을 지향하는 선택인 '기술관료적 지향성'(technocratic orientation), ③ 복잡한 정책문제의 중요한 맥락을 다루기 쉽게 단순화시키면서 실제 문제를 왜곡시키는 '분석적 오류'(analytical errors) 등 세 가지이다(이는 행태론의 급소이다). 이렇게 요약한 허범 교수는 다시 민주주의 정책학의 이상과 기초로 돌아가 사회적 적합성(적실성)을 확보하기 위해, 정책의 연구와 이론실천에서 탈실증주의적인 참여와 토론, 사회적 형상(social construct), 의미, 해석 등에 주목하고 있는 학설사적 전환의 시대에, 실천적 참여정책분석(participatory policy

논리실증주의에 입각한 이 전통적 정책관이 표방하는 대로, 과학철학에서 그랬던 것처럼, 그 난점(難點)과 한계 때문에 순수하게 그 논거 그대로, 엄밀하게 이론·가치 중립성과 객관주의는 더 이상 유지되기 어렵다. 그런데도 역시 과학계에서 그런 것처럼, 이 정책관은 '전통적 정책관'의 중심을 차지하고 있다. 4대강사업, 원자력발전소의 추가 건설이나 폐쇄, 신공항의 건설과 같은 정책문제가 심각한 논란의 대상이 되었을 때, 그 문제는 '공정하게 전문가에게 맡겨라'라는 식의 입장이나 주장이 그 예이다. 과연 검증이 안 돼 불확실한, 특정 선호하는 이론·가치를 오히려 불편부당한 중립성으로 탈색해 잘 포장해서, 설득하거나 힘의 논리에 의지해 강행하는 방식 등으로 현실 정책으로 채택해 실험에 돌입하고 -때로는 성공, 때로는 실패하고- 있는 현실 정책상황은 그것을 웅변하고 있기도 하다.

그렇다면 이제 이 정책관에 대하여, 일상적인 정책철학하기 수준에서, 균형 있게 볼 필요가 있다. 이 정책관의 맹종이나, 혹은 그 토대인 인식론적 근거의 근본적인 결함을 이유로 이 정책관을 완전히 버려야 한다고 말하는 극단론은 모두 바람직하지 않다. 그보다는 '패러다임'과 같은 새롭게 발견된 인식론적 근거들을 활용하여, 획기적으로 수정·보완해 활용할 만한 부분을 활용하되, 경각심을 가지고 주의할 부분은 주의하도록 철저하게 교육하고 공론화해야 한다고 말하는 것이 바람직할 것 같다('과학적'이라고 '학술 권위'로 포장하는 데 대하여 일반인이 '지지'하고 '상식'으로 받아들이고 있으므로, 많은 학자와 권력층이 교묘하게 이용하는 것이 현실이다).[41] 그리하여 근본문제에 대한 당위성 차원의 가치비판적·가치탐색

---

analysis)의 발전과 실용화, 토의민주주의(discursive democracy)의 신장을 강조한다. 허범(2002), 302-309 및 허범(1982), 279-284 참조.

[41] Benton and Craib(이기홍 역, 2014), 298-299. 이와 관련, 다음과 같이 '정책분석가의 윤리'를 제시하기도 한다. ① 정책분석가는 스스로 가치판단을 해서는 안 되는 것은 물론이고, 정책에 내포된 가치를 밝힐 때에는 객관적이고 공정한 태도를 유지해야 한다. 편견을 갖거나, 또는 특정 집단을 위해서 관련된 가치를 분석에서 제외시키거나, 정책대상의 우선순위를 검토할 때 특정의 가치를 중시하거나 경시하면 안 된다. 정책수단의 효율성을 판단할 때 고의적으로 사실을 왜곡, 판단하는 경우도 가끔 나타나는데 이것은 범죄행위에 해당될 정도로 나쁜 행동이다. ② 정책분석가가 부득이 가치판단을 하게 될 때는 중립적이고 공익을 우선하는 태도를 지녀야 한다. 정책결정자가 정책분석가에게 가치판단과 이에 따른 정책대안의 우선순위의 판단을 일임하는 경우가 간혹 있는데, 그 경우 국민 전체의 입장이나 사회정의에 합당한 가치판단을 해야 한다. ③ 정책분석가에게 주어진 분석과제가 분석가로서의 객관성과 중립성을 보장하지 않으면 분석 작업을 회피하는 것이 바람직하다. 바람직하지 못하다고 판단되는 정책목적을 위해서 수단만을 탐색하는 것이라거나, 전체적으로 특정의 소수 집단을 위해서 반국민적이거나 반대중적인 정책대안을 염두에 두고 있는 것을 정책결정자가 분석가에게 의뢰하였을 경우가 이에 해당된다. 또 내부적으로 이미 정해진 정책대안을 합리화시키기 위한 분석이나, 연

적인 성격의 토론(정책논증분석, policy argumentation)이나, 사회적 합의나 그런 정책결정이 필요한 때, 정책참여자들이 이런 정책관의 전문가(정책학자나 정책분석가)나 정책담당자가 주장하는 자료나 분석은 어디까지나 당위성·윤리성 차원보다 하위에 있는 능률성·실현성 차원의 도구적 지식·정보를 제공하는 데 유용한 -어쩌면 판단을 보조해 주는- 정보나 자료나 연구분석일 뿐, 절대적이거나 결코 전부는 아니라는 사실을 명확하게 인식할 필요가 있다. 그리고 우리 삶에서 일련의 자료나 분석은 근절 불가능한 -가치중립적이 아닌- '가치판단적인 사안'임을 철저하게 공유하며, 그렇게 공론화된 가운데 정책결정의 도구로 활용해야 할 것이다.42)

그러면서 중요한 것은, 이 정책관의 한계가 널리 공유되어야 한다는 점이다. 곧 경험적인 관찰에만 의존해서 객관적인 현상으로 드러난 '문제'만에 치중하고 집중해, 대증요법적으로 대응해 치유하려고 함으로써, 경험적 관찰로는 잘 잡히지 않거나, 당장은 미미한 문제인 것 같지만 나중에 아주 큰 파장을 몰고 올, 중대한 잠재적 문제에 대해서는 소홀히 여기거나 무시할 위험성이 크다는 한계이다.43) 특히 그 결정적인 한계는 '패러다임 차원의 문제와 그 대응'에 소홀히 하거

구결과를 제대로 발표하지 못하게 하고 자신들에게 유리한 내용만을 발췌·발표케 하는 경우 등이다. ④ 일반 조사연구와 마찬가지로 연구자의 행동규범이 요구되기도 한다. 자료를 제공한 자를 보호하는 것 등이다. ⑤ 정책분석과정에 사람을 대상으로 하는 정책실험이 수반된 경우에 분석가의 윤리가 특히 중요시된다. 위험이 수반되는 실험이 수반되는 경우에는 실험대상자에게 충분한 조치와 예고를 해야 하며, 반대로 편익이 따르는 실험의 경우 특정 대상자들에게만 자원배정을 해야 하는 기준을 명시해야 한다. 정정길 외(2012), 25-27 참조.

42) 19세기 프랑스 철학자 콩트(Auguste Comte, 1798-1857) 이래 '실증주의'라는 용어는, 대규모 자료묶음, 양적 측정, 통계적 분석방법을 사용하는 사회과학 접근법에 대하여 -흔히 경멸적인 내포와 함께- 사용돼 왔다. 그렇게 오늘날 대부분의 국가에서 삶의 모든 측면, 즉 질병·건강·사망, 출산·결혼·이혼, 고용·실업, 소득·소비·소득격차, 태도와 가치 등에 관한 공식 통계를 수집하는 전문 인력을 둔 관청(통계청)을 두고 공식 통계를 발표하고 출판물을 발간하면서, 자료수집 계획과 자료해석 및 정책적 함의에 관해 통계학자와 사회과학자들의 도움을 얻어, 정책운용에 적극 활용하고 있음은 주지의 사실이다. 따라서 엄연한 한계와 함께 실증주의의 노선에 따른 연구·분석의 역할은 여전히 존재한다는 점을 인정해야 할 것이다. 실증주의의 비판에 대응한 반론은 크게 두 갈래가 있다. 그냥 애초 선언한 대로 사회적 삶에서 '가치중립의 성배'를 계속 추구하는 것이 하나의 대응이라면, 사회적 삶에 대한 모든 의미 있는 특징짓기가 가진 근절 불가능한 '가치 함축'을 필연적으로 담고 있다고 인정하는 것이 다른 하나의 대응이다. 이와 관련, Benton and Craib, 이기홍(2014), 47, 53, 298, 351-352 참조.

43) 예컨대 특정 선호 시설이나 단지의 유치를 위한 비용편익분석(B/C analysis)의 결과는, 지역불균형의 상황과 발전전략을 그대로 전제하는(즉, 그 가치를 옹호하는) 경우, 집적·집중의 기득권 효과가 작용해 부익부 빈익빈의 결과를 산출할 것이 명백한데, 지역균형의 가치를 최우선

나 간과할 위험성이다. 현실 개개 문제를 포착하고 그때그때 대중요법적인 해결에 노력을 쏟다보면, 거기에 매몰돼 정작 공동체사회의 저변에 흐르는 시대정신(Zeitgeist)이나 미래지향적인 큰 틀의 방향을 포착해 '패러다임 차원의 대응'을 하는 데에는 실패할 수 있기 때문이다. 요컨대 쿤의 패러다임이론을 보완한 패러다임에 관한 다양한 관점 및 전문가주의를 보완하는 협치주의 정책관에 입각한 '정책기조'의 비판, 탐색과 창조에 관한 지적 능력(기조지능), 기조감수성, 공론장의 갈등 관리와 개방적 합의성, 그리고 실행력 등의 문제에 대한 각별한 이해와 관심이 강조되어야 하는 것이다.44) 이에 대해서는 저자의 <정책기조의 탐구 – 정책아

시할 경우에는 그런 분석의 결과가 완전히 달라질 수 있는 정도로, 가치판단의 문제, 미래 발전전략의 문제이다.

44) 철학적인 의미로 '주관성'(subjectivity)의 개념은 인식주체인 개인의 의미나 지식이 다른 사람이나 인식 대상과 관계없이 자율적으로 창조되는 개인적 산물이라는 관념을 말한다. 이는 '상호주관성'과 비교할 때 '내부주관성'(intrasubjectivity)을 의미한다. 그러나 외부와 독립한 자율적인 지각활동을 생각할 수 있는데, 그 경우마저도 다른 사람과 의미를 공유하고 있는 '언어', 따라서 사회적 맥락 속에서만 가능한 '언어'를 반드시 사용해야 하기 때문에, 내부주관성을 주장하는 순수 주관주의(subjectivism)를 수용하기는 어렵다(주관주의는 '밖에 보이는 세계·대상은 모두 다, 보는 내 속에서 만들어진 것이다. 그래서 주체가 인식할 때 인식의 그물망을 던져 대상을 능동적으로 건져 올린다'는 관점으로서 주관론, 관념론이라고도 한다).
한편, 개인의 의미나 지식은 개별 주체의 인식과 의식에 의존하지 않고 그와 독립하여 존재하는 인식 대상(객체)을 기초로 형성된다는 관념이 '객관성'(objectivity)의 개념이다. 그러나 개인의 자율적·주관적인 의미나 지식의 창조행위를 부인하므로, 순수한 객관주의(objectivism)도 수용하기 어렵다(객관주의는 '밖에 보이는 세계·대상은 그것을 보는 나와 관계없이 보이는 그대로의 세계·대상이다. 그리하여 주체가 인식할 때 그저 사물을 마주하며 수동적으로 주어지는 자료만을 받아들인다'는 관점이다).
그런데 대상에 대한 인식은 너무 객관적이거나 너무 주관적인 성격을 부각시키기보다는 '상호주관적으로 타당해야 한다'고 말할 수 있다(상호주관주의). 개인의 의미나 지식은 사람들 사이에 공유하고 있는 의미와 지각에서 나오는, 그리하여 사람들 사이의 묵시적이거나 명시적인 동의(합의)의 결과인 사회적 산물(a social product)이라는 생각·관념이 바로 '상호주관성'(intersubjectivity)의 개념이다. 여기서 객관성을 포함하고 있는 상호주관적인 상징체계인 '언어' 없이는 주관성을 갖는 자율적인 지식 창조가 불가능한 것만 보아도, 주관성을 토대로 하되 사회적 맥락의 객관성이 혼합된 상호주관성의 개념이 중요함을 이해할 수 있다. '상호주관성'은 곧 인간의 사회성, 인간의 자유와 창의성, 우리 관계, 상호 의존성, 자아와 사회의 통일성(unification of self and society)을 설명해 주는 개념이다. 그리하여 현대에 들어와서는 주체와 주체 '사이'의 교통, 주체와 객체의 '사이'에 관심을 집중하고 있다. 현상, 언어, 의미, 구조, 비판, 해방이라는 전문용어와 현상학, 분석철학, 해석학, 구조주의, 비판이론 등의 철학사조가 그것이다. Harmon(1981), 40-48; 이기상(2002), 224-225 참조. 객관주의자도 '상호주관성'의 개념을 사용하지만, '상호주관적 타당화'(validation)나 '상호주관적 전이 가능성'(transmissibility)과 같이 주로 형용사적으로 사용하면서 연구자의 부정확한 관찰에 대하여 방법론적인 오류를 교정하는 방안이나 대비책을 의미하는 것으로, 주관주의자와는 다르게 사용함에 주의해야 한다. 이에 비하여 주관주의자는 사람들 사이에 서로 공유하고 있는 주관성에 의하여 사회세계가 창조, 유지, 변화하게 되는 의미로 '상호주관성'의 개념을 사용한다. 이상 박정택(2007b),

이디어로서의 정책패러다임> 책에서 상술하고 있으므로 이를 참고하기 바란다.

제 3 절 점증주의(점진적 개량주의) 정책관

1. 포퍼의 반증주의가 함축하는 '점진적 오류 시정주의' 관점

과학철학자 칼 포퍼는 논리실증주의의 검증이론을 비판하면서, 그 대안으로 반증주의(falsificationism)를 내세워, 새롭고 중요한 인식론을 제시하였다.

> 단 하나의 반증 사례만으로도 검증된 이론(법칙)은 무너져버리므로, 과학활동이나 지식 추구 방법론의 본질은 '검증'(verification)이 아니라 '반증'(falsification)에 있다는 진리 발견의 방법론이 반증주다. 그것은 '인간의 실수·착오·오류는 불완전한 인간 이성의 지극히 정상적인 모습'이고, 그래서 '이성은 언제든 오류(잘못)를 범할 수 있다'와 '인간은 오류로부터 배울 수 있다'는 대명제에서 출발하고 있다. 그러면서 오류의 발견과 그 오류의 수정을 통해서만 지식을 증진시킬 수 있으므로, 반증을 통하여 이론의 잘못된 부분을 계속 수정하며 새롭게 만들어내는 '비판정신'이야말로, 과학과 지식의 정수이자 성장의 기본 형식이며, 과학과 지식의 본질은 그 '내용'이 아니라, 끝없는 '추측과 반박(논박)'의 '과정'에 있는 '방법론의 문제'라는 것이다.[45]

그러나 그런 포퍼의 반증주의도 무엇보다 실제 과학사의 사실과 맞지 않는다는 비판을 받았다. 실제 과학자들은 (라카토쉬의 말대로 얼굴이 두꺼워) 자신의 이론과 모순되는 사실을 발견한다고 해도, 자신의 이론을 포기하지 않고 고집스럽게 집착하였기 때문이다. 누구보다도 토마스 쿤은 패러다임 인식론에 입각한 '과학혁명론'을 주장하면서 정상과학 안에서는 과학이론에 대한 결정적인 반증이 존재하지도 않고, 반증으로 곧 바로 이론을 폐기하지도 않는다고, 포퍼를 포함한 그 이전의 과학철학이론을 비판함으로써 반증이론의 한계를 분명하게 들춰 내 주

349–350에서 인용.
45) 장하석(2014), 28, 34-35 참조.

었다.

　그럼에도 불구하고 포퍼 자신과 그의 추종자들은 쿤의 패러다임이론에 동의하지 않았는데, 패러다임의 변동도 반증의 한 유형이고, 정상과학 활동도 반증활동이라고 스스로 생각하기 때문일 것이다. 사실 패러다임의 변동까지도 반증에 의한 변동으로 볼 여지가 없는 것은 아니다. 그렇지만 반증주의를 확장한 ─전체주의와 싸우는─ 포퍼의 정치사회철학, 곧 '점진적 사회공학'(piecemeal social engineering)과 그 자신 패러다임 관점을 거부한 입장에 비춰 볼 때, 반증이론은 '패러다임 차원의 변동'을 설명하는 데에는 적절하지 않다고 보는 것이 일반적이다. 그보다는 오히려 엄밀한 과학철학 인식론에 대하여 크게 개의치 않고 실제 일상적 과학활동을 수행하는 대부분의 과학자들이나 일반인들의 인식이 크게 작용하고 있다. 즉 실제 일상적 과학활동은 반증이론과 같은 인식론에 의해 수행되고 있다는 단순 소박한 생각 때문에, 반증이론이 여전히 상식적 과학관으로 받아들여지고 있는 주된 이유라고 볼 수 있다.

　그런데 특별하게도 포퍼는 그 자신이 직접 그의 반증이론을 정책에 적용하였다. 그는 그의 반증주의에 기반을 둔 정치사회철학으로서의 점진주의를 주장하고, 다음과 같이 그 자신의 정책관을 피력하였다.

> …추상적인 선을 실현하려고 하지 말고 구체적인 악을 제거하기 위해 노력하라. 정치적인 수단을 사용하여 행복을 이룩하려고 하지 말라. 오히려 구체적인 불행을 없애려고 노력하라. 직접적인 수단에 의해 가난을 없애기 위해 싸워라. 모든 사람에게 최소한의 수입을 보장하는 것과 같은 방법으로 가난을 없애기 위해 싸워라. 또는 병원과 의과대학을 세워 전염병이나 질병과 싸워라. 범죄와 싸우듯이 문맹과 싸워라.
> 　그러나 이 모든 것을 직접적인 수단에 의해서 실행하라. 자신이 살고 있는 사회에서 가장 시급히 제거해야 할 악이라고 생각되는 것을 선택하라. 그리고 인내심을 갖고 그 악을 제거할 수 있다는 확신을 사람들에게 심어주라. 그러나 완전히 선한, 요원한 이상 사회를 설계하고 그것을 실현하기 위해 노력하는 것과 같은, 간접적인 방법으로 이러한 목적을 실현하려고 노력하지 말라. 비록 당신이 매우 깊이 그 이상의 고무적인 전망에 심취했다 하더라도, 이런 이상을 실현하는 것이 당신의 의무라거나, 그 이상의 아름다움에 대해 다른 사람들의 눈을 뜨게 해주는 것이

자신의 사명이라고 생각하지 말라. 놀라운 세계에 대한 당신의 꿈 때문에 지금 여기서 고통 받고 있는 사람들의 요구를 외면하지 말라.…요약하면 행복이 아니라, 인간의 고통이 합리적인 공공정책의 가장 시급한 문제다. 행복의 달성은 각자의 사적인 노력에 맡겨야 한다.[46)]

이 현실주의적·점진주의적 정치사회철학과 정책관에서 알 수 있는 바와 같이, 포퍼의 반증주의에서 얻을 수 있는 정책철학적인 통찰력은 모든 학문은 '가설이 지니고 있는 오류를 반증해 가면서 점진적으로 개량되며 축적'된다는 입장이다. 이것이 두 번째로 정립되는 정책철학 인식론이 되겠다. 이는 특별하게도 포퍼 자신이 반증주의 인식론과 함께 주장하고 있는 그의 정책관이 되겠는데 그것은 '지속적 오류 개선'의 '점진적 오류 시정주의 정책관' 혹은 간단히 '점진적 개량주의(改良主義) 정책관'이라고 할 수 있다.

2. 정책철학적 정책관의 정립: 점증주의(점진적 개량주의) 정책관

포퍼는 과학지식이 특별한 선행 조건 없이 백지상태에서 관찰과 경험에 의해 귀납적이고 객관적으로 얻어지는 것이 아니라 어떤 인식에 기반을 둔 가설을 전제하고, 그 가설을 반증해 가면서 점진적으로 개량되며 얻어지는 가설-연역적(hypothetico-deductive)인 것으로 이해하였다.[47)] 포퍼의 이 관점과 그의 정책관을

---

46) Karl Popper, Conjectures and Refutations; 카를 포퍼, 추측과 논박 2, 이한구(역), 민음사, 2001, 227-228.

47) 전제로부터 결론을 도출해 내는 연역법은 참(眞)인 명제에서 출발해야 성립한다. 그런데 그 출발점인 최초의 명제는 어디에서 도출할 수 있는가? 그것은 기하학의 공리, 인간 존엄성처럼 보편적인 원리들로서 자명한 것들이 아닌 이상, 결코 연역에 의해 도출될 수 없고, 실험·관찰 등 경험에 의한 귀납으로도 증명될 수 없다. 그 때문에 전제가 된 -참으로 확증된 명제가 아닌- 가설의 진위 여부가 탐구방법의 핵심 관심 사항이 된다. 결국 실제 지식의 획득은 다양한 경험이나 실천 등의 결과를 일반화하는 통합된 과정을 통할 수밖에 없다. 그래서 전제로 삼기 위해 세운 가설을 검증하기 위해, 그 가설로부터 연역될 수 있는 둘 이상의 결과(잠정 명제)를 연역해, 경험적으로 실험과 관찰 등 다양한 사태에서 충분히 검토하는 방법을 채택한다. 즉 경험적 관찰로 검증해 보면서, 관찰과 모순되면 가설을 배제하고, 일치하면 잠정적으로 가설을 승인하는, '오류 시정'의 반증 절차를 통하여, 본래 그 가설의 진위(眞僞) 여부를 검증한다. 포퍼는 이 가설연역적 접근방법에 대하여, 어두운 바다 속 밑을 탐색할 때 어떤 각도로 탐조등을 비추느냐에 따라 사물의 다양한 측면이 다르게 드러남을 비유해, '탐조등 이론'(searchlight theory)이라고 불렀다. Karl Popper, Objective Knowledge, Oxford Univ. Press, 1979,

토대로 한 정책철학 인식론에 입각해서 '정책'을 정의하면, 정책은 '신뢰할 만한, 완벽하게 확실한 논거(이론이나 지식)로 추진할 수는 없기 때문에 일단 불완전하게 시작해 추진하다가 문제해결에 미진하거나 오류가 발견되면 그때 그런 부분을 보완 시정해 가는 중요한 문제해결의 지침'으로 정의할 수 있겠다. 그리하여 이 '점진적 오류 시정주의 정책관' 혹은 '점진적 개량주의 정책관'은 사회과학에서 그대로 도입하여, 흔히 '점증주의(또는 점증론, incrementalism)'라고 일컬어져 왔다. 그래서 이하에서는 이를 '점증(漸增)주의 정책관'이라고 하겠지만, 일반 실무자들이나 일반인들로서는 '점진적 개량주의 정책관' 또는 더 간단히 '개량주의 정책관'이 더 친숙할 수도 있으므로 혼용하겠다.

■ '점증주의(점진적 개량주의) 정책관'의 정의 ■

   정책을 신뢰할 만한, 완벽하게 확실한 논거(이론이나 지식)로 추진할 수는 없기 때문에 일단 불완전하게 시작해 추진하다가 문제해결에 미진하거나 오류가 발견되면 그때 그런 부분을 보완 시정해 가는 중요한 문제해결의 지침으로 이해하고, 그에 준거하여 정책이론을 실천하는, 정책에 관한 일정한 관점.

■ '점증주의(점진적 개량주의) 정책관'에서 '정책'의 정의 ■

   신뢰할 만한, 완벽하게 확실한 논거(이론이나 지식)로 추진할 수는 없기 때문에, 일단 불완전하게 시작해 추진하다가 문제해결에 미진하거나 오류가 발견되면, 그때 그런 부분을 보완 시정해 가는 중요한 문제해결의 지침.

   사실 여러 가지 한계를 지니고 있는 불완전한 인간이 현실의 중요한 문제를 해결하고자 만들어 시행하는 정책 또한 불완전할 수밖에 없다. 그렇다면 '점진적 오류 시정주의 정책관'은 현실의 중요한 문제를 해결하기 위한 일련의 행동지침(정책)을 만들어 시행하면서 불완전한 부분의 문제점(오류 또는 오차)을 발견해 수정·보완함으로써 점진적으로 개선해 나간다는 정책관이므로 상식적으로도 쉽게 받아들일 수 있는, 소박하면서도 설득력이 있고, 공감할 만한 관점임에 틀림없다. 그리하여 자연스럽게 많은 사람들이 정책도 현실 문제를 해결하면서 더 나아지고

346; 이한구(2007), 330.

발전하며, 그런 정책에 관한 지식도 하나씩 더 축적되고, 공동체도 점진적이고 선형적·상향식으로 성장·발전해 간다고 보는 점진적 개량주의 정책관을 받아들이고 있다. 그리고 그 상식에 부합한 관점으로 인하여 '전통적 정책관'의 또 하나의 중심적인 정책관으로 여겨지고 있다고 하였다.

점증주의 정책관을 서술적으로나 규범적으로 주창하는 대표적 학자는 미국의 린드블롬(C. Lindblom, 1917-)과 윌다브스키(A. Wildavsky, 1930-1993)이다. 먼저 린드블롬은 1959년 논문을 통해, 사회문제 개선의 유일한 방법으로 '현 상황과 한계적으로만 다른 정도의 정책'으로 대응하는(해야 한다는) '점증주의'(점증모형, incrementalism, muddling-through model)를 -서술적으로나 규범적으로- 옳다고 주장함으로써 '개량주의 정책관'을 드러내고,48) 정교한 분석 위주의 논리실증주의 계열의 '합리모형'에 대하여 정면 비판함으로써 유명해졌다.49)

여기에 대해 린드블롬은 가치 우선순위의 합의, 가치와 사실의 분리는 환상이고(따라서 목표와 수단이 순차적이 아니라 혼합돼 결정되고), 인지능력의 한계, 정보·시간·자원의 제약에 따라 현실적·부분적 범위의 연속적인 제한된 비교와 더불어, 참여자들의 (정치적) 상호조정으로 합의할 만한 정도의 대안이 선택된다고, 사이먼(H. Simon)의 '제한된 합리성', 신고전파 경제학의 '한계분석', 그리고 '정치적 다원주의'를 결합한 '점증모형'을 주장하였다. 그는 점증주의가 너무 보수적이라는 비판에 대하여, 그의 <정치와 시장>(1979)에서, '기업의 특권적 지위'가 사회체제의 근본적 변화를 가로막아 다원적 민주주의가 제대로 작동하지 않는 현실에서, 그토록 어려운 사회의 근본적인 변화는 큰 정책이 아니라, 오히려 현실의 시

48) Charles E. Lindblom, "The Science of 'Muddling Through'," Public Administration Review, 19(2), 1959, 79-88; David Braybrooke and Charles Lindblom, A Strategy of Decision, Glencoe: Free Press, 1963; Charles E. Lindblom, Politics and Markets, N.Y., Basic Books, 1977; 본문은 하연섭, "Charles E. Lindblom의 정책연구," 행정논총, 52(2), 서울대 한국행정연구소, 2014, 37-66을 참조함. 린드블롬은 1959년 논문 출간 20주년 기념 논문(Still Muddling, Not Yet Through)에서, 합리모형의 포괄적·합리적 분석(comprehensive·rational)보다는 약하지만 점증모형에서도 '전략적 분석'(strategic analysis)의 필요성과 가능성을 어느 정도 인정하였다(그는 100세를 넘겨 살고 있다).
49) 합리모형은 가치의 우선순위 설정, 가치 합의, 가치와 사실의 구분이 가능하다는 전제하에, 정책결정자가 목표를 설정하고, 완벽한 정보에 기초해 수단들(대안들)을 합리적으로 비교 분석해, 최적 대안을 선택한다는 정책결정모형이라고 하였다.

장경제 체제에서 기존 지배엘리트들이 눈치 채지 못하도록 정치체제에 변화를 슬쩍 집어넣는(smuggling) 식의 '작은 변화를 조금씩, 조금씩 연속적으로 추구'하는 '점증주의 정치'(incremental politics), 곧 분권화된 이해관계의 조정을 통해 나타나는 부수적(epiphenomenal)인 문제해결 방식의 정책으로만 가능하다고, 그의 개량주의적 입장을 옹호하였다.

다음으로 윌다브스키는[50] 포퍼의 반증이론을 따라 과오(정책실패)의 발견과 시정이란 철저하게 현실에 기반을 둔 점진적 개량의 정책(분석)관을 강조한다(그의 책 60쪽). 그는 시민들이 원하는 것이면 무엇이든 실현해 주어야 한다는 높은 이상과 목표에 집착한 ─정책분석에 관한 주력(prevailing) 패러다임인─ '합리성 패러다임'(rationality paradigm)의 정책분석이 과학적 탐구를 통한 정책지식의 축적을 방해하고, 정책실패의 반복, 무모한 정책실험의 조장 등 폐해가 너무 커서 서술(description)로나 규범(norm)으로 모두 틀렸다고 통렬히 비판한다. 그 대신 그는 정확히 포퍼의 주장대로 정책 X를 시행하면 Y라는 결과(귀결)를 얻을 것이라는 '가설적 문제해결책'(hypothetical solutions), 즉 '정책은 가설'이라는 사실에 대한 확실한 인식 위에서만 정책에 대한 '과학적' 접근이 가능하다고 본다. 그러면서 현실에 대한 정확한 관찰과 깊은 이해에 기초한 실현가능한 것만이 바람직하고 또 그것이 최선임을 인식할 수 있도록 시민들이 학습할 수 있게 도와주고 촉진하는 것, 곧 '정책 오차(error)의 발견과 시정'이 정책분석의 목적이자 요체이므로 '철저한 점진주의·현실주의'의 정책분석을 주장한다. 그에게 '오차'는 '의도한 귀결과 실제 귀결 간 갭'으로서 오차의 발견과 시정을 통해서만 개선과 발전을 기약할 수 있기 때문에 오차 발견은 환영할 일이고 오차는 긍정적 개념이 된다.

윌다브스키는 정책분석의 접근방식을 '지적 숙고'(intellectual cogitation)의 유형과 '사회적 상호작용'(social interaction)의 유형으로 나눈다. 전자가 합리모형이 추구하는 것이라면, 후자는 시민이 주체로서 서로 다른 목표, 선호, 이해관계 등을

---

50) 이하는 윌다브스키의 많은 저서 중 '절대권력자(민주사회에서는 시민)에게 진실 말해주기'로 그의 개량주의 정책관을 유감없이 설파한 저서(Aaron Wildavsky, Speaking Truth to Power, Transaction Publishers, 1979)의 paperback 초판본(1993)을 중심으로 요약·분석한, 최병선(2015), 47-104에서 참조해 요약함. 점증주의에 관한 윌다브스키의 다른 중요한 저작은 The New Politics of the Budgetary Process, Boston: Little Brown, 1968이다.

상호 토론하고 타협하면서, 정책목표와 정책수단을 계속적으로 재조정하는, 공론
장(公論場)에서의 사회적 상호작용을 통해(그 과정에서 정치적 고려·개입과 타협도
포함함), 해결 가능한 정책문제를 발견하고, 의도하고 기대한 결과와 실제 결과의
차이를 시정(선호의 실현이 아닌 선호의 변환)할 수 있는 해결책을 조정·제시하는
유형이다. '사회적 상호작용 방식'을 배격하고 '지적 숙고 방식'만을 유일하고 정
당하다고 보는 '합리성 패러다임'은 틀렸다고 보는 윌다브스키는, 대부분의 현실
문제의 해결은 '사회적 상호작용 방식'의 정책분석에 의존하고 있다고 주장한다.
그는 정치와 경제의 장(場)에서 수많은 사람들이 각자 자신의 선호와 선택(결정)에
따른 상호작용을 통한 집합적 선택의 ―부산물(by-product)과 같은― 결과로써 사회
의 문제들을 해결해 나가는 기본 기제(메커니즘)를 삼는 '정치와 시장'을, 사회적
상호작용의 전형으로 본다.[51] 그렇지만 두 접근방법은 상호 배타적은 아니어서,
윌다브스키는 개인적으로 각 장점을 살려, $\frac{2}{3}$ 사회적 상호작용(정치) + $\frac{1}{3}$ 지적
숙고(기획)로, 사회적 상호작용을 주로 하고, 보조적으로 지적 숙고 방식을 결합해
사용할 것을 권고하였다. 요컨대 윌다브스키는 논리실증주의 계열의 합리성 패러
다임에 기반한 '이론·가치중립적 객관주의 정책관'과 후술할 급진적·혁명적인
'패러다임 정책관'을 비판하고, 철저하게 점진적인 '개량주의 정책관'이 서술적으
로나 규범적으로 옳다고 주장한다.[52]

그렇다면 이제 이 정책관에 대해서도 일상적인 정책철학하기의 수준에서,
그리고 새로운 관점에서, 균형 있게 볼 필요가 있다. 즉 일단 '정책의 패러다임'에

---

51) 이와 같이 린드블롬과 윌다브스키가 사회적 상호작용을 강조한다고는 하지만, 그들의 '개량주
의 정책관'은 근본적으로 후술하는 '패러다임 정책관'을 배척하므로, 후술하는 라카토쉬가 말
하는 '위계적 상호작용의 변화와 상호주관주의 패러다임 정책관'과도 구별된다.

52) 윌다브스키는 정책이 정책의 원인이 되는 현상(정책들의 자기 영속화 현상)은 달성 불가능한
목표들에 대한 집착과 환상 속에 완벽한 문제해결을 추구하는 '큰 해결책'의 정책들, 즉 해결
하고자 하는 문제보다 큰 해결책(큰 가설)이 시행될 때, 이상과 현실의 간격이 더 벌어져, 미
처 예상하지 못하고 의도하지 않은 결과들(부작용과 역효과들)이 파생되면서 연쇄작용이 시
작되고, 그로 인하여 정책들 간 상호의존성이 더 높아지고 다양한 파급효과를 일으키는데, 이
는 행정기관 등 관료제가 내부적으로 이를 여과시켜 대응력을 확장·적응하면서 발생한다고
본다. 그렇다면 이런 정책들을 포기해야 되는데, 그것은 용이하지 않으므로, 도전을 감행하도
록 오차를 발견하고 시정하는 능력을 키우는 정책분석이 필요하다고 본다. 결국 윌다브스키는
서술적이나 규범적으로 '철저한 현실주의와 점진적 개량주의'의 입장에 서서, 패러다임, 정책
혁명, 정책혁신을 배척한다. 최병선(2015), 78, 81.

의한 구조적 변동이 일어난 정책사(政策史)의 증거를 인정하여, 후술할 쿤 식의 패러다임 정책관을 중심으로 '새로운 정책관'을 수용하되, 패러다임의 관점에 별로 구애받지 않는 개량주의 정책관도 많은 사람들에 의해 채택·적용되고 있는 실제 현실을 인정할 필요가 있다. 그렇게 개량주의 정책관의 실용성·현실성에 대하여도 인정하는 것과 함께, 반드시 그 명백한 한계에 대하여도 주의하고 유념하도록 연구·교육·실무 등에서 강조할 필요가 있다.

이미 쿤이 과학에서도 '혁명'의 중요성을 강조함으로써 우리 정책학자들과 정책실무자들에게도 개량주의 정책관의 한계를 예리하게 지적하고, 새로운 패러다임 정책관을 제시한 것으로 받아들여도 좋은 통찰력을 제공하였다. 사실 대부분의 경우 현실에서 정책실무자들은 자신이 주도한 정책에 문제점이 발견돼도 쉽게 그 문제점을 인정하고 수정하려고 달려들지 않는다. 더구나 자신의 정책이 근거하고 있는 패러다임(정책기조) 아래에서는 자신의 정책에 대한 결정적인 문제점을 알아채 인정하고 곧바로 수정하는 일이 일어나기조차 어렵다. 그들은 궁극적인 목표에 비춘 근본적인 문제는 그들의 인식의 그물망에 포착하지 못하고, 오직 지엽적인 문제만 걸러내기 십상이다. 영국 역사학자 에드워드 카(E. H. Carr, 1892-1982)도 '역사란 역사학자와 역사적 사실 사이의 부단한 상호작용이며, 현재와 과거의 끊임없는 대화'로 유명한 '역사란 무엇인가'에서, 개량주의 정책과 관련하여 포퍼의 반증주의 및 점진적 사회공학과 정책관을 다음과 같이 비판하였다.[53]

---

53) '사회공학'은 협의로는 시스템공학과 사회과학의 결합으로 얻어진 사회행동에 관한 연구성과를 현실 사회문제의 해결에 응용하여 사회구조를 체계적으로 조정하고 계획화하고자 하는 것이 공학의 원리와 유사하여 붙여진 응용사회과학의 한 분야를 일컫는다. 이는 인간관계에 관한 연구성과를 적용하여 집단의 대인적(對人的) 분쟁을 해결하거나, 작업 팀의 책임자와 구성원의 변화를 통하여 생산성을 제고하거나, 리더십 유형과 훈련방법의 효과성을 비교하여 최적 방법을 선택하는 것과 같이, 산업·교육·행정 등의 분야에서 이용된다. 그런데 널리 바람직한 사회상태를 계획(설계)하고 그 계획에 따라 실현하고자 하는 인문사회과학계의 노력도 '공학적 발상'과 유사하다고 볼 수 있으므로, 이는 광의의 '사회공학'이라고 할 수 있다. 그렇지만 사회공학의 발상과 사용에 있어서 그 대전제는, 전체주의적인 통제에 의해 유토피아 사회를 건설하고자 한 전제적·교조적·전체주의적인 마르크스류의 사회주의 국가건설의 사회공학은 바람직하지 않고, 개인의 자유와 창의성을 존중하고 활용하는 의미의 합의적·합리적·민주주의적인 성격의 사회공학이어야 한다는 점을 명심하는 것이다.
 그런 의미에서 철학자 칼 포퍼(1902-1994)는 마르크스의 유토피아적(utopian)·전체론적(전일론적, holistic)·(역사적 운명을 결정론적으로 정해 놓고 신봉하는)역사법칙주의적 사회공학을

역사는 정적인 세계에서는 무의미하다. 역사는 그 본질상 변화이며, 운동이며, 혹은 -만일 여러분이 낡은 투의 단어에 트집을 잡지 않는다면- 진보이다.…이성 (reason)이 사회 속의 인간에게 적용될 때, 이제 그것의 주요한 기능은 단순히 탐구 하는 것이 아니라 변혁하는 것이 된다. 그리고 인간에게는 합리적인 과정을 적용함 으로써 자신의 사회적, 경제적, 정치적 문제들을 더 잘 처리할 수 있는 능력이 있다 는 의식이 고양된 것은 내가 보기에는 20세기 혁명의 주요한 측면들 중의 하나로 생각된다.…신중한 보수적 사고방식을 가장 명백하고 가장 비타협적인 형태로 다시 한 번 표명한 사람은 누가 뭐래도 바로 포퍼 교수이다. 그는…'명확한 계획에 따라 서 "사회 전체"를 개조하는 것'을 목표로 삼고 있다고 여겨지는 정책들을 공격하고 있으며, 그 정책들 대신에 그가 권유하고 있는 그의 이른바 '점진적 사회공 학'(piecemeal social engineering)에 대해서 '땜질식 처방'(piecemeal tinkering)이라 든가 '얼렁수'(muddling through)라는 비난이 가해져도 전혀 움츠러들지 않고 있다. 사실 나는 한 가지 점에 관해서는 포퍼 교수에게 경의를 표하고 싶다. 그는 여전히 이성의 단호한 옹호자이며…비합리주의로의 탈선과는 상대도 하지 않을 것이다. 그러나 '점진적 사회공학'이라는 처방을 들여다보면, 그가 이성에 부여하고 있는 역할이 얼마나 제한되어 있는지를 알게 될 것이다. 그는 '점진적 사회공학'에 대한 정의는 그다지 명확하게 내리고 있지 않으면서도 그 '목적'(ends)에 대한 비판은 전혀 인정하지 않는다고들 한다.…그것이 현존하는 사회의 전제들 안에서(within the assumptions of our existing society) 작동하게 되어 있다는 것을 간단히 알 수 있다.

사실 포퍼 교수의 설계도에서 이성의 지위는 오히려 영국 공무원의 지위, 즉 집권하고 있는 정부의 정책들을 집행할 뿐 아니라 그것들이 좀 더 효율적인 것이 되도록 실제적인 개선책(practical improvements)을 건의할 수 있는 자격은 있지만

철저히 배격하고, 자신이 '점진적·단편적 사회공학'(piecemeal social engineering)이라고 명명한 사회공학을 제시하였다. 그는 계획에 따라 사회제도를 설계하고 구축하는 데 있어서 중요한 것은 그 규모와 범위(scale and scope)의 문제가 아니라, 실수에서 배워 점진적으로 조절 (adjustment)과 재조절(readjustment)로 문제를 해결해 가는, 조심(caution)과 준비성(preparedness) 이 있는가의 관점과 자세의 문제라고 본다. 이는 결국 개별 과학자의 자유로운 추측과 반증의 방식을 통해 조금씩 과학이 발전한다고 믿은 그의 과학철학(반증주의이론)이나, 과학적이지도 않은 예언에 의해 미래사회를 설계하고 실현하는 것은 본시 가능하지 않으므로 그런 전체주 의나 역사주의 대신, 개인의 자발적 결정이 복잡하게 결집된 여러 사회제도를 조심스럽게 시 험해보고 지속적으로 대안을 추구하는, 그의 '열린사회'의 정치철학적 주장의 연장선상에 놓 여 있다. 그렇지만 자유주의 경제학자 하이에크는 모든 지식을 한 사람의 머리에 집중하고 설 계하는 자연과학에서의 공학과 같이, 그렇게 지식의 집중화에 의해 사회문제를 해결할 수는 없다는 의미에서, 점진적인 것을 포함하여 모든 '사회공학'의 발상 자체를 반대하기도 한다. Karl R. Popper, The Poverty of Historicism, 2nd. ed. London: Routledge & Kegan Paul, 1960(1957), 64-70 및 F. Hayek(ed.), Collectivist Economic Planning, London: Routledge & Kegan Paul, 1956(초판 1935), 1-12, 210. 이상 박정택(2007b), 99에서 수정 인용.

그것들의 근본적인 전제나 궁극적인 목표(their fundamental presuppositions or ultimate purposes)를 의심할 자격은 없는 영국 공무원의 지위와 비슷하다: 나도 한창 젊었을 때에는 공무원이었다. 그러나 그런 식으로 이성이 기존질서의 전제들에 종속되는 것(this subordination of reason to the assumptions of the existing order)은 결국에는 도저히 용납되지 못하리라고 생각한다.⋯학문에서든 역사에서든 사회에서든 인간사에서의 진보(progress in human affairs)는 기존질서의 점진적인 개선(piecemeal improvements)을 추구하는 일에 스스로를 제한시키지 않고 현존질서에 대하여 그리고 그것이 의지하고 있는 공공연한 또는 은폐된 전제들(the avowed or hidden assumptions)에 대하여 이성의 이름으로 근본적인 도전(fundamental challenges)을 감행했던 인간들의 그 대담한 자발성(the bold readiness)을 통해서 주로 이루어진 것이다.[54]

이상 카의 비판과 같이 개량주의 정책관이 근본적 변혁의 필요성을 인정하지 않고 거부하는 관점의 정책관이라면, 그것은 포퍼의 반증주의가 비판을 받은 대로 '현존 질서의 근본적인 전제나 궁극적인 목표에 대한 문제의식을 거세'해 버리는, 그래서 수구적·폐쇄적으로 흐를 위험성을 내포한 정책까지도 분별없이 수용할 가능성을 안고 있다.

결국 개량주의 정책관은 역사를 통하여 모든 분야의 정책문제들을 민주적으로 조금씩 잘 해결함으로써 그 근본 질서를 개혁할 필요가 없고, 앞으로도 내외부적으로 그런 안정적인 정책환경이 지속될 것으로 여겨지는, 그야말로 매우 이상적인 선진적·정태적인 공동체에서는 그 타당성을 인정받을 수 있을 것이다. 그러나 그런 선진적인 공동체마저도 정책당국자나 공동체구성원은 혹시 도래할 일련의 환경 변화에 대비하여 현실에 안주하려는 안일한 자세를 경계하며, 임기응변적·대증요법적으로 현안에 대처하지 않도록 해야 할 필요가 있다. 그런 관점에서

---

54) Edward H. Carr, *What is History?*, MacMillan, 1987(2nd ed. 초판 1961); 김택현(역), 역사란 무엇인가, 까치, 1997, 197, 212, 228-229. E.H.Carr는 Popper의 주장과 관련, K. Popper, *The Poverty of Historicism*(1957), pp. 64,67,68,74의 주석을 달아놓음. 아울러 인용문 중 괄호 속 원문 영어는 초반부 '점진적 사회공학'과 '땜질식 처방'의 두 곳을 제외하고, 나머지는 모두 중요한 부분이라고 판단해 저자가 원문을 찾아 번역문에 추가로 삽입한 것이다. 그리고 카는 24세부터 20년간 외무부 근무 후 대학으로 옮겼다. 또 '얼렁수'로 번역된 'muddling through'는 진창길을 어기적거리며 헤쳐 나가는 모습을 묘사한 '점증주의'의 다른 이름인 것은 앞의 Charles E. Lindblom, "The Science of 'Muddling Through'," PAR, 19(2), 1959 참조.

볼 때, 그리고 역사를 통하여 적폐가 누적돼 온 매우 불안정적·역동적인 공동체나 분야에서는(그러면 거의 모든 공동체가 여기에 속한다), 이 개량주의 정책관만으로는 결코 서술적(기술적, descriptive)으로 현실 정책들을 적절하게 묘사할 수 없고, 규범적(normative)·처방적(prescriptive)으로도 현상타파적인 바람직한 진보적·혁신적 정책활동을 요구할 수 없다.[55]

그런데 오늘날 정치공동체(국가)나 기타 공동체(아파트 주민관리위원회 임원 선출 등)에서는 입후보자의 선거 공약이나 공모 신청자의 향후 비전이나 새로 취임하는 최고지도자에게서와 같이 주기적이거나 상시적인 정책혁신의 계기를 제도화해서 수구적인 경로의존성을 탈피해 새로운 혁신적 경로를 추구하는 것을 기대하고 요구하고 있는 경향(경로의 독립성과 개척성)이 강화되고 있는 것이 현실이다. 오늘날 점점 더 불확실하고 급변하고 있는 시대에서는 어떤 공동체에서나 고질적·만성적인 정책문제에 답답함이나 어떤 위기감을 느낄 때 개량주의 정책관을 탈피한 '정책혁명'을 요구하는 목소리는 더욱 더 높아지고 있는 것이다.

결론적으로 이 정책관은 후술할 '패러다임 정책관'에서 '정책혁명의 정책관'을 제외하고, '평상적 정책활동의 정책관'이나 '점진적 진화변혁의 정책관'과 거의 유사한 것으로 이해될 여지도 있다. 그러나 점증주의 정책관은 '패러다임 관점 자체'를 거부하고 적절하게 수용·반영하지 못하고 있다는 점(개량주의 정책관의 명백하고 결정적인 한계)에서 패러다임 정책관과는 다른 정책관으로 차별화하는 것이 좋겠다(다만, 목적·동기에서 차이가 나지만, -후술할 한글의 보급정책에서 보듯이- 사후에 결과적으로는 차이를 구별하기 어려운 경우가 있을 수 있다). 현실의 정책실무자, 정책연구자, 그리고 공동체구성원 중에는 '패러다임 정책관'과 같은 새로운 정책관에 대하여 잘 알지 못한 채, 일부 타당성이 있는 소박한 '개량주의 정책관'만을 주장하고, 거기에만 머물며 틀에 갇혀 있는 한계를 보이는 경우가 많다. 바로 그 때문에도 그런 개념적 구분을 명백하게 할 필요가 있다. 그러나 다른 한편으로, 이 '개량주의 정책관'이란 전통적 정책관의 개념이 그동안 유용하였고, '패러다임

---

55) 어느 아프리카 국가에 대한 국제개발협력의 지원은 주민이 어느 때나 아플 때 보건의료서비스를 받고 싶어도 받을 수 없는 보건의료체계라는 구조적 현실의 개선에 조금이라도 초점을 맞춰야 하는데, 플래카드 붙이고 진찰해 주고 약 한 봉지 주는 일회성 의료봉사 이벤트라는 생색내기 지원 방식은 그래서 옳지 않다고 비판하는 것이다.

정책관'에 의한 너무 무모하고 무책임한 정책혁명의 시도를 견제해 균형을 잡아주는 의미에서도, 앞으로 필요한 정책관으로 계속 남아 있어야 할 이유가 존재한다.[56)]

제 4 절   패러다임 정책관

1. 쿤의 패러다임 인식론이 함축한 '평상적 활동과 급격한 변화 구조의 일원주의 패러다임' 관점

쿤은 1962년 그의 유명한 <과학혁명의 구조>에서 그때까지 사람들이 지니고 있던 지식 탐구와 과학에 관한 통념, 즉 인식론과 과학관(科學觀)에 대하여 총체적인 이의(異議)를 제기하였고 그 혁명적인 내용 때문에 격렬한 논쟁을 불러일으켰다. 쿤은 과학의 역사를 구조적으로 분석·파악해, 과학·지식·이론의 변동 구조를 도출해 내었고, 그에 따라서 암묵적으로 미래의 방향을 예견했다. 그가 파악한 변동 구조란, 과학의 역사를 통시적(diachronic)으로 통관해 하나의(일원주의) 패러다임 개념을 중심으로 정상과학과 과학혁명이 되풀이되는 변동의 구조,

---

56) 이런 엄연한 현실을 보면, 윌다브스키의 정책관은 너무 무모한 정책실험의 감행, 그로 인한 정책실패의 반복 등 정치한 이론이나 근거가 부족하면서도 공약을 남발하고 개인적 과신·야심으로 무모한 정책혁신을 추진하다 수많은 부작용과 후유증 등의 폐해를 양산하고 있는 현실을 고발·비판하고 경고한 것까지는 매우 타당한 주장이다. 그렇다고 어느 공동체의 어느 경우에나 정책혁신을 배척하고 점진적 개량주의 정책관만을 옳다고 주장하는 것은 현실 정책세계의 '서술적' 묘사에 부족한 결함이 있고, 그런 측면에서 그의 정책관은 '규범 일변도'의 성격을 나타내는 것이며, 또 다른 의미의 '이상주의' 입장이라고도 평가(비판)할 수 있겠다. 다음은 개헌, 특히 이원집정부제로 제왕적 대통령제의 폐해를 개혁하자는 정치권의 아이디어와 관련된 어느 대담 기사에서 서울대 정치학과 박원호 교수의 언급을 참고할 만하다. "한국 사회가 특히 그런 성향이 강하다고 느끼는데, 어떤 문제를 민간 영역의 미시적·자율적인 조정 프로세스로, 시간을 들여서 풀어보자는 생각을 안 한다.…정당과 지식인과 언론을 튼튼하게 해서 국가를 견제하자, 뭐 이런 식으로는 접근을 안 한다. 거의 언제나 톱다운 방식, 국가주의적 방식, 법적인 방식으로 한 방에 풀겠다고 덤빈다.…나는 그런 걸 '리셋 노이로제'라고 부른다. 전부 아니면 전무, 이 기회에 모든 걸 다 바꾸자는 주장. 당장 듣기에는 통쾌한데, 실은 우리 정치가 과거와의 연속성을 전면 부정하면서 작동하는 모습과 닮았다.…이러면 정치와 정책의 연속성이 증발하고, 사회에 성공과 실패의 경험이 쌓이지를 않는다." 시사IN, 제484호 (2016.12.24.), "촛불을 지키는 법," 인터뷰 일부, 16-17.

곧 그가 '과학혁명의 구조'라고 명명한 구조였다.

쿤 이전에 실증주의나, 포퍼와 같은 비판적 합리주의 신봉자는 합리성을 강조하며, 과학·지식·이론이 사실에 대한 관찰과 논리적 추론의 '검증 또는 반증'에 의하여 '연속적이고 축적적인' 형태로 성장한다고 주장하였다. 이에 반해 쿤은, 사실에 대한 관찰과 추론은 탐구자에 의하여 '선택된 특정 패러다임의 영향·통제 아래' 행해지고, 과학·지식·이론이 '검증이나 반증이 불가능한 패러다임에 의하여 그전 과학연구 방식을 통째로 바꾸면서 일정한 패러다임을 중심으로 정상과학과 과학혁명이 반복되는 과정에서 단절적이고 불연속적으로' 교체(전환)된다고 보았다. 하나의 일원주의적 패러다임 개념을 중심으로 정상과학과 과학혁명의 두 현상을 매끄럽게 연결해 과학 발전의 역사를 설명해 낸 것이다.

이와 같이 쿤이 제시한 패러다임 인식론은 현대 과학철학의 큰 흐름을 바꿔, 이제는 주류 과학철학이론이 되었다. 그리고 그가 대중화시킨 '패러다임'이란 용어와 개념은 모든 학문의 학술어와 일상생활의 관용어가 되었다. 쿤의 과학철학이론은 그것이 제기하는 논점이 한두 가지가 아니지만, '패러다임'이란 개념을 이용하여 과학의 본질과 성격을 밝힌 것이 그 핵심이다. 그만큼 '패러다임'은 전통적인 과학관을 뒤집어엎고, 새로운 과학관을 선보이는 데 있어서 핵심적인 개념이다.

그런 쿤의 통찰력이 제공하는 관점은 하나의 패러다임의 교체 속에서 평상적인 활동과 혁명적인 활동이 교차·반복되는 '평상적 활동과 급격한 변화 구조의 일원주의 패러다임' 관점이다. 이는 기존 패러다임 안에서 이뤄지는 평상적 활동과 그 패러다임이 새로 교체되는 급격한 변화(혁명)의 두 관점으로 나눠진다.

(1) 쿤의 정상과학론이 함축하는 '평상적 활동'의 관점

쿤의 과학철학이론 중에서 정책철학적으로 좋은 통찰력을 얻을 수 있는 관점은 먼저 '정상과학론'이다. 그 핵심 주장은 '하나의 패러다임이 수립되면 다른 새로운 패러다임으로 교체되기 전까지 평상시 활동은 그 기존 패러다임 안에서 수행된다'는 '평상적 활동'의 관점이다.

(2) 쿤의 과학혁명론이 함축하는 '급격한 변화(혁명)'의 관점

정상과학 안에서 지식은 점차 축적되면서 성장한다. 그런데 쿤은 정상과학 활동이 무한정 진행되지 않고, 점차 그 정상과학의 패러다임으로 설명할 수 없는, 혹은 예상하는 것과 다른 '이변'(異變) 상황이 발생할 수밖에 없다고 본다. 이에 그 이변 상황을 해결하고자 하는 새로운 패러다임이 등장하고, 그것은 기존 패러다임과 끝까지 경쟁하다가 패배하기도 하지만, 결국 승리해 총체적으로 기존 패러다임을 붕괴시키는 '패러다임의 교체'(전환, paradigm shift)라는 과학혁명이 일어난다고 본다. 혁명이 끝나면 새로운 패러다임을 기초로 한 '또 다른 정상과학'이 시작돼 한 동안 과학공동체를 이끌게 된다. 이러한 쿤의 과학혁명론에서 정책철학적으로 얻는 좋은 통찰력은 '패러다임 교체와 같은 급격한 변화(혁명)'의 관점이다. 이상이 세 번째로 정립하게 된 정책철학 인식론의 근간이 되겠다.

2. 라카토쉬와 라우단의 인식론이 함축한 '위계적 상호작용의 변화와 상호주관주의 패러다임' 관점

쿤은 과학자들의 연구를 결정하는 패러다임도 과학공동체가 만들어 낸 것으로서, 과학혁명론에서 패러다임이 교체(전환)되는 논거에 대해서도 과학자사회가 합리적인 논증 같은 것보다는 그들이 공유하는 과학적 가치와 철학적·제도적·사상적 요소들의 영향하에 서로 동의한 결과로, 결국 세계관의 변화(changes of world view) 때문에 어떤 특정 패러다임을 선택하게 된다고 하였다. 이러한 주장 때문에 쿤의 주관주의적 요소는 과학 지식을 완전히 객관적 합리성의 산물로만 보려고 하는 데 대하여 그렇지 않다는 폭넓은 이해를 제공해 주지만, 객관적인 합리성을 무시하거나 경시한다는 비판을 받았다.

이에 라카토쉬는 포퍼의 합리주의와 쿤의 패러다임론에서 좋은 점만 따와 통합·보완하려는 방법론을 들고 나왔다. 그는 쿤의 '패러다임'과 '세련된 반증주의'의 관점에서 '과학적 연구프로그램'이란 일련의 이론체계를 제시하였다. 이는 실질적으로 쿤의 패러다임을 수용한 개념인 '중핵'을 바탕으로, 반증에 의해 스스

로 수정되면서까지 중핵을 지켜주는 '보호대'라는 반증주의적 요소, 그리고 '발견
장치'라는 규칙이 중핵 보호 과정에서 새로운 현상의 발견을 유도하거나 그렇지
못해 진보적이거나 퇴행적인 중핵을 합리적으로 평가·선택하게 한다는 이론체계
이다.

라우단도 쿤의 패러다임과 라카토쉬의 과학적 연구프로그램을 계승하여 일
련의 미시이론들로 구성되는 거대이론으로서의 '연구전통'을 제시하였다. 그런데
문제해결 활동이 본질인 과학의 목표가 '문제해결의 효과성의 증대'에 있으므로
그것과 그 효과성이 높은 정도인 '진보성'이 연구전통과 미시이론들을 평가·선택
하는 기준이 되고, 그 기준에 따라 합리적인 평가와 선택, 그리고 과학혁명이 일
어난다고 주장하였다.

결국 쿤 이후 과학철학자들은 과학·지식·이론의 불연속성과 혁명성을 상대
적으로 지나치게 부각시킨 쿤 과학혁명론의 문제점과 연속적·축적적 지식의 성
장에 매몰되고 있는 포퍼의 객관주의적 합리주의의 문제점을 통합·보완해 좀 더
유연하게 연결시키고자 시도하고 있다. 그것은 과학혁명의 너무 주관주의적인 상
대주의적(비합리주의적)인 요소를 합리주의적·객관주의적으로 완화해 보완하려는
통합 노력인데 현대 철학적인 용어로 '상호주관주의적'(intersubjective)인 절충의
묘를 찾는 것으로 요약할 수 있다. 곧 패러다임 개념을 중심으로 한 불연속적·단절적
인 패러다임 변동의 과학혁명의 구조를 수용하되, 그 과정에서 패러다임의 영향
을 받는 미시이론들의 검증과 반증에 의한 과학·지식·이론의 연속적·누적적 성
장이 다시 패러다임의 변동에도 영향을 주는 상호작용을 함으로써(위계적 상호작
용의 변화), 혁명적인 패러다임 변동의 원인과 결과가 연결돼 있다고 본다.

이상 과학철학 인식론의 핵심은 '패러다임'이고 그것도 검증과 반증의 미시
이론들과 상호작용하고 상호주관주의 성격을 띤 '패러다임'인 것을 알 수 있다.
이 핵심 관점은 거기에 다원주의이론 및 최근의 사회과학계의 연구를 보완하여
다음에서 보는 바와 같이 하나의 핵심적인 정책철학 인식론을 정립하게 되고,
그에 입각한 새로운 정책관인 '패러다임 정책관'을 정립할 수 있게 된다.

3. 정책철학적 정책관의 정립: 패러다임 정책관

앞에서 점증주의 정책관은 사전에 인식의 틀을 전제하는 -그렇지만 그것은 항상 불완전해서 수정될 여지를 안고 있는 '가설'에 불과하다는 뜻에서- 가설연역적인 정책관이므로 이론·가치중립적 객관주의 정책관보다 더 현실을 잘 반영한 정책관이 될 수 있었다. 그런데 앞의 수동주의적인 귀납주의 과학관을 비판하고 그 정반대로 주장하는 능동주의적인 연역주의 과학관은 다시 새로운 문제를 제기한다. 개별 과학활동의 인식의 틀로 작용하는 그 인식의 틀이 족쇄로서 작용하는 것은 아닌가하는 문제이다. 포퍼는 자신의 반증주의가 족쇄를 인정하지 않고 자유롭게 이론의 변화를 추구하지만 그렇다고 전체주의·공산주의와 같이 급진적으로 뒤엎을 이론을 추구하기보다는 끊임없이 가설을 반증해가면서 점진적으로 더 개량된 지식을 산출하고, 거기에 근거한 개선을 추구하는 점진주의(점진적 사회공학)라는 민주주의가 필요하다고 주장하였다. 이에 이 온건한 과학관과 사회철학을 적용한 포퍼의 개량주의(점증주의) 정책관은 역시 정책세계의 현실에 상식적으로 부합하는 측면이 많으므로 많은 사람들의 지지를 받았다. 그래서 결국 '이론·가치중립적 객관주의(행태주의) 정책관'과 이 '개량주의 정책관'이 혼합된 어떤 정책관이 많은 사람들의 '전통적인 정책관'을 구성하게 되었다고 볼 수 있다.

그러나 토마스 쿤은 -포퍼가 주장하는 바와 같이- 그런 자유로운 반증에 의해 점진적으로 변화한다기보다는 새로운 인식의 틀을 만들어내기 위한 급진적인 과격한 혁명도 불사하는 과정이 실제 과학사 전개의 구조라는 사실을 찾아내었다.57) 곧 현대 인식론상 획기적인 쿤의 패러다임 인식론에 의한 혁명적 과학관이

---

57) 라카토쉬는 족쇄로 작용한다는 입장을 보수적 능동주의 인식론으로 규정하고, 칸트를 그 대표로 꼽는다. 칸트는 경험적 검증방법으로는 검증되지 않는 어떤 전제된 체계로서 범주적 틀을 가지고 능동적으로 조사·비교·통일·일반화하지 않으면 지식을 얻을 수 없다고 보는데, 아인슈타인에 의해 -칸트가 주장하는- 시간과 공간 같은 범주적 틀도 수정될 수 있음이 밝혀졌다. 따라서 그 정반대로 족쇄(인식의 감옥)를 깨부술 수 있는 혁명적 능동주의 인식론이 옳은데, 인식의 출발점인 전제들에 대해서도 비판적으로 검토할 수 있다고 본 포퍼가 그 대표자라고 본다. 그러나 라카토쉬는 포퍼를 옹호하는 입장에서 그렇지, 그 자신도 과학자들은 얼굴이 두꺼워서 실제로는 그렇게 자아비판을 하고 스스로 족쇄에서 벗어나올 수 없음을 인정했다. 또 포퍼는 자신의 이론에 대한 고집이 너무 강해서, 동료나 제자들과 불화가 심해, 심지어 연구

탄생하였던 것이다. 이로부터 우리는 '전통적인 정책관'을 뛰어넘는 '새로운 정책관'의 통찰력을 얻을 수 있게 된다. 현실의 정책세계에서는 다음 기사의 제목처럼 비현실적일 것 같은 '정책 폭탄'이 터질 수 있고, 또 정책당국(권력 또는 권위)이 바뀌면 불과 2년도 못돼 정책유턴(policy U-turn)이 발생하기도 하므로 평소 관련 정책기조를 숙지하고 대처할 만반의 준비를 해야 한다.

> 도널드 트럼프 미국 대통령이 취임 초부터 주요 글로벌 이슈들에 대한 강경 입장을 잇달아 내놓으면서 세계 정치·경제가 휘청거리고 있다. 전날 북미자유무역협정(NAFTA) 재협상에 이어 23일 환태평양경제동반자협정(TPP) 폐기를 선언하는 등 글로벌 통상규범을 뿌리째 뒤흔들면서 세계 무역질서 재편이 불가피해졌다.…58)
>
> 미국 연방통신위원회(FCC)에서 최근 '망중립성' 폐지라는 역사적인 결정을 내리면서 미국 미디어산업에 대규모 지각변동이 예고된다. 망중립성이란…통신사업자들이 통신망을 이용하는 모든 기업에 똑같은 속도의 전송망을 제공하라는 규제로 2015년 버락 오바마 행정부에서 도입됐다.…(이제 그 망중립성의 폐지로-저자 주) 돈을 더 많이 내겠다는 업체를 골라서 더 빠른 전송망을 차별적으로 제공할 수 있게 된다.…59)

이러한 정책세계의 현실을 잘 반영할 수 있는 정책관은, 곧 쿤 패러다임이론이 제공하는 패러다임 개념을 핵심으로 한 '일원주의 패러다임 정책관'이다. 이는 '정책은 일정한 패러다임의 교체 속에서 평상적인 문제해결과 혁명적인 문제해결이 교차·반복되는 일련의 행동지침'이라는 정책관이다. 이를 더 풀어서 설명하면, 이 정책관은 '정책은 평상시(平常時)에는 어떤 일정한 정책패러다임(정책기조, policy paradigm)에 의하여 현안 문제를 해결하지만, 때로는 그런 평상정책 활동으로는 더 이상 해결해 나가기 벅차거나 어려운 문제에 직면하여 기존 정책기조를

실 복도에서 자신에 비판적인 동료와는 인사도 안 할 정도였다고 한다. 이상과 관련, 이한구 (2007), 333-335 및 이상욱(2007), 144-145 참조. 결국 포퍼의 반증주의는 그의 점진적 사회공학과 더불어, 인식론적으로 한계가 있으므로, 일반적으로 쿤에 의해서 비로소 진정한 족쇄 탈출의 인식론적 혁명이 가능하다고 봐야 한다. 정책관에 있어서도 마찬가지로 획기적인 정책관은 쿤이 시사한 '패러다임 정책관'으로 봐야 한다.

58) 동아일보, 2017.1.25., "[이슈 분석] 하루 한건씩 터지는 '트럼프 폭탄'."
59) 매일경제, 2017.12.22., 美 망중립성(통신망 속도 차별 금지) 폐지에…넷플릭스 "나 떨고있니?"

완전히 바꿔 새로운 정책기조를 채택하는 방식에 의하여 혁신적으로 문제해결에 나서고, 그 정책기조에 의하여 한동안 평상적 문제해결 활동을 하다가 다시 정책 혁명에 의하여 전면적·급진적인 문제해결을 도모해 나가기를 반복하는 일련의 행동지침'이 되겠다.

이러한 쿤의 일원주의 패러다임 정책관은 다음과 같이 두 정책관, 곧 '평상 정책활동의 정책관'과 '정책혁명(정책혁신)의 정책관'으로 구분한 것을 포괄한 정 책관이다.

(1) 쿤의 '평상적 활동'의 통찰력을 원용한 '평상적 활동의 정책관'의 정립

먼저 쿤의 정상과학론을 정책에 원용 대입해 표현해 본다면, 그것은 '평상적 활동의 정책관'이라고 할 수 있겠다. 이 정책관에서 정책은 '정책에 관한 인식의 기본 틀과 방향인 어떤 일정한 정책패러다임(정책기조) 안에서 어떤 중요한 정책 문제를 해결하고자 수행하는 평상시의 일련의 행동지침'이라고 표현할 수 있겠다.

이 평상적 정책활동의 상황에서는 일련의 정책 무리, 곧 정책군(政策群)이란 '정책가족'을 지배하고 지도하는(인식의 기본 틀과 방향을 제공하는), 어버이 정책으 로서의 '정책기조'가 특별히 중요함을 알 수 있다. 그 정책기조의 지배와 지도를 받는 개개 구체적인 정책들을 만들고 집행하는 정책공동체의 평상시 정책활동은 모두, 마치 당시 과학자집단이 공유하는 일정한 패러다임에 의하여 '정상과학' 활동이 이루어지듯이 당시 정책 담당자 집단과 정책연구기관(정책공동체)이 공유 하는 일정한 패러다임에 의하여 이루어지기 때문이다.

과학활동의 '정상과학'(normal science)에 비교되는 '평상정책'(平常政策, normal policy)[60]의 활동은 정책 실무자들에게서 아주 자연스럽게 발견할 수 있다. 그들은

---

60) 표준국어대사전에 의하면, '정상'은 일반적으로 '특별한 변동이나 탈이 없이 제대로인 상태'의 한자어 '正常'으로 쓰인다. 여기서 '탈이 없이 제대로인'의 의미로 인하여, 정상은 제대로 됨이 나 온전함의 가치평가적인 의미도 함축하게 된다(예컨대 방어 목적의 자위대가 공격적인 전 쟁도 할 수 있는 군대로 바뀌어야 '정상국가'라며, 헌법의 해석 개헌을 통해 이를 관철해가는 아베 일본 수상의 주장을 들 수 있음). 사실 '정상과학'으로 번역된 쿤의 'normal science'는 본 래 과학이라고 부를 만한 상태도 아닌 '과학 이전'의 지식 탐구활동에서 벗어나, 이제 그 이름 에 손색이 없는 '과학'이란 지위에서 '제대로 된' 지식 탐구 활동이 벌어지는 가치평가적인 의 미까지 내포한다. 그렇지만 지나치게 그런 의미를 내포한 의미로 쓰이는 것도 무리이므로, 과 학자들은 쿤의 정상과학의 '정상'을 굳이 한자어로 표기할 경우 '定常'으로 표기하기도 한다

아주 열정적으로 현안 문제의 해결에 진력한다. 그런 평상시 정책활동은 물론 중요하다. 그런데 문제는 평상정책을 뛰어넘어야 하는 상황이다. 즉 정책실무자들이 불철주야로 고민하며 진력하는 그 정책활동의 대상 문제가 '평상정책' 활동의 범주에서 벗어나야만 하는 전혀 다른 차원, 곧 정책기조 차원의 문제일 경우이다. 그것이 쿤에게는 정상과학을 무너뜨리는 다른 패러다임의 시작, 곧 '과학혁명'의 시작에 해당한다. 그리고 정책에 있어서는 그것이 평상정책의 차원을 뛰어넘는 '정책기조' 차원의 혁신, 곧 이어서 설명하는 '정책혁명'이다.

그런 점에서 이 '평상 정책활동의 정책관'은, 포퍼식의 '점진적 개량주의(점증주의) 정책관'과 그 앞에 소개한 행태주의 정책관과 중요한 차이점이 있다. 그것은 '평상 정책활동의 정책관'이 적어도 근본적인 정책문제의 해결이 필요할 때에는 그것을 인정하는 것을 전제로, 즉 다음에 설명하는 '정책혁명의 정책관'을 전제하면서 평상적인 정책활동을 전개한다는 점이다. '평상 정책활동의 정책관'은 어디까지나 '패러다임 정책관' 내에 있는 하나의 정책관이라는 자기 정체성이 분명한 것이다. 그것은 기존 정책기조 아래 개별 구체적인 문제 해결의 타성을 뛰어넘어, 새로운 정책기조 차원의 정책혁신의 발상, 기회와 전략이 개방되어 있는 정책관이다. 그에 비하여 '행태주의 정책관'과 '개량주의 정책관'은 -그 인식론 주창자들이 거부하는 데서 보듯이- 그런 '정책혁명의 정책관'을 전제하거나 그에 개방된 정책관이 아닌 '패러다임-폐쇄적인' 정책관이란 데 근본적인 차이점을 갖고 있다. 그렇지만 그 차이는 인식론적으로 그렇다는 것이고, 현실적으로는 그런 구별이 별 의미를 갖지 못하게 된다. 그리하여 패러다임-폐쇄적인 두 정책관은 '패러다임 정책관' 안에서 논리적으로 충분히 존립할 수 있다. 즉 현실적으로 그 두 정책관에 대하여 -그들 주창자들이나 지지자들의 부인에도 불구하고- 기존 패러다임 안이나 밖에 존재하는 정책관의 위상을 부여해도 아무 문제가 안 된다.

(그 경우 표준국어대사전에서 그 뜻은 '일정하여 늘 한결같음'으로 나와 있음). 이와 같은 오해의 소지를 줄이기 위하여, 정책에 있어서는 구태여 '정책 이전'을 따로 구분할 필요가 없고, 오히려 '제대로 된' 정책이란 가치평가적인 의미를 배제한, 중립적인 의미를 표현하는 것이 더 바람직하다. 따라서 오해를 피하면서 본래 의미를 살리기 위하여 저자는 '정상정책' 대신 '평상(적)정책'이라고 하겠다(그 경우 국어대사전의 '평상'은 '특별한 일이 없는 보통 상황'으로 '통상'의 의미와도 같으나, 통상정책은 통상 곧 무역으로 오해·혼동할 여지가 있음).

여기서 한 발 더 나아가면 인식론적으로는(따라서 형식논리적으로 차별화하는 한에서는) 그렇지 않지만 실질논리적으로는 그 두 정책관은 패러다임 정책관에 포섭(subsumption), 즉 종속된다. 그렇게 되면 특히 '평상 정책활동의 정책관'과 '점진적 개량주의 정책관'은 현실적으로 구별이 안 되고 구별할 필요도 없게 된다.[61]

(2) 쿤의 '급격한 변화'(과학혁명)의 통찰력을 원용한 '정책혁명의 정책관'의 정립

'기존 정상과학의 패러다임의 한계에 도전하여, 그와 다른 새로운 패러다임이 승리함'으로써 '패러다임의 교체라는 혁명'이 일어나면서, 정상과학1-과학혁명2-정상과학2-과학혁명3의 단절적이고 불연속적인 변동 구조를 보인다는 것이 쿤의 통찰력이었다. 이를 정책에 원용 대입해 표현해 본다면, '정책혁명(policy revolution)의 정책관' 또는 -의미상으로 다소 약하지만- '급진적 개혁주의 정책관'이라고 할 수 있겠다. 이 정책관에서 '정책은 기존 정책기조 대신에 -그 인식의 기본 틀과 방향을 혁명적으로 바꿔- 새로운 정책기조를 채택하는 방식에 의하여 혁신적으로 중요한 문제의 해결을 도모하기도 하는 일련의 행동지침'이라고 표현할 수 있겠다.

정책혁명의 정책관에서 핵심적인 개념은 '정책기조'(정책패러다임)이다. 이는 정책당국의 실무자들이 현안 문제의 해결에 곤란을 겪고 있을 때 고심에 고심을 거듭하면서 새로운 일련의 행동지침(정책)을 내놓기 위하여 진력하고 있는 현실 상황에서 대두한다. 혹은 정책연구기관이나 전문가, 또는 시민들(시민단체)도 그런 정책 돌파구를 진지하게 검토하고 제기할 수 있다. 평상적인 정책활동에서 벗어나 전혀 다른 접근방법이나 발상의 전환, 곧 정책혁명을 통하여 정책혁신(policy

---

61) 피터 홀의 인식에서 그것이 분명한데, 그래서 그의 논문에서는 세 수준(차원)의 정책변동 중 정책수단의 설정(배치)에 해당하는 일차적 변동(first order change)의 과정은 ① 정확히 린드블롬과 윌다브스키 등이 주장하는 '점증주의'(incrementalism)를 비롯하여 '만족모형'(satisficing)과 '일상화된 의사결정'(routinized decision making)에 해당한다고 지적함으로써 점진적 개량주의를 평상 정책활동 안에 포함한다. 또 ② 명시적으로 밝히지는 않았지만 그 일차적 변동과정에서는 직업공무원집단 내 전문가들이 분석적으로 접근하는 특징을 지적함으로써 행태주의적 성향을 지적한다. Hall(1993), 280, 281, 294(주석 25). 또 앞에서도 언급했지만, 과학철학자 앨런 차머스도 포퍼가 이론의 전복·대체를 강조하나, 그것은 단순한 대체인 데 비해 쿤의 과학혁명에는 그 이상의 더 많은 것, 즉 ① 일반 법칙에서의 변화뿐만 아니라, ② 세계의 지각 방식, ③ 이론 평가기준의 변화까지 포함한다고 설명한다. Alan Chalmers, 신중섭·이상원(2003), 175-176.

innovation)을 꾀하는 상황을 말한다. 정책혁명에 의한 정책혁신은 마치 과학혁명 시기의 경쟁 패러다임들 상호 간에는 서로 공유할 수도 없고, 서로 합리적인 비교 평가나 소통이 불가능한 '공약불가능성'(incommensurability)이 존재한다는, 논란 많은 쿤의 주장에 가까운 상황이 나타난다는 것을 의미한다.

그래서 정책패러다임(정책기조)이 바뀌면 정책을 인식하는 기본 틀과 방향이 바뀐 것을 의미한다. 이에 그 바뀐 '새 패러다임에 근거한'(new paradigm-based) 정책들에 대한 정당성의 논거와 인식·판단의 기준이 근본적으로 바뀌면서, 새로 등장한 개념과 용어에 의해 문제되는 상황에 대한 정의(문제 정의, problem definition) 와 쟁점(issue) 자체도 바뀌게 된다. 또 해결의 대안들과 그 대안들의 분석 기준도 바뀌고, 집행과 평가의 기준도 바뀐다. 그만큼 '패러다임의 교체'는 근본적인 변동이다. 이는 곧 우리 인간에게 어떤 의미를 갖는 '세상'이라는 것은 패러다임을 통해서 걸러져 나온 것이므로 우리가 만들고 집행하는 정책은 패러다임의 변화에 따라 얼마든지 바뀐다는 인식을 반영한다.[62]

따라서 이 정책혁명의 정책관은 앞에서 논리실증주의에 근거한 행태주의 정책관이 '객관주의 정책관'인 데 대하여, '주관주의적 정책관'에 해당한다. 이 주관 주의적 정책관은 현실의 정책활동에서 나타나는 정책을 단순히 서술적(기술적, descriptive)으로 묘사하는 것일 뿐만 아니라, 더 나아가 규범적(normative)으로도 바람직하다고까지 볼 것을 함축한 정책관이다. 그렇다고 항상 정책혁명을 바람직하다고 본다는 뜻은 결코 아니다. 나쁜 정책기조를 버리고 좋은 정책기조로 전환하는 정책혁명은 마치 기업에서 '창조적 파괴'나 '파괴적 혁신'에 비유되듯이 바람직하겠지만, 오히려 그 반대의 경우는 '파괴적 파괴'나 '혁신적 파괴'로 귀결되는 대실패를 의미할 수도 있기 때문이다.

(3) 라카토쉬와 라우단의 이론에서 얻는 '위계적 상호작용의 변화와 상호주관주의 패러다임' 관점의 보완

쿤 이후 라카토쉬와 라우단 등의 과학철학이론에서 얻는 정책철학적인 좋은

---

62) 장하석(2014), 141의 '자연' 대신 '정책'을 대입해 그에 맞게 약간 수정한 표현이다.

통찰력의 하나는 '위계적 상호작용의 변화와 상호주관주의 패러다임' 관점이다. 쿤 이후 과학철학자들은 쿤의 패러다임 개념을 중심으로 한 불연속적·단절적인 패러다임 변동의 과학혁명의 구조를 수용하되, 불연속성과 혁명성을 지나치게 부각시킨 문제점을 보완하고자 한다. 그리하여 패러다임의 영향을 받는 미시이론들의 검증과 반증에 의한 과학·지식·이론의 연속적·누적적 성장이, 다시 패러다임 차원의 변동에도 영향을 주는 상호작용을 함으로써 혁명적인 패러다임 변동의 원인과 결과가 연결돼 있다고 본다. 거기에다 과학혁명의 너무 주관주의적이고 상대주의적(비합리주의적)인 요소를 합리주의적·객관주의적으로 완화해 보완하려는 통합 노력을 기울인다. 곧 어떤 객관성이나 합리성도 없이 제멋대로의 개인적인 또는 가치 전횡적인 주관성이 아니라 현대 철학적 개념으로 말하면, 어느 정도 공동체적·사회적 합리성과 객관성을 담보한 '상호주관주의적'(intersubjective)인 성격의 주관성을 바탕으로 한 절충의 묘도 찾는다.

그리하여 이 관점은 정책의 이해와 이론실천과 관련, 정책의 수준·차원이 모두 동일하지 않고, 패러다임 차원의 정책의 수준이 있고, 그렇지 않은 수준의 정책이 있다는 통찰력을 제공하였다. 그래서 정책변동은 정책의 수준(위계적 수준)에 따라 달라질 수 있다는 사실을 정책연구에 반영할 수 있게 해 주었다. 또 하위 수준의 정책의 변동이 패러다임 차원의 상위 수준의 정책변동에도 수직적으로 영향을 줄 수 있는 가능성에 관한 중요한 통찰력도 제공해 주었다. 이에 우리는 이러한 관점을 별도의 정책관으로 정립하지 않고, 앞의 쿤의 관점에 추가 보완하는 요소로 파악하고자 한다. 그리하여 이는 '패러다임 정책관'이라는 포괄적인 정책관을 정립하는 데 기여하게 된다.

(4) 장하석의 다원주의이론에서 얻는 '다원주의적 패러다임' 관점의 보완

지금까지 쿤과 쿤 이후의 과학철학 인식론의 핵심은 '패러다임'임을 알 수 있다. 그런데 그 패러다임이 대체로 '하나'인, 그래서 하나의 패러다임이 승리하면서 남게 되는 일원주의적 패러다임의 관점을 암묵적으로 상정하고 있었다. 그러나 이제 후술할 '장하석의 다원주의'의 관점을 거기에 추가해 보완할 수 있다. 이로써 (특별히 '정책의 특수성'이 두드러지기 때문에도) 복수의 패러다임이 공존 경쟁할 수 있고, 서로 이질적인(공약불가능한) 패러다임들이 혼합(혼혈, 혼종)된 하나의 복합패러다임도 있을 수 있다고 보게 된다. 곧 다음과 같은 다원주의적 패러다임의 관점이 추가된다. 이 역시 '패러다임 정책관'이라는 포괄적인 정책관을 정립하는 데 기여하게 되는 것은 물론이다.

> 복수 패러다임이 공존하는 예로 인간의 삶의 질과 행복을 위한 경제성장이라면 그 경제성장은 물량 위주의 성장 일변도의 패러다임에서 탈피해 소득주도성장, 혁신성장, 그리고 공정경쟁의 패러다임이 조화롭게 추구돼야 한다는 주장을 들 수 있다. 이는 곧 문재인 정부가 추진하는 (복수) 경제정책기조이기도 한데, 거기에서 소득주도성장, 혁신성장, 그리고 공정경쟁이 다 같이 강조되고, 동시에 추구되어야 하는 것으로 정립돼 추진되고 있다.[63] 이질적 패러다임들이 혼합된 복합패러다임의 예는 이미 앞에서 독일의 '사회적 시장경제'의 예를 들었다. 그리고 세계화가 본격화하고, 동유럽 공산주의가 붕괴해 국가 주도형 사회주의에 대한 불신이 큰 대신에, 시장은 선(善)이라는 신자유주의에 대한 과신이 퍼져 있던 1990년대 후반, 영국 사회학자 기든스(A. Giddens, 1938-)가 국가 주도형 사회주의와 시장주도형 신자유주의의 장점을 융합·절충해 이론화하고, 이를 당시 토니 블레어(Tony Blair) 정부가 채택한 정치노선으로 유명해진 '제3의 길'(The Third Way)이 또 하나의 예이다.[64]
> 또 수평적·수직적인 차원에서 다원주의적 패러다임의 예로 "문재인 정부의 균형외교, 실용외교는 한-미 관계와 4강 외교를 기본으로 하되 국익 중심의 외교 다변화를 추구하고 있다. 외교 다변화는 수평적인 외교 지형 확대와 수직적인 외교 층위의 심화를 포함한다. 수평적 확대는 아세안이나 유럽연합 등 새로운 파트너를 발굴해 관계를 강화해 나가는 방법이 있고, 수직적 심화는 도시외교, 국가차원 외교, 지역외교, 다자외교, 정상외교 등으로 개별 국가 중심의 기존 외교를 입체화하는 방식이 있다"[65]를 들 수 있다.

---

63) 논란은 계속되는데, 한겨레, 2017.12.28., "일자리와 혁신성장 '두 토끼 잡기'…공정경제 후순위 밀리나"에서 "내년 경제정책방향의 목표는 일자리와 혁신이라는 두 마리 토끼를 잡아 국민의 삶의 가시적 변화를 창출하겠다는 것…지난 7월 문재인 정부가 처음 내놓은 '새 정부 경제정책 방향'에선 소득주도성장, 일자리 중심 경제, 공정경제 등 새로운 경제 패러다임에 우선순위를 뒀다면, 이번…혁신성장을 강조하면서 '사람중심 경제'의 큰 틀이 흐트러진 게 아니냐는 평가"와, 2018년 5월 청와대 긴급경제점검회의에서 소득주도성장, 혁신성장, 공정경제의 3대 경제정책기조의 유지 확인에도, 기획재정부장관은 혁신성장만 강조했다는 한겨레, 2018.5.31., "김동연 '혁신성장이 중요'" 기사 참조.

64) Anthony Giddens, The Third Way: The Renewal of Social Democracy, Cambridge: Polity, 1998; 한상진·박찬욱(역), 제3의 길, 책과함께, 2014.

(5) '점진적 진화 변혁'의 패러다임 변동 관점의 보완

정책의 연구에 패러다임 인식론이 도입된 이후, 정치학·행정학·국제관계학 등 사회과학에서는 패러다임 개념을 중심으로 실제 경험하고 있는 정책사례들에 대하여 많은 연구가 쏟아져 나오게 되었다. 더 구체적으로 정책아이디어 또는 신제도주의 이론에 관심을 갖는 최근의 많은 실증 연구들은, 다음과 같은 패러다임 기반의 정책변동의 유형들에 대하여 관심을 집중하고 있다.

> 최근의 제도이론가들도 급격한 변화보다는 점진적인 작은 변화가 점진적인 제도 변혁(gradual institutional transformation)을 초래하고, 이것이 궁극적으로 제도의 불연속성을 초래할 수도 있는 가능성에 주목하고 있다. 과연 어떤 제도적 맥락에서 작은 변화들이 모아져서 불연속적인 혁신적 변화가 일어나는가를 탐색하고 있는 것이다.[66]

이와 같이 그런 연구 결과로 (토마스 쿤과 라카토쉬 등의 이론을 원용한) 정치학자 피터 홀(Peter Hall)이 제시한 정책혁명과 평상적 정책활동의 불연속적 변동 유형만이 존재한다고 인식하지는 않게 되었다. 그 외에도 정책의 변동이 여러 가지 이유(경로의존성, 정치적 타협, 기술적 미비 등의 예) 때문에 점진적으로 의미 있는 변화를 누적시켜 간 끝에 정책혁명 없이, 마침내 정책의 패러다임(정책기조)이 변동되는 의미의 '점진적 진화변혁(gradual evolutionary transformation)의 패러다임 유형'이 많이 나타나고 있음이 밝혀졌다. 또 그와 비슷하지만 다소 다른 유형, 곧 점진적 진화변혁 과정 안에서도 정책혁명이 수반되는 방식의 '절충적 정책변동 유형의 패러다임'도 가능하다고 보게 되었다. 사실 위 세 가지 유형은 대표적·전형적인 유형일 뿐, 그야말로 '정책의 특수성' 때문에, 그 외에도 다른 많은 변종(變種) 유형이 있을 수 있다고 생각하게 되었다. 따라서 그런 패러다임 정책관 안에는, '패러다임 개념을 인정하고 전제하는 한' 가능한 모든 유형의 다양한 정

---

65) 김남국(고려대 정치외교학과 교수), "[세상 읽기] 미국은 여전히 우리의 대안인가?", 한겨레, 2017.12.25.
66) W. Streeck & K. Thelen, "Introduction," Streeck & Thelen(eds.), Beyond Continuity. Institutional Change in Advanced Political Economies, Oxford Univ. Press, 2005, 1-39; 하연섭(2011), 173 재인용.

책변동의 유형을 포함할 수 있게 된다. 그리하여 이 역시 '패러다임 정책관'이라는 포괄적인 정책관을 정립하는 데 기여하게 된다.

(6) 패러다임 관점을 모두 포괄하는 '패러다임 정책관'의 정립

그러면 이제 과학철학 인식론에서 보편적으로 얻어낸 여러 가지 '패러다임의 관점'에 더하여, 사회과학계의 많은 경험적 연구에 의해 밝혀진 바에 따라 '정책의 특수성'을 반영해야 할 다양한 '패러다임의 변동 관점'을 보완해, 이들을 모두 합쳐서 최종적으로 '패러다임 정책관'을 완성·정립할 수 있게 된다(즉 세 번째로 정립하게 된 정책철학 인식론이 되겠다). 그리하여 이제부터 '패러다임 정책관'이라고 지칭한 경우, 그것은 먼저 과학철학 인식론 중 ① 쿤의 일원론적 패러다임 인식론에서 '일원주의' 부분을 제거하고 나머지 '패러다임' 부분을 기초로, ② 라카토쉬와 라우단의 '위계적 상호작용의 변화와 상호주관주의 패러다임' 관점과 ③ 장하석의 다원주의 안에 포함된, 패러다임이 하나 이상일 수도 있다는 '다원적 패러다임' 관점의 인식론을 포함한다. 그래서 그것은 과학철학 전체 인식론에 공통적으로 내포된 핵심적인 '패러다임 인식론'을 특별히 추출·통합해서 부르는 '새로운 정책관'을 일컫는다. 그런데 여기서 그치지 않는다. 더 나아가 많은 정책 사례에 대한 연구 결과로 밝혀진 다른 전형적인 유형인 ④ '점진적 진화변혁의 패러다임 유형'과 ⑤ 점진적 진화변혁 과정 안에서도 정책혁명이 수반되는 방식의 '절충적 정책변동 유형의 패러다임'도 '패러다임 정책관' 안에 포함된다.

결국 이 '패러다임 정책관'은 기본적으로 쿤이 처음 제시한 '패러다임 개념'을 전제하면서 이를 여러모로 보완하는 의미의 -광의로 정의할 수 있는, 그래서 약한(soft) 의미의- '패러다임' 개념에 기초한 정책변동의 모든 유형을 전부 포괄하는 정책관을 대변하는 것으로 이해할 수 있겠다. 이를 알기 쉽게 도식화하면 다음과 같다.

> 패러다임 정책관 = ① 일원주의 패러다임 정책관(평상 정책활동의 정책관 + 정책혁명의 정책관) + ② 위계적 상호작용의 변화와 상호주관주의 패러다임 관점 + ③ 장하석의 다원주의 안에 포함된 패러다임이 하나 이상일 수도 있다는 '다원적

패러다임' 유형 + ④ 점진적 진화변혁의 패러다임 유형 + ⑤ 점진적 진화변혁 내 정책혁명이 수반되는 방식의 절충적 정책변동 유형 ⑥ 기타 패러다임 개념을 인정하고 전제하는 다른 모든 정책변동의 유형

참고로 저자의 <정책기조의 탐구 - 정책아이디어로서의 정책패러다임> 책에서는 그동안 서양에서 이뤄진 '패러다임 정책관' 관련 정책연구의 결과를 종합하여 패러다임 개념을 전제하는 모든 다양한 정책변동의 유형을 간단히 세 가지, 곧 ① 쿤과 홀 식의 정책혁명과 평상적 정책활동의 반복 유형(간단히 말해, 정책혁명 유형), ② 점진적인 진화 방식으로도 중대한 정책기조의 전환(변혁)을 이뤄내는 점진적 진화변혁 유형, 그리고 ③ 그 둘을 절충해 정책혁명도 수반되는 점진적 진화변혁 유형 등으로 단순화(전형화)하게 된다.

정책패러다임(정책기조) 변동의 전형적(대표적)인 세 가지 유형 = ① 정책혁명과 평상적 정책활동의 반복 유형(정책혁명론), ② 점진적 진화변혁 유형(점진적 진화변혁론), ③ 정책혁명도 수반되는 점진적 진화변혁의 절충 유형(절충론).

이렇게 보면 '패러다임 정책관'에서 '패러다임'은, 동시에 복수의 패러다임이 병존할 수 있음을 의미하게 된다. 그래서 이는 당연히 -원래 쿤이나 홀이 상정하는 '패러다임 간 상호 공약불가능한' 의미의- '강한(단단한, 경성) 패러다임'(hard paradigm) 개념을 넘어선다. 그리하여 '패러다임 간 상호 부분적으로 양립하는' -그래서 경쟁하는 복수의 패러다임 사이에 '혼합되거나, 혼혈되거나, 덧붙여질 수도 있는' 의미의- 약한 공약불가능성을 띤 '약한(유연한, 연성) 패러다임'(soft paradigm) 개념으로 확장된 '광의의 패러다임' 개념을 의미한다. 이것이 최근까지의 경험적인 정책연구의 결과들을 반영한 결론인데,[67] 이는 저자의 <정책기조의 탐구 - 정책아이디어로서의 정책패러다임>에서 자세하게 논의하고 있다. 다음은 '강한 패러다임' 개념을 '약한' 것으로 순화·조정하면서, 역사적인 통일을 이룬 동방정책의 예이다.

---

67) Wilder(2015), 20-21, 25; Wilder and Howlett(2015), 110-112; Schmidt(2011), 42; Daigneault(2015), 44; Princen & 't Hart(2014), Wilder(2014).

제2차 세계대전이 끝나고 동서 냉전이 격화되는 가운데, 서독의 집권 기독교민주
동맹(기민련, CDU) 정부는 철저하게 서방 진영의 일원으로서, 서방과 공유하는
'민주적 가치'를 수호하고 '경제를 재건'하는 국정기조에 따라 모든 정책을 펼치게
된다. 그 국정기조 중 하나가 바로 서방과 군건하게 결속된 정책패러다임, 곧 '서방
통합정책'(Westintegration, 줄여서 '서방정책,' Westpolitik)이었다. 그에 따라 서독
의 통일외교 정책기조도 서방정책 패러다임의 연장선상에서 서방과 결속해 부강한
국력을 토대로, 전승 연합국의 점령·지배가 종료되면 소련이 세운 불법 정권의
관할지역인 동독과 통합해, 자유선거에 의한 민주적 통일정부를 수립한다는 것이었
다. 이에 따라 1955년 5월 서방측 점령국의 지배가 종식되고 주권이 회복되자,
서독 정부는 9월에 중립 통일안 등 여러 논의되는 방안(패러다임) 중에서, '서독만
이 자유선거에 의한 정부를 가진 유일한 독일의 합법국가이므로, 서독은 동독을
승인하는 나라와는 외교관계를 단절(대독 전승국인 소련만은 이 원칙에서 예외)하
겠다'는, '할슈타인 원칙'(Hallstein Doctrine)을 선언·시행하였다. 그 원칙은 '적대
적인 긴장'도 불사하는 '친서방 반공의 패러다임'을 공식화한, 강한 패러다임에
입각한 정책기조논리였다.

대결적인 성격의 '봉쇄정책'을 펼치게 된 서독에 맞서, 동독은 동독대로 1961년
동베를린과 서베를린의 경계에 콘크리트 담장(베를린 장벽, Berlin Wall)을 설치하
였다. 그 후 동서 냉전의 긴장 국면이 지속되자, 분단의 고착화를 우려한 서독 정부
는, 기존 정책기조의 한계와 위기를 느끼며 그 변경을 검토하기 시작해, 할슈타인
원칙을 폐기하고, 그 대신 동방정책이란 통일외교 정책기조를 채택하였다. 이것은,
서구의 기본가치를 철저하게 수용·실천하고 서방 동맹국들의 신뢰를 얻는 '서방정
책'의 패러다임은 일관되고 군건하게 유지하되, 통일외교 정책기조에서 동방정책이
란 혁명적 기조를 수용해 조화를 시도한, 곧 원래 '서방정책'과 공약가능하게 타협
된 '서방정책 내 동방정책'의 패러다임 개념으로 순화해(softening) 균형 조화를
이룬 것을 의미하였다.

결론적으로 패러다임 정책관이 포괄하는 범위를 요약 정리해 보면 다음과
같이 정의할 수 있겠다. 즉 '정책변동의 핵심은 정책패러다임(정책기조)인데, 그
정책기조의 전환이 ① 간헐적으로 급격한 혁명적 방식으로 이뤄지고, 평상시에는
기존 패러다임 내에서 미세조정의 정책활동이 일어나거나, 아니면 ② 꾸준한 점
진적 진화의 누적 방식으로 중대한 변혁이 일어나거나, 그것도 아니면 ③ 점진적
진화의 변혁 과정에 짧은 혁명적 전환이 수반된다고, 전체 정책변동의 구조를

이해하고 그에 준거하여 정책이론을 실천하는, 정책에 관한 일정한 관점'이라는 정의이다. 그리고 이 패러다임 정책관에서 정책에 대한 정의는 '정책변동의 핵심은 정책패러다임(정책기조)인데 그 정책기조의 전환이 ① 간헐적으로 급격한 혁명적 방식으로 이뤄지고, 평상시에는 기존 정책패러다임 내에서 미세조정의 정책활동이 일어나거나, 아니면 ② 꾸준한 점진적 진화의 누적 방식으로 중대한 변혁이 일어나거나, 그것도 아니면 ③ 점진적 진화의 변혁 과정에 짧은 혁명적 전환이 수반된다고, 전체 정책변동의 구조를 이해하는 토대 위에서 이뤄지는 중요한 문제에 대한 해결의 지침'이 되겠다.

■ '패러다임 정책관'의 정의 ■

　정책변동의 핵심은 정책패러다임(정책기조)인데, 그 정책기조의 전환이 간헐적으로 급격한 혁명적 방식으로 이뤄지고, 평상시에는 기존 정책패러다임 내에서 미세조정의 정책활동이 일어나거나, 아니면 꾸준한 점진적 진화의 누적 방식으로 중대한 변혁이 일어나거나, 그것도 아니면 점진적 진화의 변혁 과정에 짧은 혁명적 전환이 수반되는 것으로, 전체 정책변동의 구조를 이해하고 그에 준거하여 정책이론을 실천하는, 정책에 관한 일정한 관점.

■ '패러다임 정책관'에서 '정책'의 정의 ■

　정책변동의 핵심은 정책패러다임(정책기조)인데, 그 정책기조의 전환이 간헐적으로 급격한 혁명적 방식으로 이뤄지고, 평상시에는 기존 정책패러다임 내에서 미세조정의 정책활동이 일어나거나, 아니면 꾸준한 점진적 진화의 누적 방식으로 중대한 변혁이 일어나거나, 그것도 아니면 점진적 진화의 변혁 과정에 짧은 혁명적 전환이 수반되는 것으로, 전체 정책변동의 구조를 이해하는 토대 위에서 이뤄지는 중요한 문제에 대한 해결의 지침.

4. 패러다임 정책관의 실제 논의의 전개

　새로운 정책철학 인식론으로서의 패러다임 정책관은 우선 무엇보다도 '일원주의 패러다임 관점'을 정책에 원용하고 변용시킨 데서 시작되었다. 그런 시작의 큰 발걸음은 1993년 하버드대 정치학 교수인 피터 홀이 내디뎠다. 그런데 홀을 비롯하여, 또 다른 선구자격인 사바티어 등은 라카토쉬 등이 주장한 '위계적 상호 작용의 변화와 상호주관주의 패러다임의 관점'의 영향도 받았음이 분명하다.[68] 그 후 수많은 사회과학자들이 –물론 '패러다임 정책관'이란 용어를 사용하지는 않았지만 분명히– '패러다임 정책관'의 관점에 서서 정책에 관한 연구를 수행하였다. 이런 정책기조에 관한 연구 성과를 구미에서는 '정책기조이론'(PPP이론, public policy paradigm이론)이라고 일컫고 있다(이에 대해서는 저자의 <정책기조의 탐구 – 정책아이디어로서의 정책패러다임> 책에서 상술한다). 그 결과 이제는 앞에서 언급한 대로 어느 정도 패러다임 정책관의 실체를 파악해 정립할 수 있게 되었다 (과학철학 인식론 쪽에서도 장하석 교수 같은 과학철학자가 과학다원주의를 주장하며, 하나 이상의 패러다임이 공존하고 경쟁할 수 있다는 식으로, 우리의 패러다임 정책관의 정립에 기여하게 되었음은 물론이다).

이제 패러다임 정책관이 학술적으로 실제 어떻게 논의돼 왔는가를 간단히 살펴보자. 사회·정치 현상, 특히 정책과 제도의 분석에 –외형상 정책혁명의 변동 양상을 보여주는– 진화론의 '단속균형모형'을 도입·접목할 것을 주장한 사람이 정치학자 스티븐 크래스너(S. Krasner)이다. 그 때문에 사회과학 분야에서는 크래스너가 –우리가 정립한 패러다임 정책관의 일부 관점인– 정책혁명 형식의 정책변동이론을 처음 주장한 것으로 이해하기도 하지만 그것은 좀 무리이다.

> 그는 6개 저서에 대한 서평 논문을 통하여, 우선 1950년대 행태론적 접근방법(행태혁명)과 차별화된 1970년대 이후의 국가론적 쟁점을 두 가지로 압축·요약한다. 즉 ① 정부관료제로 대표되는 '국가'가 이익집단으로 대표되는 '사회'와의 관계에서 어느 정도 자율성을 갖고, 그 선호하는 정책을 만들어 시행할 수 있는가라는 '국가 자율성'(autonomy)의 범위, ② 국가의 제도와 정책이 어떻게 국내외 환경 변화와 압력으로부터 어느 정도 영향을 주고받으며 변화하는가의, '국가와 환경 간 일치성(congruity)의 정도'에 관한 쟁점이다.

---

68) 홀의 1993년 논문에서 정책변동을 3가지 수준(차원)으로 구분한 것이 라카토쉬의 세 수준 과학연구프로그램(SRP)의 영향을 말해주고 있는데, 홀은 쿤에 대한 언급과 달리, 쿤 언급 시 비교해 볼 문헌으로 주석에서 라카토쉬 문헌을 언급하는 정도로만 그 영향을 암시하고 있다. Hall(1993), 280, 294(주석 24) 참조.

크래스너는 그 쟁점에 관하여 검토한 뒤, 사회적·정치적 구조(제도)가 창설된 원인과 그 후 시간이 흐르면서 정체(안정, stasis)가 지속되는 원인에 관한 설명의 차이, 곧 '정치발전'(political development)의 주제는 −관찰의 이론 적재성을 전제하면서− 어떤 '이론적 관점'으로 보는가의 문제라는 입장을 표명한다. 그는 각 저서의 '제도 변화'나 '정책'의 산출에 차이가 나는 논란을 통관(通觀)해 보면, 주기적인[69] '위기 시 급격한 변동(rapid change)과 그 변동의 공고화와 정체(consolidation and stasis)가 이어지는 안정 기간'으로 보는 관점이 필요하지 않겠는가라는 입장을 피력한다. 결국 제도나 정책은 상당 기간 점진적 변화만 있는 안정된 균형(평형, equilibrium) 상태를 유지하다가, 전쟁이나 대공황 등 위기와 같은 외부적인 환경 변화로부터[70] 그 안정 상태가 '중단'(단절, 단속, 斷續)되고(punctuated), 급격한 변동의 짧은 기간을 거쳐 다시 그 변동이 자리 잡으면서, 그 변동된 구조가 제약 요인으로 작용하는, 긴 '균형 상태의 안정된'[71] 기간으로 돌아간다고 보는 관점이 필요하다는 것이다.

말하자면 크래스너는 정책과 제도 변화의 특징을 이해하는 데 적합한 관점(접근방법)으로서, 지금까지 채택하고 있는 (과학이 아닌 정치학에서의) 다원주의와 기타 행태론과는 다른 대안적 관점(접근방법)을 차용할 만하다고 제안한 셈이었다. 그것이 일종의 은유(metaphor)로서의 진화생물학자 엘드리지와 굴드가 제시한 '단속균형론'(斷續均衡論, punctuated equilibrium theory)[72]이었다.[73] 즉 짧고 급격한

---

69) 그래서 '끊어졌다 이어졌다' 의미의 '단속'(斷續)이지, 규칙 준수를 통제하는 의미의 '단속'(團束)이 아니다.

70) 크래스너는 이처럼 제도나 정책의 변동을 '외부적 요인'에서 찾았다. 그 후 피터 홀의 정책기조이론을 비롯한 신제도주의학파에 의해 아이디어(그 가장 중요한 것이 패러다임), 정책유산, 이데올로기, 제도의 모순과 균열 등의 '내부적 요인'도 제시되었다. 이제 제도 변화의 원인은 그런 내외부적 요인 등 '여러 다양한 요인의 결합'이라는 방향으로 논의되고 있다. 남궁근(2008), 200−204; 하연섭(2011), 제6장 제도변화 참조.

71) 이는 유기체가 '항상성'(恒常性, homeostasis)으로 돌아가려는 성향의 균형이라는 의미에서, '항상적 균형'(homeostatic equilibrium)이라는 뜻이다. 후술하는 엘드리지와 굴드(Eldridge and Gould, 1972) 논문, 114−115.

72) 단속평형모형, 단절평형모형, 중단평형설이라고도 한다. 1972년 진화생물학자 닐스 엘드리지(Niles Eldredge)와 스티븐 굴드(Stephen Jay Gould)는 다윈 이래 발전해 온 전통적인 '점진적인 진화'(계통점진설, phyletic gradualism)를 비판한 대안 이론으로서 '단속균형-계통점진설의 대안'이란 논문을 발표해 생물학과 진화이론의 발달에 큰 영향을 끼쳤다. 생명의 역사를 돌연변이와 자연선택을 중심으로 점진적·연속적 축적의 진화 과정으로 단순화해 해석하는 계통점

변화와 이어지는 오랜 안정(정체) 형태의 단속균형 방식을 차용한 것이었다.[74]
결국 크래스너는 진화론의 한 이론을 차용하여, (앞에서 정립한 패러다임 정책관의

진설은 진화 과정의 중간 단계를 나타내는 화석들이 발견되지 않아 그 중간형(missing link)의
입증이 어려워 비판을 받아왔다. 이에 엘드리지와 굴드는 -관찰의 이론 적재성을 환기하면서-
여러 지층에 걸쳐 발견되는 화석을 연구하면 생물은 전혀 변화하지 않고 보존되어 있는 데서
알 수 있듯이, 생물 종(種)이 거의 변화 없이 안정적인 균형 상태를 오랜 기간 유지하다가 지
리적 격리 등으로 개체군이 소규모화하면서 종 분화가 나타날 때 비약적으로 진화적 변화를
이룬다고 볼 것을 주장한 것이다. 이로써 그들의 이론은 다윈의 진화론 일부를 부정하게 되
고, 화석은 생물 종이 변화하는 과정이 아니라 변화하여 적응한 생물 종의 형태를 나타낸다고
본다. Niles Eldridge and Stephen J. Gould, "Punctuated Equilibria: An Alternative to Phyletic
Gradualism," in Tomas J. M. Schopf(ed.), Models in Paleobiology, San Francisco: Freeman, Cooper
& Co., 1972, 82-115.
73) 크래스너가 그의 논문 제목에 국가론에 대한 '대안적 접근방법'으로서 진화론에서 단속균형론
의 차용 사실을 언급한다. Stephen D. Krasner, "Approaches to the State: Alternative Conceptions
and Historical Dynamics," Comparative Politics, 16(2), 1984, 224, 226, 240.
74) 엘드리지와 굴드는 쿤의 패러다임이론에서 아이디어를 차용해 단속균형론을 제시했다고 하지
않는다. 오히려 모형, 이론, 패러다임에 관한 지루한 논쟁에 끼어드는 대신 중립적 용어인 -흔
히 문헌에 등장하는 '도표' 중 '도'에 해당하는- '그림'(picture)을 사용하겠다고 하며 여러 개
제시하면서, 동일한 사실을 다른 방식으로 보는 '세계를 보는 대안적 방식'에 관한 자신들의
관심을 독자들이 이해해 줄 것을 믿는다고 말한다(앞 그들 논문의 86쪽 주석). 사실 그들의
논지는 '패러다임' 개념이 없이도 설득력 있는 논거가 존립할 수 있는 고생물학 특유의 특성
상 타당할 수 있겠다. 그렇지만 그들은 쿤에게서 단속균형론의 아이디어를 얻었을 수 있다고
저자는 추정해 본다.
  그런데 크래스너도 '단속균형론'을 차용‧제안해서 그런지, 쿤의 패러다임이론을 언급하지
않는데, 사실 언급하기에도 그 핵심 개념인 '패러다임'이 빠져있으므로 곤란하다[그는 컴퓨터
와 통계학이 다원주의의 경험적인 연구를 촉진시켜 준 것을 언급하면서, 단지 그 주석에서
"경쟁하는 패러다임 간 선택의 기준을 제공해 주는 방편적(교시적) 힘(heuristic power)의 중요
성을 쿤도 특별히 강조했다"고만 언급하는 데 그친다. 그의 논문 주석 20번]. 이처럼 '단속균
형론'은 겉모양, 즉 변동의 결과 양상만 쿤의 패러다임론과 닮았지, 그 핵심 내용을 구성해야
할 '패러다임' 개념이 빠져있으므로, 핵심 내용상으로는 쿤의 이론과 무관하다. 그에 비해 피
터 홀은 처음으로 쿤의 '패러다임'(정책패러다임)이란 개념(이를 '아이디어' 또는 '정책아이디
어'라고도 함)을 도입하여, 왜, 그리고 어떻게, 정치와 정책 등 사회현상에 있어서, 그런 단속
균형과 같은 변동의 (결과적) 현상을 일으키게 되었는가의 인과적 기제와 과정을 정교한 논리
로 설명한 선구적 업적을 인정받은 것이다. 그런 본질적인 차이에 관한 이해가 꼭 필요하다.
그렇기 때문이겠지만 쿤 이론 전체와 핵심을 차용해 정책기조이론을 처음 제시한 피터 홀도
그의 역사적인 논문(1993년)에서 단속균형을 한두 군데 스치듯 언급하는 정도에 그쳐(표면적
인 현상만을 놓고 보면 단속균형의 형태를 보인다는 의미 정도로 언급), 그 본질적인 차이를
드러낸다. 또 조직학자 거식도 개인 수준의 성인 발달로부터, 집단, 조직발전, 과학사, 생물진
화, 그리고 우주 수준의 물리과학에 이르기까지의 6개 분석 분야와 수준에서 '변동의 작동 방
식'이란 '일반이론'으로서 '단속균형론'을 중심에 놓고 이를 적용하여 분석하는데 과학사 수
준에서는 쿤의 패러다임이론의 예와 생물진화 수준에서는 엘드리지와 굴드의 단속균형론의
예를 -서로 다름을 전제로- 병렬시켜 비교해 논의한다. Hall(1993), 277, 291(주석 63번); Connie
J. G. Gersick, "Revolutionary Change Theories: A Multilevel Exploration of the Punctuated
Equilibrium Paradigm," The Academy of Management Review, 16(1), 1991, 10-36 참조.

여러 유형 중 매우 중요한) '정책혁명'이란 한 가지 유형의, (원인과 과정을 설명해 줄 수 있는 매우 중요한 개념이 빠진 채) 겉으로 드러난 '결과', 즉 '급격한 변화와 이어지는 안정'이란 단순한 결과적 현상만을 제시·강조하는 '정책변동의 구조'를 처음으로 도입·접목할 것을 제안한 것이었다. 그때부터 그것이 정책이나 제도의 변동에 있어서 (쿤의 과학혁명 식의) 변동에 관한 논의에는 빠지지 않고 등장하게 되었다. 그렇지만 중요한 그의 공로는 거기까지인데, 정책기조이론을 잘 모르고 그 이상으로 확대 해석하려는 데서 오해가 발생한다. 우선 무엇보다도 그의 정책관은 '패러다임 정책관'이라고 할 수 없다. 거기에는 ―쿤의 패러다임이론 중 핵심적인― '패러다임'(정책의 경우, 정책패러다임)이란 개념이 빠져 있다. 따라서 '패러다임의 변화 여부'에 따른 '변동의 원인(인과적 메커니즘)과 과정'에 관한 설명이 들어설 여지가 없다. 단지 외부적 환경 변화가 그 원인이 된다는 정도의 지적만 있을 뿐이다. 그래서 역시 크래스너가 처음 제안했다고 오해하기 쉬운 '정책혁명의 정책관'도 그 안에 실제 알맹이인 '패러다임'이 들어 있지 않으므로, 그렇게 말하기 곤란하다. 그리고 (패러다임 정책관의 다른 중요한 유형인) 점진적 변화 끝에 일어난 패러다임의 변동(점진적 진화변혁)은 아예 크래스너의 단속균형모형 안에 들어있지도 않음은 두 말할 것도 없다.

  그렇지만 그런 가운데서도 사회과학 분야의 여러 연구들에서 과학공동체와 정책공동체(policy community)가 유사한 속성을 공유한 부분이 있을 수 있다는 인식이 확산되고 있었다.[75] 그러다가 쿤의 '패러다임' 개념을 처음으로 정책이론에 본격적·이론적으로 도입해 '패러다임 정책관'에 입각한 정책패러다임이론을 제시한 학자가 바로 하버드대 정치학 교수 피터 홀(Peter Hall)이다. 그는 정책과 제도의

---

75) 그것은 '패러다임 자체'에 관한 이론적 연구 없이, '쿤의 패러다임' 개념만을 원용해, 재정금융 정책패러다임, 복지정책패러다임, 환경정책패러다임과 같이, 패러다임 개념을 실질정책분야에 적용한 연구가 나오고 있었음을 의미한다. 예컨대 회원국의 외환 또는 통화 위기 시 구제금융 등을 통하여 지원하되, 시장 기능의 안정화와 구조조정 등 일련의 기본 준거 형태의 경제정책을 요구하는 국제통화기금(IMF)정책으로서의 "IMF정책기조"(IMF policy paradigm)란 제목의 단행본을 1985년 내놨다. 또 개인에게 맡겨졌던 '영유아와 모성 및 직장 여성'을 '국가의 보호'로, 프랑스와 미국의 복지·여성·가족정책 패러다임을 바꾼 것을 분석한 연구(1989) 등이다. Wilfred L. David, The IMF Policy Paradigm: The Macroeconomics of Stabilization, Structural Adjustment, and Economic Development, New York: Praeger, 1985; Jane Jenson, "Paradigms and Political Discourse: Protective Legislation in France and the United States before 1914," Canadian Journal of Political Science, 22(2), 1989, 235-258.

변동에 있어서, 쿤의 '패러다임', 그리고 '공약불가능성'(비공약성, incommensurability) 의 개념을 그대로 차용하여, 정책변동의 핵심인 'policy paradigm'(저자의 '정책기 조'에 해당)이라는 '아이디어'(idea, 정책아이디어)의 역할에 대한 연구 논문을 1993 년 발표하였다. 이로써 그는 정책기조이론의 선구자가 되었고, 정책기조이론에 관한 연구를 가히 폭발적으로 대유행시켰다.

> 홀은 '정책기조의 변동 과정'에 초점을 맞춰, '정책기조의 변동'(policy paradigm change)을 통한 '정책변동의 수준과 역동성'을 제시한 선구적·개척적인 연구를 수행하였다. 즉 그것은 1970년부터 1989년 사이 케인즈학파의 경제정책으로부터 통화주의 학파의 경제정책으로, 영국 거시경제정책기조가 전환된 경험적 사례에 대한 면밀한 분석의 연구 결과였다.[76)]

이 홀에 의해 시작된 '패러다임 정책관'이라고 부르는 실체를 정립하는 과정 의 전개를 논하는 것은, 정책기조이론, 특히 정책기조 변동이론을 소개하는 것과 다름없는데, 그런 정책기조이론은 저자의 <정책기조의 탐구 – 정책아이디어로서 의 정책패러다임> 책에서 자세히 다루므로, 그 책을 참조하기 바란다.

홀은 먼저 라카토쉬와 라우단 등이 그들의 과학철학 인식론에서 과학활동의 계층적(위계적) 수준을 상정했던 대로, '정책의 계층제적 구조적 차원'을 전제하고 그 다른 차원에 따라 –정책학습, 그중에서도 사회적 학습(social learning)의 과정으 로 보는– 정책변동의 양상이 다르게 나타난다고 주장하였다.

> 그는 ① 예산 수정과 같이 정책수단의 구체적 설정(settings of policy instruments) 차원의 1차적 변동, ② 정책목표를 달성하고자 이용되는 정책수단(policy instruments) 차원의 2차적 변동, 그리고 ③ 정책을 지도해 주는 포괄적 정책목표(overarching

---

76) 그는 'policy paradigm'을 명백히 쿤의 "과학 패러다임"(scientific paradigms)과 같은 것이라고 보 고, 'policy paradigm'은 '정책에 관한 해석적 틀(interpretive framework)이라고 정의하면서, 그것 을 규정하는 것은 '아이디어'(idea)라고 본다. 그는 정치적 담론과 정책결정의 전반적 조건을 규정하는 것이 '제도'(institution)이기도 하지만, 아울러 '아이디어'(idea)이기도 하고, 그래서 특 정 아이디어를 내재한 '정책기조'의 동태적 변동이 급격한 패러다임 전환(paradigm shift)의 형 태로, 정책변동이 일어난다고 주장하였다. 자세한 것은 저자의 <정책기조의 탐구 – 정책아이 디어로서의 정책패러다임>과 다음 논문, "정책기조의 변동 과정에 관한 모델과 그 평가", 대 전대 사회과학논문집 20(1), 2001, 1-18 및 Hall(1993), 275-296 참조.

goals) 차원의 3차적 변동으로 나눈다. 홀은 이 중에서 정책의 전반적 목표의 변경과
같은 차원의 -그래서 급격한 패러다임 전환(paradigm shift)의 변동 형태를 띠는-
3차적 변동(third-order change) 과정에 적합한 개념이 바로 'policy paradigm'(정책
기조)이라고 규정하였다.[77]

　　홀은 그의 정책기조 개념을 도입하면서 쿤과 라카토쉬의 관점을 함축하는
고전적인 정의를 제시한 선도자가 된다. 곧 정책결정자들을 포함하여 정책공동체
에 의해 "당연한 것으로 받아들여지고, 전체적으로는 꼼꼼히 따져보는 바 의문의
대상이 되지 않는 해석적 틀"이라고 정책기조를 정의한다.[78]

　　홀은 1차 및 2차적 변동은 자동적으로 3차적 변동으로 이어지는 것이 아니라
고 한다. 이는 전혀 다른 종류(quite different in kind)의 문제이고, 그리하여 3차적
변동에 상당한 자율성(considerable autonomy)을 부여하게 된다. 홀은 이 자율성을
'완전히는 서로 공약가능한 것은 아니다'라고, 쿤의 '공약불가능성'으로 설명하였
다.[79] 그는 이로부터 3가지 명제를 끌어낸다.[80] ① 정책패러다임의 교체 과정은
과학적이라기보다는 사회학적 성격일 가능성이 높다. ② 권위의 문제가 변동과정
의 중심적인 문제일 가능성이 높다. ③ 정책실험과 정책실패가 패러다임 교체의
핵심 역할을 수행할 가능성이 높다. 이 명제들에 유념하면서 전문가들의 지식
개발과 정책학습 등을 포함한 사회적 학습(social learning)이 정책변동에 중요한
역할을 한다고 주장한 헤클로(H. Heclo)의 '사회적 학습' 개념을 그는 발전적으로
수정 계승하게 된다.[81] 그리고 홀은 쿤의 '패러다임 변동과정'을 '정책기조의 변

---

77) Hall(1993), 278-280, 283, 289-291.
78) Hall(1993), 279.
79) Hall(1993), 279-280.
80) Hall(1993), 279-281; Mark Blyth, "Paradigms and Paradox: The Politics of Economic Ideas in Two
　　Moments of Crisis," Governance, 26(2), 2013, 199.
81) 20세기 초반 수십 년간에 걸쳐 발생한 영국과 스웨덴의 복지정책의 변동과 같이, 10여 년 이상
　　의 장기간에 걸쳐 복잡한 과정으로 발생하는 '장기적 정책변동'에 관심을 갖고 분석한 헤클로
　　(H. Heclo)는, 정책변동은 대규모 사회적, 경제적, 정치적 변동과 같은 거시 요인들과 동등하
　　게, '특정 정책영역 내 전문가들의 상호작용'이 중요한 요인이라고 주장하였다. 그래서 그는
　　정책변동을 ① 대규모 사회적, 경제적, 정치적 변동과 아울러, ② 권력에의 경쟁과 정책문제
　　에 대응한 더 지적인 수단을 개발하려는 노력을 포함한 정책공동체 내 사람들의 전략적 상호
　　작용의 산물이라고 함으로써, 일정 분야의 전문가들이 정책문제에 대하여 장기간에 걸쳐 점진
　　적으로 학습하고 정책목표의 달성을 위한 다양한 정책수단을 실험하는 소위 정책학습(policy

동'에 원용해, 정책기조의 형성과 안정화, 이변의 누적, 실험, 권위의 단편화, 경쟁, 새로운 정책기조의 제도화 등이 일어나는 '정책기조 변동의 과정'을 설명하고, 그 명제들을 실제 정책기조의 변동사례에서 경험적으로 확인하였다.

이어서 하울렛(M. Howlett)이 홀의 이론에 기초해 정책기조의 변동과정을 모형화하면서, 캐나다 정부의 원주민에 관한 정책기조의 변동 사례를 분석하고 홀의 이론을 긍정적으로 검증하였다.[82] 그리고 많은 학자들이 정책기조이론을 정립하기 위한 노력에 참여하게 되었다. 그리하여 정책변동과 신제도론의 폭증한 후속 연구들에서 정책아이디어(policy idea)의 핵심을 차지하는 존재론적 지위로 인하여 '정책기조'는 사회과학계의 가장 중요한 연구주제의 하나가 돼 왔다.

폴 사바티어(P. Sabatier)도 '패러다임' 용어와 유사한 의미의 '핵심 신념'(core beliefs)이란 용어와 개념을 사용해 정책변동의 상대적 난이도를 논의하였다(그 후 그는 동료들과 공동 논문을 발표한다). 사바티어 등은 역시 헤클로의 사회적 학습 개념을 토대로, 다음 세 가지 전제를 바탕으로 이해해야 한다고 주장하였다. 곧 ① 정책변동의 과정과 그 내부의 정책학습의 역할은 10년 이상의 시계(time spans)를 갖는 장기적 과정의, ② 하나의 정책영역에 관여하는 각종 기관의 행위자들의 상호작용의 정책공동체, 즉 정책하위체제(policy subsystem)라는 분석단위를 대상으로, ③ 정책하위체제 내에서 가치의 우선순위(value priorities)와 가치실현을 위한 일정한 정책 관련 신념체제(belief systems)를 동일하게 공유하는 정책창도연합(policy advocacy coalition)[83] 간 경쟁하면서, 자신들의 신념체제에 따른 정책을 추

---

learning), 정책공동체, 정책연구, 지식, 아이디어의 중요성을 지적하였다. Hugh Heclo, Modern Social Politics in Britain and Sweden. New Haven: Yale University Press, 1974.

82) 하울렛은 캐나다 정부의 원주민에 관한 ① 초창기 군사적 방어(protectionist)에서, ② 1860년-1930년간 동화(assimilation) 또는 통합(integration), 그 후 연구 당시인 ③ 1994년까지는 자치(self-government)와 평화공존(peaceful coexistence)이란 새로운 정책기조논리와의 경쟁 단계가 나타나고 있다고 분석하면서, 이후 새로운 정책기조의 제도화가 이루어질 것으로 보았다. Michael Howlett, "Policy Paradigms and Policy Change: Lessons from the Old and New Canadian Policies Towards Aboriginal Peoples," Policy Studies Journal. 22(4), 1994, 632.

83) 국내 번역은 정책주창, 정책지지, 장책옹호 등의 연합모형으로 소개되고 있는데, 창도(唱導)는 '앞장서서 외침. 또는 솔선하여 말하거나 주장함'의 적극성이 담겨 있는 반면에, 지지는 '어떤 사람이나 단체 따위의 주의·정책·의견 따위에 찬동하여 이를 위하여 힘을 씀', 옹호는 '두둔하고 편들어 지킴'의 뜻으로, 모두 소극적인 의미로 쓰이므로 '창도'라는 용어를 쓴다는 남궁근 교수의 의견에 동의해 영어 advocacy를 '창도'로 번역하되 '주창'(主唱)도 좋다고 본다. 남궁근(2008), 558 주석 참조.

진하고자 노력한다는 전제이다. 여기서 연합을 구성해 지속시키기도 하고 깨뜨리기도 하며, 행위자들의 상호 학습이 발생하는 '신념체제'의 규명이, 정책공동체와 정책변동의 성격을 파악하는 데 매우 중요하다고 본다. 그러면서 연합들 내 다음과 같은 '엘리트들의 세 가지 신념체제의 변화'에 기초한 '정책변동이론'을 전개하였다.

> ① '심층 핵심'(deep core)의 신념은 연합 행위자들의 핵심 이익을 둘러싸고 형성되는 신념, 즉 인간 본성의 근본적인 규범적·존재론적 가정, 자유와 평등 등 근본적 가치의 상대적 중요성, 복지의 상대적 우선순위, 시장과 정부의 적정 역할, 정부 정책결정 참여자의 범위 등 전통적인 우파와 좌파의 구분과 같은 일련의 근본 신념으로서 일상적인 연합 간의 학습이 거부된다. 이 신념의 변화는 종교적 개종만큼 어려워, 특정한 외부적 사건이 나타나지 않는 한 변화되지 않는 것으로 이해된다(그의 가설 5 관련). ② '준핵심'(near core) 또는 '정책핵심'(policy core)의 신념은 심층 핵심 신념을 실행하기 위한 기본적인 정책입장 및 전략으로서 연합 내 행위자들 간 '본질적인 합의'가 구체적 정책논쟁 시 갈등으로 나타나지만 상대 연합과 상호 조절이 가능한 것으로 이해된다(가설 2 관련). ③ '이차적 측면'(secondary aspects)이란 부차적 신념은 정책핵심 신념을 실행하기 위한 제반 활동(수단적 의사결정과 정보탐색)으로서 행위자에 따라 다르게 나타나지만 큰 갈등 없이 조절된다고 본다(가설 3 관련).

여기서 사바티어 등은 심층핵심(deep core)과 준핵심(near core) 차원의 '핵심 정책신념'(core policy beliefs)의 변동이 바로 정책변동을 야기한다는 '장기적 정책 변동의 일반 모형'으로서 '정책변동의 창도연합모형'(an advocacy coalition framework of policy change, 간단히 ACF로 약칭)을 제시하였다.[84] 이와 같이 정책변동을 연구하는 과정에서 아이디어'(idea)가 중요시되는 분야에서는 '패러다임의 변동'에 큰

---

84) 이상 Paul A. Sabatier, "An Advocacy Coalition Framework of Policy Change and the Role of Policy-oriented Learning Therein," Policy Sciences 21, 1988; Paul Sabatier and H. Jenkins-Smith, "Policy Change over A Decade or More," in P. Sabatier and H. Jenkins-Smith(eds.), Policy Change and Learning: An Advocacy Coalition Approach, Boulder, CO: Westview, 1993, 13-39; P. Sabatier and Christopher M. Weible, "The Advocacy Coalition Framework: Innovations and Clarifications," in Paul Sabatier(ed.), Theories of the Policy Process, 2nd ed., Colorado: Westview, 2007, 189-220 참조.

관심을 갖게 되었다. 즉 사바티어 등도 정책변동의 원인을 규명하는데, 인식공동체(epistemic community) 구성원의 기본 가치관, 신념의 심층구조(deep structure)와 타성(관성, inertia)이 급격한 정책변동을 제약한다고 제시하였던 것이다.[85]

이와 같이 홀과 사바티어 등이 모두 '인식의 틀'(신념)이 변하는 데 대한 중요성을 기반으로, 세 단계 위계적 변수(신념체제) 및 변수 간 변동의 난이성(難易性)의 모형을 중심으로, 작은 변동(minor change)과 주요 변동(major change)의 두 가지 변동 형태를 제시한다. 즉 사바티어의 수단 변동과 관련된 이차적 신념의 '작은 변동'은 홀의 1차적 및 2차적 변동에 해당한다. 목표의 변동과 관련된 사바티어의 핵심 신념과 정책 신념의 '주요 변동'은 홀의 3차적 변동에 해당한다고 볼 수 있다. 다만 정책하위체제는 다수 정책들로 구성돼 -급격한 자원 배분의 변경과 같이- 목표가 그대로인 채, 곧 정책기조의 변동 없이 '주요 변동'이 일어날 수 있는 점에서 ACF모형에서 주요 변동은 실제 정책기조의 변동과 동일하지는 않다. 그런 만큼 사바티어와 홀의 신념체제를 완전히 동일시해서는 안 된다. 특히 이론적·실제적으로 정책기조변동의 경우에 훨씬 더 오래 걸리는 시간적 차이(temporal differences), 변동의 규모도 큰 잠재적 규모의 차이(potential differences in magnitude), 그리고 '기존 패러다임 내 작은 변동'(minor intra-paradigmatic change)과 '신·구 패러다임 간 주요 또는 변혁적 변동'(major or transformative inter-paradigmatic change)의, 구분되면서도 연결된 관계 등 -ACF에는 없는- 의미 있는 방식으로 존재하는 독특한 (홀이 도입한) '정책기조'라는 개념이 간과돼서는 안 된다.[86]

이와 같이 '패러다임' 관점이 밑바탕에 흐르고 있는 정책연구가 시작된 이후, 수많은 학자들이 많은 실제 정책사례들을 분석해, 그 연구의 성과를 쏟아내었다.[87] 거기에서 집중된 연구 주제가 바로 '패러다임', 곧 정책패러다임(정책기조)

---

85) 그 신념체제와 정책변동의 영향 요인은 정책학습, 내·외부적인 사건이나 충격, 그리고 협상에 의한 합의(negotiated agreement) 등인데, 수차례 수정된 사바티어 등의 ACF모형은 1999년 이후 수정에서 '내부적인 충격 또는 사건'과 '협상에 의한 합의'가 추가되었다. Sabatier and Weible(2007), 199-210. 한편, 거식(C. Gersick)도 사바티어의 주장에 동의하면서, 심층구조(the deep structure)가 그대로 존속하는 한, 다른 일탈적 대안의 발생을 억제하고, 일탈로부터 복구하게 하는 강한 힘이 작용하므로, 심층구조가 해체되어야 근본적 변동이 나온다고 주장하였다. Gersick(1991), 19.
86) Cairney and Weible(2015), 95-97; Wilder and Howlett(2015), 102.
87) 예컨대 캐나다 원주민에 대한 정책사례를 연구한 하울렛은 그 후, 여러 학자들이 쿤 식의 정책

이다. 이는 우리가 정립한 '패러다임 정책관'을 토대로 한 연구라고 할 것이다.[88] 무엇보다도 홀의 논문(1993) 이후, '아이디어'(정책기조)를 정책과 제도 변화의 중심에 놓는 데 대하여는 근본적으로는 홀에 동의하면서도, 홀의 접근방법에 대하여 비판적 반응을 보이는 '2세대 아이디어 학자들'(ideational scholars)[89]이 등장하였다. 많은 후속 연구들이 보여준 비판은 주로, 홀이 너무 정책혁명 식 변동과 구조적인 측면을 강조하고, 행위자(agency)의 요소를 경시했다고 하는 문제점에 맞춰졌다. 그래서 정책기조에 대하여 급격한 변동만이 아니라, '좀 더 점진적인 변동의 형태'(more gradual forms of change)의 전환도 있고, 정책패러다임들 사이에도 충분히 양립할 수 있다(fully compatible)고 인정(공약불가능성을 비판)하게 되었다.[90]

> 프랑스 사회정책, 곧 연금 관련 복지국가정책은 정책아이디어의 급격한 전환 없이, 실패를 진단하고 가능한 대안에 대한 모호한 합의하에 구 정책 위에 새 정책을 덧붙이는, 점진적인 '층화'(덧붙이기, layering) 과정을 거친 결과물이었다고 한다. 사실 사회과학과 사회에서는 보통 주도 패러다임을 두고 경쟁하기 때문에, 단 하나의 독보적인 패러다임이 존재한다는 것은 드물다. 또 아이디어로서의 패러다임 (ideational paradigms)은 결코 통째로 소멸되지도 않고, 전적으로 새로운 것도 드물다고 한다. 또 어떤 정책이든 그것은 아이디어를 두고 경쟁하는 행위자들 사이의

혁명보다는 점진적 진화변혁이 더 현실에서 주류적 현상이라는 주장을 담은 정책기조 변동에 관한 정책연구의 결과를 공동 편집으로 출간하였다. 대표적인 최근 단행본은 다음과 같다. John Hogan and Michael Howlett(eds.), Policy Paradigm in Theory and Practice, Palgrave Macmillan, 2015; Peter Taylor-Gooby(ed.), New Paradigms in Public Policy, Oxford Univ. Press, 2013; Grace Skogstad(ed.), Policy Paradigms, Transnationalism, and Domestic Politics, Univ. of Toronto Press, 2011; Marcus Carson, Tom R. Burns and Dolores Calvo(eds.), Paradigms in Public Policy, Frankfurt am Main: Peter Lang, 2009 등

88) 정책기조이론가인 대뇨(Daigneault)는 '정책기조'를 현실의 본질, 사회정의와 국가의 적절한 역할, 공공개입을 요하는 문제, 추구할 정책목적과 목표, 그리고 목적 달성을 위한 적절한 정책수단에 관하여 "일정한 정책공동체의 사람들이 상호주관적으로 공유한, 일련의 일관된 인지적이고 규범적인 아이디어"(a set of coherent cognitive and normative ideas intersubjectively held by people in a given policy community)라고 정의하고, 정책기조의 변동이론을 전개한다. Pierre-Marc Daigneault, "Can You Recognize a Paradigm When You See One? Defining and Measuring Paradigm Shift," Hogan and Howlett(eds., 2015), 46.

89) 대표적으로 Béland(2007), Berman(1998), Blyth(2002), Campbell(1998), Campbell & Pedersen(2001), Cox(2001), Lieberman(2002), Schmidt(2002)를 예시한 Martin B. Carstensen, "Bringing Ideational Power into the Paradigm Approach," Hogan and Howlett(eds., 2015), 295 참조.

90) Carstensen(2015), 296-297; Daigneault(2015), 46, 57.

타협의 결과이자, 갈등의 결과이기 때문에, 그 안에는 흔히 많은 다른 아이디어들, 심지어 서로 상충되는 아이디어들이 혼재돼 있다고 본다. 결국 패러다임은 이익과 원칙에 관한 정치적인 토론‧숙의‧경쟁뿐만 아니라, 정책 협상, 선거 흥정, 정치적 타협의 결과를 드러내 준다.[91] 홀의 논문 사례를 재검토한 다른 연구의 결론도 홀이 주장하는 혁명적인 패러다임 변동이 있었다고 그렇게 쉽게 단정할 수 없고, 오히려 '단속적 진화'(punctuated evolution)를 통해 전개된 '반복적 변동 시리즈'(a series of iterative change)라고 할 수 있다고 주장하였다.[92]

이런 진화변혁모형은 역사적 제도론자들이 주장하게 된 내용, 즉 ① 현 제도에 새로운 요소의 덧붙임인 '층화'(덧붙이기, layering), ② 제도의 역할이나 제도의 핵심 목표를 바꿔 새로운 목표를 채택하는 '변환'(conversion), ③ 제도는 그대로인데 더 이상 동일하지 않은 결과를 빚는 '표류'(drift) 등과 같이, 제도가 '점진적 변혁'(gradual transformation)의 형태로 변화한다는 데 대한 각성과 맞물려 있기도 하다. 그래서 패러다임 간 차용(inter-paradigm borrowing)이나 정책변통(정책브리콜라쥬, policy bricolage)[93] 과정을 통하여 전략적‧반사적으로, 그리고 점진적으로 아이디어들을 조절‧적응해 가는 패러다임의 중대한 점진적 변동(significant gradual change)을 인정할 수 있게 된다. EU의 식량, 석면, 화학물질, 기후변화, 천연가스, 성평등 등 6개 분야의 정책기조 전환을 분석한 연구에서도, 정책기조 전환이 전형적인 '단속점증과정'(punctuated incrementalism of the processes)임을 발견할 수 있었

---

91) Schmidt(2011), 40-42.

92) Carstensen(2015), 305-306.

93) 정책변통(變通)은 저자의 책 <정책기조의 탐구 – 정책아이디어로서의 정책패러다임>에서 자세히 설명하는데, 지배적인 패러다임의 가장자리를 중심으로 '상황의존적 전략'의 형태를 띠면서, 패러다임 변동이 점진적이고 질서정연하지 않는 방식으로 진행되는 양상을 일컫는 개념으로 쓰인다. 간단히 '시행착오를 많이 겪는 패러다임 형성의 담론 과정'(a more trial-and-error-filled discursive process of paradigm construction), 또는 '지배적인 아이디어의 틀을 그대로 따르지 않고 임의로 확장 변통해 따르는 정책행태(를 보이는 자)'(whose behaviour often serves to stretch the parameters of the dominant ideational frame)를 의미한다. M. Carstensen, "Paradigm Man vs. the Bricoleur: Bricolage as an Alternative Vision of Agency in Ideational Change," European Political Science Review, 3(1), 2011, 147-167; Wilder and Howlett(2015), 102-103. 이와 관련, 다양한 요소들의 복합체인 제도는 새로운 요소의 도입으로 기존 제도가 교체되는 것이 아니라, 재배치나 재배열로 잔존하는 형태를 취하며 변하는 것을 말한다며, '존속변형'이라 번역한 하연섭(2011), 164 및 그대로 '브리콜라쥬'라 하는 이은미‧김동욱‧고기동, "정책아이디어의 경쟁과 변화에 관한 미시적 고찰," 한국정책학회보, 25(4), 2016, 223 참조. 참고로 '변통'은 '형편과 경우에 따라 일을 융통성 있게 잘 처리함'의 뜻이다(표준국어사전).

다고 하는 주장도 나왔다(단속균형이 아니라 단속'점증'에 유의 바람).[94] 아이디어의 변화는 의미심장하면서도, 점진적이고 누적적일 수 있다(significant, yet gradual and cumulative)고,[95] 많은 학자들은 점진적 진화변혁이론을 지지하는 견해를 쏟아내고 있는 것이다.[96]

　더 나아가서 시간 경과로 인한 패러다임의 발전은 하나의 아이디어 내 모든 요소의 급격한 전환이라기보다는 점증적 변화를 포함할 수 있는데 그 과정에 '변혁'(transformation), 즉 정책혁명의 순간이 존재할 수 있다고, 절충적으로 보기에까지 이른다. 곧 정책아이디어(정책기조)가 오래된 정치경제적인 국가정책들을 개조하는 '무기'(weapons)로 사용될 수 있는 불확실성의 시기가 분명히 존재한다고 보는 것이다.[97] 이에 따라 정책기조 연구는 '단속적 균형을 통한 변동'(단속균형모형)에 일방적으로 초점을 맞추던 것을 넘어섰다. 그리하여 '패러다임의 중대한 점진적 변화'는 이제 있을 수 있는 하나의 가능성(a possibility)일 뿐만 아니라 위기 시를 포함하여 가장 현실적으로 많이 나타나는 결과라는 데 거의 합의에 이를 만큼, 많은 증거 사례를 제시하는 연구결과들이 나오고 있다.[98]

　이상의 검토에서 알 수 있는 바와 같이 이제 패러다임을 전제한 다양한 유형의 변동을 설명해 낼 수 있는 '패러다임 정책관'은 정책세계의 현실을 더 잘 이해하고, 나아가 더 좋은 정책활동으로 나아갈 수 있는 중요한 안내 역할을 해 줄 수 있을 것이다.

　다른 한편으로 우리가 정립한 패러다임 정책관 안에 포함된 ─라카토쉬와 홀의─ 상호주관주의 관점은 사회과학철학자인 슈츠의 '생활세계의 현상학'에서도 주창되고 있었던 내용임을 상기할 필요가 있다. 슈츠는, 정책세계는 정책행위자가 생각과 경험을 서로 상대방의 의식에 맞춤으로써 공유하려는, 상호주관적 현실로 보아야 한다고 주장함으로써, 다음과 같이 일상적 생활세계의 현상학을 정

---

94) Carson, Burns & Calvo(2009), 377-378.
95) Daigneault(2015), 52.
96) Florian Kern, Caroline Kuzemko, & Catherine Mitchell, "How and Why do Policy Paradigms Change; and Does It Matter?" Hogan and Howlett(eds., 2015), 272.
97) Schmidt(2011), 41.
98) Carstensen(2015), 305-307 참조.

책학에 접목시켰던 것이다. 이로써 정책도 상호주관적인 성격으로 이해되는 길이
열리게 된 사실도 기억해야 할 것이다.

　　슈츠는 행위자 사이에 각자 자신의 경험을 토대로 의미를 사회적으로 공유하면
서 창출하는 현실은 상호주관적 생활세계로서 '우리 관계'(we-relation)의 상호 의존
적인 관계를 받아들이는 세계라고 본다[이에 비하여 서로 추상적으로만 알고 서로
주관적 의미 맥락(subjective meaning-contexts)의 삶의 현실을 직접 체험하고 공유
하지 않는 쌍방적이지 않은 관계는 '그들 관계'(they-relationship, Ihrbeziehung)라고
부른다]. 이는 곧 "나의 일상생활의 세계는 결코 나만의 사적인 생활세계가 아니다.
처음부터 나의 동료와 공유하고 다른 사람에 의해 경험되고 해석되는 상호주관적인
세계이다. 간단히 말해서 그것은 우리 모두에게 공통된 세상"으로서, 얼굴을 맞대는
상황(face-to-face situation)에서 서로 상대방의 생활을 상호 의존적으로 인식하고
이해하는 관계, 서로 상대방의 생각의 흐름을 경험하는 관계, 상호 간에 이해를
연결하고 확대하며 풍부하게 하는 관계, 상호주관적 의미의 맥락을 경험함으로써
상호주관적인 현상을 구성하고 "서로 함께 나이 먹어가는"(growing older together)
관계라는 다양한 표현으로 설명한다.[99]

---

99) 실증주의‧과학주의는 인간과 사회 현상의 연구와 파악은 '있는 그대로 객관적'이어야 한다는
신념을 가지고, 경험적‧계량적인 방법을 통하여 사실적인 인과관계를 규명하고자 과도하게
'객관성'을 강조했다. 그러나 '객관성'의 신화가 도전받게 되었다. 그것은 인간과 사회 현상은
그 속에 특정 사회적‧문화적 맥락을 감추고 있으면서, 이를 파악하는 인간의 '주관적' 이해와
해석에 따라 달라질 수 있는 인간 의식의 구성물이라는 현상학, 해석학, 비판이론, 포스트모더
니즘과 같은 '주관성'을 중시하는 반실증주의적 패러다임이 등장하면서였다. 그러나 주관성의
인정은 객관성이 없이 상대주의의 늪에 빠지는 문제가 발생한다. 여기에 객관성을 내포한 주
관성이란 의미의 '상호주관성'이 대두한다.
　상호주관성은 주관적인 것들 사이의 상호 합의를 통하여 주관적 세계에서 객관성을 추구하
는 것이다. 그것은 사회적으로 집단적 경험의 영역에서 찾을 수 있다. 인간은 사회구조나 문
화적 맥락 속에서 자신들의 위치와 경험에 따라 주관을 형성하는데, 그때 각자의 경험과 사고
의 내용은 개인적으로는 상이하면서도 동시에 공통된 부분들이 있기 마련이다. 따라서 서로
공통된 부분을 중심으로 각자의 주관성이 합의에 이른다면, 이는 어느 정도의 객관성의 지위
를 인정받을 수 있는 것이다. 결국 주관성을 인정하면서도, 상호주관적으로 공유된 객관성의
가능성을 열어놓음으로써 행복한 절충의 묘를 살린 개념이 '상호주관성'이라고 하겠다.
　오스트리아 출신 미국의 현상학자 슈츠(Alfred Schutz, 1899-1959)는 생(生)의 철학자 베르그
송(Henri Bergson, 1859-1941, 프랑스)으로부터 영향을 받아, 그의 모든 저작과 사상을 관통하
는 개념으로 '일상적 생활세계'(everyday life-world)를 제시한다. 슈츠는 자연의 세계와는 달리
일상생활 속에서 인간의 주관적 행동에 의하여 끊임없이 형성되고 해석되어 상호주관적 '의
미'로 짜여져 있는 다원적 현실(multiple realities)인 일상적 생활세계를 이해해야 한다고 주장
한다. 그는 후설의 초월적 현상학에 대한 비판의 산물로서 존재론적인 일상적 현상학(mundane
phenomenology)을 펼친 후기 현상학자로 불리는데, 슈츠가 보는 일상적 생활세계는 완전히 깨
인(wide awakening) 의식에 주어진 세계이며, 완전히 깨인 최고의 의식의 긴장(tension of

　이제 유력 후보의 선거 공약에 대한 유권자들의 선택이나 특정 정책에 대한 여론조사, 공청회, 시민회의, 공론화 등의 민주적 절차의 이행 활동과정에서 큰 폭의 정책의 전환과 합의를 추구하는 정책활동들은 모두 이 '상호주관주의 패러다임' 관점의 구체적인 구현 절차와 기제(메커니즘)를 보여준다고 할 것이다. 그런 의미에서 이 상호주관주의 패러다임' 관점은 쿤의 일원주의적 패러다임 정책관을 보완해 주면서 '패러다임 정책관'이라는 '새로운 정책관'을 완성시키는 중요한 요소로 기여하게 된다. 그런 요소는 저자의 <정책기조의 탐구 — 정책아이디어로서의 정책패러다임> 책에서, 좋은 정책기조의 기준으로서 합의성과 신뢰성의 기준 및 정책기조의 구현, 그리고 정책기조리더십 부분에서 공론 형성과 설득의 중요성과 연결돼 논의가 더 이뤄지므로 참조하기 바란다.

　이상과 같은 '패러다임 정책관'을 그 내용으로 삼는 정책철학 인식론의 정립으로 인하여 앞으로 우리 정책학도들과 정책실무자들도 정책 전반에 대한 이해와 이론실천의 폭과 깊이를 획기적으로 확장시킬 수 있게 되었다. 어떤 분야의 정책들을 정책기조의 변동을 중심으로, 공시적(共時的)으로는 수직적·수평적 대·소 정책체계[100]로 분류하기도 하고, 통시적(通時的)으로는 시대별로 일련의 정책 전개의 역사를 구분해 대·소 정책체계[101]로 분류할 수도 있을 것이다. 또 정책변동에 관한 이런 통찰력을 확대하여, 일정한 정책기조 내 평상정책의 변동인 '미시 변동'(micro-change)과 정책기조 자체의 정책혁명적인 변동인 '거시 변동'(macro-change)으로 구분·분석함으로써, 실제 정책과 정책변동에 관한 폭넓은 이해와 적실한 처방을 도모할 수도 있을 것이다.

　특히 그동안 전통적인 사회과학계의 주요 이론 중 정책변동을 포함하여 정치학·행정학 등에 관련된 의사결정이론이나 예산이론(모형)은, '패러다임'(정책기조)

---

consciousness) 상태 속에서 일의 세계로 직접 이어지는 세계이다. Alfred Schutz, Collected Papers I : The Problem of Social Reality, edited and introduced by Maurice Natanson, The Hague: Martinus Nijhoff, 1973, 212-213, 234-257; Alfred Schutz, The Phenomenology of the Social World 및 On Phenomenology and Social Relation, Selected Writings edited by Helmut R. Wagner, Chicago: The University of Chicago Press, 1970, 163, 184-195; 이상 김홍우, 현상학과 정치철학, 문학과 지성사, 1999, 352-368 및 박정택(2007b), 141-143, 292에서 수정 인용.

100) 생물 분류학에서 종(種)-속(屬)-과(科)-목(目)-강(綱)-문(門) 등으로 구분해 분류하는 방식이다.

101) 지질시대(地質時代, geological time)를 예로 들면, 지질 연대 단위(地質年代單位, Geochronologic Unit)로 대(代, Era)-기(紀, Period)-세(世, Epoch) 등으로 구분해 분류하는 방식이다.

이란 개념을 인식·상정하지 않는 행태주의적이거나 점증주의적인 데 국한해, 정태적인(static) 단일·평면적 차원으로 놓고 논의해 왔다. 그런데 이제 우리가 정립한 새로운 '패러다임 정책관'을 활용하여, 정책활동을 더 역동적인(dynamic) 복합·구조적 유형(차원)의 변동과정으로 이해할 수 있는 길을 열게 되었다.[102] 그 역동적 복합·구조적 차원이란, 정책활동을 긴 역사의 시간에서 평상시와 정책혁신 시기 등을 모두 합쳐 통시적으로 보는 것을 말한다. 그리고 거기에 덧붙여 전체 정책체계의 구조적 측면에서 다음과 같이 살펴보는 것을 말한다.[103] 즉 ① 동일한 패러다임 내에서 평상적 정책활동이 계속되다가, 다른 새로운 패러다임으로 급격하게 변동하는 정책혁명의 유형도 발견할 수 있고(저자의 <정책기조의 탐구 — 정책 아이디어로서의 정책패러다임> 책에서는 '정책혁명론'이라 지칭함, 단속균형모형은 그 겉으로 드러난 결과적 현상만을 말함), 혹은 ② 점진적으로 진화를 누적시켜 간 끝에 다른 패러다임으로 변동되는 유형도 찾을 수 있으며(점진적 진화변혁론), 아니면 ③ 점진적으로 진화를 누적시켜 가는 가운데 다른 새로운 패러다임으로 급격한 정책혁명의 변동을 겪는 유형(절충론)도 목격할 수 있는 등, 정책변동이 다양하고 복합적인 차원과 유형에서 발생할 수 있는 구조를 말한다. 우리는 바로 이런 '패러다임 정책관'을 통하여 비로소 그에 관한 중요한 통찰력을 얻고 인식을 새롭게 하게 될 것이다.

지금까지 사회과학계는 과학철학 인식론으로부터 '논리실증주의'와 '반증주의'를 도입해 '행태주의'와 '점증주의' 정책관들을 정립하였다. 그런 정책철학 인식론에 입각해 서술적이거나 규범적으로 정책을 이해하고 그 이론을 실천하는, 즉 교과서에 수록해 교육하며 널리 처방적으로 적용해 왔다. 그러나 그 다음 세대의 과학철학 인식론으로 등장했고, 이제는 가장 중요한 표준적인 인식론으로 공

---

102) 홀도 그의 논문의 결론 중, 여태껏 정태적·단면적인(static and one-shot) 국가간 비교정책 연구에서, 아이디어와 정책기조를 중심으로 정책의 역사적이고 역동적인(dynamic) 진화에 더 관심을 두고 연구할 필요가 있다고, 향후 연구방향을 제시하면서, 자신의 연구가 갖는 의의도 드러낸다. Hall(1993), 292.

103) 정책기조는 그 자체가 '구조적' 성격을 띤다. 그리고 그것은 사람들에게 논증과 설득을 사용하는 '맥락', 어떤 해결책이 실현가능하거나 생각해 볼 수 있는가를 규정하는 그 '맥락'(context)을 제공하기 때문에, 정책논의에서 '구조적'(structural) 요소로 작용한다. Cairney and Weible(2015), 86 참조.

인된 '패러다임이론'으로부터는 아직까지, 예컨대 '패러다임주의'(패러다임론, paradigmatism-저자 조어)나 '패러다임모형'과 같은 고유한 명칭의 정책관이나 모형을 도입하고, 확고하게 정립해 널리 보편화시키지는 못하고 있다. 다른 말로 '패러다임 정책철학 인식론'을 확고하게 정립해 보편화시키지 못하고 있다. '패러다임 그 자체'와 관련된 이론적·경험적인 사례 연구를 많이 쌓아가고 있는 구미(歐美)에서조차도, '정책관'의 하나로서 행태주의와 점증주의와 '비교'하며, 그 중요성·효용성·비교 우위성 등을 적절하게 차별화하고 부각시키는 논의 구조를 보여주지는 못하고 있는 것이다.[104] 물론 우리나라 학계에서는 극소수를 제외하면 '패러다임 그 자체'에 관한 논의조차도 거의 없었다. 그러나 여기에서 시작한 '패러다임 정책관'에 관하여 동의한다면, 그리하여 그에 관한 관심과 논의가 활발하게 진행된다면, 이제부터는 지금까지와는 다른 사회과학계의 인식을 보여줄 것으로 기대할 수 있겠다. 라스웰은 정책학을 제창할 때 '정책 지향'의 한 특징으로서 '문제 태도'(the problem attitude)라는 (근본)문제 지향의 관점을 강조하였는데,[105] 이제 성숙한 정책학으로서는 일종의 '패러다임 태도'(the paradigm attitude)를 강조할 시대가 되었다고 하겠다.

---

104) 예컨대 학계는 의사결정모형, 정책결정이론, 예산결정이론 등에 관하여, 과학철학의 논리실증주의와 반증주의로부터 영향을 받은 '합리모형(총체모형)'이나 '점증모형' 또는 '만족모형' 등을 등장시켜 논의하면서도, 이제 주류 인식론으로 자리 잡은 '패러다임 과학철학인식론'으로부터는 가칭 '패러다임모형(이론)'을 주류 대표 모형(이론)으로 도입·정립하지 않고 있는 실정이다(본문에서 후술하는, 이제 지지세를 얻어가는 '다원주의 과학철학 인식론'의 경우도 마찬가지이다). 유사한 논의라고 해봐야 '패러다임모형'을 제쳐놓고, '패러다임'이라는 핵심 요소를 빠트린 채 패러다임모형의 -패러다임의 변화 여부에 따른- 결과적 현상(그것도 혁명식 하나만)을 서술할 수 있는, '단속균형모형'만을 협소하게 논의하고 있다. 학술지 'Policy Studies Journal'이 2012년 특별호[special issue, 40(1)]로, 정책 관련 '단속균형모형'을 다룬 예나, 바움가트너가 1947년-2008년간 미국 연방정부 예산당국(OMB)의 주요 60개 지출항목의 연도별 증감 변동분포가, '정책변동의 단속균형 접근법'의 힘을 강력하게 예시해 준다고 주장한 예 등이 그것을 보여준다. Frank Baumgartner, "Ideas and Policy Change," Governance, 26(2), 2013, 239-258.
105) Lasswell(1951), 12. 라스웰이 말하는 '문제 태도'는 사실상 근본문제에 대처하여, 창조적 상상력의 함양, 정책개발의 최고 수준의 재능의 발휘, 사회에 이로운 변혁의 물결을 이끌어내는 등 민주주의 정책학의 열매를 맺게 해 주는, 새롭고 성공적이며 역사에 남을 만한 정책을 낳기 위한 일련의 노력과 태도를 의미한 것으로 이해된다.

다원주의 정책관

　　다원주의 정책관은 주로 장하석의 과학철학이론에서 얻은 통찰력을 중심으로 정립하게 되는 정책관이다. 그런데 장하석의 다원주의는 전문가 과학과 상보적 과학이라는 새롭게 제시된 과학관을 토대로, 다른 주요 인식론의 관점을 종합한다. 따라서 이하에서는 전문가 과학과 상보적 과학의 관점을 다원주의 관점에 포함시켜 통합하는 방식으로 다원주의 정책관을 논의하기로 하겠다.

1. 장하석의 과학철학이론이 함축하는 '다원적 종합주의' 관점

　　과학에 관한 상식적 이미지는 자연을 대상으로 한 과학은 그에 맞는 하나뿐인 옳은 이론(정답, 진리)을 찾아 계속 전진해 나아간다는 것이다. 그래서 논리실증주의자, 포퍼, 쿤 등 과학철학자의 인식론 논쟁도 과학에서 하나의 보편적인 방법론을 추구하는 '일원주의'(monism)를 전제로 전개되었다. 특히 오늘날 큰 틀에서 쿤이 주도한 표준적인 인식은, 기존 패러다임 안에서 지식이 축적되다가 패러다임 혁명에 의하여 그전 패러다임과 끊어진, 단절된 다른 차원의 패러다임이 궁극적으로 하나만 승리해, 정상과학의 지위를 얻게 된다는 일원주의, 독점주의였다.

　　그러나 절대적 진리 추구라는 그동안의 상식적 과학관이 점차 깨어지고 있는 21세기에 들어와, 대표적으로 장하석이 과학철학계의 연구 성과와 문제점들을 종합하여, 과학의 다원적 목적 추구에 맞게 과학방법론상의 '다원주의'(pluralism)라는 새로운 인식론을 제시해 큰 주목을 받고 있다. 그는 '실천체계'(system of practice)로 이해되는 '패러다임'의 '일원주의 독점체제'가 과학사에서 항상 성립되지도 않고, 꼭 하나만 살아남아야 하는 뚜렷하고 설득력 있는 논거도 없으며, 꼭 이로운 것도 아니라고 주장한다. 그렇다면 '쿤 손실' 같은 지식의 상실을 방지하기 위해서 그전 패러다임을 폐기 처분하기보다는 시간을 주어, 그 기여한 부분을 인정하고 그 잠재력을 보전하며 발전시켜 나가고, 동시에 다른 여러 이론체계들도 허용하고 인정해서 역시 발전시켜 나가야 한다는 것이다.

결국 여러 가지 패러다임이 공존해 왔고(따라서 쿤의 일원주의를 수정 보완하게 됨), 쿤 식의 패러다임과 포퍼 식의 반증이론이 공존해 왔으며, 정통 주류 이론의 중심에 있는 '전문가 과학'과 이를 보완해 줄 수 있는 '상보적(相補的) 과학'도 공존해 왔음을 과학사에서 밝혀내면서, 장하석은 그런 다원론적 과학활동이 관용과 융합이나 경쟁과 같은 '상호작용'의 이득이 있으므로 더 바람직하다고 주장한다. 그런 다원주의는 그에 따른 다양한 방식의 자유방임적 혼란, 과학공동체의 분산과 해체, 자유방임적 상대주의(relativism)를 무분별하게 수용하자는 것이 아니라, 한 가지만 하지는 말자는 다원주의라고 주장한다. 그는, 현대에 들어와 영원한 진리를 규명하겠다는 오만함 대신에, 회의주의에 빠지지 않고 겸허하게 과학을 하는 방향으로 나아가고 있는 때에, 무궁무진한 자연을 한정된 존재인 인간이 서로 분업으로 단면적인 지식을 비교하고 토론해서 다듬어가는 지식 탐구의 정신이, 과학적 다원주의의 기초라고 강조한다. 그래서 이는 일원주의·절대주의·권위주의의 이데올로기에 맹종할 위험을 막는 정치적·사회적·문화적 다원주의 사회와도 깊은 관련이 있는 만큼, 과학에서도 경직화를 막고 다양화를 촉진하는 것이 권장할 일이라고 주장한다.

이상과 같은 다원주의 과학철학이론에서 얻는 정책철학적인 좋은 통찰력은 과학사에서 여러 다양한 패러다임, 쿤 식의 패러다임과 포퍼 식의 반증이론, 정통 주류 과학과 대중적인 상보적 과학 등 다양한 과학활동이 공존해 왔고, 그것이 일원주의 독점적 패러다임이론보다 더 바람직하다고 주장하는 종합적인 관점이 되겠다. 이것이 네 번째로 정립하게 된 정책철학 인식론이 되겠다.

2. 전문가 과학과 상보적 과학의 이론이 함축하고 있는 '전문가주의'와 '직접참여주의' 및 '협치주의'의 관점

현대 정통 주류 이론의 중심에 있는 '전문가 과학'(specialist science)에 대비해 그런 정통 주류에서 벗어나 그동안 관심을 받지 못하고 있었지만 사실은 정통 과학의 기반을 형성하게 하는 중요한 주제에 대한 과학 연구인 —장하석이 온도계,

물 분자, 건전지 등 그 존재를 과학사에서 입증하면서 이름 붙인- '상보적 과학'(complementary science)이 최근 주목받고 있다고 하였다. 이런 대중적 과학으로서의 상보적 과학에는 과학자뿐만 아니라 비전문가 과학자는 물론, 역사학자, 철학자나, 다수의 대중이 참여할 수 있다고 하였다.

이런 '전문가 과학과 상보적 과학'의 최근 과학철학이론은 정책에 있어서도 정책철학적인 좋은 통찰력을 제공해 주고 있다. 즉 전통적인 간접민주정치의 원리로서의 주류적인 정책관은, 공동체의 공식적인 정책당국(대의기구, 정책연구기관 포함)의 전문가(엘리트)들이 그 전문적인 권위를 행사하여 정책을 운용한다는 관점을 암묵적으로 품고 있었다. 그러나 이제 그런 정책운용의 권한을 위임한 구성원(대중, 시민)들 스스로도 수동적으로만 머무르지 않고 직접 공동체의 문제 해결 활동에, 직접민주정치의 능동적 주체로서 적극적으로 참여해, 정책의 공동주체로서 필요한 정책의 형성과 집행 등의 역할을 공동으로 수행할 수 있다는 것을 강조하게 되었다. 이러한 관점을 나누어 간단히 표현해 본다면, (전자의) '전문가주의 관점'과 (후자의) '직접참여주의 관점'이라고 할 수 있겠다.

그런데 '전문가주의 관점'과 '직접참여주의 관점'은 앞의 정책에 관한 여러 관점들(이론·가치중립적 객관주의 관점, 점진적 개량주의 관점, 일원주의와 위계적 상호작용의 변화와 상호주관주의 패러다임 관점 등)과는 다른 차원·측면의 관점들이다. 이는 과학철학이론에서도 전문가 과학관과 상보적 과학관이 -그 이전에 주장·제시된- 다른 과학관들과 동일한 차원의 분류가 아닌 것과 같다. 그래서 전문가 과학관이 그 이전의 모든 과학관을 포괄하는 과학관인 데 대하여, 상보적 과학관은 그에 대비돼 새롭게 제시된, 새로운 의미의 과학관이었다. 마찬가지로 우리가 중시하는 정책에 관한 '전문가주의 관점'은 전통적인 공식적 정책당국 위주의 관점을 말하므로, 앞의 정책에 관한 여러 관점들을 포괄하는 -역시 그에 맞게 새로 이름만 붙여졌지, 새롭지 않고 중첩된 의미의- 관점인 반면에, '직접참여주의 관점'은 그에 대비돼 새롭게 제시된, 새로운 의미의 관점이다.

그런데 여기서 '직접참여주의 관점'은 현실에서 그와 대비되는 '전문가주의 관점'을 배제하는 의미나 맥락에서 주장되기보다는 일방적·하향적·일원적인 '전문가주의 관점'을 보완하는 의미나 맥락에서 주장되고 있다고 보아야 한다.

대의민주주의적 간접민주정치의 원리를 채택할 수밖에 없는 불가피한 현실을 인정하는 상황에서라면 거기에 '직접참여주의 관점'만이 독립해 홀로 채택되고 존재할 수는 없기 때문이다. 말하자면 '직접참여주의 관점'은 '전문가주의 관점'의 존재를 전제로 한다. 그리고 거기에 그 전문가주의 공식적 정책당국이 주도하는 일방적·하향적인 정책운용에 따른 한계를 보완해 민주주의의 실질을 더 충실하게 구현하기 위하여 상향적인 '직접참여주의 관점'을 도입해 권장하고 지원함으로써 쌍방적·상호 보완적인 혼합민주정치 원리의 장점을 극대화하기 위한 차원과 맥락에서, 현실의 실제 정책세계에 그 존립의 의의가 있겠다. 그래서 '상보적 과학'이 '전문가 과학'을 부정하는 것이 아니라 보완하는 의미를 띠는 관점은 정책과 관련된 좋은 통찰력을 제공해 준다. 곧 현대 사회과학이론에서 큰 관심을 모으고 있는 '뉴거버넌스'(new governance), 즉 '협치주의 관점'이 -'직접참여주의 관점'을 통하여- '전문가주의 관점'을 보완할 수 있다는 사실이다. 그래서 다원주의 정책관은 다음에서 이런 통찰력을 포함시킨 네 번째 정책관으로 정립하게 된다.

3. 정책철학적 정책관의 정립: 다원주의 정책관

현실의 정책세계는 참으로 다양하다. 선진국과 후진국의 정책세계에 차이가 있고, 선진국 내에서도 각국의 정책세계에 차이가 있으며, 또 한 국가의 중앙정부와 지방자치단체와 공공단체 등의 정책세계에도 차이가 있다. 또한 공간적인 차이뿐만 아니라, 시간적인 차이도 있어서, 예컨대 한 국가의 과거와 현재의 정책세계에도 차이가 있다. 그리고 현재의 정책세계에도 다양한 분야의 정책세계 간 차이가 있음은 물론이다. 이와 같이 다양한 모습을 연출하는 정책세계 각각을 서술해 주거나 규범적으로 평가하고 처방해 주는 정책관도 다양할 수밖에 없는 것이 현실이다. 그런 상황에서 우선 일차적으로 현실의 정책세계를 있는 그대로 서술해 주는 정책관('서술적 정책관'), 그리고 다음으로 더 나아가 바람직한 정책활동을 펼 수 있도록 규범적으로 좋은 정책활동을 제시하고 처방해 주는 기준 역할의 '규범적 정책관'에 관한 관심은 정책학도들에게 '다원주의 관점'을 수용하지 않을 수 없게 만든다. 즉 다원주의 정책철학 인식론을 받아들이지 않을 수 없다.

(1) 다원주의 정책관

장하석의 과학다원주의이론은 앞의 여러 주요 정책관들을 포용하는 '다원적 종합주의 관점'을 제공해 주고 있다고 했다. 그에 따라 그것은 앞에 나온 여러 정책관들을 포용하고 포괄하게 되는데, 그것은 말할 것도 없이 새로운 정책철학 인식론에 입각한 '다원주의 정책관'이 되겠다.106) 그런데 이 다원주의 정책관은 앞에 나온 여러 정책관의 단순한 합집합(合集合)만을 의미하지 않은 점에 유의해야 한다. 여러 정책관의 다원적 집합은 그 집합적 성격으로 말미암아 그 원소(元素) 정책관의 본원적 성격을 다소간 변질시키는 파생적 효과를 낳기 때문이다. 그 가장 중요한 파생효과는 '패러다임 정책관'에서 나타난다.

이미 '패러다임 정책관'을 정립할 때에도 언급하였는데, 쿤의 일원주의 패러다임 관점이 다원주의를 받아들이게 되면, 일원주의가 아니라 다원주의, 곧 복수의 패러다임과 복합 패러다임('지속가능한 개발'과 같이, 하나의 패러다임 내 다소 이질적인 패러다임이 섞인 혼혈 또는 혼종 패러다임)도 가능하다는 관점으로 수정될 수밖에 없게 된다. 그렇게 되면 패러다임의 공약불가능성도 약화될 수밖에 없고, 패러다임 변동이 반드시 급격하게 혁명 식으로만 진행되어야 할 이유도 줄어들기 마련이다(이는 보편적인 인식론적 근거를 제공한다는 의미이고, 그 현실적 양상은 앞에서 언급한 대로, '정책의 특수성' 때문에 두드러지게 증폭되어 발생한다고 볼 수 있다). 또

---

106) 다원주의 정책관에서 다원주의는 과학철학 인식론에 따른 다원주의이다. 따라서 전통적으로 정치학에서 말하는 다원주의와 다르므로 오해해서는 안 된다. 전통적인 정치학의 다원주의는 20세기 중반 미국 정치학자 달(R. Dahl)이 정치권력이 소수 엘리트 지배집단보다는 다수의 이해집단 등 '사회세력'에 분산되어 행사되면서 서로 경쟁하고 견제와 균형을 유지하며 정책이 산출되므로 정부의 역할은 소극적인 데 머무른다고 제시한 그 다원주의(pluralism)이다. 벤틀리(Bentley)와 트루먼(Truman)이 정책은 특수이익에 좌우되지 않고, 다양한 이익집단의 경쟁에 의한 타협의 산물이라고 주장한 '이익집단론'도 다원주의의 한 갈래이다. 그러나 다원주의는 지나치게 사회적 압력에 치중한다고 비판을 받으면서, 정부가 전문화된 체제를 갖추고 어느 정도 자기이익도 추구하는 관료의 능동적 역할과 체제유지를 위하여 어느 정도 기업집단의 특권적 지위를 보장할 수밖에 없는 특수성을 아울러 인정하는, 수정된 '신다원주의론'으로 진화하였다. 그리고 현대 민주국가의 정치권력의 원천을 단순화해 '국가와 사회의 관계'(state-society relations)에 관한 관점에 따라, 각각 국가 중심적 관점(국가론)과 사회 중심적 관점(사회관계론)으로 나뉘어 논의되기도 하는데, 여기서 사회 중심적 관점의 대표이론이 다원주의이다. '사회' 중심의 다원주의 관점에 대한 반발로서 나온 것이, 국가 입법·사법·행정 관료들과 그들이 조언을 받는 전문가의 역할을 중시하는 '국가론'이다.

다원주의 정책관은 행태주의나 점증주의 정책관의 존립 근거를 제공하면서도, 그들 정책관이 패러다임 정책관에 의한 수정 보완이 필요하다는 중요한 관점을 제공하게 된다. 이와 같이 다원주의 정책관은 지금까지 정립해 온 앞의 여러 정책관들의 존립과 함께 수정 보완해야 할 사항에 대하여, 인식론적인 근거를 제공해 주게 된다.

이제 과학다원주의가 제공하는 다원적 종합 관점으로부터 '다원적 정책관'을 정립할 수 있는데, 그 정책관은 다음과 같이 정의할 수 있겠다. 즉 '정책은 평상적 정책활동과 정책혁명의 공존 변동, 시간적·공간적으로 적합한 다양한 패러다임(정책기조)의 공존과 경쟁,107) 위계적 상호작용의 변화와 상호주관주의 패러다임의 정립, 패러다임(정책기조) 차원의 기조정책과 패러다임에서 자유로운 – 단순한 개별 정책 차원의 이론·가치중립적 객관주의적이거나 개량주의적인– 구체적 정책의 수직적·수평적 공존, 전문가에 의한 정책운용과 시민(구성원)의 직접 참여에 의한 정책운용이 공존하는 협치적 정책운용 등 현실의 실제 정책세계에서 펼쳐지는 다양한 모습으로 정책이론을 이해하고 실천하는 일련의 정책에 관한 관점'이라고 할 수 있을 것이다. 그리고 그 정책관에 의해 '정책'에 대하여, 앞에서 해 왔던 방식대로 정의할 수 있을 터인데, 그것을 다음과 같이 정리할 수 있겠다.

■ '다원주의 정책관'의 정의 ■

평상적 정책활동과 정책혁명의 공존 변동, 시간적·공간적으로 적합한 다양한
패러다임(정책기조)의 공존과 경쟁, 위계적 상호작용의 변화와 상호주관주의 패러

---

107) 한국교육의 패러다임 전환이라고 일컬어지는 1995년 '5·31 교육개혁' 내에서도 크게 열린교육체제, 수요자 중심 교육, 교육의 자율성, 다양화와 특성화, 정보화, 자유와 평등의 조화, 수월성과 보편성의 조화, 더불어 사는 인간 등 –다원적 패러다임에 해당하는– 기본적 구상을 갖고 추진되었다고 한다. 안병영·하연섭(2015), 34-39. 정책기조 분야에서는 패러다임이 복수로 존재하는 것이 이제는 상식이 됐는데, 원래 패러다임의 개념에 적합한 지배적(dominant) 패러다임 외에도, 그와 다른 –헤게모니 쟁탈전에서 승리한, 지배적이지 않은– 주도적(hegemonic) 패러다임이 따로 있을 수 있다거나, 정책행위자들이 하위의 종된(subordinate) 패러다임 안에서 정책을 운용하면서도 마치 새로운 패러다임을 따르고 있다는 환상을 주고 있는 현실 '행정의 전통'이 발견된다고 하는데, 이는 다원주의 정책관의 증거이기도 하다. G. Capano, "Administrative Traditions and Policy Change: When Policy Paradigms Matter. The Case of Italian Administrative Reform during the 1990s," Public Administration, 81(4), 2003, 781-801; Wilder and Howlett(2015), 110 재인용.

다임의 정립, 패러다임(정책기조) 차원의 기조정책과 패러다임에서 자유로운 -단순한 개별 정책 차원의 이론·가치중립적 객관주의적이거나 개량주의적인- 구체적 정책의 수직적·수평적 공존, 전문가에 의한 정책운용과 시민(구성원)의 직접참여에 의한 정책운용이 공존하는 협치적 정책운용 등 현실의 실제 정책세계에서 펼쳐지는, 다양한 모습으로 정책이론을 이해하고 실천하는 일련의 정책에 관한 관점.

■ '다원주의 정책관'에서 '정책'의 정의 ■

   평상적 정책활동과 정책혁명의 공존 변동, 시간적·공간적으로 적합한 다양한 패러다임(정책기조)의 공존과 경쟁, 위계적 상호작용의 변화와 상호주관주의 패러다임의 정립, 패러다임(정책기조) 차원의 기조정책과 패러다임에서 자유로운 -단순한 개별 정책 차원의 이론·가치중립적 객관주의적이거나 개량주의적인- 구체적 정책의 수직적·수평적 공존, 전문가에 의한 정책운용과 시민(구성원)의 직접참여에 의한 정책운용이 공존하는 협치적 정책운용 등 현실의 실제 정책세계에서 펼쳐지는, 다양한 중요 문제해결을 위한 일련의 행동지침.

   정책학자나 정책실무자들이 그런 다원주의의 현실을 무시하거나 경시하고, 한두 가지 정책관으로 너무 단순화·획일화시켜 바라보는 것은, 실제 정책세계의 복잡하고 다양한 실상과 동떨어진 오류를 범하게 될 가능성을 높여 줄 것이다. 그렇게 현실은 복잡하고 다양한 현상으로 나타날 수 있기 때문에, 정책학계와 정책실무계는 새로운 '다원주의 정책관'을 정책철학적 정책관의 한 주축으로 삼아야 한다.

(2) 전문가주의 정책관, 직접참여주의 정책관 및 협치주의 정책관

   장하석의 다원주의는 '전문가주의 관점'과 '직접참여주의 관점', 그리고 '협치주의 관점'이라는 유용한 관점을 제공해 준다고 하였다. 그리고 그 관점들이 제공해 주는 통찰력에 따라, 다원주의에서 파생되는 유용한 정책관들을 도출해 본다면, 각각 '전문가주의 정책관'과 '직접참여주의 정책관', 그리고 '협치주의 정책관'이라고 일컬을 수 있는 정책관들이 되겠다.

   오늘날의 현실에서 '직접참여주의 정책관'은 바로 1980년대 이후 크게 주목받고 있는 '뉴거버넌스'이론이 상정하고 있는 정책관을 생각해 보게 한다. 즉 뉴거버넌스이론을 정책관에 적용해 보면, 이는 '협치주의 정책관'(혼합민주정치적 정책관은 그 다른 이름이 될 것임)에 해당되는 것을 알 수 있다. 협치주의 정책관은 '전문가주의 정책관'과 '직접참여주의 정책관'으로 구성되기 때문이다. 그렇지만 협치주의 정책관의 목표는, 정부와 같은 공식적 정책당국의 정책담당자 중심의 전통적인 '전문가주의 정책관'의 한계를 ─전통적인 여론 반영 정도의 절차적·소극적 보완 정도가 아니라─ 실질적·적극적으로 보완하는 데 있다. 그래서 시민사회 또는 민간의 참여에 의한 '직접참여주의 정책관'의 생활정치적 요소를 더 반영·강조함으로써, 결국 상호 신뢰와 합의로, 민관(民官) 합동의 쌍방적 통치 또는 지배 원리를 통하여, '더 좋은 정책과 삶'을 구현하고자 하는 정책관이다. 이는 정책학의 창시자인 라스웰의 '민주주의 정책학'의 이상과도 잘 어울린다. '협치주의 정책관'이 등장하게 된 배경을 살펴보자.

　　거버넌스(governance) 개념은 상당히 다의적으로 쓰이고 있는데 전통적인 정치행정모형을 포함하여 다양한 사회적 조정의 기제(mechanism)를 분석·비교하는 개념적 틀로 발전돼 왔다. 그런데 전체사회적으로 문제의 복잡성·다양성·동태성이 증가하면서, 민주주의의 발전과 시민사회의 성장에 따라, 그것은 자연스럽게 출현한 특정 유형의 대안적 조정양식을 말하게 되었다. 그리하여 일반적으로는 계층제적이고 수직적인 국가공동체의, 권력에 기초한 명령과 통제(command & control) 방식을 동원한 전통적인 통치 주체인 중앙과 지방의 '정부'(government)만이 아니라, 시민사회단체(NGO)와 기업 등 다양한 민간부문 참여자들이, 신뢰를 토대로 한 연계망(네트워크)과 수평적인 조정·협력관계로써, 공동체의 크고 작은 문제를 해결해가는 '새로운 관리(통치)방식'을 뉴거버넌스(new governance)라고 일컫게 되었다. 이는, 공동체의 공공문제를 정부가 단독으로 해결하기보다는(구 거버넌스), 정부와 민간부문이 과업과 책임을 공유하고 공동으로 해결하는 방식으로, 정부와 사회의 역할분담과 협력으로 통치(관리)하므로 '협치'(協治)라고도 번역된다. 이는 전통적으로 중앙정부 단독으로 행사해 온 국정관리를 비판하면서 출발하였는데, 오늘날에는 중앙정부 운영뿐만 아니라, 널리 국제관계, 지방자치, 기업경영에 이르기까지 다양하게 적용되는 개념과 모형이 되었다. 또 공공부문의 경우에도 교육, 환경, 복지, 치안, 문화예술 등 다양한 정책영역에 적용되고 있다.[108]

---

108) 다의적으로 사용되는 거버넌스 개념을 이명석 교수가 조사해 분류하였다. 최광의로 그것은 공·사 조직, 사회체계, 국가 등이 당면한 공공문제를 해결하는 기제로 보는데, 기업지배구조

　이와 같이 뉴거버넌스로서의 협치는 공공문제의 해결 주체로서 정부기관과
그 행위자만이 아니라, 시민사회단체와 그 행위자도 포함하는 '확대된 의미의 통
치 또는 관리 방식'을 말한다. 그렇지만 그것은 정부와 같은 공식적 정책당국의
독점적·수직적·하향적인 정책의 운용을 비판하는 과정에서 나온 개념이다. 이에
'협치'라는 개념은 특별히 중앙정부에 대해서 지방정부, 그리고 정부부문에 대해
서 민간부문(NGO, 주민자치활동단체, 민간기업 등)을 더 강화하면서, 양쪽의 공동적
·수평적·상향적인 정책의 운용을 강조하는 의미를 띠게 되었다. 그런 의미에서,
전통적인 '전문가주의 정책관'이 ─민간부문의 여론을 반영하는 정도에서 그치고─
정부와 같은 공공부문 관료제의 정책엘리트들이 주도하는 정책운용을 당연시하
는 개념인 데 비하여, 새로운 '직접참여주의 정책관'은 시민·주민이나 구성원이
참여민주정치의 직접적 주체로서 ─단순히 객체(대상)에 대한 시혜로서가 아니라,
구성원인 주체의 권리이자 의무로서─ 정부와 같은 정책당국의 공공부문과 공동
으로 참여하는 '공동 주체'의 활동을 강조하는 측면의 정책관을 의미하고 있
다.109)

　와 국제관계도 포함하는 개념으로 사용된다. 광의로는 정부와 관련된 공통문제에 대한 사회적
조정과정으로서의 해결기제로 보는데, 그 조정과정을 정부가 주도적 역할을 수행하는 '올드
(구)거버넌스' 또는 전통적 거버넌스와, 정부와 시장 및 시민사회 사이의 파트너십 및 네트워
크가 주도적 역할을 담당하는 '뉴거버넌스'를 포함하는 개념으로 사용된다. 협의로는 광의의
뉴거버넌스 개념 중 정부 이외의 기관 및 행위자가 상호협력적 네트워크를 통하여 사회문제
를 해결하는 방법을 말하는 개념으로 사용된다. 본문은 일반적으로 수용되고 있는 '광의'의
개념을 기준으로 하는데, 이 책 전반적으로는 다원적(다층적) 공동체의 개념을 바탕으로 그것
을 최광의로 확대 적용할 필요가 있다고 주장하고 있다. 이명석, "거버넌스의 개념화: '사회적
조정'으로서 거버넌스", 한국행정학보, 36(4), 2002, 321-338; 정용덕, 현대국가의 행정학, 법문
사, 2001; 권기헌, 정책학, 박영사, 2008, 475-500; 남궁근(2008), 229-230; 정정길 외(2012), 261
참조.
109) '뉴거버넌스'는 일반 관리이론을 공·사 부문에 공통으로 적용할 수 있다고 믿는 '신공공관리
론'(new public management; NPM)의 등장과도 밀접한 관련이 있다. 1980년대 등장한 영국의
대처와 미국의 레이건 등 신보수주의 정권이 신자유주의 이념을 앞세워, 국가의 과도한 시장
개입이나 국가의 독점적 공공서비스 생산에 대한 비판적 대안으로서, 탈규제, 민영화, 공공서
비스 감축, 민간 관리기법의 도입, 분권화 등 시장친화적인 개혁이라는, 새로운 거버넌스를 추
구하고자 하였기 때문이다. 그때 신공공관리론은 공공부문의 비효율성을 제거하기 위해 정부
활동에 시장주의적인 경쟁원리를 도입하고, 관리의 자율성을 강화해 기업가적 정부 운영을 추
구하며, 목표·사명과 성과 위주로 관료를 통제해 책임성을 확보하고자 하는 데 이론적 토대
를 제공하였다. 그래서 공부문에서도 민관 공동으로 행정서비스를 생산·공급한다는 뜻에서
'공동생산' 또는 '협동생산'(coproduction)이라는 개념도 도입되었다. 그러나 과도한 경쟁과 성
과주의의 효율성 추구, 인본성과 민주성의 약화, 목표의 설정과 성과 달성의 측정 곤란성, 장

그런데 협치주의 정책관은 '시민과 정부의 정책운용의 공동주체성'이란 정책이념의 관점에서 볼 때, 그 정책관을 온전히 구현할 수 있다. 민주주의사회에서 시민은 이념적으로 모든 정책활동의 '주체'이다. 사실 대의민주주의제도와 정부관료제에 의존하고 있는 현실적인 정책활동에서 그 주체는 어느새 '정부와 그 정부의 정책엘리트'로 변하고 만다. 이 이상과 현실의 간격을 메우기 위해 등장한 이념이 바로 '시민과 함께 정부'라는 '정책운용의 공동주체성'이다. 현실에서는 자칫하면, 전문가주의 정책관 일변도로 흐르기 십상이고, 직접참여주의 정책관도 그저 구색 맞추기에 불과할 가능성이 농후하다. 정부 입장이 아니라, 시민의 입장에서 모든 정책운용이 이루어져야 한다고 말하면서도, 실제에서는 그것을 허구화시킬 수 있는 것이다. 협치주의 정책관의 구현에 있어서도, 실질적인 구현에는 철저하게 '시민도 동등한 정책운용의 공동 주체'라는 인식과 실천이 필요하다.110) 이는 '공동체주의'(communitarianism)의 이념을 바탕으로 정부부문에서 시민들의 참여를 제도화해 시민들에게 '자기 지배 원리'에 의한 참여를 북돋워준다는 의미에서 '참여국가'(participatory state)의 이론을 더 실질화하기 위한 것이라고 할 것이다.111)

기적·비가시적·질적인 결과(outcome, 민본적 효과)보다 단기적·가시적·양적인 산출(output, 관청적 효과)의 추구 등의 폐해를 노정하면서, 그 이론의 타당성이 비판을 받고, 2010년대를 기점으로 그 확산 기세도 수그러들고 있다. Patrick Dunleavy, H. Margetts, S. Bastow & J. Tinkler, Digital Era Governance: IT Corporations, the State, and E-Government, Oxford Univ. Press, 2006 참조.

뉴거버넌스와 신공공관리는 모두 정부 역할의 축소, 방향잡기의 강조, 행정과 민간의 구분의 상대성, 민관협력 등을 인정해야 한다는 이념을 추구하는 점에서 동일하다. 그러나 뉴거버넌스이론과 신공공관리론의 차이점은 ① 신뢰를 기반으로 조정과 협력의 강조 대(vs.) 시장주의적인 경쟁의 강조, ② 정부 역할의 보완을 위한 민간의 자원 동원과 참여의 활성화 강조 대 정부 역할의 축소를 위한 민영화와 민간위탁에 의한 정부 역할의 이양 강조, ③ 시민권(citizenship)에 기반한 '덕성 있는 시민'의 국정 파트너 인정 대 공리주의에 기반한 국정 대상인 '고객'의 관점, ④ 구성원 간 참여와 합의, 민주성과 신뢰성의 중시 대 시장논리에 따른 생산성과 효율성 중시, ⑤ 담론이론 등을 바탕으로 한 다양한 구성원의 참여의 정치성(정치행정일원론) 중시 대 행정의 경영화에 의한 정치행정이원론의 관점이라고 본다. 이상 유사성과 차이점은 권기헌(2008), 498 참조.

110) 이에 관한 더 자세한 논의는 허범, "새로운 공공행정의 모색: 민본행정의 이념과 과제," 한국행정학회 제1차 국제학술대회 발표논문, 1988, 109-130; 박정택(2007b), 311-422; Harmon(1981); Charles T. Goodsell, "The Public Encounter and Its Study," in Charles T. Goodsell(ed.), The Public Encounter: Where State and Citizen Meet, Bloomington: Indiana Univ. Press, 1981, 3-20; Emmette S. Redford, Democracy in the Administrative State, 188-204 참조.

111) 참여국가에 관해서는 C. Pateman, Participation and Democratic Theory, Cambridge: Cambridge

  결론적으로 '전문가주의 정책관'에 있어서 정책은 '수임된 권한을 가지고 전문적으로 임무를 수행할 수 있는 대표자(대리인)나 대표집단이 중요한 문제의 해결을 위해 수립하고 집행하는 일련의 행동지침'이 되겠다. 또 '직접참여주의 정책관'에 있어서 정책은 '일반 시민이나 구성원이 정책주체로서 직접 참여해 적극적·능동적으로 중요한 공동체의 문제해결을 위해 수립하고 집행하는 일련의 행동지침'이 되겠다. 그리고 '협치주의 정책관'에서 정책은 '정부와 같은 공식적 정책당국의 정책담당자와 함께, 일반 시민이나 구성원도 공동으로 참여한 공동 정책주체로서 상호 신뢰와 합의로 중요한 공동체의 문제해결을 위해 상호 협력해 수립하고 집행하는 일련의 행동지침'이 되겠다. 이를 정리하면 다음과 같다.

■ '전문가주의 정책관'에서 '정책'의 정의 ■

  수임된 권한을 가지고 전문적으로 임무를 수행할 수 있는 대표자(대리인)나 대표집단이 중요한 문제의 해결을 위해 수립하고 집행하는 일련의 행동지침.

■ '직접참여주의 정책관'에서 '정책'의 정의 ■

  일반 시민이나 구성원이 정책주체로서 직접 참여해 적극적·능동적으로 중요한 공동체의 문제해결을 위해 수립하고 집행하는 일련의 행동지침.

■ '협치주의 정책관'에서 '정책'의 정의 ■

  정부와 같은 공식적 정책당국의 정책담당자와 함께 일반 시민이나 구성원도 공동으로 참여한 공동 정책주체로서 상호 신뢰와 합의로 중요한 공동체의 문제해결을 위해 상호 협력해 수립하고 집행하는 일련의 행동지침.

University Press, 1970; J. R. Pennock and J. W. Chapman, NOMOS ⅩⅥ: Participation in Politics, New York: Liber-Atherton, 1975 등의 민주주의에 대한 철학적 탐구와 T. E. Cronin, Direct Democracy: The Politics of Initiative, Referendum and Recall, Cambridge: Harvard University Press, 1989 등의 '담론 민주주의'(discursive democracy) 연구를 참조할 수 있다. 기타 계층제적 지배나 기술지배에 대한 반발, 호오손 실험과 같은 '조직 인본주의'(organizational humanism), 미노우브룩 회의에서의 신행정학의 정신, 최근의 총품질관리(TQM) 기법 등을 관통하는 '참여관리'나 M. Lipsky, Street-level Bureaucracy, New York: Russell Sage Foundation, 1980 등의 '최일선 관료제론'(street-level bureaucracy), 그리고 Amitai Etzioni, The Spirit of Community, New York: Crown Publishers, 1993 등의 '공동체주의이론' 등이 참여국가 이론의 하나라고 보는 관점은 B. Guy Peters, The Future of Governing: Four Emerging Models, University Press of Kansas, 1996, 제3장 참조.

결론: 현대적 종합으로서의 정책철학적 정책관

이제 이상의 정책관 정립에 관한 논의를 종합 정리할 수 있게 되었다. 사실 '정책관'이란 용어와 개념이 익숙하지 않아서 그렇지, 정치행정 등 사회과학 분야에서는 우리가 앞에서 논의해 온 의미의 정책관은 이미 존재하고 있었고, 일반인들까지도 상식적으로 어느 정도 알고 있었다고 할 수 있다. 그것을 우리는 '전통적 정책관'이라고 지칭했는데, 바로 행태주의와 점증주의의 정책관이다. 그런데 그런 전통적 정책관의 토대를 제공해 주고 있는 -보편적 성격의- 과학철학 인식론이, 어느덧 거기에서 더 발전해, 패러다임 인식론과 다원주의 인식론으로 확장돼 나가고 있다. 그렇다면 이제 정책학을 비롯한 사회과학에서는 그 보편적 인식론을 도입해, 정책의 특수성을 반영한 새로운 정책철학 인식론에 입각한 '새로운 정책관'을 정립해야 한다. 그것이 바로 패러다임 정책관과 다원주의 정책관이다. 말하자면 전통적 정책관과 새로운 정책관을 모두 합하여 '현대적 종합(contemporary synthesis)으로서의 정책철학적 정책관'을 정립하는 것을 말한다. 이는 '현대적 종합으로서의 정책철학 인식론'을 정립하는 것과 같은 말이다. 또 이는 전통적 정책관을 중심으로 한 '전통적인 정책철학하기'에 그칠 것이 아니라, 이제는 새로운 정책관을 중심으로 한 '새로운 접근방법의 정책철학하기'와 '그런 정책철학하기의 결과'를 보여 줄 때가 되었다는 것을 의미한다.[112]

그런 정책관은 앞에서도 정립하였던 모든 정책관을 말하므로, ① 행태주의 정책관, ② 점증주의 정책관, ③ 패러다임 정책관, ④ 다원주의 정책관을 말한다.[113] 그런데 이들 정책관 중에서 가장 핵심적이고 특징적인 정책관은 ① 패러다

---

[112] 과거에도 전통적 정책관을 도출한 정책철학하기가 존재했겠지만(그래서 저자의 본문 시도는 '새로운 정책철학하기'이기도 하다), 그러나 역시 '정책철학하기'라는 용어와 개념이 있고 나서야 비로소 본격적·체계적·지속적인 의미의 정책철학하기가 존재한다고 할 것이다. 하이데거의 말처럼, 언어는 존재의 집이고, 용어가 있고 나서 본격적으로 개념이 형성되고 활용된다고 본다면, 그런 의미에서 저자의 '정책철학하기의 용어와 개념화'는 중요하다고 본다.

[113] 따라서 각각의 정책관은 각각의 정책철학 인식론, 곧 행태주의 정책철학 인식론, 점증주의 정책철학 인식론, 패러다임 정책철학 인식론, 그리고 다원주의 정책철학 인식론에 해당되는 정

임의 정책관과 ② 다원주의의 정책관이라고 할 수 있다. 그래서 현대적 종합으로서의 정책철학적 정책관은 그 두 축(軸)의 관점과 정책관을 중심으로 삼는 의미에서 '패러다임과 다원주의를 강조하는 정책관'이라고 요약할 수도 있겠다(물론 다원주의 정책관 안에 다른 중요한 정책관들, 곧 전통적인 행태주의 정책관과 점증주의 정책관도 포함돼 있는데, 그 비중으로 봐서 상대적으로 부각시키지 않을 뿐이므로, 그에 대해 오해하지 않아야 한다). 이제 그런 정책철학적 정책관을 모두 정립한 후 결론으로서 그 특징을 요약 정리하면 다음과 같다.

첫째, 역사적으로 각국의 각종 공동체나 조직 단위의 어떤 중요한 문제에 대한 해결의 지침으로서 펼쳐지고 있는 정책활동의 양상은, 당대의 다종다양한 문제와 사안(problems and affairs)에 대응하여 다양한 방식으로 창출되고 실행되며 변화한 모습을 보여주고 있다. 이러한 사실을 바탕으로 우리가 정책철학적 정책관을 정립하고 논하는 한, 그 기본적인 정책관으로서 먼저 '다원주의 정책관'을 전제하며 채택하지 않을 수 없다.

둘째, 다종다양한 정책은 그때그때 문제해결을 위한 필요에 부응해 형성·집행되는 것 같지만, 그 이면(裏面)의 역사적·구조적 실체를 들여다보면, 대부분의 경우 그런 정책들을 지배하고 지도하는, 강하거나 약한 기본 아이디어 성격의 패러다임(정책기조)이 미리 설정되거나, 아니면 정책과 패러다임이 거의 동시에 앞서거니 뒤서거니 설정되는 방식으로, 그 패러다임(기본 아이디어)에 기초(지배)하고 지도를 받는 일련의 정책들(paradigm-based and paradigm-directed policies)이 운용되면서 변동되는 양상을 보여주는 것을 파악할 수 있게 된다. 따라서 다원주의 정책관 내에서도, 그것이 그 핵심으로 삼는 정책관은 '일련의 패러다임에 기초한 정책의 변동 구조로 파악되는 정책관', 즉 '패러다임 정책관'이다. 그것은 쿤 식으로, 평상적 정책활동이 이어지다가, 그런 패러다임의 한계가 뚜렷해지면서(또는 그렇게 주관적으로 인식되면서) 그를 대체할 다른 새로운 패러다임이 등장하여, 그 새로운 패러다임으로서 일련의 정책활동이 전개되기 시작하는, 이른바 정책혁명이 일어나는 방식으로 정책활동이 전개된다는 변동구조가 기본 구조로 자리 잡고

책관이 되겠다.

있다.

그런데 이제 '패러다임 정책관'이라고 하면, 그것은 최근까지의 연구 성과를 반영하여 쿤 식의 정책혁명 외에도 정책의 변동이 어떤 특정의 패러다임을 지향하면서도 여러 가지 현실 여건 때문에 점진적으로 변화를 누적시켜 간 끝에 마침내 정책의 패러다임(정책기조)이 변동되는 의미의 '점진적 진화변혁의 패러다임 유형'을 포함한다. 여기서 '변혁'(transformation)은 패러다임 차원의 변화를 일컫는 다른 표현으로 볼 수 있다. 또 그와 비슷하지만 다른 유형, 곧 점진적 진화변혁 과정 안에서도 정책혁명이 수반되는 방식의 '절충적 정책변동 유형'도 포함된다. 그리고 기타 패러다임을 전제하는 한, 있을 수 있는 가능한 모든 유형의 다양한 정책변동의 유형을 포함한다.

따라서 이런 정책관은 기본적으로 '다원주의 정책관' 내에서, '패러다임을 전제하는 유형의 정책변동 유형'을 모두 포괄하는 정책관을 대변하는 것으로 이해할 수 있겠다. 다만, 우리는 이해의 편의상, 그 전형적인 유형으로서, ① 쿤과 홀 식의 정책혁명 유형, ② 점진적 진화변혁 유형, 그리고 ③ 그 둘을 절충해 정책혁명도 일부 수반한 점진적 진화변혁의 절충 유형의 세 가지 유형으로 단순화(전형화)시킬 수 있는데, 이로 말미암아 '라카토쉬와 라우단 식의 패러다임 정책관'은 이 '패러다임 정책관'에 흡수 통합시킬 수 있게 된다.114)

셋째, 위 두 번째 논의에서 시사하고 있는 바인데, '패러다임 정책관'에서 '패러다임'은 원래 쿤이나 홀이 상정하는 '패러다임 간 상호 공약불가능성이 강한' 의미의 '강한(단단한) 패러다임'(hard paradigm) 개념을 넘어서서, '패러다임 간 상호 공약불가능성이 약한, 그래서 상호 부분적으로 양립하는' 의미의 '약한(유연한) 패러다임'(soft paradigm) 개념으로 확장된 '광의의 패러다임' 개념을 의미한다.

최근까지의 실제 사례들에 대한 많은 연구들이 제시하는 결과는 현실에서

---

114) 그런 의미에서 패러다임 정책관의 이해와 실천에서, 정책혁명의 정책관에만 너무 큰 초점을 두기보다는 평상 정책활동이나 점진적 진화변혁의 정책관에도 중요한 초점을 맞춰 이해해야 한다. 특히 소홀히 하기 쉬운 평상 정책활동과 관련, 홀의 유명한 1993년 논문의 초점도, 정책 연속성(policy continuity)과 비급진적 변동(non-radical change) 및 세계에 관한 지배적인 사고방식의 유지(maintenance of a dominant way of thinking about the world)를 내포하는 '평상적'(normal) 정책결정에 '정책기조'가 어떻게 작용하는가를 밝히는 데서 시작하였다고도 본다. Cairney and Weible(2015), 88.

정책패러다임의 존재 양태나 교체 방식은 '강한 패러다임' 개념에 따라 이해하는 것이 적절한 경우도 물론 있지만, 그보다는 대부분 '약한 패러다임' 개념에 따라 이해하는 것이 더 적절한 경우를 입증해 주고 있다. 대표적·전형적으로 권력 간 협상과 타협,[115] 제도의 경로의존성, (생각의 닻내림 효과와 같은) 사람의 인지심리학적 편향성 등과 같이 실제 현실 정책세계에서 '권력, 제도, 그리고 사람의 특수성'이 작용한 결과로 순수하고 일관된 패러다임보다는 경쟁하는 복수의 패러다임 사이에 '혼합되거나, 혼혈되거나, 덧붙여질 수도 있는' 등의 비순수·비일관된 혼종(混種, 혼혈, 잡종, hybrid) 성격의 복합패러다임이 많이 존재한다. 실제 환경보전과 개발의 (공약불가능성으로, 상호 양립할 수 없을 것 같은) 서로 상충된 패러다임에 대하여 어떻게든 해결해야만 하는 과제 앞에 인류가 '지속가능한 개발'(sustainable development)이라는 패러다임으로 통합해 내서 -그 실제 구현을 두고 논란이 끊임없지만- 널리 사용하고 있는 예에서 이를 알 수 있다.

넷째, 정책철학적 정책관들을 사실상 모두 포함하게 되는 '패러다임 정책관과 다원주의를 강조하는 정책관'에 따르면 패러다임이 반드시 하나일 필요는 없는 것을 의미한다. 이에 따라 얼마든지 수평적이거나 수직적으로, 복수의 패러다임이 상호 견제적이거나 상호 보완적으로 공존할 수 있고, 또 반드시 어떤 특정 패러다임에 속한다고 보기 어려운 -단순한 개별 정책 차원의 이론·가치중립적 객관주의적이거나 개량주의적인 정책들과 같은- 단순한 정책들, 즉 무(無)패러다임 정책(paradigm-free policy)까지도 존재할 수 있음을 인정한다.

따라서 현실의 정책운용이 패러다임 전환적인 현상 없이 일정 기간 어떤 특정 패러다임 내에서 계속되는 경우, 그것은 그 현상을 주관적으로 보고 판단하는 자(집단)에 따라, '평상적 정책활동'이나 '점진적 진화변혁'으로 볼 수도 있고, 아니면 '점진적 개량주의 정책활동'으로 이해할 수도 있는 여지를 인정한다. 거기에 절대적인 객관적 판단 기준은 존재하지 않는다. 다만, 점진적 개량주의 정책관은 그 안에 -그 주창자들이 배제하는- 패러다임의 개념을 전제(함축 또는 인정)하지 않는 정책관만을 지칭하는 개념으로 제한해, 구별해서 사용하는 것이 유용할 것

---

115) 백종섭, 갈등관리와 협상전략, 창민사, 2015.

이다(그래서 목적과 동기가 그 기준이 되겠지만, 사후 결과적으로는 그들 간 차이를 말하기 어려운 경우도 있을 수 있다). 또한 순수하게 논리실증주의에 근거해 '이론·가치 중립적 객관주의 정책관'에 따른 정책이 그 엄밀한 기준대로는 존재한다고 할 수는 없지만, 행태론이나 후기 행태론이 주장하는 바와 같이, 현실적으로는 정책주체에 따라서 얼마든지 그런 정책관을 표방하고 내세우는 정책관이 존재할 수 있다고 인정한다. 그리하여 우리는 앞으로 그런 여러 다양한 정책관들을 적용해, 복잡하고 다양한 현실 정책세계의 모든 중요한 부분을 다각적으로 파악하고 이해하며, 그에 따라 적절한 처방을 얻을 수 있을 것이다.

다섯째, 행태주의 정책관, 점증주의 정책관 등 '전통적 정책관'만 해도, 그것이 엄연히 현실의 실제 정책세계의 일부를 그려내고 있고, 또 현실 정책활동에 기여해 온 긍정적인 역할도 인정되어야 한다. 그렇지만 이제 현대적 종합으로서의 정책철학적 정책관이 정립된 마당에서, 그것은 '새로운 정책관'들의 통찰력에 힘입어 부정적인 폐해(한계)까지도 드러냄으로써, 새롭게 각색돼 재규정된 정책관으로 이해되는 정책관이라고 할 것이다. 또 '새로운 정책관들' 중 핵심적인 '패러다임 정책관'만 해도, 실제 정책역사와 현실 정책활동을 더 폭넓게 이해하고 운용할 수 있게 해 주고, 전체 정책활동에 지대한 영향을 미치고 있지만, 다른 한편으로 그것은 정책을 지나치게 패러다임의 전환이나 대중영합(populism) 중심으로, 편향적·독선적·모험적으로 이해하고, 무모하게 운용하도록 오도할 수 있는 문제점을 안고 있는 것도 인정해야 할 사실일 것이다. 따라서 그것도 전통적 정책관의 비판과 견제를 받는 의미로 이해되는 정책관으로서 수용된다고 하겠다.

그렇다면 결국 우리 정책학도나 정책실무자들이 정책을 이해하고 그 이론을 실천하는 데 필요한 '정책철학적 정책관'은, '전통적 정책관'과 '새로운 정책관'이 균형 있게 인식된 상태로 통합된 정책관이라고 할 것이다. 그리하여 그 정책관은 '그 개념 자체로는' 어떤 '있는 그대로'를 묘사하는 서술적이거나, '있어야 할 대로'의 바람직한 규범적인 의미를 내포하지는 않는다. 사용자나 논자(論者)가 서술적인 정책관(descriptive view of policy)이나 규범적인 정책관(normative view of policy)을 주장하고자 하는 상황에 따라, 그 상황에 맞는 의미로 특정해 처방적(prescriptive)으로 사용할 수 있는 정책관이라고 하겠다.

여섯째, 정책관들 안에도 더 세부적인 정책관들이 있을 수 있는데, 예컨대 패러다임 정책관 안에는 평상 정책활동의 정책관, 정책혁명의 정책관, 점진적 진화변혁의 정책관, 절충적 정책관 등 세부적인 정책관이 포함돼 있다. 또 다원주의 정책관 안에 있는 여러 세부 정책관 중에서 의미 있는 정책관으로는 전문가주의 정책관, 직접참여주의 정책관, 협치주의 정책관 등을 들 수 있다.

일곱째, 전체-부분의 형식논리적으로 해석하면, '패러다임 정책관'은 '다원주의 정책관' 안에 포함되기 때문에 '다원주의 정책관'에 종속된 지위를 갖는 관계로 오해해서는 안 된다. 오히려 '다원주의 정책관'을 내용적으로 들어가 실질논리적으로 보면, -'다원주의 정책관'의 실체를 구성하는- '다원주의 정책관 내 다른 요소 정책관들'이 '패러다임 정책관'에 포섭(subsumption)되는 관계, 즉 종속된 지위의 관계를 갖는다. 곧 과학철학 인식론에서 -그 주창자들이 인정하려 하지 않음에도 불구하고- 표준적으로 인식하고 있는 것과 동일한 이치로, 행태주의 정책관이나 점증주의 정책관은, 패러다임 정책관 안에서 실질적으로 존립하는 지위를 갖는다. 그렇게 정책철학적 정책관 내 여러 정책관들은 개념적·형식적으로는 독립돼 동등한 것 같지만, 현실 정책세계에서 내용적·전체 체계상으로 들어가 살펴보면, 그렇게 전체-부분 혹은 지배-종속되는 관계의 지위를 갖는 것으로 여겨지고 있음을 알 수 있다.

결론적으로, 이 책에서 정립한 '현대적 종합으로서의 정책철학적 정책관', 곧 '패러다임과 다원주의를 강조하는 정책관'은 지금까지 상식적인 '전통적 정책관'으로 수용하고 있는 '행태주의 정책관'과 '점증주의 정책관'을 포함하는 것은 물론, 그들 정책관과 비교하면서 새롭게 제시된 '패러다임 정책관'과 '다원주의 정책관' 등의 '새로운 정책관'들을 주축으로 확대·구성된 통합적 정책관들을 일컫는다. 이를 다소 무리한 점이 있지만, 이해하기 쉽게 개념 도식으로 정리하면 다음과 같다.

■ 정책철학적 정책관의 개념 도식 ■

① 현대적 종합으로서의 정책철학적 정책관 = 전통적 정책관 + 새로운 정책관
② 전통적 정책관 = 행태주의 정책관 + 점증주의 정책관

③ 새로운 정책관 = 패러다임 정책관 + 다원주의 정책관

④ 패러다임 정책관 = 일원주의 패러다임 정책관(평상 정책활동의 정책관 + 정책혁명의 정책관) + 위계적 상호작용의 변화와 상호주관주의 패러다임의 관점 + 점진적 진화변혁의 정책관 + 절충적 정책관(점진적 진화변혁 + 정책혁명)

⑤ 다원주의 정책관 = 행태주의 정책관 + 점증주의 정책관 + 패러다임 정책관 + (전문가주의 정책관 + 직접참여주의 정책관 + 협치주의 정책관)

⑥ 전문가주의 정책관 = 행태주의 정책관 + 점증주의 정책관 + 패러다임 정책관

⑦ 협치주의 정책관 = 전문가주의 정책관 + 직접참여주의 정책관

이상 새로운 정책철학하기를 통하여 얻어 낸 정책철학적 정책관은 실제 현실의 복잡하고 다양한 정책세계를 가장 포괄적이고 통일적으로 풍성하게 이해(서술·설명·예측·처방)할 수 있는 길을 열어 줄 것이다. 예컨대 효율과 공평, 성장과 분배, 보편복지와 선별복지 등은 모두 해당 분야의 상호 대립하는 패러다임을 말한다. 그런 패러다임에 대한 찬반 논쟁은 공동체의 유지와 발전을 위해 필수불가결하고, 그렇게 패러다임 정책관에 의한 논쟁은 서술적 분석과 규범적 처방에 모두 긴요함을 알 수 있다.

이제 전체 논의를 정리해 보면, 지금까지 정책 실무계에서나 학계에서 정책세계를 전체적으로 조망해 보는 정책관을 정립하지 못한 채, 부분적·단편적으로 '전통적 정책관'의 한계 내에서만(그런 정책철학 인식론의 한계 내에서만) 정책이론을 이해하고 실천해 왔다고 할 수 있다. 설령 새로운 '패러다임 정책관'을 다소 이해하며 적용해 왔다고 하더라도, 그 정책관을 '전체 정책(변동 포함)의 본질 차원'에서, 즉 그 구체적인 내용은 물론, 다른 정책관들과 비교해 그 장점과 단점, 강점과 약점을 정확하게 인식하고 이해하며 적용하고 있다고는 말할 수 없다. 이는 결국 −과학이란 무엇인가에 대한 과학철학계의 과학철학하기와 대비되는 의미에서− 그동안 '좋은 정책이란 무엇인가라는 정책의 본질'을 추구하는 측면에서, 새롭게 전체적인 '정책철학하기'(혹은 전체적인 '정책철학 인식론')에 너무 등한시해 왔었던 사실을 드러내 주는 하나의 상징적인 예라고 하겠다. 그런 성찰을 바탕으로, 우리는 새롭게 정립된 정책철학 인식론에 입각한, 새로운 종합적 '정책철학적 정책관'을 정립함으로써, 이제 이를 정책의 교육·연구 및 실제 실무 정책

활동에 매우 유용하게 적용해 볼 것을 기대할 수 있을 것이다. 예컨대 다음은 미국이 조세정책기조를 전격적으로 바꾼 정책혁명의 기사인데, 패러다임 정책관을 숙지한 가운데, 평소에 관련 정책기조의 구체적 내용과 변화 가능성을 착실하고 치밀하게 파악해 두고 있는가, 그렇지 않은가에 따라, 민관 관계자(당국)의 대처는 크게 차이가 날 것이다.

> "미국 조세패권주의의 막이 오른 겁니다. 미국이 연방세법 제정 후 100년 넘게 고수해오던 조세 시스템을 속지주의 체계로 전환하면서까지 말이죠."…31년 만의 대규모 감세 조치를 담은 미국 세제개혁 법안은 상·하원 최종 표결을 통과해…법인세율을 최고 35%에서 21% 단일세율로 뚝 떨어뜨린 이번 감세안은 미국을 떠난 미국 대기업들의 자본과 유·무형 자산을 본국으로 되찾아 오겠다는 트럼프 행정부와 공화당의 야심이 담겨 있다…법인세율을 단번에 14% 포인트나 낮춘 것도 모자라 오랫동안 미국 조세 시스템의 근간이었던 '월드와이드 과세 체계'를 '속지주의 (territorial) 체계'로 선회한 게 이를 뒷받침한다.…미국이 속지주의 체계로 돌아서면서 미국과 함께 월드와이드 과세 체계를 유지해온 한국 조세당국은 큰 고민에 빠졌다. 현재 월드와이드 방식을 채택하고 있는 나라는 미국, 한국, 중국, 인도, 브라질 등으로 속지주의에 비해 적다. 여기서 미국이 이탈하면 양대 진영 간 세력 불균형이 불가피해진다.…세계 각국에 비상이 걸렸다. 어느 한순간 대규모 자본과 기업이 빠져나갈지 모를 '미국발 블랙홀'이 빠르게 형성되고 있기 때문이다.…116)

이와 같이 다시 강조하지만, 정책관 논의는 단지 정책관에 대한 이해에 그치지 않고, 더 나아가서 학문적이거나 실제적인 문제의식을 갖고 적절하게 대처해야 하는 것을 포함한다는 사실을 잊지 말아야 한다. 그렇게 정책철학하기는 단순한 지적 유희가 아니라, 적극적인 실천 활동의 일환인 것이다. 예컨대 새로운 정책관으로서 패러다임 정책관을 알게 됐다면, 공동체의 어떤 근본문제에 대하여, 어떤 패러다임을 갖고 대처하는 것이 필요한가에 대하여, 깊이 생각해 보아야 한다는 점이 중요하다. 거기에서는 어떤 패러다임을 모방해서 사용하는 데 머무르지 않고, 고유한 근본문제에 대하여 새로운 패러다임을 창안해 적절하게 적용해서, 문제에 적절하게 대처하는 것까지도 포함해서 생각해 봐야 한다는 문제의

---

116) 매일경제, 2017.12.22., "위대한 기업·일자리 재건"…100년 조세원칙마저 깬 트럼프.

식이 필요하다. 자신의 공동체에 필요한 패러다임을 모방할 능력밖에 없는 것과, 새로운 상상력으로 적절한 새로운 패러다임을 창안해 대처해가는 능력까지도 갖춘 것은 완전히 다르기 때문이다. 그래서 우리의 공동체는 모방하고 추격하는 '빠른 추격형'(fast follower)인가, 아니면 '선도형'(first mover)인가, 혹은 '타율적·수동적 변개(變改)형 사회'(other-guiding society)인가, 아니면 '자율적·능동적 변개형 사회'(self-guiding society)117)인가의 질문을 받고 있는 셈이다. 그런 의미에서 우리나라 공과대학 교육과 산업계 현장의 문제점을 진단하고 처방을 제시하는 다음 기사는, 그대로 우리 정책 현실을 진단해 보는 문제의식으로 활용하기에 좋은 사례이다.

> 인천 송도와 영종도를 연결하는 총 길이 21.38㎞의 인천대교는 국내 최장교(最長橋)이자 세계에서 여섯 번째로 긴 다리로 2009년 완공됐다. 당시 건설 당국과 시공사는 "한국 건설의 저력을 세계에 알린 쾌거"라고 자랑했다. 하지만 전문가들은 "껍데기만 국산"이라고 말한다. 자체 기술이 부족해 초기 프로젝트 기획과 시스템 디자인 기술 등 핵심 분야는 모두 일본(설계)·캐나다(엔지니어링)·영국(투자 및 기술) 등 외국 기업에 맡겼기 때문이다. 인천대교뿐 아니라 수도권의 '랜드마크'로 통하는 제2롯데월드, 인천공항 고속도로와 연결된 영종대교를 지을 때도 모두 외국 기업에서 설계도서(設計圖書)를 사왔다.···한국 산업 기술의 현주소를 서울대 공대가 낱낱이 분석해 '축적의 시간'이란 책을 펴냈다. 반도체·정보통신·해양플랜트·항공우주·빅데이터 등 각 분야 26명의 교수들은 각자 자신의 전공 분야에서··· 한국 산업계의 위기를 경고했다. 이들이 반복적으로 거론한 문제는 산업계에 여전히 만연한 '기술 경시(輕視)' 풍조였다.···"외국 기술에 의존하는 사이 중국은 이미 '추격'을 넘어 '추월'을 눈앞에 뒀다.···선진국이 만들어놓은 핵심 기술을 빠르게 모방해 개량 생산하는 것은 잘하지만 개념을 새롭게 만들고 최초의 설계를 그려내는 역량은 턱없이 부족하다.···기업·정부·대학이 이제 벤치마킹에서 벗어나 창조적인 경험과 지식 축적을 지향하는 시스템과 문화를 구축해야 한다.···"118)

이 기사에서 주장하는 논점과 똑 같이, 우리 정책당국과 학계가 과연 우리

---

117) 이와 관련, Amitai Etzioni, The Active Society, NY: The Free Press, 1968 참조.
118) 조선일보, 2015.9.21., "이러다 中 설계도 받아 납품하는 상황 올 수도," [서울대 工大 교수 26명, 한국 산업의 위기 경고] 기사 및 서울대 공대, 축적의 시간, 지식노마드, 2015 참조.

고유의 근본문제들을 우리 자체의 역량으로 진단하고 해결할 수 있는 새로운 패러다임 차원의 '문제해결 능력'을 갖췄는가의 질문을 제기할 수 있다. 혹시 우리는 점진적 개량주의 정책관의 한계에 머물러 있고, '개념 설계' 차원에 해당하는 '패러다임 정책관'의 이해와 적용, 특히 새로운 상상력으로 우리 실정에 맞는 새 패러다임을 창안해 개발하고, 적절하게 적용해 운용할 수 있는 역량을 심각하게 생각하고 있고, 또 실제로 얼마만큼의 역량을 갖추고 있는가에 대하여 진지하게 논의해 봐야 할 것이다. 바로 그런 패러다임 정책관까지 확장된 정책철학적 정책관(정책철학 인식론)을 이해하고 정책활동에 적용해야 한다는, 정책기조의 실제적 운용 측면에 대한 이론과 지식이 필요하므로, 저자는 다른 책 <정책기조의 탐구─정책아이디어로서의 정책패러다임>에서 정책기조의 기본이론편, 실제 운용이론편, 그리고 실제 정책기조리더십을 중요한 과제로 놓고 논의하고 있다.[119] 이는 다음의 문제의식을 공유하면서, 우리 학계가 이론적 논의를 넘어, 실무계의 실제 정책운용을 도와주고 이끌어야 한다는 당위성과 책임감에서 비롯된 것이다.

---

119) '정책의 운용'이 자주 언급되는데, 이는 '정책을 형성하고 집행하며 평가하는 등 정책을 부려 쓰는 것'을 말한다. 정책운용자(정책담당자)는 구체적으로 정책형성에 관한 운용능력(줄여서 정책형성능력), 정책집행에 관한 운용능력(정책집행능력), 정책평가에 관한 운용능력(정책평가능력) 등 총체적인 정책운용능력(줄여서 정책운용력)을 갖춰야 한다. 정책의 운용은 '정책의 관리'라고도 한다. 그런데 표준국어대사전에 의하면, '관리'는 주로 '어떤 일·사람·시설·물건 등을 맡아 처리함(통제 지휘 감독함, 보살펴 돌봄)'의 뜻으로서, 선거관리, 건물관리, 부하직원관리, 질병관리 등과 같이 쓰인다고 한다. 이에 비하여 '운용'은 '무엇을 움직이게 하거나 부리어 씀'의 뜻으로서, 자본 운용, 법 운용, 예산 운용, 사법제도 운용, 환율정책 운용, 경제정책 운용 등과 같이 쓰인다고 한다. 이 풀이에서 함축하듯이, 관리가 사람·사물 등 주로 구체적이고 가시적인 대상에 대하여, 그리고 운용은 제도·정책 등 더 추상적이고 비가시적인 대상까지 포함해 사용된다. 따라서 '정책의 관리'도 좋지만, 저자는 정책의 '운용'을 더 선호해 사용하고자 한다. 이와 관련, 박정택, "정책운용능력 개념의 형성과 적용", 대전대 사회과학논문집, 9(2), 1990, 117-131; 민진, 정책관리론, 대영문화사, 2016, 11-12 참조. 외국에서도, 홀이 "정책을 운용해야 했던 공무원들"(the civil servants who had to operate the policy)이나, 레비가 "정책과 그 운용을 더 잘 이해하려고 노력하는 의사결정자"(decision makers who seek a better understanding of policy and its operation)이나, 카슨 등이 "수사적 정책기조(또는 패러다임 청사진)와 실제 운용되는 기조 사이에 격차"[gaps between the rhetorical policy paradigm(or paradigm blueprint) and the operative paradigm]와 같이 사용한다. Hall(1993), 283; Jack S. Levy(1994), 283; Covadonga Meseguer, "Policy Learning, Policy Diffusion, and the Making of a New Order," ANNALS of the American Academy of Political and Social Science, 598(1), 2005, 67-82; J.A. Sandy Irvine, "Canadian Refugee Policy," G. Skogstad(ed., 2011), 173 재인용. Carson, Burns & Calvo(2009), 159, 378.

'빗나간 화살은 과녁을 맞힐 수 없다'. 과녁과 다른 방향으로 화살을 쏘았다면 아무리 강한 힘으로 활을 당기고, 최고의 기술을 동원하더라도 결코 과녁을 맞힐 수 없다. 국가 정책도 마찬가지다. 국민들이 원하는 변화 또는 국민들의 행복을 가로막는 장애 요소가 있다면, 변화 욕구와 장애 발생의 원인을 파악하고 이를 해소할 수 있는 정책을 추진해야 한다. 그렇지 않으면 아무리 많은 정책을 추진하고 예산을 투입해도 국민들의 삶은 나아지지 않고 불만과 갈등이 누적되면서 국가와 사회에 부담만 늘어날 것이다. 정부·여당은 미래를 위해 노동·공공·교육·금융 등 4대 부문 개혁을 추진하겠다고 나섰다.…그런데 개혁을 추진하는 정부·여당의 태도를 보면 과연 과녁을 똑바로 보고 있는가 하는 우려를 자아낸다.…경제력 집중 과 국가·기업·가계 간 생산·소득분배·지출의 선순환이 사라져 가는 경제질서에 대한 성찰이 부족한 점은 기대 대신 우려를 갖게 한다. 지금이라도 과녁을 명확히 해야 한다. 우리가 바라봐야 할 과녁은 국민소득 3만 달러에 가계부채 1,100조 원 사회가 아니다. 열심히 일하면 안정된 일상생활이 가능한 사회, 개인의 능력만으 로도 성공을 꿈꾸고 희망의 미래를 설계할 수 있는 사회를 바라봐야 한다.…[120)]

---

120) 정운찬(동반성장연구소 이사장, 전 국무총리), "[중앙시평] 4대 부문 개혁, 방향은 맞는 것일 까," 중앙일보, 2015.9.26.

제 4 장

정책철학적 정책관에 의한 정책사례의 분석

그러면 이제 '정책철학적 정책관'을 통하여, 맨 앞에서 소개한 두 가지 정책 사례를 더 깊이 있게 분석해 보기로 하겠다. 이는 전모를 조망하고 이해하며 실천하는 정책철학적 정책관의 필요성과 중요성을 제시하고, 나아가서 정책의 본질에 대한 탐구와 그 이론실천과 관련된 정책철학과 정책사, 그리고 정책기조에 대한 인식을 새롭게 하고 발전시키는 계기를 마련할 것을 기대하는 연구로서의 의의가 있을 것이다.[1]

---

1) 과거에 이루어진 정책을 후세에 평가하는 정책사 연구는 항상 '사후 과잉 확신'(사후 확증 편향, hindsight bias), 또는 -선견지명(foresight)에 빗대어- '후견지명 효과'(hindsight effect)라고 부르는 심리적 착각의 위험성을 안게 된다. 어떤 정책의 결말(결과)은 '현재'에만 존재할 뿐인데도 과거에도 존재했던 것처럼 착각해, 그 정책을 이미 그렇게 되리라는 것을 알고 있었던 것처럼, 전지전능한 신처럼 '전지적 관점'에서 평가하는 위험성을 말한다. 결과를 이미 알고 있는 사후 현재 시점에서는 그 어떤 상황도 놀랍지 않고, 도대체 잘하지 못할 것은 하나도 없다. 따라서 과거의 정책은 과거 그 당시라는 '현재'일 때는 그 정책이 어떻게 진행될지 완전히 또는 거의 예측할 수 없었음을 인정하고 평가에 신중해야지, 마치 그 당시 완전·완벽히 예측할 수 있었던 것처럼 함부로 평가하지 않아야 한다. 사후에 내리는 모든 평가와 관련한 판단의 확신에 신중함과 겸손함이 중요하다는 말이다. 김인철, 프레임, 21세기북스, 2007, 100-105 참조. 사후 과잉 확신은, 문학(소설)에서 '전지적 작가 시점'(全知的 作家 視點)과 유사한데, 이는 작가가 등장인물의 행동·태도·내면세계까지 분석해, 모든 사실을 설명하며 이야기를 이끌어 주는 관점을 말한다. 최경도, "소설의 관점," 성곡논총 22(1991), 성곡학술문화재단, 1939-1967 참조.

또 정책의 집행 후 평가에서 좋고 나쁜 것은 언제나 사후적으로 판단되는 특성상 사후 성공한 정책으로 평가받는 경우, 모든 면에서 좋은 쪽으로, 그런가 하면 실패한 정책으로 평가받는 경우, 모든 면에서 나쁜 쪽으로 '체계적 편향의 오류'를 범할 위험성도 있다. 무엇보다도 역사적 결과를 놓고, 그 결과에서 손쉽게 그 인과관계의 원인을 찾으려 할 경우, 귀납의 문제이나 동어반복론이나 기능주의적인 오류나 귀납의 문제에 빠질 위험이 있다. 사례는 사례일 뿐, 여기 사례 몇 개를 가지고 '성급한 일반화의 오류'(fallacy of hasty generalization)를 범하지 않도록 유념할 필요가 있다. 그리고 정책의 성공과 실패에 관련된 요인은 자명하지 않고, 다양하며, 요인 간 비교 등에 있어서도 주관적일 가능성은 항상 존재한다. 그것은 지진의 원인을 땅속 활성단층에서, 화산의 분출을 지구 심부의 마그마에서 찾는 것처럼, 눈에 안 보이는 것을 추적하는 작업이기도 하다. 본 정책사례의 분석도 그런 것들을 염두에 두고, 주로 정책철학하기의 측면에서 첫 단추에 해당하는 '정책기조'에 초점을 맞춰 예시적으로 수행했지만, 그 평가는 독자의 몫일 것이다. 임도빈 외(공저), 실패한 정책들: 정책학습의 관점에서, 박영사, 2015, 1-13; 송하진·김영평, 정책 성공과 실패의 대위법, 나남, 2006 참조.

세종의 한글창제정책 사례분석

한글창제정책에 대하여 궁금한 점을 질문해 보라고 한다면, 아마도 일반 사람들은 대부분 '세종은 왜 한글을 만들게 되었을까'라고, '한글'을 만들게 된 직접적인 동기에 관심을 둔 질문을 제기할 것이다. 당연히 그런 관심과 질문이 중요하기 때문에 세종도 그에 부응하여 <훈민정음> 서문에서 한글 창제의 뜻(동기)을 명확하게 밝혔다.

그러면 이번에는 정책을 전문적으로 연구하는 정책학도들에게, 한글창제'정책'에 대하여 궁금한 점을 질문해 보라고 한다면, 그들은 전문 학도로서 과연 어떤 질문을 할 수 있을까? 정책학도들은 기본적으로 '정책과정' 중심으로 사유하도록 훈련받은 데 따라, 아마도 다음과 같은 질문을 할 수 있을 것이다. 즉 '세종은 어떤 상황·배경하에서, 왜 문자에 대한 문제의식을 느끼고, 어떤 목적과 목표를 갖고, 여러 수단들(대안) 중에서도 왜 새 문자(한글) 만들기를 택하고, 심혈을 기울여 창제한 후 반포(공표) 때까지 여러모로 준비하고도, 왜 그렇게 강압적으로 강요하지 않고 점진적으로 보급·정착되도록 추진하였을까'라는 다소 긴 질문이다. 이를 정책학의 정책과정이론에서 다루는 중요 단계 중, 본 정책사례 분석에 필요하기도 하고 또 가능하기도 한, 몇 단계로 다시 배열하면 다음과 같다. 즉 ① 앞의 질문 중 '어떤 상황·배경하 왜 문자에 대한 문제의식을 느끼고'는 '정책상황, 정책문제의 정의와 정책의제 설정'의 단계 ② '어떤 목적과 목표를 갖고'는 '정책목표의 설정' 단계 ③ '여러 수단들(대안) 중에서도 왜 새 문자(한글) 만들기를 택하고'는 '정책대안과 정책분석, 정책대안의 선택(협의의 정책결정)' 단계 ④ '심혈을 기울여 창제한 후 반포(공표) 때까지 여러모로 준비하고도, 왜 그렇게 강압적으로 강요하지 않고 점진적으로 보급·정착되도록 추진하였을까'는 '정책집행과 환류' 단계와 ⑤ '정책의 효과와 평가' 단계에 각각 해당되는 구분이 되겠다.

그런데 정책과정의 순차적 단계의 진행이라는 관점으로 위와 같이 각 단계를 구분하는 것은 큰 틀에서 학문적인 설명과 이해의 편의를 위한 것일 뿐이다. 실제 현실에서는 정책과정의 어느 한 단계에 대한 주된 관심과 검토가 있는 것은 당연하지만, 그 검토는 반드시 그 앞뒤 상호 영향을 주고받는 연쇄고리 관계의 맥락하에서 이루어진다. 예컨대 정책상황의 진단과 정책문제의 정의는, 먼저 그 앞 단계인 그런 정책상황으로 존재하고 있는 여러 배경적 상황에 대한 검토가 있어야 한다. 그리고 그 뒤 단계인 정책목표의 설정이나 정책수단(대안)의 검토, 더 나아가 향후 집행상황이나 평가와도 관련해서 함께 검토되고 논의되면서 상호 영향을 주고받는 관계로 파악돼야 한다. 그것이 정책세계의 엄연한 현실이다. 이런 관점은 앞으로 두 정책사례의 분석과 같이 정책사 연구에서 정책과정의 각 단계를 그 단계마다 좁게 논의하지 않고, 단계를 넘나들며 폭넓고 깊이 있게 논의하는 근거를 제공해 준다. 저자는 이 '통합적 순환 관점의 정책과정(정책변동)이론'을 정책사례 연구에 적용하고자 한다.

그러면 이제 각 단계(혹은 단계의 묶음)에 대하여 앞의 여러 정책관의 입장에서 논의해 가면서, 자연스럽게 그 여러 '정책철학적 정책관들'의 특징과 차이를 중심으로 사례를 분석하고자 한다.

1. 한글창제정책의 정책상황, 정책문제의 정의와 정책의제 설정

세종이 한글 창제를 결심하기까지, 당시 어문에 관한 상황, 곧 요즘 정책학 용어로 말하면 '정책상황'은 어떠하였고, 어떤 중요한 어문 관련 '정책문제'들이 있었으며, 그중에서도 왜 문자에 대한 문제의식을 느끼고, 정책당국이 해결 노력을 기울일 대상 목록, 곧 '정책의제'들 가운데 특별히 '문자 문제'를 올려놓고 생각하게 된 관심과 발상의 배경은 무엇일까에 대하여 논의해 보기로 하겠다.[2]

모든 나라에는 말과 글, 언어와 문자와 관련된 문제가 있고, 그에 관한 정부의 정책이 있다. 다민족국가인 경우에는 어떤 민족어를 그 나라의 공용어로 채택할 것인가, 공용어로 채택되지 않은 언어를 어떻게 할 것인가의 -때로는 내전(內戰)이 일어날 정도로- 매우 심각한 문제와 그에 관한 정책이 있다. 우리나라와

---

2) '어문' 관련 부분의 조언에 대해 국어학자 김정아 교수에게 감사를 표한다.

같이 단일 민족의 경우에도, 말(국어) 안에서 공용어인 표준어를 어떻게 제정하고 보급할 것인가, 말을 어떻게 글자(문자)로 쓸 것인가, 어떻게 문자생활의 기계화를 이루어 발전시켜 나갈 것인가, 외래어를 어느 정도로 수용할 것인가, 우리 글을 어떻게 다른 나라 글자(요즘 같으면 세계문자의 하나인 '로마자')로 전환할 것인가,3) 외국어를 어떻게 번역·통역하고 관련 인재를 양성할 것인가, 우리말과 문학을 어떻게 효과적으로 외국에 알릴 것인가 등등의 문제와 그에 관한 정책이 있다.

이처럼 어느 국가공동체(국가)나 그 공동체의 '말'과 '글'에 관한 문제(어문 문제)와 정책(어문정책)을 갖고 있기 마련인데, 세종도 당시 그런 어문에 관한 문제와 정책을 생각하고 있었을 것이다. 그것을 다음과 같이 정리할 수 있다.

먼저 ① 우리 민족은 한반도에 들어온 후 우리 고유의 말을 만들어 ─중국어와는 다른─ 언어생활을 하고 살았다. 그런데 그런 말을 표기하는 글자(고유의 문자)가 없었던, 문자생활의 중요한 문제가 있었다. 그러다가 기원전후(紀元前後) 쯤에 중국에서 중국의 문자인 '한자'(漢字)가 들어왔고, 우리 문자생활의 문제를 해결하기 위하여 그 한자를 사용하였다.4) 즉 우리말을 번역하여 한자로 표기해 문장을 엮는, 이른바 '한문'(漢文)으로 문자생활을 하며 살았다.5) 그렇게 우리의 말은 있고 글(고유문자)이 없어, 남의 글인 한자를 빌려서 쓰는 상태에서 말과 글이 다르다 보니, 한자만으로 말(국어)을 온전히 표기하기란 여간 어려운 일이 아니었다. 우선 '표의문자'인 한자의 음(音)과 훈(訓)을 차용하여 우리말의 고유명사를 표기하는 한문 방식은 배우고, 읽고, 쓰기 어려웠다. 그런데다 고유명사 외에 나머지 부분은 표기할 수도 없었다. 그래서 그런 나머지 부분을 해결하기 위하여, 점차 이두(吏讀 또는 吏頭), 구결(口訣), 향찰(鄕札) 등 넓은 의미의 '이두'6)가 마련돼 사용되었다.

---

3) 안병희, 국어연구와 국어정책, 월인, 2009, 191-192 참조.
4) 이를 '한자의 차용'(借用)이라 한다. 한자 수입의 연대와 경위는 아직 명확하지 않다. 한사군(漢四郡)의 설치를 고려한다면 기원전후(紀元前後)에는 한자가 수입되었다고 볼 수 있다. 고구려 광개토대왕비·백제 무령왕능 지석·신라 진흥왕순수비 등 금석문의 기록으로 볼 때, 5·6세기 삼국은 한자와 한문을 자유로이 구사하였고, 이두 표기도 널리 행해졌다고 본다. 안병희(2009), 235; 안병희(2007), 235.
5) 훈민정음서문 앞 부분을 예로 들면, 당시 '말'로써 표현하는 방법은, ① "우리나라 말이 중국과 달라"와 ② "국지어음 이호중국"(國之語音 異乎中國)의 두 가지인데, '글'(문자)로 쓸 때는 한글이 없었으므로 한 가지인 ② "國之語音 異乎中國"밖에 쓰지 못 했다. 홍윤표, 한글이야기 1, 태학사, 2013, 30-31.

이두는 한자의 음과 뜻을 빌려 우리말을 적는 표음식(表音式) 표기, 소위 차자(借字) 표기 방식이었다. 그러나 이두는 한자를 이용한 한자의 변종(變種)이었기에, 이두로도 국어는 정확하게 표기되지 못하였다. 결국 세종이 한글을 만든 15세기 중반까지 우리 민족은 우리 고유의 말은 있되 글은 없어, 남의 글을 빌려 쓰므로 말과 글이 다른, 즉 언어생활과 문자생활이 다른, 매우 불편한 어문생활을 할 수밖에 없었다.

그런데 그보다 더 중요한 문제는 ② 그런 불편하기 짝이 없는 한문 방식의 문자생활에서마저도 널리 일반 백성은 소외되고 있었다는 사실이다. 그래도 사회의 소수 지식인은 '한자'로 문자생활을 하였는데, 사회의 대다수 구성원인 일반 백성은 -지식인들도 배우고, 읽고, 쓰기 어렵다고 느끼는- 한자와 그 변종인 이두를 배워서 쓸 수는 없었다. 결국 한문과 이두의 불완전한 문자생활 상황 속에서 일반 백성들은 한자를 배워서 사용하기가 어려워 그나마 그런 문자생활도 할 수 없었던 것이다.[7]

다음으로 ③ 중국 한자음(漢字音)인 외래어음(外來語音)을 우리말로 발음하는 조선 한자음(朝鮮 漢字音), 곧 '한자의 우리말 발음'이 혼란스러워지는 문제가 있었다. 당시 중국 한자음이 우리말로 발음되는 과정에서 중국 표준음으로부터 점차 벗어나 날이 갈수록 혼란스러워지고 있었다.[8] 그래서 자연히 한자의 중국 표준음과, 아울러 표준적인 조선 한자음이 문제되고 있었다. 이는 당시 상황에서는 너무나 당연한 현상이었다. 중국 본토 표준자음(標準字音)을 우리말로 표시해 제시할 만한 수단·도구(문자)가 없었기 때문이다. 아무리 중국 표준음을 발음해 말해줘도, 표기할 수는 없으니, 그때뿐 곧 흐트러질 수밖에 없었을 것이다. 그래서 세종

---

6) '이두'는 설총(薛聰, 655-?)이 처음 만들었다는 기록이 있는데, 그때까지 쓰이던 향찰을 집대성 정리한 것으로 이해되고 있다. 향찰은 우리말 전부를 표음식으로 적던 글로서 주로 향가(鄕歌)의 표기에 쓰였다. 좁은 의미로 이두는 한문을 주로 하는 글에서 토로 쓰던 부분에 한한 것으로 향찰에서 분화 독립하였으며, 구결은 한문 문장에서 구두점을 찍을 곳에 달던 약호인데 이두의 영향을 받았다고 본다. 이두문체는 결국 한문의 구절 끝마다 끊어, 뜻을 알기 쉽게, 예컨대 우리말 조사 '하니'에 '爲尼', '하야'에 '爲也'와 같이 우리말 조사의 토를 붙여 읽게 쓴 문체이다. 김민수·고영근·임홍빈·이승재(편), 국어대사전, 금성출판사, 1991. 2381, 3377 참조.
7) 이상 안병희(2009), 192, 235-236 참조함.
8) 강신항(1990), 3-43 참조.

은 당시 정부 각 기관과 관료 및 양반 지배층이 사용하는 '한자의 우리말 발음'을 정확하게 교정하여 통일시키는 '한자음 교정', 즉 표준 조선 한자음을 설정하고, 중국 본토 표준자음(標準字音)을 표시해 제시하겠다는 의지를 갖고 있었다. 본래 세종은 유학의 사상에 따라 '바른 음'(정음, 正音)을 특히 중시하였다.

> 우주만물의 모든 현상을 주역(周易)·태극(太極)·음양오행(陰陽五行) 등으로 설명하는 우주관과, 그리고 인간 본성에 대한 성리학적 인간관과 예악(禮樂)사상을 따라서 목소리(성음, 聲音)도 그렇게 파악하는 조선조 유교의 학문적·사상적 기조에 의해, 세종은 바른 목소리(정성, 正聲)와 글자의 바른 음(정음, 正音)의 설정이 국가를 다스리는 요체라고 생각하였다.9)

그리하여 세종은 <성리대전>(性理大全)과 같은 성리학의 연구는 물론, 언어학(특히 성운학, 문자학)에 관한 연구와, 아울러 표준음으로서의 '정음' 설정을 아주 중요하게 생각하였다. 그래서 언어학자이기도 한 세종은 그런 언어관에 따라, 중국 표준음으로부터 점차 벗어나 혼란스러워졌던 중국 한자음의 우리말 발음을 바로잡아 표준음으로 통일시켜 널리 쓰이게 하겠다고 생각하였다.10) 이는 중국어(漢語)를 정확하게 배우고 능통하게 돼, 중국과의 외교를 더 원활하게 수행하기 위한 목적도 당연히 포함하고 있었다.

끝으로 ④ 외국어 통번역(역학, 譯學)과 출판에 어려움의 문제가 있었다. 그 시대에도 당연히 인근 여러 민족의 말과 글(민족어)의 학습, 통번역, 그리고 출판이 필요하였다. 인근 여러 민족이란 주로 중국(당시는 명나라), 몽고, 여진, 그리고 일본이었는데, 그래서 이들 민족의 말과 글에 관한 학문을 '4학'(四學; 한·몽·여진·왜학)이라고 하였다. 그런데 이들 인근 민족의 말과 글의 학습은 외교관계상 통번역이 꼭 필요하였고, 그들 학문과 문물을 알고 여러 가지 목적으로 교류하는 데는

---

9) 명 태조의 중국 표준음 설정의 <홍무정운>(洪武正韻, 1375년)이 그 예이다. 강신항(1990), 15-19, 43-44. 한편, 음악 속에 희로애락과 같은 인간의 다양한 감정과 도덕이 내재돼 있고, 따라서 유가(儒家)는 음악으로 인간의 감정과 윤리의식을 순화하고 풍속을 좋게 바꾸어 사회와 정치를 바르게 할 수 있다고 보았다.
10) 세종 26년 2월 최만리 등의 한글창제 반대 상소에 대하여, 세종은 "만일 내가 그 운서를 바로 잡지 않는다면 그 누가 바로 잡겠는가?"라고 말했다. 강신항(1990), 14.

문헌의 번역과 출판이 매우 중요하였다. 특히 당시 중국과의 교류에 통번역의 문제가 부각되고 있는 데 관심을 갖고, 세종은 조선 초기 역대 왕 중에서 통번역 문제에 가장 주력한 왕이었다. 중국 문헌은 지식인들이 직수입해서 원서 그대로 본다고 하지만, 일반 백성에게는 그것을 번역할 문자가 없으니 딱할 노릇이었다. 특히 세종은 유교적 덕성 교화와 훈민의 목적으로 관련 중국 서적의 번역에 큰 관심을 지니고 있었는데, 거기에 앞의 한자음 문제도 통번역의 어려움과 직결된 문제였다.

이상이 당시 어문과 관련된 중요한 정책문제들, 곧 ① '한자'에 의한 문자생활의 어려움 ② 그런 어려운 문자생활에서마저도 널리 일반 백성의 소외 ③ 조선 한자음(朝鮮 漢字音)의 우리말 발음의 혼란 ④ 외국어 통번역(역학, 譯學)과 출판의 문제들을 안고 있는 정책상황이었다. 결국 당시 가장 중요한 우리나라의 말과 글, 즉 어문(語文)과 관련된 최우선적인 정책문제들은 우리 고유말에 맞는 고유문자가 없는 '고유문자 부재'와, 그래서 들여와 쓰던 중국의 '한자 사용의 어려움'과 특히 '일반 백성의 문자생활 소외'의 문제로 귀결된다고 정리할 수 있다. 그런 상황에서 세종은 <훈민정음> 서문에서 한글 창제의 뜻(동기)을 명확하게 밝힌 데서 알 수 있듯이, 이들을 각별한 정책문제로 인식해 자신의 정책의제로 삼고 있었음이 분명하다. 이런 문제 인식은 당연한 것도 아니요, 꼭 합의할 수 있는 것도 아니다.

우선 '행태주의(이하 사례분석에서는 일반인들이 이해하기 쉽게, 이론·가치중립적 객관주의) 정책관'은, 위 문제들이 이론·가치중립적으로 위에 정리한 바와 같이, 이미 '주어진' 객관적인 문제로 존재한다고, 수동적인 인식론을 주장하는 관점이다. 그러나 문자 문제가 왜 하필 세종대에 시급히 해결할 문제, 그래서 정책의제로 대두한 것인가? 세종의 한글 창제에 반발한 후술할 '최만리' 등 문자 기득권 세력이 왜 그것을 정책문제, 그래서 정책의제로도 보지 않았는가? 이 관점은 그에 대한 답변이 어렵다. 더구나 세종이 특별히 고유문자 부재와 같은 '문자 문제'를 심각하고 진지하게 정책문제와 정책의제로 삼았음은 -'가치중립'이 아닌- 분명한 '가치판단'의 문제가 아닌가? 이렇게 볼 때, 이 정책관의 본질적인 허점이 드러난다.

그에 비하여 '점증주의(점진적 개량주의, 이하 일반인이 이해하기 쉽게 개량주의) 정책관'은 정책문제와 정책의제의 '능동적 구성주의' 인식론을 수용하는 관점이 므로, 앞의 정책문제들은 -다른 군주가 아닌 바로- 세종이 능동적으로 인식해 정의한 정책문제이고, 해결을 위해 정책과제 목록에 올린 정책의제라고 보는 데서 당시 정책상황과 정책문제 정립 등을 더 잘 이해하게 해 준다. 그렇지만 이 정책관은 문자 문제에 대한 세종의 문제의식과 발상이 -지금이야 자연스럽고 당연하게까지 보일지 모르지만- 최만리 등이 반발한 것처럼 당시로서는 그야말로 혁명적인 문제의식이고 발상이었으므로 세종의 이 정책문제 인식과 정책의제 설정을 설명하고 이해하게 해 줄 수 있는 관점으로는 적절하지 않다. 즉 이 관점은 당시 반증을 위해 제기된 '가설'이 바로 문자 문제였다고 하는 '패러다임 전환 차원으로서의 인식의 틀'의 관점에 대하여 원래 거부감을 보인다.

그에 비하여 '패러다임 정책관'은 '능동적 구성주의' 인식론 중에서도 바로 그 '기본적인 인식의 틀과 방향'에 대한 각별한 관심과 전체 정책과정에서의 기능·역할을 중시하는 관점이다. 그것을 이 관점의 이름대로 '패러다임'이라고 하는데, 정책과 관련되므로 그것은 '정책패러다임'(policy paradigm), 곧 '정책기조'에 대하여 특별한 관심을 보여주는 관점이다. 그렇다면 세종이 고유문자 부재로 인한 한문 사용의 어려움, 특히 일반 백성의 문자생활의 소외 문제를 국정 수행의 가장 큰 문제 중의 하나로 여긴, 주관적·능동적인 인식의 기본 틀, 곧 국정 패러다임(국정기조)이 특별한 관심의 대상으로 떠오른다. 이는 사실 세종의 한글 반포 시 천명했던 민족의식·애민정신보다 더 심층적인 동기·문제의식·발상을 파헤치는 과제에 도전하는 것인데, 그것이 성공할 때 바로 한글창제정책도 심층적·구조적·복합적으로 더 잘 이해할 수 있을 것이다. 또 이는 패러다임 정책관을 이해하는 데에도 필수적인 기본 사항이므로 다음에서 항을 달리하여 더 살펴보기로 하겠다.

2. 세종의 '고유문자 부재 속 문자생활 소외 문제'의 문제의식과 발상의 배경적 '인식의 기본 틀': 세종 국정기조의 분석

세종이 그저 숙명으로 치부하고 도외시하며 오히려 반발하는 문자 기득권 세력을 물리치고,[11] 그런 강고한 '어문 문제의 기존 구조'를 혁파해, 즉 인식의 기본 틀(패러다임)을 획기적(혁명적)으로 바꿔(paradigm shift), 고유문자인 한글을 창제해 보급하겠다고 생각한 의도·동기·목적·문제의식·발상은 과연 어디에서 온 것일까?

사실 당시는 요즘과 같은 '국정기조'라는 개념과 용어가 없었던 시대였고, 세종도 그에 해당하는 어떤 간명한 기조를 공식적·직접적으로 내세우지는 않았으며, 이제 와서 이를 직접 확인할 방법도 없으므로, 그 당시 세종의 이른바 '국정기조' 자체를 명확하게 알기는 어렵다. 그렇지만 세종실록 등의 역사적 기록물과 그동안 세종과 관련된 연구물을 통하여, 그것을 분석·도출해 내는 것이 어느 정도 가능하다.[12]

---

11) 언어를 장악한 자가 세상을 지배한다. 가장 확실한 권력의 징표는 언어이다. 그리스·로마 시대에는 그리스어·라틴어를 아는 사람만이 사람이었고, 그렇지 못한 사람은 야만인이었다. 동양에서도 한문을 아는 사람만이 사람 대접을 받았다. 그래서 권력자는 언어를 배울 수 있는 사람을 극도로 제한하였다. 1517년 종교개혁은 마르틴 루터(Martin Luther, 1483-1546)가 당시 라틴어로만 쓰여 있는 성서를 독일어로 번역하여 성직자와 귀족 계급에만 속하였던 언어를 민중에게 돌려준 언어혁명이었고, 근대화의 시작으로서 지난 천년 동안 인류사 최고의 사건이라고 할 정도이다. 당시까지 성직자와 귀족을 제외한 일반 민중은 성서를 읽지 못함은 물론, 기도를 드리려면 신부와 수도자를 찾아가 부탁해야만 했다. 서양에서도 라틴어의 굴레에서 각 국가들이 자국어로 해방된 순서가 영국, 프랑스, 독일 등의 근대화의 순서이다. 그리고 민중이 언어에서 해방되어야 민주주의가 될 수 있다. 이상 이기상(2002), 239-243 참조.

12) 이 과정에서 인과관계를 거꾸로 적용한, 순환론적·동어반복적인 방법론상의 오류, 귀납의 문제를 범하기 쉽다는 학자들의 비판을 유념할 필요가 있다. 즉 세종의 '구체적 정책들이라는 종속변수(결과변수)'에서 '국정기조라는 독립변수(원인변수)'를 추출하는 오류의 가능성을 말한다. (구체적 정책들에서 도출한 국정기조인데도) 그 국정기조로 구체적 정책들을 낳았다는 증거를 제시하는 문제가 있기 때문이다. 그래서 저자는 당시 세종의 구체적 정책들은 끝에 참고사항으로만 제시하였다. 그럼에도 불구하고 당시 자료의 한정과 저자의 역량 부족 때문에 본문의 국정기조가 전적으로 구체적 정책들을 배제한 다른 근거에서 도출되었다고 주장하기는 어려운, 구체적 정책들과 겹치는 성격을 피할 수 없는 불완전함을 내포한다. 이렇게 본다면, 본문에서 도출한 세종의 -두 번째 정책사례에서는 고종의- 국정기조와 구체적 정책들 사이의 인과관계는 흔히 자연과학에서와 같은 법칙적·인과적인 '설명'(explanation, 쉽게 풀이해 준다는 상식적인 의미가 아닌, 엄격한 인과적 필연성에 따른 설명이라는 과학적 전문용어)이 아니라, 논리적으로 밀접한 관계를 갖는다는 정도의 인과관계로서 인문사회과학에서 중시되

그런 의미에서 세종의 국정기조를 분석하기 위하여 세종실록에 산재(散在)돼 있는 세종의 어록과 행적 등을 잘 살펴보면, 세종이 국정을 수행하는 데 있어서 우리는 다음과 같은 두 가지 특징을 발견할 수 있다. 그리고 그 두 특징을 세종의 국정기조로 삼을 만하다.

첫째, 세종은 일반 백성의 삶을 개선하고 향상시키는 데 특별한 관심을 가지고, 어떤 분야이든 지극한 마음과 정성을 다하여 그 개선책을 내놓고 추진하는 데 앞장섰다는 데에서 그의 국정의 특징을 발견할 수 있다. 그런 만큼 그의 국정의 초점도 거기에 맞춰져 있었음을 능히 추정할 수 있다. 곧 그는 다음과 같이 백성들이 '살아가는 즐거움', 곧 '생생지락'(生生之樂)을 누리도록 하는 것이 국정의 가장 중요한 과제라고 천명하였다.13)

또한 원망스러움과 억울함에서 벗어나며 농사짓는 마을에서는 근심의 탄성이 영원히 끊어지도록 하여 각각 살아가는 즐거움을 이루게 하고자 한다. 너희 이조는 지극한 나의 마음을 몸 삼아 안팎의 관리들에게 분명히 밝혀가도록 하라(5년7월 신사).

전답에서 힘껏 농사지으며 우러러 섬기고 굽어 양육하여서 우리 백성들의 생명을 다하게 하고 나라의 기본을 견고히 하여 가정과 사람마다 넉넉하며 예양(禮讓)의 풍속을 크게 일으켜서, 때는 조화롭고 해마다 풍년 되어 다 함께 기뻐하는 즐거움을 누려가게 할 것이다.…위에 있는 사람이 정성스런 마음으로 이끌어가지 않는다면,

는 목적론적 의도·의지·의미를 깨닫게 해 주는 바 그 '이해'(understanding, Verstehen)를 의미하는 정도의 인과관계일 수도 있겠다. 왜냐하면 본문의 국정기조하에서도 세종이 한글 창제 이외의 다른 대안(후술함)을 선택할 가능성도 전적으로 배제할 수는 없기 때문이다. 그런 의미에서 -오랜 시간이 지나고 자료도 한정되며, 역사적 사례분석에서는 어느 정도 불가피하고, 저자의 역량도 부족한 결과로 다소 불완전할 수밖에 없는- 본 저서의 두 가지 역사적 사례분석에서는 상위 정책기조와 하위 구체적 정책들 사이의 관계가 원인과 결과의 엄격한 법칙적 관계라기보다는, 의도와 (선택)행위 간 논리적 관계라고도 할 수 있겠다. 그래서 엄격한 법칙적 '설명'보다는 논리적 '이해'를 중시한 의도주의자들은 애써 원인(cause)과 이유(reason)를 구별하고자 한 점을 받아들일 수 있다고 하겠다. S. Nannini, "Physicalism and the Anomalism of the Mental," M. De Care(ed), Interpretation and Causes, Kluwer, 1999, 101, Georg Henrik von Wright, Explanation and Understanding, Ithaca, N.Y.: Cornell Univ. Press, 1971; 배영철(역), 설명과 이해, 서광사, 1995; 이한구(2007), 251-252 참조.
13) 조남욱, 세종대왕의 정치철학, 부산대 출판부, 2001, 152-160 참조. 세종의 '살아가는 즐거움'은 동양정치철학자 조남욱 교수의 동 저서에서 참고하였음을 밝힌다. 그리고 이하 '세종실록' 표기에서 명백히 알 수 있는 데서는 '세종실록'과 음력 일자 표시의 '조'(條)를 생략하고 연월일만 표기하고, 해석도 조남욱 교수의 것을 주로 참고하였다.

어찌 백성으로 하여금 부지런히 힘써서 그 근본을 따라 '살아가는 즐거움'을 누리게
할 수 있겠는가?(26년윤7월임인).

그래서 예컨대 농본사회인 당시 조선의 군주인 세종이 백성의 살아가는 즐거
움을 위해 특별히 관심을 갖는 분야가 '농업'이었음은 의문의 여지가 없다. 그래
서 그의 그런 관심의 일단을 보여주는 예들이 많다. 궁중 뒤뜰에 조(粟)를 심어
그 소출을 직접 확인하거나 목화를 함길도에 재배케 할 정도로, 농업생산성 향상
을 위해 관심과 노력을 아끼지 않았다. 그리고 농사를 잘 짓는 과학적 영농을
위해 영농 지도서(농사직설)를 펴내게 하고, 이를 인쇄해 배포·보급하며, 농민들에
게 더 나은 영농법을 교육하는 데 힘썼다. 또 물레방아로 논밭에 물을 대는 방법
을 보급하고, 시계(자격루)·측우기 등 과학적 기기들을 만들어 이용하게 하였다.

그에 비하여 백성에게 살아가는 즐거움을 빼앗아가는 가장 핵심적인 문제가
'세금'이었을 것이다. 그래서 백성의 살아가는 즐거움을 위해 세종이 특별히 관심
을 갖는 분야가 조세제도를 합리적으로 개편하는 문제이기도 했다. 이를 위해
세종은 민주적인 조세행정을 펴는데, 그 일환으로 왕조시대인데도 민관 이해관계
자에게 여론조사를 실시하는 획기적인 방안을 도입하였다. 그리고 경제생활의 편
리성을 증진하기 위하여 화폐제도의 개선이나 무역 등 경제활동의 장려에도 힘썼
다. 또 북방 변경이나 해안 등에 사는 백성들이 이민족의 침입·약탈에 시달리지
않고 안심하고 살 ─그래서 살아가는 즐거움을 누릴─ 수 있도록 북방 4군 6진을
개척하고, 대마도를 정벌하며, 화포 주조 강화 등과 같은 강력한 국방을 강구하
였다.

그리고 세종이 백성의 살아가는 즐거움을 위해 특별히 관심을 갖는 분야가
미풍양속의 진흥에 초점을 둔 문화의 창달과 교육의 진흥이었다. 미풍양속을 위
한 각종 서적 등을 편찬하고, 교육하며 보급하였다. 또 실제 생활에서 어르신 공
경을 적극 권장하고 그 자신 솔선수범하며, 효행자를 발굴하고 표창하였다. 그리
고 건전한 민속가요를 수집·보급하게 하고, 음주의 폐해를 경계하게 하며, 혼례
와 가정의례의 준칙 등을 제정·시행하였다. 그리고 노인은 물론이고, 죄수, 피의
자, 백정, 노비, 억울함을 호소하고 싶은 자, 가난한 자 등 사회적으로 소외된 자들

에 대한 지극한 관심과 사랑을 보였다. 이는 그들도 다 같은 인간으로서 -그들이 처한 환경에서나마 최소한의- 살아가는 즐거움을 누릴 수 있어야 한다는, 그의 정치관(철학·사상)에서 나온 지극한 관심과 애민사상의 발로였다.

이와 같이 세종은 백성이 살아가는 즐거움을 누리는 데 최고 목표를 두고 국정을 이끄는 입장에서 백성의 여러 가지 생활의 불편함·어려움·고민 등을 생각하면서 그 과제들을 도출하고 그 과제들을 개선하거나 해결해 나가는 데 진력하고 있었다. 심지어 가뭄이 심할 때 예조에 명하여 80세 이상 양가(良家) 남녀에게는 종8품 벼슬을, 천한 신분의 남녀 각각에게는 종9품의 벼슬을 내려 그들을 기쁘게 하였다. 그 취지는 경로의식 고취도 있지만 그보다는 백성을 기쁘게 해 하늘의 소명에 부응하기 위함이었다.[14] 다음은 이를 나타내주는 기록들이다.

> 내가 얇은 덕으로 왕업의 기틀을 이어 지킴에 신민의 위에 얹혀 있어 온종일 조심하며 감히 황급함도 없이하여 융성하고 화평한 정치를 도모하였다. 그런데 밝은 이치를 비추지 못했고 혜택은 백성에 이를 수 없었다. 근년 이래 홍수와 가뭄이 계속되어 서민들이 먹기도 어렵게 되었는데, 지금 농사가 풍성해야 할 달에 다시 가뭄의 재앙을 만났다. 고요히 그 잘못됨의 징조를 생각하니 그 죄는 실로 나에게 있다(7년6월무오).
> 하늘이 이미 나를 재변으로 꾸짖었는데, 어떻게 백성들을 번거롭게 하며 좋은 밥상을 받을 수 있겠는가?(7년윤7월병오).
> 백성의 마음이 즐거우면 하늘의 뜻 또한 순조롭게 된다(7년12월갑술).
> (재변이 심한 때에 이르러 80세 이상 노인에게 벼슬을 주는 것은-저자 주)힘써 민심을 기쁘게 하여 하늘의 견책(천견, 天譴)에 답하려는 것이다(26년7월기미).

그런데 이런 기록들을 살피다 보면, 다른 군주들도 -몇몇 예외를 제외하면- 거의 모두 다 세종과 동일하게 백성의 삶에 대한 관심을 갖고 있지 않았을까라는 의문을 갖게 한다. 그러나 그 기록들을 면밀히 살펴보면, 세종은 다른 군주들과는 비교할 수 없는 특별한 관심과 열정을 보여준다. 세종은 왕위에 오른 순간부터,[15]

---

14) 세종은 유교 이념에 따라 '하늘을 대신하여 만물을 다스린다'는 '대천이물'(代天理物)의 통치 이념을 갖고 이를 자주 언급하였다(예, 6년6월기미; 9년8월갑신; 12년3월임인 등).
15) 세종은 1418년 8월 10일 22세의 젊은 나이로 왕위에 오르고 3개월여 동안 준비한 후 11월 3일 중앙과 지방 신료들에게 국정 전반, 즉 농잠업 진흥, 풍속교화, 수령의 복무자세와 치적 조사,

그리고 승하하기까지 '재위 중 처음부터 끝까지, 가능한 한 최대한 백성의 삶의 질 향상'에 '온 힘'을 쏟았다. 세종은 그의 온 힘을 다한 것을 스스로 '이른 아침부터 늦은 밤까지 정성을 다하고'(즉위년 11월3일 첫 국정교서), '나의 지극한 뜻'(세종 1년 2월12일), '나의 지극한 향념'(1년4월1일) 또는 '나라 다스리기에 성심을 다해서'(1년6월2일) 등으로도 표현하였다. 다음은 그 예로서, 세종실록에 기록된 세종 즉위년(1418) 11월 3일 발표한 종합적인 첫 국정교서의 일부와 세종 1년(1419) 2월 12일의 지시 사항(왕지, 王旨)이다.

> 내가 덕이 적음으로써 큰 계획을 이어 지켜감에 있어서 이치에 밝지 못하고 때에 알맞게 조치할 줄을 다 알지 못하니, 이른 아침부터 늦은 밤까지 정성을 다하고 부왕께서 부탁한 뜻을 어길까 걱정되어 인애(仁愛)의 은정을 쫓아 백성들의 희망에 가까이 부응하고자 마땅히 행해야 할 일들을 뒤에 나열한다.…(즉위년 11월3일).
>
> 백성이란 것은 나라의 근본이요, 백성은 먹는 것을 하늘과 같이 우러러보는 것이다. 요즈음 수한풍박(水旱風雹, 장마·가뭄·바람·우박-저자 주)의 재앙으로 인하여, 해마다 흉년이 들어 환과고독(鰥寡孤獨, 늙은 홀아비·홀어미·고아·늙어서 자식 없는 사람-저자 주)과 궁핍한 자가 먼저 그 고통을 받으며, 떳떳한 산업을 지닌 백성까지도 역시 굶주림을 면치 못하니, 너무도 가련하고 민망하다. 호조에 명령하여 창고를 열어 구제케 하고, 연달아 지인(知印, 하급 관원의 하나-저자 주)을 보내어 나누어 다니면서 고찰하게 한 바 수령으로서 백성의 쓰라림을 돌아보지 않는 자도 간혹 있으므로, 이미 유사(有司, 담당 관원-저자 주)로 하여금 죄를 다스리게 하였다. 슬프다, 한많은 백성들의 굶어 죽게 된 형상은 부덕한 나로서 두루 다 알 수 없으니, 감사나 수령으로 무릇 백성과 가까운 관원은 나의 지극한 뜻을 몸 받아 밤낮으로 게을리 하지 말고 한결같이 그 경내의 백성으로 하여금 굶주려 처소를 잃어버리지 않게 유의할 것이며, 궁벽한 촌락에까지도 친히 다니며 두루 살피어 힘껏 구제토록 하라. 나는 장차 다시 조정의 관원을 파견하여, 그에 대한 행정 상황을 조사할 것이며, 만약 한 백성이라도 굶어 죽은 자가 있다면, 감사나 수령이 모두 교서를 위반한 것으로써 죄를 논할 것이라(1년2월12일).[16]

환과고독 등 기초생활보호대상자, 탐관오리, 신중한 형벌, 효행 등 인륜 덕행 표창, 초야 인재 등용 등 종합적인 10개항의 첫 국정교서를 발표하였다.

16) 이러한 지시는 계속된다. 예컨대 세종 1년4월1일 교시, 8월13일 교시 등. 8월13일 교시에는 '기민 구제를 정성스럽게 하지 않는 수령을 형조에서 조사했으니, 그 죄상의 경중과 면제자를 파악해 내일 아침 회의에서 우선적으로 보고하라'고 지시하였다.

이 '한 백성'이라도 굶어죽는 일이 없게 하고자 하는 '지극한 뜻'에서 세종의 국정에 임하는 자세와 실천의 한 단면을 볼 수 있다. 그 한 백성이 노비라도 동일하였다.[17] 또 감옥이 없는 곳은 신축하고 좁은 곳은 넓히며, 남자와 여자, 죄의 무겁고 가벼움, 그리고 추위와 더위 등에 대비할 수 있도록 하는 시설의 확장사업을 전개한 바와 같이(세종 14년7월), 수형자들에게도 그런 마음을 기울였다.[18] 세종은 그 신하 대소 관료들에게도 그렇게 요구했다. 지방관들의 친견(親見) 외에도, 지방 현황 실태를 확인하고 감찰하는 데에도 게을리 하지 않았다. 다음은 민간 행정활동을 감찰하는 경차관(敬差官)들에게 민생 안정의 대의를 저버리고 행정편의나 민폐가 심해지는 것을 비판하면서 강제적인 곡식 징수 행위가 없도록 한 지시와 지방 수령들의 부정비리에 대한 단호한 조치에 관하여 언급한 내용이다.

> 내가 깊은 궁궐에 있으니 민간의 일을 다 알지 못한다. 민간에 이익과 손해가 절실한 바 있으면 자네들은 마땅히 모두 알려야 한다(3년1월병인).
> 임금이 말하기를 "탐내고 포악한 관리가 그 금령을 깨고 행동에 꺼림이 없었다. 그래서 나는 다시 찰방을 시켜서 민간에 묻도록 하였는데, 지금 범법한 수령으로

---

17) 노비를 죽인 주인의 입장을 옹호하던 당시 지배층 여론에 대하여, 세종은 "노비가 비록 천하나 천민(天民, 하늘이 낸 사람-저자 주) 아님이 없다"며, 군주의 덕은 살리는 것을 좋아하는 것인데, 형벌을 멋대로 행하며 무고한 자를 함부로 죽이는 것을 태연히 금지시키지 않고 주인 쪽을 부추겨 말함은 옳지 않다고, 그 잘못을 지적하였다(26년윤7월신축). 조남욱(2001), 187.

18) 형벌 집행과 관련, 세종은 "형(刑)이란 다스림을 돕기 위해 갖추어진 것"(13년6월갑오)이고, "옥(獄)이란 죄 있음을 징계하는 것이지 본래 사람을 죽이게 하는 것은 아니다"(7년5월경오)라며, "부유한 상업인과 큰 영업장을 가진 자들이 법에 저촉되어 형벌을 받았다는 사실은 듣지 못했다. 오직 빈궁한 백성들만이 매번 죄에 빠져서 가산을 파산하며 탕진하고 있으니, 내가 심히 민망할 따름이다."(5년1월무술)고 말했다. 또 "나는 오직 선왕들이 형벌을 사용하면서도 그 '형벌 없음'을 가약하는 것'을 생각한다. 어찌 차마 무지한 백성들을 무겁게 조치하겠는가? 회초리 한 대나 몽둥이 한 대라도 그 적중함을 잃으면, 원망을 부르고 화목을 해침이 간혹 이에서 비롯될 것이다."(6년8월계해)라고도 말했다. 또한 오판 사례 4건의 진상을 밝힌 경위를 공개하면서 장문의 교서를 내리는데, "이제부터 나를 위해 법을 집행하는 내외 관리들은 옛날을 거울삼아 지금을 경계하고, 정밀하고 결백하게 마음을 비워서 하나라도 자신의 의견에 구애됨이 없고, 먼저 들어온 말에 위주함이 없으며, 부화뇌동하여 전철을 본받지 말며, 구차하게 끌어 붙이지 말고, 죄수가 쉽게 굴복하는 것을 기뻐하지 말며, 감옥의 증언이 빨리 이루어지기를 요망하지 말며, 여러 방면으로 따져 묻고 거듭해서 찾아보라.…만약 한번이라도 실수하면 후회한들 어찌 미칠 수 있으랴. 이것이 내가 밤낮으로 불쌍히 여겨 잠시도 마음속에서 잊지 못하는 바이다.…다방면으로 살피고 반복 추구하여 죽은 자로 하여금 저승에서 원망을 품지 않도록 하고, 살아있는 자로 하여금 마음에 한을 품지 않도록 하여야 한다."(13년6월갑오)고 당부 지시하였다. 조남욱(2001), 188-189, 194-195.

탄핵받는 자가 많다. 범한 바가 비록 작다고 하더라도 백성 다스리는 데에 계속 앉아있는 것은 옳은 것이 아니지 않겠는가. 작은 일이기에 비록 논할 것이 못된다고 이를지라도 나는 반드시 모두 보임을 교체시키고 별도로 임용하고자 하는데 어떻겠는가?"라고 하였다. 이조판서 허조가 대답하기를 "죄가 가벼운 것이면 경솔히 바꾸는 것은 옳지 않습니다"라고 하였다. 임금은 말하기를 "나는 바꾸는 것이 옳다고 생각한다"고 말했다(7년3월갑오).

이와 같이 세종은 '백성에게 살아가는 즐거움'을 제공하는 데 역사상 그 어느 군주(또는 현대의 국정 최고책임자)보다도 진력하고 있었다고 할 수 있겠다.

> 백성은 나라의 근본이니 정치는 백성을 부양하는 데에 있다. 민생을 돈독히 하여 나라의 근본을 견고히 하는 것이 나라를 위함에 우선이니 이에 힘쓸 바이다(12년윤12월을사).

결국 이 '살아가는 즐거움'은 '살아가며 누리는 행복과 즐거움'을 말한다면, 그 반대말은 '살아가며 당하는 괴로움,' 곧 '민생고'(民生苦)라고 할 수 있다. 그렇다면 '살아가는 즐거움'은, 곧 '백성이 그 생활에서 살아가며 누리는 행복과 즐거움'이란 뜻이므로 '민생(民生) 복락(福樂)'이라고 할 수 있겠다. 이에 지금까지의 논의를 정리해 세종의 국정기조를 요약해 보면, '모든 백성의 모든 부문에 걸쳐서 민생복락의 최대한의 실현', 곧 간단히 '민생복락의 최대 실현'이라고 할 수 있겠다. 이렇게 본다면 첫째 결론은 이렇다. 세종은 그의 재위 중 모든 정책문제를 인지하고 정의하며, 정책의제를 설정(이어진 정책분석을 수행하며, 정책을 최종 결정하고 집행하며 평가를 포함함)할 때, 곧 국정을 이끌 때, 바로 이 '민생복락의 최대 실현'에 누구보다도 지극한 관심을 쏟고, 자신의 온 몸과 마음, 땀과 열정, 지혜와 지식, 경험과 경륜을 다 바쳐 진력했다고 할 수 있다.

그렇다면 이제 다른 사람이 아닌 세종이, 당대까지 많은 대소 신료와 지식인들, 그리고 일반 백성이 그렇게 절실하게 고민하거나 요구하지도 않았던 '한글 창제'를 특별히 창안하고 결행하게 된 심층 동기와 배경에 대하여, 어느 정도 그 실마리를 찾을 수 있게 되었다고 하겠다. 그것은 바로 '백성의 살아가는 즐거움'

곧 '민생복락의 최대 실현'이란 세종의 정치행정관, 국정기조에서 찾을 수 있기 때문이다. 한글창제정책을 비롯하여, 다른 많은 세종의 정책들(정책군)의 밑바탕에 공통적으로 관통해 흐르고 있는 것은 바로 그것이었다고 능히 추정할 수 있다.

이런 국정기조를 갖고 임했던 세종이었기에 당시 고유문자가 없는 가운데 한자에 의한 문자생활의 불편함을 잘 알고, 그런 문자생활마저 할 수 없었던 백성을 지극한 마음으로 사랑하므로, 사람이 사람답게 살아가는 데 가장 큰 장애물의 하나가 있다고 생각하면서, 그 과제에 대하여 고민에, 고민을 거듭하였을 것이다. 그것이 바로 그의 한글창제의 동기를 밝힌 훈민정음 서문에서 알 수 있는 대로 우리말을 우리글로 표현할 수 없는 어려움, 곧 문자생활의 불편함이었다고 볼 수 있다. 사실 사람이 진정 사람답게 살아가는 데 있어서 문자생활을 제외한다는 것은 있을 수 없는 일이다. 여기에 세종은 백성이 문자생활 측면에서 문명인, 문화인다운 삶을 살아가는 즐거움을 누리게 해야겠다는 생각에서, 우리말에 맞는 우리글을 만들어야겠다는 데 뜻을 두고, 깊이 고민하고 상상력을 동원해 한글창제를 하게 되었다고 할 것이다.

실제로 훈민정음 창제 17년 전인 1426년(세종 8년10월27일) 세종은 법조문이 한문과 이두로 되어 있어 지식인조차 알기 어려움을 지적하고 고민했다. 그리고 훈민정음 창제 11년 전인 1432년(세종 14년11월7일)에도 세종은 주요 법조문을 이두문으로 번역 반포하여 무지한 백성들이 죄를 짓지 않게 하는 문제를 의논할 때, 이조판서 허조가 백성들이 문자(이두문)를 알면 부작용이 커진다며 반대하자, 법을 알게 하는 것이 좋다고 하면서, 그런 사례 기록을 조사하게 지시하기도 했다. 또 창제 후 1444년 최만리 등이 한글 반포를 반대하며, 세종의 말, 즉 '사형집행의 판결문의 글 뜻을 알지 못하는 어리석은 백성은 한 글자의 착오로도 원통함을 당할 수도 있는데, 언문으로 써서 듣게 하면 쉽게 알아들어서 억울함을 품을 자가 없을 것'이라는 한글의 필요성에 대한 말을 직접 인용한 데서도 나타난다.

또 세종은 최만리 등의 상소에 반박하면서, 다음과 같이 '백성을 편안하도록' 또는 '백성이 생활하기에 편리하도록'이라는 뜻의 '편민'(便民)이란 말을 세 번이나 써서 강조하고 있다. 실록을 보면, 어리석은 백성의 '우민'(愚民)이라는 말은 세종 때 급격히 증가한다. 그리고 '편민'이라는 말은 '이편민생'(以便民生)이라는 말로 많이 나오지만, 역시 세종 때 가장 많이 기록되어 있다. 세종실록의 분량이 많으므로 이 말이 많이 나오는 것은 당연하다고 볼 수도 있지만, 그 점을 감안하더라도 세종조에 특히 빈번히 나타난다.[19)]

> 너희들이 이르기를, '음을 사용하고 글자를 합한 것이 모두 옛글에 위반된다' 하였는데, 설총의 이두도 역시 음이 다르지 않으냐? 또 이두를 제작한 본뜻이 백성을 편리하게 하려 함이 아니겠느냐? 만일 그것이 백성을 편리하게 한 것이라면 이제의 언문은 백성을 편리하게 하려 한 것이다. 너희들이 설총은 옳다 하면서 군상(君上, 임금-저자 주)의 하는 일은 그르다 하는 것은 무엇이냐?

이상을 종합하건대 한글창제정책도 바로 '민생복락의 최대 실현'의 국정기조라는 '인식의 그물망'으로, '고유문자가 없어 한자를 사용하는 데서마저도 소외된 일반 백성들의 즐겁지 아니한 삶의 답답함·억울함·고달픔'이란 정책문제를 잡아내고, 정책의제로 채택하게 되었다고 하겠다.

둘째, 세종은 모든 정책을 추진하는 데 있어서, 유교사상의 구현에 특별한 관심을 가지고, 유교적인 왕도정치(王道政治)를 펼침으로써, 이 땅에 유교의 이상사회를 실현하는 데 특별한 노력을 기울였다는 데 그의 국정기조의 특징을 발견할 수 있다. 그런 만큼 그의 국정기조 중 하나는 '유교 이상사회의 구현'이었고, 그의 모든 정책도 거기에 초점이 맞춰져 있었음을 알 수 있다.

처음부터 조선왕조는 고려왕조의 불교가 그러했듯이 -고려 말에 불교를 대신할 대안적 정책기조논리의 사상으로 등장한- '유교'를 사상적 기반으로 하여 출발하였다. 태조 이성계와 그의 신하[고려 말 유신(儒臣)]들이 새로운 왕조 창건의 이념으로서 유교를 채택하고 불교를 배척하는, 이른바 숭유억불(崇儒抑佛)의 국정기조를 내세웠던 것이다. 이는 태종에 이어 세종 자신도 마찬가지였지만, 특히 세종은 유교의 왕도정치를 구현하는 데 특별한 노력을 기울였다. 세종은 태어날 때부터 학문하기를 즐겨 재위 중에도 바쁜 국정 수행 가운데서 죽을 때까지 학자적 태도를 버리지 않았으니, 당시 어느 학자보다도 그 자신 더 뛰어난 학자이자

---

19) 이상 지적과 다음 실록 부분은 김주원(2013), 70-72 인용 및 참조.

철인 군주였다. 그래서 그는 군주에게 경서(經書)를 강의하고 토론하는 경연(經筵) 제도에 특별한 관심과 애정을 갖고, 그 자신 매우 열정적으로 참석해, 경연관(經筵官)으로 하여금 유교의 경서와 국정을 강론케 함으로써, 유교정치의 이론과 실제를 이해하고 실천해 왕도정치를 구현하는 데 많은 노력을 기울였다. 세종은 자신이 추구하는 왕도정치를 다음과 같이 '풍평(豊平)의 정치'라고도 표현하였다. 여기서 '풍'은 농경사회의 경제적인 풍요로움을, '평'은 사회의 평화를 뜻함으로써,[20] 민생의 안정과 풍성함이 있는 이상사회를 의미한다고 볼 수 있다.

> 아! 천심을 받들어 왕도를 행하고 두루 칙서 중의 어짐을 베풀며, 제왕의 가르침을 펼쳐서 민생을 애휼한 마음으로 대함으로써, 영구히 풍평의 정치에 이르려 한다 (6년10월병진).

세종은 왕도정치를 학문적으로 뒷받침해 주는 집현전의 신설과, 집현전 학사와 같은 젊은 인재의 선발과 등용, 고금의 역사와 제도의 연구, 그리고 유교경전·의례(儀禮)·지리·농업·의약 등 각종 서적의 저술·편찬·보급과 교육 등을 통하여 적극적으로 유교 사상을 정착시키고 유교문화를 창달하는 데 힘썼다. 그래서 관료로 진출하려는 이들에게는 유교의 공자·맹자와 대표적인 유학자인 주자(朱子) 등의 저술과,[21] 그들의 학문체계인 성리학(性理學, 또는 朱子學)이 조선왕조 국정과 학문의 근본이 되게 하였다. 그리고 일반 백성에게도 삼강행실과 효행록 등을 간행하여 보급하고, 관혼상제 등 의례에는 주자가례(朱子家禮)를 준행하도록 해, 불교식에서 유교식으로 바꾸게 하였다. 이러한 종교정책, 교육정책, 문화정책뿐만 아니라, 다른 모든 정책, 예컨대 농업정책, 사회정책, 사회복지정책, 형사정

---

20) 조남욱(2001), 100. 애휼(愛恤)은 불쌍히 여겨 은혜를 베풂을 말한다.
21) 예컨대 공자는 <논어>에서 나라를 구성하는 모든 사람들이 자신의 위치에 합당한 역할과 책임을 다할 때 사회 전체의 유기적 조화와 평화가 실현될 수 있음을 주장하는데, 이를 정명론(正名論) 또는 본무론(本務論)이란 한다(<논어>, 안연: 11, 자로: 3 등). 공자의 정명론은 후에 자사(子思)에 의해 본무가 군신, 부자, 부부, 형제, 친구와 같은 다섯 가지로 분류(五達道)되었으며(<중용>, 20장), 맹자는 이를 더욱 구체적으로 발전시켜 군신유의, 부자유친, 부부유별, 장유유서, 붕우유신으로 구성되는 오륜(五倫) 개념(<맹자>, 등문공 상: 4)을 확립하여 왕도정치를 이루는 구체적 방법으로 삼았다. 이상 박홍식,『논어』 사상의 행정윤리에 대한 적용모색, 사회과학논문집, 35(1), 대전대 사회과학연구소, 2016, 222-223 인용.

책, 국방정책 등도 이 국정기조에서 나왔고, 전 정책과정을 지도해 나갔다.

이와 같은 '유교 이상사회의 구현'이라는 국정기조는 세종의 한글창제정책
을 낳은 뿌리이고 어버이였다. 세종은 일반 백성을 유교적 덕성으로 교화(敎化)하
고 가르치는 '훈민'(訓民)을 군주의 사명이고 책임으로 인식하고 있었다. 그런데
백성에게 한문(이두 포함)이란 장벽은 세종이 기대하는 바를 이루기 어렵게 하고
있었다. 이러한 상황에서 세종에게 유교적 덕성 교화와 훈민의 가장 중요한 수단
은 역시 일반 백성이 하루빨리 글(문자)을 쉽게 깨우치는 일이었다. 그래서 그들에
게 유교의 경전과 각종 예의규범에 관한 교훈서들을 간행 보급하면, 그들이 읽고
가르치고 배워, 결국 학문(성리학)을 진흥시키고,22) 사람다운 사람을 만들 수 있다
고 보았다. 다음은 <삼강행실도>를 펴내면서 실은 세종의 「서문」 일부이다.

> 나는…그림과 찬송을 만들어 중앙과 외지에 반포토록 하여, 어리석은 사람들도
> 거의 다 쉽게 보고 느껴 흥기토록 하는 것이니, 이 또한 백성을 교화하여 풍속을
> 잘 이루어가는 하나의 방도일 것이다(14년6월병신).

이 <삼강행실도>가 간행된 배경에는 천륜을 어긴 한 살부(殺父) 사건이 있었
다. 세종은 이를 듣고 자책하면서, 책을 통해 어리석은 백성을 교화하려고, 고려
말에 간행된 <효행록>을 증보하여 새로운 <효행록>을 만들게 하였다. 그리고 여
기에 사례를 더 수집하고 추가하여 <삼강행실도>가 간행되게 하였다. 다음은 살
부 사건 당시 세종의 태도와 문제의식에 대한 기록이다.

> 경연에 나아갔다. 임금이 일찍이 진주 사람 김화(金禾)가 그 아비를 살해하였다
> 는 사실을 듣고, 깜짝 놀라 낯빛이 변하고는 곧 자책하고, 드디어 여러 신하를 소집
> 하여 효제(孝悌, 부모에 대한 효도와 형제간 우애-저자 주)를 돈독히 하고, 풍속을
> 후하게 이끌도록 할 방책을 논의하게 하니, 판부사(判府事) 변계량이 아뢰기를,
> "청하옵건대 <효행록> 등의 서적을 널리 반포하여 항간의 영세민으로 하여금 이를
> 항상 읽고 외게 하여 점차로 효제와 예의의 마당으로 들어오도록 하소서." 하였다.

---

22) 한글 창제가 성학(聖學)이라고 일컫는 성리학을 연구해 학문 발달·진흥(흥학, 興學)에 도움을
줄 목적도 있었음은 김완진, "세종대의 어문정책에 대한 연구," 성곡논총 3, 성곡학술문화재
단, 1972, 186-194; 강신항(1990), 24-25 참조.

이에 이르러 임금이 직제학 설순(偰循)에게 이르기를, "이제 세상 풍속이 박약하여 심지어는 자식이 자식 노릇을 하지 않는 자도 있으니, <효행록>을 간행하여 이로써 어리석은 백성을 깨우쳐 주려고 생각한다. 이것은 비록 폐단을 구제하는 급무가 아니지만, 그러나 실로 교화하는 데 가장 먼저 해야 할 것이니…23)

여기서 세종이 국정을 이끌면서, 어떻게 하면 어리석은 백성이 배워서 이처럼 패륜을 저지르지 않고 농사를 잘 지으며, 사람답게 살아가게 할 수 있을까를 간절히 생각하였을 것임을 능히 추측할 수 있다. 당시는 농업의 발전이 국가발전의 거의 전부로 인식되는 시대였으므로, 백성이 농사를 잘 지어야 굶주리지 않고 인륜에 어긋나는 일을 하지 않으며, 세금이 늘어나 국가재정도 튼튼해지고 국가적 사업과 복지서비스도 잘 감당할 수 있었다. 이 때문에 그는 재위 11년(1429년) 천하의 대본인 농사를 위하여 <농사직설>을 지어서 각 고을에 나누어 주었다. 그러나 농민이 한문으로 된 농서를 직접 읽을 수 없는 데다, 수령들이나 서리들이 적극적으로 가르치지도 않아서 그 실효가 없었음을 알고 있었지만, 그래도 8년이 지난 즈음(1437년) 다시 펴내면서 농민을 가르치라고 다음과 같이 지시하였다. 이 때에도 세종은 농민들이 책의 내용을 직접 읽으면서 농사를 지으면 얼마나 좋을까, 하는 생각을 간절히 하였을 것이다. 해시계(앙부일구)에도 각 시각에 해당하는 동물을 그려 넣어, 글자를 모르는 사람이 시각을 알게 한 배려를 통해서, 세종은 스스로 "우민이 읽을 수 있는 글자에 대한 갈망을 키워갔을 것이다."24)

각도 감사에게 전하기를, "…지난 기유년에 여러 가지 책을 수집하여 <농사직설>을 만들어 각도에 반포하여, 어리석은 백성이라도 역시 명백하게 쉽게 알도록 하였다. 다만 권과(勸課, 권유해 행하게 함-저자 주)하는 데 마음을 덜 써서 책은 비록 반포하였으나 그 실효를 보지 못하였다. 이제 또 약간의 책을 박아서 여러 도에 더 보내니, 경들은 나의 지극한 뜻을 본받아서 즉시 각 고을의 수령들에게 반포하여, 농민을 깨우치고 가르쳐, 책에 의거해 시험해 보여서 풍속을 이루도록 하라. 만약에 어리석은 백성으로서 자력이 부족한 자나 제 스스로 하기를 원하지 않는 자는 반드시 강제로 시킬 것이 아니라, 적당하게 권과하기를 시종 게을리

23) 세종실록, 세종 10년(1428)10월3일; 김주원(2013), 52-53.
24) 이 지적과 다음 실록 부분은 김주원(2013), 62-63, 69 인용 및 참조.

하지 말아서 점차로 홍행하도록 하라." 하였다.

이렇게 본다면 둘째 결론은 이렇다. 세종은 그의 재위 중 모든 정책문제를 인지하고 정의하며, 정책의제를 설정하고 정책분석을 수행하며, 정책을 최종 결정하고 집행하며 평가할 때, 곧 국정을 이끌 때, 바로 이 '유교 이상사회의 구현'을 위한 왕도정치, 어진 정치를 펴는 것을 자신의 의무이자 책임으로 여겼다. 그런 만큼 일반 백성 누구나 쉽게 배워 익힐 수 있는 '문자의 창제'는 세종에게 유교적 덕성으로 교화하는 목적상 최우선순위의 정책문제로 인식하고 추진하는 원동력이 되었다고 할 것이다.[25] 그런 의미에서, "날로 씀에 편하게 하고자"(便於日用)라는, 일상생활에서 편안히 사용할 수 있는 문자의 창제 목적만 해도, 그것은 육체적이나 물질적인 편의나 편리만을 위한 것이 아니라, 정신적인 편안과 안락, 곧 답답함을 풀어 마음의 안락함을 추구하기 위한 −형이하(形而下)가 아니라− 형이상(形而上)에 있고, 나아가 궁극적으로는 유교정치의 이상인 제세안민(濟世安民)이나 국태민안(國泰民安)이란, 문자 그대로 그의 국정기조의 구현이었음을 알 수 있다.[26]

이렇게 보면, 세종의 국정기조는 '민생복락의 최대 실현'과 함께 '유교 이상사회의 구현'으로 요약할 수 있다. 물론 이 두 기조는 서로 불가분의 관계를 맺고 있다. 그리하여 이 국정기조는, 흔히 <훈민정음> 서문에 한글 창제의 뜻(동기)으로 명확하게 밝혀져 있다고 이해하는, 일상 쓰는 말에 부합하는 민족의 문자가 있어야겠다는 '민족의식'과 누구나 쉽게 문자를 배워 쓰게 해야겠다는 '민중의식'의 배경을 더 구조적·심층적으로 충분히 이해하게 해 준다.

그런 관점에서 보면, 세종 자신도 다음과 같이, '국정기조'에 해당하는 용어, 곧 '대체'(大體), '임금의 마음'과 같은 말을 하고 있기도 하다.

무릇 신하된 자가 임금의 덕을 보좌하려면 마땅히 임금의 마음으로 자신의 마음

---

25) 학자들은 한글창제의 교화·훈민 목적을, 한글 이름의 일부인 '훈민' 외에도, 훈민정음 서문에서 세종이 언급한 '우민'(愚民), 한글을 창제하고 곧바로 삼강행실도와 사서오경 등의 번역을 계획했던 점 등에서 그 근거를 발견한다. 대표적으로 강신항(1990), 2, 53-55.
26) 안병희(2007), 88-90 참조.

을 삼아야 할 것인데, 우리나라의 관리들은 대체(大體)를 보지 못하고 백성에게서 함부로 거두어 은밀히 서로 주고받음이 거의 상습으로 되었다(26년2월甲午).

여기서 '대체'와 같은 것이 '정책기조'인데, 한 국가의 최고 지도자가 펼치는 경우에 해당한다면, 그것은 특히 '국가의 전 영역에 걸친 전체 정책들을 추진하는 정책기조'이므로, 곧 짧게 '국정기조'라고 일컬을 수 있을 것이다. 그런 의미에서라면, 세종은 자신의 규범이상(規範理想, normative ideal)으로서의 국정기조를 천명하고, 그 규범적 지표(normative indicator)를 끊임없이 환기시키며 국정을 이끌었다고 할 수 있다.

여기서 우리는 한글창제정책뿐만 아니라, 세종의 다른 많은 정책들도 하나같이 후세의 좋은 평가를 받고 있다는 사실의 이유를 찾을 수 있게 된다. 즉 거기에는 세종의 모든 정책들(정책군, 政策群)의 밑바탕(기저, 基底)에 공통적으로 관통해 흐르고 있는 어떤 특별한 '그 무엇', 어떤 원형(原型, archetype, prototype), 유전인자(DNA) 같은 것이다. 그것은 또 음악에서 한 음악 곡조(악곡, 樂曲)의 기초가 되는 음으로, 그 악곡을 지배하는 가락으로서의 '주조음'(主調音, key-note)과 같은 '기조'(基調)의 문제이거나, 각 악장마다 약간의 변주로 재현하면서 그 악곡의 주제를 특색 있게 표현하는, 그래서 작곡가가 전체 악곡의 주제로 삼고 있는 어떤 '악상'(樂想, leitmotif)의 문제이기도 하다. 그리하여 그것은 세종 스스로도 일관성 있게 국정에 임하는 기본 마음가짐·자세의 일부로서 국정리더십의 나침판이나 방향타 구실을 해 주고, 모든 정책들을 이끌어가는 큰 틀로서 그 큰 틀 안에서 실제 구체적인 정책들을 개발하고 입안하며, 집행하고 평가하며, 환류(feedback)시켜 가는, 그래서 모든 대소 신료들과 백성들이 믿고 따르는 세종의 '정책리더십'의 핵심이고 요체이며, 주제어(key word)인 바로 '세종의 국정기조'이다. 참고로 세종 재위 총 32년(1418-1450)을 약 10년간씩 전반기, 중반기, 하반기별로 나눠, 주요 정책들과 특기 사항만을 추려내서 보면, 거기에서 세종의 어버이 정책인 국정기조가 낳은 구체적인 자녀정책들을 어느 정도 확인할 수 있다.[27]

---

27) 〈세종시대 전반기, 즉위년-세종 10년, 1418년-1428년〉
　ㅇ총 10개항의 첫 국정교서 발표(8월 즉위 후 11월) ㅇ새로 부임하는 수령에 대한 직접 면담 및 훈시(친견 교유, 親見 敎諭) 시작. ㅇ왜구(50여 척 이상) 서천·해주 출몰과 약탈의 보고에

대마도 징벌의 결정과 출병, 징벌 중지 후 회유 전문 발송, 대마도 도주(島主, 守護)의 항복. ○<고려사> 개정 지시(세종 3년 1월 완료). ○신하의 직언을 구하는(구언, 求言) 지시. ○집현전의 (왕실연구기관으로 유명무실했으므로 사실상) 설치. ○사형수 판결에 삼심제(삼복계, 三覆啓)법의 엄격 적용 지시. ○한성에 구호기관(진제소, 賑濟所) 설치. ○혹한기와 폭염기를 대비한 죄인 관리와 감옥 수리를 지시. ○백성들에게 '살아가는 즐거움'(생생지락, 生生之樂)을 누리도록 하는 것이 정치의 과제임을 천명. ○사찰 창건 엄금. ○경상도와 전라도에 주전소(鑄錢所) 설치. ○사찰을 선·교 양종 36사로 통합하고 승록사(僧錄司-예조 산하 불교 관련 사무 관장기관) 폐지. ○하늘을 대신하여 만물을 다스림(대천이물, 代天理物)의 통치원리 및 정치의 기본은 효행의 장려임을 천명. ○문제를 일으키는 도살업 종사의 천민 북방민족 귀화인(신백정)을 평민으로 편입·대우하기 위해 신백정 정역(定役)법 제정 시행. ○지폐(저화, 楮貨) 폐지 후 첫 동전(銅錢) 전용제 시행. ○전문수납법(錢文收納法) 제정. ○금주령 발동(이듬해 5월 임금도 솔선수범) ○2품 이하의 수령들 부임 전 전원 친견 교유 실시. ○유능한 젊은 문인들을 뽑아 휴가를 주어 독서당(讀書堂)에서 공부하게 한 사가독서제(賜暇讀書制) 시행. ○향약구급방(鄕藥救急方) 간행. 우마재살금지법(牛馬宰殺禁止法) 제정. 신백정평민잡처령(新白丁平民雜處令) 공포. ○제사에서 우리 고유의 음악인 향악 사용 금지. 속육전(續六典)의 개정 추진. ○각 고을의 늙은 농부에게 영농법을 자문하여 영농지도서의 책 제작을 경상도, 전라도, 충청도 감사에게 지시. ○아버지 살해사건을 보고받고 근원적 예방책 논의 및 전국 추천의 효행자 39명 표창. ○평안북도 변방에 야인(만주족)의 침탈이 빈번하므로 영변대도호부(寧邊大都護府) 설치.

〈세종시대 중반기, 세종 11년-세종 21년, 1429-1439〉
○순찰군의 밤 거처로서 파출소 같은 경수소(警守所)의 재설치. ○효경(孝經)의 자귀(字句) 풀어 250질 인쇄·배포 지시. ○궁중 음악인 아악(雅樂) 관련 관장 기관인 아악서(雅樂署)의 확대 개편. ○일본인 무역 허가지구인 왜관(倭館)에서의 금·은·베 등 무역 금지품목 지정. ○명나라에 금·은 등 과도한 세공(歲貢) 면제를 요청해, 세공품으로 토산품과 칙서로만 국한 통보 접수. ○농사직설(農事直說) 편찬과 인쇄 배포. ○개정 공법(貢法)의 여론조사 실시. ○물레방아로 논밭에 물을 대는 관련법인 수차관개(水車灌漑)의 법 제정. ○ 전후 약 4개월로 노비(奴婢)의 출산 휴가 확대 지시. ○강도 이외 15세 이하 70세 이상 사람의 수감 불허 및 10세 이하 80세 이상 사람은 사형죄라도 수감 고문의 금지. ○사형수 등 중죄인의 삼심 이후, 다시 더 자세히 심사(재심)하는 형조 산하의 부서인 상복사(詳覆司) 설치. ○아악보(雅樂譜) 완성. ○신하와 백성의 집의 규모를 정한 가사제(家舍制) 제정 시행. ○경기도 충청도 전라도 경상도에 방호소(防護所) 설치. ○승려의 집 이외에서는 연등(燃燈)을 금지. ○범행의 실제 증거와 형벌의 신중성을 강조한 교서 발표. ○사대부의 무당집 조상 모시는 것과 양반 부녀자의 무당집 출입금지. ○유효통, 노중례 등이 주변 일상 식물을 우리말로 적어 약으로 쓸 수 있게 정리한 약용식물학의 최초 의서인 향약채취월령(鄕藥採取月令) 편찬. ○우리 지리책인 팔도지리지(八道地理志) 편찬 완성. ○삼강행실도(三綱行實圖) 편찬 완성. ○영북진(寧北鎭), 경성도호부 설치. ○노인 위로연 참석에 신분 차별을 없애는 의식 절차를 정한 양로연의주(養老宴儀註) 제정 시행. ○지방교육기관인 향교에 신백정(新白丁) 자제의 입학을 허용. ○압록강 중류 파저강 일대의 야인(여진족) 침입에 대대적 징벌 후 징벌지에 4군(四郡) 설치로 재 침입 대비. ○천체의 운행을 측정하는 혼천의(渾天儀) 제작을 명함(세종 16년 완성). ○병 증상별 향약 처방을 집대성 편집한 향약집성방(鄕藥集成方) 완성. ○근정전에서 양로 연회에 직접 참석과, 전국 감사들에게도 더 정성스레 개최 독려 및 왕비도 천민까지 참여시킨 양로 연회의 개최. ○민속가요 수집 지시. ○물시계 자격루(自擊漏) 제작 지시(세종 20년 완성). ○삼강행실도의 대대적인 전국 교육 실시. ○중국 역사책 자치통감강목(資治通鑑綱目)을 주석을 단 통감훈의(通鑑訓義) 편찬 지시. ○목화를 함길도에 심도록 충청·전라·경상 하삼도(下三道)에 그 종자의 수집 지시(이듬해 함길도 목화 재배). ○화약고(火藥庫) 건립. ○신하와 백성의 혼례의식 제정. ○두만강 유역의 여진족 침입에 대처해, 국방상 요지이자 옛 강토인 두만강 하류 변방 6곳을 개

결론적으로 한글 창제는, '민생복락의 최대 실현'과 '유교 이상사회의 구현'

척해 육진(六鎭)을 설치하도록 특별교서로 지시(세종 31년까지 완료). ○개정 공법에 대한 여론조사로도 결론을 못 내린 사안에 대해 공법상정소(貢法詳定所)를 설치·연구토록 해 27종의 등급(공법절목) 제정함(세종 23년까지 실시). ○80세 이상 노인에게 벼슬을 주어 경로사상 고취. ○흉년으로 신하들의 봉록을 감함. ○주야의 시간을 측정하는 시계인 일성정시의(日星定時儀) 완성. ○농사직설을 중심으로 영농교육 강화. ○궁중 뒤뜰에 조(粟) 심어 소출 직접 확인. ○감사(관찰사)가 도(道) 관내 학덕(學德)이 높은 재야 현인을 뽑아 추천하는 도천법(道薦法) 시행. ○형벌의 남용을 금지하고 감옥 건축의 형식 제정. ○실록 보관 창고(사고, 史庫)를 춘추관과 충주에 이어 전주, 성주에도 설치(그 후 임진왜란 시 불타 전주 사고본만 남게 됨). ○변방의 야인과 왜구를 막는 대비책, 곧 비변책(備邊策)을 세움. ○친인척(종친, 宗親) 사정 규칙을 정함. ○명나라에서 예악제도 관련 서적을 구하게 지시. ○야인의 상경 제한. ○함길도의 신설 고을에 시경, 서경, 춘추의 인쇄·배포 지시. ○요동에서 한자의 중국음(한음, 漢音) 습득 지시.
  〈세종시대 후반기, 세종 22년-세종 32년, 1440-1450〉
  ○혼인 남 16세, 여 14세 이상으로 정함. ○평안도 지역 출정 군사의 숙영(宿營(행영, 行營)] 둘레에 쌓은 성(城)을 완성. ○통치의 귀감될 만한 중국과 우리 역대 인물 수록의 치평요람(治平要覽) 편찬 지시(세종 27년 완성). ○측우기와 강우량 수위의 측정 표지(양수표, 量水標) 설치. ○병고로 정무를 세자가 처리(섭정, 攝政)하게 하기 위한 첨사원(詹事院) 설치. ○의금부에 유생과 승려 간 싸움의 공정 판결 지시. ○왜선 무역제도 개정. ○함길도 고을에 삼강행실도, 계주서(戒酒書) 하사. ○대마도 도주(島主)와 연간 내왕 허락한 무역선(세견선, 歲遣船) 규모를 50척으로 제한한 조약 체결. ○토지·조세 제도의 조사 연구와 신법 제정을 위한 임시 관청인 전제상정소(田制詳定所) 설치(세종 26년에 전분 6등급, 연분 9등급으로, 이후 세법 기본이 된 제도 결정하게 됨). ○훈민정음 창제. ○언문청 설치. ○토지 등급의 측량 방법인 양전계산법(量田計算法) 제정. ○최만리 등 훈민정음 창제 반대 상소 사건. ○중국의 <고금운회>를 한글로 풀이함(언해, 諺解). ○형조에 노비(奴婢)도 하늘백성(천민, 天民)임을 전제한 형벌제도의 운용 지시. ○고금의 예서를 참고해 다섯 가지 의례[길·흉·가(嘉)·빈(嬪)·군(軍)]의 실행사항 책인 <고금의주(古今儀注)>를 집현전에서 자세히 정하게 함. ○요동에서 중국 한자음 운서(韻書)의 습득 지시. ○화포 주조업자(화포공장, 火砲工匠)의 장려책 시행하고 각 도에 화포 주조 지시. ○용비어천가 완성. ○절도 3범자에 교수형 제도 도입. ○중국 역대 의서(醫書)를 부문별 집대성한 <의방류취(醫方類聚)> 편찬. ○지폐(저화, 楮貨)의 다시 통용. ○흉년과 춘궁기 빈민 곡식 대여 제도인 환상분급(還上分給) 규칙을 세밀히 정함. ○병기(兵器)를 장부와 대조하는 군기점고(軍器點考)의 법 개정. ○훈민정음 반포와 공문서에 한글 사용. ○용비어천가 주해 완성 및 용비어천가 550본을 신하에게 하사. ○악가(樂歌)의 규정 제정. ○석보상절, 월인천강지곡 완성. ○동국정운 편찬. ○곡물 대여 제도인 사창제(社倉制)를 대구군에 시범 실시. ○경복궁 안에 내불당(內佛堂) 건립 지시. ○가사제의 상세한 개정 시행. ○승려 출가의 국가 공인장 부여 제도인 도첩제(度牒制) 강화(확인 및 통행 제한). ○고려사 개정 지시. ○새 악곡의 친히 조정. ○석보상절, 월인천강지곡 간행. ○명나라 사신들에게 중국 운서(韻書) 문의 지시.
  이상은 세종실록, 세종대왕기념사업회(편) 세종대왕연보, 조남욱(2001) 중 '세종대왕의 연보' 부분을 참조해 작성함. 위 정책 중 '수령'(守令)은 조선까지 지방의 관찰사 산하 각급 관청의 장(長)인 부사(府使), 부윤(府尹), 목사(牧使), 군수(郡守), 현감(縣監), 현령(縣令) 등 관리의 총칭으로, 원(員: 공대어로 '원님')이라고도 하고, 이들과 영(營)의 우두머리를 아랫사람들이 높여 '사또'라고도 불렀다. '가사제(家舍制)'는 집의 규모에 관한 규정인데, '대군'(大君)은 60간(間), 왕자군 및 공주는 50간, 옹주·종친·2품 이상의 문무관은 40간, 3품 이하 30간, 서인(庶人) 10간으로, 위반 시 죄로 다스렸다. 인조 때 인조반정의 공신인 김자점이 이를 무시하고 큰 집을 지어 사헌부의 탄핵을 받아 영의정에서 파면되었다. 이홍직(1983), 6, 261.

이라는 상위(우산, umbrella) 개념의 국정기조 아래, '민족의식'과 '민중의식'이 합쳐져서 창안되고 추진된 불후의 작품이었다. 이와 같이 한글창제라는 특정 정책의 동기·배경·목적·정당성 등에 대하여 더 구체적으로는 문자 부재의 정책문제를 인지하고 정책의제화(議題化)한 배경으로 작용한 문제의식과 발상은 물론, 그 문제의식과 발상에 의해 주관적·능동적으로 파악한 정책상황에 대하여 국가정책 전반의 정책기조인 국정기조의 분석을 통하여, 국정의 모든 체계와 맥락 속에서 더 구조적·심층적·복합적으로, 그리고 더 올바로 이해할 수 있다고 하겠다.[28]

이상과 같이 '패러다임 정책관'은 '패러다임'이란 '인식의 기본 틀'의 뼈대를 가지고 정책의 구조와 변화를 바라보는 관점이므로, '한자 중심의 문자생활과 그 문자생활의 일반 백성 소외 문제의 기존 구조'를 '새 문자 창제의 새 구조'로,[29] 거의 혁명적으로 전환시키고자 한 한글창제정책을 이해하는 데, '패러다임' 관점과 무관하거나 거부감을 보이는 이론·가치중립적 객관주의 정책관이나 개량주의 정책관보다, 정책사적으로 볼 때 현실을 더 잘 묘사하고(현실을 더 많이 포착해 묘사해 주므로, 서술적 정책관으로서 '더 높은 타당성'을 지님), 또 한글창제정책의 성공으로 증명된 바와 같이 규범적으로도 더 바람직한 경우의 한 사례라고 하겠다(다만, 당연히 바람직하지 않는 실패의 경우도 있으므로, 규범적 정책관으로서도 항상 '더 높은 타당성이 있다'고 말할 수는 없음). 개량주의 정책관도 '새 문자 창제'라는 가설을 전제하고 그렇게 정책문제 정의와 정책의제 설정을 했다고 주장하지 못할 이유도 없다고 할지 모른다. 그렇지만 오랜 관성으로 굳어진 '경로'에서 벗어날 엄두를 내지 못하고, 그 경로에 의존해 현존 구조 내에서 어떤 개선을 모색하는 데 그쳤

---

28) 세종이 백성을 '고객'으로 정립하고 고객의 필요, 아픔, 정서가 무엇인지를 감지하는 위대한 감수성을 발휘한 것으로, 경영학의 관점에서 그렇게 해석하는 예는 윤석철, 경영학의 진리체계, 경문사, 2001, 53-55 참조. 즉 조선왕조실록에 의하면, 세종대왕은 즉위 후 수년간 가뭄이 계속되었다고 한다. 흉년으로 고생하는 백성의 아픔을 목격한 세종은 농사에 도움이 되도록 측우기를 만들었고, 정초(鄭招), 변계문(卞季文) 등을 시켜 각 지방을 돌며, 각 지역의 노련한 경험자들에게 물어 지역별 영농의 특성을 정리한 최적영농(最適營農)의 방법서, '농사직설'(農事直說)을 펴내게 했다. 그러나 농사직설이 한문으로 돼 있어서 농민이 직접 읽을 수 없다는 사실을 알고, 무식으로 고생하는 백성들을 도와주기 위해 세종은 훈민정음 창제를 생각하고, 우선 '제품개발조직'으로 '정음청'(正音廳)을 설치, 집현전 학자들을 중심으로 '개발팀'을 구성하여 한글 개발에 나섰다는 것이다.
29) 이미 '구조'의 중요성을 충분히 설명해 왔지만, 여기서 '구조'로 규정해 도출하는 분석 방식에 유의할 필요가 있다.

을 뿐인 세종 이전에 비춰 본다면, 세종의 정책문제와 정책의제는 '패러다임 전환'(paradigm shift)의 정책혁명으로 이해하는 것이 더 타당하다고 할 것이다.

또 민생복락의 최대 실현이나 유교 이상사회의 최대 구현의 국정기조는, 이미 군주가 백성과 소통하고 공감하는 측면에서 민주공화시대의 상호주관적 합의보다 결코 덜하지 않을 정도로 상호주관적인 관계를 보여준다. 이에 그것은 군주시대인데도 한글 창제의 정책문제와 정책의제를 바라보는 관점으로도 능히 적용할 수 있겠다. 한편 '다원주의 정책관'은 앞의 국정기조의 패러다임이 복수인 점한 가지만으로도 여기 한글창제의 정책문제 인지와 정책의제 설정에 적용할 수 있는 관점인 것을 알 수 있겠다.

이상을 종합해 보면, 한글 창제의 정책문제를 인지해 정의하고 정책의제로 설정한 세종의 정책운용활동에 대하여 이론·가치중립적 정책관이나 개량주의 정책관 등의 전통적 정책관으로는 극히 일부만 이해할 수 있게 해주는 데 비하여 패러다임 정책관과 다원주의 정책관이란 새로운 정책관은 훨씬 더 정확하고 풍부하게 이해하게 해 주는 점에서 '정책철학적 정책관'의 유용성과 중요성을 증명하고 있다고 하겠다.

3. 한글창제정책에서의 정책목표의 설정

다음으로 정책과정의 단계별 진행상황으로 볼 때, 흔히 정책문제를 인지해 정의하고 정책의제를 설정하는 과정에서 이미 정책목표가 (그런 의미에서는 정책수단들도 포함돼) 함께 논의되는데, 어떤 논의와 과정을 겪든지 결국 정책문제를 해결하고자 하는 '정책목표가 설정'되는 단계에 이르게 된다. 그런데 여기서 흔히 논의의 초점은 정책목표가 얼마나 합리적으로 설정되는가, 더 구체적으로는 정책목표로 내세우는 가치에 대한 합의가 가능한가, 그 가치의 우선순위에 따라 정책목표가 선택되는가, 그리고 정책수단들(대안들)의 설정과는 어떤 관계에서 정책목표가 설정되는가 등이다. 우리는 이 문제들을 중심으로 세종의 한글창제정책을 분석해 보기로 하겠다.

우선 세종이 한글을 만들기 전까지 우리나라의 어문구조는 글(문자)에 관한 한 한 마디로 '우리 고유문자 부재 속 한자 차용'이라는 틀(패러다임, 기조)에 기반을 둔 것이었다. 이를 줄여서 '고유문자 부재 속 한자 중심의 어문구조'라고 할 수 있을 것이다. 그리고 그런 어문구조도 '어문 불일치'의 구조였다.[30] 즉 세계의 모든 어문 구조는 말(언어) 쪽과 글(문자) 쪽 구조로 분류해 볼 수 있다면, 한 나라의 어문의 구조는 결국 긴밀하게 연결된 그 두 부문이 일치하는 '언어·문자(어문,

---

[30) 본문에서 '어문 일치(불일치)'는 '역사적 언문일치(언문 불일치) 개념'과는 혼동을 피하기 위해 사용된 저자의 용어이다. '역사적 언문일치 개념'은 우리글 한글이 있던 시대에 나타난 개념이다. 즉 김미형 교수에 의하면, 1443년 한글 창제 이후 갑오개혁까지 4세기 동안은 국어가 한글로 통일을 이루지 못하고 한문체(순 한문 문장체), 현토체(한문 문장에 우리말 조사의 토를 붙인 문체), 이두 문체(우리말에 따라 한자를 배열하고 우리말 조사의 토를 붙인 문체) 등의 '언문 불일치' 양상을 보였는데, '언문일치'가 문제가 된 것은, 고종의 칙령 제1호 및 제86호에 의해 한글이 국자(國字)의 위치에 올라, 국문·국한문이 공문서에 채택된 갑오개혁(1894년) 이후 '독립신문' 등의 신문·잡지가 말과 문장의 일치를 주장하며, ① 문자 종류(표기 도구)로서 한자가 아닌 한글 전용이나 국·한문 혼용의 문자로 표기하기와, ② 문어체로서 한문투가 아닌 우리말다운 문장(우리말투)을 쓰자는 운동을 벌인 이른바 '언문일치 운동' 시기였는데, 특히 ② 한문투를 벗어나 우리말투 문장으로 쓰자는 것이 핵심 주장이었다. 그렇지만 중세 이후 우리 문장(諺文)으로 적은 언해문, 일기문, 편지글, 고대소설, 신소설 등은 어문 불일치라고까지는 말할 수 없는 것이므로, 문어체 문제는 한문체나 이두 문체를 쓰던 공적인 계층의 일부 문장에 해당하고, 그것도 개화기를 지나면서 1920년대에는 거의 해소되었다. 그런데 그 즈음 다시 최남선·이광수 등 선각자와 문인들이 한문체의 속박에 놓인 문어체(예컨대 "自由가 無한 人은")에서 벗어나 구어체("자유가 없는 사람은")를 지향하자는 '구어체 문장 운동'이라는 새로운 언문일치 운동이 일어나고, 이것이 현대에까지도 사전 등에서 '구어체 문장 운동이 곧 언문일치운동'이라고 잘못 이해되는 개념이 성립됐다. 그러나 우리 문장의 발전을 구어체, 문어체로 편 갈라 구어체를 지향해야 한다는 주장은 잘못이고, 개별 어휘, 수식 방식, 통사 구조, 담화 구조상 서로 다른 특징을 나타내므로, 문어 문장은 문어체를, 구어 문장은 구어체를, 즉 문어체는 문어체답게, 구어체는 구어체답게 갖추어 써야 한다.

결국 '언문일치'는 우리 역사에서 한문에 의존한 특수상황 때문에 비롯돼, 초기에는 우리말이 아닌 한문체를 우리말 자료로 바꾸는 문제로, 이후 잔영으로 남은 한문투를 우리말다운 구성으로 바꾸는 문제로 지속되면서, 한문투는 문어체라는 고정관념 속에 구어체를 쓰고 문어체를 버려야 한다는 잘못된 인식도 생겨났다. 문자생활과 언어생활이 일치하지 않았던 역사에서 필요했던 과거의 개념인 '언문일치'는 개화기 이후 그 둘이 일치하게 됐으므로, 이제는 필요 없어졌다(다만, 문장다운 문장으로 구어체의 특성이 알기 쉽고 더 우리말답다는 점 등을 고려하여 문장의 이상형을 제시할 수는 있는데, 그것은 글의 장르에 맞는 양식을 취하는 장르 양식의 문제이고, 의고체 탈피, 어렵지 않게, 간결하게 등의 국어 순화의 문제이고 과제이다). 요컨대 우리말을 적을 수 있었는데도 불구하고 한문 문장을 써 온 일부 문장에 대한 반대 인식에서 비롯돼, 우리말을 한문 문장이 아닌 국문체 문장으로 적고자 했고, 그것이 어느 정도 이루어지자, 좋은 문장의 이상을 제시하는 과정에서 어려운 한자 어구 표현보다는 구어체를 지향하자던 역사의 특정 시점에서 필요했던 개념이 '언문일치' 개념이다. 이상 김미형, "한국어 언문일치의 정체는 무엇인가?" 한글, No.265, 한글학회, 2004, 171-199의 요약임. 이 논문에서 간접 언급한 '한글 창제 전의 언문 관계'에 대하여, 본 저자는 본문에서 '어문 불일치'로 규정해, '역사적 언문일치 개념'을 초월한 '보편적인 어문 관계'를 나타내는 개념으로, 다르게 사용한다.

語文) 일치'의 구조나, 서로 일치하지 않는 '어문 불일치'의 구조 중 어느 하나로 존재하게 된다. 그런데 한글 창제 전의 우리 어문구조는 근본적으로 '어문 불일치'의 구조였다. 더 구체적으로 보면, 일반 백성은 '고유문자가 부재한' 상황 속에서 문자생활에서마저도 소외돼 있었는데 그런 상황은 구조적으로 '우리(조선) 말(언)'과 '중국 한자인 글(문)'이 서로 일치하지 않는, '어문 불일치의 한자 중심주의' 구조라고 정리할 수 있었다.

　　그러면 세종이 그런 구조하에서, 달리 해결할 방법도 없어 오랜 세월동안 그저 숙명이려니 하고 체념해 받아들이고 있었을 법한 당시에, 그 어려운 정책문제를 해결하기 위한 정책목표로는 무엇을 생각할 수 있었을까? 가능성을 떠나 한 번 나열해 보자. 먼저 ① 한자 교육 운동을 대대적으로 전개해 한자 문해율(문자해득율)을 높임 ② 일반 백성들도 문자생활을 할 수 있도록 어떻게든 '이두' 체제를 개선함 ③ 중국 한자를 쉽게 변형해 새로 만듦(현 중국 한자의 간소화 방식) ④ 우리말에 합치되는, 즉 어문 일치의 새 문자를 창제함 ⑤ 일제 시 일본과 병합을 위해 우리말·글의 금지와 일본말·글의 사용과 같이, 우리말을 금지하고 아예 중국말·글(한자)만 사용하는 것으로 전환함이 있을 수 있다.

　　이제 이들 목표에 대한 현실성(실현 가능성)을 판단해 보자. 그러면 그 어느 것 하나 현실성 있는 목표로 취할 수 있는 것이 없음을 단번에 알 수 있다. ① 한자 교육은 당시에도 강조했지만 성과가 미미했고, 그것은 기본적으로 문자 기득권 세력은 불필요하고 위험하다고 하는 시대였다. ② 이두 체제를 개선한다고 해도, 한자로 인한 기존 문제점은 거의 그대로 남을 것이다. ③ 한자를 간소화하면 조금 낫겠지만 중국과의 관계를 생각할 때 불가능한 일이었다. 또 ⑤ 아예 중국과 병합하기로 작정하지 않는 이상, 중국말과 글만 쓰기로 하는 것은 (기존 문제가 남는 것은 고사하고) 더 불가능한 일에 속함은 물론이다.

　　결국 ① 한자 문해율을 높이거나, ② 이두 체제를 개선하거나, ④ 우리말에 합치되는 새 문자를 창제하는 것이 그나마 실현 가능한 일이라는 결론이 나온다. 그러나 ①과 ②는 세종의 국정기조로 보거나, 어느 정도 실현가능하다고 보더라도 그 효과 측면에서, 별로 큰 차이를 얻을 수 없는 목표였다. 그때까지 그런 노력이 전혀 없었던 바도 아닌 것은 '이두' 방식의 도입 자체가 이를 증명해 준다.

결국, 어쩌면 같은 노력이라도 획기적인 효과를 거둘 수 있는 유일한 목표는 오히려 ④ 우리말에 합치되는 새 문자를 창제하는 것이었다고 볼 수 있다. 그러나 역시 그것은 그 누구도 부인할 수 없는, 지난(至難)한 목표임에 틀림없었다(그 때문에 세종대까지 미뤄졌을 것임을 능히 알 수 있다). 그래도 이는 세종이 당대 최고의 학자이자 언어학자이기도 한 점에서, 현실성 있는 목표로 삼을 만하기도 했었고, 과연 그럴 만한 사람인 세종은 그 담대한 것을 취하여 정책목표로 삼았다(후술할 최만리 등 반대 상소에 대한 답변 참조).

이제 '새 문자'는 순수한 국어의 표기라는 중요한 욕구의 충족을 위해, 우리 말에 일치함(어문 일치), 아울러 조선 한자음의 완전한 표기, 외국어음의 정확한 표기,[31] 외국어 통번역(역학, 譯學)의 원활화 및 출판의 활성화[32] 욕구를 충족시켜 주어야 할 문자였다. 그리고 '새 문자'는 기존 '한자'와의 관계를 어떻게 정립하는가에 따라 그 성격이 달라지는 정책목표였다. 이는 말하자면 '한글과 한자'라는 두 문자의 지위에 관한 '세종의 어문정책의 구조(또는 어문정책기조)' 문제였다. 이것은 창제 후 한글의 보급정책을 집행해 나가는 문제도 포함한 -그리하여 오늘날까지 계속돼 온 한글 전용과 한자 병용의 문자생활에 관한 논란과도 밀접하게 연관된- 중요한 정책목표의 문제였다.[33] 세종은 새 문자 창제와 관련해, 과연 어

---

31) 세종의 명에 의해 표준 조선 한자음의 발음 사전이라고 할 수 있는 <동국정운>(東國正韻)이 세종 29년(1447) 편찬되고 이듬해 간행된 사실이 그 증거다. 이는 수록된 한자마다 그 개정 한자음을, 자모(字母)·4성(四聲) 등의 체계를 따라, 새로 창제된 한글(훈민정음)로 표기해 넣는, 주음(注音) 방식으로 편찬된 우리만의 독특한 운서(韻書)였다. 한편 세종이 동국정운 편찬 사업 못지않게 주력한 것이 '중국 본토 표준자음(標準字音)의 표시', 즉 표준 중국자음의 제시였다. 이는 중국 표준음 사전인 <홍무정운>(洪武正韻, 1375년)을 '새 문자 한글'로 그 발음을 표기해 넣는(주음) <홍무정운역훈>(譯訓)을 편찬하는 것으로 나타났다. 이는 8년 만인 단종 3년(1445) 간행된 서문에서 신숙주가 밝히고 세종실록에도 자주 거론되듯이, 특히 중국어(漢語)를 정확하게 배우고 능통하게 돼 중국과의 외교를 더 원활하게 수행하기 위함이었다. 이기문, 국어음운사연구, 서울대 한국문화연구소, 1972, 8; 강신항(1990), 2-3 참조.

32) 세종은 당시 실용 한어 교재인 <동자습>(童子習)을 한글로 발음을 표기해 넣어, 한어 교육을 효율적으로 수행하려고 하였다(이는 단종 초 홍무정운역해보다 앞서 완성되었음). 또 유교적 덕성 교화와 훈민의 목적으로 한글 창제 후 곧 운서 편찬 외에도 번역사업을 전개하였다. <삼강행실도>와 <사서오경>의 번역을 계획·추진한 것이 그것이다(실제 완성은 각각 성종대와 선조대임). 기타 불교 정비를 단행한 세종이었지만, 현실적으로 불교를 인정하고, 소헌왕후가 승한 말년에는 명복을 빈다고 궁궐 내 불당을 건립한 외에, 수양대군을 중심으로 국한문혼용체의 <석보상절>(석가의 일대기 번역, 세종 29년, 1447)과 <월인천강지곡>(석가의 공적 찬양가, 세종 31년, 1449)을 편찬·간행하였다. 강신항(1990), 24-29, 42-57 참조.

33) '한글'과 관련해 가장 많이 오해하고 있는 것은, 한글을 첫째, '한국어', 둘째, '한국어 고유 어

떤 어문정책기조를 생각하고 있었을까? 여기에 다시 정책기조가 중요한 정책학적 문제로 떠오른다. 그렇게 중요하기 때문에 이제 항을 달리하여 세종의 새 문자와 관련된 어문정책기조를 살펴보기로 하겠다.

4. 세종의 어문정책기조: 한글창제의 정책목표의 이해

세종의 한글창제정책은 세종의 '전체 정책'인 국가정책 중 어문정책의 하나인데, 전체 어문정책 중에서도 '문자'와 관련된 하나의 부분 요소로서의 '부분 정책'이다. 무릇 정책목표의 성격을 포함한 정책에 대해서는, 어떤 '부분 정책' 또는 '하위 정책' 하나만을 떼어 내 미시적으로 협소한 부분(또는 하위)의 분석에 그칠 것이 아니다. 그보다는, 그와 밀접하게 관련된 일련의 〈전체 정책-부분 정책〉 또는 〈상위 정책-하위 정책〉의 구조적인 체계와 맥락 속에서, 그 목표-수단 연쇄체계적 성격의 '분석 범주'를 모두 포괄·연계해서 합당하게 분석했을 때, 비로소 그 거시적·미시적인 전체 모습을 구조적·심층적·복합적으로 더 잘 파악할 수 있다. 그런 의미에서 이미 앞에서 세종의 문자 문제와 관련된 세종의 국정기조를 분석해 본 바 있다.

그러면 이제 문자와 관련한 세종의 한글창제의 정책목표를 정확하게 이해하기 위해서 세종의 어문정책상 기조논리를 분석해 볼 필요가 있다. 그것은 우선 무엇보다도 '어문 일치의 새 문자의 창제'가 대전제가 되는 기조논리여야 했다. 그동안 어려운 중국 한자를 차용한 문자생활로 인하여 어문 불일치의 문자생활을 하게 되었고, 그런 문자 기득권 위주의 어문정책기조도 '어문 불일치의 구조'를

휘'(Korean native word, 한국의 고유어, 순우리말, 토박이말)로 잘못 알고 있는 점이다. 첫째는 앞서 지적(말 아닌 문자)했으니 생략하고, 둘째 이름 중 '단비' '한별' 등을 '한글이름'이라고 말하는데, 이는 '순우리말 이름', '토박이말 이름'으로 불려야 한다. 이는 곧 '한글 전용'을 '순우리말'을 가리키는 것으로 오인하여 '한자어'를 쓰지 않는 것으로 오해한 것과 연관된다. '한글 전용'은 자음과 모음을 합쳐서 24개의 자모만을 활용하여 표기하자는 것을 말하기 때문이다. 순우리말이 좋기는 하지만, 양적으로 매우 적기 때문에 고품격 어문 생활에 필요한 모든 단어를 순우리말로만 적는 것은 사실상 불가능하다. 이는 '외래어'와 '외국어'의 차이를 오해한 데서 나온다. 국어사전에 등장하는 외래어는 우리말의 일종이다. 그리고 그 대부분은 한자어(漢字語)이며, 교과서의 핵심어나 학술 용어는 90% 이상이 한자어이다. 모든 한자어를 고유어로 대체하자고 하는 것은 사실상 불가능하다. 이 내용은 전광진, "참다운 한글 사랑?", 성균회보, 제404호(2013.5.6.), 7 참조.

당연시한 결과, 일반 백성이 문자생활을 할 수조차 없는 것을 세종대까지 거의 그대로 유지하고 있었기 때문이다.

그런데 여기에 관련된 매우 중요한 두 가지 어문정책 기조논리가 등장하게 되고, 그중 하나를 선택해야 하는 문제가 대두한다. 즉 새 문자 창제에 있어서 '기존 한자를 어떻게 취급할 것인가'의 문제이다. 지금까지 배타적으로 사용해 오던 한자를 폐기하고 새 문자만 사용한다는 것인가, 아니면 그 두 문자를 모두 사용한다는 것인가? 전자를 '단일 문자체계론'(단일구조론), 후자는 한자와 새 문자(한글)를 둘 다 사용(병용)하는 '이중 문자체계론'(이중구조론)의 차원이다. 이 한글창제와 관련된 정책기조논리의 갈등이 붉어져 나온 사건이 한글창제 반대 상소사건이다. 물론 이 사건은 한글 창제를 완성한 이후에 일어났지만, 세종의 어문정책기조논리를 파악하는 데 필수적이므로 여기서 살펴보고 지나갈 필요가 있다.

사실 어떤 패러다임의 전환도 기존의 사고와 관행을 바꾸는 것이므로 그에 상당한 진통이 없을 수 없다. 정책에 있어서도 마찬가지이다. 정책의 패러다임인 정책기조의 전환에도 그에 상당한 대립과 갈등이 벌어지는 것은 거의 필연적이다. 과연 다른 것도 아닌 민족의 장래를 위하고, 일반 백성에게 문자생활을 하게 하겠다는 고귀한 이상, 그리고 그것을 추진할 만한, 거의 모든 신료와 백성의 신망을 받는 절대군주, 거기에 그런 일에 당대 최고 학자이자 전문가인 세종이 추진하는 '새 문자 창제 정책'에 대하여, 다른 사람들도 아닌 세종이 총애하던 집현전의 일부 학사들이 상소를 올리면서 정면으로 반발한 사건이 일어났다. 그렇다면 그들의 반대 논리는 무엇이었고, 얼마나 타당한 정책기조논리 간 논쟁이었는가를 분석해 볼 필요가 있다.

세종이 한글창제를 완성한 2개월 후쯤인 세종 26년(1444) 2월 20일 집현전 부제학 최만리를 비롯하여 신석조, 김문, 정창손, 하위지, 송처검, 조근 등 7명이 6개 항의 한글 창제 반대 의견을 천명한 상소문을 제출하였다. 이는 세종의 한글창제로 인하여, '한자 중심의 단일 문자체계론'이라는 전통적 어문정책의 기조논리를 유지할 수 없이 변경해야 하는 데 대하여 반대하고 반발하는 것이었다. 이쯤 되면 그들의 정책기조논리는 '한자 전용론'이고, 그런 '어문 불일치의 한자 중심주의 구조'를 고수해, 고유문자가 필요 없다는 주장이었다.

그런데 이 한자 전용론, 곧 고유문자 무용론은 단순히 그들 몇몇 사람들만의 생각이 아니었다는 데 주목해야 한다. 우선 그들이 다름 아닌 세종이 설립한 집현전의 총애하던 학사들, 그것도 실질적인 최고 책임자를 포함한 중견 간부급이었던 데 놀라게 된다. 집현전 학사 20명(초기 10명에서 30여 명까지 확대됐다가 세종 18년 이후 20명) 중 7명이 한글창제에 반대하였는데, 그 반대 7명 중 최만리를 비롯한 4명은 종4품 이상 중견 간부급이었고, 특히 부제학 최만리는 정3품 당상관으로서 실질적인 집현전의 책임자였기 때문이다.[34] 또 상소문은 그 전문(全文)이 세종실록의 기사로 채택된 점에서 그것이 당시의 완고한 관료의 생각을 대변하고 있음이 드러난다.[35] 즉 어려운 한문을 계속 그대로 사용함으로써 그들의 학문적인 독점욕을 만족시킬 수가 있어서, 이 민족적 걸작인 한글에 대하여 당시 양반귀족들은 환영하지 않았다고 볼 수 있다.[36] 당시 지배층은 한문에 의한 자유로운 문자생활을 누리고 있었던 것이다. 그리하여 이 한자 전용론의 고수 주장은 ─지금에서 보면 매우 고루하고 어리석게 보이지만 그 당시로는 매우 설득력 있는─ 상소문에 그대로 나타난다. 다음은 세종실록의 내용을 풀어쓴 것이다.[37]

신들이 언문(諺文) 제작하시는 것을 엎드려 뵈옵건대, 대단히 신묘하여 사리를 밝히고 지혜를 나타냄이 저 멀리 아득한 옛으로부터 나온 것을 알겠습니다. 그러하오나 신들의 좁은 소견으로는 아직도 의심할 만한 점이 있사옵기에, 감히 근심되는 바를 나타내어 다음과 같이 삼가 상소하오니, 옳고 그름을 결정(재결)하여 주시옵소서(이하 각 항목의 내용이 길어, 핵심만 보통어로 요약함).
1. 지성사대(至誠事大) 정신으로 중국을 섬기고 그 제도와 문물을 따라가 이제 같아지려 할 때에, 한자의 구성 원리와 어긋나는 표음문자인 언문을 창제하는 것은

---

34) 부제학 위에 정1품인 영전사, 정2품인 대제학, 종2품인 제학이 각각 2명씩 있었으나 모두 겸직이었기 때문에 부제학이 실질적인 최고 책임자였다. 나머지 학사 중 최항, 박팽년, 신숙주, 성삼문, 이선로, 이개 등 젊은 학사 6명(강희안은 훈민정음 창제에 참여)이 한글창제와 한자음 교정에 적극 참여하였다. 강신항(1990), 161-162 및 세종실록 참조.
35) 이러한 의미를 부여하고 있는 것은 안병희(2007), 133.
36) 이기백(1999), 216.
37) 세종실록, 26년2월20일. 강신항, 안병희 등의 번역문도 참조함. 상소문 중 '지성사대'(至誠事大)는 조선왕조의 외교정책 사대교린(事大交隣) 중, 중국에 대한 섬김(사대)을 지성으로 다한다는 조선왕조의 외교정책기조를 말하고, '여섯 가지 예'는 예(藝)·악(樂)·사(射)·어(御, 말 부림)·서(書)·수(數) 등 여섯 가지 재주를 말한다.

옛것에 어긋나는 것이고, 혹 중국에 알려지면 섬김에 부끄러운 일이 된다.

2. 중국 주변의 오랑캐들인 몽고·서하·여진·일본·티베트 등과 같이, 고유문자를 만들어 중국을 버리고 오랑캐와 같이 되는 것은 문명의 큰 해가 되는, 옳지 못한 일이다.

3. 신라 이래 이두는 써 오면서 불편이 없었고 그 사용에 한문 공부가 필요하다 보니 학문 진흥에 도움을 주었는데도 지식인들이 한자에서 벗어난다고 천하게 여겨 중국 이문(吏文)으로 바꾸자고 하는 상황에, 하물며 이제부터 한자와는 조금도 관련이 없고 오로지 시장거리의 속된 말(항리어, 巷俚語)에서만 쓰일 것이며, 새롭고 신기한 하나의 재주(新奇一藝)에 불과한 언문만으로 관리도 될 수 있다면, 성현의 문자(聖賢之文字)인 한자의 공부에 힘쓰지 않아 학문(성리학)이 쇠퇴하고, 정치에도 이로움이 없어, 되풀이 생각해도 옳음을 알 수 없다.

4. 형 집행과 죄인 다스리는 행정(형정, 刑政)이 글 모르는 자에게 이두 기록으로는 공정하게 안 되고, 언문으로 쓰고 읽어줘 듣게 해야만 억울함이 없이 제대로 된다고 하지만, 말과 글이 같은 중국에도 송사에 억울한 일이 많고 이두를 알아도 매에 못 이겨 억울함을 당하듯이, 이것은 전적으로 관련 관료(행형자, 行刑者)의 자질 여하에 달린 것이지 표기문자에 달린 것이라는 주장은 타당하지 않다.

5. 풍속을 바꾸는 언문 창제와 같은 중대한 일을 여론도 들어보지 않고 졸속으로 결정했고, 더구나 옛사람이 이미 이루어 놓은 운서(韻書)를 갑자기 하급 관리 십여 명에게 배우게 해 가벼이 고쳐서, 그 수록한 한자에다 새로운 한자음을 황당한 언문으로 주음(注音)하여, 국가적인 시급성도 없고 옥체를 보전해야 할 이 시기에, 급히 공포하려는 것은 그 타당함을 알지 못하겠다.

6. 한참 성학(성리학) 연구에 몰두해야 할 동궁(후에 문종)이, 유익하다고 해도 선비가 갖춰야 할 여섯 가지 예(藝)의 하나일 뿐이고, 더구나 도를 닦는 데 무익한, 언문 연구에 정신을 쏟고 있는 것은 시급한 학문을 닦는 데 손해가 된다(이어서 아래와 같은 상소문 끝부분이 나옴).

신들은 모두 보잘 것 없는 글 재주를 가지고 상감님을 모시고 있는 죄가 크온데, 마음에 품은 바를 감히 담고 있을 수가 없어서, 삼가 가슴에 있는 말씀을 다 사뢰어 상감님의 어지심을 흐리게 하였나이다.

이 상소를 읽고, 세종은 어떻게 대처하였던가? 그는 우선 최만리 등을 불러 다음과 같이 물었다.

그대들이 말하기를 음을 써 글자를 합하는 것이, 모두 옛 것에 어긋나는 일이라고

하였는데, 설총의 이두도 역시 음을 달리한 것이 아니냐? 또 이두를 만든 근본 취지가 곧 백성을 편안케 하고자 함에 있는 것이 아니냐? 만일 백성을 편안케 하는 일이라고 한다면, 지금의 언문도 역시 백성을 편안케 함이 아니냐? 그대들이 설총이 한 일은 옳다고 하고, 그대들의 임금이 한 일은 옳지 않다고 하는 것은 무슨 까닭이냐? 또 그대가 운서를 아느냐? 사성과 칠음을 알며, 자모가 몇인지 아느냐? 만일에 내가 저 운서를 바로잡지 않는다면, 그 누가 이를 바로잡겠느냐? 또 상소문에서 말하기를 새롭고 신기한 하나의 재주라 했는데, 내가 늘그막에 소일하기가 어려워 책으로 벗 삼고 있을 뿐이지, 어찌 옛 것을 싫어하고 새 것을 좋아해서 이 일을 하고 있겠느냐? 그리고 사냥하는 일과는 다를 터인데, 그대들의 말은, 자못 지나친 바가 있다고 할 것이다. (이어 세자에게 위임해 정사에 참여하는 마당에, 한글창제 참여도 당연하다는 부분 생략 – 저자 주) 그대들은 나를 가까이 모시고 있는 신하들 로서, 내 뜻을 분명히 알고 있을 터인데도 이런 말을 하니 옳은 일이라고 할 수 있겠느냐?

이에 최만리 등이 대답하는데, 설총의 이두는 한자와 근본적으로 떨어지지 않는다는 주장, 신기한 하나의 재주라고 한 것은 특히 글의 힘(문장 구성상의 문맥) 이란 뜻이지 다른 뜻이 없다는 변명, 그리고 동궁이 정사에 참여해야 하지만 급한 일이 아닌데 몰두한 까닭을 반문하듯 대답한다. 이에 세종이 대답하였다.

　　이보다 앞서 김문이 언문 제작을 꼭 해야 될 일이라고 하더니, 이제는 도리어 해서는 안 되는 일이라 하고,[38] 또 정창손이 삼강행실도를 반포(일찍이 1434년 간행된 한문본을 말함–저자 주)한 뒤에 충신·효자·열녀가 연이어 나온 것을 보지 못하였고, 사람이 행하고 행하지 않는 것은 다만 사람의 됨됨이가 어떠하냐에 달려 있을 뿐, 하필 언문으로 번역한 뒤에야 사람들이 모두 본받겠습니까라고 하니, 이들 의 말은 어찌 유자(儒者)가 사리를 알고 하는 말이냐, 심히 쓸모없는 속된 선비로구 나(이어서 이는 그전에 세종이 정창손에게 한 말에 대한 정창손의 반응이라는 설명 은 생략함–저자 주). 내가 너희를 부른 것은 애당초 벌을 주려고 한 것이 아니고, 다만 상소문 가운데의 몇 마디에 대하여 물어보려고 했을 뿐인데, 너희들이 사리를 돌보지 않고 말을 바꾸어 대답을 하니, 너희들의 죄는 벗어나기 힘들 것이다.

---

38) 김문과 관련, 세종실록에 세종 30년 세종이 김문을 명하여 사서를 한글로 번역하게 하고, 특별 히 승진시키려 하였는데 갑자기 참혹하게 죽었다는 기사가 나오고, 그 15일 뒤 기사에서는 임 명된 지 반년도 안 된 상주목사 김구(金鉤)를 특명으로 불러들여 김문이 하던 사서의 한글 번 역을 계속하게 하였다고 하는 기사가 나온다(30년3월13일 및 28일).

　　이렇게 말하면서 세종은 정창손은 파직시키고, 김문에 대하여는 말을 바꿔 상소한 까닭을 심문해 보고하도록 명하면서, 나머지는 의금부에 송치해 가두었다. 그렇지만 그는 그 다음날 바로 풀어주도록 명하였다.

　　이상이 실록의 요약 내용인데, 이와 같이 상소한 자들의 위상에 비춰볼 때 심각하고, 그 상소 내용으로 볼 때 너무나 과격하였으므로, 세종이 크게 노하여 바로 이들을 의금부에 가두었다. 그러나 이튿날 곧바로 석방하고, 교화 자체의 효용을 의문시한 정창손과 말을 바꾼 사유로 유일하게 심문 당했으나 소명하지 못한 김문, 두 사람만 면직시켰다. 그러나 4개월 후 이 두 사람도 복직시켰고, 하위지는 승진시켜, 이로써 상소 사건은 매듭지어졌다.[39] 여기에서 보듯, 당시 한글 반대론자들은 한글은 오로지 시장거리의 속된 말에서만 쓰일 것이라고 보면서, 새롭고 신기한 하나의 재주(新奇─藝)에 불과하고, 한자는 성현의 문자라고 높여 우러러 보았다. 세종은 그들 문자 기득권 세력의 전통적인 '한자 전용론'의 유지 주장에 대하여, -평소 국정에 임하는 자세대로[40]- 그들의 주장을 경청하면서도, -평소와는 다르게 매우 단호하게 거부하면서- 전혀 흔들리지 않고, '한자와 함께 한글도 병용하는 이중구조론'의 정책기조와 한글 창제의 정책목표를 밀고 나갔다. 그 후 세종 28년(1446) 한글을 공식 반포하였다. 다음은 한글을 반포한 한 달여 후쯤 -직접적으로는 내불당 건립 문제로 군신 간 대립이 고조되었을 때- 세종의 외로움과 함께 단호한 심경을 나타내주는 언급이다.

　　　나는 신하가 임금을 사랑하며 임금의 마음을 바로잡고자 한다면 마땅히 올곧은

---

39) 그리고 다시 1년 9개월 후 신석조와 김문을 승진시켰는데, 최만리는 상소 1년 8개월여 후 유명을 달리하였다. 강신항(1990), 161-162 참조.

40) 세종은 신하들에게 활발한 정책 논쟁을 요구하면서, 다음과 같이 말할 정도였다. "지금으로 보면 비록 평안하다고 이르겠지만 옛날에 미치지 못함은 분명하다. 과감히 말하며 면전에서 논쟁하는 자를 보지 못하겠고, 또한 그 말하는 바도 심히 절실하고 올곧지 못하다. 어찌 요즈음 사람들이 옛날만 못하겠는가. 각자는 힘써 생각하여 나의 다스림을 돕도록 하라."(7년12월계유); "내가 정치함에 있어서 마땅히 여러 사람의 뜻을 따라야 할 것이니, 어찌 여러 사람의 논의를 어기면서 새로운 법을 시행하겠는가?"(17년9월을미); "나는 장차 언로가 막힐까 염려해서 과인의 잘못을 지적하여 말할 때에 비록 혹 중도를 잃었어도 또한 죄를 가하지 않았다. 그러므로 내가 즉위한 이후 진언한 일로 죄를 입은 자는 드물었다."(28년6월갑인); "나는 권신(權臣)들로부터 제도를 수용하지는 않았다. 무릇 일이 의심스러운 것은 여러 사람들에게 의논하고 의심스럽지 않은 것은 독단으로 하였다."(30년7월임인).

도리(直道)로써 행해야 한다고 이르겠다.···임금과 신하는 의(義)로써 결합된 것이다. 그러므로 길이 맞지 않으면 그만두는 것이요, 만일 나를 합당치 못하게 여긴다면 몸을 끌어서 내친들 내가 무슨 말을 하겠는가?(28년10월계유).

이와 같이 세종의 한글창제에서 비롯된 '한자-한글의 이중구조론'에 입각한 어문정책기조는 한글의 창제·반포 당시에도 큰 반발과 갈등을 겪었다. 그래서 한글을 창제하는 과정에서도 그 반포 전까지, 아주 공개적이고 떠들썩하게 창제 추진 사실을 발표하면서 진행하지 않았다고 볼 수 있다. 그러나 창제 과정 중 적어도 집현전에서 그에 대한 논의가 있었음도 충분히 추정된다. 최만리 상소문이 훈민정음의 정인지 <후서> 내용을 일일이 반박한 듯한 항목이 상당히 많다는 점이 그 증거로 지적된다. 예조판서 정인지의 <후서> 내용을 요약한 내용과, 상소문에 맞춰 배열 대비해 본 내용을 보면 다음과 같다.41)

사람이 만든 한자를 후세 사람이 마음대로 바꿀 수 없다. 그러나 지리적 조건이 다르면 사람의 발음도 달라진데도 한자를 빌려 쓰고 있으니 제대로 될 리가 없다. 우리 문화수준이 중국과 견줄 만하나 중국과 말이 달라 한자·한문을 사용하기 때문에 책을 공부해 깨우치기 어렵고 죄인 다스리는 사람도 한문기록 내용을 모른다. 신라 때부터 써온 이두가 불편하고 실제 언어생활의 만분의 일도 의사를 전달할 수 없다. 그래서 세종 25년 겨울에 세종께서 물건의 모양을 본떠(상형, 象形) 28자를 만들었는데, 중국 옛 전서체 한자와 비슷하다. 불과 28자지만 얼마든지 응용이 가능하고 배우기 쉬워 하루아침, 또는 열흘이면 익힐 수 있다. 이제 한문책의 뜻도 쉽게 알 수 있고, 죄인의 뜻도 알 수 있으며, 한자음도 분명해졌고, 음악도 음계가 고르게 되고, 바람소리나 닭울음소리도 다 적을 수 있다. 이 책을 편찬한 사람은 최항 등 8명인데, 이 글자는 순전히 세종대왕의 독창적인 창안에 의하여 창제된 것이다. 우리 전하께서는 하늘이 내신 성인으로서, 지으신 법도와 베푸신 시정 업적이 백왕을 초월하여, 정음을 지으심도 어떤 선인(先人)의 설을 이어받으심이 없이 자연으로 이룩하신 것이다. 대저 동방에 나라가 오래되나 큰 지혜가 무릇 오늘(세종이 나타나심-저자 주)을 기다리고 있었음이로다!
1. 상형해서 만들되 글자 모양은 중국의 고전(古篆, 옛 전서체 한자)을 본 땄다.

41) <후서>는 훈민정음해례본의 맨 끝에 붙어있기 때문에, 그 책 맨 앞에 있는 세종의 서문과 구별하기 위하여 '정인지후서' 또는 '후서'라고도 하는데, 세종실록(28년9월조)에 세종어제서문 및 훈민정음본문(例義篇)과 함께 게재돼 있다. 강신항(1990), 135-143 및 세종실록 참조.

2. 중국 이외의 외국어는 중국어와 다른 그 외국어의 음이 있으나 기록할 문자가 없어서 중국의 글자를 빌려서 쓰고 있다.

3. 신라 설총이 만든 이두로 오늘날까지 관청이나 민간에서 쓰고 있으나 한자를 빌려 쓰는 것이어서 어렵고 궁색하며 일상 언어를 만분의 일도 표기하지 못한다.

4. 범죄자를 다스리는 업무가 말과 글이 다른 한문으로 이루어지므로 담당 관리가 그 자세한 사정(曲折)을 알지 못하여 곤혹스러워하고 당사자도 억울하게 생각한다.

5. 한글 창제로 한문의 뜻을 쉽게 알 수 있게 되었고 한자음의 청·탁을 능히 구별할 수 있게 되었다.

이로 미루어 <상소문>과 <후서>가 세종실록에 전후가 뒤바뀌어 실려 있다고 보는 견해와, 이에 반대하여 그 순서 그대로라는 견해가 대립한다. 뒤바뀌었다는 견해는 세종 25년(1443)에 완성된 한글의 제작과정 때 여러 문신들 사이에 상당한 논의가 거듭되었고, 이러한 논의를 정리한 것이 <상소문>과 <후서>로 나타난 것으로 본다.42) 어떻든 지금으로 보면 '한자 단일구조론'의 정책기조를 당연시하고 있던 시대에 세종이 한글을 창제해 '국한문 병용의 이중구조론'을 채택한 것은 가히 혁명적인 발상의 정책기조 전환이었다고 하겠다.

그러면 다시 새 문자 창제의 정책목표로 돌아가 어문정책기조에 비춰 본 정책목표를 분석해 보면, 매우 의미 있는 점을 도출할 수 있다. 즉 세종이 '어문 불일치의 어문구조'를 본질적인 어문정책문제로 인식한 상황에서라면, 그에 합당한 가장 이상적인 '새 문자 창제의 정책목표'는 당연히 '어문 일치의 새 문자의 창제'가 되어야 한다는 사실이다. 그리하여 그것은 결국 새 문자를 창제한 후 한자를 폐기하고 '한글 단일문자체계론'이라는 정책목표를 추구하여야 가장 합리적이라고 할 수 있다. 그러나 세종은 그렇지 않고, '한자-한글 이중문자체계론'의 어문정책기조하에 새 문자 창제의 정책목표를 추구하였다. 그 어문정책기조는 450여 년이 지난 후인 1894년 갑오경장에 이르러서야 비로소 '어문 일치의 한글을 주로 하되 한자도 병용하는 이중구조'로 바뀜으로써 공식적으로 주종 관계가 바뀌었다. 그리고 다시 1948년 정부수립 후 「한글전용법률」의 공포로, 학교교육

---

42) 강신항(1990), 158; 안병희(2007), 137. 이에 반대하여, 집현전 학사들의 논의가 창제 후라고 보는 견해는 홍기문, 정음발달사, 상·하, 서울신문사출판국, 1946 참조.

과 공문서에 '어문 일치의 한글 전용'(괄호 안에 한자 가능)으로 바뀌었다. 이는 정
책수단(정책대안)의 문제와도 연관되므로 다음에서 더 논의하기로 하겠다(그리고
각 정책관별 관점의 차이도 그 논의 끝에 일괄해서 살펴보기로 하겠다).

5. 한글 창제의 정책대안과 정책분석, 정책대안의 선택(정책결정)

한글 창제의 목표를 달성하기 위한 정책수단(정책대안)들로는 몇 가지를 생각
해 볼 수 있다.

첫째로, 기존 문자를 모방하여 우리 실정에 맞는 문자로 창제하는 '모방 창
제'와 새로운 발상으로 완전히 새롭게 창제하는 '창안 창제'가 있을 수 있다. 세종
은 여기에 대한 많은 검토 끝에 '창안 창제'를 선택해 창제를 완성한 것으로 볼
수 있다.[43]

둘째로, 어느 대표가 문자 창제 과정을 주재하지만 실제 연구와 완성 작업을
담당하는 주도권은 실무자들에게 있는 '협찬 창제'와 실무자들의 도움을 받기는
하지만 대표자 자신이 주도적으로 연구해 완성한 '주도 창제'가 있을 수 있다.
세종의 한글 창제와 관련, 그동안 협찬 창제인 협찬설(協贊說)과 주도 창제인 친제
설(親制說)이 대립하였으나 지금은 거의 세종의 친제설로 굳어지고 있다.[44] 세종
은 집현전 학사들과 왕자들(세자인 문종과, 세조가 된 수양대군)의 도움을 받았으나,

---

[43] 한글 자형(字形)의 기원과 관련, 중국의 전자(篆字), 인도의 Sanskrit 문자, 몽고족의 파스파
(Hphags-pa, 八思巴, 중국 원나라 세조 쿠빌라이 칸이 티베트 승려 파스파에게 명해 티베트문
자를 모방해 만든) 문자 등 구구한 기원설이 제기돼 논란이 많았다. 그러나 창제 500여 년 후
인 1940년 훈민정음 원본(해례본, 국보 432호)이 경북 안동에서 발견돼 학계에 보고됨으로써,
구구한 기원설은 설득력을 거의 잃게 되었다. 동 원본에서 한글의 자음(子音)은 발음기관을
본떠 모음 글자는 천·지·인(天·地·人) 삼재(三才)의 형상을 본떠 기본자를 만들고 이것을 서
로 합하여 나머지 글자를 만든 '상형'(象形) 창제 사실이 명확하게 밝혀졌기 때문이다. 강신항
(1990), 83-87; 이돈주, "「훈민정음」의 해설," 신상순·이돈주·이환묵(편), 훈민정음의 이해, 전
남대 어연총서1, 1988, 4; 이기문, "훈민정음 친제론", 한국문화 13, 서울대 한국문화연구소,
1992; 김주원(2013), 247 참조. 참고로 1997년 유네스코 세계기록유산으로 등록된 것은 바로
'훈민정음'(해례본) 기록물인데, '한글'로 오해하는 경우가 많다. 김주원(2013), 18.

[44] 김주원 교수는 세종 자신의 저작이 언급된 실록과 훈민정음 서문 부분, 집현전 참여 학사들의
너무 젊고 관직도 낮음(창제 시 최항은 34세의 종4품 외 나머지 6명은 24-26세의 정·종6품),
반대 상소자는 중진 이상인데, 합리적인 세종이 강경한 태도로 거부한 사실, 신하들의 요동
파견 등에 대한 사실 오인 등의 이유로 친제설이 더 설득력이 있음을 설명하고 있다. 김주원
(2013), 151-154.

그 자신이 당대 최고의 학자이자 음운학자인 전문성으로 창제 과정을 주도하며 친히 창제하였던 것이다. 셋째로, 새 문자를 창제하는 데 있어서 '이중 문자체계론'의 어문정책기조와 관련해, 한자와의 관계를 상호 분리된 문자체계의 '상호 분리 방안'과 서로 유기적으로 연결시킨 '상호 유기적 연관 방안' 중 어떤 방안을 선택하였는가를 생각해 볼 수 있다. 이는 이중구조론에서 두 문자의 가능한 조합 체계를 말하는데, 정책목표 및 정책기조의 영역과도 겹치는 부분으로 논의되어야 한다(이와 같이 정책목표와 정책수단에 관한 검토·설정·분석 등은 정책기조논리와 서로 겹쳐서 상호작용하며 전개됨). 우선 세종은 새 문자를 창제하면서, '한자와의 지위 관계'에서 다음과 같이 3개의 대안, 즉 ① 한글 우선 한자 병용론 ② 한자 우선 한글 병용론 ③ 동등 병용론 중에서 어느 하나를 선택하였다고 할 수 있다.

세종은 <훈민정음 서>에서 당시의 문자생활에서 유일한 수단으로 사용되던 '한자'와의 관계에 대하여는 명확한 언급을 하지 않았다. 당시 예조판서 정인지가 쓴 <후서>에서도 마찬가지로, 세종의 <어제서> 내용을 부연하여 한글이 국어를 표기하기에 편리하면서도 완전무결한 문자체계임을 강조하고는 있으나, 한자에 대신할 문자체계인가에 대하여는 언급하지 않고 있다.[45]

원래 이미 존재하는 문자체계에 대하여 다른 문자체계를 새로 만들거나 받아들일 경우에는 두 문자 체계의 사용 관계에 대하여 밝히는 것이 일반적이다. 원나라 세조가 1269년(至元8) 파스파(八思巴) 문자인 몽고신자(蒙古新字)를 반포하면서, "옥새를 찍을 문서에는 몽고 신자를 병용하되 한자를 부기하라"는 식의 조서를 내린 것이 그 예이다.[46] 원나라 이후 청나라도 한문과 함께 자기 언어로 공문서에 병기하는 것을 관례로 삼았다.[47] 그런데 세종은 한글 반포에서 한자와의 관계를 명문으로 밝히지 않고, 한글 반포 시 한글과 한자의 단독 또는 병용의 사용 예(용례)를 보여주었을 뿐이다.[48]

---

45) 안병희(2007), 213-214, 223.
46) 新元史, 至元8년2월을축; 안병희(2007), 214.
47) 김완진, "세종대의 어문정책에 대한 연구," 성곡논총 3, 성곡학술문화재단, 1972, 188.
48) 한글이 사용된 최초의 문헌은 새 문자를 반포하기 위하여 간행된 <훈민정음> 해례본이다. 거기에는 문자 하나하나에 대한 설명과 함께, 그 문자에 의한 국어의 문자화 방법까지 실례로써 설명되어 있다. 한글만으로 국어가 표기된 <용자례>(用字例) 등이 바로 그것이다. 그밖에도 한글과 한자를 혼용하는 용례까지 제시되어 있다. 이리하여 한글은 창제된 뒤로 오늘날까지

그렇지만 세종이 '한글 전용론'에 대해서는 한자음 교정 정책에서 보듯이 –궁극적으로까지도– 전혀 의도하지 않았음이 분명하다. 사실 당시 상황에서 어떤 측면에서 보든 한글전용론은 전혀 적합하지도 않고, 또 가능하지도 않았던 기조 논리다.[49] 따라서 한자든 한글이든 단일구조론은 완전히 배제되고 이중구조론에서 찾을 수밖에 없다. 그렇게 볼 때, 세종은 당시 여러 정황상 한자 우선, 즉 주(主) 한자, 종(從) 한글의 ② '한자 우선 한글 병용론'의 기조를 갖고 있었다고 판단된다. 궁극적으로도 다른 정책기조를 생각하고 있었다는 증거를 찾을 수 없다. 한글이 창제된 뒤 보급과정을 보아도 우리 문자생활에서는 그렇게 한자와 한글에 의한 주종(主從)의 역할 분담이 있었다.[50] 무엇보다도 세종이 최만리 등 반대파가 지적하듯이 한자음 교정에 사명감을 갖고 그렇게 심혈을 기울인 것만 보아도 한자와의 병용을 의도함이 분명하다(그렇다고 이것이 세종과 한글 창제의 위대성을 조금이라도 훼손한 것으로 이해할 일은 전혀 아니다). 세종은 분명히 한글 창제 시 '한자도 계속하여 사용'하면서, 어리석은 백성에게 쉬운 글자를 만들어 주려는 동기·목적·뜻을 가지고 있었다.[51] 세종이 한글을 창제하면서 의도한 것은 한자 중심의 문자생활을 끝내는 것이 아니라, 촌부에 이르기까지 한글로써 온 국민을 문자생활에 참여시키는 일이었다. 훈민정음 서문에서 백성을 가르치려 한다는 '훈민'(訓民)이나 어리석은 백성인 '우민'(愚民)의 언급이 대표적으로 이를 나타내준다.[52]

그리하여 세종은 한자 우선 한글 병용론에 맞게 문자체계적으로 한자와 한글의 상호 관계는 '상호 분리 방안'이 아니라 '상호 유기적 연관 방안'을 염두에 두고 새 문자 한글을 만들어나갔다. 이는 한글 제자(制字)가 네모(方塊) 글자인 한자와의 병용을 위한 배려에서, 음소 문자이면서 음절 문자로 모아쓰게 되어, 초성

한글만으로, 또는 한자와 혼용되어 국어를 정확하게 표기하고 있다. 세종 때의 문헌으로 말하면, 월인천강지곡이 전자, 용비어천가와 석보상절이 후자의 예이다. 물론 월인천강지곡에서 한자어에는 한자가 주기(注記)되어 있지만, 그것은 오늘날 한글 전용의 글에서 한자를 괄호 안에 넣는 것과 같은 일이다. 국한문 혼용의 문헌에는 대개 한자에 한글의 독음 표기가 주기되어 있다. 안병희(2007), 224, 226.

49) 또 다른 근거로, 한글이 한자보다 편리하고 능률적인 문자라는 인식은 서구 문명이 들어온 개화기 이후에 일어났다. 안병희(2007), 89; 안병희(2009), 236.

50) 안병희(2007), 239.

51) 안병희(2007), 119; 홍기문, 정음발달사(하), 서울신문사출판국, 1946.

52) 김완진(1972), 187-188, 194; 홍윤표(2013), 23.

의 곡선과 중성의 권점(圈點)과 직선인 자형을 이루게 한 것으로 설명한 것이 이를 뒷받침해 준다.[53)

다섯째로, 새 문자 창제는 그 보급 과정을 염두에 두고 '급진적·강압적인 확산'과 '점진적·자발적인 전파' 방안 중 어느 하나를 선택하는 문제를 포함하고 있다. 이는 후술할 정책집행 부분과 겹치는 문제이므로 거기에서 논의하기로 하겠다.

이상 한글 창제와 관련, 정책목표의 설정에서부터 정책수단(대안)의 설정·분석과 대안 선택의 (협의의) 정책결정 단계를 종합하여 정책목표가 얼마나 합리적으로 설정되는가, 더 구체적으로는 정책목표로 내세우는 가치에 대한 합의가 가능한가, 그 가치의 우선순위에 따라 선택되는가, 그리고 정책수단들(대안들)의 설정과는 어떤 관계에서 정책목표가 설정되는가 등을 중심으로 여러 정책철학적 정책관의 입장에서 분석해 보기로 하겠다.

먼저 이론·가치중립적 객관주의 정책관은, 원래 정책목표의 설정, 정책대안의 도출과 분석(정책분석), 그리고 대안의 선택·결정(협의의 정책결정)이 합리적으로 이루어지고, 그 과정에서 기준이 되는 가치의 정의와 우선순위 설정 등은 객관적 합의에 의하며, 그리하여 목표 설정 다음에 수단(대안)이 순차적으로 진행되면서 도출되고 합리적·객관적으로 가장 최선의 대안이 선택된다는 관점이다. 그러나 앞에서 검토한 대로, 실제로 나타난 일련의 과정은 가치갈등이 불가피하고, 어문 일치를 위한 한글전용이 아니라 기존 한자와의 한글 병용론을 채택한 것과 같이, 꼭 최선의 목표나 수단이 선택되는 것도 아니며, 목표와 수단이 순차적이 아니라 상호 교호작용하면서 설정·도출·분석되며 선택된다는 사실을 보여주고 있다. 다만, 세종이 위 모방 창제와 창안 창제, 또는 한자와의 관계에서 상호 분리 방안과 상호 유기적 연관 방안 중에서 어느 하나를 선택하는 문제 등을 검토할 때(요즘 용어로 정책분석 할 때), 그 장단점이나 득실 비교와 관련하여 당시 자신이 전문가로서 가능한 한 과학적·객관적으로 수행하고자 했을 것이다. 오늘날 한글이 세계에서 가장 과학적인 언어의 하나라는 평가를 받는 것이 그 증거이다(그렇

---

53) 안병희(2007), 119. '권점'은 글의 요점이나 끝에 찍는 둥근 점을 말한다.

다면 그는 '완화된 의미의' 이론·가치중립적 객관주의 정책관의 일부 관점을 채택해 수행한 것이라고도 추정할 수 있겠다).

　　다음 개량주의 정책관은 새 문자 한글을 창제해 아예 한자를 대체하는 정도의 급진적인 문자혁명을 추구하지 않고, 한자 우선 한글 병용론을 선택한 세종의 결정을 잘 설명해 주기는 한다. 그렇지만 기본적으로 그것은 당시 문자 문제를 점진적으로 개량해서 해결해 갈 수 있다고 생각할 수 없었으므로 새 문자 창제를 선택한 자체가 혁명적인 패러다임의 전환에 해당함을 설명할 수 없는 한계를 보인다. 그럼에도 불구하고 세종이 한글 창제의 문제의식과 발상 자체가 근본적으로는 세종의 '국정기조'에서 나왔는데, 그 국정기조는 선왕들의 국정기조를 뒤엎는 패러다임 전환이 아니라 그대로 계승하였지만 더 철저히 전면적으로 충실하게 수행한 측면, 곧 국정기조의 전환만이 능사가 아니라 국정기조의 개량으로도 얼마든지 좋은 정책을 펼 수 있는 측면을 정당하게 주장할 수 있는 관점인 것도 사실이다. 또 대표적으로 한자–한글 병용이나 점진적 보급을 염두에 둔 정책결정들은 모두 이 관점의 현실주의와 점진주의의 중시, 엄밀한 분석기법만이 아니라 정치적·사회적 상호작용의 합의, 그리고 목표–수단 간 상호 교호작용에 의한 설정 등의 중요성·타당성을 지지해 주는 예가 될 것이다.

　　한편, 패러다임 정책관은 한글 창제 자체가 가장 큰 패러다임 전환에 해당하므로 본 한글창제 정책사례를 가장 잘 설명해 주는 관점이다. 그러나 국정기조나 어문정책기조 등에서 보는 대로, 패러다임이 반드시 하나일 이유는 없으므로 토마스 쿤의 '일원론적' 패러다임 정책관의 한계는 명백하다고 할 것이다. 또 패러다임의 전환 시 그 전환 자체와 부수되는 많은 사항들(범위·폭·정도 등)의 선택·결정들이 한자와 한글의 병용이나 점진적 보급과 같이 정치적·사회적 상호작용이나 정책환경의 영향하에서 현실주의·점진주의로 이루어지는 부분이 존재하는데 대하여 패러다임 정책관은 정책혁명을 수용하지만, 아무래도 –요즘 정책기조 이론가들이 주장하는 바로서 후술할– '점진적 진화변혁이론'(한글의 보급만을 따로 볼 경우)이나 '정책혁명과 점진적 진화변혁이 모두 가능하다는 절충론'(① 한글의 창제, ② 한자와 한글 병용의 이중구조, ③ 한글의 보급을 모두 합쳐서 볼 경우)을 수용해야 하는 현실을 보여준다고 하겠다.

그리고 다원주의 정책관은 이제까지의 설명에서 보듯이 정책세계의 복잡다단한 현실을 묘사하고 그 처방을 제시하는 데 있어서 그 적합성이 더욱더 부각되었다. 어떤 주도적인 정책관의 필요성과 중요성은 부정할 수 없지만, 어느 한두 가지 패러다임으로는 전체 정책세계를 정확하게 조망해 볼 수 없다는 점은 분명하다고 할 것이다. 어떤 중점적인 정책관을 중심으로, 다른 정책관들의 보완적인 도움을 얻어, 우리는 더 정확한 정책세계를 묘사할 수 있고, 또 규범적인 방향에 관한 통찰력도 얻을 수 있다고 하겠다.

6. 한글창제정책의 정책집행과 환류

이제 세종이 한글을 반포하고 그 한글을 보급하는 문제와 관련된 정책집행과 환류에 대하여, 주로 정책결정과 정책집행의 관계, 하향적·상향적 정책집행의 문제, 급진적·점진적이거나 강압적·자발적인 집행 방법, 환류의 문제 등을 중심으로 살펴보기로 하겠다.

한글 창제 이후의 한글의 보급과 관련하여, 세종은 사안의 중요성을 고려하여 한글 반포 시 이에 관하여 분명히 언급했어야 했고, 공문서에서의 한글 사용을 강력하고 적극적으로 요구하고 법령화했어야 하는데, 그렇지 않았다. 당시 기록이 없어 그 후 법령집(경국대전 등)에 근거해 보면, 오히려 소극적이기는 하지만 공문서에서의 한글 사용을 규제하였다고 보는 것이 일반적인 평가이다.[54] 그렇다고 공문서에서의 한글 사용 규제가 세종의 의도에 반드시 부합한다고 할 수는 없다.[55] 당시 '한문 공문서 체계'에서 한글을 부수적으로 사용하는 것을 허용하였

---

54) 한글 반포 이후의 조선왕조 법령에 한글 사용에 관한 규정을 찾아보면, 그 첫 대상 법령은 반포 20여 년 후인 예종 1년(1469)에 나온 <경국대전>(經國大典)인데, 오늘날 전하지 않으므로 그 뒤 몇 차례 수정을 거친 성종 16년(1485)의 경국대전[이른바 <을사대전>(乙巳大典)]이다. 그 권3 <예전>(禮典)의 공문서 양식 규정에 모든 문서는 '한자'로 작성하게 되어 있다. 한자는 물론 이두의 표기에 사용된 경우도 포함된다. 그러나 한글은 예시가 없어 문서에 나타나지 못하는 것으로 생각된다. 결국 한글 반포 이후에도 법전으로는 한글이 배제되고, 한자 사용만이 공문서에 허용되었음을 알 수 있다. 한글 사용은 불문율로써 금지되었다고 할 것이다. 안병희(2007), 215-218 참조.

55) 이 지적과 함께 "대간의 반발 사건에 한글 공문서를 사용한 것을 보면-저자 주) 세종의 의도는 공문서에서 한글 사용을 금지한 것이라고 보이지 않는다"는 지적은 안병희(2007), 224.

기 때문이다. 세종도 공문서에서 한글 사용을 전적으로 배제하지는 않고 필요 시 사용하게 해야 하는 정도였다고 할 수 있다. 그런 정황의 실록 기록이 있다. 1446년 10월 세종의 불사(佛事, 불교 관련 일)에 대한 사헌부와 사간원의 상소 사건 이 일어났을 때, 세종은 관련자를 옥에 가두게 한 일이 있었다. 세종은 이들 대간 (臺諫)의 죄상을 한글로 문서화하여 의금부와 승정원에 내려 보냈다는 기록이 세 종실록(28년10월갑진)에 나온다. 또 이들 하옥을 반대하는 신하가 있었기 때문에 수양대군(후에 세조)과 함께 이 한글 문서로 타이르는 기록(28년10월정미)이 있다. 세종의 의도를 대변한 정인지의 <훈민정음해례서>는, "소송을 듣고 그 사정을 파악할 수 있다"는 구절이 있는데, 이는 한글 사용으로 원만한 소송을 기대하고 있음을 의미한다. 이는 최만리의 상소문에서도 논란이 된 내용이었다. 이와 같이 한글의 보급 과정에서 세종은 실제 사용례를 보여주면서 강요 대신 자발적으로, 급진 대신 점진적으로 보급되고 확산돼 나가기를 생각하고 집행해 나갔다.

이와 같은 세종의 점진주의와 자발주의의 전파 방식은 이미 한글의 창제를 결정하고 '한자 우선 한글 병용'의 어문정책기조를 채택할 때부터 의도된 바였다 고 해석할 수 있다. 세종은 창제 후 반포할 때까지 3년여간 한글의 반포와 보급을 위해 적극 준비하였다. 즉 정음청[正音廳; 언문청(諺文廳)]을 설치해 한글 창제의 정당성과 원리 등을 다듬고 체계화해 반대 논리를 설득할 만반의 준비를 갖췄다. 또 각종 책을 한글로 편찬하고 저술하며 발간하도록 준비하게 하였다. 또 일부지 만 공직 시험 과목에 언문(훈민정음 해례본 즉 한글 글씨)도 넣었다. 그렇지만 세종은 한글의 창제 후 그 보급을 위해 적극적으로 노력하였으되, 강압적·독재적으로 추진하지는 않았다. 이는 반포 후 한글의 보급 과정에 대하여 창제 때부터 이미 세종이 의도하고 기대한 바를 상징적으로 보여주며, 의도적으로 몸소 본을 보이 며 한글 사용의 터전을 닦는 일을 한 것으로 해석할 수 있다.

그렇기 때문에 한글 공표 3년 6개월 뒤(1450) 세종이 승하하신 뒤에는 한글의 보급은 아주 점진적으로 진행되었다. 문종과 단종의 짧은 기간을 거쳐, 세조는 초기 훈민정음을 성균관 유생들의 한 학습과정으로 편입시키기도 하였지만, 그 후 단종 폐위와 같은 정변(政變)으로 인하여 집현전을 폐지하고 말았다. 그리고 세종 이후 법령집(경국대전 등)에 근거해 보면, 조선 시대의 공적인 문자생활은 여전히 한자로만 행해졌고 공문서에서의 한글 사용을 소극적으로 규제하는 것이었다. 한글은 한자와 한문을 공부하는 데 도움이 되는 보조적 수단으로 학습되어 사용되었고 한글 사용은 간접적으로 인정되었다. 즉 한글은 경전이나 교화서(敎化書)를 쉽게 학습하고 읽히게 하기 위해 한문을 번역(언해, 諺解)해 가르치고 배우게 하였고,[56] 부녀자들에게 읽히는 소설이나 편지(언간, 諺簡)에서 사용되었을 뿐이었다.

그러다 연산군 시절(재위 1494-1506)에는 그의 폭정을 비판하는 투서가 한글로 씌어졌다 하여, 2년여간 한글의 사용금지와 한글서적 소각령까지 내려지게 되었다. 또 거의 유명무실하던 언문청도 중종 때 폐지되고 말았다. 그렇게 한글은 그늘에 숨어서, 주로 여성에 의해서 보전·보급되었다. 그 전국적인 보급은 대체로 16세기 후반에 이루어졌다. 또 17세기에 사문서에 한글이 사용되어 문자생활에 혼란이 일어나자 숙종 초에는 한글로 된 문서는 법적인 효력을 인정하지 말라는 교지(敎旨), 곧 단행법령이 내려져 개화기까지 효력이 계속되었다. 그러면서도 백성에게 정부의 뜻을 알리던 교서(敎書) 중에는 한문교서와 함께 한글로 쓴 교서(언문교서, 諺文敎書)가 내려지기도 하였고, 길거리 등에 붙인 방문(榜文)·격문(檄文, 군사 모집의 글 등)에도 사용되어, 공무원들의 해설 없이도 정부의 정책이나 통지가 전달되기도 할 정도로 한글이 일반 백성에게 깊숙이 보급돼 나갔다.[57] 선조와 같이 일부 군주들의 확고한 신념과 철학에 의한 한글의 과감한 사용정책은 한글의 명맥을 유지하게 하는 데도 기여하였다. 또 공적인 문자생활에서 중요한 예외가 있었다. 궁중의 비빈(妃嬪)이 왕에게 계청(啓請)하거나 왕비가 수렴청정을 하면서 조정에 교서를 내리게 될 경우에는 한글로 문서(언문교서)가 작성되었던 점이

---

56) 삼강행실을 언문으로 번역하여 서울과 지방의 사족(士族)의 가장(家長)·부로(父老) 혹은 교수(敎授)·훈도(訓導) 등으로 하여금 부녀자와 어린이들을 가르쳐 이해하게 하고, 만약 대의(大義)에 능통하고 몸가짐과 행실이 뛰어난 자가 있으면 서울은 한성부(漢城府)가, 지방은 관찰사(觀察使)가 왕에게 보고하여 상(賞)을 준다. <경국대전> 권 3.

57) 백성들이 문자생활에 적응하는 과정에서, 창제 때 28자(자음 17자, 모음 11자) 중 4자(ㅿ, ㆆ, ㆁ, ·)가 쓰이지 않게 되었다. 참고로 국어학자 외솔 최현배(1894-1970)는 한글 사용에 관한 시대 구분을 ① 창제시기(1419-1468, 세종 1-세조 말) ② 정착시기(1470-1591, 성종 1-임진란) ③ 변동시기(1592-1724, 임진란-경종 말) ④ 간편화시기(1725-1893, 영조 1-갑오경장 전) ⑤ 각성시기(1894-1944, 갑오경장-해방 전) ⑥ 대성시기(1945-미래, 해방-미래)로 구분하였다. 최현배, 한글갈, 정음사, 1942(고친 한글갈, 1961); 안병희(2009), 157-158 인용.

다. 이처럼 한글 사용은 17, 18세기에 계속하여 확대되어 개화기에 이르러는 이미 한자가 누리던 문자생활의 주역을 한글이 담당할 기반을 확보하고 있었다.

이상 한글의 실제 창제 과정과 반포 후 그 한글의 보급 과정을 중심으로 한 정책집행과 환류를 간단히 검토하였는데, 이제 그에 대한 정책철학적 정책관별 입장을 살펴보기로 하겠다.

이론·가치중립적 객관주의 정책관은 정책결정과 정책집행을 명확하게 분리하고, 합리적으로 결정된 정책은 하향적인 집행행동으로 실천되면서, 그때 실행상의 오차가 발생할 수 있는데, 그 집행단계 내에서의 시정 조치가 환류라고 본다. 그에 비하여 개량주의 정책관은 정책결정과 정책집행은 명확하게 분리되지 않고, 집행 상황을 반영하여 상향적으로도 결정에 영향을 미치면서, 상하향의 쌍방향적으로 정책결정과 정책집행이 이루어지며, 특히 집행상의 오차에 대한 환류 시정이 집행과정 내에서뿐만 아니라 정책결정에까지 영향을 미치며 정책결정과 정책집행이 전체적으로 연결돼 이루어진다고 본다.

그런데 세종의 한글 창제와 보급과 관련된 정책집행활동은 한자와의 병용을 고려한 정책결정의 집행인만큼 한글 보급에 있어서도 한자와의 역할 분담을 고려한 현실적이고 점진적인 집행을 보여주었다고 볼 수 있다. 그러므로 정책결정과 정책집행의 관계와 하향적·상향적 정책집행의 문제는 우선 개량주의 정책관에 의한 설명이 이론·가치중립적 객관주의 정책관보다 더 적합하다. 세종은 한글 창제 후 그 사용을 욕심껏 더 강하게 밀어붙일 수도 있었는데, 부작용과 후유증이 일어날 수 있는 현실을 감안하여 언해서 출판 등으로 본을 보이고 그에 따라 점진적으로 보급될 것을 기대한 데서 급진적·강압적 방식보다는 점진적·자발적 방식을 선택한 정책집행이었음을 알 수 있다. 세종 사후 역대 한글 보급정책도 세종의 기대대로 그런 점진적·자발적인 방식으로 집행되었고, 환류도 그런 과정에 따라 이루어졌다. 그리하여 최초 창제 시 한글 28자 중 4자가 쓰이지 않고 24자로 정착되는 등, 정책집행과 환류가 정책결정과 쌍방향적으로 영향을 주고받으며 이루어졌다.

그런데 패러다임 정책관은 '패러다임'이란 핵심 개념을 중심으로, 개량주의 정책관의 관점과는 다른 차원으로 정책집행과 환류의 단계를 보는 데 특징이 있다. 즉 특정 패러다임이 모든 정책과정을 지배하며 영향을 미친다고 본 바에 따라 정책집행과 환류의 단계에도 마찬가지로 영향을 미친다고 본다. 그리하여 세종의 민생복락의 최대 실현과 유교 이상사회의 최대 구현이란 국정기조와 한자 우선 한글 병용과 점진주의 보급의 어문정책기조가 한글에 관한 정책집행과 환류의 과정을 지배한다고 보는 것은 당연하다. 그래서 한글의 창제와 보급의 관계나 각 정책과정의 단계 간의 관계가 모두 그 국정기조와 어문정책기조에 의하여 서로 유기적인 연계하에 유지되고 전개되는 구조를 보인다는 관점이므로(그 '구조'는 세종과 같은 '개인'의 '정책리더십'에 의해 타파되기도 했고, 공고하게 유지되기도 함은 이미 살펴보았다), 예컨대 백성을 위해 한글을 창제했지만 그 사용을 강압적으로 강요하는 것은 결코 '살아가는 즐거움'(민생복락)이 될 수 없으므로 어디까지나 백성들이 좋아서 사용하도록 (점진적·자발적 사용의) 방향을 잡은 것이 세종에게는 당연한 일이었다.

그리하여 후술하겠지만 한글이 문자생활의 주역이 되는 시대(갑오경장)에 이르자 '한자 우선 한글 병용론'이 드디어 '한글 우선 한자 병용론'의 어문정책기조로 완전히 뒤바뀌는, 큰 틀에서의 환류 작용에 의해 어문 구조가 바뀌는 일이 일어났다. 그렇다면 이 패러다임 정책관은 한글창제정책의 집행과 환류에도 개량주의 정책관과는 다른 차원에서 더 적합하다고 보겠다. 그것은 특히 좁은 의미의 한글창제의 '정책혁명'(policy revolution)이라는 정책결정과 한글보급의 '점진적 진화변혁'(gradual evolutionary transformation)이라는 정책집행이 절묘하게 어울려 이루어지면서, 마침내 오늘날 어문일치의 과학적 한글 위주의 어문생활이 나타나게 된 중요한 역사적 사례를 보여준다는 점에서 큰 의의가 있다. 그런 의미로 다원주의 정책관에 따라 상호 비교해가면서 여러 정책관들을 적용해 분석하면 우리는 더 많은 통찰력을 얻을 수 있다는 결론도 부수적으로 얻게 된다.

7. 정책의 효과와 평가: 한글창제정책의 성공 요인

이제 한글창제정책이 어떤 효과를 산출하였고, 왜 좋은 정책이고, 성공할 수밖에 없었던가에 대하여 평가해 보기로 하겠다.

한글 사용이 계속 확대되어, 20세기 말 개화기에 이를 때쯤에는 이미 한글이 문자생활의 주역을 담당할 정도가 되었다. 이렇게 되자, 1894년(고종 31년) 11월 21일 이른바 갑오개혁(甲午改革)의 칙령 제1호 제14조로, 고종이 법률과 칙령은 모두 국문 곧 '한글로 으뜸'을 삼고 한문 번역을 붙이며, 혹은 국한문 혼용으로 하라는 칙령을 내림으로써, 그전까지 한글 사용을 규제한 법령을 공식적으로 폐기하였다. 창제 이후 처음으로 '한글'은 법의 뒷받침을 받아 '문자생활의 주역'이 된 것이다. 이에 독립신문 등의 신문·잡지는 앞장서서, 말과 문장의 일치를 주장하며, 국한문 혼용을 의미하는 '언문일치'(言文一致)운동을 벌이기도 하였다. 조선어학회를 중심으로 일련의 맞춤법과 표준어 제정 활동이 일제 강점기를 거치면서도 계속돼, 해방 이후 정부에 의해 그대로 채택된 결실을 맺었다. 일제 말기인 1941년에는 우리말과 글은 드러내 놓고 사용하지 못해, 민족의 말과 문자가 말살 위기에 처하게도 되었다. 그러나 1945년 해방과 더불어 미군정청(美軍政廳)의 '결정'과, 1948년 정부수립 후 정부가 「한글전용법률」을 공포함으로써 학교교육과 공문서에 한글 전용(괄호 안에 한자 가능)을 채택하였다. 이처럼 한글은 많은 우여곡절을 거쳐 보급된 끝에 민족이 자랑하는 '우리의 고유 문자'인 '국자'(國字)로 확고하게 자리 잡아서 오늘날 우리가 보는 대로 문자생활의 주역을 담당하게 되었다.

그렇게 한글창제정책이 '좋은 정책'으로서 성공할 수 있었던 것을 다음에서 정리해 보기로 하겠다.

첫째로, 정책운용의 최고 책임자인 세종 자신의 탁월한 능력, 창의성, 의지, 노력, 애민(愛民)정신 등 '정책에 관한 리더십'(정책리더십)의 요인이 크게 작용하였음을 꼽지 않을 수 없다. 세종은 일찍부터 스스로 음운을 연구하면서 학자들 및 왕자들과 논의하고 도움을 받아 ─인근 국가의 문자와 음운 등을 참고는 하였으되─ 주도적으로 독창적인 문자를 개발하였다. 남다른 학구열을 가진 세종은 그의 학문 역량(學力)이 당시의 모든 학자들을 통합할 정도의 수준에 이르고 있었다.[58] 특히 한글을 만들면서 가장 필요하고 중요한 음운 연구에 있어서는, 그 자신 당대

---

58) 조남욱(2001), 7.

최고의 언어학자(음운학자)였다. 이런 그가 일반 백성의 문자생활의 고충을 깊이 헤아려, 일반 백성이 사용하기 쉬운 한글을 창제하였다. 그가 22세(1418)에 왕위를 이어받아 54세(1450)에 승하하기까지 거의 32년간이란 매우 긴 기간 동안 군주로서 국가를 통치할 수 있었던 것도 한글 창제와 같은 민족적 대사를 꿈꾸고 그 꿈을 현실화해 갈 수 있게 해 주었다고 할 수 있다. 이로써 정책을 추진할 주체의 역량, 의지, 재임기간(연속성)이 얼마나 중요한가를 확인할 수 있다.

둘째로, 한글창제정책이 좋은 정책이고 성공할 수밖에 없었던 것은 '정책 자체'와 관련된 정책내용(policy content)과 정책과정(policy process), 특히 정책내용의 탁월성과 수용성 등에서 찾아볼 수 있다. 먼저 정책내용 측면에서 정치체제론적으로 보면, 하나의 정치체제(political system)가 유지·발전하기 위해서는 그 정치체제의 구성원들이 정책당국에 바라는 요구(demand, 또는 욕구·희망·원망 등 요구의 내용)가 투입(input)되면 그것이 정책당국의 활동(전환 과정, conversion)에 의하여 적절한 정책(policy)으로 산출(output)돼 나오면서 그 정책에 대한 구성원의 지지(support, 또는 만족·수용·민원이나 문제의 해결·호응)를 받아 그 지지가 다시 투입되는 선순환의 환류(feedback) 체제로서의 정치체제가 있어야 한다.[59]

이런 관점에서 보면 세종의 한글 창제는 백성을 지극히 사랑하는 군주의 -세계 역사상 그 유례를 찾아보기 어려운- 탁월한 애민 정신을 담은 훌륭한 정책이었다. 이는 우리말을 그대로 적을 수 있는 손쉬운 문자가 필요하다고, 그렇게 일반 백성의 마음 속 깊은 -속마음의- 절실한 요구(demand)에 철저하게 공감하고 역지사지 해 수용하는,[60] 세종의 '절실함'에서 비롯된 정책이었다. 바로 그 점에서 한글창제정책은 당시는 물론이고 그 이전부터 자리 잡고 있던 지배층의 무관심과 심지어 반발을 무릅쓰면서도 -세종 이후 우여곡절을 거치지만 백성의 호응을 받아- 결국은 뿌리를 내려 우리 고유 문자로 자리매김 되는 역사적 성공 정책이 될 수 있었다. 말하자면 한글창제정책은 세종이 승하하고 난 뒤 예조판서 정인지(鄭麟趾)가 세종실록에 적은 대로 세종이 다스리던 조선이 "해동의 요순(海東堯舜)"

---

59) David A. Easton, The Political System, NY: Alfred A. Knopf, 1953; 강신택, 사회과학연구의 논리, 박영사, 1995, 491-519 참조.
60) 공공의식, 공공의 감수성과 역지사지는 박정택(2007b)에서 자세히 설명함.

이라고 칭송되고61) 좋은 정치체제에 걸맞은 으뜸가는 좋은 정책이었던 셈이다.

　　정책과정 측면에서 보면 한글 창제의 정책은 세종이 취한 다른 -현대 민주주의 시대와 비교해도 손색이 없을 정도로- 개방적·민주적인 정책과정 운용에 비교해도 독특한 특징이 드러난다. 세종은 조선은 물론 역사 전체를 통하여 그 어떤 군주보다도 관료와 백성의 여론을 경청하고 수렴하는 군주였다. 세종실록을 보면 세종은 정책을 추진할 때 항상 관료들의 의견을 듣고, 토론을 통해 결정해 나갔음을 잘 알 수 있다. 그렇게 세종 시대 군신(君臣) 간의 정책논쟁(policy argumentation)이 활발했는데도 세종은 거기에서 더 나아가 재위 7년 군주 자신에 대한 신하들의 충고와 각종 정책 비판이 활발하지 못하다고 여기면서 다음과 같이 신하들에게 주문할 정도였다.

　　지금으로 보면 비록 평안하다고 이르겠지만 옛날에 미치지 못함은 분명하다. 과감히 말하며 면전에서 논쟁하는 자를 보지 못하겠고, 또한 그 말하는 바도 심히 절실하고 올곧지 못하다. 어찌 요즈음 사람들이 옛날만 못하겠는가. 각자는 힘써 생각하여 나의 다스림을 돕도록 하라.62)

　　세종은 정책의 형성과 집행의 과정에서 백성의 여론을 경청하고 수렴하려고 최선을 다했다. 그 예로서 백성의 억울함을 밝히는 신문고(申聞鼓)에 대한 조치와 지시를 들 수 있다. 태종 때부터 설치된 신문고 제도를 적극 시행하고 있던 세종은 세종 10년 5월 의금부(왕명을 받들어 죄인을 신문하던 관청으로서 신문고 담당)의 직원 두 명이 신문고 치는 것을 막았던 사실을 알게 되자, 그들을 조사해 파면이라는 중징계 처벌을 내렸다. 그리고 그는 그 2년 후, 또 7년 후쯤에는 각각 다음과 같이, 직접적인 민원 제기를 제한하거나 가로막아서는 안 된다는 점을 강조해 지시했다.63)

---

61) 이는 당시 예조판서 정인지의 세종에 관한 행장(行狀) 기록에서의 표현이다. 32년2월임신(17일).
62) 세종실록, 7년12월계유. 조남욱(2001), 209. 이하 실록의 번역은 세종대왕기념사업회의 등의 번역도 있으나, 조남욱의 책에서의 번역이 좋아 이를 참조·인용함.
63) 조남욱(2001), 211-212 참조.

지난번에는 "신문고를 함부로 치는 자에게는 죄를 주라"고 하였는데, 이제 다시 생각하니, 그렇게 하면 품은 바를 알리고 싶은 사람도 법을 두려워하여 할 수 없을 것이며, 또 어리석은 사람들은 모두 이것을 모르고 칠 것이다. 그러므로 나는 죄를 가하지 않을 것이니 경들은 그렇게 알라(12년10월병신).

익명서를 제외하고 비록 문장의 뜻이 잘 통하지 않더라도 그 가리키는 취지를 물어서 보고하고 그 길에 막힘이 없도록 하라(17년3월갑술).

특별히 조세법의 하나인 공법(貢法)의 개정을 위하여 세종이 실시한 '거국적인 여론조사'는 왕조시대에 정책형성을 위한 하나의 민의수렴 방식으로 실시되었다는 사실이 믿어지지 않을 정도로 유명한 사례이다. 농민은 토지를 경작하는 대가로 국가에 전조(田租)를 내야하는데 경작지를 직접 돌아다니면서 실제 수확량을 조사·과세하는 답험손실제(踏驗損失制)는 많은 폐해를 야기하였다. 이에 세종은 그의 재위 12년에 토지 등급과 풍흉년에 따라 차등 있게 결정하도록 개정하면서, 새 공법을 이해당사자인 전국의 관리와 백성들 총 17만여 명(양인인 성인 남자 전체가 70만 명에 약간 못 미친 692,475명이었으므로 약 4분의 1에 해당)에게 찬반 의견을 묻는 조사를 실시하였다. 비록 찬(약 57%), 반(약 43%)의 차이가 그렇게 크지 않고, 관리들의 반대가 많았으며, 땅이 척박한 평안도, 함길도 등에서 반대가 강했기 때문에, 명쾌한 결론을 내리기 어려운 결과로 끝났지만, 왕조시대에 민주적인 여론 확인의 방식까지 채택한 세종의 정책형성과정은 놀랍다고 할 것이다.[64]

이와 같이 세종은 우리 역사를 통하여 어떤 군주보다도 관료와 백성의 여론을 경청하고 수렴(수의, 收議)해 -현대적 용어로 풀어쓰면- 정책의제를 설정하고, 정책을 결정·집행하는 '상향적 정책과정 모형'을 보여준 군주였다. 그래서 요즘 같이 시민단체나 이익단체가 많은 시대에 세종이 국정을 이끈다면, 아마 그는 '전문가주의 정책관'에만 머무르지 않고 '협치주의 정책관'을 받아들여, 그런 단체들의 국정 참여를 활발하게 보장하는 국정운영의 모습을 보여줄 것 같다. 그러면서도 세종은 독창적으로 정책의제를 설정하고 정책 추진과정에서 중지를 모으

64) 세종실록 12년 8월 무인일조에 기록된 조사 인원은 찬성 98,657명, 반대 74,149명, 총 172,806명 이었다. 그런데 합산의 잘못을 발견하고 찬성 97,636명, 반대 73,949명, 총 171,585명으로 확인한 연구가 나왔다. 이는 유영박, "세종조의 재정정책," 학술원논문집(인문사회과학편) 18집, 113-135임; 조남욱(2001), 212에서 재인용 및 이기백(1999), 207 참조.

는 방식으로 '하향적 정책과정 모형'을 보여준 군주이기도 하였다. 다음은 그가 신하들 앞에서 입법 조문 등과 같은 정책대안(policy alternative)과 관련해 언급한 것이고, 승하 1년여 전에 술회한 내용이다.

> 내가 초안을 만들어 다시 경들에게 보이고 결정하고자 한다(24년7월을축). 나는 권세 잡은 신하(權臣)들의 (강권이 있다고) 제도를 수용하지는 않았다. 무릇 일이 의심스러운 것은 여러 사람들과 의논하고, 의심스럽지 않은 것은 독단으로 결정하였다(30년7월임인).

그런데 세종은 한글창제정책에서만큼은 '독자적·하향식으로 추진하는 폐쇄적인 정책과정의 모형'을 보여주었다. 세종실록 등에서 한글 창제 과정에 관한 관련 언급이 거의 없는 데서 알 수 있듯이, 또 당시 최만리 등의 반대 상소에서 지적하듯이, 학자들은 국내 지배층의 반감이 확실한 상황에서 자신이 직접 한글 창제를 관장하며 비공개로 추진하였다고 본다.[65] 또 당시 국제적인 관계 측면에서도 그럴 만한 이유가 있었다고 본다. 세종은 조-중 관계에서 명나라의 반응에 크게 신경을 쓰지 않을 수 없었다.[66] 오늘날에도 외교나 국방 등의 특수한 정책분야에서는 하향식으로 추진하는 폐쇄적인 정책과정도 예외적으로 허용되는 바와 같이, 전체 정책과정의 개방적 운용으로 볼 때, 세종은 한글창제정책만큼은 그 당시 상황에 맞게 그에 필요한 폐쇄적 정책과정 모형을 적용하였다고 할 수 있겠다.

셋째로, 흔히 학자들은 한글창제정책이란 좋은 정책이 나오고 성공할 수 있었던 당시의 특수한 환경적인 배경을 거론하며, 거기에 큰 의미를 두기도 한다. 세종에게는 왕위를 물려받기 전이나 후에 아버지 태종의 왕권 강화를 위한 특단의 조치와 역할을 통하여 이미 권력안정의 기틀이 확고하게 마련되었다. 이는 곧 세종의 한글창제정책과 같은 많은 좋은 정책을 안정되고 강력하게 추진할 수 있는 안정적인 배경을 제공해 주는 것이었다는 뜻이다.

---

65) 이숭녕, "세종의 언어정책사업과 그 은밀주의적 태도에 대하여," 세종대왕의 학문과 사상, 3-38; 비밀프로젝트였다는 지적은 김주원(2013), 27-28. 그러나 그렇게 은밀성이 있었는가에 대하여는 회의적인 의견도 있다. 안병희(2007), 129-143 참조.
66) 조남욱(2001), 217.

세종의 부왕 태종은 조선의 창업 도상에서 2차례의 왕자의 난을 거치면서 자신과 왕권을 위협하는 세력을 제거해 실권을 쥐고, 이어 형 정종의 자진 이양으로 왕위까지 이어받아 왕권을 강화하였다. 그리고 태종은 원래 그의 적장자(嫡長子) 양녕대군을 세자로 세웠다. 그러나 그는 그의 세자 재위 14년간 미래의 군주로서의 자질과 관련해 신망을 잃었다. 그러자 태종은 그의 18년(1418) 갑자기 세자를 폐위하고, 손에서 책을 놓지 않고(수불석권, 手不釋卷) 학문에 정진하며, 총명하고 지혜로워 두루 신망이 두텁던 3남 충녕대군(忠寧大君)을 세자로 세웠다. 그리고 바로 그 두 달 후에는 신하들과 성균관 생원들의 강력한 반대에도 불구하고 정치적 정통성의 시비와 정치 불안정을 돌파하기 위해 22세인 그에게 왕위까지 이양하였으니 그가 세종이다.

상왕 태종은 왕위를 이양하면서도 왕자의 난을 통해 왕자들의 사병(私兵)을 없애고 모든 군대를 국가의 군대로 통합한 그 '군 병력의 지휘·운용권'(병권)만은 자신이 관장하며 그 후 죽기까지 4년간 놓지 않았다. 그리고 왕권과 왕실을 위협할 수 있는 세력은 가차 없이 척결해버렸다.[67] 그리하여 태종이 확보한 권력안정의 기틀은, 그렇지 않아도 32년간이란 오랜 기간 재위한 세종에게 안정적으로 한글을 창제하는 정책을 강력하게 추진해 가는 데 기여했다고 볼 수 있는 점이다.

넷째로, 한글창제정책이 성공한 이유를 정책의 구조적·심층적 측면, 곧 국정 전반의 정책기조(국정기조)와 어문정책기조 및 정책기조리더십의 측면에서 살펴볼 필요가 있다.

먼저 이런 질문부터 생각해 보자. 앞에서 도출한 세종의 국정기조, 곧 민생복락의 최대 실현 및 유교 이상사회의 구현은 그 선왕인 태조나 태종, 그리고 그

---

67) 태종은 왕권을 보위하면서도 위협할 위험도 있는 외척세력을 특히 경계해 재위 중 처남 4형제를 제거하였고, 당연히 후왕인 세종의 왕권 기반의 안정을 위해 폐위된 세자를 경기도 광주로, 그의 처남들을 강화도로 이사해 살도록 안치(安置)하였다. 그리고 그는 세종 즉위 초, 병권을 침해한 일파를 준엄하게 처단한 것은 물론, 근신 하지 않고 정치권력에 개입하려는 조짐을 보인다고 판단되자, 양녕의 장인(김한로)과 세종의 장인(심온)까지도 제거하였다. 심온은 세종 즉위년(1418) 사위의 즉위를 알리기 위한 사은사(謝恩使)로 명나라에 갔는데, 이때 그를 전별하는 거마(車馬)가 장안을 뒤덮었던 것이 외척 발호를 경계하는 상왕 태종의 심기를 건드렸다. 심온의 동생 심정이 임금의 호위군사를 배치하면서 세종에게는 보고하고, -아직 병권을 넘기지 않고 갖고 있는- 자신에게는 보고하지 않은 일을 역모로 몰아 죽이고, 여기에 연루시켜 귀국한 심온까지도 죽였다. 이덕일, 한국사로 읽는 성공한 개혁 실패한 개혁, 마리서사, 2005, 138.

후 왕들의 국정기조와는 어떤 차이가 있었을까? 태조는 조선왕조를 창건한 군주
였기 때문에, 다른 무엇보다도 왕조 창건의 기반을 튼튼하게 구축하는 것이었다.
따라서 태조의 국정기조는 '왕조 창건 기반의 공고화'였다고 할 것이다. 그리고
-제2대 정종은 큰 의미가 없으므로 건너뛰고- 제3대 태종은 태조를 도와 왕조를
창건했지만 아직 왕권의 기반이 약했으므로 -2차례의 왕자의 난에서 승리한 여세
를 몰아- '왕권 안정 기반의 공고화'를 그 무엇보다도 중요하게 생각하였다. 그래
서 그것이 그의 국정기조였다고 할 것이다. 그리고 그 두 선왕의 국정기조의 성공
덕분에, 당시 세종은 민생복락의 최대 실현과 유교 이상사회의 구현에 적극 나설
수 있게 되었다고 할 수 있다.

    그렇다고 태조와 태종의 두 선왕들이 세종의 두 국정기조를 갖지 않았다고
할 수는 없다. 새 왕조를 창건하면서 태조나 태종 모두 그전 왕조인 고려왕조의
불교 이념을 배척하고 '유교 이념'을 채택한 것을 분명히 하였고, 또 새 왕조가
민심을 얻어 왕조 창건의 기틀을 공고하게 유지하기 위해서는 무엇보다도 '민생
안정'에 결코 소홀히 할 수 없었을 것이기 때문이다. 따라서 태조와 태종 모두
세종과 비슷한 국정기조를 가지고 임했다고 보아야 한다(두 선왕의 국정기조는 그것
들을 포함하고 -그래서 각 세 가지씩 국정기조를 가지고- 있다고 보아도 좋을 것이다).
그런 점에서 세종의 국정기조는 전혀 새로운 국정기조의 설정이나 채택이라고
할 수 없고 정책기조에 있어서 패러다임의 전환이라고 할 만한 것은 아니었다.[68]
또한 선왕들의 왕조 창건이나 왕권 안정의 국정기조를 그대로 승계해 역점을 둘
상황은 아니었으므로(특히 세종 즉위 후 약 4년여간 태종이 병권을 쥐고, 왕권 안정을
위한 외척 척결까지 단행하였으므로), 선왕들의 왕조 창건이나 왕권 안정 부분의 국
정기조를 이어받았다고 할 수는 없다.

    그렇게 세종은 자신의 재위 시기에 이르러 선왕들의 국정기조 중 하나는 빼
고, 나머지 두 국정기조만을 승계하였다. 그리고 세종은 그 두 기조를 자신의 이
상과 현실에 비춰 재정립하고, 그 기조의 구현에 진력하게 된다. 그래서 그의 국

---

68) 세종이 즉위한 다음날 반포한 첫 교서에서도 "일체의 제도는 모두 태조와 우리 부왕께서 이루
    어 놓으신 법도를 따라 할 것이며, 아무런 변경이 없을 것이다"라고 천명하였다. 즉위년
    (1418)8월11일.

정기조는 그의 모든 정책들의 시작부터 끝까지, 해당 정책의 발안(發案)부터 평가에 이르기까지, 또 그 정당성의 근거로서, 즉 그의 '정책리더십'(policy leadership), 그리고 그 정책리더십의 핵심인 '정책기조리더십'(policy paradigm leadership)의 요체로서 작용하였다. 그런 한 가지 예를 다음에서 알 수 있다. 백성이 수령을 고소하지 못하게 하는 '부민 고소금지법'(府民告訴禁止法)을 놓고, 세종은 이조판서 허조와 격론을 벌이면서 '정치의 본질'을 제기하고, 자신의 -국정기조의 한 요소인- 국정철학을 적극 개진하였다(세종과 이조판서 허조가 답변한 대화 형식이므로, 다음에서는 간단히 발언 내용만을 그대로 발췌해 정리함).69)

> (세종) 아랫사람이 윗사람 고소하는 것을 금할 것 같으면, 사람들이 억울하고 원통한 정을 펼 곳이 없을 것이니, 개중에 그 자신의 박절한 사정 같은 것은 받아들여 처리해 주고, 만일 관리를 고소하는 것 등은 듣지 않게 하는 것이 어떻겠는가?
> (이조판서) 관할 백성들이 고소를 금지하는 것은 그것이 풍속을 파괴하는 까닭입니다. 만약 그 단서를 열어놓으면, 사람들이 다투어 고소하게 되어 점차 풍속이 야박하게 될 것입니다.
> (세종) 억울하고 원통한 정을 펴주지 않는 것이 어찌 정치하는 도리가 되겠는가? 수령이 전답을 오판한 것에 대하여, 부민이 그 오판을 수정 제소하고 개정을 청구하는 것 같은 것이야 어찌 고소라고만 하겠는가? 사실 자기의 부득이한 일이라 할 것이다. 만약 이 금지법을 받아들여 다스린다면 수령의 오판한 죄는 어찌 처리하겠는가?(13년1월갑신).

그런 의미에서는 세종의 국정기조는 두 선왕 때의 그것과는 질적으로 달라졌다고까지도 말할 수 있겠다. 즉 두 선왕의 '민생 안정'과 세종의 '민생복락의 최대 실현', 그리고 두 선왕의 '유교 이념의 채택'과 세종의 '유교 이상사회의 구현'을 구별해 차별화할 수도 있을 것이다. 그렇지만 세종의 국정기조는 왕조 기반과 안정화를 제외하면, 기본적으로 두 선왕의 두 국정기조 부분을 완전히 전환(paradigm shift)했다고까지는 말할 수 없다. 다만 최고로, 최선을 다해, 성심성의껏 구현한 '구현의 방식'의 차이는 분명히 있다. 이렇게 본다면 세종의 국정기조는 '개량주의 정책관'의 관점을 지지하게 하는 좋은 사례에 속한다. 세종이 개량주의

---

69) 조남욱(2001), 190.

정책관을 채택해 국정 전반을 이끈 것은 다음 지적에서도 알 수 있는데, 그런 의미에서 세종의 개량주의 정책관은 그것을 가장 올바로 이해하고 적용한, 그 정책관의 완결판인 셈이었다.

> 우리 역사에서 가장 창의적인 시대는 세종 시대라는 데 별 이견이 없을 것이다.⋯ '세종실록'에 자주 나온 말들에서 그 단초를 찾아봤다. 첫 번째로 주목되는 것은 '고제'(古制)라는 말이다. '과거의 사례'라는 뜻인데, 세종실록에 398회 나온다. 이는 그 이전⋯에 비해 압도적으로 많다. 이는 세종이 요즘 말로 해서 '베스트 프랙티스'(best practice, 최고의 성공 사례)를 찾아서 배우라고 유난히 강조했기 때문이다. 정책 수립, 인재 쓰기, 진법(陣法) 등 여러 분야에서 세종은 고제를 찾으라고 했다.⋯ "옛 사례를 조사해 오라"는 세종의 지시가 늘어나자 집현전 학사들은 아예 경복궁 경회루 남쪽에 장서각이라는 도서관을 짓고 국내외의 책, 심지어 아랍 지역의 책까지도 구입해 놓았다.⋯ 장서각은 무수한 과거 사례집의 집결처였던 셈인데⋯부문별로 모으고 표시를 해서 '손바닥 뒤집듯이 쉽게' 열람할 수 있게 만들었다고 한다. 세종은 또 농업 경영서 농사직설을 제작하기 위해 '각 도(道)의 관찰사에게 명해 여러 지방의 숙련된 농부(老農)들을 찾아가 방문'하게 했으며, 의방유취나 향약집성방 같은 의학 서적을 만들기 위해 '의관(醫官)'을 선발해 사신을 따라 북경에 가서 약방문에 관한 책을 널리 구하게' 했다. '어떤 일을 기획할 때 (왕께서는) 반드시 옛것을 스승 삼았다'는 그에 대한 사후(死後)평가는 세종의 일하는 방식을 단적으로 보여준다.⋯70)

그러나 다른 한편으로는, 정책기조라는 패러다임의 중요한 측면을 강조하는 의미에서 '패러다임 정책관'의 중요성을 깨닫게 해 준다. 그리고 다양한 관점에서 정책을 들여다보는 정책관으로서, '정책철학적 정책관'이 필요함을 보여준다. 세종은 선왕들의 왕조 창건이나 왕권 안정의 국정기조의 성공으로 인하여, 그의 민생복락의 최대 실현과 유교 이상사회의 구현이라는 국정기조에 시종일관 철두철미 전념하며, 민족의 자랑인 '한글 창제'에도 성공할 수 있었다는 점에서이다. 세종이 처음부터 끝까지, 심지어 정무에 지나치게 고심하며 몰두함에 건강을 해치게 되지는 않을까 우려하는 분위기에서도 얼마나 성심성의껏 국정에 임했는가

---

70) 박현모(한국형리더십개발원 대표), "異와 別을 존중, 서로 다름을 창조로 이끈 世宗," 조선일보, 2014.3.1.

는 다음과 같이 군주의 지위에 오른 지 25년이 되던 해에 한 말에서 잘 알 수 있다.

> 대저 임금이 처음에는 비록 부지런하더라도 끝에 가서는 반드시 게으르게 되는 것이니, 당나라의 현종과 헌종이 더욱 분명한 보기가 된다. 나는 그것을 심히 부끄럽게 여긴다(24년6월을사).
>
> 옛날에 이르기를 '주나라 문왕은 너무 걱정하고 부지런하였기에 수명 5년을 감소시켰다'고 하였다. 그러나 어찌 걱정하고 부지런하였기에 수명이 감소하는 이치가 있겠는가? 후대에 아첨자가 그 기록을 따라서 임금에게 지나치게 걱정하고 부지런해서 타고난 나이가 감소됨이 없도록 하라고 하는데, 이는 본받을 만한 일이 아니다. 오히려 임금으로서 정사에 게으르면 반드시 타고난 나이를 보전할 수 없는 우환이 있게 되는 것이다(24년5월임술).

이렇게 볼 때, '좋은 정책' 그리고 그런 정책의 기틀로서의 '좋은 정책기조'는 반드시 어떤 획기적인 새로운 것, 말하자면 패러다임의 전환(paradigm shift)과 같은, 획기적 설정이나 채택만을 요구하는 것이 아니다. 얼핏 보면 새롭지 않은 평범한 정책기조, 혹은 정책기조의 전환 없이 기존 정책기조를 그대로 이어받은 것이라도 얼마든지 좋은 정책기조로서도 성공할 수 있다. 또 이를 다른 측면에서 보면, 좋은 정책기조는 그것을 설정하거나 채택하는 것도 중요하지만, 그와 함께 그것을 어떻게 구현해 가는가에 따라, 그 정책기조를 -질적으로까지 다르게 평가할 수 있을 만큼- 새로운 정책기조로 바꿔놓을 수도 있다는 사실을 예시하고 있다. 세종은 자신뿐만 아니라 대소 신료들이 모두 온몸주의적으로[71] 성심성의를 다하여 자신의 국정기조를 따를 것을 독려했고, 그렇지 못할 경우 상응한 처벌을 마다하지 않았다. 다음 중 첫째 인용문은 세종이 승하한 이후 중국에 시호를 청한 내용 중 재위 시 세종의 하루 일과를 요약한 내용이고, 그 다음은 세종이 부임하는 지방 수령들을 불러 친히 신신 당부한 취지와 내용의 일부이다.

> 왕은 매일 새벽에 일어나서 날이 환히 밝으면 여러 신하들의 아침 참례를 받고,

---

71) '온몸주의'의 개념은 박정택(2007b), 173-185 참조.

그 뒤에 정사를 보며 여러 정무를 처결하였다. 그러한 연후에 윤대(輪對)를 행하며 다스리는 방도를 묻고 수령으로, 삼가 인사하는 자들을 인견하여 면전에서 형벌을 불쌍히 여길 것과 백성 사랑의 참뜻을 밝혔다. 그 뒤 경연에 임하여 성현의 학문에 잠심하며 과거와 현실을 강론하고, 그 연후에 내전에 들어가 편안히 앉아서 독서하며 손에서 책을 놓지 않다가 밤중에 잠자리로 들었다(32년2월정유).[72]

내가 자세히 생각하고, 멀리 떨어져 있는 지방을 내가 친히 가서 다스리지 못하기에 좋은 관리들을 선택하여 걱정하는 마음으로 보내니, 그 임무가 작지 않다. 그러므로 2품 이하의 수령들도 또한 내가 직접 만나고 보내는 것이다(7년12월을해).[73] 지금의 수령은 곧 옛날의 제후이다(9년12월을축).

그대들은 내가 오늘 가르친 것을 몸소 알아서 그 직무에 있음을 신중히 하여 긴급하지 않은 부역은 모두 제거해서(8년1월임자), 그 직위에 나아가 오로지 백성을 사랑하는 것으로 마음을 삼아서, 노역을 가볍게 하고 부과하는 세를 가볍게 하여(8년7월무술) 백성들의 삶을 편안하게 하라.

마음을 바르게 하면 백성을 다스리는 데에 어려움이 없다(8년1월정미). 수령은 백성을 가까이하는 관직이니 백성을 구제하는 일이 중요하다. 금년에는 가뭄 때문에 농사를 실패하였으니 굶주리는 백성이 있을까 걱정된다. 나의 지극한 마음을 몸 삼아 굶어 죽는 일이 없도록 하라(9년12월경자).

수령의 직분은 형벌을 신중히 하고 부역을 균등히 하여 민생을 사랑하는 데에 지나지 않으니 가서 너의 직분을 다하라(15년2월계사).[74]

이렇게 정책기조(국정기조 포함)는 정책리더십의 요체이고, 또한 인사 및 조직관리 리더십의 요체이다. 세종의 이러한 국정기조를, 당시 대소 신료들은 흐트러짐 없이 따르려고 노력하였다(이를 '기조 정합성 및 실행성'이라고 할 수 있는데, 이는 저자의 <정책기조의 탐구 – 정책아이디어로서의 정책패러다임>에서 상술함). 그래서 후

---

72) 윤대는 4품(무관) 내지 6품(문관) 이상의 문무관원이 관청별로 돌아가며 왕에게 나아와 왕의 질문에 응대하던 일을, 인견(引見)은 친히 불러 봄을, 그리고 잠심(潛心)은 마음을 가라앉혀 깊이 음미함을 말한다. 세종은 재위 중반부에 "내가 경서(經書)와 역사책 중에서 보지 않은 것이 없지만, 나이가 든 지금까지도 책을 읽는 것은 글을 보는 동안에 생각이 일깨워져서 여러 가지로 정사에 시행되는 것(施諸政事)이 많기 때문"이라고 하여, 독서의 목적이 정책의 시행에 있음을 밝혔다. 박현모(한국형리더십개발원 대표), "異와 別을 존중, 서로 다름을 창조로 이끈 世宗," 조선일보, 2014.3.1.
73) 세종 초기에 시작된 친견(親見) 행사는 그 7년 12월에 이르자 2품 이하의 모든 수령에게까지 확대함으로써 새로 부임하는 지방관은 거의 모두 직접 만나 당부하는 것이었다. 본문은 그 친견 확대의 취지이다.
74) 수령 친견 시 강조한 것은 첫째, 부역과 세금을 가볍게 할 것, 둘째, 굶어죽는 것이 없게 할 것, 셋째, 형벌에 신중을 기할 것이었다고 한다. 조남욱(2001), 178-181.

세에 정암(靜庵) 조광조(趙光祖)가 세종조의 왕과 신하들을 칭찬하였다. 그런 가운데서도, 율곡 이이(李珥)는 그런 신하들에 대해서도 세종에는 한참 미치지 못하였다고 평가할 정도였다. 그런 점에서 세종은 우리 역사상 정책기조리더십의 모범을 보여준 지도자였음을 다음 기록을 인용하며, 사례 분석을 마치기로 하겠다.

> 신하로서 나라 일에 마음을 쓰는 자로서 사사로움을 영위할 겨를이 없음은 이치로서 진실로 당연하다. 세종 때에 황희 허조 유관 등이 그러하였다.[75]
> 세종조에는 만호(萬戶)와 같은 미관(微官)들도 또한 모두 청렴한 것을 서로 높이었으니, 선비의 습성이 간사하거나 바른 점, 치도(治道)가 혼탁하거나 훌륭한 점은 그에 기인하여 볼 수 있는 것이다.…세종 때 집현전 학사 박팽년이 광주에서 전답을 샀는데 그 친구가 책망하여 "급여로써 족히 경작을 대신할 수 있을 터인데 전답을 사서 무엇 하겠는가?"라고 말함에 그는 곧 그것을 팔았으니, 그 당시의 선비 습성을 알 수가 있다.[76]
> 우리나라의 만년의 복조는 세종에서 처음으로 터를 잡았다. 오직 한스런 것은 위로는 요순 같은 임금이 있는데, 아래로는 직기(職棄)와 설(偰) 같은 신하가 없다는 점이다. 허조와 황희 같은 이는 유속(流俗) 중에는 좀 빼어난 자이나, 한 사람도 선왕(세종을 말함-저자 주)의 도를 밝혀서 보필하는 이가 없었다. 이에 백성들이 조금 부유함에 이르렀지만, 세도(世道)는 결국 상(商)나라 주(周)나라에 부끄러울 정도이니, 뜻있는 선비가 이에서 한탄하는 것이다.[77]

제 2 절　동학농민전쟁 시 고종의 청군차병정책 사례분석

일반 사람들은 '고종의 청군차병정책'이란 말을 들으면, 대부분 어리둥절해하며 그게 무슨 말인가 반문할 것이다. 이에 다시 고종이 동학농민군을 '진압'하

75) 조광조, 정암집 권5 年中記事一; 조남욱(2001), 124에서 인용.
76) 조광조, 정암집 권3 參贊官時啓十一; 조남욱, 세종대왕의 정치철학, 125에서 인용. 만호는 정4품 정도의 무관직의 하나이고, 치도는 다스림의 도리이다.
77) 이이, 율곡전서 권15 東湖問答; 조남욱(2001), 125-126에서 재인용. 복조(福祚)는 복(福)과 동의어이고, 유속은 세상의 풍속(風俗)이다. '세도'(世道)는 세상을 움직이는 바른 도리인데, 다음 청군차병정책에서 자주 나오는 외척 '세도'(勢道, 바른 도리와 상관없이 세력을 모아 휘두르는 권력)와 다르다.

려고 청나라 병사들의 조선 파병을 청나라 조정에 요청하는 정책이란 설명을 해 주면,[78] 이번에는 '아니, 고종은 왜 자기 나라 군사도 아닌 청군의 지원을 요청해 동학농민군을 진압하려고 했을까'라고 반문할 것이다. 이번에는 정책학도들에게로 돌려보자. 그들이라면 말 뜻풀이 정도의 설명을 들은 후 과연 어떤 질문을 할까? 아마 이런 질문들을 할 것이다. '도대체 고종 정부가 백성과 동학농민에게 어떻게 해 왔기에 동학농민이 결사항전으로 정부에 항거하고 나오게 되었고, 도대체 어떻게 자기 나라 군사도 모자라 청나라 군사들을 끌어들여 살육·진압을 허용하겠다는 발상을 할 수 있었을까'라고 의문을 표할 것이다. 민생 파탄으로 동학농민군의 파죽지세의 진격을 더 듣고 나면, 그들은 '그러면 도대체 고종은 어떤 목적과 목표를 갖고, 중신들의 반대에도 불구하고 왜 그렇게 청군 차병안에 집착하고 밀어붙인 결과로 청일전쟁을 초래하고, 결국 조선을 일제의 식민지로 넘기는 비극적인 결정을 하게 되었을까' 등의 질문을 이어갈 것이다.

이를 정책학의 정책과정이론에 따라, 기본적으로 ① 정책상황, 정책문제의 정의와 정책의제 설정의 단계, ② 정책목표의 설정 단계, ③ 정책대안과 정책분석, 정책대안의 선택(정책결정) 단계, ④ 정책집행과 환류 단계, ⑤ 정책의 효과와 평가 단계로 구분하고, 필요한 중요 사항(국정기조와 정책기조 등의 예)을 논의를 한 후, 앞의 여러 정책관의 입장에서 분석을 시도하고자 한다.

1. 청군차병정책의 정책상황, 정책문제의 정의와 정책의제 설정

청군차병정책은 동학농민군의 '진압'을 위해 청나라 군사의 조선 파병을 요청한 정책이다. 따라서 이는 '대내적인 동학농민군의 항쟁 부분'과 '대외적인 청군 차병의 부분'이 결합된 문제에 대한 정책인 셈이다. 따라서 고종이 동학농민군의 진압을 위해 청군 차병을 결심하기까지, 당시 대내적·대외적 '정책상황'은 어떠하였고, 어떤 중요한 대내외 관련 '정책문제'들이 있었으며, 그중에서도 동학농민군의 항거에 대처하여 '정책의제'로 '청군 차병 문제'를 올려놓고 생각하게 된

---

78) 본문의 따옴표 '진압'은 당시 조정의 관점을 보여줄 목적인데, 이하에서는 따옴표를 생략한다.

282 ·· 정책철학의 새로운 접근

관심과 발상의 배경은 무엇일까에 대하여 논의해 보아야 한다. 먼저 대내적 상황부터 살펴보기로 하겠다.

400년 이상 왕권과 신권(臣權) 간, 그리고 신하 간에도 그런대로 견제와 균형을 이루며 양반관료체제를 유지해오던 조선왕조는 19세기, 곧 1800년대로 넘어오면서 그 양반관료체제가 무너지기 시작해 쇠락의 길로 들어섰다. 즉 조선 후기 정조가 죽고 11살의 순조가 즉위하자 세력을 잡은 왕비의 아버지 김조순(金祖淳) 등의 안동 김씨와, 헌종 대에 풍양 조씨, 다시 철종 대에 안동 김씨 등 소수 유력 가문의 왕실 외척 세력이, 유약(幼弱)한 왕들을 즉위시킨 뒤 권력을 장악해 국가지배체제를 깨뜨리고, 견제를 받지 않고 파행적으로 전횡하며 국가를 운영하는 이른바 세도정치(勢道政治)로써, 대내외적인 수많은 문제를 야기하고 국가를 위기로 몰아갔다.

우선 대내적으로 보면, 세도정치로 국가기강이 해이해져서, 유능한 관리를 선발하던 과거제도는 형식에 그칠 정도이고, 매관매직이 성행하여 인사행정은 문란해졌다. 그리고 이는 관리들의 부정부패와 비리로 이어졌다. 뇌물로 관직을 얻은 지방관들은 탐학과 가렴주구를 일삼았다. 상납한 돈을 채우기 위해 갖가지 명목의 세금을 거둬들여 착복했다. 암행어사도 큰 효과를 보지 못했다. 이러한 가혹한 수탈로 인하여 농민들의 부담은 무거워져만 갔다. 국가재정의 주된 수입원이었던 전세(田稅)·군역(軍役)·환곡(還穀) 등 이른바 '삼정'(三政)의 문란이 극심하여 국가재정은 파탄 지경에 이르렀고 농민들의 피폐상은 이루 말할 수 없었다. 다음은 이에 관한 설명이다.[79]

> 조선시대 국가재정은 전정·군정·환곡이라는 3대 요소의 '삼정'이란 조세행정이
> 그 근간을 이루는 구조였다. 그것은 ① 전세(田稅), 곧 논밭에 물리는 세금 징수에
> 관한 전정(田政), ② 군역(軍役), 곧 병역을 치르는 대신 물리는 삼베와 무명(군포,
> 軍布)의 징수에 관한 군정(軍政), 그리고 ③ 정부 보유 곡물을 빌려주고 되돌려
> 받는 것에 관한 환곡(還穀)이었다. 전정은 임진왜란의 참화로 많은 땅이 황폐해진

---

79) 박맹수, "19세기의 사회변동," 한국근현대사학회(편), 한국근대사강의, 한울, 2007, 20-28 및 같은 책, 박민영, "대원군 정권," 48-50; 유용태, "해금시기의 국가와 사회," 유용태·박진우·박태균, 함께 읽는 동아시아 근현대사1, 창비, 2010, 89 참조.

데다가 궁방전·둔전 등 면세지 및 서울 양반·토호들이 조작한 은결(隱結-대장에 오르지 않은 땅)의 증가와 그들의 면세의 특권과 탈세는 국고 수입을 격감시켜 기본 전세 외에, 각종 부가세와 수수료, 심지어 황폐해진 땅이나 공지에 세금을 부과하는 등 문란해졌다. 군역의 경우 양반에게는 면제하거나 평민의 부담이 더 무거웠고, 심지어 어린애(황구, 黃口)와 죽은 사람(백골, 白骨)에게까지 부과한 경우도 있었다. 삼정 가운데 가장 폐단이 심했던, 국가 고리대의 성격을 갖는 환곡도 지세화(地稅化)했다. 신분·권력·부를 갖는 자들은 교묘히 빠져나가고, 지방관과 서리층에 의해 유용된 환곡의 원곡을 보충하기 위해 토지소유주에게 토지 면적에 비례해 쌀이나 돈을 징수했다. 그래서 추수기에도 양식 걱정을 할 정도로 대부분 영세 소작인 농민들이 고스란히 그 부담을 지게 되었다. 이처럼 징세 행정의 문란 결과, 일반 농민들은 원래 1할 정도에 해당하는 세금을 8-9할까지 납부해야 하는 가혹한 수탈에 시달려야 했다.

   더구나 농민층 분화에 따라 세금부담자가 줄어들자, 세금 징수에 안정을 도모하려는 의도에서 군현 단위로 일정한 액수의 세금을 미리 정해준 후 거둬들이는 '총액제' 방식은, 징세 업무를 군현의 수령과 향리에게 전적으로 위임하게 돼, 향촌사회에서의 무제한적이고 자의적인 수탈을 가능케 하는 폐단을 낳았다. 그래서 농민들은 여러 가지 형태로 생존 투쟁을 벌였다. 지주를 상대로 지대의 지불을 조직적으로 체납하거나 거부하는 항조(抗租)투쟁, 억압하고 수탈한 지주에 대해 나쁜 소문을 퍼뜨리는 와언(訛言)투쟁, 밤에 햇불을 들고 산에 올라가 부정 수탈을 외치는 거화(擧火)투쟁, 관리의 부정비리를 성토하는 집회 개최, 해당 또는 상급 관청에 민원을 제기하는 정소(呈訴)운동 등을 전개하였다. 그리고 토지를 잃거나 버린 뒤, 몰래 마을을 떠나 유리·도망해 유민이나 화전민으로 살아가기도 하였다. 그러나 수탈 저항의 최고 형태는 '민란'이라 부르는 농민봉기였다.

   이와 같이 19세기 조선에서는 최소한의 생존권마저 위협받는 지경에, 이를 견디지 못한 농민들이 여기저기서 봉기해 탐관오리들을 징치하기에 이르러, '민란의 시대'라 일컬을 만큼 수많은 민중봉기가 잇달았다.[80] 순조 대 평안도 홍경래의 난(1811), 철종 대 진주민란(1862)이 대표적이었고, 소규모 민란은 거의 쉴 새 없이 전국적으로 일어났다.[81] 특히 철종과 고종 시대에 집중적으로 일어났는데, 예컨대 1862년 한 해 동안 무려 37개 지역에서 민란(임술민란)이 일어났다. 농민들

---

80) 박맹수(2007), 26-30.
81) 이기백(1999), 276-278.

은 지주와의 문제, 즉 자신들의 절실한 이해가 걸린 '토지문제'는 제기조차 못하고 있었다.[82]

정부는 잘못한 해당 수령의 처벌로 사태를 수습하려 했으나 민란은 더 확대돼가자, 규모의 크고 작음을 가리지 않고 무조건 봉기를 주도한 자를 잡아 효수(梟首)하는 강경책을 폈다. 그리고 민란을 수습하기 위한 근본적인 방안으로, 삼정의 문란함을 바로잡겠다는 뜻의 '삼정이정청'(三政釐整廳)이란 기관을 설치하고 '삼정이정절목'이란 개선방안을 반포하기도 했다.[83] 그리하여 그 부분적인 개선이 있었고 민란도 일시 가라앉았다. 그러나 개선 노력은 석 달도 채 지나지 않아 돌연 중단되어 옛 제도로 돌아가 버리고 말았다. 그것의 근본적 개혁은 곧 지배층의 이권을 포기하는 것이었기에 지배층은 결코 바라지 않았던 것이다. 삼정의 문란 등으로 민란이 속출하는 국가 위기, 민생의 도탄 상황에서, 국왕을 비롯한 세도정권은 국정 쇄신보다는, '미봉책'(彌縫策)으로 일관하며 백성을 억압하였다.

정부의 의지가 결여된 상황에서 삼정의 폐단은 계속되었다. 1864년부터 민란이 다시 일어나기 시작했고, 1888년부터는 전국으로 확산되었다. 1894년 동학농민전쟁이 일어나기 전까지 고종대 민란은 전국 46개 처에서 47회에 걸쳐 발생했다.···철종대의 민란이 삼남 지방을 중심으로 발생한 것에 비해, 고종대의 민란은 전국적인 규모로 확대되어 갔다.···그런데 일반 민란과 달리, 수령을 살해하고 왕조에 반기를 드는 병란적 성격의 민란이 전개되기도 했다. 광양민란, 이필제난이라고 알려진 영해민란, 문경 조령관민란 등이 이에 해당된다.[84]

---

82) 박맹수(2007), 30.
83) 1703년(숙종 29년) 군정 쇄신을 위해, 1816년(순조 16년)에는 삼정의 문란 수습기관으로, 그리고 1862년(철종 13년)에 삼정 개혁을 위해 설치되었다. 이홍직(1983), 1065. '이정청'은 고쳐 바로잡는 일을 하는 관청이란 뜻임.
84) 박맹수(2007), 29-30. 민란의 전개 양상은 대체로 머리에 흰 수건을 쓰고 몽둥이와 죽창으로 무장한 수십 수백 또는 수천 명의 농민들이 읍성을 습격하고 동헌(수령의 집무실-저자 주)을 점령하며 수령을 축출하고 인부(印符)와 향권(鄕權)을 탈취했다. 또 감옥을 부수어 갇혀 있던 사람들을 풀어주고 관아의 삼정, 즉 세금 장부를 불태웠다. 수탈을 일삼던 향리들을 잡아 죽이거나 그들의 집을 부수거나 불태우고 재물을 탈취하여, 해당 군현에서 자행되던 폐단을 고쳐달라고 주장하는 것이 일반적인 형태였다. 민란 중에 지방의 장관인 수령을 내쫓는 일은 있어도 결코 죽이는 일은 없었다. 당시의 농민들은 임금이 파견한 관리를 죽이는 것은 나라에 반역을 도모하는 것으로 여겼기 때문이다. 농민들은 이런 식으로 평소 품어온 불만과 원한을 해소하려 했다(같은 책, 28).

　　이제 일반 서민 백성은 심각한 민생문제를 해결할 수 없는 부패 무능한 집권 세력에 대하여 개혁과 혁명의 열망을 표출하며 집단적인 항쟁을 전개하게 되었다. 이러한 체제개혁 요구는 농민층뿐만 아니라 상공인층을 포함한 신흥 사회계층으로 확대되어 갔다. 이들은 신분제를 비롯하여 사회구조 자체의 변혁을 요구했기 때문에 매우 심각한 사회적 갈등을 수반했다. 여기에 앞 제1장에서 본 대로 제2대 교주 최시형(崔時亨)의 지도력, 양반에 대한 반항, 외국세력에 대한 저항 시류를 타고 농민의 가담·합류로, 동학은 각지에 조직망을 설치하였다. 세력이 모아진 동학농민들은 고부(古阜) 만석보(萬石洑) 사건을 계기로 봉기하고 해산한 후, 전봉준 등의 지도하에 4월 전라도 무장(茂長)에서 다시 봉기해, 중앙에서 토벌군으로 내려온 홍계훈(洪啓薰)의 정부 관군까지 장성(長城)에서 패퇴시키고, 5월 31일(음력 4월 27일) 전주를 점령하게 되었다. 다급해진 고종과 선혜청 당상으로 병조판서를 겸하던 정권 실세 민영준은 당시 거론되고 있었으나 중신들의 반대로 머뭇거리며 밀어놨던 청군 차병안을 비밀리 결정하고, 청측에 공식 요청함으로써, 청군이 일군과 함께 들어와 청일전쟁이 발발하고, 승리한 일본이 조선을 강압해 국사(國事)를 조종하게 되었음을 앞에서 기술하였다.

　　이와 같이 당시 민생의 피폐상과 동학농민군의 전주 점령까지의 상황을 요약했는데, 역사가들마다 다르겠지만 대체로 당면한 당시의 대내적 정책상황과 정책문제는 ① 수구적·억압적 미봉책으로 일관한 '민생 파탄 문제' ② 부패 무능한 민비정권에 절망해 무장 항거하고 나온 '동학농민군의 폐정개혁 및 국권 수호의 요구 문제'로 정리할 수 있다.[85] 그런데 정책학도들은 여기에 유념할 부분이 있

---

85) 조선이 대내외적으로 혼란을 겪고 있던 시기인 1863년, 후사(後嗣) 없이 타계한 철종(哲宗)의 뒤를 이어 조선의 국왕에 12세의 고종(高宗)이 즉위하게 되자, 국왕의 부친인 흥선대원군(興宣大院君: 이하응, 李昰應)이 실권을 장악해 섭정(攝政)하고, 적대세력인 유학자들과 새로 등장한 -민비(閔妃)가 그 핵심인- 민씨(閔氏)의 세력 등 반대세력에 의해 탄핵돼 정권에서 물러날 때(고종 10년, 1873)까지, 10여 년간 국내외 정책을 주도해, 일시적으로 일정한 성과를 거두기도 하였다. 대원군은 국내 정책적으로 왕권과 집권적인 지배체제를 강화하기 위하여 신속하고 과감하게 개혁을 단행하였다. 즉 중앙 요직의 독점, 정치권력의 남용과 부패, 정치의 기강 문란, 민생의 도탄을 초래한 왕실 외척 안동 김씨(安東金氏)를 축출해 전횡을 막고, 그들 세도가들이 국왕과 국가 공식기구 위에 군림하며 국정을 장악했던 비변사(備邊司)를 폐지하였다. 또 관료기구를 개편하고, 사색당파(四色黨派)를 고루 등용하여 쓰며, 지방이나 신분의 차별도 배제하려 하는 등 과감한 인재등용의 인사정책을 펼쳤다. 또한 국가의 통제를 벗어나서 지방에서 권세를 부리고, 막대한 농장과 노비를 소유하며 면세(免稅)와 면역(免役)의 특권을 누리며,

다. 당시 민비정권은 당면 문제를 그와 같은 정책문제로 정의하지 않았다는 사실
이다. 그렇게 정의했다면 그 후 정책결정이 달라졌을 것이 분명하기 때문이다.
그렇게 올바로 정책상황을 진단하고 정책문제를 정의할 수 있는 정부에서는, 그
렇게 정부 진퇴(進退)의 문제로 발전한 큰 정책문제와 맞닥뜨리는 일도 일어나지
않는다. 민비정권이 '주관적으로' 정의한 정책문제는 각각 다음과 같을 것으로
추정된다. ① 민생 문제는 '일부 탐관오리의 부정부패 문제' ② 동학농민군의 봉
기 문제는 '왕조체제를 전복하려는 반역 문제'였을 것이다. 바로 그렇기 때문에
그들은 '탐관오리의 문책'으로 끝낼 문제이고, '어떤 방식이 됐든 동학농민군의
진압' 외에는 다른 방법이 없는 문제로 인지하고, 그렇게 정책의제로 삼아 당면
문제에 대처하였다고 볼 수 있다.

　　그러면 다음으로 -대내적 사정과 밀접한 관련을 갖지만 일단- 대외적인 측
면에서 당시 정책상황과 정책문제를 분석해 보기로 하겠다. 우리나라는 중국과
국경을 맞대고 살아오면서, 주변 민족을 야만시해 조공-책봉의 부대등(不對等)
관계를 요구해 온 대국 중국을 섬기는, 사대(事大)의 정책기조를 유지해 왔다. 왜
구를 소탕하며 해상무역을 활발하게 했던 장보고의 통일신라나 이웃나라와 교역
을 활발하게 했던 고려 시대의 시기도 있었지만, 특히 조선은 건국 때부터 명나
라로부터 국호와 왕위의 승인을 받음으로써, 정치적 명분과 경제적 이익을 얻으
려고 더 철저하게 사대하고, 일본·여진 등 주변국에 대해서는 회유정책을 써서 우호
관계, 즉 교린(交隣)을 도모하는 '사대교린'의 '외교통상 정책기조'를 유지해 왔다.

국가 경제를 침식하고 있던 민간 사학(私學) 교육기관인 서원(書院)에 대하여 당시 유학자들
의 맹렬한 반대에도 불구하고 모든 특권을 철폐하고 설립을 엄금할 뿐만 아니라, 기존 수백
개의 서원 중 모범이 될 만한 47개만 남기고 철폐 정리하였다. 또 삼정의 문란을 개혁하기 위
해 노력했고 한계와 함께 성과도 있었다. 토지대장에 기재되지 않은 것을 조사하고, 토호들의
토지 겸병을 금지하며, 면세 어장과 갈밭 등에 과세한 양전(良田-좋은 논밭)사업을 실시했는
데 지방에 따라 부분적으로 시행해 전정의 경우 소기의 목적을 거두지는 못했다. 군역의 경우
호포(戶布)로 바꿔, 과세균등원칙하에 종래 면세 특권을 누리던 양반들도 -체면과 위신을 고
려해 호주 명의가 아니라 노복의 이름으로- 호포를 납부하게 했다. 또 환곡은 사창제로 바꿔
면 단위로 자치 운영하게 해, 이자를 1할로 고정하고 관리의 부정을 막고 공평하게 분배하게
함으로써, 폐단이 많이 제거되고 농민 부담이 경감됐다. 따라서 군정과 환곡에 일정한 성과가
있었다. 그러나 왕실의 위엄을 높이려고, 재정이 궁핍한데도 경복궁 재건에 착수해, 무리하게
사람들을 공사에 징발하고, 특별세를 부과하며, 화폐를 주조·발행해, 경제를 혼란에 빠지게
하였다. 이상 이기백(1999), 285-286; 박민영(2007a), 42-43, 48-50.

그 조선 후기에는 해상 방위의 개념도 약했고, 해상을 통한 이민족과의 통상
도 왜구의 해적질과 같이, 해상 방위의 문제만 야기하므로 불필요하다고 인식하
였다. 그래서 조선은 왜구를 막기 위하거나 해상 저항세력을 진압하기 위한 명·청
의 해금(海禁)정책을 따랐다. 명·청이 해금을 부분적으로 풀고 유럽·중동 등과
교류하는 시기에도 이를 풀지 않았다. 16세기 말부터 포르투갈, 영국, 네덜란드,
프랑스, 러시아, 미국 선박이 우연한 표류나 식량·물·연료 등을 구하기 위해,
그리고 차츰 탐험·측량·통상 요구 및 카톨릭 선교를 위한 밀입국 등 목적으로
연안에 출현해도, 조선정부는 주민 접촉을 금하고, 표류자는 본인 희망대로 육로
송환하며, 기타 목적은 모두 거절하고 강경 대응했다. 후기에 이르러 동아시아에
서 국제정세에 대하여 가장 무지하고 가장 무관심한 '은둔의 왕국'(the Hermit
Kingdom)이고, '고요한 아침(the Morning Calm)의 나라'가 된 조선은[86] 19세기에

---

[86] 서양에 대한 정확한 지식을 가지게 된 시초는 선조(1567-1608) 말년에 명에 갔던 사신이 유럽
지도를 가져온 것으로 본다. 그 뒤 인조 6년(1628)에 네덜란드인 웰테브레(Weltevree)가 표착해
와 박연으로 이름을 고치고, 대포 제조 기술을 가져 훈련도감에서 근무하며 일생 조선에서 살
았다. 인조 9년(1631)에 명 사신으로 다녀온 정두원이 천주교 서적, 화포, 천리경, 자명종, 만국
지도, 천문서, 서양풍속기 등을 가져왔다. 또 소현세자가 청에 인질로 잡혀가서 아담 샬(Adam
Schall)과 사귀고 귀국 시 과학서적 등을 가져왔다. 정약용은 청에서 구입한 <고금도서집성>에
실린 장 테렝즈(Jean Terrenz)의 <기기도설>에서 얻은 지식을 기본으로 하여 기중기를 고안해
화성(수원성) 축조에 이용하였다. 김석문·이익·홍대용 등이 지동설을 내세울 수도 있게 되었
다. 이기백(1999), 263-264.
　그렇지만 동양을 세계의 전부로 알고 이를 중심으로 생각해 오던 세계관·우주관은 쉽게 변
하지 않았다. 1653년(효종 4년) 네덜란드 상선 스패로우 호크 호의 난파로 하멜의 선원 일행
64명 중 표착해 온 생존자 36명은 제주도 해안에서 체포돼, –26년간 억류돼 모국어도 잊은 58
세 벨테브레(웰테브레, 박연)와의 힘든 의사소통에서 탈주 포기의 권유에도 불구하고– 몰래
배를 훔쳐 탈주를 시도하고 실패한 후, 서울로 압송돼 효종을 알현하게 됐다. 눈물의 송환 요
청에도 어전에서 기이한 춤과 노래 후 상품만 받고, 훈련도감에 배속된 그들은 고관대작의 집
에 불려가 노리갯감으로 12년을 살던 어느날 중국 사신이 온다는 소문을 듣고, (서양인 노출
을 염려해 일시 남한산성에 소개·은닉시키는데, 이를 알고 두 번째에는) 몰래 길목에 있다가
그들 사신에게 호소해, 조정은 사신들로부터 인도 요구를 받게 됐으나 뇌물로 무마되었다. 이
사건 후 생존자 22명은 호남 오지로 보내져 유리 걸식으로 연명했다. 즉위한 현종은 순천·남
원·여수의 전라좌수영에 이들을 분리 수용케 했다. 그런데 해안을 접한 여수에 수용된 8명이
다시 돈을 모으며 소형 목선을 사서, 일본 나가사키 외국인 거류지 히라도(平戸)로 탈주에 성
공하였다. 그들은 네덜란드로 귀환하고, 하멜은 13년간 억류 생활의 <하멜표류기>(Narrative
and Description of the Kingdom of Korea, 1668)를 저술해 총독에게 보고했다. 왜 제주 표착 후
그들의 총포와 도검을 더 연구 발전시킬 생각을 하지 못하고 녹여서 농기구로 썼을까? 왜 북
벌을 계획했던 효종이나 훈련대장은 선진 해양민족의 난파 선원의 총포술, 조선술이나 항해술
을 배울 생각을 하지 않고 사대부의 노리개로 썼을까? 일본은 똑같은 난파 선원들로부터 조총
의 기술은 물론, 조선술과 항해술을 배우고, 난학이란 독특한 학문체계를 완성해 근대 일본의
개명에 결정적인 역할을 하고, 조선 침략의 유용한 도구로 썼는데, 왜 그렇게 하지 못했을까?

이르자 서양인들의 통상 요구를 빈번히 받게 되었다.[87]

   그때 대원군(섭정 기간 1863-1873)은 동아시아의 격변 속에 청국과의 사대(事大)는 그대로 유지하지만, 서양 나라와는 물론, 그 서양 나라와 통상 등 국교를 맺은 일본까지도 위험시해서(왜양일체론, 倭洋一體論) 일본과의 관계도 끊고 통상과 국교수립의 요청도 거절하는 '철저한 문호 제한'의 대외정책기조를 채택하고, 일본의 침략에 대비하여 부산 동래성 일대의 방비를 강화하였다.[88] 즉 대원군 시대 10여 년간은, 그때까지 '사대교린'의 기조에서 벗어나, '청국을 제외한 문호폐쇄' 또는 '청 일방 의존주의'의 외교정책기조(흔히 이를 '쇄국정책'이라고 부름)를 채택하고, 두 번의 양요를 치러냈다.

   특히 고종 3년(1866)에는 중국에서 활동하던 독일 상인 오페르트(Oppert)가 두 차례나 와서 통상을 요구하고 실패하자 2년 후(1868) 충남 덕산에 있는 대원군의 아버지 남연군(南延君)의 무덤을 도굴해, 대원군의 통상 수교 거부 정책(쇄국정책)에 결정적인 영향을 미쳤다.[89] 또 고종 3년(1866)에는 미국 상선 제너럴 셔먼

이처럼 불행한 역사의 민족이라도 기회는 있었는데, 서세동점의 시기에 주자학적 세계관에 눈이 어두워 잘못 대처한 지배계급에 책임을 물으며, 하멜표류기의 교훈은 '당시 서구인들이 우리를 어떻게 인식하였는가'의 물음에 있는 것이 아니라, '우리가 그들을 어떻게 보았느냐'에 있다고 주장하는 내용은 신복룡, 이방인이 본 조선 다시 읽기, 풀빛, 2002, 16-24 참조.

87) 박삼헌, "서양에 의한 충격과 동아시아 전통질서의 동요," 한중일3국공동역사편찬위원회, 한중일이 함께 쓴 동아시아 근현대사 I, 휴머니스트, 2012, 28; 이기백(1999), 286-289 참조.

88) 박삼헌(2012), 43. 심지어 왜구나 서양 오랑캐의 욕심을 불러일으키지 않기 위하여 고의적으로 해안을 황폐하게 만들었고, 밤이면 해안에서 불빛을 보여서는 안 되었으며, 섬에서 모든 주민을 철수시키는 이른바 공도(空島) 정책을 썼다. 연안 선박 이외에는 대양에 나갈 수 있는 함선의 축조도 법으로 금지되어, 바닥이 평평한 평저선(平底船)만 만들어야 했다. 이순신 장군도 조립 직전까지만 준비해 두었다가 일본의 침략에 대한 첩보를 받고서야 임진왜란 하루 전 거북선의 시운전에 성공할 수 있었다. 조선은 가장 철저하게 외부 세계에 무관심했고 접촉을 금했다. 신복룡(2002), 15-16 참조.

89) 오페르트는 독일 상인으로 중국 상해에서 활동 중 1866년 충남 서산 해미에 와 두 차례나 통상 요구가 거부되자 병인사옥 때 중국으로 탈출한 프랑스 신부 페롱, 미국영사관 통역 담당자 젠킨스 등과 함께 중국인, 말레이인 선원 140여 명을 거느리고 남연군 묘를 도굴하러 1868년 4월 충청도 덕산군 구만포에 상륙했다. 덕산 관아를 습격해 군기를 빼앗고 건물 파괴 후 도굴 장비를 탈취해 밤에 묘 도굴을 시도했으나, 견고한 데다 썰물시간도 임박해 중단하고 퇴각했다[장영민, "개항과 제국주의 세력의 침략," 한국근현대사학회(편), 한국근대사강의, 한울, 2007, 56]. 도굴 목적과 동기는, 추론컨대 서방세계에서 조선에 대해 기록들에 물산 풍부와 함께 금이 풍부하여 심지어 옷 장식까지도 금으로 입혔고, 많은 부장품을 묻는 호화로운 장례식 부분이 서구 모험가들에게 무한한 약탈심을 유혹해 조선 왕릉은 약탈 1순위 대상이 되었다는 점이다. 오페르트가 남긴 <금단의 나라 조선>(1880)이란 책에 '왕릉 도굴' 대신 '왕실 보물의

(General Sherman)호가 대동강을 거슬러 올라와 평양에 이르러 통상을 요구하였으
나 평양 군민(軍民)이 화공(火攻)을 가하여 강에서 불타 버림으로써 조선의 자만심
만 높여 놓았다.

　그런데 막강한 청이 1840년 아편전쟁(阿片戰爭), 1856년 애로우(Arrow)호사건
등 연거푸 일어난 서양인과의 충돌로 인하여 수도 북경이 함락되는 등 곤경에
빠져 있다는 사실을 접하고, 조선 조정은 충격에 빠지고 매우 불안해 하였다.[90]
그렇잖아도 민란이 자주 일어나는 등 매우 불안정한 상황에서 탐사·측량이나 통
상을 요구하는 이양선(異樣船; 외국선)의 출몰은 또 하나의 위협이요, 침략으로 여
기며, 서양인들의 통상 요구를 차단하는 것을 적절한 대책으로 생각하였다.[91] 거
기에다 유교적 전통에 반하는 요소들 때문에 이미 사교(邪敎)로 규정해, 몇 차례
대대적인 탄압도 한 바 있는, 서양 천주교가 다시 활기를 회복해 널리 전파되는
데 대한 공포가 더해져서 다시 이들을 탄압하였다.

　이에 서양 여러 나라는 무력적인 위협에 의해서라도 통상 관계를 맺으려는 생각

보관소'를 '발굴'하려 했다고 거짓 기술한 것이 그 증거이다. 또 평양의 왕릉을 도굴하기 위해
쳐들어 온 것이 제너럴 셔먼호 사건(1866)이었다. 그런데 문호개방에 따라 합법적으로 조선에
들어온 서양인들은 소문이 과장된 것을 깨닫고, 발을 빼고 조선 멸망 시 묵시적 방조자가 되
었다. 신복룡(2002), 26~37, 47.

90) 조선 조정은 이후 일본의 개항과 유신에 대하여 의미있는 정보를 보유하지 못한 반면, 아편전
쟁에 관해서는 연행사절과 의주부(義州府)를 통하여 비교적 제때에 파악하고 있었다. 그럼에
도 이양선이 빈번히 출몰하여 통상을 요구하는 상황에서, 이를 모두 거부하고 해금정책을 유
지했다. 다른 무엇보다 개항으로 인해 천주교도가 증가하면 국내세력과 결탁하여 민란을 일으
키리라는 점을 가장 우려했기 때문이다. 김대건 같은 천주교도 처형을 속행한 것도 그 때문이
었다. 곧 이어 발생한 태평천국 농민봉기는 민란 파급의 위기감을 더욱 자극했다. 외교보다는
내정의 단속에 정부정책의 초점을 맞추게 된 까닭이 여기에 있다. 그런데 청조의 수도가 점령
된 2차 아편전쟁 소식이 더해지자 스스로 순망치한(脣亡齒寒)이라고 말할 정도로 조선 국왕의
위기감은 심각해졌다. 그럼에도 조정의 중신회의에서 내려진 대책은 사교(기독교)와 양약(아
편)의 유입을 차단하고 지방관의 임명을 엄격하게 하라는 도덕적 내부수양론에 머물렀다. 양
반관료는 군사적 위협의 성질과 형태와 크기에 대해 관심을 보이기보다 청조가 양이(洋夷)에
무릎을 꿇고 조약을 체결했다고 탄식했다. 유용태, "세계시장의 확대와 지역질서의 변화," 유
용태·박진우·박태균, 함께 읽는 동아시아 근현대사1, 창비, 2010, 137-138.

91) 그들의 통상 요구에 대하여, 예컨대 1832년과 1845년 영국의 통상 요구에 대하여, 조선 조정은
영국과 거리가 멀어 교역이 어렵고, 청 황제의 허락 없이 사사로이 교역할 수 없다는 이유를
들어 통상을 거부했다. 서양의 통상 요구를 거부하기 위해 청과의 책봉-조공 관계를 자기방어
의 논리로 제시한 것이다. 박삼헌(2012), 42.

을 하게 되었고, 그것이 바로 서양 오랑캐가 일으킨 난리란 뜻의 '양요'(洋擾)로, 고종 3년(1866) 천주교에 대한 탄압이 도화선이 돼 프랑스와의 병인양요(丙寅洋擾), 그 5년 후인 고종 8년(1871) 미국과의 신미양요(辛未洋擾)가 있었다. 대원군은 두 번 다 패퇴시키고 쇄국정책의 굳은 결의를 표시하기 위하여 서울 종로와 지방 각처에 "서양 오랑캐가 침범함에 싸우지 않으면 곧 화친하는 것인데 화친을 주장함은 나라를 팔아먹는 것이다"(洋夷侵犯 非戰則和 主和賣國)라고 쓰인 척화비(斥和碑)를 세웠다. 이에 쇄국의 분위기는 크게 고조되었다.[92]

이와 같이 대원군을 비롯한 조선 정부는 서구 열강의 침략을 받아 무너져가는 이웃 중국의 격변 상황을 전해 듣고, 또 일본이 사태를 간파하고 개항과 근대화 개혁으로 국정기조를 전환한 데 대하여 무지·무감각해, 아직 그 역사적 의미·심각성·파장을 깨닫지 못하고 있었다. 오히려 제국주의 침략 앞에 체제 수호를 위해 안으로만 고착화해, 문호개방을 위험시하거나 경멸하는 경향을 보이면서 이를 극력 저지하고 거부하는 것만이 국가와 백성의 안위를 지키는 가장 좋은 방책이라고 확신하는 우를 범하고 있었다.[93] 유림 지식인들과 민중도 구미 열강의 침략 사실 자체와 그 침략이 미친 민생고로 인하여 서서히 반감을 높여가며 쇄국 정책을 지지하였다.

그런데 대원군의 섭정하 10년 경험을 하고 이미 22세의 성년이 된 고종은 특별히 정략에 뛰어난 민비의 조언을 바탕으로 1873년 11월 유림(儒林)의 거두 최익현의 탄핵 상소를 계기로 삼아 대원군을 물러나게 하는 데 성공하였다. 그즈음은 서구 열강과 일본에 의해 화이질서를 바탕으로 한 동아시아의 전통적 국제질서가 급격하게 무너지고 있던 시기였다. 특히 일본은 1868년 막부체제를 무너뜨리고 왕정복고와 메이지유신을 단행하고, 아시아를 벗어나 서구사회를 지향하는 '탈아입구'(脫亞入歐) 노선을 내걸고 근대국가 건설을 추진하는 한편,[94] 서양의

---

92) 이상 이기백(1999), 287-289 요약.
93) 박민영(2007a), 39. 61 참조.
94) '탈아입구론'은 1885년 일본의 후쿠자와 유기치(福澤諭吉, 1834~1901)가 자신이 발행하던 <지지신보(時事新報)>의 '탈아론'에서, 개화를 거부하는 청나라와 조선은 '나쁜 친구'일 뿐이니, 일본은 이런 아시아 나라들과는 결별하고 유럽의 일원이 되어야 한다고 주장한 논리를 말한다. 유용태, "국민국가를 향한 개혁," 유용태·박진우·박태균, 함께 읽는 동아시아 근현대사1, 창비, 2010, 229.

국제법인 만국공법을 받아들이며 한반도로 세력을 확대하고자 조선에 초점을 맞춰 대륙정책을 펼쳤다. 청국도 이에 맞서 전통적 국제질서를 유지하면서 조선에 대한 개입을 강화해 나갔다.

　　먼저 일본 정부는 명치유신(1868) 후 12월 국교 수립을 요청하였으나 대원군의 조선 조정은 서계(書契, 외교문서)에 대등관계가 아닌 상하(上下)관계를 내포한 어구(語句)의 변경을 요구하며 접수를 거부한 바 있었다.95) 국교 교섭이 난항에 빠지자 일본에는 그때부터 조선을 정벌해야 한다는 '정한론'(征韓論)이 등장하였다.96) 이제 고종은 친정을 계기로 조선의 고립, 그리고 외세의 위협을 염려하여 대일 배일(排日)정책에서 타협정책으로 수정하려고 국교 재개를 검토하고 신호도 보냈다.97) 그런데도 일본 정부는 서구 열강의 '함포(艦砲) 외교방식'을 조선에 적용해 개항을 추진하기로 결정하였다.98) 그리고 1875년 5월 군함 3척으로 동래 앞바다에서 함포사격 등 무력시위와 약탈과 살상을 시작으로, 1876년 1월 8척의 군함으로 400명 군인을 강화도에 무단 상륙시키고, 함포사격 등으로 무력 위협하며, 조선 정부에 회담을 강요하고 나왔다.99)

　　조선 정부가 대책 마련에 부심하는 가운데, 지부복궐소(持斧伏闕疏)로 유명한

---

95) 김기혁, 근대 한·중·일 관계사, 연세대 출판부, 2007, 5-11 및 유용태(2010c), 190 참조.
96) 정한론은 대외침략주의 대상 중 하나인 조선을 정벌해야 한다는 주장이다. 일본의 국수주의 또는 민족주의 사상가들을 중심으로, 그전부터 메이지유신에 대한 내부 불만(대표적인 불만 세력이 신분제 폐지와 징병제 실시로 신분과 특권이 없어진 무사 계급)을 무마하고, 부국강병한 근대국가를 만들기 위해서, 주변국 조선·대만·필리핀 등을 병탄해야 한다는 주장이 1871년경 공공연히 제기·구체화되고, 1873년 다시 등장하였다. 장영민(2007a), 65; 박삼헌(2012), 49-51 및 김기혁(2007), 90.
97) 고종은 대원군 집정기에 이미 청에 파견된 사신을 통해서 동아시아를 둘러싼 국제정세의 변화에 대해 보고를 받았다. 곧 서양국가와 청의 관계가 조공–책봉 관계가 아니고 일본도 청과 대등한 관계를 맺었다는 사실, 그리고 1·2차 아편전쟁 후 한인 관료를 중심으로 서구화를 지향하는 청의 양무운동(洋務運動)과, 일본의 메이지유신으로 각각 부국강병을 도모하고 있다는 사실을 보고받고 조선만 고립되어 있는 상황을 우려하였다. 박삼헌(2012), 51.
98) 부산의 왜관에 파견돼 계속 조선 정부와 서계 접수협상을 하던 일본 관리는, 조선 정부 내 대일정책에 관한 내홍(內訌)과 변화의 사실, 일본의 대만 점령에 크게 당황하는 정황, 따라서 속히 군함을 파견해 위협하면 소기의 목적 달성이 쉽게 가능하다는 내용의 보고를 긴급 타전해, 일본 정부의 정책 변경을 유도하였다. 장영민(2007a), 65. 일본의 결정은 명치 초기의 '복고 외교'를 벗어나 '탈아 외교'에로의 전환, 곧 국내적으로 전면적인 근대화 개혁과, 대외적으로는 대한·대중 등 외교에 있어서 적자생존의 외교이념과 팽창주의적 외교전략이라는 새로운 이념과 방향을 설정한 근본적인 변화를 의미한 것이었다. 김기혁(2007), 126.
99) 이는 러시아의 남하를 막으려는 영·미 등 서구열강의 지원 아래 이뤄졌다. 장영민(2007a), 66.

최익현을 필두로 한 유림은100) 일본도 서양과 동일하다는 '왜양일체론'을 들어 일본과의 불평등한 개항 조약을 극렬하게 반대하며 위정척사운동을 펼쳤다.101) 민중도 대원군도 개항을 반대하였다. 그러나 1872년 사신으로 청의 양무운동을 보고 개방론자가 된 박규수, 역관 오경석 등 개화파가, 역부족을 내세워 개항 불가피론을 제시하고, 일본 수교를 권고한 청 리홍장의 의견서를 받아든 정부는, 결국 대원군의 재 득세 우려와 고종의 대외정세에 관한 새로운 인식과 우려로 일본과 수교를 결정하였다. 그리고 일본측 조약 초안 13개 조항 가운데 최혜국대우 조항을 제외하고 모두 그대로 포함된 반면, 조선측 요구는 한 가지도 명문화시키지 못하고 조약의 의의와 결과도 전혀 깨닫지 못한 채102) 1876년 2월 강화도에서 12개 조항의 조일수호조규(흔히 병자수호조약)를 체결하였다.103) 민비정권은 그

---

100) 지부복궐소는 '도끼를 가지고 대궐 문 앞에 엎드려 올린 상소'를 말하며, 그만큼 죽기를 각오한다는 결연한 의지를 나타내는 상소였다. 면암 최익현은 이항로의 고제(高弟-가장 뛰어난 제자)로서, 그 자신 수천 명의 제자를 거느린 유림 배일파(排日派)의 거두였다. 그는 1873년 호조판서로 대원군을 탄핵하고, 일본과 수교에 반대해 1876년 유배되고, 특사로 풀려나 1894년 공조판서로 임명되는 등 고위직을 거치다 사퇴했다. 1905년 을사조약이 체결되자 다음해 전북 순창에서 의병을 일으켜 항전하다 체포돼 대마도로 유배되었다. 그곳에서 함께 유배된 제자들의 강권에도 불구하고 원수의 밥을 먹을 수 없다고 단식 후 절명하니, 시체 송환 시 수많은 동포가 부산 포구에 나와 통곡하며 맞았다. 1962년 건국공로훈장 중장을 받았다. 이홍직 (1983), 1371.

101) 위정척사운동은 1880년 수신사 김홍집이 일본에서 가져온 청국 외교관인 황쭌셴(황준헌)의 <조선책략>의 내용(親淸, 聯美, 結日, 즉 중국과 친하고, 미국과 연결하고, 일본과 맺으라는 외교전략)에 반발해 항거할 때 최고조에 이르렀다. 그리고 그 후 이 운동은 1890년대, 특히 1895년 을미사변과 단발령(斷髮令)을 계기로 친일관료와 일본 제국주의를 토벌하는 의병운동으로 그 양상이 바뀌게 되었다. 권오영, "위정척사운동," 한국근현대사학회(편), 한국근대사강의, 한울, 2007, 103-104.

102) 조약 체결 논의 중 일본측은 양국 간 우의를 친밀히 하고 다시 외교 단절을 방지하기 위해서는 '조약'을 맺는 것이 최선의 방법이라고 말하고 전문 13조로 된 조약초안을 제출하였다. 이에 조선측에서는 '조약'이라는 것이 무엇이냐고 묻자, 일본측은 두 나라가 국제간의 '통의'(通義-일반의 공통되는 의리)에 의거하여 항구를 개방하고 서로 무역을 하기 위한 약정이라고 설명하였다. 조선측은 조약 없이 300년간 상호 무역해 왔는데, 왜 지금 갑자기 조약이 필요한가라고 반문하고, 조선은 가난한 나라이고 그 백성들은 새 법을 좋아하지 않으며 무역 확대로 여러 문제도 발생할 것이고 일본에도 별 이익이 없고 조선도 손실이 클 것이므로, 옛날대로 부산에서 교역하자고 주장하였다. 그러나 일본측이 교역 국가 간 조약이 국제적 관행이라며 고집하자, 조약 초안을 서울에 전달해 수락 여부를 10일 내 회답하겠다고 하였다. 이처럼 당시 조선 정부는 근대적 국제관계에 관한 지식이 완전히 결여돼 있었고, 회담 대표도 전권대표라기보다는 접견대신에 지나지 않았다. 김기혁(2007), 116.

103) 그 후에도 일본은 무력 외 외견상 평화적 수단인 것처럼 보이지만 침략적이며 기만적인 조약을 이용해서 조선을 침략하는 데 혈안이 되었다. 장영민(2007a), 68-71 참조 인용.

조약에 따라, 1880년 김홍집이 이끄는 수신사(修信使-친선 사신)를 일본에 보내 시
찰하고 온 보고와,104) 그때 가져온 책자 <조선책략>의 영향도 받아, 군사력 강화
를 위해 신식 군대(별기군)의 창설, 일본인 교관을 초빙해 군사훈련 실시, 일본과
청에 시찰단과 유학생의 파견 등 부국강병을 목표로 한 개화정책을 추진하였다.

　　이제 조선 정국은 고종 친정(親政) 이후 권력을 장악한 민비 등 민씨 일파(민
비정권)가 개화파가 되고, 그에 강력하게 반발하는 대원군 측근 세력과 유림이
수구파가 되는 형세로 전개되었다. 권력을 쥔 민비정권은 수구파를 탄압하였는
데, 1881년 대원군 재집권 지지 세력이 국왕을 폐하고 대원군의 서자(庶子) 이재선
을 추대하려는 쿠데타 계획이 밀고로 발각됨을 계기로, 수구파를 철저히 제압하
게 되었다. 이를 기회로 민비정권은 청 리홍장의 이이제이(以夷制夷) 정책의 일환
으로 일본의 영향력을 배제하려고 조약을 체결케 하는 정책(입약권도책, 立約勸導
策)의 제안에 의하여, 그리고 국제질서에 대한 인식의 확산으로, 직접 외교관계를
맺는 방법으로 청·일의 영향과 개입에서 벗어난 세력균형(균세, 均勢)의 필요성을
어느 정도 느끼게 되었다. 그리하여 민비정권은 이전까지의 태도를 바꿔, 청의
개입과 주도 아래(그래서 조선의 외교권과 주권을 인정받지 못한 채), 서구 열강 최초
로 미국과 1882년 4월 제물포에서 조약을 체결한 뒤,105) 영국, 독일, 러시아 등
서양 각국과 국교 수립의 불평등 조약을 속속 체결하였다.

　　그런데 1882년 임오군란을 계기로 청·일 양국의 대립전선이 더 분명해졌다.
즉 신식 군대에 대한 급여 등 특혜로 불만을 품고 있던 구식 군대 군인들이 1882
년 6월, 13달치 급여 지연과 창고 담당 관료의 부정행위(급여로 받는 쌀인 녹봉미에
겨와 모래를 거의 반 정도 섞고 착복)에 항의해도, 오히려 국고를 낭비하고 부패 관리
를 비호하며 주동자를 처벌하려 한 민씨 척족 정권에 항거해 폭동을 일으켰다.
반일 감정의 민중도 가세한 그들은106) 일본 공사관과 창덕궁을 습격해 부패 관

---

104) 김홍집과 김기수는 만국공법을 언급하며 국제질서를 '균세관념'으로 파악해 보고하였다. 그
　　렇다고 청과의 종속관계는 크게 달라지지는 않았다. 일본과의 개항 이후에도 청과 조선 두 나
　　라 사이의 종속관계를 계속 인정했기 때문이다. 따라서 모화사상 자체가 없어진 것은 결코 아
　　니었다. 한규무, "개화운동", 한국근현대사학회(편), 한국근대사강의, 한울, 2007, 91.
105) 청은 조공국인 조선이 다른 나라와 조약을 맺는 것을 용인하면서, 조선은 속국이기는 해도
　　자주적이라고 설명했다.
106) 국가의 수입이 감소하는데 개항 이후에 내외국 사절의 영송(迎送), 배상금의 지불, 새로운 문

료·일본인 교관·민겸호 등 '민당'(閔黨)으로 지목되는 고관들을 살해하고 민비도 찾아 죽이려는 반란(임오군란)을 일으켰다. 그러자 고종은 사태 수습을 위해 대원군을 입궐시켜, 근 10년 만에 다시 정권을 맡겼다[이때 궁녀로 변장해 충주로 탈출한 민비의 실종으로 국상(國喪)이 선포되기까지 한다].

주일공사의 보고를 받은 청국은 마침 영선사로 체류중인 김윤식·어윤중의 건의에 따라 일본이 조선에 진출하지 못하도록 무려 3천 명의 대군을 재빨리 조선에 파병해 기선을 제압하였다. 이때 리훙장의 심복인 -후에 총독 또는 감국(監國)의 별명이 붙을 정도로 횡포가 심한- 약관의 청년 위안스카이(원세개, 袁世凱)[107]를 파견해, 조선의 외교와 내정을 총 관리하는 중책을 맡겼다.[108] 그는 군란

명시설의 도입 등 여러 항목의 지출 증가로 재정적인 궁핍은 더욱 심하여 갔다. 그 결과 농민에게는 이중 삼중의 부담을 지우게 되었다. 각종 명목의 세금이 증가하고, 징수하는 향리들의 행패가 막심하였다. 양반관리들에 대한 농민들의 불평은 금방 폭발할 것 같은 기세였다. 이에 각지에서 민란이 자주 일어나고, 물자의 집산지에 떼강도(화적, 火賊)들이 빈번하게 출몰하였다. 1876년 병자수호조약 체결의 강요로 발을 들여놓은 일본의 경제적 침투는 놀랄 만하였다. 인천·부산·원산의 각 개항장의 많은 일본의 상관(商館)을 중심으로, 무뢰배나 낭인(浪人) 출신의 일본 상인들은 농민들을 상대로 폭리를 남기는 약탈적인 무역과 고리대금의 방법으로 가난한 농민들을 착취하여 이중의 이득을 취하였다. 1889-1990년 함경도와 황해도에 각각 곡물의 수출을 금하는 정부의 방곡령(防穀令)도 일본의 항의로 효과를 거두지 못하였다. 이리하여 농민은 더욱 헐벗어가고, 농촌 경제가 피폐해져 가며, 농민들의 일본 상인들에 대한 적개심도 점점 커져갈 수밖에 없었다. 이기백(1999), 306-307.

107) 위안스카이(1859-1916)는 태평천국운동을 진압한 데 공을 세운 오장경 휘하에 1881년 투신하고, 1882년 조선 임오군란 발발로 민비 일족이 청국에 구원을 요청한 후 청조가 오장경의 경군(京軍) 6영(營)을 급파함에 따라 오장경과 함께 들어온 후, 대원군을 압송하고 임오군란을 진압해 일본을 견제케 한 공을 세웠다. 고종이 친위군 양성 훈련을 오장경에게 부탁하고, 오장경은 원세개에게 일임해 조선 신식 군대를 통솔하게 되었다. 1884년 갑신정변 시 원세개는 청군을 출동시켜 일본군을 패퇴시키고 진압하였다. 일본의 반발로 일단 원세개는 소환되었으나 고종의 무능과 민씨 일파의 전횡에 대처해, 청조의 리훙장(이홍장)은 대원군을 석방하고 그 호송을 원세개에 맡겨 조선에 다시 보냈다. 그리고 리훙장은 초대 주한 상무위원[주찰조선총리교섭통상사의(주찰관)가 공식 직함임]인 진수당을 경질하고, 그 자리에 원세개를 승진시켜 임명하였으니, 그의 나이가 26세였다. 이때부터 리훙장의 절대적 신임에 힘입어 10년 가까이 리훙장의 조선 대리인으로 주재하며, 청조의 존엄과 종주-속방체제 공고화를 위해 조선 내외정에 막강한 영향력을 행사하였다. 엄청난 오판으로 청일전쟁이 발발하자 1894년 리훙장의 명으로 도망치듯 귀국할 때까지, 그는 임오군란부터 갑신정변, 동학농민봉기, 청일전쟁 등 당시 모든 역사적 사건에 사실상 총독[그 스스로 감국대신(監國大臣)으로 자처함] 같이 관여해 극심한 횡포를 부리며 조선의 국익을 침탈하였다. 청일 간 일촉즉발의 위기 상황이 전개되는 6월 하순 그는 북경으로 돌아가는 러시아 무관의 중국인 하인으로 위장하고 서울에서 도망쳤다.

귀국한 그는 청일전쟁 후 리훙장을 대신한 신흥 대일 강경론자에 가세해 신식 육군의 제도와 훈련을 총괄하며 실력자로 성장하였다. 1898년 무술정변이 발생하자 서태후 보수파와 손을 잡고 진압하면서 서태후의 총애로 요직을 역임하였다. 1900년 청조가 서구 열강과 전쟁으

의 수괴라는 혐의를 조사한다는 명분으로 재집권 한 달 된 대원군을 체포 즉시 청나라로 납치해 가고 사태를 진정시키며 민씨 척족 세력이 다시 정권을 장악하게 만들었다. 이제 청국은 -'민씨 일파의 요청'으로 조선에 계속 주둔하고 있는[109]- 그 주둔군(1,500여 명)을 배경 삼아, 전례 없이 조선에 정치와 외교의 지도를 위한 고문관 파견, 군사제도 개편 등 군사적·정치외교적 내정간섭을 강화해 나갔다. 이는 -실질적인 내외정에는 종주국도 간섭하지 않는- 수백 년간의 전통적인 청·조선의 종속관계를 본질적으로 변질시킨 것이었다.[110] 이러한 청의 실질

로 북경이 함락되자 그에게 북경 구원을 명하였으나 응하지 않고, 변법의 조서를 발표해 신정을 추진하였다. 1901년 리홍장의 병사 후 그 자리(직예총독 겸 북양대신)에 임명되었다. 신군 편성과 무기 구매를 확대해 실권을 바탕으로 1903년 중앙 정계도 장악하였다. 러일전쟁 후 민족의식과 혁명운동의 발전으로 한인 세력과 만주 황족 간 대립이 격화되던 중 1908년 광서제와 서태후가 죽고, 3세의 부의(溥儀, 푸이)가 즉위했으나 생부 섭정왕 재풍과 대립하다 은퇴하였다. 그러나 1911년 무창봉기로 신해혁명이 시작되자 북양군부와 제국주의 세력은 진압 적임자로 그의 천거를 강요해, 청조가 그를 호광총독으로 재등용하고 진압을 명했으나 응하지 않았다. 혁명이 파급되자 다시 내각총리대신으로 임명되었고, 그는 혁명 주동자 손문과 화의 후 청국 황제의 퇴위를 요구했다. 1912년 청 황제가 퇴위하자, 중화민국 초대 대통령이 되고, 이듬해 제2혁명을 계기로 쿠데타를 감행해 황제체제 복구운동을 벌여 1915년 말 황제로 즉위했다. 그러나 전국적인 반발로 제3혁명이 폭발해 황제체제를 취소하고, 1916년 울분 속에 죽었다. 이홍직(1983), 878-879; 허우이제, 원세개, 장지용(역), 서울:지호, 2003, 104-107 및 이은 자, "원세개". 한국근대외교사전, 393-397.

108) 리홍장은 청조의 조선정책을 수립하고 집행하는 전 기간을 통해, 조선의 외교와 통상을 총관리하는 중책을 위안스카이에게 맡김으로서, 가장 근본적인 중요한 과오를 범하게 된다. 위안스카이는 기민한 판단력과 과감한 행동력을 갖고 있었으나, 당시 국제사회에 관한 지식이 거의 없었고, 전통적 중국교육도 별로 받지 못한 그때 나이가 불과 26세인 경험이 부족한 청년이었다. 또 성질이 횡포하고 태도가 오만하여 권모술책을 좋아했다. 이런 청년에게 감국이나 다름없는 막대한 권한을 줘 파견한 사실 자체부터가 조선조정과 정부를 경시한 리홍장의 태도를 보여준 것이다. 위안스카이는 리홍장의 전폭적인 신임과 지지를 받으면서, 조선에서 10년 동안 내외정 각 분야에 걸쳐 온갖 간섭·압력·규제를 가하였다. 그의 유일무이한 목적은 청조의 종주권을 강화하여 그 권위를 높이는 것이었다. 그에 농락·조종되고 있던 조정의 요인과 군관들은 '상국'(上國)에 청병하는 것을 당연지사로 생각하였다. 김기혁(2007), 200. 원세개의 횡포의 예로서, 1893년 10월 6일 조선 주재 각국 공사들이 국왕을 알현할 때 모두 대궐 문에서 내려서 도보로 들어가는데, 원세개는 유유히 사인교(四人轎)를 탄 채 대궐을 출입했다. 연갑수(2008), 133.

109) 한규무(2007), 93.

110) 청조와 조선은 원래 종주국과 속방으로서, 주종관계와 상호불간섭의 두 원칙을 지켜왔다. 그래서 '사대이례 자소이덕'(事大以禮 字小以德-예로써 종주국을 섬기고, 덕으로써 속방을 보살핀다)의 책임과 의무로, 상호 일정한 의례적 의식과 예절을 시행하였고, 조선은 정면으로 청조의 종주적 우위를 부정하거나 대등한 지위를 주장한 적이 없다. 그리고 '조선은 속방이나 정교(政敎-정치와 종교)와 금령(禁令-금지 명령)은 자주'라는 말로 분명히 규정된 관계 속에서, 실질적인 내외정에는 종주국도 간섭하지 않는 것을 기본적 원칙과 전통적 관행으로 지속시켜 왔다. 김기혁(2007), 4 및 김기혁, "이홍장과 청일전쟁," 한림대 아시아문화연구소(편), 청

적 속방화 정책은 1894년 청일전쟁 때까지 계속되었다. 청은 조선에 대하여 -다른 나라와 불리하게 조약이 체결되는 근거가 되는- 불평등한 통상조약을 강요해, 이를 근거로 크게 수탈하며,[111] 전통적인 조공의 형식적인 사대관계를 새로운 식민지적 관계로 예속·변질시켰다. 즉 조약 전문에 조선이 청의 '속국'이라고 명기함으로써 조선의 자주권을 부정하였다. 또 청은 자국의 이권을 챙기면서, -군함 4척과 1개 대대를 파견해 인천 주변에 집결해 놓고, 강경하게 조선 정부의 책임을 들고 나온 일본을 감안해- 조선 정부의 공식 사과·군란 책임자 처벌·피해 배상금 지급·(일제 침략의 디딤돌이 되는 주권 침탈 조항인)공사관 경비 병력 주둔 허용 등 일본측 요구사항을 그대로 담은 조일 간 제물포조약을 중재해 체결케 했다. 이 임오군란으로 조선에서 청·일 양국의 아류적 제국주의(secondary imperialism)적 속성과 대립전선이 더 분명해졌다.[112]

> 임오군란을 통하여 대원군 중심의 수구파가 거의 몰락했지만, 민씨 척족 정권은 정권유지에만 집착해 새로운 개혁을 바라던 개화당 세력과 충돌하였다. 즉 개화파 내 의견·노선 대립이 생겨 온건개화파와 급진개화파로 갈라지게 되었다. 급진개화파는 자파를 차별화해 개화당 혹은 독립당으로 부르고, 집권 민씨 세력인 온건개화파를 사대당 혹은 수구당이라 불렀다.[113]

이에 청으로부터 독립과 일본 메이지유신 같은 개혁을 추구한 김옥균·박영효·홍영식·서광범 등 명문 출신 소장 관료인 친일 급진 개화파가 일본과 연계를 강화하고 점차 세력을 키워갔다. 이들은 그 의존 국가가 일본인 점에서 동일한

일전쟁의 재조명, 1996, 21.

111) 인사권을 비롯해 수세권까지 관할하게 된 세관은 청국의 것이나 마찬가지였고, 인천-서울-의주-북경을 잇는 군용전선이 가설되었으며, 청국의 북양함대는 인천에 고정 배치되었다. 청국 상인들은 내륙 깊숙이 침투하여 통상이익을 차지했고 밀수선이 한강까지 들어왔다. 조선의 자주정책을 억제하고, 이권을 확보하기 위하여 조선정부에 차관을 독점적으로 제공했다. 장영민 (2007a), 80. 한편 일본과 중국의 개항 이후 무역에 뛰어든 구미 상인들은 보통 100-200%의 막대한 이익을 거두었다. 유용태(2010b), 150.

112) 역사학자 라티머(Owen Latimer)가 19세기 후반 서구 열강들이 'First(Primary) Imperialism'세력 이라면, 그 피해를 받은 중국이 중앙아시아 변방 민족들에 이를 그대로 사용했다고 해서 'Second(또는 Secondary) Imperialism'이라고 표현한 것을, 김기혁 교수가 한국에 대한 청·일의 정책에 인용함. 김기혁(2007), 156-157; 김기혁(1996), 48, 288-289.

113) 박민영(2007b), 128-129.

또 하나의 다른 외세 의존 세력인 셈이었다. 이제 친청 수구파와 친일 개화파의 대립은 격화되었다. 개화당 세력은 그동안 과도한 내정간섭을 하는 청국과 구태의연한 집권파의 장벽을 부수고 근대 자주국가를 수립할 방법은 외세의 도움으로 쿠데타밖에 다른 방법이 없다고 여기고 준비했다. 1884년에 들어, 청국이 프랑스와의 전쟁114)으로 고전하며 조선 주둔군 절반을 철수·전환하고, 따라서 조선 문제에 깊이 관여하기 곤란하며, 나아가 청국 패배 시 자주독립도 가능하다고 여기기 시작하였다. 결국 김옥균 등 급진 개화파는 1884년 10월 외교사절과 국내 정계 요인들이 참석한 우정국(우편사무소) 개국 축하연 시, 일본 공사의 지원을 받아 왕궁을 제압하고, 군권을 쥔 수구파 인사와 민씨 핵심인사 민태호·민영목 등을 살해하고, 내각제·인민평등권·문벌타파 등 혁신정강 14개조와 신정부 요인 명단을 발표하며 정권을 탈취하였다(갑신정변). 그러나 위안스카이의 명에 의한 청군의 출동으로 왕궁을 수비하고 있던 일본군이 쫓겨나고, 일본 거류민 일부가 피살되며, 개화파 일부는 피살되고, 김옥균·박영효·홍영식·서광범·서재필 등은 일본 공사관을 거쳐 일본으로 망명하면서, 근대 국민주권주의를 표방한 최초의 정치개혁운동으로서의 -그러나 외세 의존, 민중지지 부족, 준비 부족 등 결함이 노정된- 쿠데타는 3일 만에 실패로 끝났다. 이제 청·일 양국의 대립 갈등은 최고조에 달하게 되었다.

　조선 정부는 일본공사의 쿠데타 관여의 책임을 물으려고 했으나, 청국이 사건의 확대를 원치 않으므로, 공식 사죄·피해 유족 보상·재산 보증금 지불 등 일본 요구를 수용해 11월 한성조약이 체결됐다. 무능한 민비정권은 상황 반전의 기회를 잃어버리고 책임도 뒤집어쓰고 말았다. 일본은 열세를 만회하고자 청국과 적극 협상에 나서 1885년 3월 텐진(천진)에서 일 이토 히로부미와 청의 리훙장의 교섭으로 청·일 양국이 6월에 조선에서 공동으로 병력을 철수하고, 향후 파병 시 사전에 통고할 것을 주 내용으로 하는 -청군 차병정책과 관련해 결정적으로 중요한- '텐진(천진)조약'을 체결했다. 이에 6월에는 양국군 전 병력이 조선에서

---

114) 1883년 베트남을 침략한 프랑스와, 베트남에 대한 종주국을 주장하는 청국 간 청프전쟁이 일어났다. 청국은 패배하고, 1885년 프랑스의 베트남 보호권을 인정하는 텐진조약을 맺고 전쟁이 끝났다.

철수하였다.

그런데도 청국은 갑신정변으로 일본의 -경제적 침투는 더 강화됐지만- 정치적 영향력이 후퇴한 틈을 타 조선에 대한 내정 간섭을 넘어 자국의 영토(실질적인 속방)로 삼으려는 야욕을 드러냈다. 이에 고종과 민비 등 위정자들은 반감을 품고 1884년 한러조약 체결 이후 급속도로 영향력을 확대해오던 러시아에 의존하려고 군사 교관 초빙 등 러시아에 보호를 요청하는 밀약을 추진했으나 실현되지는 못했다. 청일 양국은 다시 대원군을 귀환시켜 친로파인 민씨 일파와 맞서게 하였다. 그러자 위협을 느낀 민씨 일파는 다시 러시아와 접촉해 새로 부임한 러시아 공사 웨베르에게 보호를 요청하고 군함의 파견까지 간청하는 일도 벌어졌다. 서양 열강은 기본적으로 조선과 청의 관계에는 개입하지 않고, 종주국인 청이 조선 외교의 후견 역할을 수행하는 데 대해 묵인하고 있었다.[115]

이상은 1894년 조선 정부가 청국 지원병을 빌어 동학농민군을 진압하려던 시기까지의 조선의 대외적인 정책상황의 요약이다. 이 시기, 역사가들마다 다르겠지만, 대체로 당면한 당시의 (대내적 정책문제인 ①과 ② 외에) 대외적 정책문제는 ③ 청·일 제국주의적 예속화의 각축 속 청 외세의 일방적 의존으로 인한 '국권 손상의 문제'라고 정의할 수 있다. 그러나 민비정권이 '주관적으로' 정의한 대외적 정책문제는 그와 다르게 ③ '청·일의 무례와 횡포의 문제'였고, 그래서 그들은 청국의 횡포에 대하여 불만을 품고 그에 반발하기도 했지만 큰 사건에는 그래도 믿을 만한 상국(上國)이므로 습관적·임기응변적으로 도움을 청하고 의지하려고 했던 것이다. 그것이 청군차병정책으로 연결된 배경이라고 할 수 있다.

결론적으로 고종이 청군 차병을 결심하기까지 당시 국내외 '정책상황'과 관련된 '정책문제'는 ① 수구적·억압적 미봉책으로 일관한 '민생 파탄 문제' ② 부패 무능한 민비정권에 절망해 무장 항거하고 나온 '동학농민군의 폐정개혁 및 국권 수호의 요구 문제' ③ 청·일 제국주의적 예속화의 각축 속 청 외세의 일방적 의존으로 인한 '국권 손상의 문제'라고 정의할 수 있었다. 그러나 그 전후 일련의 사태 전개로 보건대, 민비정권은 그와 다르게 ① '일부 탐관오리의 부정부패 문

---

115) 이때 러시아에 보낸 공문이 문제가 돼 원세개는 고종의 폐위를 주장하기까지 하였으나 청국의 사정으로 실현되지는 않았다. 오비나타 스미오(2012), 71.

제’ ② ‘왕조체제를 전복하려는 반역 문제’ ③ ‘청·일의 무례와 횡포의 문제’라고 잘못 정의하고, 그것들을 정책의제로 채택하고 있었으니, 당시 관련 정책들이 실패할 수밖에 없었고, 청군차병정책도 그중의 하나였다.

그러면 정책철학적 정책관에 의하여 이 단계를 간단히 분석해 보기로 하겠다. 먼저 이론·가치중립적 객관주의 정책관은 ‘문제란 객관적으로 드러난 것’으로 보기 때문에 역사가들과 민비정권 사이에 정책상황과 정책문제에 대한 인식에 있어서 특별히 차이가 있을 수 없다고 본다. 그러나 일련의 사태 전개로 충분히 유추할 수 있는 바대로, 민비정권이 ‘주관적으로 구성하고 정의한 문제’는 –물론 주관적 구성물이므로 다를 수 있지만, 대체적으로 본– 역사가들의 문제정의와 큰 차이가 있다고 할 수 있다. 따라서 그런 인식의 오차·오류 가능성은 이 정책관의 주장을 파탄시키고 만다. 이는 그 다음 단계의 정책과정의 운용을 좌우하는 ‘첫 단추’에 해당하므로 아주 중요하다.116)

민비정권이 정책상황과 정책문제의 정의에 실패한 오차·오류는 모두, ‘능동적 구성주의’ 인식론을 취하는 개량주의 정책관과 패러다임 정책관에서 적절하게 포착·분석해 낼 수 있다. 그러나 그 설명 방식은 다를 것이다. 개량주의 정책관은, 그전까지는 개량주의로 점진적인 문제해결을 비교적 큰 문제없이 해왔는데 조선 후기에 이르러, 세도정권이 개량주의적 문제정의에 계속 실패하면

---

116) 그래서 미국 정책학자 라인베리는 이를 ‘정책 우선순위를 결정해 주는 최초의 계기’(the first cue to policy priority)라 하고, 존스는 ‘정책문제를 정부(해결의지와 해결방향)에 가져가기’ (getting problem to government)를 위해 아주 복잡한 정치적 조직화와 대표행위, 정치적 합종연횡이 전개된다고 하며, 샤츠슈나이더는 정치권력의 획득·유지·강화와 행사 등을 위한 가장 중요한 수단이라고 하였다. 허범 교수는 “정책과정의 관점에서 볼 때, 정책문제의 정립은 정책결정자 및 기관, 즉 정책주체가 어떤 문제를 취급하고 그 문제의 해결을 의도하겠다는 정책의지를 공식적으로 표명하는 중요한 정책결정이라 할 수 있다.···정책문제형성과정은 전체 정책과정 가운데서 가장 복잡하고 역동적이며 중요한 사회·정치과정으로 나타난다. 그뿐만 아니라, 바로 이 과정 속에서 한 사회의 방향과 목적이 탐색·형성·정립된다. 그러므로 정책문제형성과정은 한 사회의 자기변개능력(self-guiding capacity)을 기르고 발동시키는 모태이기도 하다. 이런 관점에서 볼 때, 민주주의를 신봉하는 사회에서 정책문제형성과정은 가장 중요한 정치의 중심이 된다.···가장 바람직한 인식의 기초는 정책문제정립을 한 사회의 자기변개성 (自己變改性)과 민주주의의 기본기제로 보장하는 것이라고 할 수 있다.”라고 한다. Robert L. Lineberry, American Public Policy, NY: Harper & Row, 1977, 25; O. Jones, An Introduction to the Study of Public Policy, Belmont: Wadsworth, 1970, 27~44; E. E. Schattschneider, The Semisovereign People, NY: Holt, Rinehart and Winston, 1961, 68; 허범, “정책문제정립의 본질,” 한국정치학회 제3회 합동학술대회논문집, 3, 1979, 313~314, 320에서 인용.

서, 점점 문제가 누적돼 폭발한 것이 동학농민군의 봉기이고, 청일의 침탈에
의한 국권 손상이라고 진단할 수 있겠다. 그에 비하여 패러다임 정책관은 세도
정권이 적절한 시기에 적절한 방향으로 패러다임의 전환에 실패하여, 결국 문제
정의의 실패는 물론이고, 국정 전반의 대처 불능의 위기를 맞이했다고 진단할
수 있겠다. 그렇지만 19세기 동아시아의 정세 급변은 패러다임 정책관이 더 적
절한 현실 설명력을 갖춘 정책관임을 지지해 준다고 할 수 있다. 세계사적이고
(동아시아) 지역적인 패러다임 전환기에, 그에 맞춘 조선의 대응, 즉 적절한 패러
다임 전환의 실패가 정권의 개량주의적 대응 실패보다 더 적절한 설명이 된다는
말이다. 그 증거가 청나라의 대응 실패와 ―패러다임 전환으로 대응한― 일본의
성공이다.

대내외적 전환기에 대내적으로 도탄에 빠진 민생과 대외적으로 청 의존의
사대주의의 문제점이 임계점에 이르렀음을 인지하지 못하고 사태에 대하여 개량
주의적으로 해결하려고 한 결과, 대내외적인 심각한 정책문제가 한꺼번에 밀려들
고 만 것이 동학농민군의 봉기와 그에 의한 왕조체제의 전복 위협, 그리고 청·
일의 속방화 침탈이라고 규정함이 적절할 것이다. 개량주의자들은 대내외적 전환
기마저도 그 시류에 적절하게 개량주의적으로 대응·전환해 갔다면, 즉 성공적으
로 점진적 개선을 도모했다면, 오히려 큰 부작용과 후유증을 줄이면서 성공할
수 있었다고 주장할 수 있겠다. 사실 실패 연속의 개량주의가 문제이지 성공 가능
한 개량주의 자체를 부정해서는 안 될 것이다.

그렇지만 당시 일본의 쇄국정책이 개혁개방정책(메이지 유신)이라는 성공적
인 패러다임으로의 전환이 있었던 것 같이 이미 개량·개선으로는 도저히 사태
해결을 도모하기 어려운 상황도 있는 법이고, 그 경우 양자 도약(quantum jump),
즉 패러다임 전환(paradigm shift)이라는 '패러다임 정책관'의 처방만이 오히려 현
실적으로 가능한 좋은 선택지일 수 있다. 물론 그 경우에도 '정책기조 전환의 기
획과 관리'(간단히 정책기조의 전환 관리)가 매우 중요하다. 그런 처방을 성공시킬
수 있는 정책 주체의 인식, 의지와 역량의 정책리더십이 무엇보다도 중요하고,
기타 자원과 환경 여건도 중요하다. 특히 우선적으로 정책문제를 올바로 정의하
고 후속 정책과정을 운용할 수 있는 올바른 인식의 기본틀과 방향, 즉 올바른

패러다임의 정립이 필수적이다. 그렇지 않으면 그런 패러다임 전환의 처방마저도 성공을 보장할 수 없다. 이와 같이 다양한 정책관들의 비교, 즉 다원주의 정책관을 통하여 당시 상황에 대한 다각적인 분석이 동학농민군의 봉기에 이르기까지 사태를 악화시킨 정권의 대처와, 봉기에 대하여 청군 차병에 의한 진압 문제를 '정책의제'로 삼은 발상의 배경 등을 더 충분히 이해할 수 있게 해 준다. 이는 특별히 민비정권의 국정기조의 분석을 통하여 더 많은 이해를 제공해 주므로 다음에서 그에 관하여 논의하기로 하겠다.

2. 일부 탐관오리의 부정부패, 왕조체제를 전복하려는 반역, 청·일의 무례와 횡포 등으로 문제정의한 배경적 '인식의 기본 틀': 민비정권의 국정기조의 분석

그러면 당시 국내외 '정책상황'과 관련된 '정책문제'를 ① 수구적·억압적 미봉책으로 일관한 '민생 파탄 문제' ② 부패 무능한 민비정권에 절망해 무장 항거하고 나온 '동학농민군의 폐정개혁 및 국권 수호의 요구 문제' ③ 청·일 제국주의적 예속화의 각축 속 청 외세의 일방적 의존으로 인한 '국권 손상의 문제'라고 정의할 수 있는데도, 민비정권은 왜 그와 다르게, ① '일부 탐관오리의 부정부패 문제' ② '왕조체제를 전복하려는 반역 문제' ③ '청·일의 무례와 횡포의 문제'라고 정의하고 있었을까? 도대체 그런 문제인식의 배경은 무엇일까? 이는 순조 시대 이후 세도정권, 특히 고종 시대에 민씨 세도정권(민비정권)이 국가정책 전반(국정)에 대하여 견지한 패러다임(기조)을 통하여 알 수 있다.

19세기 중엽 조선왕조는 밖으로는 서구 열강 외세의 침략을, 안으로는 세도정치와 과거제도의 정치행정적 문란, 조세행정의 경제적 문란, 가혹한 수탈에 따른 민중봉기의 사회적 문란 등 체제 내부의 문란을 겪으면서 그 지배체제를 유지할 수 없을 정도로 심각한 대내외적인 위기를 동시에 극복해야 하는 매우 어려운 과제를 안고 있었다.[117] 그런 내우외환의 위기 시대가 요구하는 국왕은 그런 위기

---

117) 김상기, "총설: 한국 근대사의 이해," 한국근현대사학회(편), 한국근대사강의, 한울, 2007, 7-10 참조.

를 타개할 만한 비범한 역량을 갖춘 사람이어도 어려울 텐데 순조 시대에 시작된 세도정권은 다음과 같이 왕위 계승자는 철저하게 혈통에 의해, 철종과 같이 변변한 교육도 받지 못한 국왕, 그리고 고종과 같이 12살 어린이를 국왕으로 앉혔다.118)

> (1849년-저자 주) 원래 철종 자신도 19살에 왕위를 계승하는 데는 문제가 있었던 인물이었다. 헌종에게는 아들도 형제도 없었다. 그래서 가까운 혈족을 찾다 보니, 사도세자의 피를 이어받았다고는 하나 정조 초반 역모에 연루되어 강화로 유배된 은언군의 손자로서…일반 사대부로서의 교육조차 제대로 받지 못한 인물이었다. 그런 철종 역시 아무런 후사도 남겨 놓지 않은 채, 1863년 12월 승하하고…국왕의 팔촌 범위에 드는 남자 중에 마땅한 왕위계승 후보자가 없었으니, 이제 왕실마저도 중단될 것 같은 위기감에 휩싸였다. 이런 상황에서 당시 대왕대비로서 왕위 계승 결정권을 갖고 있던 신정왕후 조씨의 입장 때문에, 이제 왕실이 아닌 일반 사대부 집안으로 전환되는 단계에 이르렀던, 흥선군의 열두 살 된 아들이 왕위를 계승하니, 그가 고종이었다.119)

이와 같이 대내외적인 위기를 불러온 문제들에 대처하여 그 근본적 개혁보다는 임시 미봉적 대처로 목전의 위기만 넘기고자 하면서, 위기를 돌파할 유능한 왕위 계승자보다는 '왕조의 혈통'에만 관심을 둔 것이 당시 집권층의 관심사였다. 이는 서구 열강이 침략해 동남아 일대를 식민지로 복속시킬 때 유일하게 주권을 지킨 태국이 후계자를 세운 사례와 극명하게 대조를 이룬다.

> 짝끄리(Chakri)가 1782년 톤부리에서 강 건너 방콕으로 천도하고, 라마(Rama)

---

118) 사실상 농민으로 지내고 있던 철종이 만약 실질적인 왕권을 행사할 가능성이 있는 임금이었다면 그는 결코 왕이 되지 못했을 것이다. 그 경우 할아버지의 형을 죽인 정치세력을 단죄하겠다고 나올 것이기 때문이었다. 노론은 '강화도령' 쯤은 얼마든지 요리할 자신이 있었고, 그래서 그를 왕으로 만들었으며, 철종이 후사 없이 죽었어도 그리 걱정하지 않았다. 그러나 철종이 사망한 날 왕실의 최고 어른인 대왕대비 조씨는 전·현직 대신들을 불러 모은 자리에서 "흥선군의 제2자 명복(命福)으로 대통을 잇게 하라"는 언문 교서(한글 교서)를 내렸다. 예상치 못한 교서에 모두 경악했으니, 조선 역사상 가장 극적인 역전극이 펼쳐졌다. 노론의 방심을 노리고 권토중래를 꿈꾸는 흥선군 이하응이 조대비와 결탁해 나온 것이었다. 조대비는 섭정을 해야 했는데, 그 권한을 대원군에게 위임했다. 이덕일(2005), 216-218.

119) 연갑수(2008), 37-39 참조 요약.

1세로 짝끄리 왕조를 연 이래, 라마 2세는 서양세력에 대한 폐쇄정책에 의거, 1822년 -인도에 이어 동남아 일대로 세력을 넓히려고 한- 영국의 인도 총독 해스팅스 (Hastings)가 방콕에 파견한 사절을 통해 요구한 화친조약을 거절하였다. 그런데 1824년 영국과 버마 사이에 제1차 전쟁이 일어나 대외관계가 긴장될 때, 라마 2세가 사망하였다. 후계자는 적자(嫡子)인 몽꿋(Mongkut) 왕자가 될 것으로 예상되었다. 그러나 왕족과 중신회의에서는 아직 20세밖에 안 된 나이에 승려생활을 시작한 지 13일밖에 안 되고 정치적으로 미숙하며 행정 경험도 없는 몽꿋을 선택할 경우, 긴박한 당시의 국제정세하에서 태국이 위태로울 수 있다고 생각해 짝끄리 왕조를 계속 지탱해 나갈 수 있는 후계자로 후궁의 소생이지만 국정 처리에 풍부한 행정 경험을 갖춘 37세의 왕자를 라마 3세로 선택했다. 2년 후 영국이 승리해 서쪽에서 자주 침입했던 숙적 버마의 위협이 완전히 사라지게 되자, 그리고 다시 영국의 인도 총독 사절이 방콕에 와 조약 체결을 요구하므로, 영국의 식민지가 된 버마의 운명을 본 라마 3세는 화친조약을 체결했다. 그는 서양 상인과 선교사의 도래로 전통문화에 큰 도전을 맞았지만, 신중하게 대응하며 극복해 나갔다. 그가 1851년 죽자 그의 아들이 아니라, 그동안 27년간 정치적 중립을 지키며 사원에서 승려생활을 하고 적극적으로 선교사들과 교우해 신지식을 획득하며 국내외 정세에 밝은 (라마 2세의 아들인) 몽꿋이 옹립돼 라마 4세로 왕위를 계승하게 되었다.[120]

이렇게 비교해 보더라도 모든 정책을 지배하는 당시 조선 집권세력의 첫 번째 국정기조에 대하여 더 이상 긴 설명이 필요하지 않음을 알게 된다(사실은 본문 전체에서 설명되고 있다). 곧 시대와 사회의 요구에 부응하지 않고서 어떻게 해서든 이미 기울기 시작한 '왕조체제 명맥의 최대한 유지'를 붙들고자 한 것이 그것이다. 오히려 태국의 집권세력이 선택해 왕조체제를 유지시킨 방법과는 반대의 길이었다.

다음 두 번째 국정기조도 이상의 첫 번째 국정기조와 불가분리의 관계에서 긴 설명이 필요하지 않다. 즉 청군 차병정책을 추진한 시기 전후에는 바로 민비와 그들 여흥 민씨 세도가들이 세도를 잡고, 이미 붕괴되기 시작한 왕조체제에서 어떻게 하면 '민씨 척족 중심의 기득권을 최대한 유지'할 수 있는가에 온 힘을 쏟으며 국정을 운영하였다. 조선 후기 부정부패, 기강 문란과 민생파탄을 초래한

---

120) 한국태국학회, 태국의 이해, 한국외국어대출판부, 2005, 28-31; 김홍구, 한권으로 이해하는 Thailand, 2판, 부산외대출판부, 2006, 100-102 참조.

세도정치를 민씨 세력은 똑같이 재연하면서 국가의 운명(殞命)을 재촉하였던 것이다. 대원군이 물러난 후 등장한 고종의 왕비 민씨도 조선 후기 노론의 핵심 가문 중 하나에 속하였다.[121] 그리하여 사실상 민비와 그 일가 민씨 세도가들은 국왕을 업고, 재정, 군사, 인사 등 정부의 핵심 권력을 차지하고, 그들 가문 중심의 국정을 운영하였다. 그렇게 당시 고종 친정 시대는 최고 권력자인 민비를 필두로 한 민씨 정권의 시대였고, 이 때문에 그 정권은 통상 '민비정권'이라고 일컫게 되었다.[122]

그래서 미국공사 허어드(Augustine Heard)는 1892년 11월 미국 정부에 조선 국정 전반에 대한 보고에서, "민비가 우두머리인 민씨 척족은 왕국내의 거의 모든 권세와 부귀 있는 자리를 독차지하여 미움을 사고 있다. 만약 실력 있는 지도자가 출현한다면, 혁명을 바라는 사람들이 그 인물 주위에 급속히 결집할 것이다. 현재로서는 강력한 의지와 정신력의 소유자인 대원군을 제외하고 그런 역할을 담당할 인물은 없는 것 같다."라고 보고할 정도였다.[123]

---

121) 대원군이 민비를 고종의 중전으로 간택한 것은 국왕의 장인이 주로 세도가가 되어 세도정치의 중심에 섰던 것을 차단하기 위하여 일부러 한미(寒微-가난하고 지체가 변변치 못한)한 집안, 곧 친정 아버지(8살 때 부모 사망-저자 주)가 세상을 떠난 명문가의 규수를 택했다는 것이 정설이다. 대원군과 여흥 민씨의 인연은 특별하다. 대원군의 어머니가 노론의 핵심 가문 여흥 민씨였고, 대원군의 부인도 민씨였으며, 그 부인 민씨의 남동생 민승호는 민비의 수양오라버니였으니, 결국 대원군 처남의 여동생이 민비였다. 그래서 만일 외척이 커지더라도 손아래 처남이 중심이 될 것이며, 이는 대원군이 능히 제압할 수 있을 것으로 판단하였을 것이었다. 그러나 민비의 수완은 대원군의 예상을 훨씬 뛰어넘는 것이어서, 19세기 후반 정치적 변동의 굴절이 언제나 이들 시아버지와 며느리의 힘겨루기였던 것으로 판명났다. 그리고 고종의 아들인 순종의 배필도 여흥 민씨였는데, 세도를 지속하기 위한 민비의 의도였을 것이다. 연갑수(2008), 276-278 참조.
122) 고종 자신도 민비가 죽은 후 "생각해 보건대, 나는 왕위에 오른 뒤 여러 해 동안 중전의 어진 도움을 받았다.···중전은 매일같이 모든 정사를 도와 조용하고 그윽한 덕을 입혀주었다."라고 당시 실상을 스스로 인정하는 말을 할 정도였다. 조선 말기 애국지사 매천 황현(1855-1910)도 "임금이 친히 나라를 다스리게 되자 모든 사람들이 기대했지만, 나라 안의 일은 중궁(민비)이 이끌었고, 바깥일은 민승호에게 위임하여, 결국 민씨들이 줄줄이 등장하고 간사한 무리들이 번갈아 나왔다."라며 비판하였다. 본문과 이상 이희근·이정범, 맞수 한국사 2, 끌레마, 2008, 148-150 및 장영민, "개항 이후 사회경제 변동," 한국근현대사학회(편), 한국근대사강의, 한울, 2007, 160. 고종이 민비와 상의한 것이든 아니면 독자적으로 결정한 것이든, 고종의 결정으로 공식문서에 등장하기 때문에, 민비의 역할을 공식문서에서 확인하기는 어렵다. 그러나 국내외 각종 자료를 종합해 보면, 고종대 민비는 최고 권력자였고, 민씨 척족의 우두머리였다는 데 이견이 없다. 그런 면에서는 대원군도 마찬가지이다. 대원군은 국왕의 승인이 있어야 하는 사항은 아무리 형식이라도 국왕의 승인을 거쳤으므로, 관찬 사료에는 나타나지 않는다. 연갑수(2008), 68-69, 255. 그런 의미에서 '민비정권'을 신용하 교수는 따옴표로 표시하는데, 본서에서는 생략함. 신용하(2005), 112.
123) 1892.11.10일자 국무장관 앞 보고서 일부, Palmer, Korean-American Relations, vol 2, 303-304;

이와 같이 민비정권은 대내외적인 총체적 위기에 대처할 수 없을 정도로 부패 무능했고, 외세의 직접적인 간섭과 영향을 받기 일쑤여서 시행착오만 거듭했다. 그래서 그에 대항해 민족주의가 크게 고무돼 부패와 무능의 원흉인 집권 세력을 타도하고 더 나아가 사회·경제적 모순까지도 해결하려는 개혁과 혁명의 열망이 분출하고 있었다. 그런데도 민비정권은 어떻게 하면 무너져가던 왕조 체제의 명맥을 최대한 유지할 것인가에 안간힘을 쓰고 그 위기 속에서 민씨 일족 중심의 세도 기득권을 최대한 유지·확보할 것인가에만 초점을 맞췄다. 그 상황에서 대다수 백성은 체제에 대한 저항과 변혁을 더 크고, 더 강하게 요구할 수밖에 없었다. 그것이 1894년 '의심할 것도 없이' 그 해 겨울에 커다란 사건이 발생할 것이라는 미국 대리공사 알렌(Horace N. Allen)의 예측대로 동학농민전쟁이 발발했다.124)

동학농민전쟁이 일어나자, 민비정권은 동족인 동학농민을 외국군인을 요청해서라도 토벌해야 할 적(敵)으로 여겼다고 볼 수밖에 없는 청군차병정책을 선택하기에 이르렀다. 여기서 그들이 '국가와 민족'보다는 '왕조와 세도정권', '일반 백성의 민생'보다는 '자기 일족의 기득권 수호'를 더 중시하였음을 알 수 있다.125)

경제적 종속이 깊어지면서 정치적 자주성의 기반도 무너져가고 있었다. 민영준은 이후로 더욱 원세개 등 청의 입장을 조선에 대변하는 등 국내 친청파의 정치세력은 더욱 강화되었다.…그러나 청의 간섭으로부터 벗어나기 위한 내부 개혁은 찾아볼 수 없었다. 즉 재정위기를 타개하기 위한 노력은…차관을 빌려오려는 안이한 정책의 반복이었다. 국내 친청세력의 숙청 대신 척족을 중심으로 한 혈연적 유대에 기초한 인사기용 등은 이제 그들마저도 철저한 친청세력이 되었을 때, 더구나 그들이 국왕의 신임을 바탕으로 전횡과 부정을 일삼을 때, 이들에 대한 견제세력이

유영익(1996), 83에서 재인용.
124) 장영민(2007b), 159-161.
125) 이와 관련, "농민군이 충청도에 닿았다는 말이 들렸을 당시까지 조선정부 대신들은 민씨척족을 제외하고는 농민군을 가리켜 양민(良民, 선량한 백성-저자 주)이라고 칭하고 초멸(剿滅, 무찔러 없앰-저자 주)론에 동의하지 않았다고 한다"의 지적과 함께, 그 사료로 앞의 일본외무성(편) 일본외교문서를 제시한 것은 구선희, "청일전쟁 직전 조선 '속방' 문제와 조·청관계," 사학연구, 54호(1997), 한국사학회, 145 참조.

중앙정계에는 아무도 없게 만들었다.[126]

이상으로 간단히 민비정권의 국정기조를 살펴보았다. 그런데 그런 국정기조에 대한 도출·평가에서 반드시 정리하고 넘어가야 할 부분이 '쇄국정책'의 문제이다. 즉 쇄국의 국정기조를 어떻게 볼 것인가에 대한 정리가 필요하다(조선에서 쇄국은 엄밀한 의미로는 '청 이외 문호폐쇄'라고 해야 옳다). 쇄국은 19세기 중엽 개항 전까지는 동양 3국 한·중·일에 어느 정도 공통적인 국정기조였다. 그리고 어떤 형태로든 작은 규모로라도 서양과의 교류가 있었던 중국과 일본도 서양 열강의 본격적인 개방 요구의 충격으로 1860년을 전후하여 -서구 중심적인- 근대 국제법에 의한 조약체제를 수용하고 전통적인 쇄국에서 벗어나기까지에는 최소한 10여 년에서 20여 년의 과도기를 거쳤다.[127] 이는 청·일 양국 정부가 오랜 기간 스스로 갇혀 있었던 '인식의 감옥'을 깨고 나오는, '인식의 전환' 또는 '패러다임 전환'(paradigm shift)에 필요한 과도기였다고 할 것이다. 따라서 1866년 병인양요와 1871년 신미양요라는 서양 열강의 본격적인 개방 요구를 계기로 조선이 즉각 문호를 개방하는 것은 당시로서는 기대하기 어려웠던 면이 있다.[128]

---

126) 연갑수(2008), 136.
127) 중국은 1840년 제1차 아편전쟁에서 패배하고 1842년 난징조약을 체결하였지만, 패전했다는 의식도, 조약을 이행할 의사도, 외교업무를 수행할 부서도 없었다. 인식 전환은 그보다 20여 년이 지난 후였다. 즉 1856년 영국상선 애로(Arrow)호의 승무원이 해적 혐의로 청의 관원에게 체포되고 영국 국기가 바다에 내던져지는 사건(애로호사건)으로 영·프 연합군이 공동 출병한 1858년 제2차 아편전쟁의 패배 후에야 비로소 서양 국제법체제를 인정하지 않을 수 없음을 인식하고 개항을 받아들이기 시작하였다. 일본은 어떤가? 1840년 아편전쟁의 충격적인 소식을 접하고, 서양의 군사력과 과학기술의 실용적 가치를 잘 알고 있던(이 점에서 청·조선과 달랐음), 현실주의적인 무사들이 막부지도자들인데도 영국의 1843년 류큐(오키나와) 개항 요구에 이어 1846년 미국의 개항 요구를 받고, 그 10여 년이 지난 후인 1853년 페리제독의 요구로 1854년 비로소 미일화친조약을 맺게 되었다. 유용태(2010a), 129-130; 박삼헌(2012), 37-39; 김기혁(2007), 51-55 참조.
128) 대부분의 사람들은 일본이 쇄국에서 재빨리 개혁개방으로 선회해 우리보다 20여 년 앞선 사실을 들어, 대원군의 쇄국정책을 역사상 가장 실패한 정책이라고 생각할 수도 있겠지만, 당시 일본의 사정을 이해하는 것이 중요하다. 첫째, 일본의 국가적 지배체제(거버넌스)는 정치·경제·문화적 자원을 독점하고 안정적인 생활기반을 갖는 중국과 조선의 문인사대부 지배체제가 아니라 정치·경제적 기반이 불안정하고 취약한 무사 지배체제라는 독특한 특성을 갖고 있었다.
  둘째, 일본은 제한적이기는 하지만 이미 서양 문물의 수입에 적극적인 전통을 갖고 있었으므로 조선이나 청국과 다르게 상대적 쇄국 기조를 유지하는 큰 차이를 보이고 있었다. 1634년 나가사키 앞바다에 데지마(出島)라는 축구장 2개 넓이 정도의 작은 인공섬을 조성해 외국인

거주지역으로 삼고, 네덜란드의 동인도회사 일본 지사 격인 무역관(무역사무소, 상관)을 허가
해, 아주 제한적이지만 네덜란드 상선의 입항과 네덜란드인들이 머무는 것을 허용하였고, 무
역관장은 교역 유지 차원에서 일 년에 한 번씩 에도 막부를 방문하여 국제정세 추이를 설명하
고, 국제정보를 귀띔해 주었으며, 피스톨, 망원경, 사진기 등 서양물건을 헌상해 국제정치와
무역에 계속 관심을 갖도록 하였다. 그리고 무역관장과 관원들은 일본인 통역자들에게 영어나
프랑스어를 가르쳐 주기도 하였고, 1811년 일본 최초의 영일 사전 편찬을 도와주었다. 이렇게
일본은 200여 년 이상 해외의 지식과 문물을 걸신이라도 들린 것처럼 흡수하였다. 대표적으로
네덜란드어로 쓰여진 당시 최고 수준의 해부학서 <타펠 아나토미아>(독일 단치히 의대 교수
아담 쿨무즈 저)가 1774년 <해체신서>라는 제목으로 -문자 습득부터 시작해 4년간 각고의 노
력을 한 한방의사 출신 난학자(蘭學者) 스기타 겐파쿠(1733-1817)에 의해 번역돼, 전통 한방
의학과 다른 의술 세계를 보여주는 충격을 주면서 급속히 퍼져 나갔다. 그리고 이는 다시 더
많은 난학자들의 참여로 20여 년간의 각고의 노력 끝에 <개정 해체신서> 14권으로 증보 간행
되었을 정도였다. 이미 18세기만 해도 일본에는 난학자로 불릴 수 있는 학자가 100여 명을 넘
었고, 1853년 미국 페리 제독의 개국 강제 시쯤에는 네덜란드어를 자유자재로 구사할 수 있는
난학자들이 수백 명에 달했으며, 미일 간 조약 교섭이 양측의 네덜란드어 통역을 통해 행해졌
고, 조약 부본이 네덜란드어로 작성되었다고 한다. 난학자들은 개항으로 네덜란드가 세계의
중심이 아니고 영어가 중요함을 깨닫고, 다시 영어 열풍에, 그리고 구미를 따라잡자며 구미
견학과 학습에 휩싸이게 되었다. 일본 근대화의 스승으로 추앙받고 있는, 그래서 만엔 권 지
폐의 초상화로 올라있는 일본의 최고 계몽사상가 후쿠자와 유기치(福澤諭吉)도 그러했다. 영
어로 '중국'과 '일본'은 각각 China(秦나라 진의 중국어 발음 차음), Japan이지만, 보통명사
china, japan은 각각 '도자기'와 '칠기‧옻칠'이기도 하다. 유럽이 특히 16세기 이후 중국, 일본
에서 수입한 대표적 인기 상품인 도자기나 칠기‧칠가구(습기 많은 일본의 가구나 식기 등 생
활용품에 -유럽에 없는- 옻나무 액을 칠한 제품 등)와 제작 기법에 해당 국가 이름을 써서 보
통명사, (도자기의 뜻같이)형용사, (검은 옻칠을 칠하다 뜻같이)동사로 쓰기 시작했다. 그러나
유럽과 교역할 관심도 없어 경제적 이익을 얻을 대표상품을 만들어 낼 생각도 못했던 한국
Korea에는 'korea'라는 보통명사가 없다.
　셋째, 일본은 핵심 권력층을 중심으로 서양문물 및 대외 접촉에 적극적인 편이었다. 일본은
서양문물을 받아들인 계층이 조선의 북학파처럼 권력 밖 지식인들이 아니라, 막부세력이나 다
이묘(지방 영주) 등의 핵심 권력층이었다. 문명개화의 원년이라고 할 수 있는 1871년에는 우
선 정책결정자가 구미 문화를 직접 보고 느끼는 것이 첩경이라고 생각해, 이와쿠라(岩倉) 특
명전권대사 외 이토 히로부미 장관 등 정부 내 최고의 실력자(고관)와 실무자 46명을 포함해,
유학생과 수행원 60명 등 총 100명을 넘는 대규모의 '이와쿠라 사절단'이 3개조로 10개월 정
도 미국, 영국, 프랑스, 독일 등 12개국을 순방차 출발하였다. 그들은 문명개화라는 신앙으로
성지를 순례하듯, 방문국의 대통령, 여왕, 황제, 비스마르크 수상 등 수뇌들의 국제정치에 대
한 충고도 많이 청해 듣고, 각종 시설을 방문하면서, 당초 일정이 대폭 연장돼 2년에서 2개월
모자라는 기간 동안, 정부기구‧각종 제도‧재정‧경제‧산업‧군사‧사법‧사회‧교육 등 광범
위한 분야에 걸쳐 탐욕스런 견문활동의 구미 시찰을 다녀왔다(미국 205일, 영국 122일, 프랑스
70일, 독일 33일, 스위스 27일, 스웨덴 8일, 벨기에 8일, 덴마크 5일 등의 서양에 대한 관심 순
서라고 함). 그들이 돌아와서 개혁의 선봉장들이 되었을 것임은 능히 알 수 있다. 그런데 그
전에 이미 일본 바쿠후[일본 중앙정부의 무사(武士) 정권인 '막부'(幕府)의 일본어 발음] 정권
이 1860-67년 여섯 차례에 걸쳐 미국과 유럽에 사절단을 파견하여 조약 관련 업무를 처리하고
각국의 사정을 직접 살폈다고 한다. 특히 그중 다섯 차례가 1862년 이후에 집중되었는데, 그
것은 아마 1862년 바쿠후 상무시찰단이 상하이를 방문하고 받은 충격의 여파와 관련된 것으
로 추정된다. 그들은 두 달간 상하이에 머무는 동안 항구에 정박한 서양 상선과 군함의 규모,
새로 조성된 황푸강 주변의 조계를 중심으로 한 근대도시의 번영에 놀랐고, 태평천국 농민군
의 공격에 무기력한 청국군을 대신하여 영‧프 등 외국군이 나서 방어하고 있는 모습에, 쇠락

또 대원군 시대에 이르러 서방 제국은 자국의 자체 문제해결에 매달려 강하게 개방 요구에 나설 겨를이 없는데다,[129] 그들이 보기에 중국과 일본에 비하여 상대적으로 교역의 중요성이 적고, 지리적으로도 멀리 떨어져서 관심을 끌지 못하여,[130] 조선은 개방 압력을 더 늦게 받고, 그 강도도 약했다. 거기에 조선은 서양의 무력 개방 요구를 물리친 승리에 자만하고, 서양세력을 오판하였다. 또 역대로 '대국 중국'을 극진히 섬기는 중국과의 특수한 전통적인 관계는 하루아침에 바뀔 성격의 관계가 아니었다.[131] 특히 한족 중심의 중국 대륙에 이민족인 여진족 청 왕조가 들어서자 스스로 '소중화'(小中華, 또는 소화)로 자처할 정도로 당시 중국 중심으로 생각하는 '모화사상'(慕華思想)에 젖어 있었다. 그런 조선 지배층이 ―정치적으로는 중국의 간섭을 배제하고 자주적인 내정과 외교적 주권을 행사하였다고는 하지만, 문화적으로나 이념적으로― 중국 중심의 정책, 따라서 청의 쇄국 기조를 추종하는 데서 하루아침에 벗어난다는 것은 대원군 시대로서는 전혀 기대할 수 없는 상황이었다.

한 청조와 강성한 서양의 대비, 그리고 일본과 서양의 격차에 충격을 받았을 것임이 분명하다. 이처럼 존왕양이파를 비롯한 일본 지도자들의 위기감이 부국강병의 방안으로서 서구 국민국가 모델을 신속하게 수용한 것으로 귀결됐다고 본다.

넷째, 개방 후 개혁에 대처한 청국과 일본과 조선의 차이도 컸다. 청국은 서양 열강의 요구에 응하여 어쩔 수 없이 개방해 가면서, 그에 상응한 과감하고 신속한 개혁에는 미온적이었고, 결국 정책실패의 연속 끝에 청조(1644-1912)의 막을 내리게 되었다. 조선도 그와 비슷하였다. 이에 비하여 페리함대의 근대식 함선의 위력에 크게 놀란 일본은 서양으로부터 함선을 구입하고, 그 조선기술을 습득하여 근대식 해군을 건설해야 한다는 것을 통감하면서, 과감하고 신속한 개혁에 성공하였다. 이상 유용태(2010a), 61-83; 유용태(2010c), 187-188; 김기혁(2007), 55-56; 서현섭, 일본은 있다. 고려원, 1994, 24-25, 36-41, 48-73, 55-56, 113-118; 이종찬, 난학의 세계사, 알마, 2014; 박삼헌(2012), 49; 문소영, 못난 조선, 나남, 2013, 16-19, 24-26, 32-33, 198-201, 254-257; 주경철, 문명과 바다, 산처럼, 2009, 254 참조 정리함. 1863년에 영국 런던대학에 처음으로 일본 유학생 다섯 명이 가서 지도를 받았는데, 그중 한 명이 이토 히로부미였다. 장하석(2014), 274.

129) 당시 프랑스가 월남의 경영에, 미국은 남북전쟁 후의 서부 개척에 바빴으므로, 그들은 뜻밖의 완강한 저항을 받고 강경한 태도를 취하지 않아, 조선은 두 차례의 양요를 격퇴할 수 있었다. 그 외 영국은 인도의 내란 수습에, 러시아는 연해주의 개척에 여념이 없을 때였으므로, 결국 모두 조선의 문호를 개방시킬 적극적 의도를 가지지 않았다. 그에 비해 개혁개방에 나서서 변신에 성공한 일본만큼은 당시 조선에 대하여 적극적인 태도를 취할 수 있는 나라였다. 이기백(1999), 289 참조.

130) 김기혁(2007), 15-16.

131) 청 황제의 허락 없이 사사로이 교역할 수 없다는 이유를 들어 서양의 통상 요구를 거부할 때, 그런 청과의 책봉-조공 관계를 자기방어의 논리로 제시하였다.

거기에다 대원군 집권기 동안 조선이 취했던 일관된 '사대(事大) 쇄국양이'(鎭國攘夷)의 대외기조는 조야를 막론하고 '국론통일'로 뒷받침되는 기조정책이었다. 당시 집권세력은 물론이고, 집권층을 견제하고 비판할 −특히 1865년 만동묘 철폐부터 시작해 서원철폐령이 내려진 1871년 이후 크게 반발하던− 유림 지식인 집단도 일방적으로 문호개방 거부라는 폐쇄적 국정기조를 적극 지지하며,132) 일반 백성도 절대적으로 지지하였다. 물론 문호개방을 주장한 사람들이 있었는데, 그들은 그야말로 극소수이거나 재야 학자에 머물렀다.133) 조선에서 '개화'라는 말이 쓰인 것도 1880년 무렵이므로,134) 쇄국기조에 균열을 일으킬 만한 개화운동은 대원군 실각 이후 한참 지나 전개되었다. 결국 쇄국기조는 조선조 500년 동안의 통치 이데올로기였던 성리학 사회의 배타성과 독존성에 의거, 다른 입장 또는 관점의 이견(異見)은 곧바로 이단시되어 배척돼, 스스로 성리학이라는 파놉티콘(Panopticon, 밴덤의 원형감옥인데, 인식론상의 감옥 의미) 속에 갇힌 수인(囚人)이라는 사실도 모르는, 전형적인 닫힌사회(closed society)가 일사불란한 통일된 국론으로 뒷받침한, 그래서 당시의 안목으로는 시대적 과제에 올바로 대응한, 옳은 기조로 보였고, 그렇게 믿었던 기조논리였다.135)

---

132) 원래 조선왕조의 지식인 사회는 중국 송대에 형성된 성리학을 지배이념으로 채택해, 성리학의 '정학'(正學)에 반하는 학문·이념은 '이단'(異端) 또는 '사학'(邪學)이라고 규정해 물리치는 전통적인 유교논리에 그 바탕을 두고, 화이론에 철저한 문화민족으로서의 조선을 '정'(正)으로 수호하기 위하여(위정, 衛正), −심지어는 대원군 아버지의 묘를 도굴까지 하는 야만적인− 이들 서양세력을 '사'(邪)로 규정해 극력 배척(척사, 斥邪)하기에 이르렀다. 이항로, 기정진, 최익현 등의 지도자를 필두로 한 유생들은 프랑스, 미국 등의 서양 오랑캐의 군사적 침략, 경제적 침탈, 전통 가치질서의 파괴 등에 대항하여 싸울 것을 −상소를 통하여− 주장하여, 대원군의 쇄국정책를 강력히 뒷받침하였다. 박민영(2007a), 46, 52, 59; 권오영(2007), 108; 김상기(2007a), 10-11; James B. Palais, Politics and Policy in Traditional Korea; 전통한국의 정치와 정책, 이훈상 (역), 신원문화사, 1993, 42-43 참조.
133) 대원군 집권 전부터 문호개방의 필요성을 역설한 영정조 시대 실학파 중 박지원이나, 북경에 다녀와서 발전된 청나라의 문물을 받아들여야 한다고 주장한 북학파(北學派) 박제가, 헌종 때 이규경이나 최한기 등의 학자들, 박지원의 손자 박규수, 통역관 오경석, 중인 출신 의료인 유홍기(유대치) 등이 개화사상을 가지고 문호개방을 주장하였다. 이기백(1999), 291.
134) 1870년대 일본에서 유행한 '문명개화'라는 말이 1876년 개항 이후 조선으로 들어오면서 생겨난 말로서, 이 시기 개화는 문명화, 서양화, 또는 부국강병을 일컫기도 하였는데, 청나라에서 양무(洋務)운동 시 유행한 비슷한 말 '자강'(自强)이라는 표현도 쓰였다. 한규무(2007), 86.
135) 일본은 외부세계와 소통하고 교류하는 것을 거부하지 않았다. 조선과 일본의 근대화 과정을 살펴보면 신선한 지적 호기심과 유연한 사고방식의 차이가 국가 운명에 얼마나 큰 영향을 미치는가를 헤아릴 수 있다. 임진왜란이 끝난 직후인 1600년 4월, 네덜란드 상선 리프데 호가 일본 해안으로 표류해 왔다. 당시 집권자인 도쿠가와 이에야스는 네덜란드 선원 요스텐과 영

그러나 쇄국정책은 고종 친정으로 수정될 기미를 보였지만 그보다는 결국 청국의 반 강요적 권유와 중재에 따라, 조선 정부가 일본과 1876년 병자수호조약, 미국과 1882년 제물포조약을 시발로 영국, 독일, 러시아 등 서양 각국과 국교 수립의 불평등 조약을 속속 체결함으로써 공식적으로 종료되었다. 그렇지만 그후 문호개방이라는 국정기조 및 정책기조로의 대전환은 다른 잘못된 국정기조의 고수(固守)와 맞물리고 정치적·행정적·외교적인 측면 등 기조전환에 따른 대내외적 기획관리 역량의 태부족(太不足)으로 말미암아, 쇄국의 나쁜 유산 부분이 민비정권에 계속해서 암묵적으로 영향을 주면서 국정의 발목을 잡게 함으로써 실패로 끝나고 말았다.[136] 현대에 와서 쇄국정책에 대한 무엇보다도 중요한 역사적 교훈은 잘못된 정책기조가 초래하는 심각한 결과에 대한 재인식, 올바른 정책기조의 중요성, 국론통일로 뒷받침 된다고 해서 반드시 좋은 정책기조라는 보장이 없음 (기조에 의문을 제기하는 힘의 필요성), 폐쇄적 공론장 부재(언론자유 제약)의 위험성과 활발한 공론장 보장의 중요성, 정책기조의 전환에 있어서 주도면밀한 기획관리의 중요성과 그에 대한 정책리더십의 역할, 지식인의 편견·고정관념·과신의 위험성 등이라고 정리할 수 있겠다.

결론적으로 청군차병정책을 채택할 당시의 국정기조는 다음과 같이 요약할 수 있다. 즉 당시 민비정권은 국가의 모든 정책문제를 인지하고 정의하며, 정책의 제를 설정하고 정책분석을 수행하며, 정책을 최종 결정하고 집행하며 평가할 때, 곧 국정을 이끌 때, 바로 ① '왕조체제 명맥의 유지'와 ② '민씨 척족 중심의 기득

국인 아담스를 우대하였다. 아담스는 영국의 스페인 무적함대와의 전투시 함장으로 활약한 경험이 있어 외교고문으로 중용되었다. 아담스는 영국식 범선 2척을 실제로 만들어 보이는 등 선박 제조와 대포, 화약의 사용법을 가르쳐 주었으며, 영국 동인도회사의 통상허가 취득에 결정적 역할을 했다. 아담스와 요스텐은 일본에 거주하면서 일본인들을 서양에 대해 눈뜨게 하였으며, 특히 아담스는 병사할 때까지 일본의 발전을 위해 헌신하였다. 아담스 일본 표류 후 53년이 지난 1653년에 하멜의 제주도 표류가 있었는데, 조선의 하멜 일행을 대한 자세와 극명하게 비교된다. 서현섭(1994), 156-157.

136) 쇄국이 크게 잘못된 기조정책이기는 하지만, 그 후 문호개방 과정에서 조선 정부가 어느 정도 올바른 국정기조와 대내외 정책을 추구했다면, 국권 상실을 막을 수 있는 기회는 있었다. 그런 관점에서 그 후 본문에서 논의된 민비정권의 잘못된 국정기조의 유지와 쇄국 대신 문호개방이라는 국정기조와 정책기조 전환에 있어서 그 기획관리의 실패가 더 문제가 컸으면 컸지 더 작지는 않았다고 볼 수 있다. 특히 그 정점에 1894년 동학농민전쟁 시 민비정권의 청군요청 정책, 즉 청군 차병정책은 -그렇지 않았으면 역사의 물꼬를 바꿀 수도 있었다는 의미에서- 결정적·직접적으로 역사의 파국을 초래한 치명적인 실패 정책이었다.

권 유지'라는 기조논리에 입각하여 수행하였다. 이는 다음 지적처럼, 그 후 대한
제국이 일제에 의해 완전히 멸망당할 때까지도 계속된다.

> …대한제국이 멸망한 원인은 한두 가지가 아닐 것이다. 일제의 침략이 가장 큰
> 원인이었다. 그렇지만 국가의 유지·운영을 책임진 군주와 대신들에게도 그 원인이
> 있고 책임도 있다. 외교권을 빼앗긴 '을사늑약'의 제5조는 "일본은 대한제국 황실의
> 안녕과 존엄의 유지를 보증한다"는 내용이다. 이토 히로부미가 갖고 온 것은 4개조
> 뿐이었다. 제5조는 대한제국 쪽에서 요구하여 들어간 내용이다. 국가의 주권을 빼앗
> 겨도 황실만 안녕하고 존엄을 유지하면 된다는 생각이었다. '병합조약'도 다르지
> 않다. 8개조 중 제1조와 2조는 한국에 관한 통치권을 양여한다는 것과 양여를 수락
> 한다는 내용이고, 제8조는 공포일로부터 시행된다는 내용이다. 나머지 5개 조항은
> 무엇무엇을 해주겠다는 내용으로 되어 있다. 즉 황제·태황제·황태자를 비롯한 황
> 실, 그리고 전·현직 대신들은 그 직위에 맞는 대우와 세비 등을 지급한다는 내용이
> 다. 일제는 이 약속을 지켰다. 이들에게 귀족의 작위와 은사금을 지급하였다. 황실과
> 대신들은 자신들의 신분보장과 대가를 받고, 500년이 넘는 나라를 일본에 넘긴
> 것이다.…[137)

이들 국정기조가 바뀌지 않는 한 그 구조 안에서는 모든 대내외 정책기조도
크게 바뀔 수 없고, 그들 정책기조가 그대로인 바에야 그 지배를 받는 개별 구체
적인 정책들도 크게 달라질 리 없었다. 동학농민군의 '진압'이란 청군차병정책도
그런 구조 속의 필연적인 산물이었다. 이로써 청군차병정책의 명시적인 표면적

---

137) 한시준(단국대 사학과 교수), "[시론] 경술국치일을 기억해야 하는 이유," 한겨레, 2016.8.23.
당시 집권자들의 이런 행태는 그 우의적(寓意的) 함축성 때문에 유명한 소설 <당신들의 천국>
을 생각나게 한다. 그들은 '우리들의 천국'을 만들어주겠다고 하면서도 항상 '그들만의 천국',
그래서 백성들은 그것을 <당신들의 천국>으로 부를 수밖에 없는 한탄을 쏟아내게 만들었다.
이제 한국문학의 대표적 고전이 된 이 장편소설(1974-75년 월간잡지 <신동아> 연재)의 작가
이청준은 다음과 같이 말했다. "소설의 제목 '당신들의 천국'은 당시 우리의 묵시적 현실 상황
과 인간의 기본적 존재 조건들에 상도한 역설적 우의성(寓意性)에 근거한 말이었다. 그러면서
나는 어느 땐가 그것이 '우리들의 천국'으로 바뀌어 불려질 때가 오기를 소망했고, 필경은 그
때가 오게 될 것을 확신했다. 그리고 아마도 그때가 오게 되면 '당신들의 천국'이라는 사시적
(斜視的) 표현이나 그 책의 존재는 무용지물이 될 것이었다. 그렇다면 과연 이제 우리에겐 한
작은 섬의 이름으로 대신해 불렀던 그 '당신들의 천국'을 '우리들의 천국'으로 거침없이 행복
하게 바꿔 불러도 좋은 때가 온 것인가. 대답은 사람에 따라 다를 수 있을 것이다. 그리고 그
것은 각자의 자유이다." 이청준, "개판본을 다시 꾸미면서", 당신들의 천국, 문학과 지성사,
1984(단행본 초판 1976), iv 일부 인용. 더 자세한 논의는 박정택(2007b), 416-418 참조.

동기보다 더 깊이 숨겨져 있는 심층 동기와 배경도 더 명확하게 밝혀진 셈이 되겠다.

이상과 같이 '패러다임'이란 '인식의 기본 틀'은 국가 정책 전체의 구조와 변동, 그리고 청군차병정책과 같은 특정 구체적 정책을 넓고 깊이 있게 이해하는 데 있어서 필수적인 것을 알 수 있다. 그리고 어떤 패러다임의 국정기조이냐에 따라, 당시 정책문제를 전혀 다르게 정의한다는 사실을 확인할 수 있었다. 또 쇄국 패러다임과 같이 잘못된 패러다임은 폐쇄적·독선적 사고에서 초래될 수도 있음을 알 수 있었다. 그런 측면에서 이론·가치중립적 객관주의 정책관은 패러다임 자체에 대한 관심이 없으므로 정책을 이해하는 데 크게 부족하다. 개량주의 정책관도, 패러다임 관점을 비판하고 개량주의적으로만 보려고 하는 데서, 현실 정책세계를 전혀 설명하지 못할 것은 없지만 역시 한계를 지니고 있다고 하겠다.

3. 청군차병정책에서의 정책목표의 설정

이제 정책과정의 단계 중 정책문제의 해결을 위한 '정책목표의 설정' 단계를 살펴볼 차례이다. 여기서 논의의 초점은 정책목표가 얼마나 합리적으로 설정되는가, 더 구체적으로는 정책목표로 내세우는 가치에 대한 합의가 가능한가, 그 가치의 우선순위에 따라 정책목표가 선택되는가, 그리고 정책수단들(대안들)의 설정과는 어떤 관계에서 정책목표가 설정되는가 등이다. 우리는 이 문제들을 중심으로 청군차병정책을 분석해 보기로 하겠다.

고종이 청군 차병을 결심하기까지 당시 국내외 '정책상황'과 관련된 '정책문제'들로서 ① '수구적·억압적 미봉주의로 인해 도탄에 빠진 민생 문제' ② '부패무능한 민비정권에 절망해 무장 항거하고 나온 동학농민군의 폐정개혁과 국권 수호의 요구 문제' ③ 청·일 제국주의적 예속화의 각축 속 청 외세의 일방적 의존으로 인한 '국권 손상의 문제'가 있었다. 이는 합리적·객관적이라면 마땅히 인식했어야 할 정책문제라고 할 것인데, 일련의 전후 사태 전개로 볼 때, 민비정권은 각각 ① '일부 탐관오리의 부정부패 문제' ② '왕조체제 전복의 반역 문제' ③ '청·일의 무례와 횡포의 문제'로 오류를 범하면서 정책문제를 정의해, 정책의제로 삼고 있었다고 보았다. 그에 따라 정책목표의 설정도 달라지는 것은 당연하다.

우선 당시 상황에서 가능한 정책목표는, 대내적으로는 ① 민생 파탄에 책임을 지고 동학농민군의 요구를 그대로 수용해 '대대적인 폐정개혁'(弊政改革; 대경장, 大更張)의 약속과 즉각 시행 ② 동학농민군의 요구를 거부하고 '반역에 대한 엄중 무력진압' ③ '일부 요구를 수용하고 설득 진압' 등이 있을 수 있고, 대외적으로는 ① 청일의 국권 침탈을 용인하지 않을 뿐만 아니라, 침탈된 부분의 회복을 추구하는 자주적인 대외 관계 설정으로 '국권 손상의 회복' ② 국권 침탈을 현 수준 이상으로 더 이상 용인하지 않고, 특히 청 일방 의존을 줄여감으로 '국권 손상의 중단' ③ 국권 침탈을 더 이상 용인하지는 않으나, 긴급히 필요한 경우 청에 대해서는 의존하는 '국권 손상의 완화'(청군 차병과 같이, 의도와는 다르게 완화가 아니라 가속될 수도 있으나, 목표로서는 설정 가능함) 등이 있을 수 있을 것이다.

만약 당시 정책상황의 진단과 정책문제의 정의가 올바로 됐었다면, 합리적·객관적으로 설정할 수 있는 정책목표는 대내적으로 ① 민생 파탄에 책임을 지고 동학농민군의 요구를 그대로 수용해 '대대적인 폐정개혁', 즉 대경장(大更張)과, 대외적으로 ① 국권 손상의 회복이나, 최소한 ② 국권 손상의 중단이 됐어야 했다. 사실 당시 민비정권에서 올곧은 대신이었던 좌의정 조병세(趙秉世, 1827-1905)는 다음과 같이 그런 목표를 주장하였다.

> 청병 차병 문제는 1894년 4월(음력-저자 주) 농민군이 전라도 각지의 지방관청을 습격하고 세력을 급속히 확대하는 가운데 다시 거론되었다. 당시 농민군을 진정시키는 방법으로 조선정부 내에서는 두 가지 방안이 논의되었다. 하나는…조병세의 주장처럼, 민정이 지극히 애긍(哀矜, 불쌍-저자 주)한 상태에서 민원을 파악해 이들의 바람에 부응하는 길은 대경장(大更張, 대개혁, 패러다임 전환-저자 주)을 하는 방법이었다.[138]

---

138) 일성록, 고종 31년 4월 4일; 구선희(1997), 145에서 재인용. 조병세는 암행어사, 대사헌, 공조·예조·이조판서, 우의정을 거쳐, 1893년 좌의정으로 동학농민전쟁·청일전쟁·갑오개혁을

그러나 민비정권은 정책상황의 진단과 정책문제의 정의부터 오류를 범해 그
들이 설정한 정책목표는 대내적으로 ② 동학농민군의 요구를 거부하고 반역에
대한 엄중 무력진압과, 대외적으로 ③ 국권 손상의 완화였다. 이렇게 볼 수 있는
가장 분명한 증거는 그 후 시급한 폐정개혁은 아니하고 청 외세의 일방적인 의존
으로 국권의 손상이 임계점을 넘어가는 것도 불사하고, 또 중신들의 강력한 반대
에도 불구하고 고종과 민비 척족은 청군을 차병해, 그들 청군으로 하여금 -전쟁에
서 적군을 살상하는 것을 합법적인 정당한 목표로 삼는 그대로- 자국 양민을 학살
하는 임무를 수행케 하고자, 청군차병정책을 채택·시행한 정부 조치이다(그러나
그 집행 도중 청일전쟁의 발발로 인하여 상황이 급전해, 학살의 임무는 나중에 청군에서
일본군으로 넘겨졌다).

민비정권은 이미 죽을 위험을 무릅쓰고 최종 자구책으로 폭력적 집단시위(민
란)를 벌이는 백성들을 오히려 기만하고 처벌하는 비정상적인 정부였으므로 능히
'엄중 무력진압'의 목표 설정이 가능했다(일부 요구를 수용하는 것 같은 동학농민군에
대한 휴전 제의는 위기 무마용에 불과했음이 그 후 밝혀진다).[139] 이상을 더 보강해 입

겪고, 일제 침략이 가중되자 향리 가평으로 은퇴하였다. 다시 중추원의장, 국왕의 고문으로 임
명되었으나, 가평에 머무르며 1896년 폐정개혁을 요구하는 시무(時務) 19조를 상소하였다.
1898년 재상 임명을 사퇴하였고, 1900년 입궐해 국정 개혁을 건의하였다. 1905년 외교권 박탈
의 을사조약이 체결되자 '을사5적'의 처형을 주청코자 79세의 노구로 상경하였으나 일본군의
방해로 고종 면담이 거절되고, 백관을 인솔·입궐해 연명으로 상소하고자 한 시도도 일본군에
의해 강제 해산과 연금을 당한 때문에 무위로 끝났다. 다시 대한문 앞 석고대죄로 조약 파기
를 주장하다 강제 연행되고, 가평으로 추방돼도 다시 상경해 상소하였다. 결국 일본군의 강제
추방 가마 안에서 음독해 자결하였다.
139) 동학농민봉기의 발단이 된 고부 농민폭동만 해도, "중앙조정은 교활하게 이중의 대책을 세웠
다. 먼저 민심을 어루만지기 위하여…호남 출신 용안 현감 박원명을 새로 고부 군수로 임명하
고, 농민의 요구사항을 잘 들어주어 폭동을 일으킨 농민을 오직 힘껏 해산시키도록 지시한 뒤
출발시켰다. 이어서 같은 날 중앙조정은 장흥 부사 이용태를 고부군 안핵사에 임명하여 농민
이 해산하는 즉시 폭동 주동자들을 엄격하게 조사해서 조치하도록 명령하고는 출발시켰다. 신
임군수 박원명은 고부에 도착하자 전 군수 조병갑의 탐학과 잘못을 인정하면서, 농민들이 해
산만 하면 민란의 책임을 묻지 않겠다고 이집강(里執綱)·부농 등 유지들에게 약속하였다. 이
에…유지들은 집합한 농민들의 해산에 찬성하였다. 이에 전봉준은 집합한 농민들에게 한 번
해산하면 다시 모일 수 없다고 적극 만류했으나, 농민들은 전 군수가 수탈한 수세곡도 되돌려
받았고, 새 군수도 원만한 인물로 교체되었으며, 민란의 책임도 묻지 않겠다고 약속받았으므
로, 폭동의 목적을 성취했다고 보고…모두 해산하여 귀가하였다.…해산을 기다리던 신임 고부
군 안핵사 이용태는 해산의 보고를 받자, 즉시 8백 명의 병졸(주로 역졸)을 인솔하고 고부군에
들이닥쳐 전군을 장악하고 민란 주동자와 가담자 색출 체포에 혈안이 되었다. 이용태는 특히
민란 주동자와 가담자 가운데 동학교도가 있으면 그 집을 불태우고 재물을 약탈하며 부녀자

증할 근거로써 우리는 동학농민군 진압과 같은 정책목표의 설정을 직접적으로 좌우하는 그 상위의 '패러다임', 곧 '정책기조'라는 중요한 정책학의 주제를 논의해 볼 수 있다. 이를 이어서 살펴보기로 하겠다.

4. 민비정권의 민생 및 외교 정책기조: 정책목표의 이해

'동학농민군의 진압을 위한 청군차병정책'은 근본적으로는 민비정권의 '왕조체제 명맥의 유지'와 '민씨 척족 중심의 기득권 유지'라는 국정기조를 고수하려는 의도에서 발상되고 제안된 정책이었다. 그런데 그 정책은 두 부분, 즉 대내적으로 '동학농민군의 진압'의 목표를 달성하기 위해 대외적으로 – 국권 손상의 완화라는 목표를 달성하기는커녕 오히려 국권이 손상되는 위험을 무릅쓰고– '청군차병'의 수단이 채택된 것과 관련된, 대내외 두 정책기조의 직접적인 지배를 받고, 영향을 받은 정책이었다. 따라서 민비정권의 대내·대외의 두 측면의 정책기조를 분석해 보는 것이 그 정책목표를 이해하는 데 필요하다.

이는 민비정권의 '전체 정책'인 국가정책 중 대내 민생정책 및 대외 외교통상정책이라는 부분 요소로서의 '부분 정책'에 대하여, 〈전체 정책-부분 정책〉 또는 〈상위 정책-하위 정책〉의 구조적인 체계와 맥락 속에서 그 연쇄체계적 성격의 '분석 범주'를 모두 포괄·연계해서 분석함으로써, 그 거시적·미시적인 전체 모습을 구조적·심층적·복합적으로 파악하고자 하는 분석이다(그런 의미에서 이미 앞에서 민비정권의 국정기조를 분석해 본 바 있다).

먼저 민비정권의 대내 민생정책의 정책기조는 민생 파탄의 원인 요소들에 대하여 –이미 누대에 걸쳐 악화돼 악순환 상태라면 더구나– 어느 시점·단계에서는 그 악순환의 고리를 끊어주는, 그래서 혁명적으로 척결하는 패러다임 전환 차원의 정책기조를 채택했어야 했다. 바로 민생의 파탄으로 동학농민군의 봉기와 항쟁이 벌어진 시점에서는 이미 늦었더라도 더 이상 늦춰서는 안 되므로 –앞의 좌의정 조병세의 주장처럼– '폐정 대경장'의 정책기조를 채택해 혼신의 노력으로

를 능욕하고 온갖 가혹한 만행을 자행하였다. 농민들은 후회막급으로 원한과 분노가 골수에 맺혔으나 어찌할 도리가 없었다." 이상 신용하(2005), 98-99.

구현해야 했다. 그러나 그들은 그런 정책기조에 관한 지적 능력도 감수성도 없어 앞의 정책상황의 진단에서 보는 바대로 미봉책으로 일관했다. 세도정치로 국가기강이 해이해져서 부정부패, 무능, 무책임이 만연한 가운데, 삼정(三政)의 극심한 문란으로 국가재정은 파탄 지경에 이르렀고, 농민들은 가혹한 수탈에 시달리다 못해 마지막 수단으로 민란을 일으켰으나 돌아온 것은 죽음뿐이고, 정부의 미봉책으로 그들의 피폐상이 달라진 것이 없었다. 동학농민군의 폐정개혁 요구는 그런 피폐상의 정점에서 나온 요구였는데, 그에 대한 대처마저도 앞에서 본 대로 '요구 거부와 엄중 무력진압'의 목표를 설정했으니, 이로써 민비정권의 대내적 민생 문제에 대한 정책기조가 '수구적·억압적 미봉주의'였다고 요약할 수밖에 없게 된다.

다음으로 동학농민군 진압을 위해 청군 차병이 막중한 국권 손상이 발생하더라도 불가피하다고 생각한 (즉 정책목표를 설정한) 민비정권은 과연 어떤 대외 정책기조를 채택하고 있었기에 그런 위험천만한 정책목표를 설정하였는가를 분석할 차례이다. 청일 중심의 조선 예속화 각축 속에 조선에 대한 국권 침탈, 그것도 상국인 청국이 한술 더 뜨고 있다면, 그 상황에서 정상적인 정부라면 그 정부는, 국권 손상의 회복까지는 안 되더라도 국권 손상의 중단을 위한 단호한 '자주'나 '세력균형에 의한 국권 수호'의 정책기조를 채택했어야 했다.

과연 1882년 임오군란과 1884년 갑신정변 등을 거치며 국권이 무너져가고 있는 사태를 겪고 있던 조선 조야(朝野)에는 조선과 청·일, 그리고 서구 열강의 관계를 둘러싸고 새로운 대외관계 정책기조논리가 등장하였다. 곧 청일 중심의 제국주의적 예속화 정책에 맞서기 위하여 (후술하는 실제 기조논리 ① 외에) ② '자주독립'과 ③ '(다수국) 세력균형하 중립' 등의 정책기조논리가 그것이다. 이는 청국과의 사대관계를 계속 유지하며 의존하는 세력과, 점차 부상(浮上)하는 일본 등과의 근대화 제휴 협력 관계를 모색하는 세력, 즉 ① '외세 의존 세력'에 대항한 기조논리였다. 그리하여 그런 외세 의존을 청산하고 자주독립 국가로서 대외관계를 새롭게 정립하자는 것이 ② '자주독립'의 기조논리였고, 어느 한 나라에 전적으로 의존하기보다는, 청·일 두 나라나 서구 열강을 끌어들여 세력균형하에서 중립을 유지하며 시대적 과제를 풀어나가는 것이 ③ '(다수국) 세력균형하 중립'의 기조논리였다. 요컨대 청군 차병도 불사하는 정책목표를 설정한 시점쯤, 조선 조야에는 '외세 의존'을 포함해 세 가지 기조논리가 등장해 대결하고 있었다.

그러면 민비정권은 어떤 대외관계 정책기조를 채택하였는가? 이를 위해 개항 이후 청군 차병을 논의하기까지 민비정권의 대외관계를 큰 틀에서 전체적으로 (즉 구조적·심층적으로) 분석해 보면, '청의 속방화와 일의 예속화의 각축', 즉 '아류 제국주의적인 청·일의 예속화 각축' 아래, '임기응변적 청 중심 외세 의존주의'의 정책기조를 채택·적용해 왔음을 알 수 있다. 특히 세 가지 기조논리 중 ① '외세 의존'의 논리가 '청일 제국주의적 예속화의 각축' 구조 내에서 -임오군란이나 갑신정변 등- 큰 사건 시 '임기응변적으로 청 외세 의존'으로 돌아가는 형태로 적용되는 변용을 보여주었다. 그 부정할 수 없이 확실한 증거는 바로 정책목표 설정 단계를 지나고, 실제 청군 차병을 결정하고 집행한 단계에서 -사후적으로- 보여주었다. 실제 청군 차병은 '임기응변적 청 중심 외세 의존주의'의 '경로의존성'을 탈피하지 못하고, 위기가 닥치자 그 습관적 경로 그대로 또다시 그 정책기조로 돌아가 버린 사실을 -사후적이지만- 웅변으로 증명해 준 것이었다.

이상과 같이 고종과 세도정권은 동학농민전쟁에 대처하기 어려워진 위기에 처하자, 민생을 중심으로 대대적인 폐정개혁의 혁신을 도모하기보다는 기존 '수구적·억압적 미봉주의'의 정책기조를 그대로 답습할 생각으로, 당시 반청 감정, 중신들의 반대, 그리고 외세 개입의 위험에도 불구하고, 국가 위기 시 늘 하던 그대로 '임기응변적 청 중심 외세 의존주의'의 경로를 따라 청군차병정책을 결정해 시행하고 말았다.

그러면 이제 정책철학적 정책관에 의하여, 정책목표 설정과 정책기조에 대하여 분석해 보기로 하겠다. 먼저 이론·가치중립적 객관주의 정책관은 그들의 가치중립적이고 객관적인 분석·판단에 따라 가장 합리적인 최선의 정책목표가 설정된다는 주장이 성립하려면 민비정권이 대내적으로 ① 민생 파탄에 책임을 지고, 동학농민군의 요구를 그대로 수용해 '대대적인 폐정개혁', 그리고 대외적으로는 ① 자주적인 대외 관계 설정으로 국권 손상의 회복이나, 아니면 최소한 ② 국권 손상의 중단을 설정했어야 했다. 그러나 정책상황의 진단과 정책문제의

정의부터 오류를 범한 민비정권이 '주관적으로' 설정한 실제 정책목표는 ② 동학
농민군의 요구를 거부하고 '반역에 대한 엄중 무력진압'과 ③ 국권 손상의 완화
였다. 여기에서 이 정책관이 전제하는 객관적·합리적인 분석과 판단에 의한 정
책운용이 실제와 크게 벌어진다. 그러나 이 정책관이 -잘못 정의됐다 할지라도-
일단 정의된 정책문제에 대하여는 그 나름대로 '합리적인' 정책목표를 설정했다
고 주장할 수도 있을 것이다. 그렇다면 이는 이 정책관이 주장하는 합리성에 기
초한 적실한 정책운용에 따른 유용성과 정책실패의 예방 가능성에 의문을 제기
하게 한다. 더 나아가 국정기조나 대내외 정책기조를 통해 특정 가치 지향·패러
다임이 민비정권의 정책운용을 좌우하는 핵심 요소임을 살펴본 대로, 어떤 이론·가
치도 전제하지 않는다는 주장의 신빙성과 설득력은 더욱 더 지탱될 수 없다고
하겠다.

　　그렇다면 개량주의 정책관은 어떤 관점으로 보는가? 그 관점은 만약 민비정
권이 대내적으로 ① 민생 파탄에 책임을 지고, 동학농민군의 요구를 그대로 수용
해 대대적인 폐정개혁과 대외적으로 ① 국권 손상의 회복과 같은 이상적이고 급
진적인 정책목표를 채택해 설정한다면, 그것은 너무 무모해 현실적으로 성공할
수도 없고 큰 부작용만 초래한다고 비판할 것이다. 그 대신 이 정책관은 ③ 일부
요구를 수용하고 진압하는 것과 ② 국권 침탈을 현 수준 이상으로 더 이상 용인하
지 않고, 특히 청 일방 의존을 줄여감으로 '국권 손상의 중단'이라는 점진적·현실
적인 개량주의적 정책목표를 설정하는 것이 훨씬 더 현실적으로 바람직하다고
주장할 것이다. 그런 의미에서 민비정권이 실제로 선택한 ② 동학농민군의 요구
를 거부하고 '반역에 대한 엄중 무력진압'과 ③ 국권 손상의 완화의 정책목표
설정은 잘못됐다고 비판할 것이다.

　　그러면 과연 그런 목표가 현실성이 있는 바람직한 목표라고 할 수 있을까?
그에 대한 답변은, 이 정책관은 민주적인 정책결정체제의 정책지배구조하에서 큰
과오 없는 안정적인 정책운용 환경에서나 적합하지, 당시와 같이 위기 상황의
비민주적·비합리적인 정책결정체제의 정책지배구조하에서는 서술적으로도 맞지
않고, 규범적(따라서 처방적)으로도 적합하지 않다고 할 수 있다. 개량주의적인 태
도는 잘 하면 좋지만, 그렇지 않으면 어느 때든 과거 타성으로 되돌아감(정책당국

의 경로의존성)을 막는 데 취약한 한계가 있다. 당시 민비정권은 위기 상황에 놓여 있었는데, 그런 위기 상황에서 기존 경로를 서서히 바꾸며 빠져나와, 점진적으로 폐정을 개선해 나갈 수 있는 길로 나아가는 민주적·합리적인 정책결정체제의 정책지배구조를 갖추지 못했음이 분명하다. 이미 그전에 큰 사건들에서 그런 비민주적·비합리적인 정책결정체제의 정책지배구조임을 충분히 증명해주었다. 폐정개혁에 전혀 적극적이지 않았고, 불만이 가득하면서도 긴급 시 국권 손상을 불사하면서까지 청에 달려가 지원을 요청하는 당시 민비정권에게, 개량주의는 결코 합당하지도 가능하지도 않는 선택지였다. 성공 가능성이 없기는 마찬가지지만, 그래도 그나마 지푸라기라도 잡는 심정으로 남아 있는 건곤일척(乾坤一擲)의 유일한 선택지가 바로 '패러다임 정책관'에 의한 일대 혁신이었다.

원래 패러다임 정책관을 채택해 정책을 운용하면, 그것이 자동으로 언제 어디서나 성공을 보장해 주는 것을 결코 아니다. 미리 선제적으로 치밀하게 준비하고, 적기(適期)에 올바른 패러다임을 포착·선택해, 혼신의 노력으로 구현해 나가는 정책리더십(특히 정책기조리더십)이 없다면, 그런 정책관으로도 정책혁명과 평상적 정책운용에 성공하기는 어렵다. 바로 청군 차병 전 상황이 거기에 가까웠다. 그렇지만 좌의정 조병세를 비롯한 조정 대신들이 거의 모두 청군 차병을 반대하고, 동학농민군의 요구를 수용해 폐정개혁(대경장)을 주장한 점에 주목할 필요가 있다. 그 상황에서 고종과 민씨 척족이 건곤일척의 인적 쇄신과 정책혁명의 결단을 내렸다면, 바로 기사회생을 돕는 패러다임 전환의 가능성이 전혀 없는 것은 아니었다고 결론을 내릴 수 있지 않을까? 일단 정책과 인사(人事)의 혁명이 필요했고, 그 다음 점진적인 평상정책(normal policy)으로 대처해나가는 방법론도 고려해 볼 수 있었다. 그러나 사리사욕에 집착한 민비정권은 그런 기회도 날려 보내버렸다. 그것은 동남아에서 유일하게 주권을 지킨, 다음과 같은 태국의 사례와 더욱더 극명하게 비교된다.

서양세력에 폐쇄정책을 펴온 태국은, 국왕 라마 2세 때인 1822년 통상조약을 체결하자는 영국의 요구를 거절했다. 그런데 1824년 영국과 버마 간 제1차 전쟁이 일어난 즈음 즉위한 라마 3세는, 2년 후 영국이 버마에 승리해 식민지로 만들고 태국에 조약 체결을 다시 요구하자, 영국과 화친조약을 체결하고, 1833년 미국과도 조약을 체결했다. 아편전쟁 후 1850년 미국과 영국이 중국과 체결한 불평등조약을 태국에도 강요하자, 이는 거부했다. 위기감 속에 1851년 라마 3세가 죽고, 라마 2세의 적자였던 몽꿋이 라마 4세로 옹립되자, 1855년 영국이 다시 불평등조약을 강요하고 나왔다.

그는 버마와 청나라가 굴복하는 것을 보고 무력 감당도, 그렇다고 계속 거부하기도 어려움을 잘 알고, 영국과 최초로 불평등조약(바우링조약)을 체결했다. 그러자 열강이 다투어 같은 조건의 조약을 원해, 그 후 10여 년간 미, 프, 포르투갈, 네덜란드, 벨기에, 이태리, 스웨덴, 노르웨이, 오스트리아 등과 불평등조약을 체결하였다. 그러면서도 라마 4세는 더 이상 서양 제국주의 세력의 간섭과 침략의 빌미를 주지 않기 위해, 그리고 불평등조약의 이완 또는 폐기를 위하여, 태국이 근대화됐음을 서양제국에 알리는 것이 급선무라고 여겨, 내부 근대화 개혁에 착수하였다. 즉 왕에게 엎드려 조아리는 부복제(俯伏制)를 완화하고, 교통통신시설의 개선, 모든 종교에 대한 관용, 강제노역의 축소, 서양문물을 받아들이기 위한 최초의 영어교육 실시, 군대조직을 개편하는 육해군의 현대화, 경제안정을 위한 화폐개혁, 천문학을 비롯한 과학진흥에 노력하였다.

1868년 15세 나이로 즉위한 라마 5세도 섭정 5년간 식민 치하 아시아 여러 나라를 순방하며 친정을 준비해, 친정 시 부복제 폐지, 노예제 폐지, 사법·재정 제도 개선, 우편제도 개선, 임명직 입법위원회 구성 등 야심찬 개혁을 추진했다. 그러나 기득권 보수세력의 저항에 부딪혀 10여 년 숨고르기를 해야 했다. 그리고 다시 주권을 수호하는 최선의 길은 유연한 외교정책, 외국 간섭을 허락하지 않는 정비된 국내 통치제도 확립, 인재의 양성으로 판단하고, 유능한 인재들을 규합해 함께, 서양식의 12개 행정부처의 창설로 행정개혁, 중앙집권과 법치행정 원칙의 확립, 초등교육 의무화, 국민개병제 실시 등 대대적인 근대화 개혁을 추진하였다.[140]

이상과 같이 여러 정책관을 비교하며 분석하는 가운데 민비정권의 성격과 정책들을 폭넓고 깊이 있게 이해하게 되었고, 앞으로 정책실무자들에게 좋은 교훈과 규범을 제시해 주었다고 할 것이다. 이것이 '다원주의 정책관'이 필요한 이유이기도 하다.

---

140) 한국태국학회(2005), 28-33; 김홍구(2006), 100-105 참조.

5. 청군 차병의 정책대안과 정책분석, 정책대안의 선택(정책결정)

민생 파탄으로 정부에 대내적 폐정개혁과 대외적 국권 수호를 요구하고 무장항거에 나선 동학농민군에 대하여, ① 그 요구를 수용하고 폐정개혁과 국권 수호에 나서거나, 아니면 ② 이를 거부하고 엄중 무력진압하거나, 그도 아니면 ③ 일부 요구를 수용(일부 폐정 개혁과 국권 손상 중단 등)하되 설득 진압하는 정책목표가 있을 수 있다고 하였다. 이 중에서 민비정권이 실제 채택한 정책목표는 ② 요구 거부와 엄중 무력진압이었다. 그러면 통합적 정책(순환)과정의 관점에서, 잠재적인 다양한 정책목표를 검토하면서 그에 부수해 -세부적으로는 아니더라도 큰 틀에서는- 함께 검토할 만한 가용한 주요 정책수단(정책대안)들로는 어떤 것들이 있었을까?

첫 번째로, 만약 정책목표로서 '폐정개혁'을 설정했다면, 그 목표를 달성하는 데 필요한 개혁의 범위·정도와 관련, 정부의 전면 인적 쇄신, 탐관오리의 색출·처벌, 개혁정책의 발표로, 시급한 민심 안정을 위해 정책·조직·인사·예산 측면에서 전면적으로 개혁하는 ① '전면 개편'이나 일부 필요한 것만 개혁해 나가는 ② '부분 개편' 중 어느 하나의 정책수단(방법)을 선택하는 대안이 있을 수 있을 것이다.

두 번째로, 엄중 무력진압의 정책목표를 달성하는 데 필요한 정책수단으로서 진압 동원 병력에 관하여, ① 정부 군 병력의 단독 동원 방안과 ② 정부 군 병력 외에 외국군, 곧 청 지원군을 요청해 진압하는 방안을 선택하는 대안이 있을 수 있을 것이다.

세 번째로, 엄중 무력진압의 정책목표를 달성하는 데 있어서 진압 방식과 관련, ① 반역 세력의 척결이므로 해산(解散) 유도보다는 반역자에 대한 무차별 살상을 허용하는 진압 ② 민간 양민이므로 해산을 유도하고, 주동자 급에 한해 살상을 허용하고 가급적 살상을 허용하지 않는 진압 중에서 선택하는 대안이 있을 수 있을 것이다.

네 번째로, 대외정책목표와 관련, ① 국권 손상의 회복 목표를 위한 정책수단으로 자주독립 선언과 국권의 구체적인 회수·회복 조치 ② 국권 손상의 중단

목표를 위해 향후 국권 침탈의 불용 선언과 국권 보장의 확약 요구 ③ 국권 손상의 완화(실제로는 감수 포함) 목표를 위해 기존 관계의 현상유지 중에서 선택하는 대안이 있을 수 있을 것이다.

이상의 정책목표 및 정책수단 관련 검토와 논의는 서로 밀접하게 관련되고, 더 나아가서 국정기조와 대내외 정책기조의 영향도 받게 돼 있으므로, 이들을 종합적으로 연계시키며 다음에서 분석하기로 하겠다. 그런데 요즘 용어로 말하면 정책분석(정책목표와 정책대안의 선택을 위한 분석)과 관련된 논의는 당시 다음과 같은 정책상황을 배경으로 심각하게 대두하였다.

세를 불린 동학교도들이 1893년 1월부터 교조신원(敎祖伸寃)을 요구하며 궁궐 앞 상소(伏閤上疏)도 했으나 탄압을 받자, 4월 말에는 2만여 명의 교도들이 보은(報恩) 집회에서 '척왜양창의'(斥倭洋倡義)를 내걸고 전례 없는 세를 과시하며 정부에 항거하고 나왔다. 이때 당황한 정부는 무력동원에 의한 위협책과 탐관오리를 징벌할 것을 약속한 회유책으로써 이들을 겨우 해산시킬 수 있었다. 바로 이 시점에서 '청군 차병'이란 발상 자체가 맨 처음 고종에게서 비롯되었다. 그것이 정권 핵심들과 공유되면서, 그 후 1894년 봉기한 동학농민군의 진압 현장의 총지휘관인 홍계훈의 건의나 정권 실세 민영준의 국정 의제(議題)의 발의 형태로 나타났다고 볼 수 있다. 즉 청군 차병을 결정하기 1년여 전인 1893년 4월 말 동학농민의 보은 집회 시, 조정 대책회의(차대, 次對)에서 고종이 처음으로 차병안(借兵案)을 제기하였다. 이 부분에 대하여 고종실록의 기록은 다음과 같다.[141]

> …(고종) 요충지의 길은 대체 몇 곳인가?
> (영의정) 수원(水原)과 용인(龍仁)은 바로 직로입니다.
> (우의정) 안성(安城)도 직로이고 큰 길로서, 광주(廣州)와 용인이 서로 접해 있는

---

141) 고종 30년(1893) 음 3월 25일조 1번째 기사인 "대신들이 전라도와 충청도에 일고 있는 동학난에 대한 대책, 공정한 수령 임명, 군사 양성 문제 등을 아뢰다." 제목의 관련 부분의 기록이다. 본문은, 고종이 "하교하기를" 하고 발언한 후, 영의정 심순택, 좌의정 조병세, 우의정 정범진이 "~하니 또는 ~하였다"라고 답변한 대화 형식이므로, 다음에서는 이해하기 쉽게 간단히 발언자별 발언 내용만을 그대로 발췌해 정리하되, 고종 발언에는 밑줄을 그어 구별하였다. 고종실록 30권, 34책 30권 17장 B면. 대화 중 '심영'(沁營)은 강화도 주둔군영, '기영'(畿營)은 수원 주둔군영, '조용'(調用)은 적절하게 쓰다, '군향'(軍餉)은 군비와 군량미, '진배'(進排)는 조달해 주다의 뜻임.

곳입니다.
(영의정) 심영(沁營)과 기영(箕營)의 군사를 우선 수원과 용인 등지에 나누어
　　　　주둔시키고, 서울의 군사는 형편을 보아가며 조용(調用)하는 것이 좋겠
　　　　습니다.
(고종) 서울의 군사는 아직 파견해서는 안 될 것이다. 다른 나라의 군사를 빌려
　　　　쓰는 것은 역시 각 나라마다 전례가 있는데, 어찌 군사를 빌려다 쓰지
　　　　않는가?
(영의정) 그것은 안 됩니다. 만일 쓴다면 군향은 부득이 우리나라에서 진배(進排)
　　　　해야 합니다.
(좌의정) 군사를 빌려 쓸 필요는 없습니다.
(우의정) 군사를 빌려 쓰는 문제를 어찌 경솔히 의논할 수 있겠습니까?
(고종) 중국에서는 일찍이 영국(英國) 군사를 빌려 쓴 일이 있다.
(우의정) 이것이 어찌 중국 일을 본받아야 할 일이겠습니까?
(고종) 여러 나라에서 빌려 쓰려는 것이 아니라 청(淸) 나라 군사는 쓸 수 있기
　　　　때문에 말한 것이다.
(우의정) 청나라 군사를 빌려 쓰는 것은 비록 다른 여러 나라와는 다르다고 하여
　　　　도, 어찌 애초에 빌려 쓰지 않는 것보다 더 나을 수 있겠습니까?…

　　고종이 먼저 동학교도들이 상경한다면 어떤 요로(要路)를 따라 올라오겠는가
라는 질문을 던진다. 그러자 영의정과 우의정은 수원·용인·안성의 직로 이용 가
능성을 보고한다. 그리고 영의정은 수원과 용인의 직로 이용 가능성이 높은데
그럴 경우 강화도 심영과 수원의 기영 병력을 두 곳으로 배치하고, 그 다음에
투입할 만한 병력인 경군(京軍)에 대해서는 서울 수비용이므로, 형세를 보아가며
쓰자고 답변한다. 이에 고종은 경군 사용은 불가하다고 바로 불허하면서 외국
병력을 차병하는 대안을 제시한다. 그러자 영의정이 군비와 군량미(軍糧米)를 조
달해줘야 할 난점을 이유로, 바로 안 된다고 그 대안에 반대하고 나선다. 그뿐만
아니라 좌의정과 우의정도 모두 반대하고 나선다. 특히 우의정은 그런 발상을
힐난하는 말투이다.
　　그러자 고종은 다시 청나라가 -태평천국의 난(1850-1864)[142) 때- 영국군을

---
142) 아편전쟁(1840-1842) 이후 서방 열강의 침략으로 무능함이 드러난 청조(淸朝)에 대해, 1850년
　　멸만흥한(滅蠻興漢)이란 청조 타도의 기치를 내걸고, 토지균분·조세경감·남녀평등 등 사상·
　　종교·정치·사회 전반의 개혁을 요구하며, 광시성(廣西省)에서 천주교도 홍수전(洪秀全, 1813-

차용한 실례가 있음을 들어 다른 나라가 아닌 청이라면 차병안을 고려할 만한 대안이라고 옹호하고 나온다. 이에 다시 우의정이 어떻게 그런 일에 중국을 본받으려고 하느냐고 고종을 질책하는 말투이다. 그러자 고종은 다른 나라는 안 되더라도 청나라의 차병만은 가능할 수 있다는 뜻이었다고 자신의 발상을 변명하는 투로 말한다. 이에 우의정이 마지막으로 어찌 청국 차병일망정 차병 자체를 거론할 수 있느냐는 말로 강하게 쐐기를 박으며 반박한다. 이로써 차병안은 무산되었다.

이 대화에서 고종의 차병안 발상과 속마음이 그대로 드러난다. 고종은 삼정승(三政丞)의 반발에 단념치 않고, 비밀리에 전협판내무부사(前協辦內務府事) 박제순을 원세개에게 보내어 차병 가능성을 협의·타진케 하였고, 원세개는 이에 동의하지 않고 중신을 파견해 진압할 것을 권고하였다.143) 이에 무력진압으로 결정되고, 차병안은 잠시 잠복하게 되었다.

그런데 이듬해 1894년 5월 봉기한 동학농민군이 관군을 격파하고 1만여 명으로 불어나 파죽지세를 이루었다. 이에 당황한 정부는 홍계훈을 양호초토사로 임명하여, 중앙군의 정예부대 약 800명으로 '토벌'하게 하였다. 그러면서 민비정권은 이미 정책목표의 설정과 정책수단의 선택에 관하여 논의하고 있었다. 좌의정 조병세를 비롯한 대신들은 동학농민군의 폐정개혁과 국권 수호의 요구를 전면적으로나, 아니면 최소한 부분적으로라도 수용해서, 정책·조직·인사·예산 측면에서 전면 개편의 쇄신이나 부분 개편을 단행해야 된다는 취지의 주장을 하였다. 다음은 당시 조정의 논의 내용 및 그에 대한 탐문(探聞) 정보를 분석한 일본공사관의 본국 보고(비밀) 내용이다.

1864)의 상제회(上帝會)가 중심이 되어 봉기한 농민 대반란으로서, 아편전쟁 후 빈농·실업자·해산병 등 민중의 지지를 받은 수십만의 농민 태평군(太平軍)은 1853년 남경(南京)을 점령하고 태평천국(太平天國)이란 신정국가(神政國家)를 세웠다. 그러나 내분이 일어나고 증국번(曾國藩)·이홍장(李鴻章)의 반혁명 의용군과 영국장군 고든(C.G.Gordon)이 이끄는 연합군의 반격을 받아, 1864년 남경의 함락과 홍수전의 자살로써 14여 년 만에 멸망하고 말았다. 그러나 그들의 한(漢)민족주의는 손문(孫文,쑨원) 등의 혁명운동으로, 그리고 근대농민운동으로 이어졌다. 한국근현대사사전, 한국사사전편찬회, 가람기획, 2005 참조.

143) 김창수, "동학농민혁명과 외병차입문제," 동국사학, 16, 1981, 35-36.

1894년 4월(양력 5월-저자 주) 농민군이 전라도 각지의 지방관청을 습격하고 세력을 급속히 확대하는 가운데…당시 농민군을 진정시키는 방법으로 조선정부 내에서는 두 가지 방안이 논의되었다. 하나는…조병세의 주장처럼 민정이 지극히 애긍(哀矜, 불쌍-저자 주)한 상태에서 민원을 파악해 이들의 바람에 부응하는 길은 대경장(大更張, 대개혁, 패러다임 전환-저자 주)을 하는 방법이었다.144)

■ 일본 공사관의 본국에 보낸 탐문 비밀보고 내용 ■

그러나 대경장의 방법은 국정을 장악하여 가렴주구를 행하고 있던 민씨척족이 정부 내에서 축출되는 과정이 필요하였기 때문에 쉽게 행할 수 있는 방안이 아니었다. 또 다른 하나는 민영준이 주로 주장한 것으로, 청병을 차병하여 농민군을 진압하는 방법이었다.145) 민영준이 많은 반대에도 불구하고 청병차병을 고집한 것은 민씨척족에게 불리한 내정개혁의 방안에 대한 대안으로 청병차병을 모색했기 때문이었다.146)

홍계훈은 전주에 도착해, 자신의 병력은 사기가 꺾여 반으로 줄어든 데다 동학농민군의 기세가 너무나 강한 것을 보고, 조정에 증원군을 요청하는 한편, -이미 거론됐던- '청군의 파병 요청'이 불가피하다는 의견을 전문(電文)으로 개진하였다. 이것이 진압 동원 병력의 정책수단으로서 '청군 차병'이 본격 검토되는 중요한 계기가 되었다. 즉 5월 16일 당시 선혜청 당상으로 병조판서를 겸하던 정권 실세 민영준이 고종에게 홍계훈의 건의에 따라 차병건을 제기하고, 조정에서 고종과 중신(重臣)들 간 긴박한 의제로 논의하게 되었다. 민영준은 이미 원세개와 내밀히 청국군 파병 협의와 준비를 하고, 고종은 공식적으로 중신회의를 열어 차병 안건에 대한 중신들의 의견을 묻게 되었다. 민영준의 강력한 차병 주장에도 불구하고 중신들은 강경한 반대론을 펼쳤다. 결론을 내지 못하고 다시 5월 18일 재차 회의를 열어 논의하였으나, 다음과 같이 청군 차병이 곤란한 점 세 가지(삼난, 三難)를 들어 대다수가 반대하므로 결국 차병 안건은 부결되었다.147)

---

144) 일성록, 고종 31년 4월 4일; 구선희(1997), 145에서 재인용.
145) 일본외교문서 27-9, #503, 157쪽, 1894년 6월 3일; 구선희(1997), 145에서 재인용.
146) 일본외교문서 27-9, #497, 153쪽, 1894년 5월 22일; 구선희(1997), 145에서 재인용.
147) 김창수(1981), 45. 및 구선희(1997), 146.에서 재인용하되, 쉬운 말로 저자가 약간 수정하였음.

첫째, 나라는 백성(民)으로서 근본(本)을 삼는데, 외병(外兵)으로 몇 만 명의 생명이 죽게 내버려둘 수는 없다. 둘째, 외병이 국내에 진입하면 그들이 미치는 곳마다 폐단이 생겨 민심을 동요시킨다. 셋째, 각국이 그 공관의 보호를 구실로 출병할 빌미를 제공할 수 있다.

조정의 중신들은 ① 동학농민군의 요구를 수용해 폐정개혁을 단행하는 정책목표가 옳고, 그 목표를 달성하기 위해서 정책수단으로서 정책·조직·인사·예산 측면에서 전면적으로 개혁하는 ① '전면 개편'을 단행해야 한다는 취지의 주장을 하였다. 따라서 중신들은 정책수단으로서, 정부군도 아닌 ② 정부 군 병력 외에 외국군, 곧 청 지원군을 요청해 진압하는 것과 그들에 의한 ① 무차별 살상을 허용하는 것은 옳지 않음을 강력하게 주장하고 있었다.

그러나 홍계훈이 계속해서 현지 형세의 급박함을 보고하고, 자신은 진압할 자신이 없다며 '차병'을 건의해 왔다.[148] 그리고 조정은 중신들의 강한 반대 의견 때문에 머뭇거리고 있었다. 그 사이 동학농민군은 홍계훈의 관군을 장성(長城)에서 패퇴시키고 북상하여, 거의 관군의 저항을 받음이 없이, 5월 31일(음력 4월 27일) 전주를 점령하고 말았다. 전주 점령의 급보를 접하게 되자, 사태는 급변하고 말았다. 당황한 정부는 이원회를 양호순변사(兩湖巡邊使)로 임명하여, 1천 4백 명의 관군을 인솔하고 호남에 내려가서, 홍계훈의 관군과 협력해서 동학농민군을 '진압'하도록 조치하고 출발시켰다. 그리고 6월 2일(음력 4월 29일) 공주로 피신한 전(前)전라감사 김문현으로부터 공식으로 전주 함락의 전문을 받고, 민영준은 그날 밤 전·현직 중신(시원임대신, 時原任大臣)이 참석한 심야 어전 대책회의에서 청병 차병을 주장하고, 거의 모든 중신들은 청군 차병은 거기에 그치지 않고 -10여 년 전 청·일 양국 간 체결된- 텐진조약에 의해 일본군도 반드시 조선에 들어올 것이므로 후환을 생각할 때 상황을 보아가며 결정하는 것이 좋다고 신중론을 진언하였다. 고종은 외병을 불러들이지 말고, 원세개에게 전주 등지에 내려가서 순변사·초토사의 병력을 지휘하여 농민군을 막아주길 청하자고 절충안을 제시하고

그 일차 사료는 일본측의 전말 탐문 보고서인 日本外務省 編, 日本外交文書, 東京, 日本國際聯合協會, 1936, 27-9, #498, 153-154쪽, 1894년 5월 29일자 기록임.
148) 김기혁(1996), 68 및 김기혁(2007), 193.

회의를 마쳤다.

이렇게 대신들이 모두 강력하게 반대하자,[149] 고종은 비밀리에 민영준으로 하여금 밀사 성기운을 원세개에게 보내 교섭하게 지시(내명, 內命)하면서 차병건을 암암리에 조율하였다.[150] 그리고 끝내 고종은 모든 대신들의 반대를 무릅쓰고 6월 2일 밤 청국 공관에 -원세개가 요구하는[151]- 공문(조회문, 照會文)을 발송하고 말았다. 민영준과 고종에 의하여 추진된 청군 차병 안건은, 원세개의 독촉도 있어 그렇게 일방적으로 결정되었다.

이로써 결국 민비정권이 실제로 설정한 정책목표는 ② 동학농민군의 요구를 거부하고 '엄중 무력진압'으로 최종 낙착되었다. 따라서 폐정개혁의 수용이란 정책목표의 달성을 위한 정책·조직·인사·예산의 전면 또는 부분 개편은 배제되었다. 그 대신 엄중 무력진압의 정책목표를 달성하기 위해 실제 선택한 정책수단들을 보면, 첫 번째 진압 동원 병력으로는, ② 정부군 외 '청군의 차병'이 결정되었고, 두 번째 진압 방식으로도 ① 군병력, 특히 청군에 의한 '무차별 살상도 허용'하며, 세 번째 청에 지원 병력을 요청하는 데 따라 대외정책목표는 가장 큰 국권 손상을 의미하는 ③ 국권 손상의 완화를 선택한 셈이 되었지만, 그에 따른 정책수

---

149) 민영준은 원로 대신 영돈령부사 김병시에게 서한을 보내 중신회의 내용을 자세히 보고하고 의견을 물었다. 이에 김병시는 동학농민군이 봉기한 원인은 지방관의 수탈이므로 무조건 무력진압은 옳지 못하고, 죄를 용서하기는 어려우나 모두 우리 백성으로 우리 병력으로 진압해야지, 다른 나라 병사들을 청하여 토벌하면 민심이 어떠하겠고, 후세의 평가는 어떠하겠으며, 일본도 염려하지 않을 수 없다고 하면서 신중론 내지는 반대론을 회신하였다. 이는 일본군도 필시 들어오므로 '진압'보다는 '내정개혁'을 하면서 점진적으로 '진무'하는, 다른 '정책대안'을 주장하며 반대하는 모든 대신들과 궤를 같이하는 의견이었다. 김창수(1981), 48. 김병시는 1884년 갑신정변 후 우의정이 되었고, 1894년 당시에는 왕실 종친의 친목 관리 부서인 돈령부의 장(정1품)인 영돈령부사이었다. 김기혁(2007), 193 및 이홍직(1983), 149, 236 참조.

150) 日本外交文書, 27-9, #516, 166쪽, 1894년 6월 6일; 김창수(1981), 47-48 및 구선희(1997), 147-148 재인용. 성기운은 6월 4일자 일성록, 고종실록에 청군을 영접할 사무를 맡은 군무사(軍務司) 구관(句管, 맡아 다스림의 뜻이나, 여기서는 소속 직책명인 듯함-저자 주)의 한 사람으로 임명돼 있다. 이태진(1999), 339. 성기운(1847-1924)은 1880년 8월 문과 증광시 병과(丙科) 합격 후, 톈진 주재 대원(大員) 서기관, 형조참의, 인천부사 등을 거쳐, 1893년 7월 주상하이 찰리통상사무(察理通商事務), 1894년 9월 주일전권대신, 이후 김홍집 내각의 중추원 1등 의관(議官), 유럽 각국 주재 특명전권공사, 철도원 총재, 관찰사, 농상공부대신, 1907년 이완용 내각의 중추원 부의장 역임 후, 1910년 국민협성회(國民協成會)의 '한일합병' 실행 추진단체인 한국평화협회에서 서무부 총장으로, 남작 작위를 받고, 여러 단체를 통해 친일행위를 하였다. 한국학중앙연구원, 한국민족문화대백과사전, <다음>에서 검색 참조.

151) 北京古宮博物院(편), 淸光緖朝中日交涉史料(臺北, 文海出版社, 1963) 권13, #949, 7쪽, 광서 20년 4월 29일; 구선희(1997), 148에서 재인용.

단으로는 청 외세에 의존하는 등 '각종 기존 관계의 현상유지책을 계속한다는 것'을 의미하므로, 결과적으로 국권 손상을 실제적으로 계속 감수하겠다는 것을 의미하였다. 그리고 나중에 실제 그 결과도 그렇게 나왔다.

이제 이상의 분석에 대하여, 정책철학적 정책관별 논의를 시작하기로 하겠다. 먼저 민비정권이 정책목표와 정책수단을 검토했던 실제 정책분석의 내용과 과정을 보면, 이론·가치중립적 객관주의 정책관이 합리적·선형적으로 이루어진다고 가정한 것과는 다르다. 현장 총지휘관 홍계훈의 거듭된 청군 차병의 건의에도 불구하고, 역시 전·현직 중신의 거듭된 강력한 반대에 부딪히자, 고종은 형세 악화를 빌미로, 국왕(민비)의 핵심 실세인 민영준으로 하여금, 밀사 성기운을 원세개에게 보내 차병건을 암암리에 조율할 것을 지시한 후, 원세개의 독촉도 있어, 끝내 6월 2일 밤 일방적으로 청국 공관에 차병 요청 공문을 발송하게 하고 말았던 것이다.[152]

> 각의는 이처럼 일단은 민중의 요구를 받아들여 폐정 개혁, 불량 관리의 처벌로 내란을 해결해야 한다고 민영준의 제의를 기각했으나…홍계훈으로부터 청군의 원조가 필요하다는 보고가 도착하고, 이어 31일에는 전주가 함락되자, 민영준은 국왕의 내명으로 원세개에게 출병 구원을 의뢰했다. 결과적으로 이 출병 요구가 청일전

---

152) 민영준이 고종의 내명(內命)에 의하여 "앞장서서 원세개와 야합하여 청국군 파병 요청의 공문을 발송하는 어리석음을 범하였"다. 신용하(2005), 112. 아울러 고종실록에 있는 논의 내용은 정조 이래 역대 국왕의 언동(言動)을 기록한 <일성록>(日省錄)에도 기록돼 있다. 일성록에는 고종의 차병 발언 후 곧 거둬들이는 듯한 발언, 즉 "경군은 아직 파송하는 것이 옳지 않다. 타국병을 차용하는 것도 각국의 예가 있다. 그러나 어찌 하필 차병을 할 것인가?"라는 발언으로 돼 있고, 좌의정 조병세의 반대 의견이 생략돼 있으나, 나머지는 동일하다. 일성록, 고종 30년(1893) 3월 25일조. 이태진(1999), 321. 여기서 "어찌 하필 차병을 할 것인가?"라는 고종의 발언은 차병을 직접 행할 의사가 처음부터 없는 것으로 전제하고 분명히 밝혔는데도, 기존의 정설이 고종의 청병(請兵)이란 잠재 가능성의 표출로 본다고 비판하면서, 기타 다른 근거와 이유로 '고종의 자진 청병설'로 규정한 것은, 일본 역사학자 田保橋潔(近代日鮮關係의 研究, 上·下)가 고종의 무능과 민왕후 민씨의 세도를 부각하기 위한 불순한 의도를 비판의식 없이 추종한 것이므로 잘못이고, '원세개의 강압 청병설'이 옳다고 주장한다. 그러나 아직까지 우리 학계에 이에 동조하는 연구가 나오지 않고 있다. 저자 개인적으로는 위 대화 내용 전체, 특히 대화 후반 영국군 차병 사례를 거론하는 것은 물론, 청국군이므로 생각해 볼 수 있다는 발언 등까지 감안해 볼 때, 원세개의 강요도 있었음에는 틀림없으나, 고종의 차병안 제기 사실과 함께 자진 청병설로 보는 것이 객관적·합리적이라고 하겠다. 이와 관련, 저자는 관련 학자들이 사용하는 용어, 즉 청군의 '출병' '차입' '차병' '청병' 등 중에서, 고종의 첫 제기 시 의도인 '청군을 빌린다'는 의미를 가장 잘 반영한다고 판단해 '차병'이란 용어를 선택하였다.

쟁의 도화선이 되었으나, 국왕과 민영준은 각료들의 주의에도 불구하고 그 점에 대하여는 충분히 고려하지 않았다.[153]

고종이 대신들과 논의 없이 차병 쪽으로 결정·발표해 버린 바람에 대신들이 크게 놀라고 있다는 사실을, 일본 공사관의 본국에 보낸 탐문 보고는 다음과 같이 전하고 있다.[154]

> 청병 차래(借來)의 일은 여러 대신들이 모두 동의하지 않았을 뿐만 아니라, 실제로 그 결의에 참여하지 않았다. 그런데 국왕은 비밀히 성기운으로 하여금 원세개와 상담을 하도록 하여 내의(內議) 이미 조정된 다음에 발표되어 여러 대신들이 크게 놀라 어리둥절한 모습이었다.

이로써 그동안의 정책논증(policy argumentation)을 거친, 나름대로 합리적·객관적인 정책분석(policy analysis)의 결론, 즉 공식 결정절차를 통한 공론화 과정에서 제기된 강력한 반대론의 내용은 완전히 무시되고 말았다.

이와 같이 민비정권이 정책목표와 정책수단을 검토했던 실제 정책분석의 내용과 과정을 보면, 그것은 오히려 개량주의 정책관과 패러다임 정책관이 가정한 것에 가깝게 '주관적으로' 이루어진다는 사실을 보여준다. 특히 패러다임 정책관은 '정책의 패러다임'이 전체 정책과정을 지배하고 영향을 준다고 보는데, 과연 민비정권의 국정기조와 대내외 정책기조를 분석해 보면, 그것을 분명하게 확인할 수 있다. 예컨대 모든 중신들의 강한 반대에 휩싸인, 청군 차병의 대안이 최종적으로 어떻게 처리될 것인가에 대하여, 당시 주조선 일본 공사는 민비정권의 국정기조와 대내외 정책기조를 정확히 꿰뚫고 있었으므로 쉽게 예상해, 본국에 그 후속 대비책을 요청하고 있었다.

> 이 두 방안(폐정개혁안과 청군 차병안-저자 주)에 대해 이미 조선주재 일본 임시 대리공사 삼촌준(杉村濬, 스기무라 히로시-저자 주)은 조선정부가 끝내는 시비 없

---

153) 藤村道生(후지무라 미치오), 日淸戰爭, 岩波, 1973; 허남린(역), 청일전쟁, 소화, 1997, 80.
154) 이태진(1999), 338에서 재인용.

이 청병차병 방안을 고식(姑息, 당장에는 탈 없고 편안함-저자 주) 수단으로서 채택할 것이라 예상하고, 청병의 조선 진입에 대비한 일본의 준비를 본국에 요청하고 있었다.155)

또 실제 정책분석의 과정은 반드시 공식 결정절차에 따라 모든 고려요소에 대하여 합리적으로 검토되고 논의되는 과정이라기보다는 -고종의 내면 의식처럼- 어떤 고정관념·편견·확신이 지배하는, 따라서 비합리적이기도 한 과정이고, 먼저 정책수단이 선택되고 정책목표가 설정될 정도로 서로 뒤섞여 일어나는 비선형적 과정일 수도 있음을 알 수 있다. 그래서 특히 신중하면서도 결단해야 하는 '구조 전환'의 중요한 패러다임 차원의 논의에서는 민주적인 절차와 공론장을 통한 설득과 타협의 정책분석이 중요하다는 사실을 깨닫게 해 준다.

6. 청군차병정책의 집행과 환류, 효과 및 새 정책으로의 변경

집행 단계에 들어가자마자 정책상황이 급변한 이 정책의 성격상, 주로 정책결정과 정책집행의 관계를 중심으로 이제 청군차병정책의 집행과 환류에 대하여 살펴보기로 하겠다. 청군차병정책이 결정·통보된 뒤인 6월 6일과 7일 밤에도 대신회의가 열려, 반대하는 대신들이 또다시 차병건을 문제 삼았으나 그 결정을 뒤집을 수는 없었다.156) 그리고 차병을 주도한 민영준도 대신들이 제기한 일본과 러시아의 출병과 조선의 전장화(戰場化) 우려를 위협적으로 생각하여 6월 7일 밤, 청군이 출병한다 해도 상륙은 하지 말아달라고 뒤늦게, 그리고 이미 돌이킬 수 없게 그르쳐진 일을, 청 정부에 제의하기도 하였다.157)

그런데 조선 정부가 요청한 청군이 8일 아산만에 도착하였다. 그 공식 기록인 고종실록의 관련 내용을 보면, 음력 5월 5일, 정축(양력 6월 8일) 4번째 기사에서 다음과 같은 제목과 그 아래 세부 내용을 매우 짧게 그러면서도 -괄호 속 기록

155) 일본외교문서 27-9, #497, 153쪽, 1894년 5월 22일; 구선희(1997), 145에서 재인용.
156) 구선희(1997), 151.
157) 日本外務省(編), 日本外交文書(東京, 日本國際聯合協會, 1936), 27-9, #524, 172쪽, 1894년 6월 8일, #527, 177쪽, 1894년 6월 9일; 구선희(1997), 151-152에서 재인용.

과 같이- 매우 함축적으로 기록하고 있는 것이 전부이다(전체 실록 내용 그대로이다).

> "청나라에 구원을 요청하여 섭지초가 청의 군사를 거느리고 아산만에 도착하였
> 으므로 이중하를 영접관으로 임명하여 일을 처리하도록 하다."158)
> 의정부(議政府)에서 아뢰기를, "중국(中國) 군함(軍艦)이 곧 와서 정박한다고 하
> 니, 영접하는 절차를 조금도 늦출 수 없습니다. 공조 참판(工曹參判) 이중하(李重夏)
> 를 영접관(迎接官)으로 차하(差下)하여 일을 처리하게 하는 것이 어떻겠습니까?"
> 하니, 윤허하였다. [이때에 전주가 이미 함락되고 적의 세력이 성해지니 정부에서
> 비밀리에 원세개와 의논하고 청나라 조정에 구원을 청하였다. 청나라 조정에서는
> 제원, 양위 두 군함을 파견하여 인천과 한성에 가서 청나라 상인을 보호하게 하는
> 동시에 제독 섭지초(葉志超)와 총병(總兵) 섭사성(聶士成)으로 하여금 세 군영의
> 군사 1,500명을 인솔하고 아산에 와서 상륙하게 하였다.]

고종은 성기운을 원세개에게 보내 일본군이 서울에 들어올 염려가 있으므로 청병 상륙을 보류해 달라고 요청하였다.159) 또 조선 외무독판(督辦, 장관-저자 주) 조병직이 일본군의 상륙 정지를 일본 대리공사에게 요구하였다. 그렇지만 조약상의 일본의 권리로서 결정한 일이므로 왈가왈부할 일이 아니라고 거절당하였다.160) 청군보다 먼저 도착해 상륙한 일본군 선발대 해병 420명, 순사 20명을 데리고 서울로 귀임하는 일본 공사 오토리(大鳥圭介)를 만나 항의해 저지하려고, 인천과 영등포에서 시도했으나 그것도 실패하였다. 오토리 공사가 6월 10일 서울에 도착하자, 그에게 철병을 요청했으나 거절당하였다. 6월 12일 일본 군함에 탄 대규모 병력이 인천에 도착하자, 고종은 대책회의에서 청·일 등 외국병의 서울 진입이 용이하게 된다면 어떻게 조처할 것인가에 대해 상의했으나, 원세개가 자신에게 맡겨달라고 했으므로 그 해결도 원세개에게 맡기면 된다는 민영준의 헛된 대답만 듣고 말았다.161) 이미 청군 차병안에 대하여 우려했던 여러 사실들이 현실

---

158) 이 제목 아래, 세부 내용 중 대괄호 내용은 당시 상황의 부연 설명인 듯한데, 원본문 그대로임.

159) 앞의 淸光緖朝中日交涉史料 권13, #964, 11쪽, 광서 20년 5월 5일; 구선희(1997), 156에서 재인용.

160) 앞의 일본외교문서 27-9, #523, 171-172쪽, 1894년 6월 8일. #527, 177-179쪽, 1894년 6월 9일. #546, 195-198쪽, 1894년 6월 13일; 고려대 아세아문제연구소(편), 구한국외교문서 제2권(日案 2), 633쪽; 구선희(1997), 156에서 재인용.

로 나타나자, 조정에서는 후회와 책망이 그칠 줄 몰랐다.[162] 민영준도 권좌에서 물러났다.

이상 민비정권이 청군차병정책을 집행하는 바로 그 순간부터, 우려했던 사태가 -예상보다 훨씬 더 급박하게- 전개됐던 사실, 그리고 정책결정 시 충분히 예상하지 못했던 것처럼 집행과정에서 뒤늦게 정부 권위와 공권력만 실추시키며 잘못된 결정을 되돌리려고 하는 헛수고를 계속한 사실을 확인할 수 있다. 이는 정책집행이 정책결정 사항을 하향적으로 단순히 실천함에 불과하다는 관점이 현실에서 타당하지 않다는 사실을 입증하는 하나의 사례라고 하겠다.

이제 조선 정부의 청병 요청을 빌미삼아, 일본은 청일전쟁을 감행해서라도 조선을 둘러싼 동아시아에서의 패권을 차지하려고, 조선을 대륙침략의 전진 기지로 확보하고자 계획을 착착 진행시켰다. 선발대를 청군보다 더 일찍 인천에 상륙시키고, 곧장 서울에 진주·주둔시켜 놓고서, 청일 양국군의 공동 철병도 거절한 채 6월 8일 조선 정부에 강압적으로 5개조의 내정개혁을 제의하였다. 민비정권은 일본군의 철수를 요구하면서 내정 간섭이라 하여, 그 제의를 거절하고 독자적으로 개혁을 추진할 것임을 밝혔다. 청일 양국군이 들어와 정세가 급박해지자, 정부는 하루 속히 동학농민군을 회유하여 해산시켜야겠기에 휴전교섭을 제의하였고, 전봉준도 긴박한 상황을 고려해 당초부터 주장했던 폐정개혁을 조건으로 6월 11일 전주에서 강화에 동의하고 해산하였다.[163] 이래저래 필요한 자주적인 내정개혁을 위한 개혁정책을 협의하고 고종에게 제안하기 위하여 6월 11일 급히 시·원임대신 6명의 총재관과 당상관 15명과 낭청 2명의 위원으로 의정부 산하에 '교정청'(校正廳)이란 개혁추진기구가 설치되었다. 그리고 수많은 민란 시 제기되고 이미 동학 농민군이 폐정개혁안으로 제시했던 내용으로 12개 조항의 개혁 내

---

161) 金正明(편), 日韓外交資料集成 4, 동경, 巖南堂書店, 1967, 8; 구선희(1997), 155-156에서 재인용.

162) 이태진(1999), 342.

163) 폐정개혁안의 뼈대는 첫째, 양반들의 부당한 가렴주구를 배격하는 방안, 둘째, 외국상인의 침투를 반대하는 방안이었다. 해산한 동학농민군은 전주에 전봉준이 총지휘하는 집강소의 총본부인 대도소(大都所), 전라도 53군에 민정기관 격인 집강소(執綱所)를 설치해 폐정개혁에 착수한 사실도 있었다. 그러나 폐정개혁의 강화 조건을 정부가 이행할 의지도 여건도 안 된 데서 위기무마용이었다.

용이 16일 공표되었다. 그러나 그런 자율적 개혁마저도 이미 가능하지 않는 상황으로 바뀌고 있었다(보름여 만인 25일 교정청 폐지).

　일본은 조선 정부의 철병 요구를 묵살하고, 러시아의 철병 요구도 거부하며, 청국과의 교섭도 결렬시키고, 6월 14일 '영일통상항해조약'을 조인한 다음날 전쟁체제에 돌입해, 대기시킨 6천여 병력의 연합함대를 조선을 향해 발진시켰다. 일본은 먼저 경복궁을 공격 목표로 삼아 치밀한 계획 아래, 6월 21일 새벽 경복궁과 4대문을 무력 점령하고, 대원군을 입궐시켜 정무와 군무를 위임받도록 조치하고, 김홍집을 수반으로 친일개화파 내각을 세워, 조정의 실권자인 민비와 그 민씨 척족정권을 무너뜨린 쿠데타(갑오변란)를 감행하였다.164) 그리고 6월 23일 기습 공격으로 청일전쟁을 일으켰다. 6월 25일에는 교정청을 없애고, 입법권을 가진 초정부적 회의기관인 군국기무처(軍國機務處)를 설치하고, 오토리(大鳥) 일본공사가 고문이 되어 간섭하며, 친일정부로 하여금 일본과 내정개혁을 위한 협상을 진행하도록 강요하였다. 친일내각은 군국기무처(軍國機務處)를 통하여 '갑오경장'(甲午更張)165)이란, 한국근대화 과정에서 중요한 의의를 지니는, 정치·경제·사회

---

164) 이상 김상기, "갑오경장과 전기 의병투쟁," 한국근현대사학회(편), 한국근대사강의, 한울, 2007, 180-184 인용 참조.

165) 1894년 6월부터 11월까지 추진한 제1차 갑오경장의 개혁에서 정치적 개혁이 중심이었다. 즉 개국기원의 사용으로 청과의 종속관계의 청산, 처음 의정부(議政府)라 했으나 내각으로 고쳐 총리대신 휘하에 7부와 국·과 설치 및 직급 개정, 과거제도를 폐지하고 신분 차별 없는 관리 임용, 8도를 고쳐 -23부(府)를 거쳐- 13도와 그 밑에 군을 둔 지방관제로의 간소화 개편, 지방관의 사법권과 군사권 폐지, 사법권의 행정기구에서 분리 독립과 재판소의 설치, 경찰권의 일원화 등이었다. 그리고 경제적 개혁으로는 일체의 재정 사무는 탁지부로 일원화하고 그 밑에 징세서와 관세사 설치, 은본위제와 동전 보조화폐 채택, 조세의 금납제, 도량형의 개정 통일 등이었다. 그리고 사회적 개혁으로는 신분제도의 철폐, 공사 노비 혁파, 고문과 연좌법 폐지, 남녀 조혼의 금지, 과부의 재가 자유, 양자제도 개정, 의복제도의 간소화 등이었다. 한편 일본의 성장하는 자본주의가 침투할 수 있는 평탄한 길을 닦아 놓는 구실도 하였다. 가령 신화폐를 일본의 화폐와 동질의 것으로 하고, 일본의 화폐도 혼용할 수 있게 함으로써 일본의 상품시장으로서 중요한 위치에 있는 조선에서 일본 상인의 경제적 침투를 유리하게 하였다. 또 도량형의 개정 통일이 일본 상인들의 편의를 도와준 것이었다. 군사제도의 개혁 같은 것은 거의 고려되지 않았다. 이리하여 근대적 국가가 갖추어야 할 충분한 병력과 이에 따르는 신무기의 공급은 계획되지 않았다. 국방부에 해당하는 군부(軍部)의 소속하에 겨우 수천에 지나지 않는 적은 수의 군대를 일원화하였을 뿐이었다. 이기백(1999), 314-316. 한편 제2차 갑오경장은 1894년 11월 김홍집·박영효 연립내각이 조직되어 다음해 윤5월 박영효가 반역음모 혐의로 일본 망명 시까지 추진된 개혁이다(12월 12일 반포된 홍범14조가 포함됨). 제3차 갑오경장은 박영효가 망명 뒤 1895년 8월 24일 제3차 김홍집 내각이 수립되고 1896년 2월 11일 아관파천으로 붕괴될 때까지 추진된 을미개혁을 말한다.

등 다방면에 걸친 대대적인 내정 개혁에 나섰다. 국왕이나 왕비의 존재도 ─내각을 통할하는 정치를 담당하기로 일본의 사주를 받고 집정한─ 대원군도 무시되었다.

이때 김홍집은 외무대신 김윤식, 탁지대신 어윤중과 함께 이노우에 일본 공사를 방문해 동학농민군의 진압 지원을 구두 요청하였다. 이로써 그래도 청군차병의 의제를 검토할 때 존재했던 동원병력, 진압방식 등과 관련된 심각한 정책논증분석은 없어지고, 일본의 강압하에 '청군차병정책'은 어느새 '일군차병정책'으로 변경·대체돼, 속전속결 식으로 결정되고 집행되었다. 이를 계기로 일본군은 합법적으로 본격적인 동학농민군 '진압 작전'을 개시하고 무자비한 살육으로 동학농민전쟁을 끝냈다. 그리고 일본은 청일전쟁의 승리로 청을 조선에서 축출하는 데도 성공하였다.[166]

일본은 4개월여 만에 대원군도 물러나게 하는 데 성공하고 김홍집·박영효의 연립내각을 성립시켰다. 일본은 연립내각 뒤에서 청국과의 절연, 왕비 등 종친의 정치 간여 배제 등을 내용으로 한 ─한국 최초의 헌법이라고 일컬어지기도 하는─ '홍범(洪範)14조' 등을 고종에게 서약하게 하고, 보호국화 작업을 추진하였다. 각 부에 일본인 고문관을 배치하고, 조선에 차관을 알선하며, 이권 획득에 열을 올렸다.[167] 이제 개혁도 '일본의 조종하 타율적인 국정 전반의 개혁'이고, '일본 지도 하 민생 개혁'이었으며, 대외관계도 ─후술하는 바 일시 러시아에 의존하려던 시기를 제외하면─ '일 외세 의존주의'로 완전히 바뀌었다. 이는 모두 '조선 식민지화'라는 일본의 국정기조의 실행선상에 놓인 '반(半)자주적 개혁'이고, '일 외세 의존주의'라는 '반(半)식민지적 일 보호국'의 정책기조를 강요받은 것이었다.

청일전쟁은 1895년 4월 17일 시모노세키(하관)조약의 체결에 의해 일본 승리로 종결되었다. 그런데 그 직후인 4월 23일, 청일전쟁의 추이를 주시하던 서구

---

166) 동학농민전쟁을 계기로 청일 양국군이 조선에 들어오면서 원세개는 날로 대세가 청에 불리해지는 것을 누차 본국에 보고하며 자신의 귀국을 요청하게 되었다. 칭병 하면서까지 귀국을 요청한 끝에 자신의 임무를 당소의(唐紹儀)에게 맡기고 1894년 7월 19일 서울을 떠났다. 그가 떠나고 7월 23일, 일본군은 경복궁에 난입하고 일병 천여 명이 청의 총리공관과 용산의 분관, 한성전보총국을 공격 약탈하였다. 그리고 7월 25일 조선과 청 간의 통상장정이 폐기되었다. 공관을 유린당한 당소의는 7월 28일 일군을 피해 영국 선박으로 인천에 갔다가, 8월 3일 독일 선편을 이용해 청으로 돌아가고 말았다. 이로써 청은 조선에서 완전히 물러나게 되었다. 구선희(1997), 164-165.

167) 이기백(1999), 313-316.

열강, 그중에서도 러시아를 중심으로 프랑스와 독일 등 세 나라는, 일본에 대하여, 강화조약으로 차지한 청의 요동반도를 반환하고 조선의 자주독립을 존중하라고 요구하였다.[168] 기세등등했던 일본은 삼국간섭에 굴복하여 요동반도를 반환하였다. 그리고 일본은 8월 러시아와 민씨 척족에 대한 유화책의 일환으로 박영효를 축출해 갑오경장을 중도에 무력화시키고, 민비와 그의 추종세력을 모두 복권시키는데 앞장섰다.[169] 결국 삼국간섭이 관철되었다. 민비와 그 일족은 일본의 약점을 알고 이제 러시아에 의지하여 일본의 간섭을 배제하고 군주권을 복구하려고 하였다. 민비는 이범진·이완용 등 친러파를 기용해 친러적 경향을 보이게 되었다. 이에 위기감을 느낀 일본은 비상수단으로 주한 공사를 교체해 미우라 공사를 부임시키고, 그는 1895년 10월 8일 일본의 군·경찰·낭인배로 하여금 경복궁을 기습해 민비를 살해하고, 그 시신을 불태워버린 을미사변(1895년)을 일으켰다. 그러자 국민의 대일감정이 극도로 악화하고, 거기에 새로 구성된 김홍집 내각이 머리를 깎게 한 단발령(斷髮令) 등의 개혁 조치까지 겹쳐져서, 각지에서 항일 의병 투쟁이 일어났다.

그런 혼란을 이용해 러시아 공사 웨베르는 공사관 보호 명목으로 수병 100명을 서울로 데려왔다. 친러파 이범진 등은 웨베르와 공모해, 1896년 2월 고종을

---

168) 1895년 4월 17일 시모노세키조약으로 청일전쟁이 종결된 직후, 러시아는 일본이 랴오둥 반도의 영유를 중지하도록 권고할 것을 열강에 제안했다. 이해관계를 따지던 열강 중에서 독일이 러프동맹을 약화시키고 청으로부터 해군기지를 획득하고자 이에 동의했다. 프랑스도 러프동맹을 유지하고, 일본의 타이완·펑후 열도 할양을 저지할 필요가 있었기에 동의했다. 조약 체결 6일 후 도쿄 주재 삼국의 공사는 청의 수도를 위태롭게 하고, 조선의 독립을 유명무실하게 만들며, 극동의 평화를 위협한다는 이유로, 랴오둥 반도를 청에 반환할 것을 일본에 권고하면서 15일 이내에 회답하도록 요구하였다. 그리고 조약 비준 교환지로 예정된 즈푸[엔타이(烟台)의 옛이름-저자 주]에 러시아 군함 17척, 독일 군함 2척, 프랑스 군함 1척을 집결시켜 무력시위를 벌였다. 이에 일본은 영국과 미국 등에 협력을 구해 대항하려 했다. 영국은 일본의 세력 확대로 정세 변화를 원치 않아 거절하고, 미국은 반응을 보이지 않았다. 일본은 중국이 상당한 배상금을 지불한다면 진저우(金州, 남단의 뤼순을 포함) 이외의 랴오둥 반도는 포기하겠다는 의사를 표명하였다. 그러나 3국이 반도의 전면 포기를 주장했기 때문에, 결국 일본은 배상금을 더 받는 조건으로 이를 포기할 수밖에 없었다. 일본 내 삼국에 대한 분노와 러시아에 대한 적개심은 고조되었다. 오비나타 스미오(2012), 91-92.

169) 대원군이 재집권 후 취한 가장 중요한 개혁은 민씨척족의 수령급 거물인 민영준 등 민씨 척족의 모든 고관들과 그의 추종 집권 관료를 숙청 교체하는 것이었다. 그런데 일본이 이제 방침을 바꿔 유화책으로 민영준 등 민씨척족과, 추종세력으로서 동학농민전쟁의 직접 책임이 있는 지방관들인 조병갑, 이용태, 김문현 등을 사면 복권하게 하였다.

경복궁으로부터 러시아 공사관으로 데려가 거처를 옮겨갔다(아관파천). 정국이 급변하면서, 친일내각의 김홍집·어윤중 등이 살해되고, 이범진·이완용 등의 친러내각이 성립되었다. 고종이 러시아 공사관에 있는 1년 동안 러시아의 강한 영향력 아래, 고문 초빙, 무기 구입 등과 각종 이권이 러시아에 넘어가고, 이익의 평등을 요구한 열강들에게도 많은 이권이 넘어갔다. 이에 서재필 등이 그가 결성한 독립협회를 중심으로 자주독립 운동을 펼치며 공론화시켜 갔다. 1897년 고종도 경운궁(덕수궁)으로 옮기고, 국호를 대한(大韓), 연호를 광무(光武)로 고치며, 왕을 황제라 칭하고, 국내외에 독립 제국임을 선포하였다.[170]

　　이제 한국과 만주를 놓고 일본과 러시아가 침략 야욕을 숨기지 않게 되었다. 서로 강경한 주장 끝에 협상이 결렬되고, 1904년 2월 요동반도의 여순 항에 대한 일본의 기습 공격으로 '러일전쟁'이 일어났다. 전운이 감돌자, 전쟁 발발 한달 전 한국은 러일 간 중립을 선언했다. 그러나 일본은 군대를 서울로 진주시켜 각종 건물을 점유하고 군사적 위세를 부리는 가운데 일본의 정치적·군사적 간섭을 합리화한 한일의정서를 성립시키고, 한러 간 조약을 폐기시켰다. 전쟁을 위해 경의·경부 철도를 착공하고, 통신망과 해안·하천의 항행권도 빼앗았다. 토지 강탈을 위한 황무지 개척권의 요구는 격한 여론에 밀려 철회하였다. 그렇지만 정치의 실권을 각 부에 일본인 고문관으로 넘기는 소위 '고문정치'를 의도하고, 자주 외교권을 제한한 한일협정서(제1차 한일협약)를 체결케 하였다. 러일전쟁에서 일본이 연승하면서, 1905년 7월 미국은 러시아 세력을 저지하기 위해 일본이 한국을 지배하는 것을 승인한 대신, 필리핀의 미국 지배를 승인한 태프트·가쯔라 밀약을 체결하고,[171] 영국도 영일동맹을 개정해 일본의 한국 보호조치를 승인하였다. 그

---

170) 고종이 경복궁이 아닌 경운궁에 있은 것은 러시아를 위시해 미·영 등 경운궁을 에워싼 외국 공사관의 보호에 의지하려 함이었다. 자기 나라 수도에 있으면서도 외국인 일본이 무서워 황제가 행동의 자유를 잃고 있었다. 당시의 국정을 가히 짐작할 수 있는 일이었다. 그러므로 이권은 계속 빼앗기고 있었다. 아관파천 전후로만 보더라도, 부산-나가사키간 해저전선 부설권, 부산-인천 간 전선 부설권, 부산 절영도와 인천 월미도 저탄소 설치권, 연안 어획권, 경부철도 부설권, 평양탄광 석탄 전매권, (미국으로부터 매수한)경인철도 부설권(이상 일본), 인천-의주 간 전선 부설권(청), 평안도 운산금광 채굴권, 경인철도 부설권, 서울 전기·수도 시설권(이상 미국), 경원·종성 광산 채굴권, 인천 월미도 저탄소 설치권, 압록강 유역·울릉도 삼림 채벌권, 부산 절영도 저탄소 설치권, 한아은행 설치권(이상 러시아), 경의철도 부설권(프랑스), 평안도 은산 금광 채굴권(영국) 등이었다. 이기백(1999), 323.

해 9월 러일전쟁이 포츠머스강화조약으로 막을 내렸다.

　이로써 일본은 한국을 식민지로 만들 작업에 적대적인 세력을 모두 축출한 셈이었다. 거기에 열강으로부터 '한국에 있어서의 특수이익'을 인정받은 일본은 송병준·이용구 등으로 친일단체 일진회(一進會)를 조직케 해, 보호조약의 필요성을 선전케 하였다. 1905년 11월 일본은 이토 히로부미를 파견해 일본공사 하야시와 함께 일본군을 데리고 궁궐에 들어가 황제와 대신들을 위협해 일본측의 보호조약안을 승인케 강요하였다. 그러나 이를 듣지 아니하자 가장 반대가 심한 참정(수상) 한규설을 일본 헌병이 회의실에서 끌어내고, 일본 군인이 외부로 가서 외부대신의 직인을 가져다가 조약에 날인한 불법을 저지르고야 말았다. 이것이 바로 외교권을 완전히 박탈당해 독립국가로서의 국제적 지위가 소멸되고, 모든 한국 내정도 관할하는 통감이 와서 실질적으로 주권을 잃게 만든 '한일협약'(보통 '을사조약'이라 부름)이다. 이에 상소문·연설·시위·의병의 무력항쟁 등으로 온 국민의 맹렬한 반대가 끓어올랐다. 고종도 1907년 헤이그 만국평화회의에 밀사를 파견해 국제여론에 호소하려 했으나, 외교권이 없다는 이유로 거부되었다.

　일본은 오히려 고종의 책임을 물어 물러나게 하고, 순종을 즉위시켰다. 그리고 한일신협약(정미7조약)으로 통감의 한국 내정 간섭권을 정식 합법화한 후, 고문을 없애고 각 부 차관 이하 다수의 일본인 관리를 임명하는 소위 '차관정치'를 실시하였다. 그리고 아예 -겨우 총 약 8,800명에 불과한- 한국 군대를 해산해 버렸다. 그리고 일본은 1910년 5월 육군대신 데라우치(寺內正毅)를 새 통감으로 부임

---

171) 미 루스벨트(Theodore Roosevelt) 대통령은 러시아의 세력 견제를 위해 일본이 한국을 지배하는 것이 적절하다고 느끼고, 그 대신 일본으로부터 미국의 필리핀에 대한 지배를 승인 받고자 해, 을사조약 직전인 1905년 7월 미국 육군대신 태프트와 일본 수상 가쯔라 다로(桂太郎) 사이에 비밀리에 합의각서를 체결한 것이다. 거의 동시에 영국도 제2차 영일동맹으로 일본의 한국 지배를 승인하였다. 이런 배경에서 을사보호조약 체결 시 고종이 1882년 조미조약의 규정(제1조 상대국 침탈 시 상호 지원의 거중조정)에 의거 간절히 도움을 요청했을 때, 미국 정부는 이를 단지 외교적 우의의 표시일 뿐이라며 외면하였다. 청일전쟁 후 러시아가 영향력을 확대하고, 1900년 청 의화단 사건의 진압 차 공동 출병한 러시아군이 만주에 계속 주둔할 의도를 보이자, 이를 저지할 공동의 필요를 느낀 영국과 일본이 러시아를 가상적으로 삼고 1902년 영일동맹을 맺는데, 영국은 청에 있어서 이권을 보장받고, 일본은 한국에서의 특수이익을 승인받는 한편, 제3국과 교전 시 상호 원조를 약속한 내용이다. 이기백(1999), 330 및 김영수, "가쯔라-태프트 밀약", 임경석·김영수·이항준(편), 한국근대외교사전, 성균관대출판부, 2012, 23.

케 해 도쿄에서 경찰권을 위양받는 조약을 맺어 가지고 온 데 따라 일본 헌병 2,000여 명을 증원시켜 경찰 업무를 담당시켰다. 즉시 황성신문, 대한민보, 대한매일신보 등 언론기관도 정간시켰다. 그리고 이완용과 더불어 병합안을 꾸며, 8월 22일 드디어 조약에 조인하였다. 국민여론이 두려워 곧 발표하지 못하다가 애국단체 해산과 애국지사의 무단 검거 등 발표 준비를 마치고 드디어 8월 29일 순종으로 하여금 양국(讓國-나라를 이양함)의 조서(詔書)를 내리게 하였다. 조약 서문에 양국의 상호 행복을 증진하며 동양의 평화를 영구히 확보하기 위하여 일본이 한국을 병합한다고 선언하였다. 마침내 일본은 한국을 식민지로 만들어 통감부 대신 총독부(總督府)를 두고 통치하기 시작하였던 것이다.[172] 이것이 왕조체제의 명맥 유지와 민씨 세도의 기득권 유지라는 양대 국정기조 아래 민비정권이 청군차병정책을 채택·추진함으로써 초래한 최종 결과이다.

　이상과 같이 청군차병정책의 집행과 그로 인한 후속 상황의 전개를 볼 때, 이론·가치중립적 객관주의 정책관이 상정하는 정책운용과정의 합리적·객관적 요소를 거의 찾아볼 수 없다. 정책행위자(국가 포함)들의 가치지향적·주관적 행동이 투영되지 않는 집행행동이란 없었다. 또 각 정책과정 단계의 단절적 분리로 합리적 정책결정이 가능하다는 전제하에, 정책집행과 분리해 결정한 정책결정 사항은 집행으로 넘어가는 순간 곧바로 수정되는, 그리하여 그 '환류'의 차원이 당초 정책결정 사항을 스스로 무력화시켜 -아무 소용이 없었지만- 집행을 보류해 달라고 요청해야 할 정도에 이르고 말았다. 이는 정책과정의 전체 단계를 서로 유기적으로 연관된 종합 시스템으로 여기고 운용해야 함을 일깨워준다. 그런 관점을 전제하는 정책관이 개량주의 정책관이고, 패러다임 정책관이다. 특히 전체 정책과정을 지배하고 영향을 미치는 패러다임의 실체, 그런 패러다임의 윤리성, 구조로서의 패러다임이면서도 그런 구조를 형성·유지·소멸시키는 (개인이나 소수 집단의) 정책(기조)리더십 등을 현실적으로 예증한 이 사례를 통하여, 패러다임 정책관의 서술적·규범적 측면이 생생하게 드러났다.

　또 청군차병정책은 집행 후 곧 -전통적 의미에서의- 정책종결에 들어가고

---

172) 이상 이기백(1999), 322-335 참조 요약함.

새로운 '일본군 차병정책'으로 대체·형성돼 집행된 특이한 예를 보여준다. 여기서 일군차병정책은 전혀 새로운 정책이 아니라, 상황의 급변으로(곧 기존 정책의 영향으로 말미암아) 청군차병정책이 변형(변경 또는 변동)된 대체정책이다. 요컨대 거의 모든 새로운 정책형성은 −전통적 의미의− 정책종결을 '환류'(feedback) 형태로 수정한 의미의 −연속적이거나 불연속적(단절적)인 성격의− 정책형성이란 관점이 필요하다. 정책과정이론에서 '큰 틀에서의 환류'라는 환류 개념의 재검토가 필요한 대목이다.173) 이러한 '통합적 순환의 정책과정이론'은 개량주의적이거나 패러다임을 중시하는 정책관에서 나오게 된다. 특히 그 환류의 차원이 당초 전제·가정·틀·판·축의 범위 내에 국한된 수정·환류에 그치는 '단일순환학습'(단일고리학습, single loop learning)의 환류를 탈피하고, 모든 정책과정의 단계를 지배하는 전제·가정·틀·판·축 등 패러다임의 대수정(大修正) 차원의 '이중순환학습'(double loop learning)의 환류를 중시하게 되면, 패러다임 정책관만이 그 관점에 타당한 것이 될 것이다.174)

---

173) 이는 제1장 제2절의 정책변동과 관련된 철학적 질문의 논의를 참고하되, 허범 교수의 "정책종결은 결코 종결시킬 수 없는 영속적인 정책과정을 다만 잠정적으로 종결시키겠다는 정부의 정책의지를 권위적으로 채택·집행하는 과정이라 할 수 있다. 그러므로 정책종결과정은 정책과정의 일부라는 체계적 위치와 의의를 가지는 것이다. 이 영속적인 정책과정에서 정책종결을 재정책형성 또는 정책대치로 연관시켜 주는 것이 다름아닌 환류(feedback)이다. 그런데 이때의 환류는 정책의 목표를 수정하지 않고 다만 집행행동만을 수정하는 행동증가환류(action-amplifying feedback)가 아니라, 정책의 목표를 수정함으로써 정책의 본질까지 수정하는 목표도출환류(goal-deriving feedback)라는 점에 유의할 필요가 있다.…정책종결을 정책형성 또는 정책대치에 연관시키는 목표도출환류는 정책순환과정(policy cycle)을 형성한다. 그러므로 영속적인 정책과정은 수없이 많은 반복적 정책순환으로 이루어지는 것이다. 그런데…정책종결은 정책과정의 어느 단계에서나 일어날 수 있는 것이고, 사실 그렇게 일어난다. 어느 단계에서 정책종결이 일어나느냐에 따라서, 그것의 성격, 내용 그리고 과정의 역동성이 크게 달라지는 것이다."라고 적절히 지적한다. 허범(1979c), 95−96.

174) 미국 경영학자 사이어트와 마취는, 조직목표의 효과적 달성을 위해, 환류(feedback)를 통하여, 즉 조직의 유지·성장에 기여했던 행동 및 대응 양식은 반복·강화하고, 그렇지 못한 행동들은 중단하거나 수정하는 활동을 통하여, 환경변화에 적응해 가는 조직의 학습활동인 '조직학습'(organizational learning)의 중요성을 주장하였다. 그 후 아지리스는 쇤과 함께 행동 및 대응 양식의 수정 환류만을 통해 조직 목표만을 달성하려는 활동을 '단일순환학습'(single loop learning)이라 하고, 조직의 목표 자체까지도 수정 환류하는 학습을 '이중순환학습'(double loop learning)이라고 했다. 정책의 수행과정의 시행착오를 통한 교훈 도출이나 사회적 학습인 '정책학습'(policy learning) 또는 '정책지향적 학습'(policy-oriented learning)은 넓은 의미의 조직학습의 한 과정이다. 정책학습과 관련, 그 주체(고위 정치인과 공직자 이외에 사회구성원 대부분을 포함하여 일반적 사회과정으로 보는 여부), 객체(학습 대상을 수단, 프로그램, 정책목표, 또는 이 세 가지 모두의 여부), 효과(조직 변동, 프로그램이나 수단 변동, 주요 기조 전환의 여부)

민비정권은 국내외의 난국에 처하여 수구적·퇴행적 패러다임(국정기조와 대내외 정책기조)을 탈피할 적절한 시기를 놓치고, 새로운 패러다임을 정립하고 구현해 나갈 만한 역량·전략·리더십을 갖추지 못해 자멸하고 말았다. 잘못된 국정기조와 대내외 정책기조하에서 나온 잘못된 정책들에 직면한 당시 대난국(大難局) 상황에서도 개량주의 정책관이 점진적인 개량주의 방식으로 그 대난국을 극복하는 것이 가능하다는 보는 한, 그런 관점은 당시 모든 상황을 종합하건대 적절하지 않다고 할 수 있을 것이다.

7. 정책의 평가: 정책의 실패 요인

그러면 마지막으로 왜 청군차병정책은 나쁜 정책이고, 실패할 수밖에 없었는가에 대하여 논의해 보기로 하겠다.

첫째로, 청군차병정책의 실패는 그 정책과 관련된 '사람 요인', 즉 정책결정자와 정책결정집단의 무능과 무책임이 하나의 큰 요인으로 작용하였다. 정책결정자인 고종은 성인(成人)이 되어 대원군에게서 권력을 찾아 친정(親政)체제를 갖춘 후에도 "우유부단한 성격과 무능"[175] 때문에 여전히 자신보다 정치감각이 뛰어난 민비에 전적으로 의지하고, 외가이면서 처가이기도 한 −민비의 친정 식구들(척족)인− 여흥 민씨들을 끌어들여 자신의 세력 기반으로 삼았다. 그러면서 비공식적인 실권자인 민비 중심의 민씨 세도가의 결정에 휘둘렸고, 국가의 공적 정책결정체제를 중심으로 한 정책지배구조의 파탄을 초래하고 있었다. 흔히 실질적 결정권자가 따로 있는 상황에서는 형식적 결정권자 중심의 공식적 정책결정체제는 무력

등과 관련한 다양한 의견이 나오고 있다. 그런가 하면 정책학습을 세 유형을 정부학습(government learning), 교훈도출(lesson-drawing), 사회적 학습으로 분류하기도 해, 사회적 학습과의 상하위 관계에 관한 논란이 있다. 정책학습과 관련, Richard Cyert & James March, A Behavioral Theory of the Firm, Englewood Cliffs, NJ: Prentice-Hall, 1963, 114-126; Chris Argyris & Donald A. Schön, Theory in Practice: Increasing Professional Effectiveness. San Francisco: Jossey-Bass, 1974; Richard Rose, Lesson-Drawing in Public Policy, NJ: Chatham House Publishers, 1993; Michael Howlett and M. Ramesh, Studying Public Policy, 2nd ed., Toronto: Oxford Univ. Press, 2003; Howlett(1994), 631-632; Svein S. Andersen, "The Emergence of an EU Energy Policy Paradigm,"(2009), 282; Sabatier(1988); 남궁근(2008), 547-552 참조.
175) 김기혁(1996), 28.

화되기 마련이다. 그리고 그 대신 비공식적·사적 정책결정체제는 많은 폐해, 예컨대 정보의 왜곡, 견제와 균형의 상실, 무책임한 권력의 남용과 오용, 부정부패, 비리, 무능 등의 폐해를 낳기 마련이다.[176] 바로 고종 치하 정부가 그러하였다. 그리고 바로 동학농민전쟁과 청군차병정책이 그런 고종 정부의 속성을 적나라하게 드러냈다.

'청군 차병'이란 발상 자체가 맨 처음 고종에게서 비롯되었다. 그러나 삼정승(三政丞)의 반발에 잠시 잠복하였던 그것은, 형세 악화로 가장 유력한 대안으로서 다시 살아났다. 그런데 진압보다는 내정개혁을 하면서 점진적 진무(鎭撫)의 대안을 선택하자는 모든 대신들의 반대론에도 불구하고, 왕권을 유지하려는 고종과 정권의 기득권을 놓치지 않으려는 민씨 척족 정권의 실권자 민영준에 의해 일방적으로 차병정책이 강행 결정되었다. 그것은 다음 설명과 같이, 청일 양국군의 조선 파병으로 전봉준과 동학농민군이 국가 존망의 위기를 느껴 적극적으로 정부 측과 휴전을 모색했고, 실제로 휴전 후 곧바로 자진 해산함으로써 똑바로 정세를 파악하고 청일 양국군의 철병의 조건을 만들어주었다는 사실 때문에, 더 비판을 받을 수밖에 없다.[177]

> 이제 조선조정이나 동학농민군이나 모두 초미의 급무가 된 것은 일본군과 청국군을 하루 속히 무사히 되돌려 보내는 일이었다.…고종은 전라관찰사 김문현을 김학진으로 교체 임명하여 출발시키면서, 농민들의 요청을 잘 살펴어 필요하면 폐정개혁도 해 주고 선무(宣撫)에 힘쓸 것을 명하였다.…동학농민군 총대장 전봉준도…동학농민군들에게 원정(原情-사정의 하소연-저자 주)의 제출을 권고하였다. 이에 동학농민군 측은 장성에서 작성한…13개조의 폐정개혁 요구사항을 전라관찰사 김학진에게 제출하였다.…또한 동학농민군은 초토사 홍계훈에게 휴전을 제의하였다.[178] 전라관찰사 김학진과 그로부터 유화책이 왕명임을 전달받은 양호순변사

---

176) 내각보다는 비서실 중심의 국정운영에서 보여주는 측근정치·가신정치와 참모의 권력화·관료화·폐쇄화·부패·할거주의·의사결정의 파행성·무책임성 등의 역기능에 대해서는 함성득, 대통령학, 나남출판사, 1999, 151-167, 173-178, 256-259 참조.

177) 신용하(2005), 114-118. 사료 문헌 인용은 생략함.

178) 휴전 제의와 관련, 신용하 교수는 "일본군 정보장교 등 제3의 정보수집자들이 동학농민군 측이 초토사 홍계훈에게 '휴전'을 제의했다고 기록한 것은 전봉준이 전주 '화약'에 매우 열성적이었음을 간접적으로 잘 증명해 주는 것이라고 볼 수 있다. 전봉준의 이러한 사상과 행동은 그가 농민혁명을 추진 지휘하면서도 먼저 국가의 안위를 생각하여 추구한 애국자였음을 잘

이원회, 양호초토사 홍계훈 등도 모두 동학농민군의 폐정개혁 요구사항과 휴전 제의를 받아들였다.[179) 이에 동학농민군과 관군 사이에 '강화' '휴전' '화약' '화의'[180)가 성립되었다.…그리하여…합의 아래 비공식적으로 '전주화약'이 성립되고, 이에 따라 동학농민군 측은 전주성을 관군에게 비워주고 전주성의 동문과 북문을 열어 각각 귀향하게 되었다.[181)

이미 부패 무능한 조선정부는 1882년 임오군란, 그리고 1884년 갑신정변과 같은 정치적 대사건을 초래했었다. 그런 위기 때마다 이를 모면하고자 임기응변으로 청 ─나중에는 러시아─ 등 외세를 끌어들여 의존하고, 또 ─그렇지 않아도 세력 확장을 노리는 그들 외세에 그 대가로─ 간섭과 강요를 자초하고, 이권을 부여하거나 빼앗겨, 백성을 도탄에 빠지게 하였다. 그럴수록 국정은 흔들리고,

---

나타내기도 하는 것이다."라고 설명하는데(120면), 여기서 일본 사료로 제시된 것은 <日清戰爭實記> 1894(明治27), 17-18임.

179) 다음은 참고할 만한 추가 설명이다. "이제까지 국왕과 관변 측은 '민란'이 일어날 때마다 '폐정개혁'을 약속해 놓고도 민란이 수습되면 폐정개혁 단행은커녕 민란 주모자만 색출 처형하는 것이 관행이었다. 따라서 동학농민군이 불법개입해 들어온 일본군과 청국군의 철수를 위한 외교 노력의 조건을 조선조정에 만들어주기 위해 전주성을 내어주고 '해산'의 외형을 갖추어 주는 경우에도 '폐정개혁'의 확실한 실행을 담보하기 위한 동학농민 측의 감시와 참여가 반드시 필요한 것이었다. 한편 전라관찰사 김학진의 처지에서도 이제까지 지방 말단행정의 자문제도로서 '면·리 집강' 제도가 있었고, 지방의 관변 유지·부농을 임명해 오던 것을 이번에는 동학농민군 대표로서 임명하는 것이 별 문제가 없을 것으로 보아, 동학농민군 '자진해산'의 조건으로서 동학농민 대표의 면·리 집강 임명은 받아들일 수 있는 것이었다." 신용하(2005), 117.

180) 이 '강화' '휴전' '화약' '화의' 등의 표현은, 신용하 교수가 전주화약이 분명히 성립돼 존재하고 실행됐으며 관련 사료로 증명되지만, 양측의 비공식 구두화약이어서 양측이 서명날인한 약정문서 등이 없었기 때문에, 문서 여부로 논란이 생기면서 발생한 표현들임을 나타낸 것 같다. 신용하(2005), 119 참조.

181) 전봉준은 체포되어 일본군 진중에서 심문을 받을 때, 일본군 제19대대 사령관의 질문에 대하여, 조선을 병탄하고자 하는 일본측의 침략정책을 정확히 간파하고, 재차 동학농민전쟁 봉기의 동기를 다음과 같이 응답하였다. "본년 6월 이래 일본군은 계속 우리나라에 상륙해온 바, 이것은 반드시 아국을 병탄하려는 것이라고 보고 지난날 임신(진)의 화란을 생각하여 인민들이 의구한 나머지 나를 추대하여 수령이 되어서 국가와 생사를 함께하기로 결심하여 이 거사를 일으킨 것이다." 일본 報知新聞, 1895년(명치 28), 3월 6일자, 東學黨巨魁の審問; 신용하(2005), 177-178에서 재인용. 본문 중 '임신(진)의 화란'(禍亂)은 임진왜란과 같은 변란을, '의구'(疑懼)는 의심하고 두려워함을, 그리고 '병탄'(併呑)은 삼켜 합쳐버림을 의미함. 참고할 만한 추가 설명이다. "관군은 동학농민군이 전주성을 비운 뒤에, 성문을 통해 들어가지 않고 초토사 홍계훈의 명령으로 성곽에 3백여 개의 사다리를 걸쳐 놓고 성밖에서 병정들이 일제히 성을 넘어가서 남문을 열개함으로써 마치 전투를 거쳐 승리해서 수복한 것 같은 형식을 갖추었다. 그러나 이것이 초토사의 형식뿐이었음은 더 말할 것도 없다." 신용하(2005), 118.

외세 간섭과 강요는 더 심해지며, 백성은 더 곤경에 처하면서 악순환이 이어지고 있었다. 거기에 동학농민이 봉기하면서, 외세에 쉽게 의존하던 정권은 그 속성대로 다시 외세를 불러들이는 "어리석음"[182]을 범할 수밖에 없었다. 이런 망국적인 청병(請兵) 결정이 어떤 결과를 초래할 것인지에 관해서, 집권세력 내에서도 강력한 비판과 반대가 있었는데도, 그런 중차대한 예측이 무시되고 습관대로 외세를 끌어들이는 결정이 내려지고 만 것은, 정책결정자와 정책결정집단의 무능과 무책임이 빚어낸 민족적 비극이었다.[183]

둘째로, 청군차병정책의 실패는 '정책 자체' 측면에서도 찾을 수 있다. 즉 정책 자체의 내용(policy content) 측면에서 정당성과, 과정 측면(policy process)에서 합리성이 결여된 실패의 요인을 말한다. 백성의 원성이 자자한 정부 정책이나 조치에 대해서는, 고금을 막론하고 정상적인 정부라면 그것을 철저히 조사한 후 개혁에 나서는 것이 바른 길이다. 그런데 조선 말기 부패무능한 정부는 오히려 집단민원이 거부되고 처벌받는 상황에서 죽을 위험을 무릅쓰고 최종 자구책으로 폭력적 집단시위(민란)를 벌이는 백성들을 오히려 기만하고 처벌하는 비정상적인 정부였다.[184] 그런 만큼 정부는 동학농민군을 '진압'의 대상으로 보고 '토벌'하러 관군을 보냈다. 그리고 하늘에 치솟는 분노로 죽기살기 식의 반정부 항쟁을 벌이

---

182) 신용하(2005), 113. 128.

183) 원세개는 이미 이전에 병조판서 민영준 등 청병론 지지자들과 이 문제를 밀의해 왔다. 그는 조선정부가 정식으로 요청만 하면 청조는 언제든지 파병할 것이라고 확약하였다. 민영준 역시 원세개가 친밀한 관계를 유지해 온 세도대신이었다. 이로 미루어 볼 때 조선정부와 청병결정의 배후에는 원세개의 종용이 있었던 것이 틀림없다. 원세개는 청병이 동학군을 진압하여 다시 한 번 종주국의 힘과 권위를 과시하자는 의도였다. 이때 서울에 있던 일본대리공사는 원세개에게 일본정부는 청조가 빨리 파병하여 동학군을 진압해 주기 바란다고 말하였다. 주천진 일본영사도 리홍장에게 같은 말을 하였다. 리홍장과 원세개 양인은 모두 이를 믿고 일본이 파병하더라도 그 수는 100여 명에 불과할 것이고, 공사관을 보호하는 것 외에 타의는 없을 것이라고 생각했으며, 이것은 대세에 별로 영향을 주지 않을 것이라고 판단하였다.…동학농민군의 봉기 시초부터 일본의 군부와 팽창주의자들은 이를 이용하여 한반도에 군사적으로 진출하기 위해 비밀리에 주밀한 준비를 추진하였다. 먼저 천진협정에 의거한 출병의 구실을 만들기 위해 교묘한 위장외교로 청조의 파병을 유도하는 데 성공하였다. 김기혁(2007), 193-194 및 김기혁(1996), 43-44.

184) 동학농민전쟁의 발단이 된 고부 농민폭동 시 조정의 교활한 이중대책, 즉 민심 무마용으로 새 군수를 임명해, 요구사항 수용, 해산 조치를 지시한 뒤, 같은 날 안핵사를 임명해, 해산 즉시 폭동 주동자 엄격 조치를 명령한 데 따라, 안핵사가 해산 즉시 병력을 투입해 장악한 뒤 민란 주동자와 가담자 색출 체포, 방화, 재물 약탈, 부녀자 능욕 등 만행을 자행했음은 이미 기술하였다. 신용하(2005), 98-99.

는 동학농민군을 당할 수 없자, 외세, 그것도 이미 조선을 청의 한 지방 정도로 여겨, 자주독립을 빼앗는 속방화·예속화 정책을 강화해 극도의 반감과 경계심을 갖게 된, 바로 그 청국에 진압 병력을 요청한 전적으로 정당성이 없는 잘못된 정책을 시행하였다.[185] 그리고 그 결정과정은 공식 결정체제를 통하지 않고, 막후에서 비공식적으로 결정된 것을 청병 요청의 공문이라는 형식만 갖추는 과정을 밟았다.

셋째로, 당연히 청군차병정책은 당시의 국내외적인 환경·배경으로 볼 때, 그쯤해서는 누가 봐도 이미 실패 요인을 안고 있었다. 청군차병정책의 배경이 된 시대인 1870~80년대는 서구 열강과 일본에 의해, 화이질서를 바탕으로 한 동아시아의 전통적 국제질서가 급격하게 무너지고, 특히 일본은 이미 '탈아입구' 노선으로 근대화를 추진하는 한편, 서양의 국제법을 받아들이며,[186] 조선 침략에 초점을 맞춰 대륙정책을 펼치고 있었다. 청국도 이에 맞서 전통적 국제질서를 유지하면서 조선에 대한 개입을 강화해 나갔다. 1884년 '갑신정변'의 뒤처리를 위해 1885년 텐진(천진)에서 청·일 양국이 조선에서 공동으로 병력을 철수하고, 향후 파병 시 사전에 통고할 것을 주 내용으로 하는 조약을 체결했을 때, 청국은 일본의 정치적 영향력이 후퇴한 틈을 타 조선에 대한 내정 간섭을 넘어 자국의 영토로 삼으려는 야욕을 드러냈다. 오죽하면 친청세력인 고종과 민비 등 위정자조차도 반감을 품고, 러시아에 의존하려고 시도(한러밀약설)했을 정도였다.

요컨대 1870~80년대를 거쳐 동학농민전쟁이 일어나는 1894년까지, 특히 청일 양국은 조선의 지배 야욕을 갖고 서로 노골적으로 힘겨루기를 하며, 여차하면 전쟁도 불사하는 대결 국면을 보이는 시대였다. 또 백성들까지도 이미 청일 양국의 내정간섭과 침략적 야욕에 극도의 반감과 경계심을 갖고 있었다. 그런 -동학농민군도 충분히 알 정도인- 풍전등화 아래 놓여 있는 위기상황에서는 어떤 사소한 침략의 빌미라도 결코 청일 양국에 허용해서는 안 되는 것쯤은 알고, 그에 맞게

---

185) 藤村道生(1973), 허남린(역, 1997), 80.
186) 이와 관련, 저자의 <정책기조의 탐구 — 정책아이디어로서의 정책패러다임> 책에서, 19세기 동아시아 격변기에 서양 국제법이론이 동아시아를 유린하는 정책기조논리로 이용되었고, 그런 국제법이론을 따라잡은 일본은 조선을 식민지로 만든 반면, 그런 이론에 뒤쳐진 조선은 일본의 식민지가 된 설명을 참조바람.

책임 있게 위기에 대처해야 하는 것이 국왕과 민씨 척족들에게 지워진 마땅한 의무이자 책임이었다. 그런데 오히려 그들 국왕과 민씨 척족들은 청군을 요청하는 도화선에 불을 지피고, 청·일 양국이 조선을 두고 청일전쟁이란 쟁탈전을 치르게 함으로써, 승전국 일본이 조선을 식민지화하는 책동을 거리낌 없이 펼 수 있게 발판을 깔아주고 말았다. 따라서 인간이 하는 일에 속한 정책에서 정책실패가 없을 수는 없다고 하겠지만, 이런 경우의 정책실패는 그 어떤 변명도 허용되지 않는 최악의 경우라고 하겠다.

넷째로, 청군차병정책이 실패한 이유를 정책의 구조적·심층적 측면, 곧 국정 전반의 정책기조와 대내외 정책기조 및 정책기조리더십의 측면에서 살펴볼 필요가 있다.

국정의 근본적 개혁은 국정의 최고 지도자가 국정 난맥의 근본문제가 무엇인가에 관하여 철저한 분석·파악 후, 그 근본문제의 해결을 위한 모든 정책들(정책군, 政策群)의 지향점을 채택해 명백히 밝히고, 그 지향점에 따라 모든 정책들의 수립·결정·집행을 지도·격려·관리·통제하는 '정책리더십'(policy leadership)을 발휘하는 일로부터 시작해야 한다. 그리고 그런 성격의 정책리더십 중에서도 가장 중요한 정책리더십은 말할 것도 없이 '정책기조리더십'(policy-paradigm leadership)이라고 할 수 있다. 그렇다면 삼정의 문란 등으로 민란이 속출하는 국가 위기, 국정의 난맥상이 드러난 상황에서는 국왕을 비롯한 집권세력은 지금까지와는 다른, 완전히 새로운 국정기조, 즉 '국정의 패러다임 전환'(paradigm shift)을 채택하고 그 구현을 위해 매진했어야 했다. 그 당시 국정기조는 '왕조체제와 세도정권의 유지'가 아니라 '국가 안위와 국민 안위', 즉 세종대와 같이 '민생복락', 그리고 요즘 말로 하면 '국리민복'(國利民福)이어야 했다.

좋은 정책은 좋은 정책기조에서 나온다. 그리고 그런 정책기조의 요체는 결국 '사람 문제'로 돌아간다[여기에 정책기조라는 '구조'와 그 구조에 휘둘리지만도 않고 그 구조를 바꾸는 '사람'(개인)이 서로 버티어 대항하는 관계, 곧 '길항(갈등) 관계'와 함께, '상호 보완관계'가 존재한다]. 리더십을 발휘하는 지도자가 올바른 국가관·시국관·정책관 등에 있어서 바람직한 가치관을 가지고, 높은 윤리도덕성을 바탕으로 좋은 정책기조를 형성하고, 정책기조를 책임 있게 잘 운용

관리해야 한다. 그렇게 좋은 정책을 위해서는 정책리더십이 중요하고, 좋은 정책리더십을 위해서는 '좋은 정책기조리더십'이 중요하다. 그런데 그들은 삼정이정청의 설치·운영과 같은 최소한의 개혁 조치에 대해서도, 그 효과를 내고 있는 중에도 곧 중단하고 말 정도로 '국정 쇄신의 의지'는 없었다.

청군차병정책이 나오게 된 고종·민비정권의 잘못된 국정기조도, 그리고 대내외 관계의 정책기조에서도, 고종, 민비, 그리고 민씨 세도가들, 대원군의 개인적이고 집단적인 무능·사욕·무책임의 '정책리더십의 문제'가 놓여 있다. 역사적인 중차대한 시기에 고종은 말할 것도 없고, 민비와 청군차병정책을 주도한 당시 세도가 민영준, 그리고 대원군의 행태를 보면, 왜 국정기조에서나 대내외 정책에 있어서 좋은 정책기조, 그리고 더 나아가서 그에 의한 좋은 정책들이 나올 수 없었던가를 알 수 있다.

> 청병차병에 찬성한 세력의 대청 인식에는 청이 강요한 '속방'체제에 순응하는 의식이 그대로 나타나 있었다. 이 문제는 민영준과 고종과의 대화에서도 잘 나타난다. 민영준은 다른 열강의 군대가 출병하지 않을까 염려하는 고종에게 "공법(公法)에 있는 것처럼 지금 청병을 내청(來請)하여 온다고 하여도 기타 외병(外兵)이 들어오지 못한다"[187]고 했다. 민영준이 말하는 공법에 있는 이 같은 관계는 다름 아닌 종주국과 속국과의 관계이다. 앞서 민영준은 원세개에게 청병파병을 요청하면서 '상국'과 '소국'과의 관계를 내세웠다. 이것은 전근대적인 조공체제하에서의 '속방' 논리이지만 근대국제법인 만국공법체제하에서의 종주국과 속국의 관계는 식민지배의 관계를 의미한다. 따라서 민영준에게서는 전근대 조공관계에서의 속방관계와 근대 국제공법체제하에서의 종속관계가 서로 혼재된 상태에서 대청인식이 나타나고 있었음을 알 수 있다. 물론 청 세력에 자신의 정치적 기반을 두고 있던 민영준의 입장에서는 당연한 의식이었다. 고종 또한 개항이후 필요에 따라 개화정책의 후원을 기대하는 등 전통적인 조공관계를 이용해 왔으나 국력의 차이로 끝내 이를 불식하지 못했던 상태에서, 그의 대청정책과 인식이 안고 있던 한계도 크게 다를 바 없는 것이었기 때문에 민영준의 말을 그대로 받아들이고 있었다.[188]

그런데 그들에게서 실로 민족적으로 엄중한 사태를 초래한 역사적 죄과(罪

---

187) 일본외교문서 27-9, #516, 166-167쪽, 1894년 6월 6일; 구선희(1997), 149에서 재인용.
188) 이상 구선희(1997), 149-150.

科)에 상응하게 그 책임을 통감하면서 통절한 반성의 근신하는 모습은 찾아보기 어려웠다. 다음은 민영준을 중심으로, 당시 사태를 전후하여 민족적으로 가장 무겁게 책임질 자들의 행태를 엿볼 수 있는 설명이다.

> 민영준(1852-1935)은 민비의 심복이자 수령급 거물로서 막강한 실세로 행세해, 임오군란 때 그의 집이 파괴되었다. 그는 갑신정변을 진압하였고, 여러 판서(장관) 자리를 거쳤다. 1894년 동학농민봉기 시에는 선혜당상(宣惠當相) 겸 병조판서 겸 통위사(統衛使)가 되어 청나라 원세개와 짜고 청나라 구원병을 요청했다가 청일전쟁을 유발하였다. 그러자 그는 일본공사 오토리가 군병을 이끌고 경복궁에 불법 침입해 쿠데타(갑오변란)를 일으켰을 때 밀칙(密勅)을 받아가지고 청나라로 가다가 철산에서 백성들에게 잡혀 평양의 청군 진지에 인계되었으나 석방되었다. 1894년 7월 일본군의 경복궁 점령 쿠데타로 조정에서 민씨 일파가 체포되자, 민비는 자신의 심복인 민영준과 민응식의 구명을 위해 대원군에게 간청하기도 하였다. 이러한 청탁에 따라 대원군은 이들에게 내려질 사형을 면하여 유배형에 그치게 해주고, 또 전남 임자도(荏子島) 유배에서도 풀려날 수 있게 해 주었다. 민영준은 대원군에게 결초보은 하라는 민비의 당부에 따라 대원군과도 결탁해 다시 세력을 잡으려고 하였다. 그는 여의치 않자 홍콩으로 망명하였으나, 일본정부가 다시 유화책으로 사면복권해 주면서 민비의 지시에 따라 서울로 돌아왔고, 민비가 시해되기 하루전에 궁내부대신에 임명되었다. 그는 1901년 민영휘로 개명하였고 한일합병조약 후 일본 정부의 자작(子爵) 작위를 받고 각종 친일 행위를 하였다. 또 한일은행을 소유(대주주, 은행장)하였고 휘문의숙을 설립하였다.[189]

특히 민영준은 민영휘로 이름을 바꾼 후, 그동안 권력으로 수탈한 재산을 굴리며 자본가·은행가로 변신해 그의 두 아들과 함께 친일 행위를 하면서, 조선 반도 최고의 부자로서 근대 한국의 첫째가는 자본가의 길을 걸었다.[190]

> 민영휘는…1917년경에는…반도 유일의 부호라고 할 정도로 이미 일제 초에 상당한 부를 형성하고 있었다.[191] 그러나 민영휘의 자본 축적은, 부(父) 민두호가

189) 연갑수(2008), 276-278, 유영익(1996), 124 및 이홍직(1983), 449 참조.
190) 인용문 전체는 오미일, 근대 한국의 자본가들: 민영휘에서 안희제까지, 부산에서 평양까지, 푸른역사, 2014, 50-109에서 인용함.
191) <조선의 자산가>, 《매일신보》 1911년 7월 28일; 月朝子, <其貴期富의 閔泳徽子>, 《반도시론》 1권4호, 1917년 7월; 오미일(2014), 51에서 재인용.

어릴 적에 돗자리 장사를 할 정도로 빈한했던 것으로 보아,[192] 양반세도가로서 누대에 걸쳐 형성된 부를 세습한 것이 아니라, 민씨 부자가 관직에 진출한 1880년대 이후에 이루어진 것이었다.…민두호와 민영휘는 1880년대 이후 권력을 기반으로 인민들로부터 전답과 화폐를 수탈하여 엄청난 재산을 축적했던 것이다.…1907년 민영휘가 관직에서 물러나자, 과거에 민씨 부자에게 토지와 가산을 탈취당했던 이들이 1908년 이후 재산 환수 소송을 제기하기 시작했다.[193]…평안도 지역 민인들이라는 점에서 민영휘가 평안도 감사로 재임했던 1887년경 수탈을 통해 막대한 재산을 형성했음을 알 수 있다. 민영휘와 동시대인이었던 황현은 《 매천야록 》에서 민영휘의 <민재탈취(民財奪取)>에 대해 상세히 기록했다. 또한 《 대한매일신보 》 논설에서 "국사(國事)가 지금에 이른 것은 민영휘·조병갑의 탐학이 한 원인"[194]이라고 하고, 일제 시기 한 잡지에서도 "민영휘가 돈 긁기에 전력한 것이 갑오농민전쟁의 한 원인이라 아니할 수 없다"고 지적하(였)다.…1912년 8월 민영휘는 한일은행 이사로 선출…1915년 3월…은행장으로 추대되었다.…민씨 일가의 기업 투자는 2세 세대에 이르러 활발하게 이루어졌다. 1920년 민영휘는 70세의 고령이 되자 한일은행장에서 퇴임하고, 2세들이 경영 일선에 나섰다.…민대식은 1898년 시종원 (국왕 비서실-저자 주) 시어(侍御)…호위대…육군 정위(正尉, 대위-저자 주)를 역임했다. 1905년…샌프란시스코…오하이오대학에서 수개월 공부하고 귀국했다.…(다시 3·1운동 직후 출발해 10개월간 미국 여행으로부터 귀국 직후인-원저자의 다른 곳 기술 첨가) 1920년 이후 한일은행장으로 활동하면서 재계 거물로 부상했다. 민규식은…1912년 겨울 영국으로 유학…1918년 영국 캠브리지대학 트리니티 칼리지를 졸업하고, 이후 미국 존스홉킨스대학 대학원과정에서 공부하던 중 1920년 5월 귀국…한일은행 상담역,…상무이사로 취임하면서 경영 실무를 익혔다.…민규식의 영보나 민대식의 계성은 이미 1930년대 말경에 이르러 김연수계·박흥식계와 함께 "조선의 대재벌적 콘체른"으로 거론되고 있었다.…민씨 일가가 이러한 경제적

---

192) 一鄕暗, <半島天地를 흔들던 閔氏三家의 今昔—當年世道 於今에 安在>, 《 별건곤 》 8권5호, 1933년 5월; 오미일(2014), 51에서 재인용.

193) 憲機 제289호, <憲兵機密文書一>(1909년 2월 9일), 《 통감부문서 》. "민영휘 전답 횡령으로 피소건…右者는 이전에 관찰사였을 때 暴威를 떨쳐 다수의 전답을 횡령했기 때문에 당시의 피해자 다수는 왕년 그의 행위를 분개하여 근래에 이르러 그 반환을 요구하거나 혹은 기소하는 자 혹은 직접 强談으로 이르는 자도 속출함에 의해 변호사…로 하여금 그 담판의 역할을 담당하도록 하고 있다고 한다"; 이상 오미일(2014), 53에서 재인용.

194) <논설>, 《 대한매일신보 》 1907년 12월 20일. 《 대한매일신보 》에서는 금수(錦繡) 같은 대한 강산을 망하게 한 장본인은 사색분당 사대부인데 그것은 바로 훈척이며 그중에서도 민영휘라고 지목했다. 신문에서는 민영휘를 '망국대부(亡國大夫)'라고 지칭하고, 그 죄목을 다섯 가지로 조목조목 제시했다. <旣閔且閔>, 《 대한매일신보 》 1909년 4월 18일. 또 은행 금고에 돈을 넣는 민영휘의 모습을 통해 그의 탐욕과 부도덕한 재산 형성 과정을 풍자한 신문 만평은 《 대한민보 》 1909년 9월 25일; 이상 오미일(2014), 51-56에서 재인용.

특혜의 수혜자가 될 수 있었던 것은 일제 경제정책에 부응하여 시기별로 미간지 개척, 토지 개량과 산미증식, 군수기업 경영과 투자에 앞장섰(고)…자본 축적의 연장선상에서 정치사회적 활동을 통해 지배체제 유지에 적극 협력했기 때문이다. 민영휘는 일제의 보호통치하에서 대신이 되기 위해 수차례 이토 통감을 비롯한 일제 고위 관헌에게 성대한 연회를 베풀어 접대하면서 엽관 행각을 벌였다.…1890 년대 이후 1세대 민영휘에서 시작된 자본의 형성과 2세대 민대식·민규식에 의한 자본 축적 과정은 한국 근대 자본주의 발달사에서 관료로 출발하여 기업가로 전환 한 대표 사례로, 한국 자본주의의 일면을 보여주는 구체적인 보기라고 할 것이다.

민비와 민영준의 사고와 행태는, 같은 민씨 척족이었지만(따라서 모든 민씨 척족이 그러한 것은 아니었지만), 민영환 충정공과 너무나도 극명하게 비교된다. 민 충정공은 여러 대신(장관) 자리를 거치면서 나라의 운명을 바로잡으려고 분투하였 다. 그는 독립당을 옹호한다는 이유로 밀려났다가, 1905년 을사보호조약이 체결 될 때에는 고종의 시종무관장(경호실장)으로서 의정대신 조병세와 함께 조약의 폐 기를 상소하였으나 뜻을 이루지 못하자 국민과 각국 공사에게 고하는 유서를 남 기고 자결하였던 것이다(조병세도 자결함).

당시 정부 지도자들은 조선을 속방화하려는 야욕을 숨기지 않는 청과 마찬가 지로, 조선 지배권의 야욕을 품고 대규모 병력으로 친일 쿠데타까지 일으켜 민비 정권을 폐하고 친일정부를 세워 각종 음모와 술수를 동원하여 정부를 좌지우지 하고 있던 일본을 동시에 상대해야 했다. 그런데 대원군마저도 민비와 권력 쟁투 에 빠진 한낱 위정자에 불과하였다. 예컨대 1894년 대원군이 재등장 집정할 때, 그가 일본 중간 간부급 외교관과 나눈 대화의 증언과 일본 외무장관의 훈령에서 그것을 확인할 수 있다.

[1882년 이래 조선에서 근무해 온 서울주재 일본공사관의 서기관 겸 임시대리공 사 삼촌준(杉村濬, 스기무라 히로시-저자 주)은 그의 회고록에서, 1894년 6월 조선 의 지도층을 일본편에 끌어들이기 위해 감언이설이든 위협이든 모든 수단을 강구하 라는 무츠 일본 외무장관의 훈령에 따라 시행하는데, 특히 1894년 7월 23일 경복궁 점령 직후 대원군을 목표로 특정한 후, 그가 운현궁을 비밀리에 방문해 대원군을 설득하는 내용을 다음과 같이 밝혔다.][195)

　나는 여러 가지 이유를 들어 대원군에게 입궐을 권했지만 들으려하지 않고…나는 거듭 "오늘 아침 일에 대해서는 많은 변명을 필요로 하지 않는다. 우리 정부는 오로지 동양의 평화를 유지하려는 뜻에서 귀국의 내정개혁을 권고했지만 민씨정부는 조금도 개혁할 기색을 보이지 않을 뿐만 아니라 사실상 이를 거절했기 때문에 결국 오늘의 상황이 벌어지게 된 것이다. 지금 내외의 모든 사람은 오로지 저하(대원군-저자 주)의 한 몸에 기대를 걸고 있다."…계속 설득했다.…대원군은 안색을 바꾸며 "귀국이 일으킨 이번 사건이 참다운 의거라면 귀하는 귀국 천황을 대신하여 일이 성사된 후 조선의 땅을 한치도 요구하지 않겠다는 것을 약속할 수 있겠는가?" 라고 물었다.

　이에 대해서 "나는 한 서기관의 신분에 불과하므로 천황을 대신해서는 어떠한 약속도 할 수 없다. (그러나) 나는 현재 오토리 공사의 사신으로 왔다.…공사가 일본정부의 대표자라면 나는 오토리 공사를 대신한다는 범위안에서 약속할 수 있다"고 말했다. 대원군은 "그러면 오토리 공사를 대신해서 우리나라의 땅을 한치도 요구하지 않겠다는 약속을 해주기 바란다"고 하며 옆에 있는 사람에게 종이와 붓을 가져오도록 했다. 나는 "일본 정부의 이번 거사는 진심에서 나온 것이므로 일이 성공한 후 결코 조선에 한치의 땅도 요구하지 않겠다"고 쓰고, 글 끝부분에 나의 직위와 성명을 적어 대원군에게 건네주었다. 대원군은 한 번 읽어본 후 "그렇다면 나는 귀관의 뜻을 받아들여 나설 것이다. 단 나는 신하의 신분이므로 왕명이 없이는 입궐할 수 없다. 궁중에서 칙사가 오도록 해 주면 좋겠다"라고 말했다. 이에 나는… 조치하도록 하였다.

(국왕의 대원군 입궐 교지가 보내져 이를 받고, 대원군은 일본군의 호위를 받으며 7월 23일 오전 11시 4인교를 타고 경복궁으로 들어갔다. 이에 일본 무츠 외무장관은 오토리 공사에게 다음과 같이 축전을 보냈다.)[196]

　귀하의 성공에 만족하오. 이를 계기로 가능한 한 최단시일 내에 조선정부의 가장 급진적인 인사개혁을 단행하고, 대원군이 적어도 1년간 (정권을) 유지할 수 있도록 그에게 모든 도움을 제공하시오. 가능하다면 대원군을 설득하여 조선정부에 유능한

---

195) 杉村濬, 明治二十七·八年 在韓苦心錄, 東京;杉村陽太郎, 1932, 53-54; 한상일(역), 서울에 남겨둔 꿈, 건국대출판부, 1993, 127-128.
196) 일본외교문서, 제27권 제1책, no. 425, p. 639. 이러한 기록에 의거, 유영익 교수는 대원군이 처음에는 애국적 자부심 등 때문에 일본인과 협력하기를 꺼려서 끈질긴 권유를 거절했음을 입증해주는 것과 함께, 민비와 그 일족에 대한 증오심, 백성을 도탄에서 구제해야 한다는 내정개혁의 사명감, 그리고 불타는 정권욕 등 때문에 마침내 일본인의 권고를 수락했음을 드러내준 사실을 알 수 있으며, 결국 노령의 대원군이 일본제국주의의 본성에 둔감했던 정치가였음을 증명해 준다고 평가한다. 이상 유영익(1996), 89-91에서 재인용.

일본인을 임용하도록 하시오.····만일 그가 금전적 원조를 요구한다면 귀하는 일본정
부가 그에게 상당한 액수를 비밀리에 제공할 용의가 있다고 말하시오. 귀하는 이
목적을 위해 인천에 있는 예금구좌에서 8만엔을 지출할 수 있소. 그러나 귀하는
이 돈이 결국은 (후에 일본 개입의 비판을 회피하려는 뜻에서-저자 주) 조선정부에
주는 이자 없는 대부라는 사실을 (받는 이에게) 미리 인식시켜야 할 것이오.

앞에서 개항 이후 조선의 대내외 관계를 큰 틀에서 전체적으로(즉 구조적·
심층적으로) 분석해 보면, '청의 속방화와 일의 예속화의 각축', 즉 '아류 제국주의
적인 청·일의 예속화 각축' 아래, '수구적·억압적 미봉주의'와 '임기응변적 청
중심 외세 의존주의'의 정책기조(구조)를 보여주고 있었다고 규정한 바 있다. 그리
고 그 대내외 관계 정책기조가 잘못되었기 때문에, 바로 그 기조논리 아래에서
청군차병정책이란 예고된 재앙의 잘못된 정책이 나오게 되었다고 분석하였다. 그
렇다면 민비정권은 다른 정책기조를 선택해 청군차병정책과 같은 나쁜 정책을
택하지 않을 수도 있었던가? 그 가능성이 전혀 없는 것은 아니었다.

청군차병정책이 논의되던 시기쯤에는 청의 강압적 분위기는 있었지만 오히
려 절대적으로 청국 일방의 영향력이 강했던 시기를 벗어나고 있었다. 이미 청국,
일본, 서구 열강 등 다수국가가 조선을 둘러싸고 각축하는 세력다툼 속에 '세력균
형'으로 자국의 이익을 확보하는 데 혈안이 돼 있었고, 특히 청국과 일본의 호각
지세(互角之勢)의 세력균형은 절정에 이르고 있었다. 그렇기 때문에 민비정권이
그렇게 무지·무능하지만 않았다면, 오히려 그들 세력의 다툼을 견제와 균형으로
슬기롭게 이용해 최대한 지혜를 모으고 전략을 갖춰 조선을 중립화하고, 대대적
인 폐정개혁을 통해 국력을 결집할 수 있는 여지의 운신의 폭이 있었다. 그 증거
는 청일전쟁 직후의 '삼국간섭'이었다.[197] 당시 일본이나 청도 그런 세력균형을
이용해, 그 수혜자이기도 하면서 때로는 그 희생자가 되기도 하였다.[198] 그들은

---

197) 당시 열강들 사이에 조선에 대한 청의 주도권이 인정받고 있었고, 일본과 미국만이 주도권을
부인했지만 우호적 개입을 시도하지 않는 상황이었으므로, 조선 정부의 세력균형(균세) 정책
이 실현될 가능성은 대단히 희박하고, 오히려 그런 외세 의존적 노선이 자주노선을 성사시킬
수 있는 유리한 시점을 모두 상실하게 하는 결과만을 낳았을 뿐이라는 견해도 있다. 연갑수
(2008), 135. 그러나 1884년 갑신정변 이후 10여 년간은 청일 양국이 호각지세를 보이므로, 양
국간 텐진조약의 동시 출병권을 근거로 오히려 조선정부가 균세정책기조를 채택해 1894년 동
학농민전쟁 시 청일 양국의 출병을 저지할 수 있었다고 보아야 할 것이다.

조선 문제에 대해서도 세력균형을 이용하고 있었다. 청의 이이제이(以夷制夷) 정
책이 그것이다. 일본도 임오군란 후 갑신정변 전(前) 청과의 관계에서 불리할 때,
다음과 같이 조선의 중립화 방안을 제안한 적이 있었다.199)

> 일본은 조선을 지배하기 위해서는 머지않아 청과의 충돌이 불가피하다고 판단하
> 고, 군비를 크게 확장하고자 했다. 그러나 청과의 전쟁을 수행할 만한 군사력이
> 충분히 마련되지 않자, 일본 정부에서는 일본·청·미국·영국·독일 5개국이 공동
> 으로 조선의 중립화를 도모하자는 구상을 제기했다. 이 구상의 본래 의도는 한반도
> 에 영향을 끼치는 다른 열강들이 공동으로 조선 문제에 개입하여 관리하자는 것이
> 었지만, 실제로는 약화된 일본의 입지를 강화하려는 것이었다.200)

자기의 힘이 뒷받침되지 않는 세력균형 정책은 무력하고 효과를 보지 못할
수도 있지만,201) 힘이 약하더라도 그 힘이 약하기 때문에 힘이 강한 다수 국가의

---

198) 청군차병정책의 전후 곧 청일전쟁 당시와 1890년대 일본 외무대신으로 전쟁 수행과 외교를
이끌며(그래서 '무츠 외교'라는 함), 근대 일본 외교의 창건자로 불리고, 심지어 태평양전쟁 후
의 외교까지도 그가 세운 전통과 방향을 따르고 있다는 평가를 받는 무츠 무네미츠(陸奧宗光,
1844-1897)가 국제법과 국제관행과 상식에 입각해 파악한 외교는 '세력균형'(balance of power)
이었다. 당시 또 중국 고전에서 빌려온 용어로는 '권형'(權衡)의 원칙을 그는 동아시아세계에
서 열강 간의 국제관계를 지배하는 요체로써 대입시켰다고 한다. 박영재, "무츠 무네미츠(陸
奧宗光)와 청일전쟁," 한림대 아시아문화연구소(편), 청일전쟁의 재조명, 1996, 53, 66, 74.
199) 그리고 삼국간섭과 같은 강력한 국제적 견제를 받았을 때에도 다음처럼 그러하였다. "1895년
5월 4일 미·영·러·독 4국 공사들은 조선 외부(외무성)에 공문을 보내 철도 이권을 일본에게
만 허가하는 것은 조선 및 다른 외국 상인들에게는 불이익이 된다고 경고했다. 이어 15일 러
시아 외상 로바노프는 니시 공사를 만난 자리에서 조선 주재 공사의 전보를 보이며, 일본 정
부는 조선의 내정에 극단적으로 간섭하고 있고, 각 관청에는 일본 정부 관리를 배치하여 조선
정부를 압박하고 있다고 지적하고, 특히 일본은 광산 채굴권이나 철도부설권을 포함한 모든
특권을 수중에 넣고 있기 때문에 조선 전국이 불만에 가득차 있음을 언급하면서 일본 정부의
선처를 요청했다. 다른 한편, 일본에 누설된 주러 미국 공사의 보고는 러시아 정부는 근일중
으로 일본에 대하여 조선 주재병의 철병을 요구할 것이라고 전했다. 이 양자를 종합할 때, 사
태는 우려할 만한 경지에 있다고 판단한 (일본-저자 주)무쓰 외상은 만약 러시아가 조선을 점
령하여 황해를 제압한다면 영국으로서는 묵시하지 않을 것이라고 예상했다. 무쓰는 영국의 주
도권하에 조선의 독립을 열국이 공동으로 담보하도록 영국을 움직여 보는 것이 어떨까 하고
히로시마의 이토 수상에게 제안했다. 그 즈음 조선의 이노우에 공사로부터도 삼국간섭 후의
새로운 사태에 대응할 "간섭의 정도, 즉 조선 정략의 대강"을 결정할 필요가 있다고 상신하여
왔다. 조선 정책의 결정은 긴급의 과제였으나, 무쓰가 제안한 조선 독립의 공동 담보안은 종
래의 조선정책의 근본적인 개변이었기 때문에 이토 수상은 판단을 보류했다.···긴급히 교토에
서 열린 어전회의에서는 결론을 못 내고 그것을 후일의 과제로 넘겼다." 藤村道生(허남린,
1997), 237-239.
200) 오비나타 스미오(2012), 68.

이해관계를 근거로 세력균형을 도모해, 힘을 모을 수 있는 여지 또한 갖는 것이다. 앞에서 계속 비교 대상으로 삼았던, 서구 열강의 침략에 의해 식민지가 된 동남아 일대에서 유일하게 독립을 유지한 다음 태국 사례가 그것이다.[202]

태국도 서양세력에 폐쇄정책을 펴 1822년 영국의 통상조약 요구를 거절했으나 1826년 영국이 버마와 전쟁에서 승리하고 식민지로 삼으며, 조약 체결을 다시 요구하자, 영국과 화친조약을 체결하고, 1833년 미국과도 조약을 체결했다고 앞에서 소개하였다. 그런데 아편전쟁 후 1850년 미국과 영국이 중국과 체결한 불평등조약을 태국에도 강요하자 이를 거부했는데, 1855년 영국이 다시 불평등조약을 강요하고 나오자, 라마 4세는 버마와 청나라의 패배를 보고 무력 감당도, 그렇다고 계속 거부하는 것도 어려움을 알고, 어쩔 수 없이 불평등조약(바우링조약)을 체결했다. 그리고 그 후 10여 년간 제국주의 세력, 미, 프, 포르투갈, 네덜란드, 벨기에, 이태리, 스웨덴, 노르웨이, 오스트리아 등과도 불평등조약을 체결하기에 이르렀다. 그렇지만 더 이상 서양 제국주의 세력의 간섭과 침략의 빌미를 주지 않기 위해, 그리고 불평등조약의 이완 또는 폐기를 위하여, 근대화 개혁에 착수하였다.

1873년 친정을 시작한 라마 5세도 주권을 수호하는 최선의 길은 유연한 외교정책, 외국 간섭을 허락하지 않는 정비된 국내 통치제도 확립, 인재의 양성으로 판단하고, 역시 대대적인 근대화 개혁을 추진하였다. 그런데도 서·남으로부터는 영국, 동으로부터는 프랑스 식민세력의 침탈에 위기감을 느끼게 됐는데, 마침내 1893년 프랑스 함대가 방콕을 가로지르는 짜오프라야 강을 봉쇄해 긴장 관계에 빠지게 되었다. 이때 태국은 세력균형의 외교적 대응을 잘해, 1896년 태국을 완충지대로 두자는 영불 양국 간 조약 체결로 주권을 수호할 수 있었다. 그렇지만 결국 1907년 프랑스와 조약을 맺어 라오스와 캄보디아 서부에 대한 권리를 양도하고, 1909년에는 말레이 북부의 4개 속주를 영국에 넘겨주며 치외법권도 인정해야 했다. 그점에도 이는 (근대화 대개혁과 함께) 세력균형의 외교정책기조로 식민화 위협을 극복해낸 자구책이었다(그래서 태국인은 라마 5세를 '대왕'으로 부르며, 오늘날까지도 사진을 걸어 존경을 표하고 있다.). 이처럼 태국은 '이중 외교'(dual diplomacy) 또는 주위 정세에 따라 유연히 흔들리는 '대나무외교'(bamboo diplomacy)로 불리는, 세력균형의 중립외교정책기조를 채택·구현하였다.[203]

---

201) 장영민(2007a), 78-79 참조.
202) 한국태국학회(2005), 28-33; 김홍구(2006), 100-105 참조.
203) 그 후 1910년 즉위한 라마 6세는 제1차 세계대전에서 중립을 선포한 후, 1917년 미국이 참전하며 승리가 확실해지자, 독일과 오스트리아에 선전포고했다. 이 형식적인 참전으로 파리강화회의의 전승국, 국제연맹의 정회원국으로 인정받고 불평등조약도 고쳤다. 제2차 세계대전이

이와 같이 그래도 그럴 만하니까, 1885년 유길준도 <중립론>을 썼다(발표는 하지 못하였다). 또 조선 주둔 독일 영사 부들러(Budler)도 영세중립국 운동을 정부에 건의하였다(정부는 이를 묵살해 버렸다). 사실 민비정권도 세력균형을 염두에 두고 서구 열강과 수교하였고, 반청 거부감이 고조됐을 때는 미국인 외교고문 데니(O.N.Denny)의 건의를 받아들여, 자주독립국임을 전 세계에 알릴 수 있도록 외교사절을 수교국에 파견하기로 하고, 1887년 6월 미국과 유럽 5개국에 파견할 외교사절을 임명하였고, 실제로 청국의 반대에도 불구하고 미국의 지원으로 박정양을 주미공사로 파견해 미국의 지원을 모색하기도 하였다.204)

이처럼 국내외적으로 '세력균형'이라는 대안적 기조논리가 있었으나, 그에 대한 진지한 관심과 발휘할 전문지식과 기술 등 역량이 부족하여, 언제나 결정적인 순간에 밀려나 버렸다. 종래의 경로(길)를 답습하고자 하는 관성적 경향 즉 '경로의존성'(path dependence)이란 타성을 탈피하지 않으면, 정책기조의 전환(paradigm shift)은 성공하지 못한다. 민비정권의 '임기응변적 청 중심 외세 의존주의'의 기조도 그러하였다. 격변하는 국내외 정세 속에서 민비정권은 과도한 간섭과 횡포가 싫어 세력균형으로 자주독립을 추구해 보기도 했지만, 위급 시에는 그래도 믿을 수밖에 없는 '비빌 언덕'처럼 보인 '청'으로 달려가 안겨버린 행태를 반복하였다. 그들은 저 멀리 신라 삼국통일 시 당의 계략,205) 조선의 임진왜란, 그리고 임오군란과 갑신정변을 겪으면서 터득한 교훈에도 불구하고, 익숙한 길을 벗어나지 못하였던 것이다.

그러나 세력균형의 적기인 청일 호각지세의 시대가 청국의 청일전쟁 패배로

일어나자 영국과 프랑스에 빼앗긴 영토를 되찾기 위해 일본에 접근해, 1941년 일본의 협조로 프랑스에 빼앗겼던 캄보디아 일부 지역을 되돌려 받았다. 이제 일본의 세력이 커지자, 태국은 미국에 원조를 구했다. 그렇지만 일본의 강압으로 공수동맹을 체결하고, 미국과 영국에 선전 포고했다. 그러나 주미대사가 일본의 강요임을 미국측에 설득하고 미국에서 반일항쟁인 자유 타이운동을 전개하고, 태국 내에서도 반일지하항쟁운동을 전개해, 미국의 호의를 얻었다. 종전하자 패전국 취급을 받지 않고, 미국의 도움으로 18개월 후 UN에도 가입했다. 2018년 현재 태국은 입헌군주국으로 라마 10세가 재위중이다. 이상 한국태국학회(2005), 28-34; 김홍구 (2006), 100-105 참조.

204) 이기백(1999), 305; 장영민(2007a), 80-81; 김기혁(2007), 190-191 및 서현섭(1994), 253-256.

205) 역사적으로 신라가 삼국통일을 이룰 때 당나라의 지원을 받았는데, 그 당나라가 통일 후 한 반도에 도독부, 도호부 등을 두며 지배하에 넣으려고 하였다. 이에 신라가 전투를 벌이며 당의 축출에 성공하였다. 이기백(1999), 83-89 참조.

무너진 뒤에는, 이제 균세 게임으로 이용할 만한 상황은 사라져 버렸다. 청일전쟁 후 민비정권, 그리고 그 후 대한제국 정부가, 기울어가는 조선의 회복을 위해 아무리 열강에 호소하고 지원을 요청해 봐도, 아무 소용이 없었다. '기회의 창'(window of opportunity)은 항상 열려 있는 것이 아니었기 때문이다.206)

---

206) 한일관계의 장구한 역사를 통해 가장 특징적인 사실의 하나는 시기와 경우를 막론하고 상호 접촉과 교섭에 있어서 한국은 언제나 수동적이고 소극적이었던 반면, 일본은 항상 능동적이고 적극적이었다는 것이다. 여기에는 물론 여러 가지 역사적인 사정과 이유가 있었다.…양국 간 국교조정을 위한 모든 접촉과 교섭은 예외 없이 일본측의 주동이나 제안으로 이루어졌다. 뿐만 아니라 그 대한정책은 복고외교에서 탈아외교로 크게 변전하였으며, 그 외교전략도 평화적인 직접교섭에서 청일수교(1871년)를 통한 간접적인 접근으로, 현실적 타협에서 위협적인 포함외교로 다양하게 변하였다. 이에 비하여 조선정부의 대응은 초기에는 부정적 태도와 비타협으로 일관했다가, 후에는 무정견·무소신·무기력한 양보와 타협의 연속이었다. 심지어는 안동준의 처형과 같이 외교상의 의견 차이를 비굴하고 잔인한 국내정치 보복에 이용하면서까지 일본측의 환심을 사려고 하였다. 그 결과는 상대방을 더욱 오만하고 위협적으로 만들었을 뿐이었다. 김기혁(2007), 127-128 및 연갑수(2008), 29.

제 5 장

결론: 정책관과 정책기조(정책패러다임) 중심의 정책철학하기

지금까지 정책에 관한 철학적 질문을 위하여 선정한 정책사례들에 대하여 여러 가지 정책관의 관점에서 간단하게 예시적으로 분석해 보았다. 물론 그 정책철학적 정책관은 현실 실제 정책을 '있는 그대로' 반영(묘사)하지 못한 채 미시적이고 개별적이며, 또 피상적이고 평면적이며, 그리고 역사적 변동을 고려하지 않고 정태적인 데 머무르기 쉬운 '상식적 정책관'을 넘어서고자 하는, 제1장에서 제기된 문제의식에서 시작돼 탐구된 것이었다. 그리하여 정책의 본질에 대하여 전체적이고 종합적(입체적)으로, 또 심층적이고 구조적으로, 그리고 역사적 변동까지를 고려한 동태적(역동적)인 측면에서 '새로운 정책관'은 없는 것인지를 진지하게 숙고하고 철저하게 성찰해 볼 수 있었다. 그 '새로운 정책철학하기'를 실천한 결과, 현실 실제 정책의 전체 모습을 '있는 그대로' 더 폭넓게 서술적(기술적, descriptive)으로 이해하게 해 줄 뿐만 아니라, 앞으로 바람직한 정책이라면 마땅히 '있어야 할 대로'의 어떤 이상적·규범적(normative)으로까지 더 풍성하게 지향할 수 있는, 그야말로 전체 정책을 온전히 포괄해서 이해하고 처방적(prescriptive)으로 운용하게 해 주는 '현대적 종합 정책관'을 도출해 정립할 수 있었다. 그것은 사회과학계 전체를 비롯해, 특별히 정책학 분야에서 이론적으로나 실무적으로 매우 중요한 정책철학적 정책관이었다. 곧 제1장에서 제기된 몇 가지 가장 본질적인 질문들에 포함돼 있는 핵심적인 문제의식, 곧 '정책의 패러다임'에 대하여 '패러다임'의 개념에 관한 한 학문적 적자(嫡子)이자, 보편적인 인식론으로 통하고 있는 '과학철학의 인식론'을 검토하고, 거기에 대하여 '정책의 특수성' 등 정책학의 문제의식에 맞춰 반영하고 변용함으로써 정립해 얻어진 것이었다.

　　그리고 앞에서 정립해 낸 정책철학적 정책관의 필요성과 효과성을 검증해 보기 위하여 역사상 중요하다고 여겨지는 두 가지 실제 정책사례에도 적용해 보았다. 그런 일련의 과정에서 우리는 정책에 관하여 본질적인 철학적 질문을 제기해 보고, 현재의 틀을 깨고 앞으로 더 나아가는 참신한 본질적·규범적 사유의

'새로운 정책철학하기'를 체험할 수 있었다. 그리고 정책을 이해하고 그 이론을 실천하는 데 있어서 가장 중요한 것 중 하나인데도 지금까지 그에 관해 합당한 관심을 보여주지 못한 정책철학 인식론으로서의 '정책관'을 새롭게 인식하게 되었다. 더 나아가서 정책철학, 정책사, 그리고 정책기조의 연구와 교육 및 실무적 활용의 필요성과 중요성을 새롭게 인식하게 되었다. 다음에서 이를 마무리해 요약 제시하고자 한다.

1. 두 정책사례분석의 결론

역사적으로 중요한 장기적 성격의 두 정책사례는 그에 대한 분석을 전체적으로 종합해 볼 때, 우리가 어떤 관점으로 정책을 바라보고 이해하며 그에 관한 이론을 실천해야 하는가에 관하여, 다음과 같은 정책철학적이고 정책사적인 통찰력을 얻게 해 주는 것이었음을 알 수 있다.

첫째로, 두 정책사례의 분석은 인간이 그동안 지구상의 모든 것을 지금 현재의 모습으로 만들어 온 '정책'이라는 인간의 핵심적인 활동, 곧 정책이 역사 속에서 실제 존재하는 모습 그대로의 본질을 더 정확하게 이해하게 해 주었다. 이는 정책의 본질에 대한 이전까지의 이해를 더 넓혀주는 것(혹은 바꿔주는 것)을 의미한다.

이전까지 상식적인 '전통적 정책관'은 주어진 중요한 문제에 대하여 논리적·실증적·중립적 분석을 거쳐 해결의 지침을 형성하고 집행하는 정책 주체의 객관적·합리적인 활동이 정책활동이라거나(행태주의 또는 이론·가치중립적 객관주의 정책관), 정책 주체가 인식해 정의한 문제에 대하여 논리적 분석과 함께 이해관계자(집단)의 상호작용 과정에 의하여 현실적으로 합의 가능한 점진적인 해결방안을 형성하고 집행하는 주관적·현실적이고 비판적인 합리주의 활동이 정책활동이라는(점증주의 또는 점진적 개량주의 정책관) 관점이 주축을 이루었다. 그래서 현실에서 이루어지는 정책활동은 일종의 정책실험인데, 그런 정책활동은 정책실험에 대한 검증(이론·가치중립적 객관주의 정책관)이나 반증(개량주의 정책관)의 논리에 의하여 이루어지고, 또 연속적이고 축적적인 형태로 조금씩 전진한다고 보았다.

그런데 너무나 중요해서 실제 연구나 실무에서 부분적으로라도 인지하고 적용해 오면서도 아직 그 전체를 구체적으로 이론화해 정립하지 못한 인식론적 사각지대가 있었으니, 그것이 이 책에서 과학철학적 인식론을 통하여 도출한 '새로운 정책관'들이었다. 곧 패러다임 정책관과 다원주의 정책관이다. 먼저 정책활동이 검증이나 반증의 논리보다는 정책 주체의 '세계관(world view, Weltanschauung)이나 이상·가치 등(오늘날 구미에서는 통칭 '아이디어' 또는 '정책아이디어'라고 함)에 의하여 선택된 특정한 패러다임의 영향·통제 아래' 수행된다는 것이 '패러다임 정책관'이다. 그것은 '패러다임에 의하여 단절적이고 불연속적으로' 마치 혁명처럼 교체(전환)되고, 다음 혁명 전까지는 기존 패러다임 안에서 평상적인 정책활동이 계속된다(일원적 패러다임 정책관)는 관점이었다. 그렇지만 거기에 최근의 연구성과를 반영해 덧붙이자면, 그 관점은 제도의 변화처럼 점진적인 진화과정을 밟으며 누적된 끝에 중요한 패러다임 전환(변혁)까지 이르게 된다(점진적 진화변혁의 패러다임 정책관)거나, 누적적인 점진적 진화변혁 과정에 정책혁명도 끼어들 수 있다고 절충적으로 보는 관점으로까지 확대해 볼 수 있다고 하였다. 또 그런 패러다임에 의한 정책활동은 어느 정도 공동체적·사회적 합리성과 객관성을 담보한 '상호주관적인' 성격의 주관성을 바탕으로 이루어진다거나, 주도하는 하나의 패러다임 외에도 시간적·공간적, 그리고 수평적·수직적으로 다양한 패러다임의 공존과 경쟁이 있다거나, 서로 다른 패러다임들이 타협적으로 복합패러다임을 구성해 ―공약불가능성이 약화된 약한 패러다임 성격으로 현실 적합성을 확보하며― 적용되기도 한다고 보았다.

그리고 또 하나의 새로운 정책관이 '다원주의 정책관'이었다. 때로는 패러다임에서 자유로운 이론·가치중립적 객관주의적이거나 개량주의적으로도 정책활동이 수행될 수도 있고, 또 전문가에 의한 정책운용과 시민(구성원)의 직접참여에 의한 정책운용이 공존하는 협치적 정책활동(전문가주의 정책관, 직접참여주의 정책관 및 협치주의 정책관)도 있을 수 있다고 하였다. 그러므로 현실의 실제 정책세계에서는 이 모든 정책관들이 이런 저런 모양으로 공존하며 다양하게 펼쳐지고 있다는 관점(다원주의 정책관)이 필요하다고 보았다.

이상과 같이 현재 현실 정책세계를 종합적으로 바라보는 관점은 상식적인 전통적 정책관과 새로운 정책관을 합하되, 그 핵심적인 내용, 곧 패러다임 정책관과 다원주의 정책관을 주축으로 삼는다는 의미에서 '패러다임과 다원주의를 강조하는 정책관'이라고 명명할 수 있는 '현대적 종합으로서의 정책철학적 정책관'을 정립해 내었다. 그리하여 정책활동과 정책변동의 방향·폭·기간·내용·과정 등 복잡하고 다양한 정책과 정책변동을 이해하는 데 있어서 정책 주체의 인식의 기본 틀과 방향(패러다임)이 무엇이고, 그것이 어떻게 변동되는가라는 구조의 파악이 가장 중요하다는 사실을 전제하면서, 그에 따라 '정책사에서 확인할 수 있는 정책활동의 구조'를 분석해 보았다. 즉 패러다임의 변동이 구체적인 정책활동을 지배하거나 지도하기 때문에 그 분석의 중심에 '정책의 패러다임'(정책기조)을 놓고, 그런 패러다임의 변동 양상에 따라 구조를 분석해 보는 것이었다. 그 분석의 결과는 그런 패러다임의 변동과 관련된 정책의 주체와 대상자의 대응이 구체적인 정책활동을 좌우하고, 그리하여 공동체와 공동체구성원의 삶과 진로에 큰 영향을 미친다는 사실을 확인할 수 있었다. 또 정책의 이해와 이론실천에 있어서 그런 패러다임의 변동 구조를 중심으로 파악해 보는 방법이 매우 유용하다는 사실도 확인할 수 있었다.

둘째로, 민주적 사고가 본격화되기 전인 조선시대의 두 정책사례에서는 협치주의 정책관이 들어설 여지가 적은 관계로 이론·가치중립적 객관주의 정책관과 개량주의 정책관, 그리고 패러다임 정책관이 주로 적용되었는데, 그렇다면 각 정책관에 의하여 다각적으로 정책활동을 비교 분석하는 것은 정책을 평면적·미시적·정태적 분석을 뛰어넘어 입체적·거시적·동태적인 분석까지도 포괄하여, 서술적으로 뿐만 아니라 규범적으로도 분석할 수 있게 해 준다는 사실을 확인할 수 있었다. 요컨대 각 정책관은 실제 정책세계에서 유용하게 활용될 수 있으므로 그 나름대로 중요한 존재 이유를 갖는다는 사실을 확인할 수 있었다.

아마 정책관의 역사적 족보를 추측해 보면 맨 처음부터 시작해 장구한 세월 동안 존재한 정책관은 -현대적 의미의 '개량주의'와는 동일시할 수는 없는- '아주 소박한 개량주의 정책관' 정도가 아닐까 생각된다. 인류가 공동체를 이루며 살아가면서 아주 자연스럽게 시행착오를 통하여 점차 문제를 해결해 나가는 것을 배우고 적용함으로써 인간을 지구상에서 가장 번성한 종으로 살아남게 해 주었을 것이기 때문이다.[1] 그런데 그 인간에게 본격적으로 과학적·논리적 사고가 발달하자 '이론·가치중립적 객관주의(행태주의) 정책관'도 등장해 적용되었다고 할 것이다. 그리고 이제 본격적인 과학적·논리적 사고의 발달에 힘입어, 현대적 의미의 '점진적 개량주의(점증주의) 정책관'이 등장해, 현실 정책세계에서 널리 적용되고 있는 상식적인 정책관임을 확인하게 되었다고 할 수 있다.

그런데 인간이 문제에 대처하는 과정이 대체로 옳고, 그래서 거의 안정적으로 문제를 해결해나가는 시대나 상황에서는 그런 개량주의나 이론·가치중립적 객관주의 정책관으로 충분했을 터이다. 그러나 그런 시행착오에 의한 개량이 충분하지 못해 누적돼 대처하기 어려울 정도로 커진 문제나 어떤 큰 변화(위기) 상황에 직면하면서 그런 정책관은 한계를 드러내기 시작했다고 볼 수 있다. 그리고 그런 데 대처해 정책주체가 특정 패러다임에 의해 정책활동을 전개하는 '패러다임 정책관'이 등장했다고 볼 수 있다. 처음에 그것은 토마스 쿤이 선도한 일원론적 패러다임에 기초한 정책관이었다. 그러나 패러다임 전환이 꼭 단기간에 혁명적으로 급격하게 이루어지지 않고, (한글의 보급과 같이) 장기간에 걸쳐 점진적인 변화가 누적돼 큰 변혁으로까지 귀결된다는 사실도 파악할 수 있었다. 그리하여 정책에 관한 이런 일련의 인식이 모두 현실적으로 존재하고, 각 정책관은 그 나름

---

1) 이런 대표적인 예로 1800년대 사회주의가 유럽 지식인 사회로 퍼지던 시기에 폭력적 '혁명' 방식으로(마르크스주의) 사회체제의 근본적 변혁을 시도하기보다는 본질적으로 건전한 자본주의체제를 인정하되 그 모순, 결함 부분에 대해서만 의회민주주의, 민주국가에 의한 산업관리 등 민주적·입헌적·점진적·도덕적 원칙에 입각한 '점진적 개량주의' 정책을 추구하고자 한 사회사상·운동 단체로서, 1884년 버나드 쇼, 웹 부부 등이 영국에 설립한 페이비안 협회(The Fabian Society)의 사상을 들 수 있겠다. 이는 현대 개량주의 인식론의 주창자인 칼 포퍼가 태어나기 이전이었는데, 복지국가의 탄생, 사회사상, 사회개량주의운동, 사회(복지)정책학의 발전에도 큰 영향을 미쳤고, 지금도 영국노동당과 밀접한 연관을 맺고 활동하고 있다. 원래 페이비언 이름도 힘이 부족할 때 펼치는 지연전(군사학에서 파비우스식 전술, Fabian strategy)을 편 로마의 장군 파비우스 막시무스(Fabius Maximus)의 이름에서 따왔다. 그는 BC 3세기 지중해의 패권을 놓고 로마와 카르타고간에 벌어진 제2차 포에니 전쟁 기간 중 알프스를 넘어온 한니발의 군대에 로마군이 대패한 이후 집정관으로 선출돼 한니발과 정면대결 대신, 대규모 전투를 피하면서 적이 본국 지원을 못 받게 보급선 끊기 등으로 서서히 고사케 하는 지연전술을 주장하고 구사했다. 그러나 복속시킨 동맹들을 이탈시키기까지 하는 한니발군을 두고, 적과 당당히 싸워 이기는 전통을 숭상한 로마인들로서는 그 지연전술을 이해할 수 없었으므로 파비우스는 집정관 연임에 실패하였다. 새 집정관 아래 로마군은 다시 대패하게 되었으나 포에니 전쟁에서 최종적으로는 승리하였다.

대로 장단점을 지니고 있음을 두 정책사례의 분석에서도 확인할 수 있었다. 그것이 '다원주의 정책관'이었다.

셋째로, 각 사례분석을 통해 이상의 내용을 확인할 수 있었는데, 구체적으로는 한글창제정책의 사례를 통해 우리 어문정책의 변동 과정의 구조를 분석해 낼 수 있었다. 우리 민족은 한반도에 들어와 우리 고유의 말(언어)을 만들어가며 언어생활을 영위하는데, 고유의 글자(문자)가 없던 중 중국에서 전래된 한자로 문자생활을 영위하는 '어문 불일치'의 상황 속에서 오랫동안 살아왔다. 즉 우리 민족의 어문정책은 15세기 중반 세종의 한글 창제 전까지는 '어문 불일치의 한자 중심주의'의 패러다임의 지배를 받아 왔고, 그 지배 아래에서 이두와 같은 개선·보완이 이루어지고 있는 구조적 상황을 보여주었다(그 이두의 개선은 거시적·통시적인 패러다임을 전제하는 관점을 취할 경우, 그런 개선마저도 일종의 한자 중심주의 패러다임 내 평상정책활동의 일환으로 볼 여지도 있다. 그렇지 않고 어문정책의 진화 관점을 취할 경우, 그 개선은 개량주의 정책관에 의한 정책활동이었다고 말할 수 있다).

그런데 세종이 한글을 창제해 보급함으로써 우리 어문정책은 '어문 불일치의 한자를 주로 하되 어문 일치의 한글도 병용하는 이중구조'의 패러다임으로 전환하는 정책혁명을 겪었다. 그 패러다임 내에서 점진적인 한글의 개선과 보급이 확대되어 한글의 창제로부터 450여 년이 지난 후인 1894년 갑오경장 시 '어문 일치의 한글을 주로 하되, 한자도 병용하는 이중구조'로 한글과 한자의 지위가 바뀌는 점진적 진화변혁(gradual evolutionary transformation)을 겪었다. 그리고 다시 1948년 정부수립 후「한글전용법률」의 공포로 학교교육과 공문서에 한글 전용(괄호 안에 한자 가능)이 채택됨으로써 이제 어문정책은 거의 '어문 일치의 한글 전용'의 패러다임 아래 전개되고 있다고 정리할 수 있겠다.

한글창제정책 사례에서 세종은 전임 국왕들의 국정기조를 이어받아 개량주의적으로 국정 전반을 운영하되, 어문정책상으로는 한글의 창제라는 패러다임의 전환으로 성공하였음을 확인하였다. 그렇지만 세종은 창제 과정에서 전문가로서 다른 어떤 대안보다도 '새 문자 창제'의 득실을 '완화된 의미의 이론·가치중립적 객관주의 입장'에서 비교 분석했고, 그 결과 한글의 보급에서는 '점진적으로 확산·보급'을 의도했음이 거의 틀림없는 방식을 채택해 오랜 시간이 경과한 뒤 그

의도 이상의 변혁을 일으키게 되었다. 즉 혁명적 방식으로 창제된 한글은 점진적으로 진화 과정을 거친 누적된 보급 효과로 인하여 오늘날 한글전용론이라는 어문 일치의 단일구조론의 정책기조를 채택하지 않을 수 없을 정도로, 세종의 의도보다 훨씬 더 큰 정책효과를 거두는 데 성공하였음을 확인할 수 있었다.

한편 청군차병정책의 사례를 통해 조선 후기 대외 정책기조의 변동 과정 하나만 분석해 보아도, 패러다임에 의한 정책의 혁명적 변동 과정을 겪으면서 그 변혁을 추동하고 관리할 능력(정책기조의 전환에 관한 기획관리 능력)이 없는데다 정책상황 자체도 급변에 급변을 거듭하면서 속절없이 정책이 실패해가는 사실을 확인할 수 있었다. 즉 조선 후기 대외정책 패러다임은 전통적인 '사대교린'의 패러다임에서 1860년대와 70년대 초 대원군 섭정시대에 '청 이외 문호폐쇄'(소위 쇄국정책)의 패러다임으로 전환하였다. 그리고 그것은 다시 일본의 강요와 청의 강권과 서구 열강의 요구로 1870년대 후반부터 공식적으로는 '문호개방'의 패러다임으로 급변침(急變針) 전환하였다. 그러나 그 전환된 패러다임은 그런 패러다임을 감당할 만한 의식과 제도를 전혀 갖추지 못한 정권의 인식 지체(경로의존성)와 정책리더십의 실패 등 무능과 무책임으로 인하여, 중요 사건 때마다 기존 '청 이외 문호폐쇄' 패러다임의 연장선상에서 '청 외세 일방 의존주의'의 타성을 버리지 못하고 그 속에서 갈팡질팡 한 끝에 점차 국권을 침탈당하다가, 결국 국권을 상실하는 데까지 나아가게 되었다. 그 과정에서 결정적인 정책실패 사례가 청군차병정책이었고, 그에 따라 들어온 일본군이 쿠데타로 세운 친일내각이 갑오개혁과 같은 폐정개혁을 단행함으로써 형식상으로는 '정책기조'의 대전환이 시도되지만, 그것은 단지 '일본의 포로 정권'에 의한 부분적인 개혁에 지나지 않았고, 정부나 민간의 저항은 이미 무력화돼 가면서 '식민지화'라는 일본의 대조선(對朝鮮) 정책기조의 점진적인 수행에서 벗어날 수 없는 구조였다고 하겠다.

조선 후기 역대 정권, 특히 민비정권은 국정기조와 대내외 정책기조에 있어서 개량주의적으로 대처할 뿐, 패러다임 전환에 대한 지식·역량·의지·전략 등의 결여, 곧 변곡점(變曲點, a point of inflection)에서 요구되는 정책리더십의 결여로 적시에 적절한 패러다임을 선택해 구현하는 데 실패하였음을 청군차병정책 사례의 분석에서 확인하였다. 그러나 그것이 개량주의 정책관 자체가 나쁘다거나, 패러다임 정책관 자체가 더 좋다는 뜻으로 해석할 수는 없다. 처음부터 민생과 대내외 개혁 개방 문제에 개량주의적으로 대처를 잘 해 왔다면(성공했다면), 많은 준비와 노력이 필요하고 급격한 전환에 부수되는 큰 부작용이나 예측 불허의 재앙적 위험성도 안고 있는 '패러다임의 전환'도 필요하지 않았을 것이다(따라서 어떤 측면에서는 패러다임 전환은 그동안의 개량에 미흡하고 잘못이 있었음을 반증해 주는 자기 고백적·비판적 대응이라고도 할 수 있는 경우도 있다. 그래서 그런 패러다임 전환은 대부분 리더십의 교체이자 권위의 교체라는 계기와 맞물려 일어난다).

또 오늘날 같으면 −비록 보조적이지만− 정책연구자나 연구기관 등이 '완화된 의미의 이론·가치중립적 객관주의 입장(정책관)'에서 현실 정책상황의 진단과 대안의 비교분석 등 중요한 정책분석을 통하여 개량주의적이거나 패러다임 전환적 정책결정에 도움을 주는 정책연구를 수행하는 것이 얼마나 중요한가도 일깨워 준다고 하겠다(현재 각종 연구기관들, 특히 국책연구기관들이 정부의 특정 입장을 합리화시켜 주기 위한 하부 도구로 이용되는 근시안적 억압 구조는 매우 위험하다는 것을 시사해 주기도 한다). 또한 이 사례를 통하여 시민사회단체, 학계 전문가집단, 언론 등과 같은 견제와 균형 세력이 참여해 활발한 논쟁이 벌어지는 공론장에서의 공론 형성이 얼마나 중요한가도 일깨워주고 있다.

넷째로, 결국 정책사의 다각적인 분석은 실제로 현실에서 존재하는 모든 정책관을 적용하여 다양하고 풍성하게 묘사해 분석해 주고(서술적 정책관), 또 어떤 시기, 어떤 상황에서, 어떤 특정한 정책관과 정책리더십이 더 타당할 수 있겠다는 교훈도 제공해 줄 수 있음(규범적 및 처방적 정책관)을 확인할 수 있었다. 더 나아가서 좋은 정책기조에 의한 좋은 정책들을 선택·창조할 수 있는 민족과 나라와 공동체는 스스로를 살려 흥하고, 그렇지 못한 민족과 나라와 공동체는 스스로를 위험에 빠뜨려 망치는 것도 확인할 수 있었다. 다음의 지적에서 '정치'를 '정책'으로 바꿀 수 있는데, 그렇게 바꿔 읽어보자.

스웨덴 쇠데르텐 대학교 정치학과 교수인 최연혁 박사는 저서 <우리가 만나야 할 미래>를 통해 25년간 스웨덴 생활의 경험들을 나눠주며 대한민국의 미래 모델을 모색하고 있다. 복지국가의 상징과도 같은 "요람에서 무덤까지"라는 말은 원래 스웨덴을 두고 나온 것이다. 사실 행복이나 복지처럼 정치와 잘 어울리는 말도 없다. 인간사회는 제한된 자원을 놓고 서로 경쟁하고 갈등하는데, 바로 그 갈등을 공평하게 조정하는 것이 정치이다.…힘없고 가난한 사람들이 행복하도록 국가가 공적으로 돕는 것이 바로 복지정책이므로 정치의 본질과 닿아 있다. 그러므로 우리가 지금 행복하지 못한 것은 곧 정치부재 때문이다. 스웨덴의 정치인은 세상에서 가장 고된 직업이라고 한다.…일이 너무 고되고 돈도 벌지 못하지만, 국민의 행복을 위해 봉사하고 희생한다는 자부심이 대단하다.…스웨덴이라고 해서 옛날부터 행복한 나라였던 것은 아니다. 반대로 18세기 말부터 19세기 초까지 극심한 빈곤에 시달려 인구의 3분의 1이 먹고살기 위해 이민을 떠났다. 그런데 지금은 매년 10만 명이나 몰려드는 모두가 꿈꾸는 나라로 다시 태어났다. 이런 일을 가능하게 한 중심에는…정치의 힘이 있었다.[2]

우리 역사에서 중요한 두 가지 정책사례에 적용하여 분석해 본 결론은, 정책사례 방식의 정책사의 연구는 '정책철학적 정책관'을 통하여 현실 정책의 연구와 교육, 실무적인 이론실천에 있어서 다양한 교훈을 도출해 정책학습의 좋은 자료를 제공해 줄 수 있고,[3] 그에 따라 전체적으로 정책철학, 정책사, 정책기조의 필요성과 중요성을 재확인할 수 있게 해 주었다는 사실이다.

---

2) 김준형(한동대, 정치학), "[정동칼럼] 희생하는 정치인, 군림하는 정치인," 경향신문, 2015.10.2.
3) '과거의 경험과 정책 관련 지식에 비춰 정책을 조정해 나가는 의도적 노력'을 정책학습이라고 하는데, 그런 '정책학습에 의해 정책이 변화'할 때 일반적으로 '정책학습이 일어났다'고 보는 것과 관련된 몇 가지 쟁점이 있다. 그중 ① 정책학습은 과거의 정책실패와 정책성공 중 어느 쪽에 더 많은 영향을 받는가의 쟁점이 있다. 또 ② 정책학습의 성격이 국가의 제도적 구조에 영향을 받는가, 받지 않는가에 관한 쟁점이 있다. 이들에 대해, 정책은 흔히 성공보다는 실패를 지각함으로써 그 교정책(a corrective)을 진화시켜 나가는 것이라며 실패 쪽을 지지하고, 학습과정에서 제도적 구조보다는 개인의 역할을 더 강조하는가 하면(Heclo 등), 정책이 과거의 성공 위에 쌓아올려져 가는 방식을 지지하고, 국가의 제도적 구조의 영향을 더 강조하는 쪽(Weir & Skocpol 등)이 대립한다. 그렇지만 정책학습의 결과로 정책이 반드시 더 좋아졌다거나 더 효율적이 된다는 의미는 아니다. 마치 어린이가 나쁜 습관을 학습하듯이, 정부도 나쁜 교훈(wrong lessons)을 학습할 수 있기 때문이다. 이와 관련, Heclo(1974), 303, 308; Margaret Weir and Theda Skocpol, "State Structures and the Possibilities for 'Keynesian' Responses to the Great Depression in Sweden, Britain and the United States," in Peter Evans et al.(eds.), Bringing the State Back In, NY.: Cambridge Univ. Press, 1985, 120, 126; 이상 Hall(1993), 293 참조.

2. 정책철학과 정책사학의 관심과 연구의 필요성

정책학이 1951년 시작된 후, 그동안 수많은 학자들의 참여 속에서 지금 정책학의 틀, 곧 '정책학의 패러다임'이라고도 할 수 있고, '정책연구의 패러다임'이라고도 할 수 있는 틀이 -논란은 계속되지만- 어느 정도 잡혀졌다. 어떤 학문이든 일단 학문에 어느 정도 틀이 잡혀지게 되면 그냥 그 틀 안에서 -교육·연구로나 실무로나- 실천하는 편향에 빠져들기 쉽다. 정책학에서도 그와 마찬가지 현상이 발생할 수 있다. 따라서 과거와 현재, 그리고 미래의 정책학에 대해서도 항상 성찰하는 자세로 그와 마주할 필요가 있다.4) 바로 그런 새로운 정책철학하기로 얻은 결론의 하나가 정책철학, 정책사, 그리고 그에 바탕을 둔 정책기조에 대한 본격적인 관심이 필요하다는 사실이다.

정책철학은 정책의 토대와 원리를 탐구하는 정책에 관한 메타 이론이다. 정책철학은 정책에 대한 성찰의 학문으로, 정책을 전제하는 데서 더 나아가 정책학을 전제하고, 그에 관하여 서술적이거나 규범적, 또는 처방적인 논의를 전개하는 학문이다. 그렇게 정책철학은 정책과 정책학이 철학과 만나는 지점에 있는 학문 분야이다. 그러면 철학은 무엇인가? 철학은 본질사유(근본사유)와 규범사유를 통하여 기존의 틀을 성찰하며 새로운 길을 찾아 나서야 하는데, 그 성찰 과정에서 그 틀 자체에 대해서도 깨고 나아갈 필요가 있으면 깨고 나아가야 하는 학문이다. 그 근본적인 본질을 향해 궁구하는 정책철학하기를 실천하다 보면 새로운 길·방향을 찾아 나서게 해 주기도 하지만, 기존의 틀에 부딪혀 더 나아가기 어려우면 바로 그 틀 자체를 깨뜨리고 나아가는 학문인 것이다.

이와 같이 정책학이 철학과 만나, 다시 정책학의 본질적·규범적 질문들을 제기하고 그에 대답하면서 기존 틀의 문제점을 분석하고 평가하며, 새로운 시야

---

4) 대표적으로 2002년 한국정책학회 주관 <정책학의 50년: 과거, 현재. 그리고 미래>의 학술심포지움에서 발표된 허범(2002), 293-311; 김주환, "정책학의 과거, 현재, 미래," 313-318; 목진휴·박순애, "한국정책학회보 10년의 발자취," 319-332; 박재완, "Lasswell을 넘어서," 333-341; 박흥식, "한국정책연구의 이론과 현실, 그리고 적실성 간의 부정합성에 대하여," 337-342; 김인철, "정책학의 자리매김을 위하여," 343-346; 박광국, "정책학의 발전을 위한 제언," 347-351, 이상 한국정책학회보, 11(1), 2002 참조.

를 가지고 새롭게 나아가야 할 필요가 있는가를 성찰해 보는 것이 필요하고 중요하다. 이것이 정책철학이 존재하는 의의이고, 본격적인 정책철학하기를 통하여 정책철학이란 분과 학문이 활성화되어야 하는 이유이다.5) 그런 문제의식을 가지고 이 책이 기획되었고, 그와 관련된 문제 제기를 하였다. 그리고 더 나아가 그런 문제의식하에 정책학이 새롭게 탐구해야 할 영역이 정책철학과 정책사학이란 영역 이외에도, 정책철학과 정책사학에 바탕을 두고 탐구해야 할 영역으로서 '정책기조'이고 '기조정책'이란 영역임을 밝히면서, 그에 관한 응용 가능한 전문적인 연구에 대한 정책철학하기를 시도해 본 것이 이 책이다.

정책철학에 대한 본격적인 연구는 필연적으로 과거의 정책들에 대한 연구를 요구한다. 이른바 정책사(政策史)에 대한 연구이다. 그래야 정책철학이 실제 역사와 동떨어진 것이 아니라, 실제 역사에서 나타난 현실 그대로의 정책관(政策觀) 또는 정책의 이미지(정책상, image of policy)와 일치되는 논의, 실재(實在)하는 정책을 토대로 한 논의를 할 수 있기 때문이다. 이 책에서 소개하는 과학철학의 논쟁이 잘 말해 주듯이 과학철학의 연구는 과학사의 연구와 밀접하게 관련돼 있다. 쿤이 그 이전의 인식론을 반전시킨 '패러다임 과학혁명론'은 실제 과학의 역사에 대한 쿤의 치밀하고 체계적인 연구를 통해서였다. 그전의 인식론, 즉 논리실증주의나 포퍼의 반증주의는 모두 실제 역사에서 드러난 과학상(科學像) 또는 과학의 이미지(image of science)와 일치하지 않는, 자신이 추정해 보고 싶은 과학의 그림을 그린 잘못을 범하였다. 그래서 저명한 과학철학자 라카토쉬(I. Lakatos)는 칸트(I.

---

5) 우리가 "X의 철학"이라고 말할 때, 종종 그것은 다른 학문 X와 연관되기는 하지만 통상적으로 X 자체 내에서는 다루어지지 않는 문제들을 다루는 분과 학문을 의미한다. 관련된 물음들이 어떤 사유 또는 실천체계에서 배제되는 데에는 여러 가지 이유가 있다. 물음이 너무나 일반적이기 때문일 수 있다. 또 물음들이 그 체계 내에 있는 어떤 기본 믿음들을 위협할 수도 있고, 모든 전문가가 정확한 답을 이미 알고 있으며 의견일치를 보이기에 그런 물음을 던지는 일이 쓸모없을 수 있다. 또 답변이 어떤 의미 있는 실천적 차이를 담고 있지 않을 수도 있다. 그 밖에도 여러 이유가 있을 것이다. 결국에는 모든 가능한 물음을 무한히 던지는 것은 그저 불가능하기 때문에 물음은 선택적일 수밖에 없다. 그러나 철학은 개방성(openness)이라는 이상의 구현으로서, 또는 적어도 타당한 물음의 범위에 제한을 두는 것에 대한 저항으로서 기능할 수 있다.…철학은 조직화된 건설적 회의와 비판(organized constructive skepticism and criticism)이라는 유용한 습관(habits)의 제공자로서 기여한다. 우리 지식의 맹목적 믿음보다는 불확실성과 불확정성을 비판적으로 지각(critical awareness)하면서 더 높은 수준의 정교함에 도달하게 하고, 새로운 지식의 생산을 자극할 수 있게 해 준다. 이상 Hasok Chang(2004, 오철우 역, 2013), 461-462, 464, 470, 473에서 수정 인용.

Kant)의 유명한 선언을 원용하여 "과학사(科學史)가 없는 과학철학은 공허하고, 과학철학이 없는 과학사는 맹목이다"라고 두 학문 분야의 밀접불가분의 관계를 제기하며, 그런 관계를 도입하지 못한 쿤 이전의 이론과 그런 관계를 도입한 쿤 이론을 통합하려고 시도하였다.[6]

 그처럼 정책철학이 정책사 연구를 요구하는 것은 마치 정치철학이 정치사, 법철학이 법제사, 예술철학이 예술사, 혹은 과학철학이 과학사에 대한 연구 없이는 깊이 있는 논의와 연구를 할 수 없는 것과 같은 이치에서 비롯된다. 정책사에 대한 연구는 과거 그 자체의 복고적 취미를 위해서 하는 것이 아니라, 과거 정책 역사를 통하여 현재의 문제를 올바로 파악하고 미래에 대한 전망을 올바로 수립하기 위한 목적으로서 중요하고, 그 목적이 정책철학과 깊이 관련돼 있는 것이다. 과학사의 연구를 통하여 과학철학의 인식론을 획기적으로 바꾼 토마스 쿤도 그의 '과학혁명의 구조' 본문 첫 페이지(1 서론: 역사의 역할) 첫 문장부터 다음과 같이 말하고 있다.

> 만일 역사가 일화나 연대기 이상의 것들로 채워진 보고(寶庫)라고 간주된다면, 역사는 우리가 지금 흘려 있는 과학의 이미지에 대해서 결정적인 변형을 일으킬 수 있을 것이다.[7]

 경제학자로서 대공황의 경제사를 깊이 연구했던 벤 버냉키(Ben Bernanke, 재임기간 2006-2014) 전 미 연방준비제도이사회(연준) 의장은 대공황 이후 최악이라는 2007년 미국발 경제위기가 발발했을 때 그 심각성을 누구보다도 빨리 간파하고, 제로 금리라는 사상 초유의 대담한 정책으로 소방수 역할을 성공적으로 수행했다는 평가를 받고 있다. 버냉키의 많은 정책은 전례가 없는 시도였는데, 그는 그의 자서전에서 다음과 같이 말하였다.

> 정책을 개선하여 국민들이 더 잘살 수 있도록 하는 데에 쓰이지 않는다면, 경제학이 무슨 소용이 있는가 자문해 왔다.[8]

---

6) 라카토쉬, "과학사와 그것의 합리적 재구성", 신중섭(역, 2002), 181에서 재인용.
7) Kuhn(2012). 김명자·홍성욱(역, 2013), 61 인용.

그와 같이 정책사에 대한 연구도 정책과 정책철학에 대하여 매우 중요한 통찰력을 제공해 주는 보고(寶庫)를 기대해 볼 수 있을 것이다. 또 다른 예로 20여 개국 300여 년 동안의 소득과 자산에 대한 방대한 데이터를 모아 부의 축적과 소득 분배 등 자본의 '역사'를 분석함으로써 '자본의 수익률이 경제성장을 능가하는'(r>g) 자본주의의 특징이 불평등을 심화시키고, 그 결과 나타난 세습자본주의가 민주주의의 위기를 일으키고 있음을 실증해, 세계적으로 큰 반향과 많은 논쟁을 불러일으킨 <21세기의 자본>의 저자 토마 피케티(Thomas Piketty, 1971-)의 다음 지적이 우리를 일깨워주는 좋은 자명종 역할을 한다.

> 나와 동료 연구자들이 놀란 건 데이터들이 이미 여기저기 있음에도 그동안 우리를 제외한 그 누구도 이 연구를 수행하지 않았다는 사실이다. 우리의 연구는 사실 경제학자들에게는 너무 역사학적이고, 역사학자들에게는 너무 경제학적이었던 것이다. 학자들이 자기만의 분과영역으로 담을 쌓고 그 안에서만 안주하는 경향이 있다. 각각의 분과학문들은 보다 겸손하고 열린 자세를 가져야 할 필요가 있다.[9]

그런데 정책에 관한 역사의 서술은 필연적으로 '철학적'일 수밖에 없다. 그런 의미에서 정책사학은 정책철학을 만나야 의미 있는 유익한 통찰을 제공해 줄 수 있다. 즉 정책사에 대한 본격적인 연구는 정책철학에 대한 연구를 요구한다. 과거 정책에 대한 구체적인 단순 사례연구(case study)에서조차 그 사례의 서사(narrative)를 위해서는 추상적인 생각·관념(abstract idea)이란 철학적 요소, 이른바 정책관(政

---

8) Ben S. Bernanke, The Courage to Act: A Memoir of a Crisis and Its Aftermath, W. W. Norton, 2015, 행동하는 용기: 경제위기와 그 여파에 대한 회고, 안세민(역), 까치, 2015. 이와 관련, "'바로 그때, 바로 그 사람(The Right Man at the Right Time)'이라는 표현처럼 벤 버냉키의 시의적절한 결단과 지휘 아래 디플레이션을 초입에서 저지한 미국과 달리, 일본은 디플레이션으로 가라앉은 20년 세월의 무게만큼 고착화된 경기침체를 벗어나는 데 어려움을 겪고 있다."라고 한 성태윤(연세대 경제학부 교수), "구조적 침체는 이미 시작됐다," 매일경제, 2016.4.21. 칼럼도 참조.

9) 한겨레, 2014.5.15., "소수 세습자본이 정치 호령…투명성 없는 민주주의 위기"의 파리정치대학 유럽학연구소의 윤석준 박사와의 대담 중에서 피케티의 답변 인용. 이와 관련, Thomas Piketty, Capital in the Twenty-First Century, Cambridge, MA: Belknap Press, 2014(프랑스판 2013), 토마 피케티, 21세기 자본, 장경덕 외(역), 글항아리, 2014 및 Paul Krugman et al., After Piketty: The Agenda for Economics and Inequality(2017), 애프터 피케티, 크루그먼 외, 유엔제이(역), 율리시즈, 2017 참조.

策觀)이 필연적으로 끼어들어 추동하면서 그 역사적 서술을 이끌어나가기 때문이
다. 더 나아가 단순한 단편적 사례연구를 넘어 조금이라도 일반화를 도모하고자
하는 정책의 역사를 연구하고자 하면, 거기에는 정책철학적 정책관과 역사철학적
역사관이 수반되는 것은 말할 것도 없다. 이렇게 보면 정책사학은 단순한 사례연
구를 넘어 정책학과 정책철학과 역사학의 만남을 통하여 정책사학의 연구방법론
을 확립하면서 일반적이거나 구체적인 정책사례들을 연구하는 것을 지향해야 한
다. 거기에서 정책참여자들은 수많은 '정책교훈'을 터득하고 새로운 상황에 맞춰
그 교훈을 활용할 수 있다. 사실 배울 수 있는 학습정보와 자료가 풍부한 경우와
그렇지 않은 경우가 '정책의 (품)질'(quality of policy)에 큰 영향을 미치는 것은 너
무나 당연하다.10) 다음은 그 예이다.

> 우리는 대불황이 사회 전체에 무엇을 의미하는가, 그리고 정부가 국민들을 보호
> 하기 위해서 어떤 역할을 해야 하는가…(1920년대 말부터 시작된-저자 주) 대공황
> 시기에 사람들이 어떻게, 그리고 왜 사망하게 되었는가(사망률의 변화-저자 주)를
> 살펴보기 위해서 미국 공중보건국(US Public Health Service) 문헌을 뒤지기 시작했
> 다.…대공황은 어떤 정치적 선택(결국 '정책 선택'-저자 주)은 건강을 증진시키면서
> 경제도 회복시킬 수 있다는 사실을 입증했다.…각 주별로 대공황을 바라보는 관점
> 이 크게 달랐기 때문에 뉴딜정책이 추진되는 정도에도 커다란 차이가 있었다. 사회
> 과학에서는 이런 역사적 사건이 정책의 효과를 확인할 기회를 주기 때문에 이를
> "자연적 실험"이라고 부른다. 의학실험에서처럼 어떤 주들은 뉴딜정책에 참여하고
> 다른 주들은 참여하지 않도록 임의성을 부여하기란 불가능했지만, 정치인들의 선택
> 이 현실 세계의 실험실을 창출했다.…
> 우리는 뉴딜정책을 좀더 적극적으로 추진했던 주에서 주민들의 건강이 개선되었
> 다는 것을 확인해볼 수 있었다.…경제적 재앙을 피할 수 있도록 해주었을 뿐만
> 아니라 공중보건 지표의 개선에도 기여했다.…(1991년 말-저자 주) 공산주의 붕괴
> 이후의 사망률 위기는 자본주의로의 이행에서 비롯된 것이 아니라, 이행을 관리하

---

10) 심지어 컴퓨터와 같은 기계도 수많은 데이터를 주며 '심층학습'(deep learning)을 시키면 '알파
고' 같은 '인공지능 컴퓨터'로 만들 수 있는데, 사람의 경우는 더 말할 것도 없다. 물론 알파고
는 신경 세포의 기능을 모방한 신경망을 여러 단계에 걸쳐 대량의 데이터에서 학습하는 머신
러닝(기계학습)기술인 심층학습뿐만 아니라, 컴퓨터가 선택한 행동과 그에 따른 환경 변화에
어떤 '보상'을 설정함으로써 더 나은 단계의 행동을 학습하게 하는 기술인 '강화학습'
(reinforcement learning) 등 두 가지 기술을 결합한 '심층강화학습'을 통해 세상을 깜짝 놀라게
개발된 바둑 같은 게임 인공지능(AI) 컴퓨터이다.

는 방법에 관한 정책적 선택에서 비롯된 것이며, 결국 이 선택이 끔찍한 결과를 초래했다. 개혁의 속도를 얼마나 적절하게 유지하는가가 매우 중요했다. 급진적인 민영화 프로그램을 도입하면서 시장경제로의 이행을 매우 신속하게 추진했던 국가들은 사회복지의 축소와 함께 경제적으로 커다란 혼란을 경험했다. 결과적으로 시장경제로의 이행기에 개혁을 완만하게 추진하면서 사회보장 프로그램을 유지하고 국민들의 건강을 증진시켰던 "점진주의자"와는 다르게 "과격한 민영화주의자"는 국민들의 건강에 큰 피해를 주었다.[11]

이처럼 우리도 과거의 중요한 정책들에 대한 정책사적 연구는 현재와 미래의 '질 높은 형성·집행·평가 등의 정책운용', 즉 '좋은 정책'을 위하여 꼭 필요하다. 정책사 연구를 위한 자료(사료)가 부족하고 어려운 난관도 감수하며 돌파해 내야 한다. 그런 경우 '역설계'(逆設計, 역공학, reverse engineering)라는 공학 원리와 방식을 적용해서라도 가능한 범위에서 당시의 정책의 전모(全貌)를 복원하고 평가해 내야 한다. '역설계'란 기술적 원리나 자료(설계 원본 자료)가 필요한데 그것이 없거나 부족한 물품(현품)에 대하여 거꾸로 현품을 분해하면서 그 구조의 정밀 분석과 각종 측정·시험 등을 통하여 하나하나 그 기술적 원리나 자료를 세부적으로 짜 맞춰 원본 설계를 역추적·탐지해 내는(만들어 내는) 공학의 방법론을 말한다. 분해(分解)공학이라고도 한다. 산업이나 국방 분야에서 타 제품의 성능과 구조 등 원본에 관한 지식이 부족한 부분을 역으로 탐지하는 추론 방법으로 시작되었다고 한다. 그처럼 그 부족한 사료 부분을 거꾸로 추적·추론해 가며 전체를 파악하고 평가해 내는 정책사 연구는 일종의 역설계에 비유할 수 있다고 하겠다.

이상과 같이 정책사와 정책철학은 정책학의 지식을 확장하고 풍부하게 하는 과정에서 서로 뗄 수 없는 동반자인 셈이다. 그러면 여기서 정책철학 및 정책사학과 관련하여 제1장 제2절에서의 몇 가지 예시적인 질문에 이어서 그 질문 제목만을 추가·제시함으로써 정책철학과 정책사학, 그리고 정책기조란 정책학의 새로운 분과 학문에 관심을 환기하는 데, 또 정책학이 도전해 보아야 할 만한 과제를 생각해 보는 데 도움을 주고자 한다.

11) David Stuckler and Sanjay Basu, The Body Economic: Austerity Kills, 데이비드 스터클러·산제이 바수, 긴축은 죽음의 처방전인가, 안세민(역) 까치글방, 2013, 35-54, 57-67.

즉 정책이란 무엇인가? 좋은 정책이란 무엇인가? 정책을 정당화시켜 주는 논리(이론)는 무엇이고, 얼마나 확실한가? 정책은 언제, 어떻게, 왜 변동하는가? 정책에 관한 관점은 어떤 것이 있는가? 정책에 관한 지식(정책지식)은 무엇인가? 정책지식은 신뢰할 만한가? 정책지식은 진리를 추구하고 있는가? 완벽하지 않은 지식으로 어떻게 좋은 정책을 확보할 수 있는가? 정책이 이론을 기반으로 한다면 좋은 이론가가 좋은 정책가(政策家)인가? 정책결정자가 자신의 논리가 가장 옳다고 확신할 수 있는 근거는 무엇인가? 이론정책학과 실제 정책실험 사이에는 어떤 차이가 있는가? 이론정책학과 실험정책학의 구별이 가능하고 필요한가? 정책혁신은 어느 때 일어나고, 또 일어나야 하는가? 선한 의도는 좋은 정책을 낳는가? 좋은 생각은 좋은 정책을 낳는가? 좋은 정책은 교육·훈련으로 학습할 수 있는가? 정책운용능력은 축적 향상돼 진보하고 있는가? 가장 좋은 정책이 실재하는가? 실재하지 않다면, 어떤 자세가 요구되는가? 왜 정책결정자가 바뀌면 정책도 바뀌는가? 동일한 정책환경에 동일한 정책이 존재할 수 있는가? 구성원 대다수가 찬성하는 대안이 정책으로 채택되는가? 구성원의 여론과 정책 간 괴리의 이유는 무엇인가? 구성원 다수가 지지하지 않는 정책인데도 정당성이 인정되는 이유는 무엇인가? 좋은 정책은 여론에 따르는 것인가? 민주주의가 좋은 정책을 낳을 수 있는가? 필수 정책(꼭 필요한 정책)과 선택 정책(선택할 수 있는 정책)이 구별 가능한가? 정책의 질은 진보하고 있는가? 과학적인 정책연구가 가능한가? 과거의 정책이 왜 중요한가? 정책철학과 정책사학은 어떤 관계가 있는가? 근대와 현대의 정책사와 정책철학에는 어떤 차이가 있는가? 동양과 서양의 정책사와 정책철학에는 어떤 차이가 있는가? 선진국과 후진국의 정책사(政策史)는 어떤 차이가 있는가? 한국의 정책사와 정책철학에는 어떤 특징이 있는가? 한국과 일본의 정책사와 정책철학에는 어떤 차이가 있는가? 정책윤리란 무엇인가? 정책윤리를 확보하기 위한 방안은 무엇인가?

이상과 같이 정책에 대한 더 넓고 깊은 이해를 위해서는 정책철학과 정책사학 관련 질문들에 대한 진지한 관심과 연구와 그 실무적 활용이 긴요하다.[12]

---

12) 박광국(2002b), 347-351 참조.

3. 핵심적 관심 주제: 정책철학적 정책관과 정책기조

그동안 사회과학계, 특히 정책학계는 행태주의 정책관과 점증주의 정책관 등 '전통적 정책관'의 한계(그런 정책철학 인식론의 한계) 내에서 부분적·표면적· 정태적으로만 정책이론을 이해하고 실천해 왔었다. 그런데 이제 '정책철학하기' 라는 새로운 접근방법에 의하여 정책세계를 전체적으로 조망해 보는 정책관을 확보하게 되었다. 곧 전체적·심층적·구조적·동태적(역사적)인 성찰을 바탕으로 패러다임 정책관과 다원주의 정책관 등 새로운 정책관을 전통적 정책관에 덧붙여 추가해 모두 아우를 수 있게 되었다. 앞으로 이 새로운 정책관을 중심으로 한 '현대적 종합으로서의 정책철학적 정책관'을 통하여 우리는 더 깊이 있고 풍성한 정책이론의 이해와 실천을 기대할 수 있을 것이다. 특히 새로운 정책관 중 가장 중요한 '패러다임 정책관'에 관한 구미 학자들의 대표적인 주장을 다음에 소개하 는 것으로 정책관에 관한 결론을 대신하고자 한다. 그리고 나머지 결론은 그 정책 관의 실질적인 핵심 요소이자 개념인 '정책기조'에 대하여 재발견해 그 연구와 실천적 적용을 촉구하면서 전체 논의를 마무리하고자 한다.

당면한 많은 난제에 대처하기 위하여 당해 공동체의 사람들은 언제 어디서나 어떤 해결책으로서의 아이디어를 고민하고 궁구해 왔다. 그런 아이디어들 중에서도 기본적·체계적·논리적으로 잘 정리된 일단의 인식의 기본 틀과 방향이 '패러다임' 이라고 할 수 있다. 그래서 정책행위자들과 정책연구자들은 이 패러다임 접근법에 많은 관심을 가질 수밖에 없다. 특히 이 '패러다임 측면에서 사고하는 것'(thinking in terms of paradigms)은 문제의 원인과 성격을 이해하고 그 해결책을 탐색·선택·집행 하는 데 결정적인 영향을 주기 때문에 정책행위자들과 정책연구자들에게 꼭 필요한 자세이다. 패러다임 접근법은 정책결정자들에게 일단의 잠재적 결과들에 대하여 예의 주시하게 하고, 지배적인 정통 가정들(the assumptions of the ruling orthodoxy) 안에서만 갇혀 생각하고 행동하기보다는 특정 맥락에서 실현가능한 다른 이해방식 과 대안들인 '다른 관점의 패러다임'에도 눈을 돌리게 한다. 그래서 문제와 해결책 에 대하여 더 광범위하고, 더 심층적으로 생각하고 행동할 수 있도록 고쳐시켜 준다. 여기에 사회과학자들도 당해 분야에서 가능한 대안적 접근방법(패러다임)을 개발해 제시함으로써 경쟁 대안들을 통하여 그 분야의 일련의 현상들이 어떻게 존재하고 움직이는가에 대하여 더 넓고 깊은 이해를 제공해 준다. 그리고 참여자들의 행위 유형 등을 풍성하게 분석하게 해 주고, 서로 다른 노정(路程, pathways)과 전망을 제시해 주게 된다. 그리하여 현안 문제를 더 넓고 더 깊게, 더 유연하고 더 탄력적인 관점에서 각각의 맥락에 적실한 해결책으로 적절하게 대처하는 데 기여하게 된다.13)

정책담당자들은 '좋은 정책'을 바라면서(의지적으로 의도하면서) 좋거나 옳거나 바람직한가의 여부를 따지는 '가치판단'에 기초한 '생각'을 바탕으로 어떤 아이디어를 짜 내고 고민하고 궁리하며, 정책안을 그려보고 다듬고 논쟁도 하면서 '현실의 구체적인 정책'을 만들고 집행하게 된다. 그런데 바로 그 정책에 관련된 '생각'은 정책에 관련된 '일련의 생각을 지배하는 방향과 틀·축·판'('생각의 틀')을 기반으로 하여 나오므로 정책과 관련된 '생각의 틀'이 중요하지 않을 수 없다. 인지심리학의 개념으로는 정책에 관한 '메타인지'(metacognition)인 셈이다. 정책세계에서 '생각의 틀'이 바로 '정책의 패러다임이고 정책기조'이다. 그래서 그런 어떤 특별한 '기본적인 생각의 틀'이 마치 유전인자(DNA)가 그러하듯이, 또 음악에서 한 음악 곡조(악곡, 樂曲)의 기초가 되는 음으로서 그 악곡을 지배하는 '주조음'(主調音, key-note)의 가락이 그러하듯이, 일단의 정책들(정책군, 政策群)의 밑바탕(기저, 基底)에 공통적으로 관통해 흐르고 있어 그 정책들을 지배하고 지도하는 것에 대한 이해가 매우 중요하다.

영화에서도 그와 매우 유사하게 작용하는 주제의식을 볼 수 있다. 예컨대 1980년 5월 광주민주화운동 현장에 독일기자를 데려다 준 택시운전사 '김사복'(영화 속 김만섭)을 중심 인물로 내세워 2017년 개봉 후 1200만 이상의 관객을 동원하며 흥행에 성공한 영화 '택시운전사'(감독 장훈, 주연 송강호)는 동일한 광주 참상을 그린 그전 -피해자나 내부인 중심- 영화들의 관점과는 다르게, 처음부터 끝까지 '외부인, 소시민의 관점'(주제의식)에서 그가 겪는 광주의 참상을 일관되게 그려낸다. 다음 기사를 보자.

---

13) Peter Taylor-Gooby, "Introduction: Public Policy at a Crossroads," Peter Taylor-Gooby(ed., 2013), 10-12 및 Andrew Gamble, "Economic Futures," Peter Taylor-Gooby(ed., 2013), 34-35를 저자가 요약 편집하였다.

…영화 '택시운전사'는 철저히 서울사람의 눈으로 보는 1980년 광주를 그렸다. 김만섭은 '공부하라고 대학 보내놨더니 데모나 하고 앉았고' 레파토리를 수시로 늘어놓는 평범한 중년의 택시운전사다. 사별한 아내 사이에 낳은 딸 하나 잘 키우려고, 그래도 웃는 낯으로 손님을 대하며 열심히 하루 벌어 하루 사는 가난한 가장이다. 그런 그가 돈 십만원을 벌겠다고 저도 모르게 80년 광주 한복판으로 들어선 것이다. 영화는 철저히 은폐되었던 광주의 진실을 필름에 담아 전세계에 내놓은 독일 언론인 위르겐 힌츠페터의 실화를 다뤘다. 그를 광주에 데려다 준 김사복이라는 택시운전사는 실제로는 결국 세상에 모습을 드러내지 않았지만 김만섭이라는 인물로 영화 안에서나마 다시 우리 앞에 나타났다. 송강호의 모습을 하고서 말이다.

■ 광주의 역사에 원통해 하는 사이 절실해지는 한 가지 ■

광주의 시민들이 영문도 모른 채 길 위에서 자신의 생사가 졸지에 갈리는 참상을 보는 것은 37년이라는 세월이 흘렀어도 여전히 힘겨운 일이다. 영화 '택시운전사'처럼 외부인의 시선으로 참사의 현장 언저리를 겉돌 뿐인데도 분노는 덜해지지 않는다. 누군가의 아버지이자 아내이며 자식이었을 평범한 시민들이 그 자신이 낸 세금으로 무장한 공권력에 죽음을 맞았다는 사실은 인간적으로 순수한 분노를 불러일으킨다. 참사의 한 가운데에 뛰어들지 못한 채 곁에서 간신히 카메라를 갖다 댔을 뿐인 영화 '택시운전사'를 보며 이 어처구니 없는 역사에 내내 원통해 하는 사이, 나도 모르게 절실해지는 게 한 가지 생긴다. 바로 김만섭은 반드시 살아야 한다는 것. 그러니까 송강호는 반드시 살아야 한다는 것이었다.…14) '택시운전사'는 관객들에게 눈물을 강요하지 않는다. 다만 아무 것도 모른 채 광주에 들어갔다가 참상을 목도한 후, 두려움 속에서도 마침내 분연히 떨치고 일어나는 하나의 양심을, 이유도 모른 채 스러져간 수많은 목숨을, 어둠 속에서도 희망을 잃지 않고 정의를 부르짖은 가장 순수한 젊음을, 누군지도 모르는 외지인을 내 식구처럼 따뜻하게 맞아주고, 마지막까지 스스로를 희생하며 지키려했던 이웃들을 2시간 동안 뚝심 있게 그려낸다.…15)

---

14) 조선일보, 2017.8.15., "송강호는 살아야 한다…영화 '택시운전사'." 영화 속 독일인 기자의 실제 모델인 고(故) 위르겐 힌츠페터(2016년 타계)…기자는 '푸른 눈의 목격자'로 불린다. 독일 제1공영방송 일본 특파원으로 일하던 그는 1980년 5월 20일 광주에 들어왔다. 이틀 동안 광주에서 벌어진 참상을 기록한 그는 계엄군의 경계망을 뚫고 필름을 일본까지 전달한 뒤, 5월 23일 다시 광주로 돌아와 27일 계엄군의 마지막 진압 작전까지 카메라에 담았다. 그의 영상은 뉴스와 다큐멘터리로 제작돼 '5월 광주'를 세상에 알렸다(조선일보, 2017.8.16., "'5월 광주' 세상에 알린 힌츠페터 기린다.").

15) 조선일보, 2017.9.6., "[Oh!커피 한 잔③] 박은경 영화사 대표 "'택시운전사', 조금 더 나은 선택에 대한 이야기",."

 이와 같이 영화 전체에 관한 감독의 생각의 틀 차이는 전혀 다른 분위기·메시지로 차별화된 영화 장면 하나하나를 낳는다. 개인의 삶에 있어서도 마찬가지다. 개인이 자신의 전체 삶에 대하여 지니는 '생각의 틀'에 따라 그 개인의 행동 하나하나를 결정하고, 그것이 모아져서 그의 운명 전체를 결정한다. 우리에게 많이 알려진 대로 팔과 다리가 모두 없는 장애인으로 태어났지만, 절망을 극복해 'Life Without Limbs'(사지 없는 삶)의 대표로 세계 각국을 돌며 'Life Without Limits'(한계 없는 삶)의 희망을 전하는 전도자가 된 닉 부이치치(1982-)의 사례가 이를 극명하게 보여준다.

 세르비아 출신의 호주 이민자 가정인 평신도 목회자 아버지와 조산사 어머니 사이에서 선천적으로 두 팔과 두 다리가 없는 '해표지증'(海豹肢症, phocomelia) 장애를 가진 장남으로 태어났으나, 그는 온 가족의 지원과 사랑 아래 밝고 쾌활한 인성의 소유자로 건강하게 자랐다. 그렇지만 어린 8세 이후 세 차례나 자살을 시도할 정도로 좌절하기도 했는데 그것을 극복해 냈다. 그는 특수 전동휠체어를 타고 초등학교에 입학한 이후, 학업은 물론 남들처럼 컴퓨터를 하고, 드럼을 치며, 농구, 스케이트보드, 서핑, 골프 등 어려운 스포츠를 마다않고, 선거로 뽑혀 중고교 학생회장을 지내며, 대학까지 학업을 이수해 졸업했다. 지금은 결혼해 네 자녀를 낳고 미국에 살면서 전 세계의 학생, 직장인, 교회 등 수많은 다종다양의 청중을 대상으로 직접 찾아가서 혹은 책이나 DVD로 희망의 메시지를 전하고 있는데, 그렇게 되기까지 그를 그렇게 이끈 그의 '생각의 틀'이 도대체 무엇이었을까? 그것은 무엇보다도 부모의 신앙에 바탕을 둔 사랑, 지원과 격려였다. 장애에 대한 편견과 차별이 있는 세상을 깨닫게 해 주면서도 당시 호주 최초로 초등학교에 보내 '통합 교육'을 시도할 정도로 부모의 '생각의 틀'(교육철학)이 훌륭했다. 그러나 그런 부모도 아들이 '의존적인 삶'을 살아야 한다는 사실만큼은 숙명으로 받아들이고 있었다. 그런데 그것을 깨트려 다음과 같이 '독립적 삶'을 살게 그의 '생각의 틀'을 바꿔 준 사건이 있었다.

 초등학교 일학년 때 같이 공부했던 아이들 가운데 아주 똑똑한 여학생…로라 그레고리(가) 있었다.…어느 날 로라가 물었다. "학교에서는 선생님이랑 학습 도우

미가 널 보살펴 준다지만 집에서는 누가 너를 맡아 주니?" "음, 아버지와 어머니가 해주셔." 무슨 꿍꿍인지 모르겠다는 생각을 하며 대꾸했다. "넌 그게 아무렇지도 않아?" "부모님이 도와주시는 게? 달리 도리가 없잖아." "내 말은 옷을 입고, 샤워를 하고, 화장실 가는 것까지 봐주시는 게 괜찮냐는 거야. 자존심 상하지 않냐고. 그렇게 사소한 일조차 네 힘으로 못하다니, 조금 이상하다고 생각하지 않아?"…친구의 질문은 나의 예민한 부분을 건드렸다.…사랑하는 이들에게 짐이 될지도 모른다는 걱정…언젠가는 부모님이 나를 두 동생에게 맡기고 돌아가실 것이라는 데까지 생각이 미치면 오밤중에도 자리에서 벌떡 일어나 덜덜 떨며 식은땀을 흘렸다.…로라가 던졌던 직선적인 질문들은 그런 두려움을 자양분 삼아 긍정적인 대안을 모색하는 계기가 되었다. '의존'이라는 이슈…그날 일을 계기로 그 문제를 심중에 담아 두고 적극적으로 해법을 찾아보기로 했다. "최선을 다해서 독립적인 삶을 가꿔 가자."… 자극을 받아서 만든 나의 소명 선언문이었다.…

아버지와 어머니는 안아 옮긴다든지, 들어 올린다든지, 옷을 입히는 걸 비롯해서 필요한 일은 뭐든지 다 해주셨다. 하지만 내 손으로 물 한 잔 따라 마실 수 없고 누군가 변기 위에 앉혀 주어야 볼일을 볼 수 있다는 현실이 늘 마음에 걸렸다.…동생 에어런…나보다 더 옴짝달싹 못하는 신세란 느낌이 들었다. 일 년 365일 형을 돌보는 것이 자기의 몫이라고 여겼기 때문이다.…평생 그렇게 의존적으로 살 수는 없었다.…나는 부모님께 뭐든 스스로 해볼 길을 찾겠다고 선언했다. 당연히 두 분은 걱정부터 했다. "애야, 굳이 그럴 필요 없다. 우리가 잘 보살펴 줄게." "두 분을 위해서도 그렇지만 저를 위해서도 독립하는 게 나아요. 함께 상의해 가며 좋은 방도를 찾아보면 좋겠어요." 우리는 힘을 모아 계획을 실행에 옮겼다. 가족들과 더불어 나만의 독특한 방법들을 찾아가는 과정…두려움을 주었던 문제들이 이제는 독창적인 방법들을 모색하고 극복하는 즐거움을 동시에 가져다주는 과제가 되었다.…그 하나하나가 축복이 되었다.…화장실을 자유롭게 사용하는 획기적인 방법도 찾아냈다. 짧은 대화를 통해 중요한 것을 짚어 주었던 로라에게 고맙다는 인사를 전하고 싶다.16)

이렇게 중요한 개인의 '생각의 틀', 곧 '자신의 삶에 관한 생각의 틀'은 그 개인의 운명을 좌우하는데, 만약 그 개인이 기업인인 경우 그의 '생각의 틀'은 기업의 운명에도 결정적인 영향을 미치는 것은 당연하다. 그것은 '경영에 관한 생각의 틀', 곧 '경영정책기조'의 중요성을 말하고 있는 것이다. 이에 관한 대표적

16) Nick(Nicholas) Vujicic, Life Without Limits: Inspiration of a Ridiculously Good Life, Random House, 2010; 닉 부이치치의 허그, 최종훈(역), 두란노, 2010, 179-183.

인 예는 우리나라 최대기업 그룹인 '삼성' 이건희 회장의 '경영정책기조의 전환' 사례이다.

1993년 6월 7일, 취임 6년째를 맞이한 이건희 회장의 불호령으로 소집된 비상경영 특별임원회의에 호출된 삼성그룹 핵심 경영진 200여 명이 독일 프랑크푸르트의 일류호텔인 켐핀스키 호텔 회의장에 극도로 긴장된 모습으로 허겁지겁 도착했다. 이 회장은 삼성의 문제점과 함께 그동안의 경영의 실패를 상기된 얼굴로 목소리를 높여가며 낱낱이 질타해 나갔다. 그해 초 미국 로스앤젤레스의 가전 매장인 베스트바이에서 한쪽 구석에 먼지를 뒤집어쓴 채 방치돼 있던 삼성 텔레비전을 두 눈으로 목격한 울분이 터져 나온 것이다. 삼성 제품은 당시 국내에서는 1위를 달렸지만, 해외시장에서는 '싸구려' 취급을 받았다. "회장이 되고 만 5년 몇 개월간 계속 불량 안 된다, 불량 안 된다, 모든 것에 양을 없애 버리고 질을 향해라. 그런데도 아직까지 양을, 양을, 양을 하고 있는 것이 현실이다." 그리고 비장한 각오를 담아 "국제화 시대에 변하지 않으면 영원히 2류나 2.5류가 될 것이다. 지금처럼 잘해봐야 1.5류다. 마누라와 자식 빼고 다 바꾸자"라고 새로운 경영, 즉 '삼성 신(新) 경영'을 선포하였다. 이것이 삼성의 체질을 획기적으로 바꿔 오늘날 세계적인 기업으로 발돋움하게 만들었다는 평가를 받는 이른바 '프랑크푸르트 선언'이다.

> …수없이 변화를 외쳐 왔지만 꿈쩍도 하지 않던 삼성을 움직이게 한 '이건희 개혁'의 상징적인 첫 조치가 바로 7·4제(아침 7시 출근, 오후 4시 퇴근-저자 주)였다.…(비서실 담당자는) "변화를 위한 가시적 조치가 시급하게 필요했던 상황이었습니다.…7·4제는 바뀌어야 산다는 회장의 개혁 철학을 전 임직원들이 체감하는 동시에 개인의 삶의 질을 높일 수 있는 두 마리 토끼였습니다."…1시간 30분의 변화는 '잠에서 덜 깬' 삼성 직원들이 '개혁'을 몸으로 느끼게 만든 조치였다. 물리적인 쇼크를 가해 정신적인 각성을 촉구한…7·4제는 이회장의 인재육성 철학과도 밀접한 관련이 있다.[17]
> '양에서 질로 전환하자'는 이 회장의 선언은 당시 그룹 내부에서도 많은 우려를 샀다. ○○○비서실장이 사장단과 함께 "양과 질은 동전의 양면"이라고 재고를

17) 김성홍·우인호, 이건희 개혁 10년, 김영사, 2003, 36-43.

요청하자, 이 회장은 화를 내며 티스푼을 집어던지기까지 했다. 그만큼 이 회장의 결심은 단호했다. 이 선언 뒤 삼성전자는 불량품이 있을 경우 해당 생산라인 가동을 전면 중단하는 '라인스톱제'를 도입하는 등 품질 강화에 '올인'했다. 1995년 3월 '무선전화기 화형식'은 상징적인 사건이다. 당시 무선전화기 사업부는 무리하게 완제품 생산을 추진하다 불량률이 11.8%까지 치솟았다. 이 회장은 "신경영 이후에도 이런 나쁜 물건을 만들고, 엉터리 물건을 파는 정신은 무엇인가"라고 질책하며, 불량품 15만 대(150여 억 원어치)를 수거해 화형식을 통해 전량 폐기 처분했다.[18]

이와 같이 경영정책기조도 '경영의 특수성'을 제외하면 –개별 구체적인 경영활동을 지배하는 인식의 기본 틀과 방향인– 정책기조로서의 본질은 동일하다. 그 동일한 이치로 어떤 개인이 한 공동체의 지도자인 경우에는 그 개인의 '생각의 틀'은 그 공동체의 정책기조에 영향을 미쳐 결국 공동체의 운명을 좌우할 수 있다. 다음은 일제시대 대한민국 임시정부의 주석(主席)을 지낸 민족의 지도자 「백범」 김구(金九, 1876-1949)가 1947년 자신의 자서전 <백범일지>에서 밝힌 내용이다. 당시 명망 있는 학자의 가르침과는 전혀 다른 젊은 관리의 조언으로 망국(亡國)의 잘못된 길과 새 국가건설의 바른 길을 깨닫고 깨우쳐 '생각의 틀'을 180° 전환하게 된 계기와 과정을 밝히고 있다.

  …나는 심문은 다 끝나고 판결만을 기다리는 한가한 몸이 되었다.…<대학>을 읽고 또 읽었다.…그런데 나는 감리서에 다니는 어떤 젊은 관리의 덕으로 천만의외에 여기서 내 20 평생에 꿈도 못 꾸던 새로운 책을 읽어서 새로운 문화에 접촉할 수가 있었다. 그 관리는 나를 찾아와서 여러 가지 새로운 말을 하여 주었다. 구미 문명국의 이야기이며, 우리나라가 옛 사상, 옛 지식만 지키고 척양척왜(斥洋斥倭)로 외국을 배척만 하는 것으로는 도저히 나라를 건질 수 없다는 것이며, 널리 세계의 정치·문화·경제·과학 등을 연구하여서 좋은 것은 받아들여 우리 힘을 길러야 한다는 것을 말하고, "창수와 같은 의기남아로는 마땅히 신학식을 구하여서 국가와 국민을 새롭게 할 것이니 이것이 영웅의 사업이지, 한갓 배외사상만을 가지고는 나라가 멸망하는 것을 막을 수 없지 아니한가" 하여 나를 일깨워 줄뿐더러 중국에서

---

18) 한겨레, 2013.6.8., "이건희 '신경영' 20년…삼성의 빛과 그림자." 회장은 무선전화기와 팩시밀리 등 불량품을 수거해 새 제품으로 교체할 것을 지시했고, 산더미처럼 쌓인 수거된 15만 대(당시 휴대폰은 대당 150-200만 원)는 2,000여 명의 삼성전자 직원이 지켜보고 있는 가운데 삼성전자 구미사업장 운동장에서 '화형식'을 진행했다.

발간된 <태서신사(泰西新史)> <세계지지(世界地誌)> 등 한문으로 된 책자와 국한
문으로 번역된 조선책도 들려주었다.

　나는…이 신서적을 수불석권(手不釋卷)하고 탐독하였다.…서양이란 것이 무엇
이며, 오늘날 세계의 형편이 어떠하다는 것을 아는 동시에 나 자신과 우리나라에
대한 비판도 하게 되었다.…척양척왜가 나의 유일한 천직으로 알았고, 옳은 도가
한 줄기 살아 있는 데는 오직 우리나라뿐이요, 저 머리를 깎고 양복을 입은 무리들은
모두 금수와 같은 오랑캐라고만 믿고 있었다. 그러나 <태서신사> 한 권만 보아도
저 눈이 움푹 들어가고 코가 우뚝 솟은 사람들이 결코 원숭이에게 얼마 멀지 아니한
오랑캐가 아니오, 오히려 나라를 세우고 백성을 다스리는 좋은 법과 아름다운 풍속
을 가졌고 저 큰 갓을 쓰고 넓은 띠를 띤 신선과 같은 우리 탐관오리야말로 오랑캐의
존호를 받을 것이라고 생각하였다. 나는 이에 우리나라에서 가장 필요한 것은 저마
다 배우고 사람마다 가르치는 것임을 깨달았다.…[19]

　백범의 경우와 같이 오늘날에도 개인이나, 기업이나, 정부에서나 '생각의 틀'
로서의 '정책기조'는 그렇게 중요하다.[20] 그렇지만 여기서는 정부 등 공공부문의
정책행위자들의 인식의 기본 틀과 방향인 정책기조에 집중한 것일 뿐이다.

　지금까지 살펴본 바대로 정책에 있어서도 '생각의 틀'에 해당하는 '정책기
조'(정책패러다임)[21]가 매우 중요하다. 정책기조의 차이는 그 지배·지도를 받는

---

19) 金九, 白凡逸誌, 瑞文堂, 1973, 102–104. 백범은 서당에서 공부하고 17세 때 우리나라 마지막
　　과거인 경시(慶試)에 응시하러 갔다. 그러나 매관매직을 보고 포기하고 돌아와 훈장을 지내던
　　중 평등주의에 감화되어 1893년 동학(東學)에 입문하고 접주(接主)가 되었다. 1894년 갑오농민
　　전쟁이 일어나자 친일정권은 일본군과 연합하여 농민군을 공격하고 동학교도를 탄압하였다.
　　백범도 척양척왜의 깃발 아래 농민군에 합세, 국권회복을 위해 해서지방과 만주에서 노력하나
　　참패와 좌절을 겪고 울분 속에 항일투쟁을 하던 중 명성황후가 살해되자 충격을 받고 1896년
　　귀국한다. 그는 귀향도중 황해도 '안악 치하포'의 한 여관에서 행색과 거동이 수상한 자에게
　　몇 마디 던진 후 그가 조선인 복장과 말씨를 가장하고 일본 군도(軍刀)를 감춘 불순한 의도의
　　일본군인임을 알아채고, 민비(妃)를 살해한 일본군의 원수를 갚는다고 그(육군 중위 쓰치다,
　　土田讓亮)를 맨 손으로 살해하였다. 그리고 국모(國母) 살해의 원수를 갚았다는 뜻의 포고문에
　　'해주 백운방 기동에 사는 김창수'라고 서명까지 한 것을 큰 길가에 걸고 군수에게까지 보고
　　하게 한 뒤, 집에서 잡혀 인천 감옥에 갇히게 된다. '창수'(昌洙)는 동학(東學)의 접주(接主)가
　　된 후 백범의 어렸을 때 이름 '창암'(昌巖)을 바꾼 이름이다. '수불석권'은 '손에서 책을 놓지
　　아니하고 항상 글을 읽음'을 의미한다. 이상 본문과 각주는 박정택(2007b), 119–120 인용.
20) 개인이나 기업의 경우에도 '정책'이란 말이 널리 사용되는 것은 이미 정책학의 창시자 라스웰
　　의 창시 논문[The Policy Orientation(1951), 5쪽]에서 확인하였다. 그렇다면 개인이나 기업의 사
　　적인 부문에 있어서 '생각의 틀'에 대해서도 '정책기조'라는 개념을 사용하지 못할 이유가 없
　　다. 서양 영어권에서 '주식 투자에 관한 내 정책기조는 안전과 성장 가능성이다'라는 말이나,
　　서양 격언 중 'Honesty is the best policy'(정직은 최선의 방책이라고 번역하는데, 방책은 곧 정
　　책이고, 여기서는 정책기조)란 말에서도 확인할 수 있다.

정책들의 차이를 낳는다. 그리고 그런 정책들의 차이는 그 정책들이 구현되는 공동체의 차이를 낳는다. 그래서 정책기조의 차이를 강조하며 경쟁하는 장(場)은 공동체의 여러 이벤트 중에서도 그 공동체에 가장 중요한 이벤트에 속한다. 이는 국가 공동체에 있어서, 그리고 현대 민주사회에서는 대표적·전형적으로 '선거'의 시기에 볼 수 있다. 각종 공동체나 집단이나 조직에서 경쟁하는 집단(정당 포함) 간 혹은 입후보자 간 서로 집권하기 위하여서나, 정책결정과 관련된 중요한 직위를 차지하기 위하여, 유권자들에게 각각 정책기조(엄밀하게는 정책기조안), 즉 공약을 제안하고 지지를 호소한다. 그런 경쟁하는 패러다임(competing paradigms)을 두고 벌이는 선거 결과, 유권자의 지지를 받고 승리한 집단이나 후보자가 그의 공약에 기초한 정책기조를 다듬어 그 지도·지배 아래 구체적인 정책들을 펼친다. 임기 중에 정책운용을 평가하는 의미에서 정책 공방을 벌이며 치열하게 선거를 치른 후 얻은 결과에 대해서는, 그 관련 지도자는 다음과 같이 정책의 궤도 수정이나 유지 등의 후속 조치로 대응해야 할 의무를 진다.

> 버락 오바마 미국 대통령은 9일 민주당의 '11·4 중간선거' 참패와 관련해 "모두 내 책임"이라고 말했다. 오바마 대통령은…CBS 방송과의 인터뷰에서…유명한 '모든 책임은 내가 진다'(The buck stops here)는 문구를 인용하면서 이렇게 밝혔다.… 그러나 그는 자신의 정책들이 잘못된 것이 아니라 이를 제대로 국민들에게 알리지 못한 것이 문제라며 스스로를 변호했다. 그는 "매력적인 신제품을 만드는 것만으로는 충분치 못하다.…이것을 팔아야 한다."고 말했다. 남은 2년의 임기 동안 정책기조를 바꿀 뜻이 없음을 시사한 것이다.…22)

---

21) 근래 학계, 언론계, 정계 등에서 '세상을 보는 틀'이란 의미로 '프레임'(frame)이란 용어도 많이 쓰이고, 그에 관한 대중서들도 나오면서 '패러다임'과 유사하다고 보거나 더 선호하기도 한다. 그러나 '패러다임'은 학문적으로 엄격한 논쟁을 거쳐 '전체적인 인식의 기본 틀과 방향'이란 의미로 확립된 용어이다. 그리하여 대부분 학자들은 대체로 '프레임'에 대하여 아이디어와 인지과정에서 패러다임의 전체나 일부분으로부터 나오는 '단순한 인식의 틀·관점' 정도로 한정해 이해한다. 결국 '패러다임'은 인식의 전체적·기본적 틀인 framework이고, '프레임'은 '패러다임'에서 갈라져 나온 인식의 단순한 부분적·개별적 틀인 frame이다. 이는 마치 network와 net의 관계와 동일한 이치의 개념이라고 할 수 있다. 이와 관련, Carson, Burns & Calvo(eds., 2009), Introduction, 16-17, 26 참조. 이에 관한 자세한 내용은 저자의 <정책기조의 탐구 — 정책아이디어로서의 정책패러다임>의 책을 참조 바람.
22) 한겨레, 2014.11.11., 오바마, 등떠밀린 인정, "중간선거 참패, 모두 내 책임이다" 기사.

우리나라 대통령선거를 예로 들면 선거 후 대통령당선자를 중심으로 대통령직인수위원회의 가장 중요한 과제는 선거과정에서 제안하고 논란이 된 '공약'인 '정책기조안(案)'을 더 다듬고 조정하여 정부 출범과 함께 공식 발표해 적용하는 일일 것이다. 바로 그것을 고려해 우리나라 「대통령직 인수에 관한 법률」은 '정책기조의 설정'을 통상적인 것을 제외하면 실질적으로 가장 중요한 과제로서 규정하고 있다. 즉 동법에 의하여 설치·운영하게 돼 있는 '대통령직인수위원회'(인수위)의 임무의 하나로서 '새 정부의 정책기조를 설정하기 위한 준비'를 규정하고 있는 것이다.[23)]

대통령 선거 결과로 확정된 대통령당선인은 대통령으로 취임하기까지의 준비는 물론, 향후 성공적인 대통령직의 수행을 위한 설계와 준비를 해야 한다. 이를 위하여 대통령당선인은 그의 보좌조직을 '선거운동'(campaigning) 중심에서 '국정운영'(governing) 중심으로 빠르게 전환하여[24)] '대통령직의 인수'(presidential transition) 업무를 수행하며 국정운영을 준비해야 한다. 그 준비는 크게 보면 서로 관련된 두 가지 측면이다. 첫째는 국무총리, 행정 각부 장·차관, 비서관 등 핵심 공직자를 인선(人選)하는 일이다. 둘째는 선거공약을 반영하여, 국정 전반에 걸쳐 적용할 국정운영의 방향과 지표, 각 분야의 정책방향 및 추진의 과제와 전략 등을 면밀하게 검토하고 설계하는 일이다.[25)]

---

23) 우리나라가 헌정사상 최초로 대통령직의 인수를 제도화한 것은 1988년 1월 18일 공포된 '대통령취임준비위원회설치령'이었다. 그러다 취임 준비 수준을 벗어나 본격적·체계적인 대통령직의 인수를 위해서 문민정부 이래 '대통령직인수위원회설치령'을 공포하게 됐다. 이들은 모두 6개월 한시적 효력의 '대통령령'이었다. 그런데 한시성을 벗어나고 대통령령을 법률로 격상시켜 「대통령직 인수에 관한 법률」이 노무현 대통령당선인의 인수 기간 중인 2003년 2월 4일 공포되었고, 2017년 3월 21일 제2차 일부 개정하였다. 대통령직 인수에 관한 법률 제7조에 규정된 인수위 임무는 제1호 정부의 조직·기능 및 예산 현황의 파악, 제2호 새 정부의 정책기조를 설정하기 위한 준비, 제3호 대통령의 취임행사 등 관련업무의 준비, 제4호 대통령당선인의 요청에 따른 국무총리 및 국무위원 후보자에 대한 검증(2차 개정 시 신설), 제5호 그밖에 대통령직 인수에 필요한 사항이다.

24) Charles O. Jones, "From Campaigning to Governing: The Challenge of Taking Over", in James Piffner and Roger Davidson(eds.), Understanding the Presidency, NY: Longman, 1997, 70-83.; Richard E. Neustadt, Presidential Power and Modern Presidents. 4th ed, NY: Free Press, 1990; 함성득(1999), 226-227에서 재인용.

25) 선거운동 과정에서 공약으로 제시된 '이상형으로서의 청사진 패러다임'(blueprint paradigm)은 당선과 함께 실제 '운용 패러다임'(operative paradigm)으로 정립되어야 하는데, 그 과업을 수행하는 것이 바로 인수위 활동이다. 그런데 인수위가 검토해 발표한 '운용 패러다임'으로서의

이 두 번째 일의 핵심이 곧 '정책기조의 설정을 위한 준비'에 해당된다. 그런데 대통령과 호흡을 맞춰 책무를 감당할 정부 핵심 요직에 대한 적임자 인선도 대통령의 국정운영의 정책기조, 즉 '국정기조'와 관련 분야의 '정책기조'에 바탕을 두고, 그 관점과 기준에서 하는 것이 기본이다. 그런 측면에서 대통령당선인이 당장 새 정부를 구성할 핵심 요직의 인선과 국정 전체의 방향과 지표, 각 분야 정책방향·추진과제·추진전략 등의 설정에 있어서 가장 중요하게 견지하며 구현해야 할 주제어(key word)는 바로 '정책기조'인 셈이다. 그리고 향후 대통령으로서도 국정을 이끄는 데 있어서 가장 중요한 것은 '정책리더십'(policy leadership)의 확립과 발휘인데, 그중에서도 정책기조에 중심을 둔 '정책기조리더십'이어야 한다. 그래서 최근 신제도주의에서는 '패러다임'이란 '아이디어의 담지자'(bearer of ideas)나 '주창자'(advocate)나 '실행자'(agent)로서, 리더십의 중요성에 대하여 재인식되고 있다. 그런 의미에서 대통령당선인은 -사실은 대통령직을 염두에 둔 시점부터 대통령직을 마칠 때까지인데- 그의 뇌리의 중심에 '정책기조'를 두고 함께 살아야 한다는 말이 된다.[26]

그래서 역대 대통령직 인수위는 인수위 활동을 통하여 정권의 국정기조를 다듬어 발표하였다. 그런데 법률에 명시된 '정책기조의 설정 준비'에 대하여 이해가 부족해 매번 대통령직 인수위의 월권은 전 정권의 정책기조를 문제 삼으면서 공무원들을 일방적으로 질책함으로써 그들로 하여금 '영혼이 없다'는 자조와 자괴감을 토로하게 하고, 그때마다 언론의 비판도 계속된다.[27]

대통령직 인수위가 '정책기조의 설정'을 주 임무로 하고 있는 국가 기구(조

정책기조는 다시 각 부처 등 하위 정책당국으로 넘어와서 그 '청사진 패러다임'으로서의 정책기조를 중심으로 해당 부처 차원에서의 또 다른 '운용 패러다임'으로서의 정책기조가 정립되어야 한다. 이는 하위 차원으로 내려가면서 계속된다. 여기서 아이디어 차원의 정책기조와 실천 차원의 정책기조의 구별이 필요하다고 보는데, 이는 Carson, Burns & Calvo(2009), 380-381 참조.

26) 이상 인수위 관련 본문은 박정택, "대통령직 인수와 정책기조의 형성: 문민정부 이후 대통령직 인수 사례의 분석을 중심으로," 한국정책학회보 제16권 제4호(2007a), 1-28에서 일부 수정 인용.

27) 동아일보, 2003.1.27., "인수위가 모든 정책 결정하나" 사설; 중앙일보, 2008.1.10., "인수위는 제 역할을 하고 있나" 사설; 조선일보, 2008.1.21., "인수위, 줄기와 잎사귀는 구분할 줄 알아야" 사설.

직)인데, 정부 내 전체 또는 각 분야에도 사실상 처음부터 그와 유사하게 '정책기조논리의 설계, 의결, 심의나 자문 등의 임무'를 수행하도록 임무가 부여돼 설치·운영되는 기구가 많이 있다. 그 설치·운영의 근거가 되는 법령 규정이나, 기구의 법적 효력 혹은 영향력의 정도(의결기구, 심의기구, 또는 자문기구 등)에 따라 다르겠지만, 대통령 직속이나 각 부처의 소관 아래 각종 위원회나 (여기서는 주로 상설의) 회의가 그 예이다. 또 각 법률 중에서도 추상적이지만 '정책기조논리'가 제시돼 있는 '기본'이 붙은 법률의 규정에 의해 설치되는 위원회나 회의가 주기적으로(예컨대, 3년-5년) 그런 '정책기조논리'를 '중장기적 정책기조논리'로 구체화한 '제○차 ○○○기본계획' 같은 것을 설계하거나 심의해 소관 정책당국에 제출·정립하게 돼 있다. 다음의 예를 보자.

> 문재인 대통령 직속 자문기구인 국가교육회의가 출범 후 첫 회의를 가졌다.…교육정책 방향을 설정하고 논의하는 첫 자리인 셈이다.…문재인 대통령은 새 대입제도를 공정하고 단순하게 마련하겠다고 밝혔다.…"새로운 대입제도가 갖추어야 할 조건이 여러 가지가 있겠지만, 가장 중요한 것은 직접 당사자인 학생들과 학부모 입장에서 볼 때 무엇보다 공정하고 누구나 쉽게 준비할 수 있도록 단순해야 한다는 것으로 생각한다"고 말했다.…[28]

어떻든 이와 같이 정책기조가 중요하므로 정책당국 ─그리고 더 나아가서는 그런 정책당국을 구성하고 감시 감독하는 공동체구성원인 우리 자신─ 이 선택하는 정책기조가 좋은가 나쁜가에 따라 우리 일상 삶에서도 중요한 영향을 받는다. 맨 앞에서 언급한 미세먼지에 관한 대책을 다시 환기해 보자.

> '클린 디젤'을 홍보해 경유차 수요를 폭발적으로 키운 그동안의 정책에 대해 ○○○환경부 장관은 어제 "중대한 시행착오가 있지 않았나 생각한다"며 유감이라고 말했다.[29]

---

28) 조선일보, 2017.12.28., 국가교육회의 '첫발'…신인령 "법적기구로 발전시켜야." 및 문 대통령 "새 대입제도 공정·단순해야… 내년 8월까지 마련."
29) 동아일보, 2016.6.4., "미세먼지 '특단의 대책' 없이 다음 정권에 떠넘기는가" 사설 외 기사.

미세먼지 정책의 중대 착오로 우리는 큰 대가를 지불하고 있다. 그런데 미세먼지 환경정책의 성공이냐 실패냐의 환경정책기조 문제에 더하여, 거기에는 석탄화력발전과 원자력 발전의 문제까지 안고 있는, 우리나라 전체 에너지정책기조가 밀접하게 관련돼 있다. 그래서 원자력 발전의 유지나 확대, 그리고 탈원전에 관한 논쟁은 우리 평범한 사람들의 일상과 관계없는 일이 아니라, 밀접한 관련이 있는 '우리 자신의 삶의 질' 문제임을 알 수 있다. 더 나아가면 거기에는 산업정책기조와도 밀접한 관련을 맺고 있는 고차 방정식의 문제이다. 또 앞에서 미국의 이라크 전쟁에 대해서도 논의했는데, 그 전쟁이란 특수한 정책도 다음과 같이 당시 미국의 대외정책기조에서 비롯되었다.

> 2001년 1월 8년 만에 새롭게 등장한 부시 공화당 행정부는 매우 보수적인 이념 성향을 드러냈다. 특히 대외 정책에서는 현대판 개입주의인 신보수주의(neoconservative)의 의미가 담긴 네오콘(NeoCon)의 영향력에 좌우되었다. 이들은 냉전 이후의 세계에서 미국이 유일한 강대국이며, 이제 미국 스스로 자신의 우월적 지위를 인정하고, 이를 적극적으로 활용해야 한다고 보았다. 그래서 부시 행정부는 기존 클린턴 행정부의 이라크 정책에서 탈피해 '억지(deterrence) 또는 봉쇄(containment)'가 아니라, 이라크 문제의 유일한 해결책이라고 파악한 '정권 교체'(regime change)를 추진했다. 이는 이미 1998년 10월 하원에서 압도적 지지, 상원의 만장일치로 통과된 '이라크 해방법'(Iraq Liberation Act)에서 재차 확인되었다. 공화당 지지자 일부는 침공과 정권교체에 반대했으나, 상당히 많은 수의 민주당원들도 자신의 자유와 평등에 대한 신념에 의거해 이라크 침공을 지지했다. 그러나 군사전문가와 중동 및 이라크 문제에 정통한 외교관들은 이에 반대하였으며, 특히 제한적 군사력 사용을 통한 이라크 정권교체의 유도라는 제안은 "군사문제에 관해서는 전혀 모르는 사람들의 환상"이라고 비판했다.[30] 그러나 이라크 정권교체는 미국 정부의 공식 입장으로 확립되었고, 2001년 9·11테러 이후 극단적으로 강화되었다.[31]

서독의 동방정책도 미래의 통일을 위하여 현실을 인정한 바탕 위에서 추진된 정책기조였다. 즉 처음에는 철저한 친서방의 '서방정책'과 반동방의 '할슈타인

---

30) Daniel Byman, Kenneth Pollack and Gideon Rose, "Rollback Fantasy," Foreign Affairs, 78(1), 1999, 24-41; 이근욱(2011), 83에서 재인용.
31) 이근욱(2011), 81-85 발췌 수정 인용.

원칙'을 시행하였으나, 분단의 고착화를 우려한 서독 정부는 서방 동맹국들을 설득해 할슈타인 원칙을 폐기하고, 그 대신 동방정책이란 통일외교 정책기조를 수용하는 의미로 조정된 서방정책, 곧 '서방정책 내 동방정책'이란 현실적 균형과 조화를 이룬 정책기조로, 다음 설명과 같이 독일 통일을 이루게 되었다.

> 독일통일은 아데나우어 수상의 "서방정책(Westpolitik)"에 의해서, 아니면 브란트 수상의 "동방정책(Ostpolitik)"에 의해서 촉진되었는가? 이 문제제기는 논쟁 대상이 되고 있다. 하나의 대답이 다른 대답을 배제해서는 안 된다. 아마 서구와의 밀착은 동시에 동방과의 화해를 위한 조건이었을 것이다. 그밖에 국제적인 역학관계도 결코 무시해서는 안 될 것이다. 서구 정책의 견고함에 대한 반응에 불과한 소련공산당 서기장 고르바초프의 정책 없이 독일통일은 그렇게 빨리 달성될 수 없었을 것이다.[32]
> 흥미 있는 사실은 1956년부터 시작된 독일의 통일정책 속에서 "독일민족은 통일되어야 한다"는 것을 강조한 예가 아주 드물다는 점이다. 만약 독일민족이 통일을 앞세웠더라면 주변국가와 4대 전승국이 절대 이를 허용하지 않았을 것이다. 왜냐하면 독일은 제2차 세계대전을 발발시켰으며, 이 전쟁의 이데올로기가 바로 '게르만 민족의 우월성'이었기 때문이다. 이러한 국제적 여건을 감안하여 서독은 '통일'보다 동서독의 '상호접근'을 강조하였으며, 접근을 통해 양독이 평화롭게 공존우호관계를 맺는 것을 목표로 추구해 왔다.[33] 우리는 우선 제2차 세계대전 후 잃어버린

---

32) 토마스 파울젠, "외교정책," 베르너 바이덴펠트·칼루돌프 코르테(편), 임종헌 외(역), 독일통일백서, 한겨레신문사, 1997, 195-197 및 에크하르트 예세, "독일연방공화국의 역사" 399에서 인용. 통일 후에도 독일인 대다수는 서구결합정책을 독일 외교정책기조로 인정한다는 설문조사 결과는 토마스 파울젠 204-206 참조. 서방정책에 대한 추가 설명이다. (외교정책은 연합국의 유보하에 있었는데-저자 주) 1951년부터 1955년까지 외무장관을 겸임했던 아데나우어 수상은 서방결합 노선을 택하고 시소 정책(Schaukelpolitik)을 단호히 거부하면서 근본적으로 새로운 독일 외교정책을 추구했다. 아데나우어는 올바른 통일노정에 대한…정책은 (자석처럼 끌어당기는 힘이 있을 것이라고 기대되는)…강하고 통합된 서방만이 소련과 교섭할 수 있고, 통일문제에 대한 양보를 얻어내기 위해 압력을 행사할 수 있다는 것이다. 아데나우어에게 서방결합이란 동시에 가치결합이다. 곧 자유를 상실하면서 이룬 통일이란 고려 대상이 되지 않았다.…이 초기 단계에서 서독 정부는 실질적인 의미의 독일정책을 전혀 추진하지 않았다.…단독대표권 주장을 관철하기 위한 외교적인 수단으로 동독과 외교관계를 수립한 제3국에 대해서 외교관계를 단절하겠다고 위협하는 이른바 할슈타인 독트린을 1955년부터 채택하게 되었다.…1950년대 중반부터 2국가 이론을 주장했던 소련 혹은 동독측으로부터의 모든 협상요청과 제안(전 독일적 위원회의 건설, 평화조약의 협상 그리고 베를린을 "자유도시"로 하자는 요구)들은 거부되었다. 마누엘라 글라브, "독일연방공화국의 독일정책," 임종헌 외(역, 1997), 461-462에서 인용.
33) 박성조, 독일통일의 과정과 교훈, 통일총서 20, 통일연수원, 1992, 65. 박성조 교수는 대학 졸업

독일 영토에 대해 반환을 요구하지 않을 것임을 분명히 천명해야 했습니다. 그래서 우리는 독일의 통일이란 서독과 동독의 통합만을 의미하는 것이며, 지금은 폴란드에 속해있는 오더-나이세 강 동쪽 지역은 포함하지 않는다는 사실을 강조했지요.[34]

당연하지만 정책기조의 전환 과정에서 패러다임 간 대립·갈등 또는 경쟁이 없었던 것은 결코 아니다. 보수야당인 기민당의 반대가 극심했다. 동방정책이 독일의 분열을 영구화할 뿐만 아니라, 재통일의 기회마저 막을 수 있다며 불신임안을 제출했던 것이다. 동방정책의 반대측은 심지어 다음과 같이 '정부가 통일이라는 목표를 버렸고 분단을 최종적으로 승인했다'라며, 현상을 고착화시키는 '분단포기정책'이라고까지 비난하였다.

> 야당은 '서독정부가 통일이라는 목표를 버렸고 분단을 최종적으로 승인했다'라며 이 조약정책을 비난했다. 이것은 동독에게 충분한 반대급부를 요구하지 않은 채 민족적인 기본입장을 포기했다는 것이다. 실제적이고 인도주의적인 문제에서 동독과 관계 정상화를 이루려던 서독정부의 주된 관심사는 사실상 단지 의도표명으로만 기술되었다(기본조약 제7조).…이에 비해 동독은 이미 근본적인 목표를 달성했다. 외교관계의 빗장을 열게 되었으며, 1973년 9월 18일 유엔에 가입하게 되었다. 서독정부가 임박한 조기 연방의회선거에서 전술적인 이익을 얻기 위해 협상을 불필요하게 서둘렀다고 비난받았다. 이러한 배경하에 조약 본문에서 사용된 "이중적이고 감추려는 언어"가 날카롭게 비판되었다. 외국 정부는 기본조약을 분단조약으로 널리 받아들였다.…양독 간의 관계가 재개된 후 실질적인 개선이 이루어졌다. 철의 장막은 느슨해졌다. 가족 간의 상봉과 방문, 새로운 국경통행소의 개설, 동독에 서독기자들이 상주할 수 있게 된 것들은 동서독 간 관계 발전의 결과물이었다.…독일 내적인 관계는 이런 방식으로 -서독정부 측의 엄청난 재정적인 지원하에- 공고화될 수 있었다. 그러나 여전히 동독은 서독과의 관계 발전에서 그 규모와 속도를 결정했다.[35]

후 1959년 독일로 가, 1973년 아시아인 최초로 독일 대학 정교수 자격을 취득하고, 50년 이상 거주하며 독일 통일을 목격한 정치학자(베를린자유대 종신교수)로서, 2014년 독일 정부로부터 학술교류와 우호증진에 기여한 공로로 민간인에게 수여하는 최고 권위의 '대십자 공로 훈장'을 받았다(중앙일보, 2014.2.16.).

34) 김누리 외(2006), 49-50. 배기정 교수의 "당시 소련과의 협상 과정…구체적으로 이야기해 주실 수 있겠습니까?"의 질문에 대한 에곤 바르의 답변.

35) 마누엘라 글라브, "독일연방공화국의 독일정책," 임종헌 외(역, 1997), 462-468에서 인용.

이와 같이 새로운 패러다임으로서 통일외교 정책기조인 동방정책에 대하여 서독의 다수 시민은 동독측의 반통일적인 반응에 따른 실망감과 좌절감을 극복하며 정부와 함께 끈질기게 인내하며 확고하게 지지한 결과, 브란트 정부는 물론 통일에 이르기까지 역대 정부의 일관된 노력을 가능하게 하였다.

이처럼 정책기조는 해당 공동체(조직·기관·국가·민족·세계)의 구성원의 삶과 떼려야 뗄 수 없는 관계를 맺고 있다. 어떤 경우에는 앞의 두 정책사례에서 보았듯이 어떤 정책기조를 선택하는가에 따라 조직과 국가와 민족의 운명까지 좌우될 정도이다. 우리나라 인구정책기조의 실패가 그 예이다(이는 더 엄밀하게 말하면 인구정책기조의 전환에 있어서 기획관리의 실패이다). 우리나라는 우리보다 먼저 '초저출산·고령화' 사회를 맞으면서 인구정책에 실패한 일본의 사례를 반면교사로 삼지 못했다.[36] 간단히 '인구정책'이라고 말하지만 그것은 출산 장려를 위한 각종 정책들과 막대한 예산을 투입해야 할 기조정책(paradigmatic policy)으로서의 인구정책기조이고, 그 실패가 국가적 난제로 등장한 것이다.

우리나라의 인구정책기조의 실패는 과거 인구정책의 표어를 보면 단번에 알 수 있다. 1961년 정부는 가파른 인구증가를 경제성장의 걸림돌로 보고 출산억제 대책으로 '가족계획사업'을 시작했는데, 1960년대까지 출산율이 6.0명이었으므로 그때 표어는 '덮어놓고 낳았다간 거지꼴을 못 면한다'였다. 1970년대에는 '딸아들 구별 말고, 둘만 낳아 잘 기르자'였다. 그런데 출산율이 수직 하강해 1983년에는 2.06명으로 인구 대체 수준(현재 인구를 유지하는 데 필요한 출산율)까지 떨어지는데도 그 해 표어는 놀랍게도 오히려 '둘도 많다'로 바뀌었다(가족계획사업은 1996년 공식 종료됐다). 1997년에는 1.45명으로 1.5명 미만의 '초저출산국'이 됐다. 그리고 2001년 1.297명으로 이후 줄곧 1.3명 미만을 기록했다. 2005년부터 갑자기 '한 자녀보다는 둘, 둘보단 셋이 더 행복합니다'란 표어로 바뀌어 저출산 대책

---

36) 1983-1996년은 한국 저출산역사에서 '잃어버린 13년'으로 불리고 있고, 당시 일본의 저출산 정책만 보고 배웠어도 지금과 같지는 않았을 것이라는, 서울대 보건대학원 조영태 교수의 말은 동아일보, 2015.9.21., "베트남은 지금, 한국의 저출산 전철 밟아" 참조. 또 일본 니혼게이자이(日本經濟)신문도 인구 감소와 고령화가 동시다발적으로 일어나 생기는 사회문제를 '인구병(人口病)'이라 진단하고 "선진국에서도 그 예가 없는 인구병이 일본을 뒤덮기 시작했다"고 보도했다고 한다. 조선일보, 2014.10.7., "日의 새로운 난치병 '인구病'" 기사 인용.

을 시작하였다. 그러나 인구변동은 불가역성(不可逆性)이 강하다. '저출산·저사
망' 단계에 접어들면 좀처럼 이전으로 되돌아가기 어려워 인구구조는 현상유지도
쉽지 않다. 유럽이나 일본에서도 볼 수 없었던 'L'자형 하강 곡선을 그리며 회복
될 기미를 보이지 않는다. OECD회원국 34개국 중 1.3명 미만으로 출산율이 떨어
진 적이 있는 나라는 한국, 일본, 이탈리아, 독일, 스페인 등 12개국뿐이고, 그
중에서 13년 줄곧 1.3명 미만을 기록한 나라는 우리나라가 유일하다.[37] 그래서
다음과 같이 한 언론은 "인구정책의 새 판 짜라"며 '새로운 정책기조'를 요구하기
도 하고, 정부는 정부대로 그 방안을 고심한다.

> ···우리는 인구정책에서 큰 실패를 경험했다.···인구정책의 큰 틀이 잘못돼 있지
> 않은지, 원점에서 점검해야 할 때이다.···출산장려금 지급같이 일시적인 양적 정책
> 을 버리고 인적자원의 질을 높이는 질적 정책을 과감히 도입해야 한다.[38]
> 　문재인 대통령은···"(저출산·고령화 추세가) 이대로 가면 생산가능인구···경
> 제···차원이 아니라 대한민국의 근간이 흔들리는 심각한 인구 위기 상황을 맞이하게
> 될 것···"(이라)며 저출산·고령화 정책의 대전환을 주문했다.···"결혼, 출산, 육아에
> 대한 부담을 줄여주는 출산장려 정책···실패했다"고 진단한 뒤 "여성이 결혼, 출산,
> 육아를 하면서도 자신의 일과 삶을 지켜나가도록 하는 것, 일을 계속하면서 자신의
> 삶의 가치를 지켜가면서 아이를 낳고 키울 수 있는 그런 사회를 만드는 게 저출산의
> 근본대책"이라고 강조했다. 저출산고령사회위원회는···"패러다임을 전환하겠다"
> 고 밝혔다.[39]

　이와 같이 좋은 정책기조는 해당 시대와 해당 사회가 요구하는 가장 적합한
정책기조이다. 좋은 정책기조는 조직을 일으켜 세우고, 국가를 부흥시키며, 민족
을 살린다.

　사법부의 정책기조도 마찬가지이다. 법령해석에 관한 정책기조는 사법부 최
고기관인 대법원의 판례를 통하여 제시되면서 사회를 바꾸게 된다.[40] 그 경우

---

37) 조선일보, 2014.7.11.; 2014.2.28., "한국, 13년째 출산율 1.3명 못 넘긴 세계 유일한 나라." 우리
　　나라는 노인인구가 14%를 넘는 고령사회가 되고, 노인인구가 유소년 인구(0–14살)를 앞지르
　　며, 15–64살 생산가능인구가 감소세로 접어드는 등 3가지 지표가 겹치는 인구구조의 지각변동
　　의 해가 2017년이라는 기사는 한겨레, 2016.10.20., "두달 뒤엔 인구역전" 참조.
38) 중앙일보, 2014.9.24., "출산장려 '올인' 위험, 인구정책 새 판 짜라" 사설.
39) 한겨레, 2017.12.27., 문 대통령 "여성 삶 억압 않는 게 저출산 근본대책."

대법원의 판례는 대법관 개인이나 전체(전원합의체)의 '생각의 틀'에 따라 결정된다. 특히 전원합의체의 판례는 똑 같은 사건에, 똑 같은 헌법과 법률에 따라 판결하는 판례인데도, 대법관 각자의 보수 또는 진보 등 이념 성향이란 '생각의 틀'에 따라 그 내용이 나눠져 결정된다. 정책기조는 어떤 인식의 틀을 갖느냐에 달려 있다는 것을 예증한다. 헌법 소원 사건에 관한 헌법재판소의 결정도 마찬가지이다.41)

어느 조직이나 기관이나 그 장(長)은 자신의 정책기조를 가지고 조직·기관을 지휘 통솔하게 된다. 정부기관으로 말하자면 대통령은 대통령대로, 장관은 장관대로, 청장이나 원장은 청장이나 원장대로, 지방정부 기관장은 기관장대로, 그리고 학교장은 학교장대로, 자신의 정책기조 혹은 리더십 기조를 가지고 지휘 통솔

---

40) 최근 무의미한 연명치료의 중단 요건에 관한 판결, 여성도 종중 구성원이라는 판결, 이혼 소송의 유책주의를 유지한 판결 등이 그 예인데, 미국 대법원의 미란다 판결(묵비권과 변호사 선임권을 알리지 않는 상태에서 한 피고인의 자백은 증거능력이 없다), 부당한 압수·수색으로 얻는 증거의 증거능력 배제 판결, 언론자유의 보장을 위해 공직자에 대한 명예훼손책임을 제한한 판결 등은 다른 나라 판례 형성에 큰 영향을 미치고 있다.

41) 한 예로, 법령해석 기능을 하는 대법원이 헌법판단 기능을 하는 헌법재판소의 위헌결정으로 폐지된 간통죄(2015.2.26. '국민의 성적 자기결정권과 사생활 자유의 침해'라고 62년 만에 재판관 7대 2 의견으로 위헌 결정)를 감안해, 이혼소송에서 "혼인파탄 책임이 있는 배우자는 법적으로 이혼을 청구할 수 없다"는 유책주의(有責主義)의 판례를 대법관 7대 6의 의견으로 유지했다는, 다음 한국일보, 2015.9.16., 대법, 유책주의 유지 "쫓겨나는 이혼 막을 수단 부족" 참조(이하 추가 해설). 대법원이 13년은 지나야 동일 사안의 판례 변경을 시도하는 만큼 유책주의는 향후 10여 년간 유지될 가능성이 높다.···이번 판결은 사법부가 유책주의를 버리고 파탄주의를 인정할 지에 관심이 모아졌다. 유책주의란 정조, 부양 등 혼인 의무를 저버린 배우자는 이혼을 청구할 수 없다는 것으로, 대법원이 1965년부터 채택했다. 남편(아내)이 일방적으로 부인(남편)을 내쫓는 '축출이혼'을 막는 역할을 해왔다. 반면, 파탄주의(破綻主義)는 현실적으로 혼인생활을 유지할 수 없다면 이혼을 인정해야 한다는 것으로 미국과 유럽 등지에서 채택하고 있다.

한편 노무현 대통령부터 이명박 대통령 시기까지 이용훈 대법원장 시대는 새로운 판례와 소수 의견을 많이 남긴 속칭 '독수리 오형제 대법관 시대'였다. 최근 당시 대법원장과 대법관 및 판사들을 인터뷰한 것을 정리한 한 책에는 독수리 오형제 대법관 중 한 사람이 "솔직히 말해서 사회적 이슈가 대법원에 올라오면 일단 입장부터 정해집니다. 그건 상대편도 마찬가지인 것 같고···"라고 말한 데 대하여 문유석 서울 동부지법 부장판사가 "법관은 오직 법에 따라 판결할 뿐 개별적인 '입장'이란 있을 수 없다는 전통적인 법원의 '입장' 또는 '신화'를 깨는 솔직한 토로···법관이 완벽하게 무색투명하고 중립·객관적이라는 가정은 비현실적이고 비과학적이다. 법관은 직책상 주관적 편향을 줄이기 위해 노력할 의무가 있을 뿐이다"라고, 자신의 서평을 내놓고 있다. 이는 법관의 '생각의 틀', 그리고 대법원의 정책기조(판례)가 대법관 각자의 '생각의 틀'에 의해 좌우됨을 말해준다. 권석천, 대법원, 이의 있습니다, 창비, 2017, 서문; 문유석, "싸워서 이긴 만큼 나아간다," 시사IN, 537호 별책부록(2017.12.30., 시사IN이 선정한 올해의 책, 2017 행복한 책꽂이), 16.

에 임하게 된다. 그리고 기관의 장(長)뿐만 아니라, 그 아래 부서의 책임자들과 실무자들도 기관장의 정책기조에 맞춘 그들 부서 나름대로의 정책기조를 가지고 직무를 수행하게 된다.

> 실제로 현장 행정에 임하면서 가장 중요시 여겼던 구정 기조가 바로 소통이었습니다. 지금 정부 3.0이라는 개념이 현 정부 들어서 핵심 키워드로 떠오르고 있는데, 저는 이런 <u>공유, 소통, 개방</u>의 행정 철학을 벌써 실현시키고 있었습니다.42)

이런 이유 때문에 국가의 현실 정책세계에서 중요한 정책결정에 참여하는 정치인 등 정책행위자 사이에 정책기조논리의 차이를 노정하면서, 그 차이로 인한 치열한 논쟁은 일상적인 일이 되고 있다. 시민단체들도 자신들의 단체와 관련된 분야의 대안적 정책기조를 제시하고 논쟁에도 참여한다. 그런 논쟁이 진정성 있고 깊이 있는 경세가적 경륜의 논쟁인 한, 건전한 공론화 과정이고 건강한 개방주의적 (국가·지역·조직 등) 공동체거버넌스의 일환이다. 일반 시민이나 일부 언론은 면밀히 따져보지도 않고 모든 논쟁을 무익할 뿐만 아니라 해롭기까지 한 이념 논쟁으로 치부하고, 그것을 싸잡아 비판하며 정치혐오주의를 부추기기도 한다. 그러나 공동체의 진로를 선택하는 중차대한 문제를 놓고 −깨어있는 일반 시민들 뿐만 아니라− 책임 있는 직책에 있는 자들이 치열하게 그 기본 방향과 틀을 논쟁하지 않는다면, 그 공동체는 어디에서 그 공동체의 희망을 찾을 수 있겠는가? 그런데도 조용하게 독단적·독선적·폐쇄적인 공동체거버넌스체제를 선택하거나 용인하려고 하는 것은 나치 독일의 파시즘이나 대원군 시대 쇄국정책의 전철을 밟으려고 하는 위험한 태도이다. 정치인을 포함해서 사람들의 생각의 틀 차이는 정책의 차이를 낳는다. 특히 정책기조와 같은 기본적인 생각의 틀 차이는 그것이 정책을 지배하는 인식의 기본 틀과 방향에 해당하기 때문에 그와 관련된 많은 개별 정책들의 차이를 만들어낸다.

이처럼 중요하다 보니 '정책기조'라는 용어를 공공부문의 분야를 가리지 않고 널리 실무계나 학계 등에서 많이 사용하고 있다. 우리나라 대통령부터 '정책기

---

42) 박춘희 서울 송파구청장 인터뷰, 한국행정학회, 한국행정포럼 통권 142호(2013.9.20.), 45.

조'와 '정책패러다임'이란 용어를 교차 사용하고 있는 것이 그 예이다.

> 새 정부 들어 처음으로 문재인 대통령이 임명한 장관들만 참석한 국무회의가 25일 오전 정부서울청사에서 열렸다. 취임 76일 만이고, 문 대통령이 주재한 국무회의로선 세 번째이다.…문 대통령은 이날 모두발언에서 "정부조직이 개편되고 추경예산안이 확정되면서 새 정부가 본격적으로 출범한 셈"이라며…문 대통령은 국무회의 주요 안건으로 경제부처가 합동으로 마련한 새 정부 경제정책 방향에 대한 보고가 있는 점을 거론…"새 정부 경제정책 방향은 경제부총리가 발표하고 논의할 것"이라며 "오늘 회의에서 확정하면 우리 정부의 경제 정책기조가 되고, 새 정부가 우리 경제의 패러다임을 전면적으로 대전환한다는 선언이 될 것"이라고 말했다.…43)

이와 같이 '정책기조'(또는 정책패러다임)라는 용어가 들어간 언론의 기사와 논평이 일상적으로 나오고, 각종 정책 연구의 논문이나 보고서가 줄을 잇고 있다.44) '정책기조'로 간주해도 좋은 새 판·틀·관점·시각, 정책의 뼈대, 정책의 근본, 정책의 큰 줄기, 발상의 전환, 큰 사고·그림·비전·줄기 등과 같은 간접적인 다른 표현의 언급까지 포함하면 '정책기조 그 자체'(policy paradigm in itself)는 학문적으로 집중적인 연구 대상이 되고도 남는다.

이처럼 '좋은 정책'을 지향하는 모든 노력에서 빼놓을 수 없는 것은 일련의 정책들의 기본적인 토대·틀·방향 그 자체인 '정책기조', 혹은 그런 성격을 갖는 '중심 정책(기조정책)'으로서의 '정책기조'라는 요소이다. 그런 의미에서 '교육정책기조'가 무엇이냐에 따라 우리 학생들의 현재와 미래의 삶이 완전히 달라질 수 있다. 유명한 <죽은 시인의 사회>(Dead Poets Society)에서 그것을 보여준다. 미국 작가이자 영화감독인 톰 슐먼(Tom Schulman)의 동명소설(1985년)을 토대로 1989년 만들어져 1990년 아카데미 최우수 각본상을 받은 이 영화는45) 웰튼 아카

43) 조선닷컴, 2017.7.25., 文 대통령이 임명한 장관들만 참석한 첫 국무회의.. "새 정부가 경제 패러다임 대전환할 것."
44) 검색 당일(2017.4.4.10:20) 기준으로 다른 유사 용어를 제외하고 오로지 '정책기조'라는 단어로 인터넷 포털 네이버 기사 검색 결과 총 133,357건이 검색되었고, 24시간 내 게재된 기사는 총 23건이 검색될 정도이다(https://search.naver.com). 김종범, 치안정책기조 변동의 맥락과 양상, 충남대 대학원 박사학위논문, 2017. 1. 인용.
45) 이 영화 제목의 원래 뜻은 '고전시 낭독 동호회'쯤 되고, 19세기 미국 시인 휘트먼(Walt

데미라는 영재 고등학교가 그 배경이다.

　　전원 기숙사 생활, '전통·명예·규율·최고'의 교훈의 엄격한 교칙 준수, 수업마
다 과제가 부과되는 많은 학습량, 시험성적에 근거한 엄격한 평가. 명문대 진학률
최고의 이 명문 영재고에 새로 부임한 영어 선생 키팅(John Keating)은 파격적인
수업방식을 선보인다. 수업 첫날부터 휘트먼의 시 한 구절을 소개하며, 그대로 '오
캡틴, 마이 캡틴'이라 불러도 된다고 한다. 휘파람을 불며 교실을 한 바퀴 돌고
학생들을 데리고 나가며, '지금 살고 있는 현재 이 순간에 충실하라'고 한다. 중요도
와 완성도로 분류·평가하고 서열화하는 게 아니라 인간의 삶 자체가 시(詩)라며,
교과서를 찢어버리게 한다. 수업 중 책상 위에 올라가 "내가 이 위에 선 이유는
사물을 다른 각도에서 보려는 거야. 이 위에서 보면 세상이 무척 다르게 보이지.
믿기지 않는다면 너희들도 한번 해 봐"라고, 교과서 내용을 비판적으로 점검하고
자기 자신의 견해를 만드는 것이 학습 과정이며, 이를 포기하면 마음과 영혼이
다치게 된다고, 용감한 열린 사고를 요구한다. 이 소식을 접한 교장은 바로 그를
해고한다. 제자들은 그가 짐을 찾으러 교실에 들렀을 때, 책상 위에 올라가 선생을
향해 외친다. "캡틴, 오 마이 캡틴!"

　　여기서 교장과 키팅의 교육철학이 대비된다. 교장의 교육관은 이렇다. 교육
의 주체인 교사는 전문가·권위자·지식공급자이고, 학습자는 교사가 가르치는 객
관적인 지식·정보를 수용하는 피동적 수용자로서의 객체이므로 교육은 교육과정
에서 생성된 지식·정보의 양·결과를 중시해야 한다는 -합리론의 전통을 이어받
고 있는- 교육주의, 지식 객관주의(objectivism)의 교육관이다. 이에 비해 키팅의
교육관은 교사는 단지 조성자·촉진자·지식의 안내자·조력자이고, 학습자가 교
사의 지원 아래 스스로 지식의 구성(형성)·이해·인식활동을 주관적·창의적으로

Whitman, 1819-1892)에게 바쳐진 영화이다. 주연 키팅 선생 역의 로빈 윌리엄스(Robin
Williams, 1951-2014)는 천의 얼굴을 한 최고의 코미디언으로 출발해 영화에도 진출, 극적이고
진지한 신이 내린 연기력, 풍자와 즉흥연기의 달인으로 평가받으며, 1980-90년대 할리우드를
대표한 불세출의 명배우로 영화인들의 존경을 받은 배우였다. 이 영화와 함께 어린 시절 양아
버지의 학대와 빈곤을 경험하고 MIT에서 청소부로 일하는 천재 청년 윌 헌팅(맷 데이먼)을
천천히 세상에 마음의 문을 열고 타인에게 다가가도록 돕는 심리학 교수 숀 역으로 아카데미
상 남우조연상을 수상한 '굿 윌 헌팅'(Good Will Hunting, 1997년)이 그의 대표작이다. 한편 라
틴어 경구 '카르페 디엠'(carpe diem)은 고대 로마 시인 호라티우스의 송가의 마지막 구절인데,
'오늘을 즐겨라'로 번역하지만, 본문에서는 원문에 가깝다고 알려진 '지금 살고 있는 현재 이
순간에 충실하라'로 옮겼다.

경험하고 구성하는 능동적 주체이므로 교육은 교육과정(지식 생성 과정) 그 자체를 중시해야 한다는 -경험론 및 구성주의(constructivism)의 전통을 이어받고 있는- 학습주의, 지식 주관주의(subjectivism) 의 교육관이다.46) 이 두 교육관·교육철학이 한 고등학교 단위에서 충돌한 것이 영화의 주제인데, 이를 정부 교육 관련 기관(교육부나 교육청)에 옮겨놓으면 바로 '좋은 교육정책'이 무엇인가를 놓고 벌이는 '교육정책기조논리'의 대립을 의미한다. 교장과 키팅이 대변하는 교육정책기조논리는 각각 교육의 목적, 과정, 내용, 교과서의 발행, 학교의 존재 이유 등에 걸쳐서 거의 상반된 차이를 낳는다.47) 따라서 어떤 교육정책기조를 채택하느냐 하는 문제는 '좋은 정책'을 판단·결정하는 가장 중요한 요소인 것을 말해 준다.

마찬가지로 '불합리한 차별 법령'이란 '큰 아이디어'(big idea)에 착안해 정책의 초점을 맞추면 그런 법령이 눈에 들어오게 된다. 그래서 구미(歐美)에서는 '아이디어'(정책아이디어)라는 정책기조의 연구 열풍이 불고 있다. 다음과 같이 법제처의 장(長)이 제시한 정책기조에 따라서 그에 관한 많은 법령의 개정 작업이 추진되는 법이다.

> 국가는 법령을 만들어만 놓고 방치하는 것이 아니라 시대에 맞게 바꾸어야 한다.…법제처는…불합리한 차별법령을 발굴해 정비하고 있다. 대표적 사례가 독학사 차별이다. 독학사 제도를 통해 학위를 취득해도 법령에서 정규대학과 차별하고 있다면 실제 취업 현장에서 취업 기회조차도 얻을 수 없다.…90건의 법령 조문을 찾아내 정비했다. 또한 법령에서 지나치게 엄격하게 결격사유를 두어 한 번 실패한 사람은 재기를 어렵게 하는 경우가 많았다.…기회의 평등이 보장되도록 60건의 결격사유를 합리적으로 정비하는 개정안을 마련해 국회에 제출했다.…국민 실생활에 직접 영향을 미치는 차별적 법령이 무엇인지 파악하기 위해서…국민참여 입법센

---

46) '구성주의'는 저자의 <정책기조의 탐구 – 정책아이디어로서의 정책패러다임> 책 '정책기조의 인식론적 근거' 참조.

47) 그것은 학교폭력이나 따돌림 문제도 교사 주도로 해결하느냐, 아니면 학생들 스스로 '또래 조정'(peer mediation)으로 풀어가느냐의 인식론적 근거 기준을 제공한다. '또래 조정'은 왕따, 집단 괴롭힘, 학교폭력 등을 예방하고 해결하는 방안의 하나로 1983년 미국 롱아일랜드 브라이언트 고등학교에서 처음 시도한 결과, 학교폭력이 줄고 학생들의 태도나 인간관계가 회복되는 효과를 내자 지금은 미국 초중고 75%가 시행할 정도로 보급됐다. 우리나라는 교육부가 2012년 시범학교를 중심으로 또래 조정 프로그램을 도입해 시작했고, 좋은 결과를 내고 있다. 한겨레, 2013.7.8. 기사 참조.

터 홈페이지와 국가법령정보센터 애플리케이션에 '차별법령 신고센터'를 개설해 차별법령에 대한 국민의 목소리를 듣고 있…다.48)

그런데 교장이나 법제처장과 같이 해당 공동체의 최고 리더만이 그런 정책기조의 정립과 운용의 권한과 책임을 지는 것은 아니다. 어떤 경우에는 중간 간부나 최일선 담당자의 기조의 이해, 열정, 헌신이 동료들의 공감과 협력을 이끌어 '상향식'으로 그 공동체의 중요한 정책기조를 새롭게 도입해 확산시키고 정착시키는 사례도 많이 있다. 사실 최고 리더의 대외 노출과 홍보 때문에 새 정책기조의 도입·정착이 순전히 최고 리더의 단독 성과로 포장되는 경우가 많은데, 실제로는 그 공동체의 실제 실무진 중 몇몇 주역의 공동의 공(功)인 경우도 적지 않다고 보아야 한다. 다음 예를 보자.

기존 입시위주의 획일적인 교육에서 탈피하여 주도적이고 창의적인 학습능력을 배양해 '공교육 정상화'의 '전인 교육'을 표방하면서, 교육감들은 2009년부터 학급 인원(25-30명)의 소규모 제한, 학교 운영과 교육 과정 운영의 자율성, 교직원의 안정적 근무와 행정 인력의 예산·행정 지원 등을 내용으로 하는 새로운 형태의 '혁신학교'라는 초중등 교육정책기조를 도입·시작하였다. 이 이상적 아이디어를 실제 학교 현장에 도입·정착시키는 일은 일선 교사들의 몫이었다. 예를 들면 경기도 시흥 장곡중학교의 박현숙 선생님(20년 넘게 국어 담당, 교육혁신부장)은 그에 공감하고, 2010년 3월 혁신학교로 지정받은 후, 연수·시찰 등을 토대로 교사의 본령은 '수업에서 학생들의 배움을 돕는 것'이라고 인식하였다. 그리고 동료 교사들과 협력하여 마음은 다른 곳에 있는 학생이 3분의 2가 되는 '교실 붕괴'의 기존 '교사 중심·일방주입의 가르침과 암기식·폐쇄식·교사 사적 영역'의 수업을 새로운 '학생 주도 및 교사와 소통 중심·모둠 협력 활동에 의한 공동 배움(호혜적 배움, reciprocal learning)·개방식(수업 공개와 공동연구)·공유의 공적 영역'의 수업으로 바꿔나갔다. 학생들이 수업을 즐거워하고 문제 행동도 줄어들고 학부모들도 학교를 신뢰함으로써 행복한 학교가 가능함을 실증해 주게 되었다. 이렇게 3년 만에 2천 명의 교사와 교육관계자들이 방문하고(2012년 기준), 연 150여회를 초청받아 다른 학교에 컨설팅 하러가는 학교 시스템 개혁의 첫걸음인 수업혁명을 통하여 박 교사는 혁신학교로 변혁시켰다.49)

---

48) 김외숙(법제처장), "일상에서 만나는 차별법령," 한겨레, 2018.1.26.

그동안 불균형 성장 중심의 개발정책기조로 인하여 지역·도농·산업 간 격차, 도시화와 고령화에 따른 마을공동체의 해체가 심각한 상황에 이르자 지역공동체의 복원을 통해 생산·소비·생활·문화·자치 등을 활성화하고, 풀뿌리 민주주의의 강화와 자립적 지역경제의 구축까지 내다보며 사회적기업, 마을기업 (community business), 협동조합 등 사회적 경제의 구현을 통한 '지속가능한 지역 및 마을공동체 활성화 운동과 정책'이 중앙과 지방 정부에 의해 활발하게 논의되고 도입되고 있다.50) 전라북도 500여 개 마을로 구성된 완주군도 예산과 행정지원으로 반짝했다가 지원이 줄자 시들고 만 기존 '정부주도의 단순 획일형' 대신, 더디더라도 주민이 주도하게 뒷받침해 주는 역할의 지속가능한 내발적(內發的) '민관협치의 통합 복합형' 정책기조로 전환해 추진하게 되었다.51) '전문가주의 정책관'의 한계를 깨닫고, '협치주의 정책관'을 채택한 것이다. 다음은 군수 및 동료들과 함께 전국 최고 수준의 지방자치경쟁력을 가진 군으로 탈바꿈시킨 한 주역의 활약상이다.

강평석 팀장(6급 행정주사)은 2008년 임정엽 군수(2006-2014 재임)의 '농업·농촌 활력'의 정책기조를 구현하기 위해 군수 및 동료 직원들과 함께 ① 기존의 한 두 자원 위주에서 인적·물적·환경적·역사적 지역자원의 재발견 조사(1년간 희망제작소)와 그 자원의 통합에 의한 지역경영, ② 기존 특산품과 자연자원 위주에서 어르신들의 다양한 손재주 자원 발굴 지원, ③ 기존 행정 중심의 일방적인 지원에서 사업의 기획자·주관 주체·열매의 향유자가 모두 주민 자신이 되는 관점으로 바꿨다. 군의 기구·정책·기능을 통합 개편한 후, 독자적인 마을회사 단계적 육성시스템, 로컬푸드 생산·유통·소비시스템, 도농순환 촉진시스템, 민관협력회사시스템을 구축·시행하고, 가장 중요한 주민역량 강화를 위해 폐교된 초등학교를 활용해

49) 박현숙, 교사는 수업으로 성장한다, 맘에드림, 2012, 33, 54, 79 및 한겨레, 2015.8.25., "교실 붕괴 고민하다 보니 '학교 혁신 전도사' 됐네요" 참조. 혁신학교는 지역에 따라, 빛고을혁신학교, 서울형혁신학교, 강원행복더하기학교, 무지개학교 등으로 불린다.

50) 이창기, 좋은 사회 구축을 위한 거버넌스 형성과 정부 역할, 사회과학논문집, 27(1), 대전대 사회과학연구소, 2009, 55-84; 곽현근, 사회적 자본 증진을 위한 지방정부의 역할과 과제, 사회과학논문집, 35(1), 대전대 사회과학연구소, 2016, 107-135 참조.

51) 지역공동체 사업의 주도 주체를 기준으로 나눠 본다면 정부주도형, 주민주도형, 주민과 정부의 협력형(민관협치형)으로, 주민과 행정의 관계를 기준으로 나눠 본다면 관리주의, 파트너십, 주민협치 모형으로 구분할 수 있다. 김현호, 지방자치단체 주도의 지역공동체 활성화 방안, 지방행정연구원 연구보고서 486호, 2013.

지역경제순환센터를 세워 필요한 주민 교육과 주민·행정·전문가가 거버넌스체제로 맞춤형 현장 컨설팅을 제공하였다. 주민 해외 연수도 1,000명 이상 다녀오게 했다.

그리하여 마을공동체회사, 지역공동체회사, 지역경제순환센터, 거점가공센터, 로컬푸드 직매장, 두레농장, 창업보육센터, 농촌디자인센터, 농가레스토랑 등을 세우는 데 끌어주고 밀어주었다. 2011년 도농교류 거점 마을 공동체회사 100개와 10개의 두레농장을 세워 타 지역의 벤치마킹 대상으로 주목받게 되자, 2010년 이후 대통령상을 포함한 각종 상을 수상하였다. 2017년 현재 11개 로컬푸드 직매장에만 2,500여 소농, 고령농, 영세농이 참여해 매일 1,000여 명 소비자가 방문하는 곳으로 만들었다. 2015년 한 해 590개 기관단체 2만여 명의 방문하고, 지방행정연수원(중간리더 과정)과 농촌진흥청(산업 전문가 과정)과 연계된 국제교류프로그램(우간다 고위공무원, 아프리카 8개국 지방공무원의 방문 연수)을 수행하는 군으로 탈바꿈하게 되었다.[52]

이와 같이 '좋은 정책'을 위해서 가장 중요한 요소의 하나가 '상하위의 정책 운용자 모두가 정책을 역사적·구조적으로 보는 폭넓은 정책관'을 갖추고, 그런 역사와 구조 속에서 '정책 참여자의 생각·인식의 틀'로서의 '정책기조'를 예민하게 알고 적용하는 능력이다. 그렇게 정책기조는 '정책을 지배하는 인식의 기본 틀과 방향'이므로 정책과 정책이론에 관한 한, 핵심적인 변수의 하나로 논의할 필요가 있다. (정책을 사람으로 의인화해 본다면) '갈림길에 서 있는 정책'[53]에게 '그 선택할 길(진로)'을 정해 주는 것이 바로 '정책기조'이기 때문이다. 그런데 현재 정책참여자들은 물론이고 정책학도들에게 있어서 그런 '정책의 역사·구조 속에서의 정책기조'의 변수에 대한 이해의 수준은 합당한 만큼의 높은 수준은 아니라고 판단된다.[54] 그래서 정책의 역사·구조 속에서 '메타인지'로서 작동하는 '인식

---

52) 강평석, 나는야 뽀빠이 공무원, 가림출판사, 2017, 66-99, 191-193, 277-278 및 프레시안, 2013.12.27., "박원순 시장이 '대한민국 최고의 공무원' 칭찬한 이 사람은? 인터뷰 참조.

53) 이 표현은 Peter Taylor-Gooby, "Introduction: Public Policy at a Crossroads," Peter Taylor-Gooby(ed., 2013), 1.

54) 흔히 공공활동의 실무자들은 개별 구체적인 사안의 해결을 생각할 때, 사실판단(과학성, 이론성), 가치판단(철학성, 규범성), 관리판단(정책성, 관리성) 등 공공활동의 3중 고려요소를 반영하여, 〈현황-문제점-대책〉의 접근방식(틀, 짜임새, 보고서, 브리핑 차트)을 이용한다. 그런데 정책기조(논리)는 그 모든 분석적 판단에 영향을 주고 지배하기 때문에, 그런 규범 원칙을 '분석기조'(보고서에서의 분석상의 기본 전제, 기본적 준거 기준, 패러다임)라고 명명해 보자. 그러면 사실 〈현황-문제점-대책〉의 접근 틀은 〈분석기조-현황-문제점-대책〉의 형식이라고 하는

의 틀'인 '정책기조'에 대하여 그 이론적 의의와 위상, 그리고 실천적 중요성을 재발견할 필요가 있다. 곧 정책학 학문 분야에서 '정책기조'를 재발견해 이론적으로나 실무적으로 적극 활용해야 하는 당위성을 주장할 수 있다고 하겠다.

그동안 정책학은 가장 직접적으로는 정치학과 행정학의 분과 학문 분야로서 시작되고 발전했지만, 간접적으로는 다른 많은 학문 분야의 정책(실질정책)에 관한 관심과 지식의 도움에 의해 중요한 사회과학의 하나로 발전하고 있다. 그런 정책학이 하나의 분과 학문으로서 우선 정책철학 인식론적으로 어엿한 이론체계를 확립하는 것이 필요하다. 이것이 지금까지 정책관과 정책기조를 중심으로 한 정책철학하기를 시도한 저자의 동기와 이유였다. 그 다음의 과제는 정책학 관련 지식이 다른 많은 학문과 그 관련 정책의 발전에 도움을 주기 위해서도 정책철학 인식론 중 패러다임 정책관을 바탕으로 '정책기조'에 관한 지식(일반이론체계)과 실천적·실무적 지침의 본격적인 탐구와 적극적 활용이다.55) 바로 그런 정책기조의 이론과 실제는 저자의 이 책 시리즈 하나인 <정책기조의 탐구-정책아이디어로서의 정책패러다임> 책에서 폭넓게 탐구되고 있으므로 관심 있는 독자들은 그 책을 참고하고 활용하기 바라마지 않는다.

것이 더 정확하고, 실제에서 그렇게 분석·전개하고 활용하는 것이 옳다고 하겠다. 박정택(2007b), 163-168 수정 인용.
55) 정책학은 초창기 태동부터 이론을 축적하고 체계화하는 것과 동시에 현실의 근본적인 문제해결능력의 향상이란 사회적 적합성을 확보하는 것, 곧 이론과 실천의 두 차원 모두에 최대한 관심을 기울여야함을 강조한다. Lasswell(1951), 3-15; Barry Bozeman, "The Credibility of Policy Analysis: Between Method and Use," Policy Studies Journal, 14(4), 1986, 519-530; 오철호, "정책 연구 어떻게 할 것인가," 한국정책학회보, 16(2), 2007, 281-311 참조.
그런 의미에서 지금까지 정책에 대한 교육·연구의 교재와 실무적 지침으로 훌륭한 역할을 다하고 있는 학계의 교과서들에는 이 책과 <정책기조의 탐구-정책아이디어로서의 정책패러다임>의 탐구> 책의 내용을 반영하여 최소한 다음과 같은 내용을 더 추가해 주면 학도들과 실무자들에게 도움을 줄 수 있을 것 같다. ① 정책철학 인식론과 그에 따른 정책관(특히 패러다임 정책관과 다원주의 정책관의 소개와 강조), ② 정책기조와 개별 구체적 정책 간 정책의 수준(차원)별 특징적 차이(정책기조의 개념적 특성 및 구조와 기능 포함), ③ 정책과정에 정책기조의 분석 및 기획과 관리 과정, ④ 창도연합, 다중흐름, 단속균형 등과 같이 정책 이해를 위한 많은 이론적 틀의 하나(그중 가장 중요한 하나)로서의 정책기조이론, ⑤ 정책기조를 중심으로 한 정책변동론, ⑥ 정책기조리더십을 포함한 정책리더십 등이다.

참 고 문 헌

1. 국내 문헌

강근복, 정책분석론, 전정 제3판, 대영문화사, 2016.

강근복·김재관·박근후·박정택, 정책학, 대영문화사, 2016.

강신택, 사회과학연구의 논리, 박영사, 1995.

강신항, 훈민정음연구, 성균관대학교출판부, 1990(증보 재판, 초판은 1987).

강우방, 인문학의 꽃 미술사학, 그 추체험의 방법론, 열화당, 2003.

강평석, 나는야 뽀빠이 공무원, 가림출판사, 2017.

고려대학교 아세아문제연구소(편), 구한국외교문서 제2권(日案 2).

고종실록, 국사편찬위원회, 1-4권, 1980.

곽현근, 사회적 자본 증진을 위한 지방정부의 역할과 과제, 사회과학논문집, 35(1), 대전대 사회과학연구소, 2016, 107-135.

구선희, "청일전쟁 직전 조선 '속방' 문제와 조·청관계," 사학연구, 54호, 한국사학회, 1997, 141-167.

구현우, "역사적 제도주의와 비교정책연구: 제도의 지속성, 변화가능성, 그리고 정책패턴을 중심으로," 한국정책학회보, 18(2), 2009, 37-72.

_____, "정치의 원인으로서의 공공정책," 행정논총. 51(3), 서울대 한국행정연구소, 2013, 67-105.

권기헌, 정책학, 박영사, 2008.

_____, 정책학의 논리, 2판, 박영사, 2014.

권석천, 대법원, 이의 있습니다, 창비, 2017.

권오영, "위정척사운동," 한국근현대사학회(편), 한국근대사강의, 한울, 2007, 103-117.

김규일, "정책분석가의 윤리 문제," 한국정책학회보, 4(2), 1995, 161-184.

김기혁, "이홍장과 청일전쟁," 한림대학교 아시아문화연구소(편), 청일전쟁의 재조명, 1996, 7-51.

_____, 근대 한·중·일 관계사, 연세대학교출판부, 2007.

김누리 외, 변화를 통한 접근, 한울, 2006.

김명수·공병천, 정책평가론, 대영문화사, 2016.

김문성, 정책학, 박영사, 2014.

김미형, "한국어 언문일치의 정체는 무엇인가?" 한글, No.265, 한글학회, 2004, 171-199.

김민수·고영근·임홍빈·이승재(편), 국어대사전, 금성출판사, 1991.

김병섭, "지식성장론의 가능성과 한계," 한국행정학보, 27(4), 1993, 1321-1342.

김병진, 정책학개론, 박영사, 2004.

김상기, "총설: 한국 근대사의 이해," 한국근현대사학회(편), 한국근대사강의, 한울, 2007
     (a), 8-18.

_____, "갑오경장과 전기 의병투쟁," 한국근대사강의, 2007(b), 180-202.

김성준, 정책학, 박영사, 2018.

김성홍·우인호, 이건희 개혁 10년, 김영사, 2003.

김영수, "가쓰라-태프트 밀약," 임경석·김영수·이항준(편), 한국근대외교사전, 성균관대학
     교출판부, 2012, 23.

김완진, "세종대의 어문정책에 대한 연구," 성곡논총 3, 성곡학술문화재단, 1972, 185-215.

김은성, "짙은 정책학: 탈실증주의 정책학 어떻게 할 것인가," 한국정책학회보, 19(4),
     2010, 155-176.

김인철, "정책학의 자리매김을 위하여," 한국정책학회보, 11(1), 2002, 343-346.

김인철, 프레임, 21세기북스, 2007.

김재관, 새 정부의 정책기조: 정책기조로서의 실용주의, 한국정책학회 학술대회논문집, 1,
     2008, 591-610.

金正明(편), 日韓外交資料集成 4, 동경, 巖南堂書店, 1967.

김정수, 정책학입문, 문우사, 2016.

김정숙, "이론 평가와 과학의 합리성: 로던(Laudan)의 연구전통 방법론을 중심으로," 철학
     논총, 20, 새한철학회, 2000, 251-270.

김종범, 치안정책기조 변동의 맥락과 양상, 충남대 대학원 박사학위논문, 2017.

김주원, 훈민정음, 민음사, 2013.

김주환, "정책학의 과거, 현재, 미래," 한국정책학회보, 11(1), 2002, 313-318.

김창수, "동학농민혁명과 외병차입문제", 동국사학, 16, 1981, 25-51.

김학만, 정책집행론, 대왕사, 2005.

김현구(편), 한국 행정학의 한국화론: 보편성과 특수성의 조화, 법문사, 2013.

김현호, 지방자치단체 주도의 지역공동체 활성화 방안, 지방행정연구원 연구보고서 486호,
     2013.

김형렬, "정책은 철학이다," 한국정책논집, 3, 한국정책연구원, 2003, 1-20.

김홍구, 한권으로 이해하는 Thailand, 2판, 부산외대출판부, 2006.

김홍우, 현상학과 정치철학, 문학과 지성사, 1999.

김희강, 규범적 정책분석, 박영사, 2016.

남궁근, 정책학, 제3판, 법문사, 2017.

남궁근·노화준(편), 공공정책의 결정요인분석, 법문사, 1993.

남기범, 현대정책학개론, 조명문화사, 2015.

노시평·박희서·박영미, 정책학, 학현사, 1999.

노화준, 정책학원론, 제2전정판, 박영사, 2007.

류지성, 정책학, 대영문화사, 2007.

목진휴·박순애, "한국정책학회보 10년의 발자취," 한국정책학회보, 11(1), 2002, 319-332.

목진휴·정광호, "공공정책의 인문적 요소 탐색," 한국행정학보, 40(2), 2006.

문명재, "정책도구연구의 학문적 좌표와 이론적 연계성," 정부학연구, 14(4), 2008.

문소영, 못난 조선, 나남, 2013.

민진, 정책관리론, 대영문화사, 2016.

박광국, "Robert S. Montijoy와 Laurence J. O'Toole의 조직내적 관점의 정책집행이론," 오석홍·김영평(편), 정책학의 주요이론, 법문사, 2002(a).

＿＿＿, "정책학의 발전을 위한 제언," 한국정책학회보, 11(1), 2002(b), 347-351.

박광국 외, 산림행정 이해와 관리, 조명문화사, 2017.

박근후, "정책학의 Paradigm을 논함," 관동대 논문집 21, 1993, 579-593.

＿＿＿, "정책학연구의 방법론적 고찰," 한국정책학회 학술대회 발표논문집 4, 2004, 477-495.

＿＿＿, "공공정책과정의 가치와 공공관계," 정치커뮤니케이션연구 29, 한국정치커뮤니케이션학회, 2013, 79-113.

박맹수, "19세기의 사회변동," 한국근현대사학회(편), 한국근대사강의, 한울, 2007, 20-35.

＿＿＿, "동학농민전쟁," 한국근현대사학회(편), 한국근대사강의, 한울, 2007, 164-177.

박민영, "대원군 정권," 한국근현대사학회(편), 한국근대사강의, 한울, 2007(a), 38-61.

＿＿＿, "임오군란과 갑신정변," 한국근현대사학회(편), 한국근대사강의, 한울, 2007(b), 120-137.

박병식·이태종·서순복·이재호, 정책사례연구, 대영문화사, 2003.

박삼헌, "서양에 의한 충격과 동아시아 전통질서의 동요," 한중일3국공동역사편찬위원회,

한중일이 함께 쓴 동아시아 근현대사 Ⅰ, 휴머니스트, 2012, 22-59.

박상민 외(공저), 정부역할의 재정립: 정책편, 박영사, 2016.

박성복·이종열, 정책학강의, 대영문화사, 2002.

박성조, 독일통일의 과정과 교훈, 통일총서 20, 통일연수원, 1992

박영재, "근대일본의 한국인식," 역사학회(편), 일본의 침략정책사연구, 1984, 81-112.

_____, "무츠 무네미츠(陸奧宗光)와 청일전쟁," 한림대 아시아문화연구소(편), 청일전쟁의 재조명, 1996, 52-74.

박재완, "Lasswell을 넘어서," 한국정책학회보, 11(1), 2002, 333-341.

박정택, "정책기조에 관한 탐색적 연구," 행정논총. 38(2), 서울대 행정대학원, 2000, 1-33.

_____, "대통령직 인수와 정책기조의 형성: 문민정부 이후 대통령직 인수 사례의 분석을 중심으로," 한국정책학회보 제16권 제4호, 2007(a), 1-28.

_____, 일상적 공공철학하기 1, 한국학술정보(주), 2007(b).

_____, 일상적 공공철학하기 2, 한국학술정보(주), 2007(c).

_____, "한국 행정철학의 연구와 교육의 방향 모색," 국정관리연구, 5(2), 성균관대학교 국정관리대학원, 2010, 25-51.

박종민(편), 정책과 제도의 문화적 분석, 박영사, 2002.

박종민·정무권(편), 한국행정연구: 도전과 과제, 박영사, 2009.

박현숙, 교사는 수업으로 성장한다, 맘에드림, 2012.

박홍윤, 정책평가론, 대영문화사, 2012.

박흥식, "한국정책연구의 이론과 현실, 그리고 적실성 간의 부정합성에 대하여," 한국정책학회보, 11(1), 2002, 337-342.

박흥식, "『논어』 사상의 행정윤리에 대한 적용모색," 사회과학논문집, 35(1), 대전대 사회과학연구소, 2016, 217-240.

백승기, 정책학원론, 제4판, 2016.

백완기, 행정학, 박영사, 2006(신판).

백종섭, 갈등관리와 협상전략, 창민사, 2015.

사공영호, "정책이란 무엇인가?: 정책의 수단적 가치에 대한 반성," 한국정책학회보, 17(4), 2008, 1-36.

謝俊美, "청일전쟁시 조선투입 청군의 동원과 조선내에서의 전투상황," 한림대 아시아문화연구소(편), 청일전쟁의 재조명, 1996, 129-166.

서울대 공대, 축적의 시간, 지식노마드, 2015.

서현섭, 일본은 있다. 고려원, 1994.

세종대왕기념사업회(편), 세종대왕 연보, 1987.

세종실록. 국사편찬위원회, 1-5권, 1980.

송하진·김영평, 정책 성공과 실패의 대위법, 나남, 2006.

신복룡, 이방인이 본 조선 다시 읽기, 풀빛, 2002.

신용하, 동학농민혁명운동의 사회사, 지식산업사, 2005.

신중섭(역), 현대의 과학철학 입문, 서광사, 1995.

＿＿＿, "역자 해제: 라카토슈, 연구프로그램의 방법론 그리고 합리성," John Worrall and Gregory Currie(eds.), The Methodology of Scientific Research Programmes by Imre Lakatos, Cambridge Univ. Press, 1978; 신중섭(역), 과학적 연구프로그램의 방법론, 아카넷, 2002, 391-417.

＿＿＿, "합리주의의 과학철학," 과학철학: 흐름과 쟁점, 그리고 확장, 박영태 외, 창비, 2011, 77-99.

안두순·안석교·Peter Mayer(편), 사회적 시장경제-독일의 경험과 한국에 주는 교훈, 세계문화사, 1999.

안병영, "글머리에," 안병영·하연섭, 5·31 교육개혁 그리고 20년, 다산출판사, 2015.

안병희, 훈민정음연구, 서울대학교출판부, 2007.

＿＿＿, 국어연구와 국어정책, 월인, 2009.

양승일, 정책변동론, 박영사, 2014.

연갑수, 고종대 정치변동 연구, 일지사, 2008.

염재호, "국가정책과 신제도주의," 사회비평, 11, 1994, 10-33.

염재호·박국흠, "정책 비일관성과 딜레마," 한국행정학보, 26(1), 1992.

오미일, 근대 한국의 자본가들: 민영휘에서 안희제까지, 부산에서 평양까지, 푸른역사, 2014.

오비나타 스미오(大日方純夫), "청일전쟁과 동아시아 전통질서의 해체," 한중일3국공동역사편찬위원회, 한중일이 함께 쓴 동아시아 근현대사 I, 휴머니스트, 2012, 61-97.

오석홍·김영평(편), 정책학의 주요이론, 법문사, 2002.

오철호, "정책연구 어떻게 할 것인가," 한국정책학회보, 16(2), 2007, 281-311.

＿＿＿, "정책연구와 통섭 논의: 가능성에 대한 탐색," 한국정책학회보, 17(4), 2008, 37-62.

유영박, "세종조의 재정정책," 학술원논문집(인문사회과학편) 18집, 113-135.

유영익, "대원군과 청일전쟁," 한림대 아시아문화연구소(편), 청일전쟁의 재조명, 1996, 75-127.

_____, "종합토론," 한림대 아시아문화연구소(편), 청일전쟁의 재조명, 1996, 308-309.

유용태, "해금시기의 국가와 사회," 유용태·박진우·박태균, 함께 읽는 동아시아 근현대사 1, 창비, 2010(a), 37-103.

_____, "세계시장의 확대와 지역질서의 변화," 2010(b), 105-168.

_____, "국민국가를 향한 개혁," 2010(c), 169-232.

유 훈, 정책변동론, 대영문화사, 2009.

윤석철, 경영학의 진리체계, 경문사, 2001.

윤은기, 정책학담론, 박영사, 2016.

이근욱, 이라크 전쟁, 한울, 2011.

이기문, 국어음운사연구, 서울대학교 한국문화연구소, 1972.

_____, "훈민정음 친제론," 한국문화 13, 서울대학교 한국문화연구소, 1992.

이기백, 한국사신론, 일조각, 1999.

이기상, 철학노트, 까치글방, 2002.

이달곤 외, 정책사례연구, 대영문화사, 2006.

이대희, 정책가치론, 대영문화사, 1991.

이덕일, 한국사로 읽는 성공한 개혁 실패한 개혁, 마리서사, 2005.

이도형, 행정철학, 대영문화사, 2004.

이돈주, "「훈민정음」의 해설," 신상순·이돈주·이환묵(편), 훈민정음의 이해, 전남대학교어 연총서1, 1988.

이동수·최봉기, 정책연구, 박영사, 2015.

이명석, "정책분석에서의 게임이론의 활용: 제도분석틀의 관점," 한국행정학보, 30(2), 1996, 49-63.

_____, "거버넌스의 개념화: '사회적 조정'으로서 거버넌스", 한국행정학보, 36(4), 2002, 321-338.

이상안, "정책학에서의 과학철학방법론의 의미," 경찰대학논문집, 7(1988), 299-318.

이상욱, "토마스 쿤과 과학혁명의 구조," 한양대 과학철학교육위원회(편), 과학기술의 철학 적 이해, 2004(개정판), 51-71.

_____, "과학은 열린 비판과 반증을 통해 나온다: 칼 포퍼," 이상욱 외, 과학으로 생각한 다, 동아시아, 2007, 136-147.

이상원, 실험하기의 철학적 이해, 서광사, 2004.

이영철, "패러다임에서 실재로: 구성주의 과학관에서 실재론적 과학관으로," 정부학연구, 19(1), 2010, 고려대 정부학연구소, 155-179.

이유선, "자연과학과 인문학의 차이," 과학기술의 철학적 이해, 2004, 35-50.

이윤식, 정책평가론, 2판, 대영문화사, 2014.

이은미·김동욱·고기동, "정책아이디어의 경쟁과 변화에 관한 미시적 고찰," 한국정책학회보, 25(4), 2016, 221-239.

이은자, "원세개," 한국근대외교사전, 성균관대출판부, 2012.

이정우, 담론의 공간, 산해, 2000.

이종찬, 난학의 세계사, 알마, 2014.

이준구, 미국의 신자유주의 실험, 문우사, 2016.

이창기, 좋은 사회 구축을 위한 거버넌스 형성과 정부 역할, 사회과학논문집, 27(1), 대전대 사회과학연구소, 2009, 55-84.

이청준, 당신들의 천국, 문학과 지성사, 1984(초판 1976).

이태진, "1894년 6월 청군 조선 출병 결정 과정의 진상-조선정부 자진 요청설 비판," 한국문화, 제24집, 서울대학교 한국문화연구소, 1999.

이한구, 역사학의 철학, 민음사, 2007.

이해영, "1950-70년대의 정책학의 역사," 한국정책학회보 12(2), 2003, 259-282.

_____, 정치지도자의 정책리더십, 집문당, 2003.

_____, 정책학신론, 전정3판, 학현사, 2010.

_____, "정책연구에서 개입주의의 이념적 이해," 한국정책학회보, 25(4), 2016, 301-327.

이홍직, 증보 새국사사전, 교학사, 1983.

이희근·이정범, 맞수 한국사 2, 끌레마, 2008.

임도빈 외(공저), 실패한 정책들: 정책학습의 관점에서, 박영사, 2015, 1-13.

임성학, "정책결정의 거버넌스: 과정과 내용," 국정관리연구, 2(1), 2007, 41-57.

임의영, 행정철학, 대영문화사, 2006.

_____, "H, A, Simon의 제한된 합리성과 행정학," 행정논총, 52(2), 서울대 한국행정연구소, 2014, 2-36.

_____, "행정의 윤리적 과제: '악의 평범성'과 책임의 문제," 한국행정학보, 48(3), 2014.

장영민(2007a), "개항과 제국주의 세력의 침략," 한국근현대사학회(편), 한국근대사강의, 한울, 2007, 64-81.

장영민(2007b), "개항 이후 사회경제 변동," 한국근현대사학회(편), 한국근대사강의, 한울, 2007, 140-161.

장하석, 장하석의 과학, 철학을 만나다, 이비에스미디어, 2014.

전광진, "참다운 한글 사랑?" 성균회보, 제404호(2013.5.6.).

전상경, 정책분석의 정치경제, 제4판, 박영사, 2012.

전영한·최병선·최종원·이송호, "정책조정시스템의 개혁," 최병선·최종원(편), 국가운영시스템: 과제와 전략, 나남출판, 2008.

정광호, 정책이론사례 실증연구, 학림사, 2008.

정용덕 외, 합리적 선택과 신제도주의, 대영문화사, 1999.

정용덕, 현대국가의 행정학, 법문사, 2001.

정일교·김만호, 장애인복지론, 3판, 양서원, 2012.

정정길, 정책학원론, 개정판, 대명출판사, 1997.

정정길·최종원·이시원·정준금·정광호, 정책학원론, 개정증보5판, 대명출판사, 2012.

정치학대사전편찬위원회(편), 21세기 정치학대사전, 상, 아카데미아리서치, 2002.

조남욱, 세종대왕의 정치철학, 부산대학교출판부, 2001.

주경철, 문명과 바다, 산처럼, 2009.

주재현, 정책과정론, 전정판, 대영문화사, 2016.

차하순, 서양사총론, 탐구당, 1976.

_____, 사관이란 무엇인가, 청람, 1984.

채경석, 정책학원론, 대왕사, 2005.

최경도, "소설의 관점," 성곡논총, 22(1991), 성곡학술문화재단, 1939-1967.

최병선, "윌다브스키의 정책학," 행정논총, 53(4), 서울대학교 한국행정연구소, 2015, 47-104.

최봉기, 정책학개론, 박영사, 2008.

최석우, "병인양요 소고," 역사학보 30, 역사학회, 1966, 108-124.

최현배, 한글갈, 정음사, 1942(고친 한글갈, 1961).

토마스 게이건, 한상연(역), 미국에서 태어난 게 잘못이야, 부키, 2011.

하상근, 정책불응연구, 도서출판 금정, 2006.

하연섭, 제도분석: 이론과 쟁점, 제2판, 다산출판사, 2011.

_____, "Charles E. Lindblom의 정책연구," 행정논총, 52(2), 서울대학교 한국행정연구소, 2014, 37-66.

_____, "지위경쟁과 사교육비 대책," 임도빈 외(공저), 실패한 정책들, 박영사, 2015, 317-339.

한국근현대사사전, 한국사사전편찬회, 가람기획, 2005.

한국정책학회, 정책사례연구, 대영문화사, 2014.

한국태국학회, 태국의 이해, 한국외국어대출판부, 2005.

한국학중앙연구원, 한국민족문화대백과사전.

한규무, "개화운동," 한국근현대사학회(편), 한국근대사강의, 한울, 2007, 86-101.

한석태, 정책학개론, 2판, 대영문화사, 2017.

한영우, "정약용의 與猶堂全書," 실학연구입문, 역사학회 편, 일조각, 1973.

함성득, 대통령학, 나남출판사, 1999.

허 범, "정책의 본질," 유훈 외(공저), 정책학개론, 법문사, 1976, 29-70.

_____, "기초정책형성의 기본관점과 윤리성," 성대논문, 25, 성균관대학교 대학원, 1979a, 177-198.

_____, "정책문제정립의 본질," 한국정치학회 제3회 합동학술대회논문집, 3, 1979b.

_____, "정책종결의 본질과 전략," 성균관대 사회과학연구소(편), 사회과학, 17, 1979c, 91-109.

_____, "가치인식과 정책학," 성균관대 사회과학연구소(편), 현대사회과학의 이해, 대왕사, 1982, 275-291.

_____, "정책학의 정책문제지향성," 성균관대 사회과학연구소(편), 사회과학, 22, 1984.

_____, "공공정책의 형성과 집행," 행정학개론, 허범 외(공저), 대영문화사, 1988a, 74-101.

_____, "새로운 공공행정의 모색: 민본행정의 이념과 과제," 한국행정학회 제1차 국제학술대회 발표논문, 1988b, 109-130.

_____, "한국정책학회의 정체성과 가능성," 한국정책학회보, 1(1), 1993, 7-14.

_____, "정책학의 이상과 도전," 한국정책학회보, 11(1), 2002, 293-311.

허우이제, 원세개, 장지용(역), 서울:지호, 2003.

현재환, 언던 사이언스, 뜨인돌, 2015.

홍기문, 정음발달사, 상·하, 서울신문사출판국, 1946.

홍성욱, 과학은 얼마나, 서울대출판부, 2004.

_____, "과학사회학의 최근 경향," 과학기술의 철학적 이해, 2004(개정판).

홍윤표, 한글이야기 1, 태학사, 2013.

2. 외국 문헌

Alesina, Alberto & Edward Glaeser, Fighting Poverty in the US and Europe: A World of Difference(2004); 알베르토 알레시나·에드워드 글레이저, 전용범(역), 복지국가의 정치학, 생각의 힘, 2012.

Amable, Bruno, "Institutional Complementarity and Diversity of Social Systems of Innovation and Production," Review of International Political Economy, 7(4), 2000, 645‒687.

Andersen, Svein S., "The Emergence of an EU Energy Policy Paradigm,"(2009).

Argyris, Chris & Donald A. Schön, Theory in Practice: Increasing Professional Effectiveness. San Francisco: Jossey‒Bass, 1974.

Ascher, W., "The Evolution of Policy Sciences: Understanding the Rise and Avoiding the Fall," Journal of Policy Analysis and Management, 5, 1986, 365‒371.

Baggott, Jim(James E.), Higgs: The Invention and Discovery of the 'God Particle', Oxford Univ. Press, 2013; 짐 배것, 힉스, 신의 입자 속으로, 박병철(역), 김영사, 2017.

Bardach, Eugene, "Policy Termination as a Political Process," Policy Sciences, 7(2), 1976, 123‒131.

Baumgartner, Frank, "Ideas and Policy Change," Governance, 26(2), 2013, 239‒258.

Benton, Ted and Ian Craib, Philosophy of Social Science, Palgrave Macmillan, 2010(second ed.), 이기홍(역), 사회과학의 철학, 한울, 2014.

Berger, Peter L. and Thomas Luckmann, The Social Construction of Reality, Anchor Books edition, 1967.

Bernanke, Ben S., The Courage to Act: A Memoir of a Crisis and Its Aftermath, W. W. Norton, 2015, 행동하는 용기: 경제위기와 그 여파에 대한 회고, 안세민(역), 까치, 2015.

Blyth, Mark, "Paradigms and Paradox: The Politics of Economic Ideas in Two Moments of Crisis," Governance, 26(2), 2013, 197‒215.

Boudon, Raymond and Mohamed Cherkaoui(eds.), Central Currents in Social Theory, vol. Ⅲ, London: Sage Publications, 2000, 359‒360.

Bowring, John(ed.), The Works of Jeremy Bentham, Edinburgh: William Tate, 1843, vol. 7.

Bozeman, Barry, "The Credibility of Policy Analysis: Between Method and Use," Policy Studies Journal, 14(4), 1986, 519-530.

Braybrooke, David and Charles Lindblom, A Strategy of Decision, Glencoe: Free Press, 1963.

Brewer, Garry D., "Hard Choices-Harder Questions," PAR, 38(4), 1978, 338-339.

Bruce-Gardyne, Jock, Whatever Happened to the Quiet Revolution?, London: Charles Knight, 1974.

Cairney, Paul and Christopher M. Weible, "Comparing and Contrasting Peter Hall's Paradigms and Ideas with the Advocacy Coalition Framework," John Hogan and Michael Howlett(eds.), Policy Paradigm in Theory and Practice, Palgrave Macmillan, 2015, 83-99.

Capano, G., "Administrative Traditions and Policy Change: When Policy Paradigms Matter. The Case of Italian Administrative Reform during the 1990s," Public Administration, 81(4), 2003, 781-801.

Carr, Edward H., What is History?, MacMillan, 1987(2nd ed. 초판 1961); 김택현(역), 역사란 무엇인가, 까치, 1997.

Carson, Marcus, Tom R. Burns and Dolores Calvo(eds.), Paradigms in Public Policy, Frankfurt am Main: Peter Lang, 2009.

Carstensen, Martin B., "Bringing Ideational Power into the Paradigm Approach," John Hogan and Michael Howlett(eds.), Policy Paradigm in Theory and Practice, 2015.

Chalmers, Alan, What Is This Thing Called Science?, Univ. of Queensland Press, 1976; 신중섭·이상원(역), 과학이란 무엇인가?, 서광사, 2003.

Chang, Hasok, Inventing Temperature: Measurement and Scientific Progress, New York: Oxford University Press, 2004; 오철우(역), 온도계의 철학, 동아시아, 2013.

Chomsky, Noam, Failed States; 강주헌(역), 촘스키, 실패한 국가, 미국을 말하다. 황금나침반, 2007.

Copleston, Frederick, A History of Philosophy, Vol. VI, Westminster, Maryland: The Newman Press, 1961.

Cronin, T. E., Direct Democracy: The Politics of Initiative, Referendum and Recall, Cambridge: Harvard University Press, 1989.

Cyert, Richard & James March, A Behavioral Theory of the Firm, Englewood Cliffs, NJ: Prentice-Hall, 1963.

Daigneault, Pierre-Marc, "Can You Recognize a Paradigm When You See One? Defining and Measuring Paradigm Shift," Hogan and Howlett(eds., 2015), 43-60.

David, Wilfred L., The IMF Policy Paradigm: The Macroeconomics of Stabilization, Structural Adjustment, and Economic Development, New York: Praeger, 1985.

Dimock, Marshall E., A Philosophy of Administration, N.Y.: Harper & Row, 1958.

Dror, Yehezkel, Policymaking under Adversity, New Brunswick: Transaction Books, 1986.

Dunleavy, Patrick, H. Margetts, S. Bastow & J. Tinkler, Digital Era Governance: IT Corporations, the State, and E-Government, Oxford Univ. Press, 2006.

Easton, David A., The Political System, NY: Alfred A. Knopf, 1953.

Eldridge, Niles and Stephen J. Gould, "Puntuated Equilibria: An Alternative to Phyletic Gradualism," in Tomas J.M. Schopf(ed.), Models in Paleobiology, San Francisco: Freeman, Cooper & Co., 1972, 82-115.

Etzioni, Amitai, The Active Society, NY: The Free Press, 1968.

_____, The Spirit of Community, New York: Crown Publishers, 1993.

Feyerabend, Paul, Against Method: Outline of an Anarchistic Theory of Knowledge, London: New Left Books, 1975.

Fischer, Frank, Evaluating Public Policy, Chicago: Nelson-Hall Inc., 1995.

Fleck, Ludwik, Genesis and Development of a Scientific Fact, F. Bradley and T. Trenn(trans.), Univ. of Chicago Press, 1979.

Florio, Massimo, Network Industries and Social Welfare: The Experiment that Reshuffled European Utilities, Oxford Univ. Press, 2013.

Gamble, Andrew, "Economic Futures," Peter Taylor-Gooby(ed., 2013), 13-38.

Gersick, Connie J. G., "Revolutionary Change Theories: A Multilevel Exploration of the Punctuated Equilibrium Paradigm," The Academy of Management Review, 16(1), 1991, 10-36.

Giddens, Anthony, The Third Way: The Renewal of Social Democracy, Cambridge: Polity, 1998; 한상진·박찬욱(역), 제3의 길, 책과함께, 2014.

Goodsell, Charles T., "The Public Encounter and Its Study," in Charles T.

Goodsell(ed.), The Public Encounter: Where State and Citizen Meet, Bloomington: Indiana Univ. Press, 1981, 3-20.

Hacking, Ian, "An Introductory Essay by Ian Hacking," in Thomas Kuhn, The Structure of Scientific Revolutions, 50th Anniversary Edition(4th ed.), The University of Chicago Press, 2012; 김명자·홍성욱(역), 과학혁명의 구조, 출간 50주년 기념 제4판, 까치글방, 2013.

_____, Representing and Intervening, Cambridge Univ. Press, 1983.

Hall, Peter A., "Policy Paradigms, Social Learning and the State", Paper presented to the International Political Science Association, Washington, DC., 1988.

_____, "Policy Paradigms, Experts, and the State: The Case of Macroeconomic Policy-making in Britain", in S. Brooks & A. G. Gagnon(eds.). Social Scientists, Policy, and the State. New York: Praeger, 1990, 53-78.

_____, "Policy Paradigms, Social Learning and the State: The Case of Economic Policy-making in Britain," Comparative Politics, 25(3), 1993, 275-296.

Hanson, Norwood, Patterns of Discovery, Cambridge Univ. Press, 1958.

Harmon, Michael, Action Theory for Public Administration, N.Y.: Longman, 1981.

Hayek, Friedrich(ed.), Collectivist Economic Planning, London: Routledge & Kegan Paul, 1956(초판 1935).

Heclo, Hugh, Modern Social Politics in Britain and Sweden. New Haven: Yale University Press, 1974.

Hodgkinson, Christopher, Towards a Philosophy of Administration, New York: St. Martin's Press, 1978.

Hogan, John and Michael Howlett(eds.), Policy Paradigm in Theory and Practice, Palgrave Macmillan, 2015.

Hood, Christopher, "Remedies for Misgovernment", in Ethics and Accountability in a Context of Governance and New Public Management, 1998.

Howlett, Michael, "Policy Paradigms and Policy Change: Lessons from the Old and New Canadian Policies Towards Aboriginal Peoples," Policy Studies Journal. 22(4), 1994, 631-649.

Howlett, Michael and M. Ramesh, Studying Public Policy, 2nd ed., Toronto: Oxford Univ. Press, 2003.

Irvine, J.A. Sandy, "Canadian Refugee Policy," in G. Skogstad(ed., 2011), 171-201.

Jenson, Jane, "Paradigms and Political Discourse: Protective Legislation in France and the United States before 1914," Canadian Journal of Political Science, 22(2), 1989, 235-258.

Jones, Charles O., "From Campaigning to Governing: The Challenge of Taking Over", in James Piffner and Roger Davidson(eds.), Understanding the Presidency, New York: Longman, 1997, 70-83.

_____, An Introduction to the Study of Public Policy, Belmont: Wadsworth, 1970.

Jun, Jong S., Philosophy of Administration, Seoul: Daeyoung Moonhwa International, 1994.

Kern, Florian, Caroline Kuzemko, & Catherine Mitchell, "How and Why do Policy Paradigms Change; and Does It Matter?" Hogan and Howlett(eds., 2015), 269-291.

Krasner, Stephen D., "Approaches to the State: Alternative Conceptions and Historical Dynamics," Comparative Politics, 16(2), 1984, 223-246.

Krugman, Paul et al., After Piketty: The Agenda for Economics and Inequality(2017), 애프터 피케티, 크루그먼 외, 유엔제이(역), 율리시즈, 2017.

Kuhn, Thomas S., The Copernican Revolution, Harvard University Press, 1957.

_____, The Structure of Scientific Revolutions, Chicago, IL: University of Chicago Press, 1962, 1970(2nd ed.).

_____, The Essential Tension: Selected Studies in Scientific Tradition and Change, Lorenz Krüger(ed.), Univ. of Chicago Press, 1977.

_____, The Structure of Scientific Revolutions, 50th Anniversary Edition(4th ed.), The University of Chicago Press, 2012; 김명자·홍성욱(역), 과학혁명의 구조, 출간 50주년 기념 제4판, 까치글방, 2013.

Lakatos, Imre, "Falsification and the Methodology of Scientific Research Programmes" in I. Lakatos and Alan Musgrave(eds.), Criticism and the Growth of Knowledge, Cambridge: Cambridge University Press, 1974.

Landau, Martin, The Place of Policy Analysis in Political Science: Five Perspectives, American Journal of Political Science, 21(2), 1977, 415-433.

Lasswell, Harold D., "The Policy Orientation," in Daniel Lerner and H. Lasswell(ed.), The Policy Sciences, Stanford Univ. Press, 1951, 3-15.

_____, A Pre-View of Policy Sciences, New York: Elsevier, 1971.

Laudan, Larry, Progress and Its Problems: Toward a Theory of Scientific Growth, University of California Press, 1977.

Lindblom, Charles E., "The Science of 'Muddling Through'," Public Administration Review, 19(2), 1959, 79-88.

_____, Politics and Markets, N.Y., Basic Books, 1977.

Lineberry, Robert L., American Public Policy, NY: Harper & Row, 1977.

Lipsky, M., Street-level Bureaucracy, New York: Russell Sage Foundation, 1980.

Lowi, Theodore J., "American Business, Public Policy, Case Studies, and Political Theory," World Politics 16, 1964, 686-690.

_____, "Four Systems of Policy, Politics, and Choice," Public Administration Review, 32, 1972, 299-300.

_____, "Forward: New Dimensions in Politics and Policies," in Raymond Tatalovich and Byron W. Daynes(eds.), Social Regulatory Policy: Moral Controversies in American Politics, Boulder, CO, Westview Press, 1988.

Mankiw, N. Gregory, Principles of Economics, 2nd ed., 김경환·김종석(역), 맨큐의 경제학, 교보문고, 2001.

March, J. G. and J. P. Olsen, The New Institutionalism: Organizational Factors in Political Life, American Political Science Review, 78(3), 1984, 734-749.

McDougal, Myres S., "Harold Dwight Lasswell, 1902-1978," Yale Law Journal, 88(5), 1979, 675-678.

Meseguer, Covadonga, "Policy Learning, Policy Diffusion, and the Making of a New Order," ANNALS of the American Academy of Political and Social Science, 598(1), 2005, 67-82.

Mitchell, Sandra, Biological Complexity and Integrative Pluralism, Cambridge Univ. Press, 2003.

Nannini, S., "Physicalism and the Anomalism of the Mental," M. De Care(ed), Interpretation and Causes, Kluwer, 1999.

O'Hear, Anthony, An Introduction to the Philosophy of Science, Oxford Univ. Press, 1989.

Ohm, R. E. and W. G. Monahan(eds.), Educational Administration: Philosophy in

Action, University of Oklahoma, 1965.

Palais, James B., Politics and Policy in Traditional Korea; 전통한국의 정치와 정책, 이훈상(역), 신원문화사, 1993.

Pateman, C., Participation and Democratic Theory, Cambridge: Cambridge University Press, 1970.

Pennock, J. R. and J. W. Chapman, NOMOS ⅩⅥ: Participation in Politics, New York: Liber-Atherton, 1975.

Peters, B. Guy, The Future of Governing: Four Emerging Models, University Press of Kansas, 1996.

_____, Institutional Theory in Political Science, 2nd ed., NY: Continuum, 2005.

Piketty, Thomas, Capital in the Twenty-First Century, Cambridge, MA: Belknap Press, 2014(프랑스판 2013), 토마 피케티, 21세기 자본, 장경덕 외(역), 글항아리, 2014.

Polanyi, Michael, Personal Knowledge, Routledge and Kegan Paul, 1973.

Polsby, Nelson W., Political Innovation in America: The Politics of Policy Initiation, New Haven: Yale Univ. Press, 1984, 159-167.

Popper, Karl R., The Logic of Scientific Discovery, London: Hutchinson, 1959.

_____, The Poverty of Historicism, 2nd. ed. London: Routledge & Kegan Paul, 1960(1957).

_____, Conjectures and Refutations, London: Routledge, 1963; 카를 포퍼, 추측과 논박 1, 2, 이한구(역), 민음사, 2001.

_____, The Open Society and Its Enemies, Vol. Ⅰ, New York: Harper & Row Publishers, 1962(1945년).

_____, The Open Society and Its Enemies, Vol. Ⅱ, London: Routledge & Kegan Paul, 1966.

_____, "Normal Science and Its Dangers," in I. Lakatos and Alan Musgrave(eds.), Criticism and the Growth of Knowledge, Cambridge: Cambridge University Press, 1974.

_____, Objective Knowledge, Oxford Univ. Press, 1979.

Preston, John, Kuhn's 「The Structure of Scientific Revolutions」, The Continuum International Publishing Group, 2008; 박영태(역), 쿤의 과학혁명의 구조 해제, 서광사, 2011.

Ramsey, R., "The Korean Writing System in the World of the 21th Century," Scripta 2, 2010.

Redford, Emmette S., Democracy in the Administrative State, NY: Oxford Univ. Press, 1969.

Riecken, Henry W. and Robert F. Boruch(ed.), Social Experimentation: A Method for Planning and Evaluating Social Intervention, NY: Academic Press, 1974.

Rose, Richard, Lesson-Drawing in Public Policy, NJ: Chatham House Publishers, 1993.

Russell, Bertrand, The Problems of Philosophy, London: Oxford Univ. Press, 1912.

Sabatier, Paul A., "An Advocacy Coalition Framework of Policy Change and the Role of Policy-oriented Learning Therein", Policy Sciences 21(2/3), 1988, 129-168.

Sabatier, Paul A. and H. Jenkins-Smith, "Policy Change over A Decade or More," in P. Sabatier and H. Jenkins-Smith(eds.), Policy Change and Learning: An Advocacy Coalition Approach, Boulder, CO: Westview, 1993, 13-39.

Sabatier, Paul A. and Christopher M. Weible, "The Advocacy Coalition Framework: Innovations and Clarifications," in Paul Sabatier(ed.), Theories of the Policy Process, 2nd ed., Colorado: Westview, 2007, 189-220.

Schattschneider, E. E., The Semisovereign People, NY: Holt, Rinehart and Winston, 1961.

Schilpp, Paul(ed.), The Philosophy of Karl Popper, vol.2, La Salle: Open Court, 1974.

Schmidt, Vivien A., "Ideas and Discourse in Transformational Political Economic Change in Europe," G. Skogstad(ed.), Policy Paradigms, Transnationalism, and Domestic Politics, Univ. of Toronto Press, 2011, 36-63.

Schulman, Paul R., "Nonincremental Policy Making: Notes Toward an Alternative Paradigm," American Political Science Review, 69, 1975.

Schutz, Alfred, On Phenomenology and Social Relation, Selected Writings edited by Helmut R. Wagner, Chicago: The University of Chicago Press, 1970.

_____, Collected Papers I : The Problem of Social Reality, edited and introduced by Maurice Natanson, The Hague: Martinus Nijhoff, 1973.

_____, The Phenomenology of the Social World.

Simon, Herbert, The Sciences of the Artificial, 3rd ed., Cambridge, MA: The MIT Press, 1996.

Skogstad, Grace(ed.), Policy Paradigms, Transnationalism, and Domestic Politics, Univ. of Toronto Press, 2011.

Skogstad, Grace & Vivien A. Schmidt, "Introduction," G. Skogstad(ed.), Policy Paradigms, Transnationalism, and Domestic Politics, Univ. of Toronto Press, 2011, 3-35.

Stoker, Gerry & Peter Taylor-Gooby, "How Social Science Can Contribute to Public Policy: The Case for a 'Design Arm'," Taylor-Gooby(ed.), 2013, 239-248.

Streeck, W. & K. Thelen, "Introduction," Streeck & Thelen(eds.), Beyond Continuity. Institutional Change in Advanced Political Economies, Oxford Univ. Press, 2005, 1-39.

Stuckler, David and Sanjay Basu, The Body Economic: Austerity Kills, 데이비드 스터클러·산제이 바수, 긴축은 죽음의 처방전인가, 안세민(역), 까치글방, 2013.

Surel, Yves, "The Role of Cognitive and Normative Frames in Policymaking," Carson, Burns & Calvo(eds., 2009), 29-44.

Taleb, Nassim Nicholas, The Black Swan: The Impact of the Highly Improbable. New York: Random House and Penguin. 2007; 나심 니콜라스 탈레브, 블랙스완, 차익종(역), 동녘사이언스, 2008.

Taylor-Gooby, Peter(ed.), New Paradigms in Public Policy, Oxford Univ. Press, 2013.

Taylor-Gooby, Peter, "Introduction: Public Policy at a Crossroads," Peter Taylor-Gooby(ed.), New Paradigms in Public Policy, Oxford Univ. Press, 2013, 1-12.

The Oxford English Dictionary, Vol. Ⅶ, London: Oxford University Press, 1978(1933).

Tocqueville, Alexis de, Democracy in America Ⅱ, Everyman's Library, 1994.

Torgerson, D., "Priest and Jester in Policy Sciences: Developing the Focus of Inquiry," Policy Sciences, 25, 1992.

Vujicic, Nick(Nicholas), Life Without Limits: Inspiration of a Ridiculously Good Life, Random House, 2010; 닉 부이치치의 허그, 최종훈(역), 두란노, 2010.

Weber, Max, The Theory of Social and Economic Organization, translated by A. M. Henderson & Talcott Parsons, and edited with an Introduction by T. Parsons, N. Y.: The Free Press, 1947(1922).

Weible, Christopher M., "Comparing and Contrasting Peter Hall's Paradigms and Ideas with the Advocacy Coalition Framework," John Hogan and Michael Howlett(eds.),

Policy Paradigm in Theory and Practice, 2015, 83-99.

Weidenfeld, Werner & Karl-Rudolf Korte, Handbuch zur deutschen Einheit; 베르너 바이덴펠트·칼 루돌프 코르테(편), 임종헌 외(역), 독일통일백서, 한겨레신문사, 1997.

Weir, Margaret and Theda Skocpol, "State Structures and the Possibilities for 'Keynesian' Responses to the Great Depression in Sweden, Britain and the United States," in Peter Evans et al.(eds.), Bringing the State Back In, NY.: Cambridge Univ. Press, 1985, 107-168.

Wildavsky, Aaron, The New Politics of the Budgetary Process, Boston: Little Brown, 1968.

_____, Speaking Truth to Power, Transaction Publishers, 1979(paperback, 1993).

Wilder, Matt and Michael Howlett, "Paradigm Construction and the Politics of Policy Anomalies," John Hogan and Michael Howlett(eds.), Policy Paradigm in Theory and Practice, 2015, 101-115.

Winch, Peter, The Idea of a Social Science and Its Relation to Philosophy, London: Routledge, 1958.

Worrall, John and Gregory Currie(eds.), The Methodology of Scientific Research Programmes by Imre Lakatos, Cambridge Univ. Press, 1978; 신중섭(역), 과학적 연구프로그램의 방법론, 아카넷, 2002.

Wright, Georg Henrik von, Explanation and Understanding, Ithaca, N.Y.: Cornell Univ. Press, 1971; 배영철(역), 설명과 이해, 서광사, 1995.

日本外務省(編), 日本外交文書, 東京, 日本國際聯合協會, 1936.

藤村道生, 日淸戰爭, 岩波, 1973; 허남린(역), 청일전쟁, 소화, 1997.

北京古宮博物院(편), 淸光緖朝中日交涉史料(臺北, 文海出版社, 1963) 권13, 광서 20년.

衫村濬, 明治二十七·八年 在韓苦心錄, 東京;衫村陽太郎, 1932, 53-54; 한상일(역), 서울에 남겨둔 꿈, 건국대학교출판부, 1993.

찾아보기

찾아보기 • • **429**

합리주의   79, 101
합리주의적 정책관   48
해금(海禁)정책   287
해석적 틀   60, 71, 187, 188
해석학   130, 154, 195
핵심 신념   189
행동하는 철학   35
행위이론   125, 130
행위자 연결망 이론   103
행태주의(이론·가치중립적 객관주의) 정
    책관   143, 144-155, 214, 228,
    246, 247, 262, 267, 299, 317,
    328, 338
행태주의(행태론, 행태과학)   126, 149
현대적 종합   210, 214, 215, 374
현상학   125, 154, 194, 195
현실주의   160, 161, 263
현장실험   51, 59

협찬설   259
협치주의   200
협치주의 정책관   144, 154, 205,
    272
형태 전환   99
호지킨슨   9, 35, 36, 40
혼혈(혼종, hybrid) 정책패러다임   115,
    138, 142
홍계훈   17, 18, 285, 322, 324, 325
확증 가능성   82
회의론   115
회의주의   117
효과성   110, 169
후기 행태론(주의)   148, 151
훈민(訓民)   240, 242, 261
훈민정음(訓民正音)   13, 223, 242
훈민정음해례   14

저자 박정택(朴正澤) 약력

학력

　　성균관대 행정학과 졸업

　　서울대학교 행정대학원 졸업

　　영국 The University of Leeds, Nuffield Center 졸업(diploma)

　　성균관대 대학원 졸업(행정학 박사)

경력

　　제15회 행정고등고시 합격

　　보건사회부 행정사무관

　　보건사회부 서기관, 외무부 서기관

　　대전대학교 행정학과 교수 역임

　　(대전대학교 교학부총장 역임)

저술

　　공익의 정치행정론(대영문화사, 1990)

　　국제행정학(대영문화사, 1996)

　　행정학개론(공저, 고려출판사, 1998)

　　시민사회와 행정(공저, 형설출판사, 2002)

　　인생은 게임으로 통한다(앨피, 2006)

　　일상적 공공철학하기 1, 2, 3(한국학술정보, 2007)

　　(2011년 한국행정학회 학술상, 저술부문 수상)

　　정책기조의 탐구 -정책아이디어로서의 정책패러다임(박영사, 2018)

정책철학과 정책기조론(행정학/정책학) 시리즈1

정책철학의 새로운 접근

초판발행   2018년 9월 1일

지은이   박정택
펴낸이   안종만

편 집   김명희·강민정
기획/마케팅   정연환
표지디자인   김연서
제 작   우인도·고철민

펴낸곳   (주) **박영사**
                서울특별시 종로구 새문안로3길 36, 1601
                등록 1959. 3. 11. 제300-1959-1호(倫)

전 화   02)733-6771
f a x   02)736-4818
e-mail   pys@pybook.co.kr
homepage   www.pybook.co.kr
ISBN   979-11-303-0623-0 93350

* 잘못된 책은 바꿔드립니다. 본서의 무단복제행위를 금합니다.
* 저자와 협의하여 인지첩부를 생략합니다.

정 가   25,000원